utb 3088

Eine Arbeitsgemeinschaft der Verlage

Böhlau Verlag · Wien · Köln · Weimar
Verlag Barbara Budrich · Opladen · Toronto
facultas · Wien
Wilhelm Fink · Paderborn
A. Francke Verlag · Tübingen
Haupt Verlag · Bern
Verlag Julius Klinkhardt · Bad Heilbrunn
Mohr Siebeck · Tübingen
Nomos Verlagsgesellschaft · Baden-Baden
Ernst Reinhardt Verlag · München · Basel
Ferdinand Schöningh · Paderborn
Eugen Ulmer Verlag · Stuttgart
UVK Verlagsgesellschaft · Konstanz, mit UVK/Lucius · München
Vandenhoeck & Ruprecht · Göttingen · Bristol
Waxmann · Münster · New York

Ingrid Hesse
Brigitte Latzko

Diagnostik für Lehrkräfte

3., vollständig überarbeitete und erweiterte Auflage

Verlag Barbara Budrich
Opladen & Toronto 2017

Die Autorinnen:

Doz. i.R. Dr. phil. habil. Ingrid Hesse, Erziehungswissenschaftliche Fakultät der Universität Leipzig

Prof. Dr. phil. habil. Brigitte Latzko, Erziehungswissenschaftliche Fakultät der Universität Leipzig

---

Bibliografische Informationen der Deutschen Nationalbibliothek
Die Deutsche Nationalbibliothek verzeichnet diese Publikation in der Deutschen Nationalbibliografie; detaillierte bibliografische Daten sind im Internet über http://dnb.d-nb.de abrufbar.

Gedruckt auf säurefreiem und alterungsbeständigem Papier

Alle Rechte vorbehalten.
© 2017 Verlag Barbara Budrich, Opladen & Toronto
www.budrich-verlag.de

utb-Bandnr.   3088
utb-ISBN   978-3-8252-4751-5

Das Werk einschließlich aller seiner Teile ist urheberrechtlich geschützt. Jede Verwertung außerhalb der engen Grenzen des Urheberrechtsgesetzes ist ohne Zustimmung des Verlages unzulässig und strafbar. Das gilt insbesondere für Vervielfältigungen, Übersetzungen, Mikroverfilmungen und die Einspeicherung und Verarbeitung in elektronischen Systemen.

Satz: Beate Glaubitz Redaktion und Satz, Opladen
Umschlaggestaltung: Atelier Reichert, Stuttgart
Druck: Friedrich Pustet, Regensburg
Printed in Germany

Inhalt

Vorwort 9

Struktur des Buches und Lernziele 11

Vorwort zur 3. Auflage 13

Teil I: Renaissance der pädagogisch-psychologischen Diagnostik im Lehrerberuf *oder* Warum brauchen Lehrkräfte diagnostische Kompetenzen? 15

1.1 Situation nach PISA und die schulpolitischen Schlussfolgerungen 16
1.2 Optimierung der Lehrerbildung durch zentrale Standards 20
1.2.1 Standards für die Diagnostikausbildung 20
1.2.2 Was ist das Besondere an der Vorgabe von Standards für die Lehrerbildung durch die KMK? 22
1.2.3 Umsetzung der Standards am Beispiel des Modells von Oser 23
1.2.4 Lerngelegenheiten zukünftiger Lehrkräfte an deutschen Hochschulen in Pädagogischer Psychologie und pädagogisch-psychologischer Diagnostik 25
1.3 Das Konstrukt der diagnostischen Kompetenz – Wie genau und gut können oder sollten Lehrkräfte diagnostizieren? 26
1.3.1 Zum Begriff der diagnostischen Kompetenz 27
1.3.2 Ebenen diagnostischer Anforderungen an Lehrkräften 28
1.3.3 Dimensionen diagnostischer Urteile 29
1.3.4 Qualität diagnostischer Urteile: Der ‚diagnostische Optimismus' von Weinert und Schrader zur Beurteilungskompetenz von Lehrkräften 30
1.4 Empirische Befunde zur diagnostischen Kompetenz von Lehrkräften 33
1.5 Systematische Beeinflussungstendenzen im Lehrerurteil: Urteilstendenzen, Urteilsvoreingenommenheit, Urteilsfehler 43
1.5.1 Konstrukte als Beurteilungsbegriffe 44
1.5.2 Implizite Persönlichkeitstheorien von Lehrkräften 46
1.5.3 Erwartungen von Lehrkräften: Pygmalioneffekt im Klassenzimmer.... 47
1.5.4 „Klassische" Urteilstendenzen und Beurteilungsfehler 50

1.6	Institutionalisierung von Diagnostik und Beratung im Kontext von Schule – Wer darf diagnostizieren?	52
1.6.1	„Wer darf diagnostizieren?"	52
1.6.2	Aufforderung zur Selbstdiagnose der diagnostischen Kompetenzen	55
1.6.3	Aufgaben und Anlässe für die explizite Diagnostik	56

Teil II: Theoretische Grundlagen der pädagogisch-psychologischen Diagnostik – Partizipation an einem fremden Werkzeug 59

2.1	Was zeichnet eine professionelle Diagnostik aus?	60
2.1.1	Alltags- versus professionelle Diagnostik	60
2.1.2	Kriterien professioneller Diagnostik	61
2.1.3	Diagnostizieren als Prozess	63
2.2	Messtheoretische Grundlagen – ein Exkurs für Lehrkräfte	66
2.2.1	Überlegungen zum Messen und Skalieren	66
2.2.2	Besonderheiten des Messens in den Sozialwissenschaften	70
2.2.3	Anforderungen an die Güte sozialwissenschaftlicher Messungen in Anlehnung an die Klassische Testtheorie	70
2.2.4	Wert und Grenze der Klassischen Testtheorie und neuere test- und messtheoretische Modelle	80
2.3	Diagnostische Methoden	81
2.3.1	Diagnostischer Test	82
2.3.2	Diagnostisches Gespräch	85
2.3.3	Diagnostische Beobachtung	88
2.4	Orientierungsgrundlage für ein professionelles Vorgehen beim expliziten Diagnostizieren – der Fünfer-Schritt als Heuristik	91

Teil III: Ausgewählte Anlässe und Situationen im Schulalltag für explizite Diagnostik 97

3.1	Determinanten der Schulleistung und die Konsequenzen für die Diagnostik	99
3.1.1	Diagnostik ausgewählter Lernvoraussetzungen	103
3.1.1.1	Diagnostik von Vorwissen und Intelligenz	105
3.1.1.2	Diagnostik der Lernstrategien	126
3.1.1.3	Diagnostik der Lernmotivation	141
3.1.1.4	Diagnostik lernrelevanter Emotionen	165
3.1.2	Diagnostik der Unterrichtsqualität	173
3.1.2.1	Operationalisierung von gutem Unterricht	174
3.1.2.2	Selbstbeurteilung des Unterrichts durch die Lehrkraft	187
3.1.2.3	Fremdbeurteilung des Unterrichts durch einen Kollegen (Hospitation)	191
3.1.2.4	Schüler-Feedback zum Unterricht	192

3.2	Diagnostik zur Feststellung von Lernergebnissen und Lernverläufen bei Schülern	206
3.2.1	Schulleistungstests – Formen und Funktionen	207
3.2.1.1	Mehrfächertests	209
3.2.1.2	Diagnostik der Lesekompetenz	214
3.2.1.3	Diagnostik der Rechtschreibleistung	227
3.2.1.4	Diagnostik der Mathematikleistung	243
3.2.1.5	Vergleichsarbeiten	252
3.2.2	Konstruktion informeller Schulleistungstests	260
3.2.3	Alternative Beurteilungsverfahren	265
3.2.3.1	Portfolio	266
3.2.3.2	Lerntagebuch	273
3.2.3.3	Diagnostik von Lernverläufen über „curriculumbasiertes Messen" (CBM)	276
3.3	Diagnostik am Beginn von Klasse 5	281
3.4	Diagnostik bei Lernschwierigkeiten	291
3.5	Diagnostik des Sozialverhaltens	306
3.5.1	Theoretischer Rahmen und Vorbereitung der Hypothesenbildung (1)	307
3.5.1.1	Zentrale Begriffe und Zusammenhänge	308
3.5.1.2	Entstehungsbedingungen von Verhaltensauffälligkeiten bei Schülern	321
3.5.2	Diagnostische Verfahren (2)	325
3.5.2.1	Diagnostik problematischen Sozialverhaltens	326
3.5.2.2	Diagnostik von Beziehungsstrukturen in Schulklassen	331
3.5.2.3	Diagnostik von schulbezogenem Lern- und Sozialverhalten	343
3.5.2.4	Diagnostik sozialer Kompetenzen	346
3.5.3	Intervention und Förderung (3)	353
3.5.3.1	Einfluss von Lehrkräften auf die Ausbildung sozialer Kompetenzen	353
3.5.3.2	Rückbesinnung auf klassische behavioristische Lernprinzipien	354
3.5.3.3	Nutzung von Prinzipien der kognitiven Verhaltensmodifikation	357
3.5.3.4	Kooperatives Lernen anleiten, modellieren und ausschöpfen	358
3.5.3.5	Planung von konkreten Lernzielen zu sozialen Kompetenzen am Schuljahresanfang	360
3.5.3.6	Realistische Zielsetzungen in der interkulturellen Erziehung	360
3.5.3.7	Intervention und Prävention bei Mobbing und aggressivem Verhalten Ebenen der Intervention	361
3.5.3.8	Weiterführende Literatur	364

Teil IV: Aufgaben zur Optimierung diagnostischer Kompetenzen 365

4.1	Erfassung der diagnostischen Kompetenzen von Lehrkräften (Selbstdiagnose)	365

4.2	„Intervision" als wirkungsvolle Form der Hilfe zur Selbsthilfe bei Problemfällen	369
4.3	Aufgaben	370
4.3.1	Instruktion zum selbstständigen Durcharbeiten von Testverfahren in einer Kleingruppe	370
4.3.2	Erarbeitung eines Gesprächsleitfadens zur Vorbereitung eines diagnostischen Gesprächs	371
4.3.3	Analyse von Klassenarbeiten	372
4.3.4	Konstruktion eines informellen Tests	372
4.4	Angeleitete Fallanalyse	373
4.5	Adressen der schulpsychologischen Anlaufstellen in Deutschland und der Institute für Qualitätssicherung im Bildungswesen	379

Literaturverzeichnis 381

Testverzeichnis 402

Vorwort

Jeder erwartet von seinem Hausarzt[1], dass dieser ein guter Diagnostiker ist. Er soll möglichst schnell und richtig beurteilen, was uns fehlt, um eine entsprechend wirkungsvolle Therapie einleiten zu können. Gleichermaßen suchen wir uns eine Autowerkstatt, in der die Monteure gute Diagnostiker sind. Auch hier erwarten wir, dass die Mängel am Motor unseres Autos rasch und zuverlässig gefunden werden, damit die Reparatur kostengünstig bleibt und unsere Sicherheit im Straßenverkehr gewährleistet ist.

Erwarten wir jedoch auch von den Lehrern unserer Kinder, dass sie gute Diagnostiker sind, die Schwierigkeiten beim Lernen frühzeitig erkennen und minimieren, vor allem aber die Stärken der Kinder bemerken und entwickeln? Spielt bei der Beurteilung der Güte einer Schule oder der Lehrkräfte die diagnostische Kompetenz in unserer Erwartungsstruktur eine wichtige Rolle? Diese Fragen wird ein Großteil der Eltern sicher verneinen.

Erst durch das erwartungswidrig schlechte Abschneiden deutscher Schüler in den internationalen Schulleistungsvergleichen der jüngeren Vergangenheit wurde das öffentliche und wissenschaftliche Interesse an der Qualität der Diagnosekompetenzen der Lehrkräfte wieder ins Bewusstsein gerückt.

So fragen sich besorgte Eltern und natürlich die Wissenschaftler nach den Ergebnissen der PISA-Testwellen, wie es denn möglich ist, dass ein Teil der 15-jährigen Schüler, die unser Bildungssystem viele Jahre durchlaufen haben, nicht lesen können oder etwa die Grundrechenarten nicht beherrschen. Wurden diese Lernrückstände nicht bemerkt?

Gleichermaßen kommen berechtigte Zweifel an der diagnostischen Qualität von Leistungsbeurteilungen der Lehrkräfte auf, wenn durch den IGLU-Test, in dem die Leseleistungen der Kinder am Ende der vierten Klasse erhoben wurden, grobe Diskrepanzen zwischen den Testleistungen der Kinder, ihren Lesezensuren und ihren erhaltenen Bildungsempfehlungen zu Tage treten. So hatten beispielsweise Kinder mit getesteten Leseleistungen auf der höchsten Kompetenzstufe nur mittelmäßige Lesezensuren und Empfehlungen für die Hauptschule, während im Gegenzug Schüler mit schlechten Testleistungen gute bis sehr gute Lesenoten und Empfehlungen für das Gymnasium erhielten. Was ist wohl aus diesen Kindern mit den inadäquaten Bildungsempfehlungen geworden, wenn die mit den guten Lesevoraussetzungen von ihren Eltern auf der Hauptschule angemeldet wurden und jene mit den weniger guten Lesekompetenzen auf dem Gymnasium? Wir können diese Frage nicht konkret beantworten. Wir wissen es nicht.

---

1 In der vorliegenden Publikation findet das generische Maskulinum Verwendung, das sich nach der gegenwärtigen Konvention gleichermaßen auf Frauen und Männer bzw. Mädchen und Jungen bezieht.

Es wird jedoch bereits hier sehr deutlich, wie bedeutsam die Fähigkeiten von Lehrern sind, die Lernvoraussetzungen und die Schulleistungen der Schüler valide zu beurteilen. Dies gilt sowohl für das Feststellen von Lernfortschritten in einzelnen Unterrichtseinheiten als auch für die ethisch verantwortungsvolle Lenkung von Schullaufbahnen.

Für die Meisterung solcher anspruchsvollen diagnostischen Aufgaben benötigen Lehrkräfte aber *ausreichende Lerngelegenheiten,* in denen sie sowohl fundiertes theoretisches Wissen zur pädagogisch-psychologischen Diagnostik erwerben, als auch erste Fertigkeiten und Fähigkeiten im Prozess des praktischen Diagnostizierens im Kontext von Schule anbahnen können.

Die nach den „Enttäuschungen" von PISA und IGLU ausgelöste Diskussion befasste sich jedoch hauptsächlich mit dem Beklagen der möglichen Mängel in den diagnostischen Kompetenzen von Lehrkräften. Es erscheint uns jedoch nach dieser „Bestandsaufnahme" ganz wichtig zu sein, dass auch solide und ausreichende Lerngelegenheiten zur pädagogisch-psychologischen Diagnostik im Lehramtsstudium und berufsbegleitend für Lehrkräfte bereitgestellt werden. Hier sehen wir gegenwärtig einen großen Nachholbedarf. Denn einerseits wurde und wird in den erziehungswissenschaftlichen Studiengängen der „alten" Lehramtsausbildung häufig gar keine Diagnostik angeboten, andererseits fehlt es an kompetenten Fachleuten in der Lehrerfortbildung. Schließlich beklagen Studierende und gestandene Lehrkräfte auch den Umstand, dass sie nicht auf geeignete Fachliteratur zurückgreifen können, um durch selbstständiges Lernen ihre Wissensdefizite kompensieren zu können.

Genau diese Lücken möchten wir mit unserem Buch zur pädagogisch-psychologischen Diagnostik schließen helfen, indem wir ein Angebot zum Lernen sowohl für Lehramtsstudierende als auch für bereits in der Schulpraxis tätige Lehrkräfte unterbreiten. Gestandene Lehrer können darüber hinaus auch ihre Handlungsroutinen überprüfen und bestätigen und gegebenenfalls aufbrechen, ergänzen oder modifizieren.

Außerdem hoffen wir, dass sich unsere langjährigen Erfahrungen in der universitären Lehrerausbildung und in der Lehrerfortbildung dahingehend positiv auswirken, ein für Lehrkräfte verständliches, aber theoretisch fundiertes und gleichzeitig praxisorientiertes Buch vorzulegen.

In diesem Sinne verbinden wir mit dem vorliegenden Buch das Anliegen, theoretische Grundlagen und praxisrelevante Fragen der pädagogisch-psychologischen Diagnostik nicht nur an sich, sondern immer mit Blick auf das Vorwissen von Lehrkräften und mit Bezug auf konkrete Diagnoseanlässe im Kontext von Schule zu besprechen. Besonders wichtig ist uns dabei, den Lehrkräften ein verbalisiertes Denkgerüst zur Anwendung von Diagnostik bei ganz konkreten Diagnoseanlässen im Schulalltag fächer- und schulübergreifend zur Verfügung zu stellen. Wir wollen und können natürlich keine Rezepte liefern. Aber wir können zeigen, wie im professionellen pädagogischen Handlungsprozess theoriegeleitete Hypothesen bei Lern- und Leistungsproblemen für deren genaue Diagnose entwickelt und geprüft werden können, um wirkungsvolle Interventions- bzw. Fördermaßnahmen zu ergreifen.

Leipzig, im April 2009　　　　　　　　　　　　　*Ingrid Hesse* und *Brigitte Latzko*

Struktur des Buches und Lernziele

Zur Einlösung des formulierten Anspruchs dieses Buches haben wir die Behandlung und Klärung von ausgewählten Fragen und Problemen der pädagogisch-psychologischen Diagnostik in *vier Teilen* konzipiert, die zur Optimierung der diagnostischen Kompetenzen von Lehrkräften unterschiedliche Ziele verfolgen.

So soll im **ersten Teil** ein Bewusstsein über die Sinnhaftigkeit und Notwendigkeit pädagogisch-psychologischer Diagnostik als Bestandteil des Lehrerhandelns aus dem Wesen der Diagnostik selbst heraus erzeugt werden, das unabhängiger machen kann gegenüber z.T. wenig begründeten Zeitgeistbeurteilungen und Renaissancen der Diagnostik. Aus diesem geschärften Bewusstsein soll auch eine Motivation entstehen, sich systematischer mit diagnostischen Fragen zu beschäftigen.

Dazu wird u.a. differenziertes Wissen über das Konstrukt der diagnostischen Kompetenz, über mögliche Beurteilungsfehler und ihre Konsequenzen bereit gestellt. Ein Überblick über empirische Befunde zur Qualität der diagnostischen Kompetenzen von Lehrkräften soll eine Problemsicht eröffnen, wie gut bzw. genau Lehrkräfte tatsächlich Lernvoraussetzungen, Leistungen und Sozialverhalten ihrer Schüler beurteilen können. Die dort z.T. vorgetragene Kritik an den diagnostischen Kompetenzen von Lehrern wird von uns auf dem Hintergrund der unzureichenden Lerngelegenheiten in den Lehramtsstudiengängen und in den Lehrerfortbildungen kritisch hinterfragt.

Am Ende des ersten Teils erhalten die Lehrer dann die Aufgabe, über eine Selbstdiagnose ihre diagnostischen Kompetenzen zu prüfen, d.h. wie genau und gut sie bereits diagnostizieren können, um daraus inhaltliche und motivationale Konsequenzen für das weitere Lernen und Lesen abzuleiten.

Im **zweiten Teil** wird Wissen zu den messtheoretischen Grundlagen der Diagnostik systematisch und verständlich entfaltet. Dabei werden die notwendigen Aspekte der pädagogisch-psychologischen Diagnostik so aufbereitet, dass Lehrkräfte ein *Verständnis für genaues „Messen" und wissenschaftliche diagnostische Methoden entwickeln, das ihnen eine sachgerechte und professionelle Partizipation an diesem „fremden Werkzeug" im pädagogischen Feld ermöglicht.*

Im **dritten Teil** kommt aus unserer Sicht das Besondere des vorliegenden Buches explizit zum Tragen. Hier werden ausgewählte konkrete Szenarien und Diagnoseanlässe aus dem Schulalltag so modelliert, dass Lehrkräfte den von uns benannten *Fünfer-Schritt des professionellen Diagnostizierens durchgängig erkennen und allmählich als Strategie verinnerlichen können.*

Während die ersten Schritte wie zum Beispiel die theoretische Reflexion des Diagnoseanlasses, die Vorbereitung der Hypothesenbildung und die diagnostische Erfassung ausführlich abgehandelt werden, müssen wir uns im Rahmen des vorliegenden Buches bei der Förderung auf Hinweise und Literaturempfehlungen beschränken.

Der **vierte Teil** schließlich enthält konkrete Aufgaben u.a. zur Selbstdiagnose, zu einer angeleiteten Fallanalyse, bei der das erworbene Wissen angewendet und geübt werden kann und zu einem Selbsthilfeverfahren für den kollegialen Austausch der Lehrer beim Diagnostizieren.

Vorwort zur 3. Auflage

An die dritte Auflage des Lehrbuches „Diagnostik für Lehrkräfte", das sich seit mehr als sechs Jahren in der Lehreraus- und -fortbildung gut bewährt hat, werden dennoch bestimmte Erwartungen von Fachkollegen (in zahlreichen Rezensionen) und Studierenden geknüpft, die wir bei der Überarbeitung berücksichtigt haben. So bleiben Konzeption und Struktur unverändert. Die grundlegenden Aktualisierungen und Überarbeitungen betreffen nicht alle Kapitel und vor allem nicht in gleicher Weise.

Vor allem haben wir versucht, unseren Standpunkt, dass Lehrkräfte unter definierten Bedingungen bestimmte standardisierte Testverfahren einsetzen dürfen bzw. sollten, argumentativ präziser auszuarbeiten und zu begründen. Auch die Grundidee des Buches, mit dem sogenannten Fünfer-Schritt Lehrkräften sowohl eine Denkstruktur (Heuristik) für professionelles Diagnostizieren vermitteln als auch damit ihre diagnostischen Kompetenzen systematischer aufbauen zu können, wurde weiter theoretisch modelliert und elaboriert.

Im ersten Kapitel wird die Notwendigkeit expliziten Diagnostizierens an Schulen insbesondere durch die sich verändernden gesellschaftlichen Bedingungen aktuell begründet, zentrale Aufgaben expliziten Diagnostizieren konkretisiert und die empirischen Befunde zur Urteilsgenauigkeit erweitert. Im zweiten Kapitel wurde die Darstellung der klassischen theoretischen Grundlagen der pädagogisch-psychologischen Diagnostik (Messen, Gütekriterien, Methoden) zwar beibehalten, aber wesentlich ausführlicher für Lehrkräfte erklärt und mit zahlreichen Beispielen zum besseren Verständnis erläutert. Am Ende dieses Kapitels wird als Zusammenfassung der ersten beiden Teile der sogenannte Fünfer-Schritt als strategisches Handlungs- und Denkmodell des Diagnostizierens entfaltet. Das dritte Kapitel hat die umfangreichsten Veränderungen erfahren. So wurde auf das explizite Teilkapitel zur Diagnostik von Hochbegabungen verzichtet, weil diese diagnostische Aufgabe nicht in den Zuständigkeitsbereich von Lehrkräften fällt. Die diagnostischen Verfahren zur Bestimmung von Lernvoraussetzungen und des Lernerfolgs wurden aktualisiert. Darüber hinaus werden neuere, gerade für Lehrkräfte bedeutsame diagnostische Ansätze zur Informationsgewinnung in aktuellen Lehr-Lernprozessen (z.B. Curriculum basiertes Messen, Lernverlaufsdiagnostik) besprochen und die diagnostischen Potenzen der Vergleichsarbeiten herausgearbeitet.

Eine Erweiterung der dritten Auflage kommt auch deshalb zustande, weil ein völlig neues und umfangreiches Teilkapitel (3.5) zur Diagnostik von sozialen Strukturen und Beziehungen in Schulklassen, von Sozialverhalten und sozialen Kompetenzen der Schüler aufgenommen wurde, um Lehrkräften vor allem auch bei den zu leistenden aktuellen Erziehungsaufgaben der Inklusion und Integration von Schülern unterschiedlicher Ethnien diagnostische Unterstützung und adäquate Fördermöglichkeiten anzubieten. Mit dem Inkrafttreten des Übereinkommens der Vereinten Nationen über die Rechte von Menschen mit Behinderungen 2008 wurde die gleichberechtigte Teilhabe *aller* am gesellschaftlichen Leben begründet und damit die Organisation von schulischer Bildung vor weitere neue Aufgaben gestellt. Auch durch die aktuelle Zuwanderung von Flüchtlingen aus Krisengebieten werden sich neue und zusätzliche Aufgaben für die diagnostische Tätigkeit von Lehrkräften ergeben. So sollten Lehrkräfte in multikulturellen Schulklassen auf der Grundlage soziometrischer Diagnostik für die Bestimmung von Erziehungszielen sorgfältig prüfen, ob und wo bereits interkulturelle Freundschaften bestehen oder ob zunächst erst eine interkulturelle Akzeptanz angestrebt werden muss. Schülerinnen und Schüler, die Deutsch als Zweitsprache sprechen lernen, benötigen darüber hinaus spezielle Lern- und Strukturierungshilfen in allen Schulen, die sich auf eine sorgfältige Diagnose ihrer Lernvoraussetzungen und Lernfortschritte beziehen müssen. In diesem Zusammenhang muss zeitnah auch über die Konstruktion und Evaluation entsprechender neuer diagnostischer Instrumente nachgedacht werden, die eine Kooperation von Schulpraktikern, Fachdidaktikern und Psychologen erfordern. Wer also Inklusion und Integration an Schulen erfolgreich realisieren will, der benötigt hoch entwickelte diagnostische, didaktische und erzieherische Kompetenzen, um das Lernangebot für eine solche äußerst heterogene Schülerschaft tatsächlich individualisieren und adaptiv gestalten, unterschiedliche Lernverläufe auch überwachen und differenzierte Strukturierungshilfen geben und um vor allem auch sozialen Konflikten in Schulklassen präventiv entgegenwirken zu können.

Die Neuauflage ist somit um 82 Seiten umfangreicher geworden. Nicht alle Neuerscheinungen von Literatur und Forschungsbefunden zur pädagogisch-psychologischen Diagnostik bzw. Testverfahren konnten jedoch eingearbeitet werden, um den Charakter eines gut lesbaren Lehrbuches aufrechterhalten zu können.

Leipzig, im Oktober 2016 *Ingrid Hesse* und *Brigitte Latzko*

Teil I:
Renaissance der pädagogisch-psychologischen Diagnostik im Lehrerberuf *oder*
Warum brauchen Lehrkräfte diagnostische Kompetenzen?

Obwohl in keiner der internationalen Schulleistungsvergleichsstudien die diagnostischen Kompetenzen von Lehrkräften *direkt* untersucht wurden, erlebte jedoch in der Folgezeit etwa ab dem Jahre 2002 die Forderung nach verstärkter Anwendung der pädagogisch-psychologischen Diagnostik im Kontext von Schule eine erneute Renaissance. Die Frage nach der Notwendigkeit pädagogisch-psychologischer Diagnostik als unverzichtbarer Bestandteil im Tätigkeitskatalog von Lehrern an Regelschulen und ihre kontroverse Beantwortung beschäftigt Schulpolitiker, Pädagogen und Psychologen jedoch schon wesentlich länger.

Ob Lehrkräfte Kompetenzen in pädagogisch-psychologischer Diagnostik benötigen, ob sie z.B. standardisierte Schulleistungstests zur Überprüfung ihrer subjektiven Urteile einsetzen dürfen, kann und sollte nicht von aktuellen schulpolitischen Trends abhängig gemacht werden. Die Begründung für die Sinnhaftigkeit pädagogisch-psychologischer Diagnostik als Bestandteil professionellen Lehrerhandelns muss prinzipiell aus dem Wesen, dem Anspruch und der Qualität der Bildungs- und Erziehungsarbeit von Lehrkräften an einer modernen Schule abgeleitet werden.

In diesem Begründungszusammenhang soll im ersten Teil gezeigt werden, was es mit der sogenannten Renaissance der pädagogisch-psychologischen Diagnostik auf sich hat. Dabei werden zunächst die aus den internationalen Schulleistungsvergleichen abgeleiteten Forderungen nach Verbesserung der diagnostischen Kompetenzen von Lehrkräften (Kap. 1.1) aufgezeigt. Die aktuelle Renaissance der pädagogisch-psychologischen Diagnostik hat vor allem auf die Ausbildung von Lehramtsstudierenden und die Lehrerfortbildung einige programmatische Auswirkungen gezeigt. Es ist deshalb auch zu thematisieren, welche Ziele und Standards zum Erwerb von diagnostischen Kompetenzen der Lehrkräfte im aktuellen Diskurs formuliert werden und wo gestandene Lehrer bisher Lerngelegenheiten hatten, solche Kompetenzen zu erwerben oder einzuüben (Kap. 1.2). Denn auch für die Beurteilung der Lehrerleistung sollte gelten: Es kann nur das verlangt und vorausgesetzt werden, wofür zuvor Lerngelegenheiten gegeben waren. Es soll vor allem geklärt werden, was unter diagnostischer Kompetenz von Lehrkräften überhaupt zu verstehen ist (Kap. 1.3) und welche zuverlässigen empirischen Befunde zur Beurteilung der Güte der diagnostischen Kompetenz von Lehrkräften vorliegen (Kap. 1.4). Zur weiteren inhaltlichen Begründung der Sinnhaftigkeit und Notwendigkeit pädagogisch-psychologischer Diagnostik als Bestandteil des Lehrerhandels wird hinterfragt, wie genau Lehrkräfte die Lernvoraussetzungen, Lernleistungen und das Sozialverhalten ihrer Schüler beurteilen sollten, welche Konsequenzen sich dann aus genauen oder eher ungenauen Diagnosen für Schüler oder Unterricht ergeben und welchen systematischen Beeinflussungstendenzen Lehrerurteile prinzipiell unterliegen (Kap. 1.5). Aus der Begründung der Sinnhaftigkeit der pädagogisch-psychologischen Diagnostik im Kontext von Schule kann auch die Frage beantwortet werden, wer an den Schulen nun eigentlich diagnostizieren ‚darf'. Abschließend wird ein Überblick über wesentliche Aufgabenfelder bzw. Anlässe expliziten Diagnostizierens durch Lehrkräfte gegeben (Kap. 1.6).

1.1 Situation nach PISA und die schulpolitischen Schlussfolgerungen

In der aktuellen Diskussion um die Verbesserung der Qualität von Schule und der Qualifikationen von Lehrkräften nach dem erwartungswidrig schlechten Abschneiden deutscher Schüler in verschiedenen internationalen Schulleistungsvergleichen (z.B. TIMSS, IGLU, PISA) werden die nicht zufriedenstellenden Schülerleistungen u.a. auch mit den mangelnden diagnostischen Kompetenzen von Lehrkräften in Zusammenhang gebracht. Ausgelöst wurde die Debatte um die diagnostische Kompetenz von Lehrkräften durch ein relativ marginales Ergebnis der PISA-Untersuchung in der ersten Welle. So hatten zuständige Schulkoordinatoren an Hauptschulen den Auftrag, sich bei den Klassen- und Deutschlehrkräften danach zu erkundigen, welche der Schüler der PISA-Stichprobe „schwache Leser" seien. Diese Leistung wurde wie folgt definiert: „Als schwache Leser werden jene Schülerinnen und Schüler aus Hauptschulen bzw. Hauptschulzweigen gekennzeichnet, deren Lesefähigkeit so gering ausgebildet ist, dass sich dies als ernsthaftes Problem beim Übergang ins Berufsleben erweisen wird. Die Lesefähigkeit dieser Schülerinnen und Schüler liegt deutlich unterhalb der Lesefähigkeit gleichaltriger Schülerinnen und Schüler derselben Schulform" (Artelt, Stanat, Schneider, & Schiefele, 2001, S. 119). Im Ergebnis wurden knapp 90 Prozent der Schülerinnen und Schüler an Hauptschulen, deren PISA-Testergebnis noch unterhalb der Kompetenzstufe 1 lag und somit der Risikogruppe zugerechnet werden muss, überhaupt nicht als schwache Leser von ihren Lehrern identifiziert, sondern als unauffällig eingeschätzt. Wenn Fachlehrer demnach bei ca. 426 Schülern die vorliegende Leseschwäche nicht erkannten und somit auch deren Förderbedürftigkeit massiv unterschätzten, wirft das ernsthafte Fragen zur Professionalität dieser Lehrerurteile auf. Eine Generalisierung dieses Befunds auf alle Lehrkräfte und alle diagnostischen Aufgaben erscheint dennoch überhöht zu sein.

Die Notwendigkeit der Anwendung von Diagnostik durch Lehrkräfte lässt sich empirisch besser und fundierter auf den Ergebnisse der Hattie-Studie begründen, die theoretisch auf dem „Visible Learning" (sichtbares Lehren und Lernen) und empirisch auf etwa 800 internationalen Metastudien basiert (Hattie, Beywl, & Zierer, 2013). Die prinzipielle Frage, die Hattie stellt, ist die nach den wirkungsvollsten Bedingungen für den Lernerfolg der Schüler: What works best? Diese Frage kann für die diagnostische Tätigkeit von Lehrkräften nutzbar gemacht werden, indem die gefundenen Effekte einzelner Bedingungen für lernwirksamen Unterricht, die z.T. den Alltagserfahrungen von Lehrkräften widersprechen, bei der Ursachensuche nach Lernfortschritten oder Lern- und Leistungsmängeln der Schüler die Generierung relevanter Hypothesen und damit die Richtung der diagnostischen Tätigkeit leiten. So hat Hattie beispielsweise bestätigt, dass Sitzenbleiben und Sommerferien (d = -.16 und d = -.09) eindeutig den Lernerfolg senken. Moderate Effekte (zwischen d = .39 und .59) haben u.a. regelmäßige Leistungsüberprüfungen, kooperatives Lernen, Time on Task und die direkte Instruktion im Gegensatz zum offenen Unterricht. Die größten Effekte (zwischen d = .61 und .77) konnten jedoch nachgewiesen werden bei effizienten Lernstrategien und einem hohen Niveau der Metakognition der Schüler, beim Einsatz von Programmen zur Leseförderung mit treatmentbegleitender Diagnostik, bei Lehrerfeedback und einer reflektierten Unterrichtsqualität. Als Fazit kann somit aus der Hattie-Studie gezogen werden, dass einem reflexiven, theoriegeleiteten und evidenzbasierten Lehrerhandeln für den Lernerfolg der Schüler die herausragende Bedeutung zukommt und dass eine professionelle und sachgemäße Diagnostik für das Erreichen von kontinuierlichen Lernfortschritten im Unterricht und für gezielte und effiziente Förderung unverzichtbar ist.

Anderseits lag lange vor den PISA- und Hattie-Ergebnissen eine Fülle von empirischen Untersuchungen zur diagnostischen Kompetenz von Lehrkräften vor, in denen Probleme und Schwächen der Lehrerurteile differenziert aufgearbeitet wurden (vgl. dazu Kap.1.2). Es bleibt jedoch offen, ob und inwieweit diese Forschungsbefunde der Pädagogischen Psychologie von Schulpolitikern zur Kenntnis genommen wurden. Die Kultusministerkonferenz [KMK] hat jedoch dann vor dem Hintergrund der alarmierenden PISA-Ergebnisse beschlossen, künftig systematisch und regelmäßig Daten über die Entwicklung im deutschen Bildungssystem erheben zu lassen. In der Folgezeit wurde ein ganzes Maßnahmenpaket zur Weiterentwicklung und Optimierung des deutschen Bildungssystems in die Wege geleitet. Die Umsetzung dieser Optimierungsvorschläge erfolgte vor allem auf zwei Ebenen: Entwicklung von Instrumenten der Leistungsdiagnose zur Gewährleistung der Ergebnissicherung an den Schulen und Optimierung der Lehreraus- und Fortbildung. So werden seitdem z.B. in den einzelnen Bundesländern in regelmäßigen Abständen schulübergreifende Vergleichsarbeiten in ausgewählten Hauptfächern und Klassenstufen konzipiert, geschrieben und statistisch zur Lernstandsbestimmung ausgewertet. Diese Daten ermöglichen einen Leistungsvergleich über die Schulklasse hinaus und geben Lehrkräften damit eine indirekte Rückmeldung über die Qualität ihrer vorausgegangenen Lehrtätigkeit. Der Fokus bei der Optimierung der Professionalität der Lehrkräfte liegt auf der Weiterentwicklung ihrer methodischen und diagnostischen Kompetenzen. Die Forderungen der KMK in diesem Zusammenhang zielten damit auch auf eine Renaissance der pädagogisch-psychologischen Diagnostik sowohl in der Schulpraxis als auch in der Lehreraus- und -fortbildung.

Wir sprechen hier ganz bewusst von einer „Renaissance" der Diagnostik, weil ihre Notwendigkeit und Akzeptanz sowohl in Lehrerausbildung als auch praktischer Lehrertätigkeit immer wieder diskontinuierlichen Schwankungen unterworfen war und ist. Schaut man sich die Geschichte der expliziten Diagnostik im Kontext von Schule an, lässt sich erkennen, wie zu verschiedenen Zeiten und in Abhängigkeit unterschiedlicher Rahmenbedingungen jeweils andere Aufgaben in den Vordergrund traten.

Ingenkamp begründete bereits im Jahre 1968 die „Pädagogische Diagnostik" und eröffnete damit der Professionalisierung von Lehrkräften bei der schulischen Bildungs- und Erziehungsarbeit eine solide Möglichkeit:

> Pädagogische Diagnostik umfasst alle diagnostischen Tätigkeiten, durch die bei Individuen (und den in einer Gruppe Lernenden) Voraussetzungen und Bedingungen planmäßiger Lehr-Lernprozesse ermittelt, analysiert und Lernprozesse und Lernergebnisse festgestellt werden, um individuelles Lernen zu optimieren. Zur Pädagogischen Diagnostik gehören ferner die diagnostischen Tätigkeiten, die die Zuweisung zu Lerngruppen oder zu individuellen Förderprogrammen ermöglichen sowie den Besuch weiterer Bildungswege oder die vom Bildungswesen zu erteilenden Berechtigungen für Berufsausübungen zum Ziel haben. Unter diagnostischer Tätigkeit wird dabei ein Vorgehen verstanden, in dem (mit oder ohne diagnostische Instrumente) unter Beachtung wissenschaftlicher Gütekriterien beobachtet und befragt wird, die Beobachtungs- und Befragungsergebnisse interpretiert und mitgeteilt werden, um ein Verhalten zu beschreiben und/oder die Gründe für dieses Verhalten zu erläutern und/ oder künftiges Verhalten vorherzusagen (Ingenkamp, 1991, S. 760).

Klauer fokussiert Pädagogische Diagnostik knapp auf „das Insgesamt von Erkenntnisbemühungen im Dienste aktueller pädagogischer Entscheidungen" (1982b, S. 5).

Im Gegensatz zur wissenschaftlichen Forschung und curricularen Evaluation ist Pädagogische Diagnostik nicht auf die Ergründung allgemeiner Gesetzmäßigkeiten gerichtet, sondern auf die nähere Kategorisierung oder Einordnung eines Einzelfalls. Pädagogische Diagnostik unterscheidet sich von der Psychologischen Diagnostik nicht notwendig durch eigene Verfahren, Methoden und Theorien, sondern durch den Bezug auf die pädagogische Entscheidung. Deshalb verwenden wir im Folgenden den Begriff *pädagogisch-psychologische* Diagnostik, um bereits über den Begriff deutlich zu machen, dass diese Diagnostik wissenschaftlichen Standards der Psychologie Rechnung trägt, ihre Fragestellungen und Ziele aber immer die Bildungs- und Erziehungspraxis betreffen.

Bereits im Jahre 1970 war der Deutsche Bildungsrat in seinem Strukturplan für das Bildungswesen zu einer ähnlichen Einschätzung der diagnostischen Qualifikationen von Lehrkräften gelangt wie die KMK auf der Grundlage des Bildungsberichts im Jahre 2003 (vgl., Avenarius, Ditton, Döbert, Klemm, Klieme, Rürup, Tenorth, Weishaupt, Weiß, 2003):

> Ein ungerechtfertigter subjektiver Glaube an die eigene Fähigkeit, Schulleistungen intuitiv objektiv richtig bewerten zu können und das Fehlen einer ausreichenden Schulung zur Erhöhung der Objektivität und Rationalität von Leistungsbewertungen in der Lehrerbildung gehören zu den spezifischen Mängeln im deutschen Bildungswesen (Deutscher Bildungsrat, 1970, S. 88).

Konnte in den ersten Jahren nach dieser Analyse noch ein systematisches Bemühen um eine Verbesserung der diagnostischen Kompetenzen von Lehrkräften in die aufgezeigte Richtung festgestellt werden, so hat sich nach 1975 die Situation zunehmend wieder verschlechtert (vgl. Ingenkamp, 1991). Die „Anti-Test-Bewegung" (vgl. Zeuch, 1973) hat die Versuche zur Objektivierung der Schülerbeurteilung massiv gestört und ideologisch verteufelt. In der Folgezeit wurden dann die diagnostischen Ausbildungskurse in den Lehramtsstudiengängen allmählich wieder gestoppt oder verflachten zu Maßnahmen der Zensierung. Auch empirische Untersuchungen zur Pädagogischen Diagnostik wurden weniger häufig in Angriff genommen. Die Testanwendung in den Schulen sank auf ein Viertel des Standes von 1975, und das ist nicht in erster Linie auf radikale Etatkürzungen zurückzuführen (vgl. Ingenkamp, 1991). Befragt man heute gestandene Lehrer, welche Schultests (z.b. Lesetest, Mathematiktests u.a.) sie kennen bzw. mit welchen diagnostischen Maßnahmen sie ihre Urteile stützen, so stößt man nicht selten auf völliges Unverständnis. Und so kann man nach wie vor mit Ingenkamp argumentieren:

> Ein Bildungswesen ohne entwickelte Pädagogische Diagnostik ist ein lernunfähiges System. Es ist mit seinen Reformen auf Importe und Modetrends angewiesen und kann sie nicht aufgrund belegter Erfolge oder Defizite weiterführen oder modifizieren, sondern nur aufgrund von Stimmungen, Meinungen und Vorurteilen, mögen sie auch mit noch so viel politischem Gewicht vertreten werden (ebenda, 1991, S.780).

Die Schwankungen in der Wertschätzung und Anwendung pädagogisch-psychologischer Diagnostik sind im deutschen Bildungswesen unübersehbar. Ebenso unübersehbar ist, dass die Renaissance der Diagnostik seit dem sogenannten PISA-Schock in vollem Gange ist (siehe dazu Rahmencurriculum für die Lehramtsausbildung der DGPs, 2008 und die KMK-Standards der Lehreraus- und -fortbildung, 2014) und zumindest in Bezug auf die Publikationsfülle bis heute anhält.

Schaut man sich die Ergebnisse der PISA-Erhebungen seit 2003 an, so wird deutlich, dass in Deutschland die Fortschritte vor allem bei der Förderung leistungsschwacher Schüler beachtlich sind, die sicher auch auf die verstärkten Bemühungen von Lehrkräften in Bezug auf Diagnostik (Früherkennung) zurückzuführen sind. Allerdings muss auch festgestellt werden, dass der Leistungsanstieg der Leistungsschwachen vor allem zwischen 2003 und 2009 feststellbar ist und sich danach wieder ein Plateau ausgebildet hat. Über die Ursachen für diese Stagnation gibt es bis jetzt keine empirisch begründbaren Erklärungen. An der Oberfläche der aufgezeigten Entwicklung wird aber erneut eine Schwankung deutlich.

Auch im aktuellen Wiederbelebungsprozess der pädagogisch-psychologischen Diagnostik treten die Skeptiker und Kritiker in Gestalt geisteswissenschaftlich orientierter Pädagogen mit den alten Argumenten wieder in den Diskurs ein.

So müssen sich Befürworter der Diagnostik seit Jahren mit Vorwürfen auseinandersetzen, Schüler lediglich zu etikettieren und die Diagnostik zum Zwecke der Selektion zu benutzen. Dabei wird aber geflissentlich übersehen, dass Lehrkräfte ohne wissenschaftliche diagnostische Verfahren, ohne die Entwicklung eines Bewusstseins für systematische Urteilstendenzen und -fehler Schüler gleichermaßen etikettieren können, indem sie u.a. inadäquaten Referenzgruppen zugeordnet werden. Andererseits findet die Kritik an Diagnostik sozusagen auf einem Nebenschauplatz statt, denn nicht die Diagnostik ist selektiv, sondern das Schulsystem, das auf Selektion ausgerichtet ist.

Bei der Kritik an der Diagnostik wird auch die sogenannte *Förderdiagnostik* renommierter Förderpädagogen der pädagogisch-psychologischen Diagnostik gegenübergestellt. In diesem Zusammenhang wollen wir für die Auflösung der Verwirrung auf die Arbeiten von Jörg Schlee (1983, 1984, 1985, 2008) verweisen, der seit Jahren sehr deutlich und eindrucksvoll zu einem konstruktiven Diskurs über die wissenschaftliche Diagnostik im Allgemeinen und über die Desiderata und die Fehlschlüsse der sogenannten Förderdiagnostik im Besonderen herausfordert.

Abschließend ist zu konstatieren, dass alle vorgetragenen Vorurteile gegen eine wissenschaftliche Diagnostik auch nach der mit PISA markierten Wende weiter bestehen, obgleich seit über 40 Jahren – von Ingenkamp einst initiiert – eine Fülle von anerkannten theoretischen und empirischen Forschungsarbeiten zur pädagogisch-psychologischen Diagnostik und von effektiven standardisierten diagnostischen Verfahren vorliegt.

Dabei wird in den formulierten Vorurteilen gegenüber einer empirisch arbeitenden pädagogisch-psychologischen Diagnostik eines sehr deutlich: Es findet eine Kritik an einem wissenschaftlichen Gegenstand statt, ohne diesen Gegenstand wirklich umfassend zu kennen oder differenziert zur Kenntnis zu nehmen. In diesem Gegeneinander bleiben seit Jahren wichtige Chancen und Potenzen ungenutzt, die Pädagogen, Fachdidaktiker und Pädagogische Psychologen für eine inhaltliche und methodische Kooperation hätten, um viel häufiger gemeinsam diagnostische Instrumente und Förderprogramme für die Schulpraxis zu entwickeln.

1.2 Optimierung der Lehrerbildung durch zentrale Standards

1.2.1 Standards für die Diagnostikausbildung

Der von der KMK gesteuerte schulpolitische Innovationsprozess zur Optimierung der Qualität schulischer Bildung verläuft seit etwa 10 Jahren – in Anpassung an die sich permanent verändernden gesellschaftlichen Bedingungen – in zwei Richtungen:

Zum einen richtet er sich auf die Präzisierung von Handlungsfeldern bzw. strategischen Zielen für allgemeinbildende Schulen wie beispielsweise Schulreformmaßnahmen/Förderprogramme für lernschwache Kinder, konstruktiver Umgang mit Heterogenität und Diversität, Ausbau der Initiativen zum Bildungsmonitoring und zur Schulevaluation, Entwicklung nationaler Bildungsstandards für die Kernfächer und Einrichtung eines wissenschaftlichen Instituts der Länder, das die nationalen Bildungsstandards weiterentwickelt, normieren und prüfen soll (Institut zur Qualitätsentwicklung im Bildungswesen [IQB] an der Humboldt-Universität Berlin).

Zum anderen bzw. parallel zur Initiierung von Innovationsmaßnahmen an den Schulen wurden von der KMK (2004/2014) Standards für die Lehrerbildung im Rahmen der Bildungswissenschaften formuliert und präzisiert, die Anforderungen an die Professionalität von Lehrerinnen und Lehrer definieren. In diesem Dokument werden die fünf formulierten *Standards als Maßstab für den Ausprägungsgrad von Kompetenzen bei Lehrkräften* verstanden. Für unseren Erklärungszusammenhang ist vor allem der dritte Standard von Bedeutung:

> Lehrerinnen und Lehrer üben ihre Beurteilungs- und Beratungsaufgabe im Unterricht und bei der Vergabe von Berechtigungen für Ausbildungs- und Berufswege kompetent, gerecht und

Optimierung der Lehrerbildung durch zentrale Standards

verantwortungsbewusst aus. Dafür sind hohe pädagogisch-psychologische und diagnostische Kompetenzen von Lehrkräften erforderlich (KMK, 2004/ 2014, S. 3).

Dieser Standard ist zwar recht allgemein gefasst worden, dennoch wird vor allem die Relevanz von Pädagogischer Psychologie und insbesondere der pädagogisch-psychologischen Diagnostik in der Lehrerbildung hervorgehoben. Die fünf Standards der Lehrerbildung der KMK werden durch Kompetenzbereiche und entsprechende Kompetenzen konkretisiert, die die berufsbezogenen Fähigkeiten der Lehrkräfte kennzeichnen, welche im Verlauf der Ausbildung erworben werden sollen. Die Tabellen 1.1 und 1.2 geben einen Originalauszug aus dem Kompetenzbereich „Beurteilen" wieder, der die geforderten diagnostischen Fähigkeiten, Fertigkeiten und Einstellungen in den Kompetenzen 7 und 8 konkretisiert.

Tabelle 1.1: Kompetenzbereich Beurteilen – Kompetenz 7

Kompetenz 7:
Lehrerinnen und Lehrer diagnostizieren Lernvoraussetzungen und Lernprozesse von Schülerinnen und Schülern; sie fördern Schülerinnen und Schüler gezielt und beraten Lernende und deren Eltern.

Standards für die theoretischen Ausbildungsabschnitte	**Standards für die praktische Ausbildungsabschnitte**
Die Absolventinnen und Absolventen...	Die Absolventinnen und Absolventen...
• Kennen Begriff und Merkmale von Heterogenität bzw. Diversität.	• erkennen Entwicklungsstände, Lernpotentiale, Lernhindernisse und Lernfortschritte.
• Wissen um die Vielfalt von Einflussfaktoren auf die Lernprozesse und den Auswirkungen auf die Leistungen.	• erkennen Lernausgangslagen und setzen spezielle Fördermöglichkeiten ein.
• Wissen, wie unterschiedliche Lernvoraussetzungen Lehren und Lernen beeinflussen und wie sie im Unterricht in heterogenen Lerngruppen positive nutzbar gemacht werden können.	• erkennen Begabungen und kennen Möglichkeiten der Begabungsförderung.
• kennen die Grundlagen der Lernprozessdiagnostik.	• stimmen Lernmöglichkeiten und Lernanforderungen aufeinander ab.
• kennen Prinzipien und Ansätze der Beratung von Schülerinnen/Schülern und Eltern.	• setzen unterschiedliche Beratungsformen situationsgerecht ein und unterscheiden Beratungsfunktion und Beurteilungsfunktion.
• Kennen die unterschiedlichen Kooperationspartner und wissen um die differenten Perspektiven bei der Kooperation mit anderen Professionen und Einrichtungen.	• kooperieren bei der Diagnostik, Förderung und Beratung inner- und außerschulisch mit Kolleginnen und Kollegen sowie mit anderen Professionen und Einrichtungen.

Quelle: KMK (2004/2014), Standards für die Lehrerbildung.

Tabelle 1.2: Kompetenzbereich Beurteilen – Kompetenz 8

Kompetenz 8:
Lehrerinnen und Lehrer erfassen Leistungen von Schülerinnen und Schülern auf der Grundlage transparenter Beurteilungsmaßstäbe.

Standards für die theoretischen Ausbildungsabschnitte	Standards für die praktischen Ausbildungsabschnitte
Die Absolventinnen und Absolventen...	Die Absolventinnen und Absolventen...
• kennen unterschiedliche Formen und Wirkungen der Leistungsbeurteilung und -rückmeldung, ihre Funktionen und ihre Vor- und Nachteile.	• konzipieren Aufgabenstellungen kriteriengerecht und formulieren sie adressatengerecht.
• kennen verschiedene Bezugssysteme der Leistungsbeurteilung und wägen sie gegeneinander ab.	• wenden Bewertungsmodelle und Bewertungsmaßstäbe fach- und situationsgerecht an.
• kennen das Spannungsverhältnis von lernförderlicher Rückmeldung und gesellschaftlicher Funktion von Leistungsbeurteilung.	• verständigen sich auf Beurteilungsgrundsätze mit Kolleginnen und Kollegen.
	• begründen Bewertungen und Beurteilungen adressatengerecht und zeigen Perspektiven für das weitere Lernen auf.
	• nutzen Leistungsüberprüfungen als konstruktive Rückmeldung über die eigene Unterrichtstätigkeit.

Quelle: KMK (2004/2014), Standards für die Lehrerbildung.

1.2.2 Was ist das Besondere an der Vorgabe von Standards für die Lehrerbildung durch die KMK?

Mit einer solchen Vereinbarung der Kultusminister der Länder über Standards wird eine verbindliche Orientierungsgrundlage für Curricula und Studienordnungen innerhalb der Fachdisziplinen der Bildungswissenschaften an den Universitäten und Hochschulen vorgegeben. Es ist somit zentral festgelegt worden, was zukünftige Lehrerinnen und Lehrer *schulformübergreifend* nach ihrer Ausbildung *wissen* und *können sollen*. Damit werden Ausbildungsinhalte bzw. -schwerpunkte in der Lehrerbildung nicht mehr nur von „Zufällen" der Professurenkonstellation und anderen subjektiven Entscheidungen und Vorlieben der Universitäten oder Prüfungsordnungen einzelner Kultusministerien bestimmt. Mit den aufgezeigten Standards der KMK zur theoretischen und praktischen Ausbildung ist ein systematischeres, vernetztes Lernen in beiden Ausbildungsphasen eher möglich. Die formulierten Standards sind „outcome" orientiert, d.h. sie beschreiben in erster Linie Performanzstandards und sagen nichts darüber aus, wie Lehrveranstaltungen gestaltet werden oder Studierende lernen sollen, um solche Standards tatsächlich auch ausbilden zu können.

1.2.3 Umsetzung der Standards am Beispiel des Modells von Oser

Im Ansatz von Oser (1997a, 1997b; 2001) wird ein konkreter Weg aufgezeigt, wie auch die Standards der KMK *umgesetzt* werden können. Oser knüpft an die Diskussion über professionelle Standards sowie deren Kriterien und Indikatoren an und entwickelt ein *differenziertes Instrumentarium zu ihrer Handhabung und Evaluation*. Bei den Standards der Lehrerbildung bzw. des Lehrerberufs legt Oser vier Aspekte zugrunde, die die Qualität der Standards bestimmen. Dabei handelt es sich um solche „Fähigkeiten, die theoretisch fundiert sind, hinsichtlich derer es Grundlagenforschung gibt, die kriteriell evaluierbar sind und die auf einer gelebten Praxis beruhen" (Oser, 1997b, S. 210). Bei Fehlen auch nur einer dieser vier Aspekte spricht Oser von defizitärem Wissen, das den Anforderungen an ein verantwortliches Lehrerhandeln nicht gerecht wird. Oser führt dazu aus:

> Eine Handlungsweise ohne Basistheorie beruht bestenfalls auf einer Handlungsregel, mehr nicht. Sie ist im schlechtesten Fall ein Handlungsrezept. Eine Theorie ohne Handlungstradition bleibt unwirksam. Und Handlungsweisen ohne empirische Überprüfung ihrer Wirksamkeit sind oft blind. Es bedarf also nachgewiesenermaßen aller vier Kriterien, damit man von einem Standard sprechen kann. Insbesondere sind Evaluations- bzw. Qualitätsmerkmale notwendig, damit der bessere vom schlechteren Einsatz unterschieden werden kann (ebd., S. 210).

Osers Standardbegriff ist demnach wesentlich elaborierter als der von der KMK benutzte.

> Ein professioneller Lehrerstandard ist eine komplexe, sich dauernd in verschiedenen Kontexten und bezüglich verschiedener Inhalte adaptiv wiederholende Verhaltensweise, die sich aus verschiedenen Theorien speist, die auf der Folie verschiedener Forschungsergebnisse erhellt werden kann, die besser oder schlechter ausgeführt werden kann (Qualität) und die letztlich in der Tat kontextuell in verschiedenen Varianten ausgeführt wird (Oser, 2001, S. 225f.).

Oser beschreibt darüber hinaus konkret, wie ausgewählte Standards bei Lehramtskandidaten entwickelt werden können. Hierbei bezieht er sich ganz bewusst nur auf eine *Auswahl wesentlicher Standards im Studium*. Andere sollten später in der zweiten Ausbildungsphase oder im Beruf eingeübt werden. Dabei sollte den Studierenden zunächst *Wissen* bzw. Informationen in Pädagogik, Pädagogischer Psychologie und den Fachdidaktiken vermittelt werden, wobei sie gleichzeitig entsprechende Forschungsberichte dazu lesen, handelnde Experten auf Videos oder in konkreten Unterrichtssituationen beobachten und deren Handeln mit dem von Novizen vergleichen. Schließlich sollten Übungen in Unterrichtssituationen von ihnen selbst durchgeführt und mit Fachleuten besprochen, reflektiert und bewertet werden, um diese daraufhin wieder in der Praxis auszuprobieren. Nur auf diese angedeutete Art und Weise kann nach Oser ein Standard tatsächlich ausgebildet werden. Als fruchtbar erweist sich für die Ausbildung von Standards auch die Sammlung von Übungen, Analysen und Forschungsberichten, periodischen Selbsteinschätzungen, Fallbeispielen u.ä. in einem Portfolio, in dem damit der berufsbiografische Weg vom Novizen zum Beherrscher eines Standards überzeugend und nachvollziehbar dokumentiert werden kann (Oser 2001, S. 226). Oser beschreibt insgesamt 88 Standards in zwölf verschiedenen Standardgruppen (ebd. S. 230). Exemplarisch sind für unseren Erklärungszusammenhang der Ausbildung von diagnostischen Kompetenzen zwei Standardgruppen besonders interessant:

1. Schüler unterstützende Beobachtung (Diagnose) und Schüler unterstützendes Handeln (Intervention)
2. Leistungsmessung

Auch in den anderen Standardgruppen von Oser sind Aspekte für explizite und implizite Lehrerdiagnosen enthalten.

Oser operationalisiert die formulierten Standardgruppen in Form von Lernzielen. Das hat den Vorteil, dass sie gleichzeitig sowohl als Soll-Ziele für die Ausbildung als auch zur Überprüfung des Lernstandes nach der Ausbildung verwendet werden können. Die Lernziele werden in diesem Zusammenhang jeweils durch folgenden Fragestamm erhoben: „*Ich habe in der Lehrerinnen- und Lehrerausbildung gelernt...*".

Die Abbildungen 1.1 und 1.2 zeigen, wie die ausgewählten Standardgruppen in konkreten Kompetenzen entfaltet werden.

Zur Ausbildung des Standards „*Diagnose und Intervention*" muss gelernt werden,

1. zu diagnostizieren, welche Ursachen Misserfolg, Aggression, Ängste, Blockierungen etc. haben und entsprechend darauf zu reagieren.
2. den entwicklungspsychologischen Stand der Schülerinnen und Schüler in verschiedenen Bereichen (Intelligenz, Moral, soziales Verhalten usw.) zu diagnostizieren.
3. Nachahmungsprozesse unter den Schülerinnen und Schülern zu beobachten.
4. unterschiedliche Gefährdungen (z.B. Gewalt, Drogen, Selbstmord usw.) in jedem Alter, das unterrichtet wird, festzustellen und wirkungsvoll einzugreifen.
5. die Ablösung vom Elternhaus zu verstehen und auf unterschiedliche Ablösungsformen zu reagieren.
6. wie spezifische Lernschwierigkeiten diagnostiziert und behoben werden können.

Abbildung 1.1: Lernziele zur Ausbildung des Standards „Diagnose und Intervention" (nach Oser 2001, S. 232)

Zur Beherrschung des Standards „*Leistungsmessung*" muss gelernt werden,

1. unterschiedliche Methoden der Evaluation anwenden zu können.
2. den Fortschritt der Leistungen nach unterschiedlichen Kriterien und mit unterschiedlichen Instrumenten zu messen.
3. wie man schriftliche und mündliche Arbeiten unterschiedlich beurteilen kann.
4. wie die Schülerinnen und Schüler die Kriterien dessen, was gefordert ist, kennenlernen, um erfolgreich zu sein.
5. einen Lernbericht nach Kriterien zu verfassen und mit den Schülerinnen und Schülern bzw. mit den Eltern zu besprechen.

Abbildung 1.2: Lernziele zur Ausbildung des Standards „*Leistungsmessung*" (nach Oser 2001, S. 237)

Vergleicht man die von der KMK (siehe Tab. 1.1, 1.2) und die von Oser (siehe Abb. 1.1, 1.2) formulierten Standards, so zeigt sich eine große Übereinstimmung in den wichtigen Kompetenzen. Der Vorteil der von Oser beschriebenen Standards liegt jedoch vor allem darin, dass neben dem eigentlichen Unterricht auch andere für eine erfolgreiche Berufstätigkeit wichtige Kompetenzbereiche erfasst werden und dass die Standards so detailliert und konkret operationalisiert sind, dass sie sich sowohl für die Umsetzung in ein Curriculum als auch für evaluative Studien oder für eine gezielte Lehrerfortbildung eignen (vgl. Helmke, 2007).

Im Gegensatz zu den von der KMK bisher lediglich als Soll-Ziele formulierten Standards wurden die Standards von Oser auf ihre Relevanz und Wirksamkeit in der Schweizer Lehrerausbildung empirisch geprüft. Für diese umfangreiche Erhebung wurden Lehrerabsolventen an zwei Messzeitpunkten zu den Standards befragt: einmal sofort nach der Ausbildung und dann noch einmal nach fünfjähriger Berufstätigkeit (Oser & Oelkers, 2001). Der Trend der Untersuchung lässt sich darin zusammenfassen, dass die Lehrerausbildung gegenwärtig nicht ausreichend in der Lage ist, den notwendigen Erwerb wichtiger professioneller Standards bei ihren Absolventen zu gewährleisten bzw. zu sichern. Aus diesem Grund fordern Oser und Oelkers (2001) auch eine radikale Reform der Lehrerausbildung.

1.2.4 Lerngelegenheiten zukünftiger Lehrkräfte an deutschen Hochschulen in Pädagogischer Psychologie und pädagogisch-psychologischer Diagnostik

Es ist zu vermuten, dass empirische Erhebungen bei deutschen Lehramtsabsolventen und Berufsanfängern zu ähnlichen Ergebnissen wie in der Schweiz führen könnten. Wir verweisen z.B. auf eine Studie von Abs (2006), in der u.a. Selbstauskünfte von Referendaren aller Schulformen über die Ausbildung von diagnostischen Kompetenzen in der zweiten Phase der Lehrerausbildung erfasst wurden. Ein wichtiges Ergebnis ist, dass Referendare aus den Studienseminaren für Grund-, Haupt-, Real- und Förderschulen ihre diagnostischen Kompetenzen jeweils signifikant höher einschätzen als Referendare aus gymnasialen Studienseminaren (ebd.).

Eine mögliche Erklärung für diese schulformspezifischen Unterschiede lässt sich auch aus der Untersuchung der Kommission Psychologie in den Lehramtsstudiengängen (Leitung J. Möller) der Deutschen Gesellschaft für Psychologie [DGPs] ableiten, die im Jahre 2007 eine Fragebogenstudie zu den psychologischen Anteilen des Lehramtsstudiums an deutschen Hochschulen und Universitäten durchgeführt hat (Deutsche Gesellschaft für Psychologie, 2008).

Die Forderung, dass die Psychologie, insbesondere die Pädagogische Psychologie, eine wichtige inhaltliche und methodische Grundlage für die Ausbildung von Lehrkräften darstellen muss, ist sicher unstreitig. Dabei bilden die Erkenntnisse der psychologischen Lehr- und Lernforschung, der Diagnostik und der Motivationspsychologie eine entscheidende theoretische Voraussetzung, wenn professionelle Könnensstandards bei angehenden Lehrerinnen und Lehrern sowie bei bereits unterrichtenden Lehrkräften ausgebildet werden sollen.

Über die konkreten psychologischen Anteile der Lehramtsausbildung an den einzelnen Hochschulstandorten ist jedoch gegenwärtig nur sehr wenig bekannt. Zwar existiert seit dem Jahre 2002 (Modifikation 2008) eine Empfehlung der DGPs in Form eines Rahmencurriculums zu Umfang und inhaltlicher Ausrichtung der Psychologieausbildung in den Lehramtsstudiengängen, über deren Realisierung liegen aber keinerlei Informationen vor. Dieses Rahmencurriculum sieht einen Umfang von zwölf Semesterwochenstunden Psychologie im Lehramtsstudium vor, wobei pädagogisch-psychologische Diagnostik, Evaluation, Beratung und Intervention entscheidende inhaltliche Schwerpunktsetzungen darstellen.

Außerdem wandeln sich die Strukturen und Bedingungen von Studiengängen an den einzelnen Hochschulen auch in Zeiten der Modularisierung und der Einführung konsekutiver Studiengänge (BA und MA) permanent. So wurde beispielsweise in Sachsen die Lehramtsausbildung zum WS13/14 auf der Grundlage einer schulpolitischen Entscheidung, die nicht auf den Evaluationsergebnissen des ersten BA/MA-Durchlaufs basierte, wieder auf einen nicht konsekutiven Staatsexamensstudiengang umgestellt, was auch mit Kürzungen der Studienanteile in pädagogisch-psychologischer Diagnostik verbunden ist. Gerade in solchen wichtigen Umbruchsituationen wären differenzierte empirische Daten über den Stand der Lehrerbildung in Deutschland jedoch unverzichtbar.

Die oben erwähnte Fragebogenuntersuchung (DGPs, 2008) sollte also eine Wissenslücke bezogen auf die Anteile der Psychologieausbildung im Lehramtsstudium schließen helfen. Von insgesamt 33 angefragten Universitäten beteiligte sich etwas mehr als die Hälfte. Die Ergebnisse sind im Newsletter 2008 der Fachgruppe Pädagogische Psychologie der DGPs (2008) publiziert worden. So zeigte sich, dass an etlichen Hochschulen psychologische Veranstaltungen nicht zwingend für Lehramtsstudierende zu absolvieren sind und die psychologischen Studienanteile der universitären Gymnasiallehrerausbildung deutlich geringer ausfallen als etwa im Grund-, Haupt-, Real- und Förderschulbereich. Aus diesen Befunden können Rückschlüsse auf die Untersuchungsergebnisse von Abs (2006) bezüglich der festgestellten geringen oder fehlenden diagnostischen Kompetenzen bei Referendaren im Gymnasialbereich gezogen werden.

Um diese ungerechtfertigten Differenzen in der psychologischen Ausbildung der zukünftigen Lehrer zu minimieren, sollten nicht nur die bildungswissenschaftlichen Standards der KMK in den entsprechenden Studienordnungen Berücksichtigung finden, sondern es sollten auch endlich die Vorschläge zu Inhalten und Umfang der Ausbildung in Pädagogischer Psychologie aus dem Rahmencurriculum der DGPs an allen Universitäten aufgenommen und strukturell etabliert werden.

1.3 Das Konstrukt der diagnostischen Kompetenz – Wie genau und gut können oder sollten Lehrkräfte diagnostizieren?

Im Folgenden soll aus der Forschungsperspektive der Pädagogischen Psychologie die Frage beantwortet werden, was überhaupt unter diagnostischer Kompetenz verstanden wird (Kap. 1.3.1). In diesem Zusammenhang werden Ebenen diagnostischer Anforderungen an Lehrkräfte (Kap. 1.3.2) und Dimensionen diagnostischer Urteile

(Kap. 1.3.3) besprochen. Schließlich wird diskutiert, ob und warum die diagnostische Kompetenz für die Qualität des Unterrichts so wichtig ist (Kap. 1.3.4).

1.3.1 Zum Begriff der diagnostischen Kompetenz

Mit diagnostischer Kompetenz bezeichnet Schrader „die Fähigkeit eines Urteilers, Personen zutreffend zu beurteilen. Sie ist damit Grundlage für die Genauigkeit diagnostischer Urteile oder Diagnosen" (2010, S. 102). Solche Diagnosen repräsentieren in der pädagogisch-psychologischen Diagnostik explizite Aussagen über Zustände, Prozesse und Merkmale von Personen, die in einem reflektierten und methodisch kontrollierten diagnostischen Prozess gewonnen werden.

Im Unterschied zu solchen formellen Diagnosen, die professionell, d.h. zielgerichtet, theoriegeleitet und systematisch mit wissenschaftlich geprüften Methoden erstellt werden, handelt es sich bei Lehrkräften und Eltern meist „um implizite subjektive Urteile, Einschätzungen und Erwartungen, die eher beiläufig und unsystematisch im Rahmen des alltäglichen erzieherischen Handelns gewonnen werden" (ebd. S. 92).

Diagnostische Kompetenz von professionellen Lehrkräften darf jedoch nicht auf informelle Diagnosen beschränkt sein. Weinert und Schrader (1986, S. 27) schlagen deshalb ein zweistufiges diagnostisches Vorgehen vor, das auf der einen Seite subjektive, pädagogisch fruchtbare, handlungsleitende Lehrerdiagnosen und auf der anderen Seite möglichst objektive, auf Ergebnissen standardisierter Verfahren beruhende, erkenntnisleitende Urteile umfasst. Eine so verstandene diagnostische Kompetenz ist an ein breit gefächertes professionelles Wissen geknüpft und kann deshalb als eine spezielle Form von Expertise betrachtet werden (Helmke, 2007; Schrader, 2010). Helmke verwendet den Begriff der diagnostischen Expertise, um ihn von diagnostischer Kompetenz abzuheben, „die lediglich auf die Akkuratheit der Beurteilung" fokussiert sei (Helmke, 2007, S. 85). Diagnostische Expertise „beinhaltet sowohl methodisches und prozedurales Wissen (Verfügbarkeit von Methoden zur Einschätzung von Schülerleistungen und zur Selbstdiagnose) als auch konzeptuelles Wissen (Kenntnis von Urteilstendenzen und -fehlern) und darüber hinaus noch ein hohes Niveau an zutreffender Orientiertheit" (ebd. S. 85).

Eine solche diagnostische Expertise bildet sich bei Lehrkräften nicht von allein im Laufe der Berufsjahre über die schulische Alltagserfahrung aus. Aus der Lehrerexpertiseforschung kann geschlussfolgert werden, dass es keinen signifikanten Zusammenhang zwischen Merkmalen der Berufserfahrung und der Diagnosekompetenz von Lehrern gibt. Solide diagnostische Kompetenz oder Expertise von Lehrkräften setzt demnach einen systematischen und angeleiteten Erwerb sowohl diagnostischen Wissens und Könnens als auch pädagogisch-psychologischen Wissens über das Lehren und Lernen voraus.

1.3.2 Ebenen diagnostischer Anforderungen an Lehrkräften

Die Funktion des Diagnostizierens von Lehrkräften besteht im permanenten Gewinnen von diagnostischen Informationen. Ohne diese permanente Informationssammlung könnte ein Lehrer nicht pädagogisch handeln. Fragen wir uns nun zunächst, welches die alltäglichen Situationen sind, in denen Lehrkräfte diagnostizieren müssen. Langfeldt klassifiziert diese pädagogischen Situationen, in denen diagnostische Kompetenzen notwendig sind, auf drei unterschiedlichen Ebenen: individuelle Ebene, Klassenebene und institutionelle Ebene (Langfeldt, 2006, S. 199).

(1) So sollen Lehrkräfte auf der **individuellen Ebene** z.B. beurteilen, ob der Schwierigkeitsgrad von Aufgaben den Leistungsmöglichkeiten eines Schülers entspricht, wie viel Zeit dieser Schüler für die Lösung eines bestimmten Aufgabentyps braucht oder wie ein Schüler reagiert, wenn er zur Leistungskontrolle vor die Klasse gerufen wird. Der Lehrer muss auf dieser Ebene also vor allem die *individuellen Lernvoraussetzungen* von Schülern *beurteilen können*, um sie entsprechend und *angemessen fördern* und *fordern* zu können.

(2) Auf der **Klassenebene** muss die Lehrkraft u.a. in der Lage sein, die *interindividuellen Unterschiede* der Schüler zu *erkennen*, um z. B. für ein effizientes kooperatives Lernen funktionale Gruppen zusammenstellen und Lehrmethoden dem Niveau der Klasse anpassen zu können.

(3) Auf **institutioneller Ebene** muss die Lehrkraft fähig sein, *faire und objektive Zeugnisse und Leistungsberichte* zu *erstellen*, möglichst *fehlerfreie Bildungsempfehlungen* zu *erteilen* und Kurswahlen oder Förderkursbeteiligungen von Schülern optimal zu steuern.

Langfeldt konstatiert, dass schon die Vielfalt und Breite dieser Anforderungen auf den drei Ebenen es rechtfertigen, die *Diagnosekompetenz als zentrale oder Kernkompetenz für erfolgreiches Unterrichten und pädagogisches Handeln* insgesamt zu kennzeichnen (ebd., S. 199). Bereits aus dem Umfang der aufgezählten diagnostischen Leistungen kann abgeleitet werden, dass Lehrer im Unterricht in der Regel routiniert und eben wenig reflektiert das Unterrichtsgeschehen, das Schülerverhalten und die eigenen Handlungseffekte beurteilen können.

Darüber hinaus lassen sich aber auch unschwer Situationen festmachen, wo diese impliziten Urteile nicht ausreichen, nämlich immer dann, wenn neuartige didaktische Entscheidungen anstehen, kritische Unterrichtsereignisse auftreten oder pädagogisch-psychologische Problemlagen gelöst werden müssen. Um diese Anforderungen zu bestehen, sind bewusst reflektierte und zielgerichtete Formen des Diagnostizierens erforderlich. Diese diagnostische Tätigkeit findet prinzipiell außerhalb des Unterrichts statt oder die Lehrkraft schafft sich durch ein entsprechendes didaktisches Arrangement die notwendige Zeit für differenziertes und zielgerichtetes Beobachten im Unterricht.

1.3.3 Dimensionen diagnostischer Urteile

Um die Vielfalt der Einzelfälle und Probleme, die Lehrkräfte im Alltag diagnostizieren müssen, in ein überschaubares System zu bringen, kann man die von Helmke (2007, S. 95f.) vorgeschlagenen Dimensionen diagnostischer Urteile als Strukturierungsgrundlage nutzen.

1. Personmerkmale versus Aufgabenmerkmale
Aus der Beschreibung der diagnostischen Anforderungen an Lehrkräfte ist bereits deutlich geworden, dass für die Gestaltung eines adaptiven Unterrichts sowohl Informationen über Schülermerkmale als auch Aufgabenmerkmale gewonnen werden müssen. Dabei sollten die Aufgabenmerkmale optimal an die Schülermerkmale angepasst werden.

Die Diagnostik von Schüler- oder Personmerkmalen umfasst solche lern- und leistungsrelevanten Merkmale von Schülern wie Intelligenz, spezielle Begabungen, Vorwissen, Fähigkeitsselbstkonzepte, Lernmotivation, Interesse, Schul- und Leistungsängstlichkeit u.a.

Die Diagnostik der Aufgabenmerkmale bezieht sich dagegen auf die Einschätzung von Schwierigkeitsgraden bestimmter Aufgabenbatterien (z.B. welche Schüler können welche Aufgaben in einem Test oder einer Klassenarbeit lösen) und auf die Feststellung typischer Fehler oder Fehlermuster bei der Aufgabenlösung.

2. Fachlicher versus überfachlicher Bezug
Lehrkräfte müssen in der Lage sein, die fachlichen Qualifikationen und Leistungen der Schüler zu beurteilen. Hier geht es also insbesondere um die Diagnose von Lernergebnissen bei bereichsspezifischen Kompetenzen (bereichsspezifisches Wissen, Lesekompetenz, Rechenkompetenz, fachspezifische Lernschwierigkeiten usw.).

Dagegen fokussiert der überfachliche Bezug auf die Erfassung bereichsübergreifender Kompetenzen oder Schlüsselqualifikationen (z.B. allgemeine Problemlösestrategien, Verfügbarkeit von allgemeinen Lernstrategien und deren metakognitiver Regulation, Kommunikationskompetenz, soziale Kompetenz, Selbstkompetenz, unspezifische Interessiertheit und Aufgeschlossenheit usw.).

3. Individuum versus Klasse
Lehrkräfte unterrichten in der Regel nur in Klassen oder Gruppen. Deshalb ist der diagnostische Perspektivenwechsel der Lehrkraft zwischen Einzelschülern und Klasse für die Realisierung von Unterricht unabdingbar. So müssen Lehrkräfte ihr Lehrtempo und das Anspruchsniveau der Lehre beispielsweise der Leistungsfähigkeit der gesamten Klasse anpassen. Andererseits bedarf ein adaptiver Unterricht vor allem der Kenntnis der intraindividuellen Lernvoraussetzungen der Schüler. Die Beurteilung, ob ein Schüler Lernschwierigkeiten aufweist, machen Lehrer jedoch nicht nur an Lehrzielkriterien fest, sondern sie orientieren sich dabei auch am Leistungsstand der gesamten Klasse. Die Diagnose interindividueller Unterschiede der Schüler wird für Lehrkräfte nur möglich, wenn der Bezugspunkt die ganze Klasse ist.

4. Status versus Potenzial
Die Beurteilung des Ist-Zustandes (= Status), d.h. die aktuelle Leistung eines Schülers, ist eine entscheidende Voraussetzung für die Bestimmung der Zone der nächsten Entwicklung nach Wygotski. Die Zone der nächsten Entwicklung umreißt den möglichen Lernfortschritt, den der Schüler durch eine adäquate Gestaltung der Lernumgebung erreichen kann.

Die Diagnose des Status ist also eine wichtige Leistung der Lehrkraft zur adaptiven Gestaltung von Unterricht. Die Zone der nächsten Entwicklung beinhaltet damit auch das Potenzial dessen, was der Schüler unter Anleitung zu lernen und zu leisten vermag.

Darüber hinaus ist die Beurteilung des Leistungspotenzials eines Schülers, d.h. die Einschätzung seiner Leistungsmöglichkeiten unter günstigen Kontextbedingungen (z.B. ausreichende Arbeitszeit, angstfreie Lern- und Leistungssituation etc.), eine entscheidende Voraussetzung, um Lern- und Entwicklungsfortschritte zu gewährleisten.

5. Bezugsnorm des diagnostischen Urteils
Lehrerurteile sollen nicht nur genau, sondern auch pädagogisch förderlich sein. Mit der Wahl der Bezugsnorm für die Interpretation der diagnostischen Informationen (z.B. Ergebnisse einer Klassenarbeit) entscheidet die Lehrkraft als Diagnostiker auch darüber, in welchem Referenzrahmen die Ergebnisse aussagekräftig sein sollen. Dabei stehen drei Arten von Bezugsnormen zur Verfügung, um die erhobenen Daten einzuordnen: individuelle, soziale, kriteriale Bezugsnorm. So kann einmal der *Lernfortschritt eines Schülers* in einem Fach oder sein *Rangplatz* in Bezug auf eine Vergleichsgruppe (z.B. Schulklasse) oder der *Ausprägungsgrad* von Lernzielen (z.B. Lesekompetenz) bestimmt werden (vgl. Hesse, 2014). Damit hat jede dieser Bezugsnormen einen speziellen Erklärungswert, aber auch ihre Grenzen. Lehrkräfte haben also bei der diagnostischen Informationsgewinnung auch die Aufgabe, mit der Wahl der Bezugsnorm zu bedenken, zu welchem Zwecke die diagnostischen Informationen aufbereitet werden sollen (siehe dazu genauer Kap. 2).

1.3.4 Qualität diagnostischer Urteile:
Der ‚diagnostische Optimismus' von Weinert und Schrader zur Beurteilungskompetenz von Lehrkräften

Die Qualität bzw. die Genauigkeit von diagnostischen Urteilen wie von Schrader definiert, ist ein weiteres wichtiges Kriterium für die Wirkungen der zu treffenden pädagogischen Entscheidungen und des pädagogischen Handelns insgesamt. Dem liegt die Annahme zugrunde, dass pädagogische Maßnahmen nur dann eine optimale Wirkung erzielen, wenn eine ausreichende Passung zwischen den gestellten Anforderungen und den Schülermerkmalen vorliegt. Dieser Forderung kann die Lehrkraft aber nur gerecht werden, wenn sie neben der impliziten subjektiven Beurteilung von pädagogischen Situationen auch über eine professionelle Diagnosekompetenz verfügt, die eine genauere Beurteilung von Situationen oder Schülermerkmalen ermöglicht.

Das Konstrukt der diagnostischen Kompetenz 31

Die Qualität diagnostischer Urteile lässt sich in der Psychologie anhand der Gütekriterien der Diagnostik (Objektivität, Reliabilität und Validität) bewerten (siehe genauer Kap. 2.3.2). Die Genauigkeit von Urteilen trifft dort die Frage, wie gut diese mit den objektiv gemessenen Merkmalen der beurteilten Personen übereinstimmen. Der Grad dieser Übereinstimmung hängt sowohl von der diagnostischen Kompetenz des Urteilers als auch von seinen Urteilstendenzen (Urteilstendenzen und -fehler siehe Kap. 1.5) ab. In diesem Begründungszusammenhang stellt sich die Frage, wie genau die diagnostischen Urteile von Lehrern sein sollten oder anders gefragt, inwieweit die psychometrischen Gütekriterien auch für die diagnostischen Leistungen der Lehrkräfte gelten? Die Gütekriterien der Objektivität, Reliabilität und Validität beziehen sich ursprünglich auf psychologische Testverfahren. Und wer sich darin auskennt, wie aufwändig die Konstruktion eines solchen wissenschaftlichen Tests ist, der wird natürlich die gestellte Frage sofort relativieren.

Helmke (2007, S. 85) argumentiert zwar, dass es nicht nur auf die Akkuratheit ankomme, wenn man die Diagnosekompetenz oder -expertise von Lehrern in den Blick nimmt. Es wird aber gerade diese Akkuratheit häufig als Kriterium für die empirisch überprüfte Diagnosekompetenz von Lehrern herangezogen. Diese Forschungsergebnisse sind allerdings nicht immer sehr positiv ausgefallen (siehe Kap. 1.4).

Es gibt sicher auch gute theoretische Argumente dafür, dass die diagnostischen Urteile nicht immer genau sein müssen und können. Andererseits erwartet jedoch jeder Schüler ein faires und objektives Zeugnis am Schuljahresende, das seine Leistungen adäquat widerspiegelt. Die Beurteilungsqualität, die Noten, Zeugnissen oder Schullaufbahnentscheidungen u.ä. zugrunde liegt, sollte schon ein hohes Maß an Genauigkeit auszeichnen.

Unter welchen Bedingungen und für welche Ziele genaue Urteile wichtig sind und wann bestimmte „grobe Einschätzungen" nicht nur tolerierbar, sondern sogar günstige Effekte im pädagogischen Prozess haben, hängt von verschiedenen Faktoren ab, die im Folgenden näher erläutert werden.

Weinert und Schrader (1986) beziehen zur oben gestellten Frage nach der Genauigkeit von Lehrerurteilen eine eher großzügige Position, wenn sie die Diagnosen des Lehrers während des Unterrichts im Blick haben. Diese Urteile der Lehrkräfte im Unterricht bräuchten keineswegs sehr genau zu sein und müssten nicht völlig mit formell erhobenen Daten übereinstimmen. Wir bezeichnen deshalb diese Position von Weinert und Schrader als ‚diagnostischen Optimismus'.

Sie formulieren dazu vier „alternative" Gütemerkmale der diagnostischen Urteile von Lehrkräften:

1. Urteile brauchen ihrer Meinung nach dann nicht besonders genau zu sein, wenn die Lehrkräfte dafür *sensibel bleiben und eine gewisse Vorsichtigkeit walten lassen,* dass ihre Urteile eben ungenau, vorläufig und revisionsbedürftig sind.
2. Wichtig ist bei einer ungefähren Diagnose, dass die Lehrkraft im Verlauf des Unterrichts diese *permanent überprüft,* damit ihr nicht entgeht, wenn sich das Verhalten, das Wissen oder die Aufmerksamkeit der Schüler erwartungswidrig verändern und sie dann darauf angemessen reagieren kann.

3. Lehrerdiagnosen müssen *verschiedene Maßstäbe* berücksichtigen. Neben sozialnormorientierten (d.h. im Kontext Schule vorwiegend schulklassenbezogen) sowie kriterien- bzw. lehrzielorientierten Bezugssystemen hat sich *die Verwendung eines individuumzentrierten Maßstabs als pädagogisch fruchtbar erwiesen.* Der Lehrer registriert und bewertet hier die Leistungen eines Schülers auf der Grundlage der früher erzielten Lernergebnisse und der dadurch erkennbaren Leistungsveränderung.
4. Lehrerdiagnosen im Unterricht werden nicht immer durch neutrale Objektivität, sondern häufig auch durch eine pädagogisch günstige Voreingenommenheit getragen. Eine solche Position verwundert den psychometrisch ausgerichteten Psychologen zunächst und vor allem vor dem Hintergrund der jahrzehntelangen Antipositionen der geisteswissenschaftlich orientierten Pädagogen und Schulpolitiker gegen professionelle Diagnostik in der Schule. Weinert und Schrader begründen ihre Position jedoch damit, dass die Forderung nach psychometrisch genauen Urteilen im Unterricht zwar durchaus wünschenswert sei, aber von Lehrern in einem so komplexen Geschehen, wie es der Unterricht nun einmal ist, nicht geleistet werden kann. Eine solche Position korrespondiert auch mit den zahlreichen Befunden der Lehrerexpertiseforschung (Bromme, 2005). Unter einer solchen realistischen wie pragmatischen Sicht sei es durchaus günstig, wenn Unterrichtende die Leistungsunterschiede zwischen den Schülern einer Klasse mäßig unterschätzten, die Leistungsmöglichkeiten der einzelnen Schüler geringfügig überschätzten und ihre Kausalattributionen bei Erfolgen der Schüler auf deren Begabung und bei Misserfolgen auf deren geringe Anstrengung ausrichteten. Unter einer solchen Beurteilungsperspektive können Lehrkräfte für sich immer wieder neue pädagogische Handlungsanreize generieren.

In gewisser Zuspitzung der Argumentation unterstellen Weinert und Schrader sogar, dass sich Lehrer mit einer so beschriebenen ungenauen, aber pädagogisch günstigen Diagnose auch dann noch um Lernfortschritte ihrer Schüler bemühen, wo sie bei objektiver Beurteilung möglicherweise längst resigniert hätten. Gleichzeitig wird aber auch vor einer diagnostischen Voreingenommenheit von Lehrkräften gewarnt, die genau in die entgegengesetzte Richtung weist. Wenn Lehrkräfte nämlich die Leistungsdifferenzen in der Klasse überschätzen, die Lernfähigkeit ihrer Schüler unterschätzen und die Ursachen für Lernerfolge der Schüler im Zufall oder besonderer Anstrengung und für Misserfolge in der geringen Begabung sehen, dann wird sich dies äußerst ungünstig auf die Lernentwicklung der Schüler auswirken.

Bei aller Zustimmung für den ‚Optimismus' von Weinert und Schrader bezüglich der impliziten Diagnosen von Lehrkräften im Unterricht sollten Lehrkräfte auch ein Bewusstsein darüber entwickeln, dass die handlungsleitenden Kognitionen an bestimmten Stellen im Prozess der Tätigkeit zielgerichtet reflektiert werden müssen, um zumindest die ungünstige Variante der impliziten Lehrerdiagnosen aufzudecken und zu korrigieren. Dafür brauchen Lehrkräfte wiederum theoretisches psychologisches Wissen und Methoden, wie sie eine solche Reflexion auch ‚händeln' können.

1.4 Empirische Befunde zur diagnostischen Kompetenz von Lehrkräften

Ohne die Position des ‚diagnostischen Optimismus' in Frage zu stellen, muss man jedoch gleichzeitig auch die Befunde aus den empirischen Studien zur diagnostischen Kompetenz von Lehrkräften zur Kenntnis nehmen und kritisch reflektieren, die insbesondere *die Genauigkeit der impliziten Lehrerurteile abbilden.* Um zu zeigen, wie kompliziert und komplex die Frage nach der Genauigkeit und der Wirkung von Lehrerurteilen ist, sollen insbesondere ausgewählte Befunde zur Akkuratheit des Lehrerurteils vorgestellt werden. Weder verkürzte Antworten noch eine vorschnelle Herabminderung der diagnostischen Kompetenz von Lehrkräften können die tatsächliche Lösung der anstehenden Probleme zur Verbesserung der diagnostischen Expertise bei Lehrkräften befördern.

So hat bereits die frühe Forschung zur Zensurengebung bei mündlichen und schriftlichen Leistungen (vgl. Ingenkamp, 1995; original 1971) gezeigt, dass *Lehrerurteile nicht immer objektiv* sind, weil die gleiche Leistung eines Schülers von verschiedenen Lehrern unterschiedlich beurteilt werden kann. Lehrerurteile sind auch bezogen auf die Notengebung *nicht immer reliabel,* weil die gleiche Leistung eines Schülers nach einem längeren Zeitraum vom gleichen Lehrer anders beurteilt werden kann als zum ersten „Messzeitpunkt". Auch sind diese Lehrerurteile zum Teil *wenig valide,* weil ihre Beurteilung durch andere Faktoren als das zu beurteilende Merkmal beeinflusst wird. Dieser Befund ist auch in aktuellen Arbeiten wieder bestätigt worden (vgl. z.B. Moser, Keller, & Tresch, 2003; Südkamp, Möller, & Pohlmann, 2008).

Lehrer orientieren sich bei der Leistungsbeurteilung i.d.R. an einem klasseninternen Maßstab (vgl. auch Südkamp & Möller, 2009; Weinert, 2001; Ziegenspeck & Lehmann, 1999) und es fällt ihnen schwer, Leistungen klassenübergreifend nach einem absoluten Maßstab zu bewerten. Wenn es so ist, dass Lehrer zuverlässige Leistungsurteile nur auf die Klasse bezogen abgegeben können, dann sollten solche Lehrerurteile überall da, wo es um die Verteilung von Zukunftchancen für Schüler geht, nicht allein den Ausschlag geben.

Seit Mitte der 80er Jahre des vergangenen Jahrhunderts hat das Lehrerurteil durch empirische Studien eine gewisse Rehabilitierung (vgl. Klauer, 1982a) erfahren. Jedoch wurde in der empirischen Schulforschung der systematischen Untersuchung diagnostischer Kompetenz von Lehrkräften vor dem sogenannten PISA-Schock wenig Aufmerksamkeit geschenkt. Neben einigen amerikanischen Studien (Coladarci, 1986; Hoge, 1983) hatte sich zunächst das Forscherteam um F.E. Weinert am MPI für psychologische Forschung in den 80er und 90er Jahren des letzten Jahrhunderts mit Aspekten der diagnostischen Kompetenz beschäftigt. Nach PISA liegt nun eine ganze Reihe von Studien und Projekten vor, die nicht nur die Genauigkeit von Lehrerurteilen thematisieren, sondern die Entwicklung diagnostischer Kompetenzen in einem komplexeren Zusammenhang untersuchen (z.B. VERA: Helmke, Hosenfeld, & Schrader, 2004; SALVE: Hosenfeld, Helmke, & Schrader, 2002a). Konsens besteht nach wie vor darüber, dass die Fähigkeit von Lehrkräften, Schüler- und Aufgabenmerkmale adäquat einzuschätzen, den Kern diagnostischer Kompetenzen ausmacht (siehe Artelt & Gräsel, 2009; Kaiser, Helm, Retelsdorf, Südkamp, & Möller, 2012; Schrader, 2011; 2013). Im Folgenden soll anhand ausgewählter Studien und Befunde gezeigt werden, dass die Frage nach der Genauigkeit von Lehrerurteilen tatsächlich mehrerer Antworten bedarf:

Genauigkeit von Lehrerurteilen bezogen auf die Leistung von Schülern
Das forschungsmethodische Vorgehen ist dabei darauf ausgerichtet, Lehrkräfte die Leistungen der Schüler in einem Test vorhersagen zu lassen, den die Schüler dann durchführen müssen. Anschließend werden die Lehrerurteile und die tatsächliche Schülerleistung hinsichtlich der Übereinstimmung verglichen. Wird die Genauigkeit des Lehrerurteils über die Korrelation mit den Ergebnissen von Leistungstests bestimmt, so konnte in den betreffenden Studien festgestellt werden, *dass Lehrkräfte im Durchschnitt gute Diagnostiker der Schülerleistungen sind* (z.B. Hoge & Coladarci, 1989; Hosenfeld, Helmke, & Schrader, 2002b; Schrader & Helmke, 1987).

In einer Metaanalyse ermittelten Hoge und Coladarci (1989) einen Median von r = .66 für die Korrelation zwischen Lehrerurteil und Leistungstest. Dabei streuen die Werte jedoch sehr breit zwischen .28 und .92. Das bedeutet, dass es beträchtliche interindividuelle Unterschiede zwischen einzelnen Lehrkräften bezüglich ihrer Urteilsgenauigkeit gibt.

In neueren Arbeiten wird die Urteilsgenauigkeit der Schülerleistungen differenzierter fach- und inhaltsbezogen untersucht. Lorenz und Artelt (2009) konnten bspw. anhand einer Stichprobe von 127 Grundschullehrkräften zeigen, dass die Urteilsgenauigkeit dieser Lehrer bezogen auf ausgewählte Aspekte der Deutsch- und Mathematikkompetenz stark fachbezogen und weniger fachübergreifend ausfallen. Lehrkräfte, die den Wortschatz von Schülern diagnostizieren konnten, waren auch in der Lage deren Lesekompetenz zu beurteilen, nicht aber die Mathematikkompetenz. Dagegen waren die Lehrer, deren Urteilgenauigkeit bei mathematischen Leistungen gut ausgeprägt war, weniger gut in der Lage, den sprachlichen Bereich zu diagnostizieren.

Zusammenhang zwischen Urteilsgenauigkeit als Qualität diagnostischer Kompetenz und leistungssteigernden Effekten von Strukturierungshilfen
Schrader und Helmke (1987) konnten in einer Arbeit, die auf den Daten der Münchner Hauptschulstudie basiert, zeigen, dass die Genauigkeit der Leistungseinschätzung durch den Lehrer die Wirksamkeit bestimmter Unterrichtsverhaltensweisen moderiert. Es konnten *Zusammenhänge zwischen der Qualität der diagnostischen Kompetenz von Lehrkräften und leistungssteigernden Effekten von Strukturierungshilfen im Unterricht* nachgewiesen werden. Die Ergebnisse lassen sich wie folgt zusammenfassen:

> Ist die diagnostische Kompetenz hoch *und* werden viele Strukturierungshilfen gegeben, ist das für den Lernerfolg (Leistungssteigerung im Fach Mathematik) optimal. Dagegen ist die Kopplung von Strukturierungshilfen mit unterdurchschnittlicher diagnostischer Kompetenz ungünstig und als fatal stellte es sich heraus, wenn trotz vorhandener diagnostischer Kompetenz (= gute Orientierung über Leistungsunterschiede zwischen den Schülern) keine didaktischen Förder- und Strukturierungsmaßnahmen ergriffen wurden (Helmke, 2007, S. 93).

Empirische Befunde zur diagnostischen Kompetenz 35

In Abbildung 1.3 wird dieser wichtige Zusammenhang zwischen vorhandener diagnostischer Kompetenz und didaktischen Fördermaßnahmen in Form von Strukturierungshilfen veranschaulicht.

Aus diesen Befunden kann geschlussfolgert werden: Es besteht keine einfache lineare Beziehung zwischen der Güte der diagnostischen Kompetenz von Lehrkräften und den Lernerfolgen der Schüler. Helmke bezeichnet deshalb die Diagnosekompetenz in diesem Zusammenhang als *Katalysatorvariable* (vgl. ebd., S. 94). So scheint es pädagogisch nur wenig aussagekräftig zu sein, wenn die diagnostische Urteilsfähigkeit von Lehrkräften per se untersucht wird. Für die Ausbildung von Lehrkräften lässt sich aus diesem Befund ableiten, dass die Diagnosekompetenz im engen Zusammenhang mit didaktischer Kompetenz und Förderkompetenz untersucht und vor allem entwickelt werden sollte.

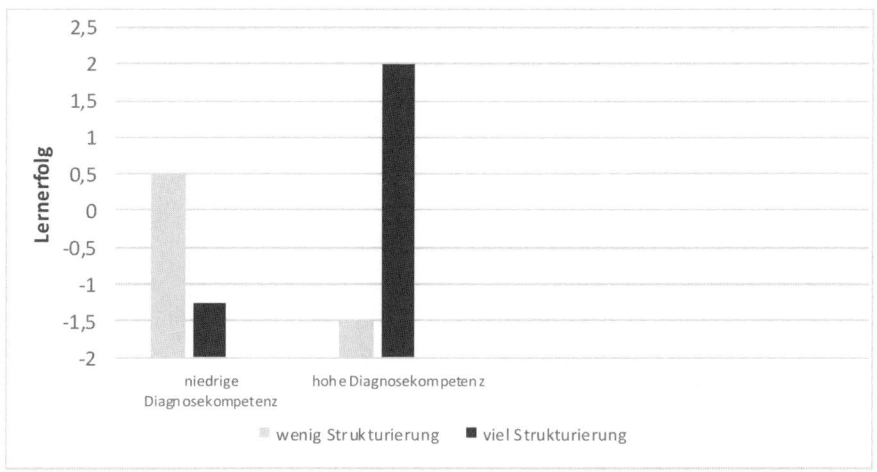

Abbildung 1.3: Lernerfolg (senkrechte Achse) in Abhängigkeit vom Ausmaß der Strukturierung und der Diagnosekompetenz der Lehrkräfte (Weinert & Helmke, 1987; zitiert nach Helmke, 2007, S. 94)

Güte des Lehrerurteils bei der Feststellung von Intelligenz und Begabung der Schüler

Inwieweit Lehrkräfte genaue Aussagen über die Intelligenz ihrer Schüler machen können, lässt sich anhand der Korrelation zwischen Lehrerurteilen und Intelligenzmaßen ablesen. Das forschungsmethodische Vorgehen ist so konzipiert, dass Lehrkräfte die Intelligenz oder Begabung der Schüler beurteilen sollen und diese Lehrerurteile dann mit den Intelligenztestwerten der Schüler verglichen werden. Die Korrelationsmaße liegen in einem ähnlichen Bereich wie die der lehrerbeurteilten Schülerleistungen.

K.-P. Wild (1991) fasst den Schwankungsbereich der Lehrerdiagnose bei intellektuellen Lernvoraussetzung der Schüler mit $.40 \leq r \leq .70$ in der Marburger Hochbegabtenstudie zusammen und fand darüber hinaus, dass Lehrer die allgemeine Intelligenz von Drittklässlern gut (r = .67), spezifische Begabungsaspekte jedoch insgesamt weniger gut (.45 ≤ r ≤ .61) einschätzen konnten (siehe auch Wild & Rost, 1995). Aus diesen Befunden lässt sich durchaus schlussfolgern, dass *Lehrkräfte die intellektuellen Lernvoraussetzungen der Schüler recht gut beurteilen können.*

In einigen Untersuchungen allerdings wird der Befund, dass Lehrer gute Diagnostiker von Schülerintelligenz seien, relativiert, weil sich die Lehrer bei der Beurteilung intellektueller Lernvoraussetzungen sehr stark an der schulischen Performanz (z.B. Rost & Hanses, 1997; Spinath, 2005) und weniger an den Potenzialen orientieren. Rost und Hanses (1997) weisen in ihrer Studie nach, dass Lehrkräfte große Schwierigkeiten damit haben, hochbegabte Schüler (intellektuelles Potenzial) mit schwachen Leistungen (Performanz), sogenannte Underachiever, zu erkennen.

Diese Ergebnisse stimmen mit der verbreiteten Auffassung überein, dass Lehrer in erster Linie Leistungsdiagnostiker sind, die die intellektuelle Begabung nur grob und nur im Rahmen der Auswirkung auf die Schulleistung beurteilen können (Schrader, 2001). Diese Konnotation der Ergebnisse der empirischen Untersuchung zur Qualität der Beurteilungskompetenz von Lehrkräften in Bezug auf intellektuelle Lernvoraussetzungen könnte so interpretiert werden, dass die Urteilsgenauigkeit der Lehrkräfte in diesem Zusammenhang eben doch nicht so gut ist, wie sie sein könnte. Nun muss man sich aber fragen, wozu Psychologen und Psychometriker äußerst aufwändig diagnostische Verfahren zur Messung der Intelligenz und Begabung konstruieren und dabei davon ausgehen, dass diese hypothetischen Konstrukte eben der direkten Beobachtung nur schwer zugänglich sind, wenn man anderseits aber von Lehrkräften erwartet, sie müssten auch ohne diese Messwerkzeuge zu genauen Urteilen kommen.

Eine andere Richtung der kritischen Argumentation gegen diese Interpretation der Befunde könnte sich auf die Erkenntnisse der modernen Kognitionspsychologie stützen, die den besonderen Zusammenhang von Intelligenz und Vorwissen beim Zustandekommen von Schulleistung zugunsten der Variable Vorwissen mit zunehmender Klassenstufe hervorhebt. Wozu sollen Lehrer also die Intelligenz ihrer Schüler genau beurteilen können, wenn das Vorwissen für das Zustandekommen der Schulleistung weit mehr Bedeutung hat?

Zusammenhang der Genauigkeit der Intelligenzbeurteilung durch Lehrkräfte in Abhängigkeit der Kontextvariable Klassengröße
Die Untersuchung von K.-P. Wild und Rost (1995) beruht auf einem Teildatensatz der Marburger Hochbegabtenstudie (n = 6120 Drittklässler, n = 261 Lehrkräfte). Zunächst scheint die Hypothese ganz plausibel zu sein, dass in kleineren Schulklassen genauere Diagnosen durch Lehrer möglich sind. Dagegen zeigen die Ergebnisse dieser Studie jedoch, dass die Genauigkeit der individuellen Beurteilung nicht von der Klassengröße abhängt (ebd. S. 86). Da die untersuchten Schülerstichproben und die damit korrespondierenden Lehrerstichproben sehr groß sind, kann von einer *Unabhängigkeit von Klassengröße und Beurteilungsgenauigkeit* ausgegangen werden. Die berichteten Befunde besagen nicht notwendigerweise, dass es in größeren Klassen nicht „schwieriger" sein könnte, die Fähigkeiten eines einzelnen Schülers treffend einzuschätzen. Aber

dennoch ist immer die Fähigkeit des Lehrers die entscheidende Einflussgröße zur genauen Beurteilung.

Urteilsgenauigkeit der Lehrkräfte bei nicht kognitiven Persönlichkeitsmerkmalen der Schüler
Hierzu gibt es vergleichsweise wenige Untersuchungen (vgl. Schrader, 2010). Das forschungsmethodische Vorgehen solcher Studien ist so konzipiert, dass Lehrkräfte die betreffenden Schülermerkmale (z.b. Ängstlichkeit, Fähigkeitsselbstwahrnehmung oder Lernmotivation) beurteilen sollen und diese Lehrerbeurteilung mit Selbstauskünften der Schüler zu den entsprechenden Lernvoraussetzungen verglichen werden. Die Befunde offenbaren nur *schwache Zusammenhänge zwischen Lehrerurteilen und Selbsteinschätzungen der Schüler.*

Das spricht dafür, dass Lehrkräfte solche nicht-kognitiven Personmerkmale weniger genau beurteilen können. Karing (2009) bestätigt in einer Untersuchung mit 142 Grundschul- und 111 Gymnasiallehrern die bisherigen Forschungsbefunde, dass die Urteilsgüte im Bereich nicht-kognitiver Personenmerkmale geringer ausfällt als im Leistungsbereich: Die Lehrkräfte konnten das Fachinteresse ihrer Schüler in Deutsch und Mathematik weniger genau beurteilen als deren spezifische Leistungen (Arithmetik, Wortschatz und Textverstehen). Auch die deutschen und chinesischen Grundschullehrkräfte in einer Studie von Urhahne, Zhou, Stobbe, Chao, Zhu und Shi (2010) hatten Schwierigkeiten motivational-affektive Schülermerkmale wie mathematisches Selbstkonzept, Lernmotivation und Leistungsangst einzuschätzen, während sie die Mathematikleistung mit großer Genauigkeit vorhersagen konnten.

Urteilsgenauigkeit von Mathematiklehrern bezüglich ausgewählter Schüler- und Aufgabemerkmale nach gehaltenem Unterricht
In der Schulstudie SALVE, in der es um die Untersuchung der unterrichtlichen und individuellen Bedingungen der Lern- und Motivationsentwicklung bei Schülern der 5. und 6. Klassenstufe geht, wurde der Frage der Urteilsgenauigkeit im natürlichen Unterrichtsgeschehen (Hosenfeld et al., 2002a; 2002b) nachgegangen. Das Ziel dieser Unterrichtsstudie wird bereits aus dem Namen deutlich: SALVE = Systematische Analyse des Lernverhaltens und des Verständnisses in Mathematik: Entwicklungstrends und Fördermöglichkeiten. Die Schülerstichprobe der Studie umfasst n = 654 Schüler aus 30 fünften Klassen unterschiedlicher Schularten (Hauptschule, Realschule, Gymnasium, integrierte Gesamtschule). Die Lehrerstichprobe setzt sich aus 27 Lehrkräften zusammen, die relativ gleich auf die einzelnen Schulformen verteilt sind.

Die Ausgangsüberlegung dieser Untersuchung fußt auf einer *zentralen Prämisse der Pädagogischen Psychologie, dass für eine effektive Unterrichtsgestaltung eine möglichst gute Passung zwischen Unterrichtsangebot und den Lernvoraussetzungen der Schüler* bestehen sollte. Für eine solche Passung ist es erforderlich, dass Lehrkräfte bei der Planung von Unterricht den aktuellen Wissensstand, das Aufmerksamkeits- und Verständnisniveau sowie die Lernmotivation der entsprechenden Schüler relativ genau kennen.

Für die Bedeutsamkeit einer solchen diagnostischen Sensibilität in Bezug auf den Unterrichtserfolg existieren bereits erste empirische Belege (Schrader 1989, 2001). Dabei sollten die Erwartungen an die genaue Beurteilung der Lehrkräfte bezüglich der Lernvoraussetzungen auch nicht zu hoch sein, weil Lehrer nun einmal nur implizit diagnostizieren und nur selten explizite Diagnosen anstreben und dazu oftmals auch nicht in der Lage sind.

Die konkrete Fragestellung von SALVE (Hosenfeld et al., 2002a) lautet dementsprechend:

> Wie gut sind die Lehrkräfte über das Vorwissen (Vorleistungsniveau), die Freude an Mathematik (als motivationale Variable), das Verständnis, die Aufmerksamkeit und die Unter- bzw. Überforderung der Schüler ihrer Klasse im Bilde bzw. wie genau stimmen ihre Einschätzungen mit den Schülerangaben bzw. -leistungen überein?

In dieser Unterrichtsstudie wurde eine besondere Methodik eingesetzt. Neben Mathematiktest, Schülerfragebogen und Lehrerfragebogen wurden Mathematikstunden videografiert. Unmittelbar vor Beginn und nach Ende der videografierten Unterrichtsstunde wurden die Lehrkräfte zur Planung und zum Verlauf der Stunde befragt. In der Nachbefragung wurden die Lehrkräfte gebeten, einzuschätzen, wie viele Schüler den Stoff der Stunde gut nachvollzogen und alles verstanden haben, wie viele Schüler wirklich aufmerksam waren, die Stunde interessant fanden und mit dem Stoff der Mathestunde über- bzw. unterfordert waren.

Die Schüler wurden ebenfalls zur videografierten Stunde befragt. Jeder Schüler sollte, ähnlich wie der Mathematiklehrer, für sich selbst einschätzen, wie gut er den Stoff verstanden hat, wie deutlich es war, worauf die Lehrkraft hinaus wollte, wie gut aufgepasst wurde, wie interessant der Unterrichtsstoff war und ob der Stoff zu leicht oder zu schwer war. Auf einer 5- bzw. 6-stufigen Skala sollten die Schüler jeweils ihre Einschätzung vornehmen.

Die Ergebnisse der Studie zeigen, dass die Urteile von Lehrkräften und Schülern nicht immer übereinstimmen. Die Einschätzung der Aufgabenschwierigkeit beim eingesetzten Mathematiktest zeigt, dass die Lehrkräfte bei 58,7% ihrer Schüler davon ausgehen, dass diese die 12 zu beurteilenden Aufgaben lösen können. Die empirische Lösungshäufigkeit der Klassen liegt mit einer Ausnahme *unter* den Schätzungen der Lehrkräfte.

Im Durchschnitt überschätzen die Lehrkräfte ihre Klassen um 18% bezüglich der Aufgabenlösung; das Maximum liegt hier bei 45,5% (vgl. Hosenfeld et al., 2002b). Grund für diese deutliche Überschätzung könnte sein, dass Lehrkräfte eher die Kompetenz und nicht die tatsächlichen Leistungsmöglichkeiten in der Testsituation beurteilen. Das könnte darauf hindeuten, so meinen Hosenfeld et al., dass Lehrkräfte solche leistungsmindernden Faktoren wie das Vergessen von Stoff, unzureichende Zeit im Test, Flüchtigkeitsfehler, geringe Anstrengung, Aufregung und Angst nicht hinreichend ins Kalkül ziehen (vgl. ebd., S. 79).

Ein besserer Indikator für die diagnostische Kompetenz von Lehrkräften sind klassenspezifische Korrelationen zwischen den Aufgabenschwierigkeiten und den Lehrereinschätzungen. Sie sind ein Maß dafür, inwieweit Lehrkräfte unabhängig vom absoluten Niveau Schwierigkeitsunterschiede zwischen den Aufgaben erkennen können (vgl. ebd., S. 80). Es zeigte sich in der Untersuchung, dass die Lehrerurteile einerseits im Mittel recht zutreffend waren, anderseits es deutliche Unterschiede zwischen einzelnen Lehrkräften gibt. Bezüglich der Aufmerksamkeit schätzen die Lehrkräfte

Empirische Befunde zur diagnostischen Kompetenz 39

ein, dass mehr als die Hälfte (im Durchschnitt 72%) der Schüler dem Unterricht aufmerksam gefolgt ist. Die Schüler berichten hingegen zu erheblich größeren Anteilen, in der Stunde gut bzw. sehr gut aufgepasst zu haben (Durchschnitt bei 87,5%). Es wird deutlich, dass die Mehrzahl der Lehrkräfte die Aufmerksamkeit ihrer Schüler unterschätzt (maximal um knapp 70%).

Die Überschätzung der Aufmerksamkeit durch die Lehrer kam eher selten vor (11,5%). Bei acht von 30 Klassen wurden hohe Korrespondenzen zwischen Lehrerbeurteilung und Schülerangaben festgestellt (vgl. ebd., S. 75).

Wenn man unter der Perspektive des ‚diagnostischen Optimismus' von Weinert und Schrader diese Befunde zur leichten Unterschätzung der unterrichtlichen Aufmerksamkeit der Schüler durch die Lehrer betrachtet, dann könnte damit eine permanente Wachsamkeit der Lehrkräfte im Unterricht gesteuert werden, die Aufmerksamkeit von Schülern wach zu halten und auf die lernrelevanten Inhalte zu lenken. Für eine solche Interpretation spricht auch, dass die Überschätzung des Aufmerksamkeitsverhaltens der Schüler durch Lehrer eher selten vorkam.

Die Beurteilung, wie hoch der Prozentsatz der am Stoff interessierten Schüler ist, wird von den Lehrern zurückhaltender vorgenommen. Im Durchschnitt gehen sie von 63% interessierter Schüler aus. Auch hier *bei der Interessiertheit am Stoff unterschätzen die Lehrkräfte ihre Schüler, allerdings mit maximal nur 47, 7% in geringerem Ausmaß* (vgl. ebd., S. 76).

Bei der Lehrerbeurteilung des Verständnisses bezüglich des Stoffes ergibt sich ein ähnliches Muster wie bei der Einschätzung der Aufmerksamkeit. Im Durchschnitt gehen die Lehrkräfte davon aus, dass knapp zwei Drittel der Klasse (65, 7%) den Stoff wirklich verstanden haben. Dagegen geben hier durchschnittlich 80,2% der Schüler an, den Stoff gut oder sehr gut verstanden zu haben. D.h. *bezogen auf das Verständnis des Stoffs im Unterricht unterschätzen die Lehrkräfte ihre Schüler ebenfalls.* Im Durchschnitt ergeben sich Differenzen zwischen Lehrereinschätzung und Schülerangaben von knapp 15% (vgl. ebd., S. 78). *Den Anteil der unterforderten Schüler schätzen die Lehrkräfte mit durchschnittlich 20% zu gering ein.*

Aus den Befunden der Schulstudie SALVE zur Feststellung der diagnostischen Kompetenz von Lehrkräften ist somit erneut deutlich geworden, dass Lehrer die Lösungspotenzen der Schüler bei Testaufgaben relativ gut vorhersagen können bzw. überschätzen, jedoch Aufmerksamkeit, situatives Interesse und Verständnis des behandelten Stoffs der Schüler im Unterricht im Vergleich zu den erfassten Selbstauskünften der Schüler unterschätzen.

Die Forscher relativieren ihre Ergebnisse in der Diskussion dahingehend, dass sie auf die beiden möglicherweise unterschiedlich zuverlässigen Datenquellen hinweisen. Es kann sicher die Frage gestellt werden, wieweit Schüler der 5. und 6. Klassen in einer Befragung nach der Unterrichtsstunde ihre Aufmerksamkeit und ihr Verständnis des Stoffs tatsächlich adäquat einzuschätzen vermögen. Die Mittelwerte der Übereinstimmungen von Lehrerurteilen und Schüleraussagen sind durchaus als zufriedenstellend zu bewerten. Es ist zu vermuten, dass Lehrer, die die Aufmerksamkeit, das situative Interesse und das situative Verständnis der Schüler unterschätzen, wachsamer und methodisch flexibler sind, als Lehrkräfte, die diese Lernvoraussetzungen bei ihren Schülern überschätzen. Dagegen scheint der Befund, dass Lehrkräfte etwa ein Fünftel der Schüler (bezogen auf die Selbstauskünfte der Schüler) unterfordern, für eine optimale Passung von Schülervoraussetzungen und Unterricht ungünstig zu sein, weil dieses Fünftel eben mehr oder anspruchsvoller lernen könnte.

Zusammenfassend kann festgestellt werden, dass die Ergebnisse zur Beurteilungskompetenz der Lehrkräfte in SALVE neben den zufriedenstellenden Mittelwerten auch erhebliche interindividuelle Kompetenzunterschiede zwischen den Lehrern offenlegen, die aus der nicht unerheblichen Streuung der Daten ablesbar sind. Es ist also neben allem ‚diagnostischen Optimismus' auch erforderlich, ungünstige Routinen im Lehrerverhalten aufzubrechen und in Aus- und Fortbildungen das diagnostische Wissen und die Beurteilungskompetenz zu optimieren.

Urteilsgenauigkeit von Grundschullehrern bei lern- und leistungsrelevanten Schülermerkmalen?
Die Studie von Spinath (2005) ist für unsere Argumentation aus zwei Gründen interessant. Zunächst werden weitere differenzierte Befunde zur Urteilsgenauigkeit (Akkuratheit) von Grundschullehrkräften vorgelegt. Darüber hinaus wird die Frage gestellt, ob Lehrkräfte über eine diagnostische Kompetenz im Sinne eines einheitlichen Konstrukts verfügen.

Ziel- und Fragestellung begründet Spinath unter anderem damit, dass in der Literatur z.T. sehr widersprüchliche Aussagen über die Güte von Lehrerurteilen zu finden sind. Das liegt einmal daran, dass unterschiedliche Akkuratheitsmaße verwendet werden und zum anderen keine Richtlinien für die Bewertung der getesteten Akkuratheitsmaße vorliegen, nach denen das Ausmaß der Akkuratheit bestimmt werden könnte.

Wie bereits aus der Darstellung empirischer Arbeiten zur Urteilsgenauigkeit deutlich wurde, werden zur Kennzeichnung der Genauigkeit von Lehrerurteilen in der Regel Korrelationen zwischen Lehrerurteil und erhobenem Schülermerkmal (aus Testergebnis oder Selbstauskunft) oder Maße für die mittlere Abweichung zwischen beiden (Cronbach, 1955) berechnet.

Bei der Beschreibung der Genauigkeit der diagnostischen Urteile greift Spinath (2005) auf die Unterscheidung von drei unabhängigen Komponenten nach Schrader und Helmke (1987) zurück: Niveau-, Streuungs- und Rangordnungskomponente. Die drei „Genauigkeitskomponenten" werden im Folgenden aus zwei Gründen ausführlicher dargestellt: 1. Zum besseren Verständnis der Befunde aus der Studie von Spinath und 2. Zur Vorbereitung der Selbstdiagnose der diagnostischen Kompetenzen im Teil IV dieses Buches.

Mit der *Niveaukomponente* wird gekennzeichnet, ob die Lehrkraft im Mittel die Merkmale oder Leistungen von Schülern zu gut, adäquat oder zu niedrig einschätzt. Es wird dazu der Mittelwert etwa der Schülerleistungen berechnet (z.B. wie viele Aufgaben eines Leistungstests im Durchschnitt gelöst werden). Dieser Mittelwert wird mit dem Mittelwert der korrespondierenden Lehrereinschätzung verglichen. Wenn systematische Tendenzen der Unter- oder Überschätzung auftreten, können dafür viele Gründe verantwortlich sein (z.B. Beurteilungstendenzen, inadäquate Vergleichsmaßstäbe usw.).

Die *Streuungskomponente* erfasst den Vergleich der Verteilungsform der empirischen Angaben der Schüler und der entsprechenden Lehrerurteile. Ist der Streubereich der Lehrerangaben deutlich geringer als der der Schülerangaben (die dabei als Kriterium angesehen werden), dann kann auch eine systematische Urteilstendenz zugrunde liegen, nämlich die Tendenz zur Mitte. Damit wird der Streubereich unangemessen reduziert, d.h. die Lehrer neigen zur Homogenisierung der Differenz. Eine leichte Unterschätzung der Leistungsunterschiede einer Klasse ist im Sinne des ‚diagnostischen Optimismus' (Weinert & Schrader, 1986) pädagogisch förderlich. Es existiert aber auch das Gegenteil, d.h. der Streubereich der Lehrerangaben liegt deutlich über dem der Schülerangaben. Dann liegt eine sogenannte Überdifferenzierung vor.

Schrader und Helmke bezeichnen schließlich die *Rangordnungs-* oder *Korrelationskomponente* als das Kernstück der diagnostischen Kompetenz. Sie ist das Maß für die Erfassung der Fähigkeit von Lehrkräften, die Rangordnung oder die Fähigkeitsabstufung zwischen verschiedenen Schülern zutreffend zu bestimmen. Hierzu wird mit Hilfe korrelativer Verfahren geprüft, wie ähnlich sich die Reihenfolgen beider Verteilungen sind. Im Idealfall würden beide geschätzten Rangordnungen übereinstimmen ($r = 1.0$).

Spinath hat in ihrer Untersuchung alle drei Komponenten der Urteilsgenauigkeit geprüft. Die Schülerstichprobe ihrer Studie besteht aus 723 Grundschülern 1. bis 4. Klassen. Diese Schülerstichprobe wurde aus vier Grundschulen gezogen. Die korrespondierende Lehrerstichprobe besteht aus 43 Grundschullehrern, die die jeweilige Schulklasse mindestens acht Monate oder seit der Einschulung führen.

Als lern- und leistungsrelevante Schülermerkmale werden Intelligenz, Fähigkeitsselbstwahrnehmung, Lernmotivation und Leistungsängstlichkeit untersucht. Zur Erfassung der Intelligenz wurden die Intelligenztests CFT 1 *(Cattell, Weiß, & Osterland, 1997)* bzw. CFT 20 (Weiß, 1998) verwendet. Die Erhebung der motivationalen und affektiven Merkmale erfolgte über Selbstberichte der Schüler mittels Fragebögen. Für alle Items der Befragung war eine 5-stufige Antwortskala konzipiert worden (z.T. Abstufung durch grafische Symbole oder verbale Beschreibungen).

Die Einschätzung der Schülermerkmale durch die Lehrer erfolgte mittels Fragebogen. Für jeden Merkmalsbereich war ein Item mit einer 5-stufigen Ratingskala vorgesehen worden. Für die Beurteilung der allgemeinen kognitiven Leistungsfähigkeit (im Sinne von Intelligenz) wurden den Lehrkräften Hilfen durch die prozentuale Häufigkeit pro Abstufung gegeben. Bei den nicht-kognitiven Merkmalen wurde z.B. so gefragt: „Bitte schätzen Sie die *schulische Lernfreude* (das *schulische Fähigkeitsselbstkonzept/die Schulängstlichkeit*) des Schülers/der Schülerin im Vergleich zu anderen Kindern seines/ihres Alters ein" (vgl. ebd. S. 89).

Die Ergebnisse der Studie bezogen auf die drei Komponenten der Urteilsgenauigkeit ergaben folgendes Bild: Bei der Niveaukomponente zeigte sich für die Einschätzung des Fähigkeitsselbstkonzeptes und der Lernmotivation eine durchschnittliche Tendenz zur Unterschätzung dieser Schülermerkmale. Die Leistungsängstlichkeit wurde dagegen überschätzt. Das Niveau des Intelligenzquotienten wurde von den Lehrkräften sehr treffend eingeschätzt.

Die Werte der Differenzierungskomponente (Streuungskomponente) zeigen, dass Lehrkräfte im Durchschnitt dazu neigen, die Streuung des Intelligenzquotienten und der Leistungsängstlichkeit zu unterschätzen, während die Streuung des Fähigkeitsselbstkonzepts und der Lernmotivation überschätzt wurde, d.h. die Lehrkräfte neigen bei diesen beiden Schülermerkmalen zu einer Überdifferenzierung.

Die Akkuratheitswerte der Lehrereinschätzung, die im Rahmen der Rangordnungskomponente ermittelt wurden, können für IQ und Fähigkeitsselbstwahrnehmung als moderat bezeichnet werden, für die Lernmotivation und die Leistungsängstlichkeit dagegen als gering (vgl. ebd., S. 90f.). Das bedeutet, dass die Lehrkräfte besser in der Lage sind, eine differenzierte Abstufung unter ihren Schülern bezüglich der intellektuellen Fähigkeiten und der Fähigkeitsselbstwahrnehmungen vorzunehmen, als sie das bezogen auf Lernmotivation und Ängstlichkeit vermögen.

Spinath prüfte darüber hinaus auch, ob sich in den Lehrerurteilen über alle drei berechneten Akkuratheitskennwerte und über alle vier Schülermerkmale hinweg Zusammenhänge nachweisen lassen. Es konnte festgestellt werden, dass lediglich die Werte der Streuungskomponente einen moderaten positiven Zusammenhang ($r = .42$) aufweisen. Die Akkuratheitskennwerte der Niveaukomponente weisen nur in einem Fall einen signifikant positiven Zusammenhang auf: Lehrkräfte, die die schulische Fähigkeitsselbstwahrnehmung genauer eingeschätzt hatten, konnten auch das Niveau der Lernmotivation genauer bestimmen (vgl. ebd., S. 92).

> Die innerhalb der vier Schülermerkmale gemittelten Korrelationen der drei Akkuratheitskomponenten liegen zwischen .04 und .12. Mit zwei Ausnahmen sind alle Einzelkorrelationen nicht signifikant von Null verschieden. Die beiden signifikanten Korrelationen kennzeichnen moderat positive Zusammenhänge zwischen Niveaukomponente und Rangordnungskomponente für die Schülermerkmale IQ und schulische Lernmotivation (ebd. S. 93).

Die Ergebnisse der Studie werden von Spinath dahingehend diskutiert, dass sie den 43 untersuchten Klassenlehrern nur eine geringe Akkuratheit in der Beurteilung der vier Schülermerkmale bescheinigt. Sie zieht den Schluss, dass das in der Studie gefundene Muster von Korrelationen nicht die Annahme einer zugrunde liegenden generellen Fähigkeit zur akkuraten Beurteilung von Schülern durch diese Lehrkräfte rechtfertige.

> Für die weitere Beschäftigung mit dem Thema der Güte von Lehrerurteilen über Schülermerkmale legen diese Befunde nahe, auf die Verwendung des Begriffs der diagnostischen Kompetenz zu verzichten, soweit damit die Fähigkeit zu treffenden Beurteilungen von Personmerkmalen gemeint ist. Aussagen bezüglich der Genauigkeit von Lehrerurteilen müssen nach Schülermerkmal und Akkuratheitskriterium spezifiziert werden. Die nach PISA häufig zu hörende Behauptung, Lehrer besäßen geringe diagnostische Kompetenzen, wäre demnach nicht haltbar (ebd., S. 94).

Weinert und Schrader (1986) kamen bei einer empirischen Untersuchung zu ähnlichen Ergebnissen und Schlussfolgerungen wie Spinath (2005):

> Innerhalb unserer Stichprobe konnte also niemand identifiziert werden, der sich generell als „guter pädagogischer Diagnostiker" charakterisieren ließe. Auf der anderen Seite gibt es aber auch keinen Lehrer, der auf allen Urteilskennwerten gleichermaßen ungünstig abschneidet. Dies deutet darauf hin, dass es wahrscheinlich mehrere voneinander relativ unabhängige diagnostische Kompetenzen gibt (Weinert & Schrader, 1986, S. 25).

Systematische Beeinflussungstendenzen im Lehrerurteil

Fazit: Die Untersuchungsbefunde zeigen, dass Lehrkräfte unterschiedliche Schüler und Aufgabenmerkmale jeweils unterschiedlich genau beurteilen können. Diese Befunde konnten in neueren Untersuchungen dahingehend differenziert werden, dass Lehrkräfte in der Regel nicht in der Lage sind, unterschiedliche Schüler- und Aufgabenmerkmalen durchgängig auf gleichem Akkuratheitsniveau zu beurteilen. Aus diesen Befunden wurde geschlussfolgert, dass es sich beim Diagnostizieren nicht um eine einheitliche allgemeine Fähigkeit handeln kann, sondern dass Lehrkräfte über unabhängige diagnostische Kompetenzen verfügen müssen. Deshalb sollte auch der Begriff „diagnostische Kompetenz" im Plural verwendet werden.

1.5 Systematische Beeinflussungstendenzen im Lehrerurteil: Urteilstendenzen, Urteilsvoreingenommenheit, Urteilsfehler

Die Darstellung der z.T. nicht befriedigenden Befunde zur Beurteilungskompetenz von Lehrkräften und der Terminus „Urteilsfehler" in der Überschrift könnten den Schluss nahe legen, dass eine gewisse individuelle Schuld des Urteilers insbesondere für die fehlende Übereinstimmung zwischen Lehrerurteil und Testbefund oder zwischen verschiedenen Lehrerurteilen unterstellt werden könnte. Die unrealistische Annahme, ein Diagnostiker könne sozusagen den „wahren Wert" eines Schülermerkmals bestimmen, wenn er nur sorgfältig genug verfährt und die ‚richtigen Werkzeuge' für die Informationssammlung zur Verfügung hat, ist in der psychologischen Diagnostik längst präzisiert, geklärt und relativiert worden (vgl. dazu Teil II).

Der Versuch, ein bestimmtes Schülermerkmal gültig zu erfassen, wird durch vielfältige Probleme beeinträchtigt. Dieser Versuch kann nur im Sinne einer Annäherung durch Schätzen realisiert werden und unterliegt neben zufälligen Schätzfehlern auch *systematischen Schätztendenzen*, die mehr oder weniger das Beurteilungsergebnis determinieren.

> Urteile geben also nicht die Realität wieder, sondern sie bilden über Schätzvorgänge Realität modellhaft ab und ermöglichen dadurch eine Kommunikation über den wahrscheinlichen Gegenstand. Es muss ausdrücklich darauf hingewiesen werden, dass auch Testergebnisse in diesem Sinne nur Schätzurteile sind, wenn auch in der Regel die am besten abgesicherten (Kleber, 1978, S. 595).

Wenn wir weiter vorn die Genauigkeit von Lehrerurteilen im Sinne des Bemühens um Gütekriterien (Objektivität, Validität, Reliabilität) gefordert haben, so ist damit auch in Anlehnung an die Testtheorie (vgl. Teil II) gemeint, *dass Lehrkräfte zufällige und systematische Fehler (= Urteilstendenzen) in ihren Urteilen verringern sollen*. Es ist deshalb notwendig, dass Lehrkräfte die systematischen Tendenzen, die ihre Urteile mitbestimmen, kennen und deren genetische Wirkungsweise durchschauen, damit sie verantwortungsbewusst diesen Tendenzen entgegenwirken und deren Anteil am Urteil mit Hilfe von antitendenziellen Haltungen und objektivierenden Beurteilungstechniken verringern können (Kleber, 1978, S. 596).

Es gibt eine Fülle von Publikationen, die sich mit sehr unterschiedlichen Fehlern bei der Urteilsbildung allgemein und im Bereich der pädagogisch-psychologischen

Diagnostik im Besonderen beschäftigt (Kleber, 1978; 1992; Ulich & Mertens, 1974). Im Folgenden sollen ausgewählte Urteilstendenzen und Urteilsfehler, die Relevanz für Lehrkräfte haben, besprochen werden.

Alle Informationen für ein Urteil stammen ursprünglich aus der Beobachtung, der Wahrnehmung. *Im Wahrnehmungsprozess spielen vorgeschaltete Urteile und ad-hoc-Interpretationen eine große Rolle.* Die Wahrnehmung insbesondere im Personbereich stellt bereits einen hochkomplexen Vorgang dar, in dem vielfältige modifizierende Tendenzen wirksam werden. Kleber nennt in diesem Zusammenhang Tendenzen, die aus der Biografie des Beurteilers stammen, die sich in Einstellungen und Vorurteilen niedergeschlagen haben und in Verbindung mit den konkreten Bedürfnissen des Beurteilers stehen. *Die so entstehende Informationssammlung wird vor allem durch implizite (Persönlichkeits-)Theorien strukturiert und je nach Reflexionsniveau und wissenschaftlicher Ausbildung des Urteilers durch einen explizit theoretischen Hintergrund ergänzt* (vgl. Kleber, 1978, S. 597).

1.5.1 Konstrukte als Beurteilungsbegriffe

Im Prozess der Beobachtung von Schülerverhalten benutzen Lehrkräfte zur Reduktion der Informationen über das Schülerverhalten oft psychologische Konstrukte. Konstrukte sind in der Psychologie angenommene, meist theoretisch modellierte (Erklärungs-)Konstruktionen von nicht direkt erfassbaren Merkmalen, die zur Erklärung bestimmter Verhaltensweisen herangezogen werden. Solche Konstrukte sind z.B. Intelligenz, Angst, Lernmotivation. Lehrkräfte beschreiben im Beurteilungsalltag weniger das konkret beobachtete Verhalten, sondern sie inferieren (schlussfolgern) aus dem Beobachteten eher Eigenschaften, wie beispielsweise Horst ist intelligenter als Ingrid. Brigitte ist sehr ängstlich. Max ist konzentrationsschwach.

Solche hochinferenten Urteile über Schüler durch Lehrkräfte sind nicht unproblematisch. Es soll im Folgenden gezeigt werden, wie Urteile von Lehrkräften über solche Merkmale zustande kommen. Dabei soll auch für die Entstehung möglicher Ungenauigkeiten und Fehler sensibilisiert werden.

Ein äußerst plausibles theoretisches Rahmenmodell für die Erklärung von Urteilsfehlern bzw. reduzierter Urteilsgenauigkeit ist das sogenannte „Linsenmodell" von Brunswik (1956). Brunswik beschreibt den Beurteilungsvorgang als doppelt konvexe Linse, bei der auf der einen Seite das distale (ferne) Merkmal (Konstrukt) und auf der anderen Seite die Beobachter-Beurteiler-Instanz angeordnet ist. Die Beobachtung, das Sehen gewissermaßen des distalen Merkmals, ist aber nur über die proximalen (nahen) Merkmale möglich. Die Art oder Theorierelevanz der proximalen Merkmale, die eine Lehrkraft zur Beobachtung eines distalen Merkmals heranzieht, entscheidet über die Gültigkeit (Validität) und Akkuratheit des abgegebenen Urteils. Kleber hat diesen Beobachtungs-Beurteilungsvorgang in Anlehnung an Brunswik sehr eindrucksvoll am Beispiel des beurteilten distalen Merkmals „Intelligenz" veranschaulicht (Kleber, 1992).

Je theorierelevanter die kognitive Strukturierung des psychologischen Wissens einer Lehrkraft ist, desto eher wird sie die proximalen Merkmale, die die Grundlage ihrer Be-

Systematische Beeinflussungstendenzen im Lehrerurteil 45

obachtung sind und die sie zur Beurteilung des distalen Merkmals verwendet, bewusst reflektieren können. Der mögliche Theoriebezug und die explizite Reflexion lassen das Urteil valider ausfallen. Wie aus Abbildung 1.4 unschwer zu erkennen ist, wird die Lehrkraft, die über das Wissen und die Fähigkeit zu einer theorierelevanten Merkmalskonstruktion bei der Beurteilung der Intelligenz eines Schüler verfügt, dieses kognitive Merkmal sicher exakter erfassen können.

Je geringer dagegen die kognitive Strukturierung der psychologischen Kompetenz ist, desto häufiger greift die Lehrkraft unreflektiert auf implizite Persönlichkeitstheorien zurück. Die Lehrkraft urteilt intuitiv. Diese Form der Beurteilung wird in Abbildung 1.5 illustriert. Die Konsequenzen für die Qualität eines solchen Urteils sind wenig günstig. Denn je weniger valide die Glieder einer proximalen Merkmals-Linse sind, desto weniger richtig ist ein Urteil über das betreffende Konstrukt.

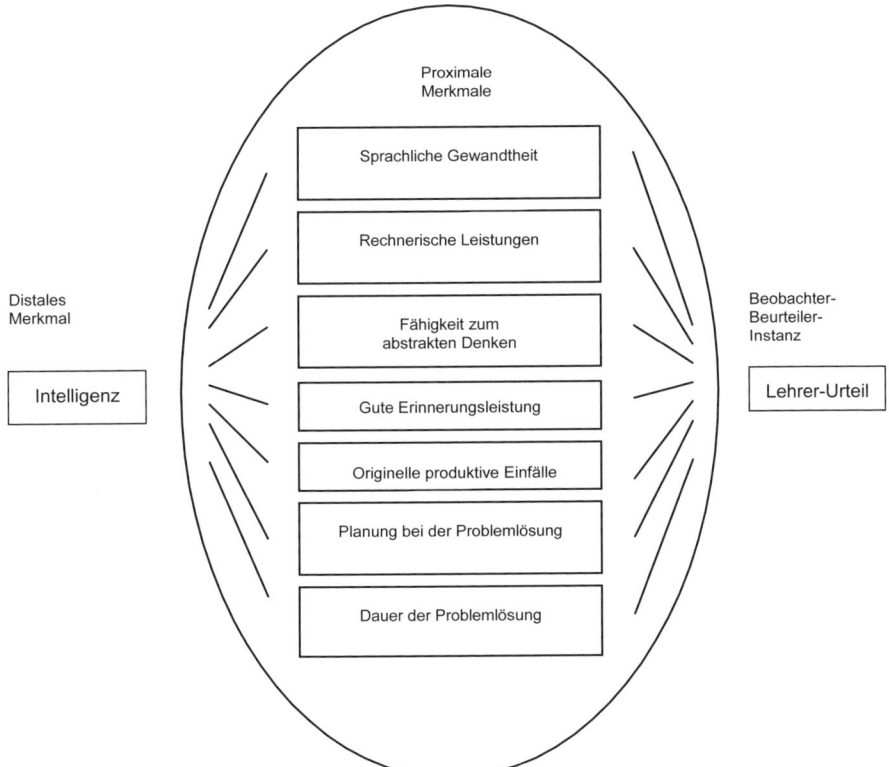

Abbildung 1.4: Theorierelevante, psychologisch fundierte Merkmals-Linse zur Beurteilung von Intelligenz (zitiert nach Kleber, 1992, S. 131)

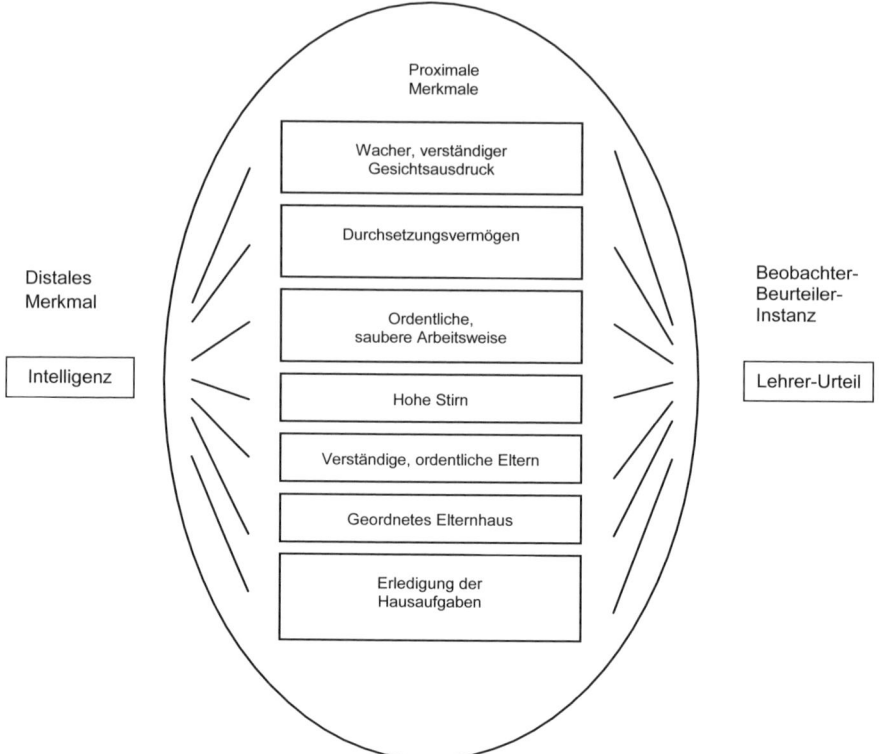

Abbildung 1.5: Merkmals-Linse, die auf einer psychologisch nicht fundierten, impliziten Theorie zur Beurteilung von Intelligenz beruht (zitiert nach Kleber, 1992, S. 132)

Zusammenfassend und schlussfolgernd lässt sich ableiten, dass Lehrkräfte für die Beurteilung von Schülermerkmalen, -leistungen und -verhalten nicht nur diagnostische Kompetenzen brauchen, sondern vor allem auch *eine solide theoretische Wissensbasis in Pädagogischer Psychologie*, damit die Ausrichtung ihrer Beurteilungs-Linse durch adäquate und valide Glieder der proximalen Merkmale gesichert wird.

1.5.2 Implizite Persönlichkeitstheorien von Lehrkräften

Die impliziten Persönlichkeitskonzepte von Lehrkräften bilden Raster der sozialen Wahrnehmung, innerhalb derer die Persönlichkeitseigenschaften von Schülern geordnet werden. Sie klären einen immerhin erheblichen Varianzanteil der Lernleistungsbeurteilung auf (vgl. Hofer, 1969; 1986; Schwarzer, 1976).

Hofer (1969) konnte aber auch zeigen, dass ein erheblicher Varianzanteil nicht auf die Eigenarten der zu beurteilenden Personen, sondern wesentlich auf die in unserer Kultur geprägten Denkgewohnheiten und auf implizite Persönlichkeitskonzepte zurückzuführen ist. Dabei werden Merkmale in einem ursächlichen Zusammenhang betrachtet, die zu ungerechtfertigten Urteilen führen können.

Höhn (1967, S. 61) ließ 35 Grundschullehrerinnen die Eigenschaften ihrer schlechteren und besseren Schüler charakterisieren. Die Beschreibung des „schlechten Schülers" ergab folgende Merkmalskette: faul, dumm, frech, geltungsbedürftig, unaufmerksam, unordentlich, schlecht sozial angepasst, moralisch fehlerhaft, milieubelastet. Die Merkmalskette des „guten Schülers" umfasste Beschreibungen wie fleißig, ehrlich, ordentlich, gut sozial angepasst, milieubegünstigt.

Hofer (1986) hat aus einer Vielzahl nationaler und internationaler Studien eine strukturierte Beschreibung der impliziten Persönlichkeitstheorien von Lehrern herausgearbeitet. Er gliedert vier allgemeine Dimensionen aus, wonach Lehrkräfte die Beurteilung von Schülern strukturieren:

(1) Intellektuelle Ausstattung des Schülers, seine rechnerische, sprachliche und praktische Begabung
(2) Motivation (Fleiß, Ehrgeiz, Interesse)
(3) Soziales Verhalten (Geselligkeit, Benehmen, Dominanz)
(4) Emotionale Stabilität/Labilität (Ängstlichkeit, Verschlossenheit)

Mit solchen impliziten Theorien erzielt der Beurteiler einen prägnanten subjektiven Referenzrahmen. Er kann die Fülle der Informationen schnell reduzieren, indem implizite Konzepte über Zusammenhänge von Eigenschaften und Fakten unreflektiert im Sinne von „Selbstverständlichkeiten" als Ordnungsschema verwendet werden und damit das Lehrerurteil in erheblichem Maße bestimmen.

Wie weit jedoch diese Beurteilungen von Schülern, die auf der Grundlage impliziter Persönlichkeitstheorien von Lehrern basieren, valide Urteile sind, bleibt fraglich. Lehrkräfte sollten deshalb sehr vorsichtig mit den Resultaten ihres Beurteilungsprozesses umgehen, wenn sie in Schullaufbahnentscheidungen u.ä. einmünden. Hier sollten stets formelle diagnostische Verfahren zur Überprüfung der Urteilsergebnisse herangezogen werden.

1.5.3 Erwartungen von Lehrkräften: Pygmalioneffekt im Klassenzimmer

Auch spezifische Erwartungen von Lehrkräften wirken als handlungsleitende Kognitionen häufig unreflektiert und beeinflussen dennoch damit Urteile und Verhalten entscheidend. Der Pygmalioneffekt stellt eine bereichsspezifische Variante „der sich selbst erfüllenden Prophezeiung" dar (vgl. Ludwig, 2001). Eine sich selbst erfüllende Prophezeiung ist eine Erwartung, die ihr Eintreten selbst verursacht. „Die mentale Antizipation eines Ereignisses bewirkt selbst das Ereignis der Antizipation" (ebd., S. 567).

In den 60er Jahren des vergangenen Jahrhunderts initiierte Rosenthal die pädagogische Forschung zur „sich selbst erfüllenden Prophezeiung" mit einem Aufsehen erregenden Feldexperiment, in dem überprüft werden sollte, ob die Erwartung von Lehrkräften bezüglich der Intelligenzentwicklung der Schüler die tatsächliche kognitive Leistungsfähigkeit der Schüler beeinflussen kann (Rosenthal & Jacobson, 1971; 1992).

Für die Bezeichnung dieser Studie benutzte Rosenthal den Namen des zypriotischen Königs „Pygmalion" aus der antiken Mythologie nach Ovid.[2] Auf die Schule bezogen bedeutet der sogenannte Pygmalioneffekt ganz allgemein, dass Lehrkräfte auf der Grundlage ihrer spezifischen und z.T. wenig kontrollierten Erwartungen Schülerleistungen und Schülerverhalten „erschaffen" oder „formen".

Eine erste empirische Evidenz für diese Annahme erbrachten Rosenthal & Jacobson in dem bereits erwähnten Feldexperiment. Sie teilten den teilnehmenden Lehrkräften mit, dass bestimmte Schüler, die bei einem (vermeintlich) speziellen Intelligenztest sehr gute Werte erzielt hätten, in ihrer kognitiven Entwicklung im Verlaufe des Schuljahres große Fortschritte machen könnten. Tatsächlich waren diese Schüler jedoch nach dem Zufallsprinzip ausgewählt worden. In den Nachtests am Ende des Schuljahres wiesen diese Schüler im Vergleich zu ihren Mitschülern tatsächlich signifikant höhere Intelligenztestwerte auf.

Seit dieser Zeit wurde eine Fülle von Studien zum Pygmalioneffekt im Klassenzimmer durchgeführt, die z.T. die Ergebnisse von Rosenthal & Jacobson replizierten, aber auch kritisch hinterfragten. Kritiker an der Pygmalioneffekt- Forschung bezweifeln nicht die Existenz des Effekts in der Schule an sich. Die Kritik bezieht sich vielmehr auf das empirische Vorgehen bei der Datenerhebung und -auswertung (zur Übersicht vgl. Brophy & Good, 1976; Dusek, 1985).

Allmählich zeichnet sich ein gewisser Konsens darüber ab, welche Variablen in welchem Ausmaß von Lehrererwartungen empirisch nachgewiesen als beeinflussbar gelten (vgl. Ludwig, 2001, S. 569f.). Am stärksten beeinflussbar sind „Lehrer- und Schülerverhalten", „Einstellung und Selbstkonzept" und die „Schülerleistung". Die Wirkung der Lehrererwartung auf die „Intelligenzentwicklung" fällt in den Studien am schwächsten aus.

Die Frage, die in unserem Erklärungszusammenhang stark interessiert, ist die nach dem Wirkmechanismus der Lehrererwartung auf das tatsächliche Schülerverhalten und die Leistung. Nach Harris und Rosenthal (1985) erzeugen Lehrkräfte einen positiven Pygmalioneffekt durch bestimmtes günstiges Verhalten gegenüber Schülern, von denen sie gute Leistungen erwarten. So verhalten sie sich gegenüber diesen Schülern emotional aufgeschlossener und wohlwollender. Sie geben diesen Schülern häufiger und vor allem differenziertere Leistungsrückmeldungen. Sie bieten diesen Schülern vermehrt anspruchsvollen Lehrstoff an und geben ihnen auch häufiger Gelegenheit, sich zu äußern, indem sie beispielsweise im Unterricht öfter aufgerufen werden.

Darüber hinaus hat der Pygmalioneffekt auch eine Wirkung bei der Leistungsbeurteilung von Schülern. Ludwig (1999, S. 54) beschreibt in diesem Zusammenhang ne-

---

2 Zur Erinnerung oder zum Verständnis: Pygmalion modellierte als Bildhauer eine weibliche Statue aus Marmor, die so sehr seiner Vorstellung von einer Jungfrau entsprach, dass er sich in sie verliebte. Auf seine Bitte hin erweckte Aphrodite die Marmorstatue zum Leben. Daraufhin nahm er sein Geschöpf zu seiner Gemahlin. Diesen Effekt, jemanden zu formen nach den eigenen Vorstellungen, verarbeitete George Bernard Shaw in seinem gleichnamigen dramatischen Werk.

ben dem „*objektiven Pygmalioneffekt*", bei dem sich die Schülerleistung tatsächlich in die vom Lehrer antizipierte Richtung verändert, auch einen sogenannten „*subjektiven Pygmalioneffekt*", durch den lediglich die Wahrnehmung des Lehrers über die Schülerleistung verändert wird, nicht aber die Leistung selbst.

Der subjektive Pygmalioneffekt konnte bei der Schülerbeurteilung durch die Lehrkräfte empirisch bestätigt werden. Erwartungen, die den subjektiven Pygmalion konstituieren, ergeben sich aus der Kenntnis über vorhergehende Testleistungen der Schüler, aus den informell diagnostizierten Lernvoraussetzungen der Schüler sowie aus ihrem Geschlecht und Sozialstatus (vgl. Ludwig, 2001, S. 571).

Jussim (1989) konnte in einer Längsschnitt-Feldstudie einen signifikanten Zusammenhang zwischen der Beurteilung der Anstrengungsbereitschaft und des Fleißes der Schüler durch Mathematiklehrkräfte und ihren erteilten Noten nachweisen. Diese von Lehrkräften hergestellte Beziehung zwischen der antizipierten Fleißbeurteilung und den tatsächlichen Mathematikleistungen konnte jedoch in einem standardisierten Mathematiktest nicht festgestellt werden. Schüler, die als fleißig beurteilt wurden, erhielten die besseren Mathematiknoten gegenüber ihren als faul eingestuften Mitschülern, obwohl die Schüler sich im Mathematiktest als gleich leistungsfähig erwiesen.

Als problematisch einzustufen sind die unreflektierten Leistungserwartungen von Lehrkräften dann, wenn diese bei bestimmten Schülern ungünstig ausfallen. Obwohl in der pädagogisch-psychologischen Forschung aus ethischen Gründen vor allem der positive Pygmalioneffekt im Klassenzimmer experimentell untersucht wurde, lässt sich doch aus den Befunden schlussfolgern, dass diese nachgewiesenen positiven Erwartungseffekte auch in einer entgegengesetzten Richtung wirken können, wenn die Erwartungen der Lehrkräfte gegenüber bestimmten Schülern gering sind, wie das aus den Ergebnissen der Studie von Jussim auch ablesbar ist.

Es ist durchaus zu vermuten, dass nicht nur subjektiver, sondern auch objektiver Pygmalioneffekt negativ wirken kann. Denn wenn Lehrkräfte von bestimmten Schülern weniger gute Leistungen erwarten, ihnen ungünstige Lernvoraussetzungen unterstellen und den geringen Sozialstatus antizipieren, dann werden diese Schüler analog der Wirkkette des positiven Pygmalioneffekts von ihren Lehrern wohl weniger geschätzt werden, weniger positive Zuwendung erhalten, weniger im Unterricht aufgerufen, weniger anspruchsvolle Lerngelegenheiten erhalten und weniger gelobt, aber mehr getadelt werden.

Über dieses subtile, wenig förderliche Lehrerverhalten, das eben durch die unreflektierten Kognitionen gesteuert wird, kann sich im Laufe der Schuljahre auch die Leistung der Schüler verschlechtern oder sie bleibt schlecht, weil es keine Förderangebote gab. Damit hat sich dann auch die Erwartung der Lehrkräfte, dass diese Schüler wenig leisten können, voll bestätigt!

Die Schlussfolgerungen, die sich bezüglich der Erwartungseffekte von Lehrkräften als ungünstige Beurteilungstendenzen ableiten lassen, beziehen sich auf die Notwendigkeit, vor allem bei schlechten Schülern der Klasse die Erwartungen bewusst zu reflektieren. Nur durch eine ständige Revision von Vorausurteilen vor allem bei schlechten (und ungeliebten) Schülern können Lehrkräfte versuchen, den Teufelskreis des negativen Pygmalioneffekts zu durchbrechen.

1.5.4 „Klassische" Urteilstendenzen und Beurteilungsfehler

Wie bereits gezeigt, sind Urteile und Beurteilungen von Lehrkräften in nicht unerheblichem Ausmaß durch verfälschende Tendenzen gefährdet. Solche Urteilstendenzen werden in der diagnostischen Literatur auf unterschiedliche Weise systematisiert. Die meisten Sammlungen orientieren sich an der Zusammenfassung von Guilford (vgl. 1954, S. 278f.), die auch als Grundlage der folgenden Darstellung dient.

1. Tendenz zur Mitte (error of central tendency)
Beurteiler reagieren im Bewertungsprozess mit einer Tendenz zur Mitte. Sie meiden extreme Aussagen und verwenden nur den mittleren Teil einer zur Verfügung stehenden Beurteilungsskala. Lehrkräfte, die dieser Tendenz unterliegen, geben beispielsweise in Prüfungsklausuren weder die Note 1 noch die Note 5.

2. Dichotomisierungstendenz (Tendenz zu extremen Urteilen)
Diese Beurteilungsrichtung stellt formal die Gegenrichtung zur zentralen Tendenz dar. Lehrkräfte unterscheiden dann insbesondere gute und schlechte Leistungen. Sie verwenden dann überwiegend die Noten 2 und 4. Wenn Lehrkräfte bei der Beurteilung über wenig exakte inhaltliche Differenzierungsmöglichkeiten verfügen, dann beurteilen sie die Könner mit der Note 1 und die Nichtkönner mit der Note 5 (vgl. Kleber, 1992, S. 137). Guilford spricht in diesem Zusammenhang von einer Extremisierungstendenz.

3. Milde- oder Strenge- Effekt
Der Milde-Effekt (generosity error) eines Beurteilers besteht darin, dass prinzipiell zu gute Beurteilungen abgegeben werden. Schüler werden beispielsweise von einer Lehrkraft durchweg günstiger beurteilt, als dies von der Sache her angemessen ist, bzw. als sie von anderen Lehrkräften oder Vergleichspersonen beurteilt werden.

Gründe für den Milde-Effekt können sein, dass die Lehrkräfte einerseits glauben, eine schlechte Beurteilung von Schülern werfe ein ungünstiges Licht auf ihre pädagogischen Fähigkeiten oder ihre Beliebtheit leide ansonsten bei den Schülern. Andererseits werden zu günstige Beurteilungen abgegeben, weil sich Lehrkräfte für „schlechte Beurteilungen" rechtfertigen müssen oder sie einfach zu bequem sind, sich verantwortungsbewusst und gründlich mit der Beurteilungsaufgabe zu befassen.

Der Strenge-Effekt kommt bei Lehrkräften dann besonders zum Tragen, wenn sie ihre Fachkompetenz herausstellen oder sie Schülern bewusst machen wollen, dass in ihrem Fach eine intensive Auseinandersetzung mit dem Stoff unabdingbar ist.

4. Reihungs- und rhythmische Schwankungseffekte
Eine allgemeine Tendenz bei der Beurteilung von schriftlichen Arbeiten (Klausuren) besteht darin, dass die ersten zu korrigierenden Arbeiten strenger beurteilt werden als die letzten. Es empfiehlt sich daher, die ersten fünf Arbeiten am Ende noch einmal zu beurteilen. In ähnlicher Weise lassen sich bei mündlichen Prüfungen häufig rhythmische Schwankungen beobachten, die sich in einem periodischen Absinken und Aufsteigen der Bewertung äußern.

Ebenso lassen sich bei mündlichen und schriftlichen Leistungsbeurteilungen Schwankungen in dem Sinne bemerken, dass nach mehreren gleichen Beurteilungen aus sachfremden Gründen eine andere Note vergeben wird, so dies nicht durch ein objektives Bewertungsraster verunmöglicht wird.

5. Halo- oder Hofeffekt
Die höchste Beachtung unter den Beurteilungsfehlern erlangte der Halo-Effekt (vgl. Cattell, 1957; Cohen, 1969; Thorndike, 1920). Der sogenannte Hof bezieht sich dabei metaphorisch auf den Mondhof in klaren Nächten. Ähnlich wie der Mondhof kann auch die Bewertung eines Persönlichkeitsmerkmals auf die Beurteilung der anderen Merkmale ausstrahlen. Dabei sind es meist herausragende Eigenschaften, die dann die Beurteilung anderer nicht sehr gut beobachtbarer Eigenschaften bestimmen. Der Halo-Effekt tritt dann besonders häufig bei einem Beurteiler auf, wenn ein Personmerkmal der Beobachtung relativ unzugänglich ist, das Merkmal zudem auf Grund einer unzureichenden psychologischen Ausbildung nicht präzise definiert werden kann und dem Merkmal eine hohe soziale und moralische Bedeutung zukommt. Diese Kriterien gelten für die meisten der über die Lernleistungsbeurteilung hinausgehenden Beurteilungskategorien (vgl. Kleber, 1992, S. 136).

6. Logischer Fehler (logical error)
Damit wird die Tendenz eines Beurteilers beschrieben, Merkmale, die er für logisch zusammengehörig betrachtet, auch ähnlich zu bewerten. Solche logischen Fehler entstehen auf der Grundlage impliziter Persönlichkeitskonzepte oder Persönlichkeitstheorien, wie bereits weiter vorn ausgeführt wurde. Beurteiler gehen dabei möglicherweise von theoriefernen oder alltagsnahen Annahmen aus, dass bestimmte Eigenschaften bei Personen miteinander zusammenhängen.
Kleber (vgl. ebd., S. 134) beschreibt eine solche Urteilskette einer Lehrkraft, die einen verschlossenen Schüler beobachtet und beurteilt. Von fünf möglichen Verhaltensweisen, die relevant wären, nimmt diese Lehrkraft nur wahr, dass sich der betreffende Schüler nicht im Unterricht meldet. Das interne Urteil „verschlossen" wird von der Lehrkraft durch „uninteressiert" ergänzt. Die Lehrkraft inferiert nun folgende Urteilskette: verschlossen – uninteressiert – unkonzentriert – lernschwach – unintelligent – passt nicht in die 3. Klasse!

7. Referenzfehler
Lehrkräfte klassifizieren einzelne Schüler, indem sie sich sehr früh ein „Bild von ihnen machen". Damit wird der Schüler in eine Referenzpopulation z.B. Problemschüler, langsamer Lerner eingeordnet. Referenzfehler entstehen immer dann, wenn der zu beurteilende Schüler einer falschen bzw. für ihn inadäquaten Gruppierung zugeordnet wurde.
Ein solcher Fehler auf mehr formalem Niveau entsteht bei der Benotung nach einem klasseninternen Bezugssystem. Die Beurteilung eines Schülers wird dann nicht an einem objektiven Kriterium (z.B. Güte der erreichten Lernziele oder Beherrschungsgrad von Kompetenzen), sondern anhand des Leistungsniveaus der Schulklasse, in der sich der Schüler zufällig befindet, festgemacht (vgl. ebd., S. 138).

Fazit: Die in Kapitel 1.5 aufgezeigten Urteilstendenzen und Urteilsfehler sollten Diagnostiker (Lehrkräfte) keineswegs zu einer resignativen Haltung veranlassen, etwa

in dem Sinne, dass es bei so vielfältigen Möglichkeiten von Fehler- und Irrtumsquellen gar keinen Zweck hätte, sich um genaue Einschätzungen zu bemühen. Im Gegenteil, drei produktive Schlussfolgerungen können abgeleitet werden:
1. Nur wer die möglichen Beurteilungsfehler kennt, kann konstruktiv mit Ihnen umgehen, d.h. eine gewisse Vorsicht/Umsicht beim Diagnostizieren an den Tag legen und die eigenen Urteile niemals als absolut richtig und endgültig einstufen.
2. Das Wissen um die Urteiltendenzen und Urteilsfehler ermöglicht es darüber hinaus, besonders „relevante Fehlersituationen/Quellen" zu identifizieren und zu kontrollieren, um sich antitendenziell verhalten zu können.
3. Lehrkräfte, die sich um die systematische Erweiterung und Vertiefung ihres pädagogisch-psychologischen Wissens und ihrer diagnostischen Kompetenzen bemühen, schaffen sich damit eine gute Basis für die „theoretische Ausrichtung ihrer Merkmalslinse" zur validen Beurteilung.

1.6 Institutionalisierung von Diagnostik und Beratung im Kontext von Schule – Wer darf diagnostizieren?

1.6.1 „Wer darf diagnostizieren?"

In Lehrerfortbildungen wird uns häufig die Frage gestellt, ob Lehrkräfte überhaupt explizit diagnostizieren oder gar testen dürften. Deshalb haben wir diese Frage auch in die Überschrift aufgenommen. Aus unseren bisherigen Erläuterungen müsste aber klar geworden sein, dass diese Frage nach der Befugnis von Lehrkräften in Bezug auf Diagnostik anders oder präziser gestellt werden muss.

Lehrkräfte diagnostizieren zwar täglich, wenn dies auch häufig implizit und weniger reflektiert abläuft. Aber gerade deshalb sollten sie zusätzlich auch gezielt und verstärkt diese impliziten Diagnosen oder mögliche Beurteilungstendenzen bewusst reflektieren. Darüber hinaus müssen Beurteilungen oder Urteile auch mit der bereits beschriebenen Vorsicht abgegeben und durch explizite und genauere Diagnosen unter bestimmten Bedingungen ergänzt bzw. kontrolliert werden (siehe vor allem Teil III).

Wir sind durchaus der Meinung, dass Lehrkräfte zur expliziten Informationsbeschaffung neben der systematischen Beobachtung und Befragung auch Schulleistungstests und Schultests (siehe Teile II und III) einsetzen dürfen bzw. dies auch verstärkt praktizieren sollten. Diese Tests wurden ursprünglich ja auch für die diagnostische Tätigkeit der Lehrkräfte entwickelt. Es geht bei der Frage des Testeinsatzes nicht in erster Linie darum, wer dies darf, sondern wer dies kann. *Die entscheidende Voraussetzung für den Testeinsatz ist nämlich präzises diagnostisches Wissen und der eingeübte Umgang mit den entsprechenden Testmaterialien, damit die ethische Verantwortung des Testers auch voll gewährleistet ist.* Hinzu kommt, dass diese Testverfahren von Lehrkräften nur unter der Zielstellung der differenzierten Förderung der Schülerinnen und Schüler eingesetzt werden und nicht – wie von Testgegnern häufig unterstellt – zur Stigmatisierung und Selektion. Um Schüler zu stigmatisieren oder falschen Referenzgruppen zuzuweisen, bedarf es keiner Tests, wie wir weiter vorn gesehen haben. Dies geschieht weit häufiger eben durch die wenig reflektierten alltäglichen Beurteilungsprozesse. Aber gezielte, wirkungsvolle und darüber hinaus Ressourcen sparende pädagogische Förderung bedarf sehr wohl einer exakten Bestimmung der Ausgangslage des Schülers (seiner Schwierigkeiten, seiner internen und externen Ressourcen, seines sozialen Kontextes usw.).

Es ist andererseits selbstverständlich und in den Schulgesetzen der einzelnen Bundesländer z.T. auch juristisch verankert, dass Lehrkräfte keine Intelligenztests oder Persönlichkeitstests durchführen dürfen, weil ihnen dazu die entsprechende Ausbildung und Expertise fehlen. Es besteht für die Durchführung von solchen Tests im Kontext von Schule bzw. für die Realisierung pädagogischer Förderaufgaben auch keinerlei Notwendigkeit.

Der Umgang der Lehrkräfte mit Schultests dagegen ist nur wenig in den schulgesetzlichen Bestimmungen geregelt. Lehrkräfte haben aber den Auftrag, Schüler zu beraten und zu fördern, und daraus leitet sich für einen Pädagogischen Psychologen immer auch eine exakte Informationsbeschaffung mittels entsprechender diagnostischer Verfahren ab. Je nach diagnostischer Aufgabenstellung sollte die Lehrkraft dann abwägen, wann z.B. ein Lesetest oder ein Mathematiktest zur genaueren Diagnose der Schulleistung von Schülern herangezogen werden muss.

Die gesetzliche Regelung zum Umgang mit bestimmten Tests ist kultushoheitlich für Förderpädagogen dagegen genauer ausgeführt, weil sie im Studium eine umfangreichere diagnostische Ausbildung erhalten haben und dort bereits eine entsprechende Expertise anbahnen konnten.

Für alle anderen Lehrkräfte enthalten die schulgesetzlichen Bestimmungen in der Regel keine Verbote oder Gebote. Es ist jedoch sicher unbestritten, dass Lehrkräfte der allgemeinbildenden Schulen während ihres Lehramtsstudiums nicht ausreichend Lerngelegenheiten in pädagogisch-psychologischer Diagnostik angeboten bekommen. Es ist deshalb für alle Lehrkräfte dringend erforderlich, auch nach der Ausbildung die Kompetenzen im Umgang mit den entsprechenden diagnostischen Verfahren berufsbegleitend über differenzierte und einzufordernde Fortbildungen auszubauen.

Hinter der Frage, wer im Kontext von Schule beraten und diagnostizieren „darf", verbirgt sich auch noch ein anderes Problem. Lehrkräfte teilen uns in den Fortbildungsveranstaltungen häufig mit, dass Beratungslehrer der Schulen den Lehrkräften den Einsatz von Schulleistungstests vorenthalten möchten, um den Status quo zu sichern. Ebenso oft berichten Lehrer jedoch auch, dass sie alle „Problemfälle" – selbst die kleinen – an den Beratungslehrer überweisen, denn schließlich sei es seine Aufgabe, hier zu helfen und zu beraten. Beide geschilderten Extreme sind für eine effiziente Kooperation von Lehrkräften und Beratungslehrern kontraproduktiv.

Selbstverständlich existiert in unserem Bildungssystem eine festgelegte Institutionalisierung von Diagnostik und Beratung, d.h. die offiziellen Instanzen dafür sind Schulpsychologen bzw. schulpsychologischer Dienst und die Beratungslehrer. Schulpsychologen haben in der Regel eine universitäre psychologische Ausbildung und besitzen damit die Qualifizierung für wissenschaftliche Diagnostik und Beratung. Beratungslehrer sind ausgebildete Fachlehrer und sollten eine Zusatzausbildung erworben haben, in der sie mit den notwendigen, wenn auch im Vergleich zu den Kompetenzen des Schulpsychologen eingeschränkten diagnostischen Qualifikationen ausgerüstet werden.

Schulpsychologische Beratung hat allgemein die Funktion, Schulen, d.h. Lehrer, Schüler, Eltern in ihrem Erziehungs- und Bildungsauftrag durch psychologische Erkenntnisse und Methoden zu unterstützen. Die ursprünglich im Jahre 1973 im Bildungsplan der „Bund-Länder-Kommission" festgelegten Richtwerte des Betreuungsverhältnisses von Schulpsychologen, Beratungslehrern und zugeordneten Schülern werden bis heute enorm überschritten. Ursprünglich war vorgesehen, dass ein Schulpsychologe für jeweils 5000 Schüler und ein Beratungslehrer für 500 Schüler zuständig sein sollten. Man kann heute davon ausgehen, dass Schulpsychologen mindestens die doppelte Anzahl von Schülern betreuen müssen. Dieses ungünstige Betreuungsverhältnis ist umso kritischer zu beurteilen, als zahlreiche geforderte Rahmenbedingungen schulpsychologischer Arbeit damit nicht gegeben sind. So ist es für Schulpsychologen immer aufwändig und schwieriger bei Einzelfallberatungen neben der Diagnostik von Problemen und Schwierigkeiten der Schüler gleichzeitig auch eine Diagnose des Umfeldes, d.h. eine Situations- und Kontextdiagnostik vorzunehmen und aus der Diagnose auch praktische Fördermaßnahmen abzuleiten und durchzuführen. Häufig wurden und werden die Aufgaben der Intervention und Förderung an die Lehrer und Eltern zurückgegeben. Bei einer Delegation der Verantwortung für schulische Probleme an schulexterne Experten besteht auch generell die Gefahr, dass die im Umfeld von Schule und Familie vorhandenen Ressourcen zur Intervention nicht genügend genutzt werden können. In der Praxis der schulpsychologischen Beratung hat deshalb seit langem eine Fokusverlagerung vom Schüler auf den Lehrer und von der kurativen zur präventiven Arbeit stattgefunden.

Schulpsychologen sind demnach die geeigneten Experten für die gezielte Fortbildung der Lehrkräfte im Bereich der pädagogisch-psychologischen Diagnostik. Damit wird eine Optimierung zur Früherkennung und Prävention bei Lernschwierigkeiten, bei Verhaltensauffälligkeiten usw. der Schüler durch die Lehrkräfte und gleichzeitig eine Entlastung der schulpsychologischen Dienste von Einzelfallberatung erreicht.

Auch die Beratungslehrer sollten in die Fortbildung und Begleitung der Lehrkräfte beim Einsatz von diagnostischen Verfahren einbezogen werden. Es muss verstärkt an Schulen in einer Kooperation von Beratungslehrern und Lehrkräften entschieden werden, wer für welche diagnostischen Aufgaben und Interventionen die günstigeren Voraussetzungen hat. Lehrkräfte können bei einer gezielten diagnostischen und beraterischen Fortbildung wesentlich mehr Aufgaben übernehmen, um einerseits die überlasteten Beratungslehrer und Schulpsychologen für andere Aufgaben zu entlasten, andererseits aber auch, um ihren vorhandenen „Heimvorteil" wirkungsvoller zu nutzen, denn sie kennen ihre Schüler am besten, sind durch den pädagogischen Alltag mit ihnen lange zusammen, sind den Schülern vertraut und könnten deshalb oft Probleme „nebenbei" mit Schülern und Eltern ohne große Schwellenängste lösen.

Wünschenswert und natürlich pädagogisch sinnvoll wäre, wenn zugunsten solcher wichtiger diagnostischer und beraterischer Tätigkeiten aller Lehrkräfte die hohe Pflichtstundenzahl reduziert werden könnte. Bei einer Neuorganisation der Tätigkeit im Rahmen von Ganztagsschulen oder prinzipiell beim Überdenken von realistischen und wirkungsvollen Innovationen zur Optimierung der Bildungs- und Erziehungsarbeit an Regelschulen liegen hier entscheidende Potenzen. Denn es genügt nicht, Innovationskompetenz von Lehrkräften durch KMK-Standards (2014) nur einzufordern, sondern es müssen auch die für deren Entfaltung notwendigen Rahmenbedingungen geschaffen werden.

Bei allem ‚diagnostischen Optimismus' und dem großen Vertrauen in die diagnostischen Fähigkeiten von Lehrkräften bei entsprechender diagnostischer Ausbildung, Fortbildung und Begleitungen müssen dennoch noch einmal die *Grenzen für Diagnostik und Beratung* durch Lehrkräfte in den Blick genommen werden. *Allgemein gilt, dass die Vorsicht beim Testeinsatz immer geboten ist und die Kooperation mit Fachkollegen und/oder Beratungslehrern immer die Auswertungs- und Interpretationsobjektivität sichert bzw. erhöht.* Ganz wichtig dabei ist, dass sich jede Lehrkraft vor jedem Testeinsatz bei einem Einzelschüler oder bei der gesamten Klasse prüft, ob das entsprechende diagnostische Wissen, Können und die Erfahrung tatsächlich ausreichen, um ethisch verantwortungsbewusst zu handeln. Im abschlägigen Fall ist die Delegation des diagnostischen Problems an einen Experten kein Prestigeverlust, sondern Ausdruck für die gebotene Vorsicht und Verantwortung.

1.6.2 Aufforderung zur Selbstdiagnose der diagnostischen Kompetenzen

Nachdem im ersten Teil dieses Buches zunächst das Ziel verfolgt wird, bei Lehrkräften neben einem geschärften Bewusstsein über die Sinnhaftigkeit und Notwendigkeit pädagogisch-psychologischer Diagnostik als Bestandteil des Lehrerhandelns auch eine Motivation zur systematischeren Beschäftigung mit diagnostischen Fragen zu entwickeln, ist nun jede Lehrkraft aufgefordert, eine *Selbstdiagnose ihrer diagnostischen Kompetenzen durchzuführen*. Ziel dieser Selbstdiagnose ist es zu prüfen, wie genau die Lehrkraft in einer selbstgewählten Situation (Beurteilung eines Schüler- oder Aufgabenmerkmals) diagnostizieren kann. Im Ergebnis dieser Selbstdiagnose erhält die Lehrkraft eine empirisch geprüfte Rückmeldung über die Qualität ihrer diagnostischen Kompetenzen in Bezug auf den geprüften Merkmalsbereich. Dabei kann sie über die Urteilsgenauigkeit hinaus auch etwas über ihre Urteilstendenzen und Beurteilungsfehler, ihre handlungsleitenden Kognitionen und ihre Bevorzugungen bzw. Benachteiligungen einzelner Schüler erfahren.

Diese Form der Selbstdiagnose ist kein einmaliger Akt, sondern kann in regelmäßigen Abständen zur Überprüfung der eignen diagnostischen Kompetenzen wiederholt werden. Zusätzlich können dann aus den Ergebnissen solcher Selbstdiagnosen ganz konkrete inhaltliche und motivationale Schlussfolgerungen für die weitere Beschäftigung mit theoretischen und praktischen Fragen der pädagogisch-psychologischen Diagnostik abgeleitet werden. Die präzise Anleitung zur Durchführung der Selbstdiagnose befindet sich im vierten Teil dieses Buches (siehe Kap. 4.1: Erfassung der diagnostischen Kompetenzen von Lehrkräften).

1.6.3 Aufgaben und Anlässe für die explizite Diagnostik

Abschließend soll noch einmal zusammenfassend ein Überblick über wesentliche diagnostische Aufgaben bzw. Anlässe des expliziten Diagnostizierens im Kontext von Schule gegeben werden (siehe Abb.1.6), die unter der Perspektive der Professionalisierung zum „Alltagsgeschäft" von Lehrkräften aller Schulformen gehören sollten (vgl. Hesse, 2014). Im dritten Kapitel des vorliegenden Buches werden dann ausgewählte diagnostische Aufgaben von Lehrkräften differenzierter ausgearbeitet und vorgestellt, weil die professionelle Bewältigung dieser zentralen Aufgaben solche diagnostische Kompetenzen voraussetzt, die bei allen anderen diagnostischen Fragestellungen immer wieder modifiziert zur Anwendung gelangen können. Das macht den Einsatz pädagogisch-psychologischer Diagnostik für Lehrkräfte eben auch effektiv. Im Folgenden werden die zehn Aufgabenbereiche zum expliziten Diagnostizieren skizziert:

1. Feststellung von Lernvoraussetzungen der Schüler
Diagnostische Fragestellungen zu Lernvoraussetzungen (siehe Kap. 3.1.1) sind immer dann geboten, wenn es um die Ursachensuche für hervorragende oder unzureichende Leistungen, um Lernplateaus, um die Vorbereitung und Begleitung von Schullaufbahnübergängen und um die genaue Feststellung von interindividuellen und intraindividuellen Unterschieden von Schülern in der heterogenen Vielfalt geht, um adaptiven und individualisierten Unterricht lernwirksam gestalten zu können. Diagnostische Fragestellungen zu Lernvoraussetzungen der Schüler müssen stets eng mit den Unterrichts- und Förderzielen verknüpft werden. Dabei muss die Lehrkraft entscheiden, ob die Optimierung des Lernens über die direkte Veränderung von bestimmten Lernvoraussetzungen oder indirekt über allgemeine Förderangebote erreicht werden soll.

2. Leistungsmessung als Diagnostik des Lernstandes bzw. der Schulleistung in verschiedenen Sachfächern
Bei dieser diagnostischen Aufgabe soll erfasst werden, was die Schüler wissen und können und wie gut die Leistungen zu einem bestimmten Messzeitpunkt im Rahmen unterschiedlicher Bezugsnormen sind. Dabei geht es vor allem darum, Schülern regelmäßig eine explizite Rückmeldung über ihre Lernstände zu geben, besondere Begabungen oder Lernrückstände frühzeitig zu erkennen, um daraus adäquate Förderziele für einzelne Schüler ableiten zu können (siehe Kap. 3.2).

3. Leistungsmessung als Diagnostik des Lernprozesses/-verlaufs und des Lernfortschritts
Für die Leistungsmessung im Rahmen einer neuen Lehr-Lernkultur ist nicht nur die Diagnostik von Lernergebnissen bzw. die Erhebung des Lernstandes der Schüler nach bestimmten Lernphasen von Bedeutung, sondern vor allem die Beurteilung des Lernprozesses und des Lernfortschritts (siehe Kap. 3.2.4). Unter dieser Perspektive interessiert vor allem, wie sich die Lernleistungen einzelner Schüler mittel- und langfristig entwickeln, bei welchen Schülern und wie oft Lernplateaus entstehen. Ziel diagnostischer Bemühungen ist hier nicht festzuhalten, wie gut Schüler im Vergleich zu einer Altersstichprobe, sondern wie gut sie in Bezug auf ein Lernkriterium (z.B. Lehrplanziel,

Kompetenzstandard) sind und zu sichern, dass sich Lernfortschritte über das Schuljahr bei allen Schülern einstellen.

4. Diagnostik im Rahmen der Planung von Unterricht
Die Lehrkraft muss für die Planung eines lernwirksamen Unterrichts auch in der Lage sein, auf Klassenebene die interindividuellen Unterschiede der Schüler zu erkennen und zu berücksichtigen, um z.B. für effizientes kooperatives Lernen funktionale Gruppen zusammenstellen oder Lehrmethoden und Lernaufgaben dem Leistungsniveau einzelner Schüler oder Gruppen anpassen zu können (siehe Kap. 3.5.2.2).

5. Analyse des eigenen Unterrichts
Eine nur schülerbezogene Diagnostik ist für Problemklärungen und Lernoptimierung einseitig. Die Erweiterung der Ursachenanalyse um die Diagnostik des eigenen Unterrichts bringt häufig wichtige Rückschlüsse auf die Qualität von Wissen, Verstehen und Lernmotivation der Schüler (siehe Kap. 3.1.2).

6. Überprüfung der eigenen Bewertung und Zensurengebung
Rückschlüsse darüber, wie adäquat die einzelne Lehrkraft tatsächlich bewertet, erhält sie dann, wenn sie die eigene Zensurengebung mit den Leistungen der Schüler in sozialnormierten standardisierten Schulleistungstests und/oder mit den Ergebnissen der Kompetenztests (siehe Kap. 3.2.3) vergleicht.

7. Diagnostik der Ausgangslage vor jeder längerfristigen Förderung/Nachhilfe
Es ist keineswegs trivial, dass zum Gelingen einer Förderung die Feststellung der Ausgangslage unbedingt erforderlich ist. Eine differenzierte Wissens- und Könnensanalyse des Schülers und die Aufdeckung von Knotenpunkten der Lücken im Lernstoff, die situations- und fallangemessene Prüfung der Lernvoraussetzungen sind notwendige, aber nicht hinreichende Voraussetzungen, um effektiv fördern zu können.

8. Diagnostik bei wichtigen Schullaufbahnentscheidungen
Differenzierte explizite Diagnostik ist zur Absicherung der Urteilsbildung für Bildungsempfehlungen in Abhängigkeit der Bildungsaufträge bei Übergängen, für die Steuerung von Kurswahlen und Förderkursbeteiligungen und vor allem bei allen Anlässen des Absteigens in der Schullaufbahn ethisch unerlässlich (siehe Kap. 3.3).

9. Diagnostik bei Lernschwierigkeiten/-problemen
Schwerpunkt der zu generierenden und zu prüfenden Hypothesen liegt hier nach wie vor auf dem Vorwissen/Können, dem Instruktionsverständnis/Verstehen, der Lernmotivation der Schüler und der eigenen Unterrichtsqualität. Es sollten im Diagnoseprozess unbedingt auch Ressourcen der betreffenden Schüler aufgedeckt werden, die eine Förderung positiv unterstützen können (siehe Kap. 3.4).

10. Diagnostik von sozialen Kompetenzen und Sozialverhalten
Besonders für die Festlegung von Kopfnoten, die schriftliche Beurteilung von Schülern auf Zeugnissen oder die Vorbereitung auf Klassenkonferenzen oder Elternge-

spräche ist die solide kontinuierliche Sammlung von adäquaten diagnostischen Informationen zu sozialen Kompetenzen und zum Sozialverhalten der Schüler unerlässlich. Auf die Operationalisierung dieser Konstrukte (z.B. kommunikative, soziale Kompetenzen) muss Zeit und kollegiale Diskussion aufgewendet werden, damit die Diagnoseergebnisse der einzelnen Lehrkräfte nicht nur transparent, sondern vor allem auch vergleichbar werden. Hier besteht ein echtes Defizit an vielen Schulen (siehe Kap. 3.5).

(1) Feststellen von Lernvoraussetzungen der Schüler

(2) Leistungsmessung als Diagnostik des Lernstandes bzw. der Schulleistung in verschiedenen Sachfächern

(3) Leistungsmessung als Diagnostik des Lernprozesses/-verlaufs und des Lernfortschritts

(4) Diagnostik im Rahmen der Planung von Unterricht

(5) Analyse des eigenen Unterrichts

(6) Überprüfung der eigenen Bewertung und Zensurengebung

(7) Diagnostik der Ausgangslage vor jeder längerfristigen Förderung/ Nachhilfe

(8) Diagnostik bei wichtigen Schullaufbahnentscheidungen

(9) Diagnostik bei Lernschwierigkeiten/-problemen

(10) Diagnostik von sozialen Kompetenzen und Sozialverhalten

Abbildung 1.6: Überblick über Anlässe/Aufgaben für die explizite Diagnostik durch Lehrkräfte

Teil II:
Theoretische Grundlagen der pädagogisch-psychologischen Diagnostik – Partizipation an einem fremden Werkzeug

Im zweiten Teil wird das „Handwerkszeug" der pädagogisch-psychologischen Diagnostik näher beschrieben. Die folgenden Kapitel zielen darauf ab, in die theoretischen Grundlagen der pädagogisch-psychologischen Diagnostik einzuführen. Die Frage nach der Begriffsbestimmung der pädagogisch-psychologischen Diagnostik wurde bereits in Kapitel 1.3 geklärt; ebenso wurden ihre Standards angesprochen. Jetzt werden diese Konzepte erneut aufgegriffen und systematischer entfaltet.

Im Teil I haben wir bei der näheren Kennzeichnung der Diagnostik das Attribut „pädagogisch-psychologisch" vorangestellt. Damit kann bereits über den Begriff verdeutlicht werden, dass die Fragestellungen und Ziele dieser Diagnostik die Bildungs- und Erziehungspraxis betreffen, die Theorien und Methoden zur Bearbeitung dieser Fragestellungen aber größtenteils aus der Psychologie stammen. Wir sprechen deshalb auch von der *Partizipation an einem fremden Werkzeug*, um bewusst zu machen, dass ein ethisch verantwortungsvoller Einsatz der pädagogisch-psychologischen Diagnostik eine entsprechende Aus- und Fortbildung zwingend erfordert. Im Teil II werden die konzeptuellen, messtheoretischen und methodischen Grundlagen deshalb unter der Leitfrage ausgewählt, welches Wissen aus der psychologischen Diagnostik für das professionelle Handeln von Lehrkräften unverzichtbar ist. Eine vollständige Übersicht über die wissenschaftliche Diagnostik geben die einschlägigen Diagnostikwerke (bspw. Amelang, Zielinski, Fydrich, & Moosbrugger, 2002; Jäger, 2007; Krohne & Hock, 2015; Schmidt-Atzert & Amelang, 2012).

In Kapitel 2.1 wird der Anspruch an eine wissenschaftliche Diagnostik begründet, die Vorzüge dieser Diagnostik für pädagogisches Handeln herausgearbeitet und gezeigt, dass es sich beim Diagnostizieren nicht um einen einmaligen Akt, sondern um ein komplexes Prozessgeschehen handelt. Im Anschluss daran werden die messtheoretischen Grundlagen so aufbereitet, dass sich daraus die Standards und Ansprüche für das diagnostische Handeln von Lehrkräften ableiten lassen (Kap. 2.2). Das klassische Methodenrepertoire der pädagogisch-psychologischen Diagnostik wird in Kapitel 2.3 vorgestellt. Hier wird an ausgewählten Beispielen aufgezeigt, dass die zentrale Aufgabe des Lehrers als Diagnostiker darin besteht, begründet festzulegen, mit welchen Methoden Fragestellung bearbeitet bzw. aufgestellte Hypothesen geprüft werden sollen. Abschließend wird auf der Grundlage der vorangegangenen theoretischen Reflexion der sogenannte Fünfer-Schritt des Diagnostizierens entwickelt. Dabei handelt es sich um ein strategisches Handlungsmodell des expliziten Diagnostizierens für Lehrkräfte im Sinne einer Heuristik (Kap. 2.4).

60   *Theoretische Grundlagen der pädagogisch-psychologischen Diagnostik*

2.1 Was zeichnet eine professionelle Diagnostik aus?

Einleitend soll zu einem Gedankenexperiment eingeladenen werden (siehe Abb. 2.1).

> Kurz vor Schuljahresende wird Ihnen als Klassenleiter von der Schulleiterin mitgeteilt, dass nach den Sommerferien ein neuer Schüler in die Klasse kommt. Der Schüler war soeben mit seinen Eltern zu einem Gespräch bei der Schulleiterin. Mit einem raschen Blick aus dem Fenster des Lehrerzimmers können Sie gerade noch sehen, wie er mit seinen Eltern den Schulhof überquert. Schauen Sie dazu das Foto des Jungen im Praxisbeispiel an und beantworten Sie nebenstehende Fragen.

Wie alt ist der Junge?
Welche Hobbys hat er?
Welches ist sein Lieblingsfach?

Schätzen Sie dann auf einer Skala von 1 (= niedrig) bis 10 (= hoch) ein,

- wie humorvoll,
- wie pünktlich,
- wie fleißig

Ihr zukünftiger Schüler ist!

Abbildung 2.1: Gedankenexperiment

2.1.1 Alltags- versus professionelle Diagnostik

Um dafür zu sensibilisieren, dass Alltags- und professionelle Diagnostik zwei völlig unterschiedliche Wege zur Urteilsbildung sind, wurde zu dem vorangegangenen Gedankenexperiment eingeladen. Hier musste nichts Geringeres getan werden, als ein diagnostisches Urteil zu fällen, d.h. zu diagnostizieren.

Der Begriff der Diagnose stammt aus dem Griechischen und bedeutet ‚Entscheidung‘, ‚Beschluss‘, ‚Urteil‘ oder ‚Unterscheidung‘. Der Begriff umfasst sowohl die Fähigkeit zu erkennen und zu unterscheiden als auch die Fähigkeit adäquate Mittel bzw. Methoden dafür zu benutzen. Solche Tätigkeiten des Unterscheidens und Urteilens sind aus dem Alltag hinreichend bekannt. Beständig treffen wir Urteile über unsere Mitmenschen und schätzen Situationen ein. Dabei wird größtenteils aber auf Alltagstheorien zurückgegriffen.

Auf unser Gedankenexperiment bezogen, bedeutet dies, jeder hat eine begründete Idee davon, welchem Hobby der Junge in seiner Freizeit nachgehen könnte: Computerspielen, weil das alle Jungen in diesem Alter machen; Musikhören, weil er in seinem Aussehen den Mitgliedern einer Popgruppe nacheifert; Lesen, weil wir einen Jungen aus der Nachbarschaft kennen, dem er ähnlich sieht und der ebenfalls liest.

Einige werden den fiktiven Schüler aufgrund seines freundlichen Gesichtsausdruckes als höflich und demzufolge als pünktlich einschätzen.

Andere sind überzeugt, dass die Gestaltung der aufwändigen Frisur am Morgen viel Zeit beansprucht, was wiederum für Unpünktlichkeit stehen könnte. Diese Vermutungen ließen sich beliebig fortsetzen. Es wird jedoch hier bereits deutlich, dass es sich größtenteils um vorläufige Alltagsurteile handelt, die möglicherweise nicht frei von Beurteilungsfehlern und Urteilstendenzen sind (vgl. Kap. 1.5).

Das Gedankenexperiment führt zusätzlich vor Augen, dass wir uns in unseren Alltagsurteilen spontan und unbewusst von subjektiven Theorien leiten lassen und selten die Richtigkeit der von uns angenommenen Zusammenhänge, beispielsweise zwischen Haarfrisur und Pünktlichkeit, hinterfragen. Bezogen auf die vielen Urteile und Entscheidungen, die wir unentwegt im Alltag treffen, ist das auch nicht erforderlich. Im Gegenteil, in diesen Fällen gilt das rasche Beurteilen von Menschen und Situationen eher als Kompetenz zur Alltagsbewältigung. Denn niemand betritt ein Zugabteil und prüft in ausführlichen Befragungen, welcher Fahrgast als geeigneter Sitznachbar in Frage kommen könnte. Hier lassen wir uns vom ersten Eindruck, z.B. von einem freundlichen Lächeln, leiten. Irren wir uns hier, dann hat das Fehlurteil im schlimmsten Fall lediglich eine unangenehme Zugfahrt zur Folge.

Dagegen können Fehlurteile in pädagogischen Kontexten gravierende Konsequenzen nach sich ziehen. Deshalb müssen die Tätigkeiten des Unterscheidens und Urteilens bei Lehrkräften mit professionellem Anspruch nach einem theoretisch begründbaren System von Regeln und Methoden zur Gewinnung und Analyse von Informationen ablaufen (siehe Tent & Stelzl, 1993).

2.1.2 Kriterien professioneller Diagnostik

Es müsste bisher deutlich geworden sein, dass sich Alltagsdiagnostik und professionelle Diagnostik nicht nur durch ihre Ziele und Funktionen voneinander unterscheiden, sondern insbesondere durch das methodische Vorgehen bei der Urteilsbildung. Das entscheidende Kriterium einer professionellen, d.h. wissenschaftlichen Diagnostik, liegt nach Tent und Stelzl (1993) darin, dass sowohl eine theoretische als auch messtheoretische Klärung der Merkmale, über die ein Urteil gefällt werden soll, vorgenommen werden müssen (siehe Abb. 2.2).

Soll beispielsweise – wie im einführenden Praxisbeispiel – ein diagnostisches Urteil darüber gefällt werden, wie humorvoll der Schüler ist, müsste in einem ersten Schritt geklärt werden, was unter Humor zu verstehen ist. Es muss also eine *theoretische Präzisierung* des zu messenden Merkmals vorgenommen werden. Daran schließt sich die Frage an, wie Humor gemessen werden kann. *Ein wichtiger Schritt dabei ist die Operationalisierung,* d.h. die Überführung eines theoretischen Konzeptes in ein zu messendes Konstrukt. Worüber könnte das Konzept Humor im vorangestellten Gedankenexperiment operationalisiert werden? Über das Lächeln des Jungen, seine witzige Frisur. Es könnte auch ausgezählt werden, wie viele Witze er spontan erzählen kann. Aus diesen unterschiedlichen Möglichkeiten der Operationalisierung bei ein und demselben theoretischen Konzept geht hervor, wie wichtig es ist, solche

Operationalisierungen transparent zu machen, denn die inhaltliche Bedeutung eines diagnostischen Urteils kann erst dann eingeordnet werden, wenn man Kenntnis darüber hat, wie das Urteil zustande gekommen ist. Bereits in diesem Zusammenhang müssen auch erste messtheoretische Annahmen geklärt werden.

Alltagsdiagnostik

Wissenschaftliche Diagnostik

→ Theoretische Präzisierung des zu messenden Merkmals
• Operationalisierung der Konstrukte
• Klärung der messtheoretischen Annahmen

→ Präzisierung der Messmethoden
• Einhaltung der Gütekriterien
• Standardisierung des Vorgehens
• Bereitstellung von Vergleichsmaßstäben
• Analyse der Randbedingungen

→ Verifizierung der diagnostischen Aussagen
• Überprüfung auf theoretische Plausibilität, Vollständigkeit und Verwertbarkeit

Abbildung 2.2: Kriterien wissenschaftlicher Diagnostik

Ein weiterer wichtiger Schritt bezieht sich auf die Präzisierung der Messmethoden. Hier geht es um die Überlegung zur *Standardisierung* der Messoperationen. Damit ist gemeint, dass die Messbedingungen für alle Untersuchungsobjekte möglichst identisch sein sollen. Es klingt bereits an, dass sich die Messung im Rahmen einer wissenschaftlich fundierten Diagnostik an den einschlägigen *Gütekriterien* orientiert, die weiter unten (Kap. 2.2.1) näher ausgeführt werden. Eine hohe Standardisierung ermöglicht beispielsweise eine hohe Objektivität des diagnostischen Urteils, weil die Durchführung der Messung sowie die Auswertung und Interpretation der Messergebnisse dann unabhängig vom Diagnostiker ablaufen. Die Forderung nach Standardisierung zielt außerdem darauf ab, die Wahrscheinlichkeit zu erhöhen, dass alle Diagnostiker das Gleiche beurteilen und damit auch zu genaueren Urteilen gelangen können.

Durch das *Bereitstellen von Maßstäben zur Einordnung individueller Messergebnisse* wird zudem sichergestellt, dass sich die Ausprägung eines individuellen Merkmals auch interpretieren lässt. In unserem Gedankenexperiment wurde eine Skala von 1 bis 10 vorgegeben, um den Ausprägungsgrad des zu beurteilenden Merkmals (Humor, Pünktlichkeit, Fleiß) differenzierter bestimmen zu können. Welchen Aussagegehalt hätte dagegen ein undifferenziertes Urteil wie bspw.: „Der Junge ist sehr fleißig?" Dieses Urteil ist deshalb ungenau, weil keine Klarheit darüber besteht, was „sehr" bedeutet, weil also für den Diagnostiker kein Maßstab oder Referenzpunkt für die Beurteilung zur Verfügung steht. Damit könnte das Urteil „sehr fleißig" für jeden Diagnostiker eine andere Bedeutung haben.

Schließlich werden im Rahmen einer professionell durchgeführten Diagnostik die *Randbedingungen analysiert*. Die Beantwortung der Frage, unter welchen Bedingungen gemessen wurde, muss letztendlich in das zu fällende diagnostische Urteil einbezogen werden, um mögliche Interpretationsfehler ausschließen zu können. In unserem Praxisbeispiel genügt ein Blick aus dem Fenster sicher nicht, um festzustellen zu können, ob der Schüler auf dem Weg zu einem Kostümfest ist oder ob er sich täglich derart kleidet und frisiert. Solche Informationen sind durchaus nicht marginal und dürfen nicht vernachlässigt werden, da sie den Gesamtzusammenhang klären helfen. Damit wird zum letzten Kriterium der wissenschaftlichen Diagnostik übergeleitet, der *empirischen Verifizierung des diagnostischen Urteils*, d.h. der anschließenden Prüfung der Richtigkeit. In unserem Beispiel hätten wir nach dem ersten Eindruck, den wir uns vom Schüler gemacht haben, beispielsweise mit der Schulleiterin Rücksprache halten können. Erst durch das Beschaffen weiterer Informationen lässt sich die Richtigkeit des Urteils bestätigen oder in Frage stellen.

2.1.3 Diagnostizieren als Prozess

Beim Diagnostizieren handelt es sich nicht um einen einmaligen Akt, sondern um ein komplexes, mehrstufiges Vorgehen mit möglichen Rückkopplungsschleifen. Dieser Prozess wird von unterschiedlichen Autoren unterschiedlich modelliert (z.B. Jäger, 1986; Krapp, 1979; Lukesch, 1998).

Da es sich beim diagnostischen Prozess auch immer um einen Problemlösungsprozess handelt, können ähnliche Phasen bzw. Schritte ausgemacht werden (z.B. Erkennen des Problems, Problemdefinition, Analyse der Ausgangsbedingungen, Suche nach geeigneten Lösungswegen, Reflexion des Weges).

In unseren Diagnostikseminaren in der Aus- und Fortbildung stellen wir immer wieder fest, dass Lehramtsstudierende oder auch gestandenen Lehrkräfte häufig dazu neigen, sofort, wenn sie ein Problem vage ausgemacht haben, über dessen Beseitigung nachdenken, ohne es exakt abgeklärt zu haben (d.h. ohne explizite Diagnostik). Ein solches unprofessionelles Vorgehen konnte auch in unseren Evaluationsstudien zum Aufbau diagnostischer Kompetenzen bei Lehramtsstudierenden empirisch nachgewiesen werden (Gottlebe, Hesse, & Latzko, 2015). Der professionelle Diagnostiker versucht dagegen das Problem *systematisch, schrittweise* diagnostisch abzuklären, bevor er über Interventionen nachdenkt.

In Abbildung 2.3 wird ein Ablaufmodell des diagnostischen Urteilens in Anlehnung an Lukesch (1998) dargestellt.

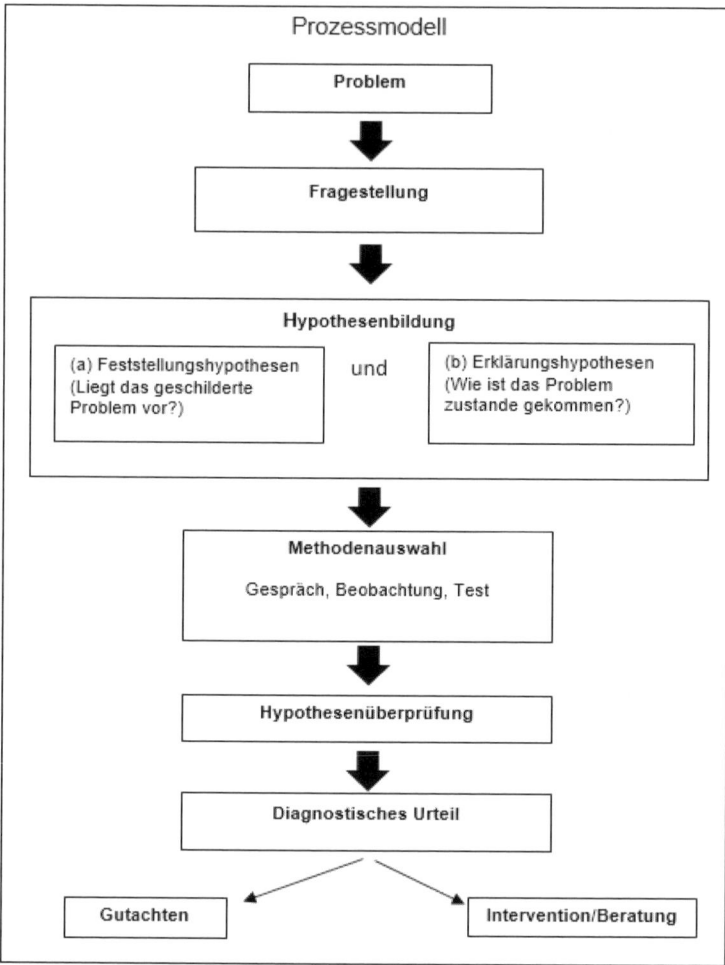

Abbildung 2.3: Ablaufmodell des diagnostischen Urteilens in Anlehnung an Lukesch (1998)

Aus diesem Modell wird deutlich, dass der diagnostische Prozess nur dann eingeleitet wird, wenn ein Problem bzw. eine diagnostische Fragestellung in der pädagogischen Praxis vorliegt.

Auf der Grundlage von theoretisch begründeten Hypothesen werden daraufhin Überlegungen darüber angestellt, ob das Problem tatsächlich vorliegt und wenn ja, wie es zustande gekommen sein könnte (Ursachensuche). Im Anschluss daran werden geeignete diagnostische Methoden zur Überprüfung der Hypothesen ausgewählt. Die

Methoden kommen in einer konkreten Untersuchung zur Anwendung. Anhand der gewonnenen Ergebnisse werden die Hypothesen geprüft. Abschließend wird entlang dieser erhaltenen Daten ein diagnostisches Urteil erarbeitet (Diagnose). Je nach diagnostischer Zielstellung kann auf der Grundlage dieser Diagnose ein Gutachten erstellt oder eine Intervention geplant werden. Im pädagogischen Prozess wird jedoch meist eine Intervention (Förderung) oder Beratung eingeleitet.

Aus diesem Prozessmodell wird auch deutlich, dass Diagnostizieren nicht mit Messen gleichzusetzen ist – wie von geisteswissenschaftlich orientierten Pädagogen manchmal behauptet wird – sondern weit mehr umfasst. So durchläuft die diagnostische Urteilsbildung einen differenzierten Prozess, der nach der ersten Phase zwar mit einem diagnostischen Urteil abschließt. Diese Diagnose markiert jedoch keinen Endpunkt, sondern leitet insbesondere im Kontext von Schule und Unterricht in gezielte Überlegungen zur Verbesserung und Anpassung des Unterrichts, zur Planung von Fördermaßnahmen einzelner Schüler oder Gruppen über. Eine wesentliche Aufgabe des Lehrers als Diagnostiker besteht jetzt darin, die Diskrepanzen zwischen dem erhobenen Ist-Zustand und dem erwünschten Soll-Zustand aufzudecken und daraus handlungsleitende Ziele für eine Intervention abzuleiten. Mit der Entscheidung über die Intervention bzw. mit der Planung der Intervention endet der erste große Abschnitt der diagnostischen Bemühungen im Problemlösungsprozess.

Während im Prozessmodell von Lukesch insbesondere die diagnostischen Schritte zur Bestimmung von Ausgangslagen bzw. Ist-Zuständen bis zur Entscheidung über die Intervention im Mittelpunkt stehen, können auf der Grundlage des Prozessmodells nach Krapp (1979) weitere Angriffsstellen für notwendiges Diagnostizieren im Problemlösungsprozess ausgemacht werden: Diagnostik während der geplanten Intervention und zum Abschluss der Intervention. Krapp spricht dabei von Treatment-begleitender und Treatment-abschließender Diagnostik.

Der prozessbegleitenden Diagnostik kommt auch deshalb eine wichtige Rolle zu, weil die Korrespondenzen von diagnostischer Ausgangslage und der Passung des sogenannten Treatments bzw. der Interventionen nicht eindeutig vorhersagbar sind. Unverzichtbar ist deshalb bei der Durchführung der geplanten Intervention ihre sorgfältige Überwachung. Diese Treatment-begleitende Diagnostik liefert der Lehrkraft so zeitnah Informationen über Effekte der eingeleiteten Interventionsmaßnahmen – über Fortschritte, Plateaus, Störungen etc. Der Vorteil einer solchen formativen Evaluation besteht darin, dass die Interventionen immer wieder aktuell verändert und angepasst werden können.

Die zeitliche Befristung der geplanten Interventionsmaßnahmen ermöglicht am Ende auch eine sogenannte Treatment-abschließende Diagnostik. Die diagnostischen Handlungen haben hier das Ziel, die Ergebnisse aller Bemühungen festzustellen. So kann jetzt geprüft werden, welche der geplanten (Förder-)Ziele realisiert werden konnten, wo Lücken geblieben sind, welche unerwarteten Schwierigkeiten im Lösungsprozess aufgetreten und welche Ursachen dafür verantwortlich sind. Es ist auch möglich, dass der diagnostische Prozess nun mit einer präzisierten Fragestellung erneut beginnt.

2.2 Messtheoretische Grundlagen – ein Exkurs für Lehrkräfte

Wenngleich das explizite Diagnostizieren nicht mit Messen gleichgesetzt werden kann, so wäre es gleichermaßen falsch anzunehmen, dass professionelles Diagnostizieren ohne Messen auskommen kann. Im Folgenden soll deshalb eine Sicht eröffnet werden, welcher Stellenwert dem Messen beim professionellen Diagnostizieren zukommt.

2.2.1 Überlegungen zum Messen und Skalieren

Verkürzt gesagt, versteht man unter Messen die *Zuordnung von Zahlen zu Objekten*. Bereits diese vorläufige Definition macht deutlich, dass wir auch im Alltag unentwegt messen. Beispielsweise wiegen wir Zutaten beim Backen ab und ordnen ihnen so Zahlen zu. Und auch auf der Grundlage geschriebener Klassenarbeiten, werden den erbrachten Leistungen der Schüler Zahlen zugeordnet. Allerdings machen wir uns im Alltag selten Gedanken darüber, ob das, was gemessen werden soll, auch tatsächlich gemessen werden kann. Die Klärung solcher Überlegungen fällt in den Wissenschaftsbereich der Messtheorie (siehe Orth, 1974; 1995). Sie beschäftigt sich mit den Bedingungen und Voraussetzungen der Messbarkeit von Merkmalen. Überlegungen zur konkreten Umsetzung in Messoperationen machen nämlich erst dann Sinn, wenn zuvor die grundsätzliche Messbarkeit dieser Objekte bzw. Merkmale geprüft wurde.

Bortz (2005; Bortz & Döring, 2006) weist in diesem Zusammenhang darauf hin, dass nicht jede beliebige Zuordnung einer Zahl zu einem Objekt bzw. Merkmal automatisch einen Messvorgang darstellt. Vergegenwärtigen wir uns diesen Sachverhalt am einfachen Beispiel von zwei unterschiedlich großen Äpfeln. Die beliebige Zuordnung der Zahlen 2 und 4 zu je einem der beiden Äpfel stellt noch keinen Messvorgang dar. Erst wenn berücksichtigt wird, dass dem kleineren der beiden Äpfel auch die kleinere Zahl und dem größeren der beiden Äpfel die größere Zahl zugeordnet wird, das heißt, wenn die Beziehung der Zahlen auch die Beziehung des zu messenden Merkmals wiedergibt, kann von einem Messvorgang gesprochen werden. In der messtheoretischen Terminologie heißt das, die Zahlen müssen so gewählt sein, dass sie die Objektrelationen (bspw. „größer-kleiner") des empirischen Relativs (bspw. Größe der Äpfel) korrekt repräsentieren (=homomorph). Auf diesem Hintergrund kann die vorläufige Definition von Messen präzisiert werden: „Messen ist eine Zuordnung von Zahlen zu Objekten oder Ereignissen, sofern diese Zuordnung eine homomorphe Abbildung eines empirischen Relativs in ein numerisches Relativ ist" (Orth, 1983, S. 138).

Worin besteht die Funktion des Messens? Eine Messung zielt darauf ab, möglichst exakte und vergleichbare Informationen über Merkmale zu erhalten. Die zugeordnete Zahl soll die gemessene Ausprägung des Merkmals möglichst genau und fehlerfrei wiedergeben.

Nehmen wir an, es soll die Rechtschreibleistung von Schülern über ein Diktat ermittelt werden. Wird hier gemessen? Die Überlegungen, die sich ergeben, sind: Was

Messtheoretische Grundlagen 67

wäre hier das empirische Relativ? Welche Beziehungen sind ihm inhärent? Und lassen sich diese Beziehungen in einem numerischen Relativ abbilden?

Das empirische Relativ könnte die Anzahl der Fehler, das numerische Relativ der Rangplatz in Abhängigkeit der Leistungsgüte sein (siehe Tab. 2.1).

Tabelle 2.1: Messen der Rechtschreibleistung

Schüler	Empirisches Relativ Fehleranzahl	Numerisches Relativ Rangplatz
A	2	1
B	6	2
C	12	3
D	19	4
E	21	5

Die Antwort auf die oben gestellte Frage, ob gemessen wurde, lautet also: „JA!". In Anlehnung an die Definition von Orth (1974, 1995) wurde ein empirisches Relativ (Anzahl der Fehler) in einem numerischen Relativ (Rangplatz 1 bis 5) abgebildet. Dabei entspricht die Beziehung der Zahlen (numerisches Relativ) auch den Beziehungen des gemessenen Merkmals (empirisches Relativ), weil einer geringen Fehlerzahl auch ein niedriger Rangplatz und entsprechend einer hohen Fehlerzahl ein hoher Rangplatz zugeordnet wird.

Aber: Haben wir auch genau gemessen? Diese Frage lässt sich beantworten, wenn man etwas über Skalenniveaus aus der Messtheorie weiß. D.h. man erkennt dann, dass die Möglichkeiten des Messens in der pädagogisch-psychologischen Diagnostik begrenzt sind. Manchmal werden Zahlen auch „missbraucht", um eine Genauigkeit des Messvorgangs vorzutäuschen, wo gar nicht genau gemessen werden kann. Messungen finden auf unterschiedlichen Exaktheitsniveaus statt, und die Skalen kennzeichnen dann unterschiedliche Niveauebenen. Im Folgenden werden die vier wichtigsten Skalen in Anlehnung an Ingenkamp und Lissmann (2008) erläutert:

Die Nominalskala bezeichnet das „unterste" Messniveau (ebd., S.46), denn hier geht es lediglich um die Bestimmung, ob verschiedene Merkmalsausprägungen gleich oder verschieden sind (gleich-ungleich Relationen werden abgebildet). Häufig werden die Merkmalsausprägungen auch verbal bezeichnet, bspw. Junge vs. Mädchen, Zweitklässler vs. Drittklässler und auf eine Codierung durch echte Ziffern wird verzichtet. Deshalb lehnen einige Autoren es auch ab, auf diesem Niveau bereits von Messen zu sprechen. Allerdings können die Häufigkeiten der einzelnen Werte durchaus ermittelt werden: 7 Jungen, 12 Mädchen; 20 Zweitklässler, 22 Drittklässler. Folglich kann auf einer Nominalskala lediglich der *Modalwert* als Maß der zentralen Tendenz ermittelt werden, d.h. der am häufigsten auftretende Wert in einer Messwertreihe.

Auf dem Niveau der **Ordinal- oder Rangskala** kann gemessen werden, wenn die Merkmalsausprägungen nach ihrem unterschiedlichen Grad in eine Reihenfolge gebracht werden können; d.h. hier können die Reihenfolge der Objekte und die Richtung der Merkmalsausprägung abgebildet werden.

In Bezug auf das Diktatbeispiel (siehe Tab. 2.1) wird jetzt klar, dass die Schülerleistung auf dem Niveau einer Ordinalskala gemessen wurde. Die mögliche Relation, die abgebildet werden kann, ist die größer-kleiner Relation. Verallgemeinert gesagt, können auf dem Ordinalskalenniveau sowohl die gleich-ungleich als auch die größer-kleiner Relation abgebildet werden.

Warum messen wir immer noch ungenau? Aus Tabelle 2.1 kann weiterhin entnommen werden, dass die *Abstände zwischen den Rangplätzen unterschiedlich groß sind*. Die empirische Realität wird durch die Zahlen noch ungenau abgebildet (z.B. beträgt der Abstand zwischen Rangplatz 1 und 2 vier Fehler, der Abstand zwischen 2 und 3 jedoch sieben Fehler usw.). Wir können zwar die Rangplätze der Schüler bestimmen, aber die Abstände zwischen ihnen sind beliebig. Deshalb ist es nicht sinnvoll, mit Rangplätzen arithmetische Operationen auszuführen oder gar Mittelwerte zu berechnen. Als Maß der zentralen Tendenz kann der *Median* bestimmt werden, d.h. der Zahlenwert, der die Messwertreihe halbiert. In unserem Diktatbeispiel repräsentiert die Leistung von Schüler C den Median.

Nach messtheoretischen Kriterien entspricht die in der Schule praktizierte Zensurenskala nur der Ordinalskala, weil die Abstände zwischen den Notenstufen nicht gleiche Abstände zwischen den „realen" Leistungen abbilden. Niemand kann behaupten, dass der Leistungsunterschied zwischen den Noten 2 und 3 dem Unterschied zwischen den Noten 4 und 5 entspricht, oder dass der Schüler mit der Note 4 doppelt so „dumm" ist wie der mit der Note 2, weil die Noten eben lediglich eine größer-kleiner Relation abbilden.

Gleiche Abstände liegen erst bei der **Intervallskala** vor, und damit handelt es sich um eine metrische Skala. Jetzt sind die üblichen algebraischen Operationen und die Berechnung des arithmetischen Mittelwertes erlaubt. Jedoch können wir noch keine Verhältnisse oder Proportionen mit diesen Skalenwerten feststellen, weil 3 Aspekte willkürlich festgelegt sind: der Nullpunkt, die Größe der Einheit und die Richtung, in der die Einheiten vom Nullpunkt aus gezählt werden. Somit sind nunmehr drei Relationen bestimmbar: gleich-ungleich, größer-kleiner und die Gleichheit der Differenzen. Alle psychologischen Konstrukte sind maximal messbar auf diesem Intervallskalenniveau.

Bei der **Verhältnisskala** können nun Aussagen über Proportionen gemacht werden (z.B. doppelt, halb, viermal usw.). Auf diesem Skalenniveau sind vier Relationen bestimmbar: gleich-ungleich, größer-kleiner, Gleichheit der Differenzen und Gleichheit von Verhältnissen. Hier sind die Skalenabstände nicht nur gleich, sondern auf einen natürlichen Nullpunkt bezogen. Das bedeutet, bei einem Skalenwert von „0" ist auch das gemessene Merkmal „0". Alle statistischen Operationen können mit diesen Skalenwerten vorgenommen werden.

Die wesentlichen Informationen zu den einzelnen Skalen können aus Tabelle 2.2 nochmals entnommen werden.

Messtheoretische Grundlagen

Tabelle 2.2: Überblick über Skalenniveaus

Skalenniveau	Relationen	Zentrale Tendenzmaße	Beispiele
Nominalskala	gleich – ungleich	Modalwert (häufigster Wert)	Autokennzeichen
Ordinal- oder Rangskala	gleich – ungleich größer – kleiner	Median	Zensuren, Rangliste bei Wettbewerben, Prozentränge
Intervallskala	gleich – ungleich größer – kleiner Gleichheit der Differenzen	Arithmetischer Mittelwert	Temperaturskala (Abweichungs-)Intelligenzquotienten T-Werte bei Schultests
Verhältnis- oder Proportionalskala	gleich – ungleich größer – kleiner Gleichheit der Differenzen Gleichheit der Verhältnisse	arithmetisches und geometrisches Mittel	Längenmaße Gewichtsmaße

Nachdem gezeigt wurde, was unter Messen zu verstehen ist und welche grundsätzlichen Überlegungen daran geknüpft sind, soll zusammenfassend nochmals die Ausgangsfrage nach dem Stellenwert des Messens beim Diagnostizieren beantwortet werden:

a. Das Ziel beim Diagnostizieren besteht darin, Informationen über Schüler, Lehrkräfte, Unterricht usw. so genau wie möglich zu beschaffen, um anstehende pädagogische Entscheidungen verantwortungsbewusst treffen zu können. Die Qualität dieser Informationen hängt von der Qualität der Beschaffung ab. Und hier kommt das Messen ins Spiel: Je genauer die relevanten Merkmale erfasst werden können, desto treffender und gerechter sind dann auch die pädagogischen Entscheidungen.

b. Andererseits ermöglicht das Wissen zum Messen aber auch, sich über die Grenzen und zufälligen Fehler bzw. die Ungenauigkeiten beim Beschaffen von Informationen bewusst zu sein. Der Diagnostiker muss also einschätzen, auf welchem Skalenniveau er messen kann und welche Aussagen damit möglich sind.

c. Eine weitere wichtige Erkenntnis aus der Messtheorie für das Diagnostizieren besteht darin, dass niemals ganze Objekte (z.B. Schüler, Unterricht) gemessen werden können, sondern jeweils nur Merkmale dieser Objekte bzw. deren Ausprägung.

d. Das messtheoretische Wissen ist für den Lehrer als Diagnostiker auch deshalb unverzichtbar, weil er nur auf dieser Grundlage den Aufbau standardisierter Testverfahren wirklich durchschauen und diese dann auch ethisch verantwortungsbewusst einsetzen kann.

e. Nicht zuletzt macht die Beschäftigung mit messtheoretischen Annahmen auch auf grundsätzliche Probleme des Messens in den Sozialwissenschaften aufmerksam. Prinzipiell betrachtet, besitzen die Ergebnisse sozialwissenschaftlicher Messungen nicht die Genauigkeit, die man beim Messen physikalischer Größen erhält. Auf die Gründe dafür und welche Möglichkeiten es dennoch zur Sicherung der Qualität bei sozialwissenschaftlichen Messungen gibt, wird im Folgenden genauer eingegangen.

2.2.2 Besonderheiten des Messens in den Sozialwissenschaften

Die Fragen, die jetzt beantwortet werden müssen, sind:
Warum ist die Messgenauigkeit bei sozialwissenschaftlichen Messungen eingeschränkt und wodurch? Wie sind die Gütemaßstäbe für sozialwissenschaftliche Messungen definiert?

Wir möchten die Beantwortung der ersten Frage mit einem Beispiel aus der Schulpraxis beginnen.

Der Sportlehrer kann die Leistung seiner Schüler beim Weitsprung (Absprung bis Landung) direkt beobachten und verfügt zudem noch mit dem Maßband über ein geeignetes Messinstrument. Will der Deutschlehrer dagegen die Deutschleistung seiner Schüler messen, hat er im Gegensatz zu seinem Kollegen ein echtes diagnostisches Problem, denn die Deutschleistung kann weder direkt beobachtet werden, noch steht ein „Maßband" zur Verfügung.

Das aufgezeigte diagnostische Problem des Deutschlehrers macht deutlich, vor welchen Problemen sozialwissenschaftliche Messungen prinzipiell stehen. Hier werden in der Regel keine direkt beobachtbaren Eigenschaften gemessen, sondern Konstrukte (siehe Kap. 1.5.1). Konstrukte sind angenommene, meist theoretisch modellierte (Erklärungs-)Konstruktionen von nicht direkt erfassbaren bzw. messbaren Merkmalen wie z.B. die Deutschleistung oder soziale Kompetenzen, Motivation, Ängstlichkeit, Intelligenz. Die grundlegende Aufgabe beim Messen in den Sozialwissenschaften besteht – wie bereits aufgezeigt wurde – darin, zunächst einmal den Messgegenstand zu präzisieren und in beobachtbares Verhalten, sogenannte Indikatoren, zu überführen. Dieser Vorgang der Überführung von Konstrukten in messbare Einheiten wird Operationalisierung genannt. Über diese Indikatoren müssen dann wiederum Rückschlüsse auf die Ausprägung des „dahinterliegenden" theoretischen Konstrukts vorgenommen werden (siehe Abb. 2.4). Bereits dieser Schritt stellt eine hohe Anforderung an den Diagnostiker dar. Denn hier kann eine erste Quelle der Ungenauigkeit ausgemacht werden, wenn es nicht gelingt, die Konstrukte adäquat und umfassend zu operationalisieren. Eine weitere Quelle für die Ungenauigkeit der Messung sind mögliche unsystematische Fehler.

2.2.3 Anforderungen an die Güte sozialwissenschaftlicher Messungen in Anlehnung an die Klassische Testtheorie

Prinzipiell können Fragen der Ungenauigkeit von Messungen im Rahmen der Klassischen Testtheorie (KTT) beantwortet werden (Lienert, 1969; Lienert & Raatz, 1994). Von grundlegender Bedeutung ist hier die Unterscheidung in *beobachteten Wert (X), wahren Wert (T) und Messfehler (E)*.

Es ist evident, dass eine Person nicht bei jeder Messung denselben Wert erzielen wird, selbst wenn alle Bedingungen gleich wären. In der Terminologie der KTT heißt das, dass der beobachtete bzw. der gemessene Wert in der Regel nicht dem „wahren" Wert des Probanden entspricht. Diese Schwankungen markieren den *Messfehler*. Es werden im Rahmen der KTT über den Zusammenhang zwischen dem „wahren"

Messtheoretische Grundlagen 71

Messwert und der Zufallskomponente, die in jedem erzielten Messwert steckt, grundlegende Annahmen getroffen (=Axiome der KTT).

Es wird davon ausgegangen, dass zu jedem beobachtbaren Testwert ein „wahrer" Wert existiert, dessen Merkmalsausprägung über die Zeit konstant ist (=Existenzaxiom). Der Messfehler überlagert jedoch den „wahren" Wert (Fehleraxiom). Als Messfehler gelten hier nur *unsystematische Fehler* (alle unsystematischen Einflüsse, Stimmungen, Rateeffekte usw.). Weil der Messfehler eine Zufallsvariable ist, wird angenommen, dass die Summe bzw. der Mittelwert „0" ist (=messfehlerfrei), wenn hinreichend viele Messungen vorgenommen worden sind. Daraus kann geschlussfolgert werden, dass die Summe der Fehlerwerte einer Person bei unendlich vielen Messwiederholungen unter identischen Bedingungen bzw. die Summe der Fehlerwerte bei einer einmaligen Messung bei unendlich vielen Personen gleich „0" ist. Als Folge ergibt sich, dass der Mittelwert der „wahren" Werte gleich dem Mittelwert der beobachteten Werte ist. Das Verknüpfungsaxiom besagt schließlich, dass sich der beobachtete Wert aus der Summe von „wahrem" Wert und Messfehler zusammensetzt (X=T+E). Je größer der Messfehler ist, desto ungenauer wird der „wahre" Wert durch den beobachteten Wert wiedergegeben (siehe auch Abb. 2.4).

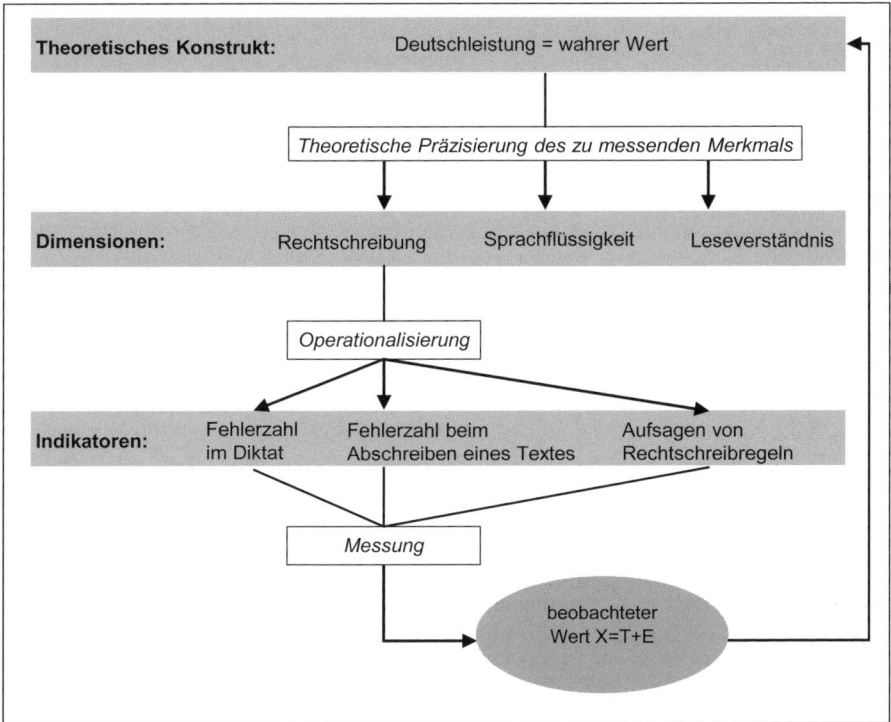

Abbildung 2.4: Auszug aus der Operationalisierung der Deutschleistung

Aus dem bisher Gesagten kann geschlussfolgert werden, dass ein zentrales Anliegen der KTT darin besteht, Verfahrensweisen und **Gütekriterien** zu entwickeln, die es erlauben, den nicht direkt beobachtbaren hypothetischen Wert möglichst messfehlerfrei zu erfassen bzw. den Fehleranteil der Messwerte möglichst genau, d.h. quantitativ, zu beziffern. Jetzt kann die oben gestellte zweite Frage nach den Gütemaßstäben sozialwissenschaftlicher Messungen genauer in den Blick genommen werden. Im Folgenden werden die wesentlichen Gütekriterien *Objektivität, Reliabilität, Validität* und *Normierung* erläutert (vgl. Ingenkamp & Lissmann, 2008; Lukesch, 1998; Moosbrugger & Kelava, 2012; Tent & Stelzl, 1993). Dabei wird auch besprochen, welche Bedeutung diese Standards für die diagnostische Tätigkeit von Lehrkräften besitzen.

> *Die Objektivität* eines Verfahrens bezeichnet den Grad, in dem ein Untersuchungsergebnis unabhängig vom Untersucher ist (vgl. Lienert & Raatz, 1994, S. 7).

Ein diagnostisches Verfahren wäre demnach vollkommen objektiv, wenn verschiedene Diagnostiker bei denselben Probanden zu den gleichen Ergebnissen gelangten. Man spricht deshalb auch von „interpersoneller Übereinstimmung der Untersucher" (Lienert, 1967, S. 13). Objektivität sollte in allen Phasen des diagnostischen Prozesses sichergestellt werden: bei der Durchführung der Untersuchung (=Durchführungsobjektivität), bei der Auswertung der Ergebnisse (=Auswertungsobjektivität) und bei der Interpretation (=Interpretationsobjektivität). Prinzipiell geht es bei der Objektivität um die Frage der Bedingungskonstanz, die über unterschiedliche Grade der Standardisierung umgesetzt werden kann.

Um die *Durchführungsobjektivität* zu gewährleisten, muss bei der Durchführung der diagnostischen Untersuchung auf die Gleichheit der Instruktion geachtet werden. Bei standardisierten Verfahren liegt diese meist schriftlich vor und sollte nach Möglichkeit auch so vorgetragen werden. Durch vorgeschaltete Übungsaufgaben, die nicht in die Bewertung einbezogen werden, wird zusätzlich gesichert, dass alle Probanden die Anforderungen verstanden haben. Damit können Unterschiede im Instruktionsverständnis minimiert werden. Außerdem sollte gesichert werden, dass die Probanden bezüglich der ganzen diagnostischen Situation vergleichbare Bedingungen vorfinden (z.B. Ruhe, Tageszeit; personale Bedingungen wie Ermüdung usw.). Auch die soziale Interaktion zwischen Untersucher und Proband sollte auf ein Minimum reduziert werden, um interaktionsbedingte Einflüsse auszuschalten.

Damit die *Auswertungsobjektivität* ebenfalls unabhängig vom Untersucher ist, muss sichergestellt werden, dass die gleiche Leistung bzw. das gleiche Verhalten auch mit derselben Zahl bewertet wird. Bei standardisierten Verfahren ist es in der Regel leicht, durch vorgegebene kategoriale oder numerische Auswertungsregeln diesem Gütekriterium zu genügen. Sehr hoch ist die Auswertungsobjektivität dann, wenn die richtig-falsch-Zuordnung auf Multiple-Choice-Basis beruht und mittels Schablone vorgenommen werden kann. Verfälschend können hier aber Ablese- oder Rechenfehler sein, die nicht unterschätzt werden dürfen. Bei Klassenarbeiten mit freien Antworten wird die Auswertungsobjektivität durch das Ausarbeiten von Kriterienkatalogen

Messtheoretische Grundlagen 73

(Erwartungsbildern) zu gewährleisten versucht. Für jede Antwort muss genau festgelegt werden, welche Lernergebnisse mit wie vielen Punkten bewertet werden sollen. Schließlich soll mit der *Interpretationsobjektivität* auch sichergestellt werden, dass aus den ausgewerteten Ergebnissen auch die gleichen diagnostischen Schlüsse gezogen werden. Bei standardisierten Verfahren kann ein erzieltes Ergebnis mithilfe der Normtabellen im Testmanual in die Leistungsverteilung einer entsprechenden Alters- oder Klassenstufe oder nach Lernzielkatalogen in das erreichte Lernniveau eingeordnet werden. Je unterschiedlicher und je zahlreicher die zu verarbeitenden Informationen sind, desto schwieriger wird es, sie objektiv zu interpretieren.

> Die *Reliabilität* oder *Zuverlässigkeit* eines Verfahrens bezeichnet den Grad der Genauigkeit, mit dem ein bestimmtes Persönlichkeits- oder Verhaltensmerkmal gemessen werden kann – unabhängig davon, was das Verfahren zu messen vorgibt (vgl. Lienert & Raatz, 1994, S. 9).

Es wurde bereits festgestellt, dass die Ergebnisse sozialwissenschaftlicher Messungen Zufallsschwankungen unterliegen und nicht die Genauigkeit besitzen, die man beim Messen physikalischer Größen erhält. Außerdem wissen wir bereits, dass ein Proband nicht bei jeder Messung denselben Messwert erzielen wird, selbst wenn alle Bedingungen gleich wären. D.h. der erzielte Testwert entspricht in der Regel nicht dem ‚wahren' Wert.

Diesen Kerngedanken der Reliabilität veranschaulichen Lienert und Raatz (1994, S. 272) am Beispiel eines Gummibandes, das zur Messung verwendet wird. Mit solch einem ‚Maßband' lässt sich durchaus die Länge eines Gegenstandes messen, jedoch erhält man von Messung zu Messung höchstwahrscheinlich sehr unterschiedliche Ergebnisse. Mit diesem Messinstrument wird also sehr ungenau gemessen.

Übertragen auf pädagogisch-psychologische Messungen zielt die Forderung nach Reliabilität darauf ab, dass die Instrumente bei wiederholter Messung zum gleichen Ergebnis kommen. Die Reliabilität kann durch unterschiedliche Methoden geprüft werden: Wiederholungmethode, Paralleltestmethode, Testhalbierungsmethode, Spilt-Halfmethode und Konsistenzanalyse.

Zur Ermittlung der Retestreliabilität wird das Messinstrument bei gleichen Personen zu unterschiedlichen Zeitpunkten eingesetzt und die Ergebnisse verglichen. Je höher die Übereinstimmung der Ergebnisse bei wiederholten Messungen ist, desto genauer misst das Instrument.

Die Paralleltestreliabilität kann dann zur Prüfung der Genauigkeit eine Instrumentes eingesetzt werden, wenn zwei parallele Formen (bspw. A und B) vorliegen. Der Vergleich der Ergebnisse bildet dann die Genauigkeit des Messinstruments ab.

Bei der Testhalbierung (bzw. Split-Half-Reliabilität) werden die Items eines Instruments in zwei äquivalente Hälften geteilt und dann die Übereinstimmung der Ergebnisse beider Testhälften verglichen. Bei der Konsistenzanalyse teilt man das Messinstrument nicht nur in zwei, sondern in ebenso viele Teile wie Aufgaben. In beiden Fällen kann über den Vergleich der Ergebnisse auf die Genauigkeit geschlossen werden.

Nach Ingenkamp und Lissmann (2008) ist für Lehrkräfte neben dem Wissen darüber, wie genau ein Test misst (Reliabilitätskoeffizient) auch der Standardmessfehler von Bedeutung und aussagekräftigt für die Genauigkeit bzw. Ungenauigkeit eines Instrumentes.

Der Standardmessfehler ist „derjenige Anteil an der Standardabweichung eines Test, der zu Lasten seiner Unreliabilität geht" (Lienert & Raatz, 1998, S. 365). Der Standardmessfehler bestimmt das Ausmaß des Intervalls, in dem sich wahrscheinlich der wahre Wert befindet. Je größer dieses Intervall ist, desto weniger zuverlässig ist das Messinstrument. Der Standardmessfehler wird bei der Konstruktion eines Tests mithilfe des Reliabilitätskoeffizienten und der Standardabweichung berechnet. Dabei gilt: Je höher der Reliabilitätskoeffizient ausfällt, umso kleiner ist der Standardmessfehler. Aus der Mitteilung in einem Test, dass der Standardmessfehler z. B. +/- 5 beträgt, kann dann geschlussfolgert werden, dass bei einem Probanden, der 25 Rohwertpunkte erzielt hat, der wahre Wert im Intervall zwischen 20 und 30 Rohpunkten liegt.

Für Lehrkräfte ist das Wissen um den Messfehler eines Instrumentes vor allem deshalb von Bedeutung, weil so die Zuverlässigkeit dieses Instrumentes nicht überschätzt wird und zufallsbedingte Schwankungen dann auch nicht als echte Leistungsunterschiede aufgefasst werden. So muss der Messfehler des Zensurensystems im Allgemeinen +/- einer Zensurenstufe angenommen werden. Mit anderen Worten heißt das, dass beispielsweise die Schwankungen zwischen den Zensuren 2 und 4 auch durch mangelnde Zuverlässigkeit dieses Beurteilungsverfahrens verursacht werden können. Außerdem ist von Bedeutung, dass die Zuverlässigkeit eines Instruments bei sonst gleichbleibender Voraussetzung von der Aufgabenzahl abhängt.

> Die *Validität* oder *Gültigkeit* eines Verfahrens bezeichnet den Grad der Genauigkeit, mit dem dieses Verfahren das Persönlichkeits- oder Verhaltensmerkmal, das es messen soll oder zu messen vorgibt, auch tatsächlich misst (Lienert & Raatz, 1994, S. 10).

Ein Verfahren wäre demnach vollkommen valide, wenn seine Ergebnisse einen adäquaten Rückschluss auf den Ausprägungsgrad des zu erfassenden Merkmals zulassen. Von einer Waage erwarten wir, dass sie das Gewicht und nicht die Länge misst. Analog wird an eine Kurzkontrolle zur Überprüfung des Einmaleins die Anforderung gestellt, dass das mathematische Wissen und nicht die Ausprägung der Ängstlichkeit gemessen wird. Validität ist jedoch keine generelle bzw. absolute Eigenschaft eines Verfahrens. In Abhängigkeit von der diagnostischen Fragestellung werden unterschiedliche Validitäten ausgegliedert: z.B. Inhaltsvalidität, Konstruktvalidität, curriculare Validität und prognostische Validität (für eine umfassende Darstellung siehe Lukesch, 1998). Ein Verfahren wird dann als inhaltsvalide oder augenscheinvalide bezeichnet, wenn der durch die Messungen erfasste Inhalt genau den Inhalt abbildet, der gemessen werden soll. Am viel zitierten Beispiel ‚Schreibmaschine schreiben zu können', ist der Kerngedanke der Inhaltsvalidität leicht nachvollziehbar. Diese Fertigkeit wird gemessen, indem die richtigen Anschläge pro Minute ausgezählt werden. Hier entspricht der Inhalt des Merkmals dem Inhalt der Aufgabe beim Messen. Auf den Unterrichtskontext bezogen sind beispielsweise ‚Multiplikationsaufgaben' ein einfaches inhaltsvalides Verfahren zur Überprüfung des ‚Einmaleins'.

Messtheoretische Grundlagen 75

Bei sozialwissenschaftlichen Messungen, bei denen größtenteils Konstrukte erfassen werden, kann nicht immer davon ausgegangen werden, dass der Test bzw. die Aufgaben auch tatsächlich eine Verhaltensstichprobe des zu messenden Merkmals abbildet. Vielmehr handelt es sich bei Testaufgaben überwiegend um Indikatoren für das zu messende Konstrukt. Insofern zielt die Konstruktvalidität darauf ab, den Nachweis zu liefern, dass auch tatsächlich das Konstrukt gemessen wird; bspw. über den Vergleich der Testergebnisse mit den Ergebnissen einer Verhaltensbeobachtung oder anderen bereits erprobten Testverfahren.

Über die Inhalts- und Konstruktvalidität lässt sich jedoch noch keine Aussage darüber machen, ob ein Verfahren auch curriculare Validität beanspruchen kann. Die curriculare Validität zeigt auf, inwieweit ein Messverfahren die Inhalte eines Curriculums und entsprechende Lernziele abbildet. Deshalb ist sie für die Schulleistungsmessung von hoher Relevanz, bei der in der Regel Lernstände und Leistungen von Schülern in einem spezifischen Schulfach gemessen werden.

Die curriculare Validität ist insbesondere für Lehrkräfte aus zwei Gründen relevant. Zum einen sensibilisiert sie dafür, bei der Konstruktion von informellen Testverfahren (z.B. Klassenarbeiten) immer zu prüfen, ob alle Lehrziele des Curriculums berücksichtigt worden sind. Zum anderen ist beim Einsatz standardisierter Testverfahren darauf zu achten, dass der gewählte Test auch curriculare Validität beanspruchen kann. Dies bedeutet, ob die Aufgaben die Lehrplaninhalte des entsprechenden Bundeslandes abbilden und ob diese Inhalte tatsächlich im Unterricht auch vermittelt wurden.

Wenn die diagnostische Fragestellung nicht nur auf die Erfassung von Ist-Zuständen, sondern auch auf die Vorhersage eines Merkmals ausgerichtet ist, muss die prognostische Validität des Instruments sichergestellt werden. Die prognostische Validität ist immer dann von Bedeutung, wenn bei einer Schullaufbahn- oder Übertrittsentscheidung anhand der gesammelten Daten ein diagnostisches Urteil darüber gefällt werden soll, ob ein Schüler die entsprechende Klasse oder die gewählte Schulform erfolgreich durchlaufen kann. Ob das diagnostische Urteil tatsächlich korrekt war (vgl. Abb. 2.2), lässt sich ‚real' erst in der Zukunft prüfen. Mit der Sicherung der prognostischen Validität eines diagnostischen Instruments kann eine verantwortungsvolle Entscheidung vorweggenommen werden.

Die besprochenen Gütekriterien können auch quantitativ bestimmt werden. Lehrkräfte, die beispielsweise ein Maß für die Objektivität der Bewertung ihrer Klassenarbeiten bestimmen möchten, können dieses über die prozentuale Übereinstimmung zwischen unterschiedlichen Beurteilern ermitteln. Je niedriger dieser Wert ausfällt, desto stärker ist die Messung der Leistung mittels Klassenarbeit von den subjektiven Einflüssen der einzelnen Lehrer (bei der Durchführung, Auswertung und Interpretation) abhängig. In standardisierten Tests erfolgt eine **quantitative Aussage über die Qualität der Gütekriterien** Reliabilität und Validität in der Regel durch den Korrelationskoeffizienten (r). Als quantitatives Maß gibt er die Höhe des Zusammenhangs zwischen zwei Variablen an. Dabei kann er einen Wert zwischen $r = +1$ und $r = -1$ annehmen, wobei +1 einen maximalen positiven und -1 einen maximalen negativen Zusammenhang markieren. Wird kein Zusammenhang festgestellt, ist $r = 0$. Bezogen auf das Beispiel der unterschiedlichen Beurteiler von gleichen Klassenarbeiten würde bei der Berechnung der Objektivität die Angabe eines Koeffizienten von $r = 1$ bedeuten, dass alle Lehrkräfte völlig übereinstimmend beurteilt haben. In standardisierten Test sind Korrelationskoeffizienten in der Regel angeben, Lehrkräfte müssen sie also nicht berechnen, sondern ablesen und verstehen.

Mit Blick auf eine Grundaussage der KTT, dass Messungen immer von Zufallsfehlern beeinflusst werden, so ist es unwahrscheinlich, dass die einzelnen Korrelationskoeffizienten als Maße für Objektivität, Reliabilität und Validität einen Wert von r = ±1 erreichen. Wie die einzelnen Korrelationskoeffizienten bei der Bewertung der Güte von Tests zu interpretieren sind, gibt Tabelle 2.3 Auskunft. Als Faustregel in den Sozialwissenschaften gilt, dass ein Korrelationskoeffizient von r > .80 einen hohen, ein Korrelationskoeffizient von r < .30 dagegen keinen zufriedenstellenden Zusammenhang mehr ausweist (vgl. Bortz, 2005; Bortz & Döring, 2016; Wirtz & Nachtigall, 2012).

Tabelle 2.3: Interpretationshilfe zur Bewertung von Gütekriterien

0 • r < .20	kein bzw. sehr geringer Zusammenhang	„dürftig"
.20 • r < .50	schwacher bis mäßiger Zusammenhang	„moderat"
.50 • r • .80	mittlerer Zusammenhang	„substantiell"
.80 • r • 1	hoher bis perfekter Zusammenhang	„fast perfekt"

Die Interpretationshilfe in Tabelle 2.3 ist ausdrücklich als Orientierung zu verstehen. Eine rein mechanische Anwendung verbietet sich deshalb, weil die Gütekriterien immer mit Blick auf den Untersuchungszweck zu beurteilen sind. Die Angabe der prognostischen Validität ist je nach Fragestellung mehr oder weniger relevant; ebenso spricht ein schwacher Zusammenhang zwischen den Ergebnissen eines Deutschtestes und den Ergebnissen eines Mathematiktestes (bspw. r = .30) dafür, dass der Deutschtest tatsächlich Deutschleistungen und keine mathematischen Kompetenzen oder grundlegende kognitive Fertigkeiten misst. In diesem Fall ist der niedrige Koeffizient als gut zu werten. Zudem muss in Rechnung gestellt werden, dass der Reliabilitätskoeffizient zumeist höher ausfällt als der Validitätskoeffizient. Demnach sind neben der Höhe der einzelnen Koeffizienten stets die Art der Berechnung und der jeweilige Untersuchungszweck zu berücksichtigen, wenn die Frage nach der Güte eines Instrumentes beantwortet wird. Ein Instrument ist nicht per se gut oder schlecht, sondern in Abhängigkeit vom Untersuchungszweck für den das Instrument eingesetzt werden soll.

Normen stellen Bezugspunkte für die Interpretation konkreter Messergebnisse dar.

Wie bereits an mehreren Stellen angesprochen wurde, ist ein konkretes Messergebnis nicht aus sich heraus, sondern nur unter Rückgriff auf eine Bezugsgröße interpretierbar. Ob ein Schüler in einer Mathematikarbeit mit 24 Punkten gut oder schlecht abgeschnitten hat, kann per se nicht beantwortet werden. Jedes Messergebnis muss in ein Bezugssystem eingeordnet werden, um in seiner inhaltlichen Bedeutung verstanden zu werden.

Grundsätzlich unterscheidet man drei Arten von Bezugsnormen, die für den schulischen Kontext relevant sind und als Referenzpunkt zur Einordnung eines Messergebnisses herangezogen werden können: die intraindividuelle, die interindividuelle und die kriteriale Bezugsnorm (Rheinberg, 2001; 2008).

- Intraindividuelle Norm: Der Bezugspunkt ist die Person. Es werden Merkmale/Leistungen derselben Person mit zurückliegenden Ergebnissen verglichen. Wenn unser Schüler in der Mathematikarbeit also 24 Punkte von 50 Punkten erzielt hat, bisher jedoch immer unter 15 Punkten von 50 blieb, dann stellt das aktuelle Ergebnis einen großen Lernfortschritt für den Schüler dar.
- Interindividuelle (soziale) Norm: Hier sind die anderen Personen der Bezugspunkt. Es werden beispielsweise Merkmale/Leistungen einer Person mit Merkmalen/Leistungen anderer Personen verglichen. Wenn unser Schüler 24 Punkte erzielt hat, die Mehrzahl der anderen Schüler jedoch Leistungen zwischen 30 und 45 Punkten erreichten, dann ist die Leistung des Schülers in diesem Bezugssystem als schlechter einzuschätzen.
- Kriteriale (lehrzielorientierte) Norm: Bezugspunkt sind hier Standards, die außerhalb von Personen, in der Sache selbst liegen, beispielsweise die Inhalte des Lehrplans. Wenn beispielsweise über die Aufgaben in der Mathematikarbeit alle zugrunde liegenden Lehrplanziele mit 50 Punkten abgebildet werden, dann bedeutet das, dass der Schüler nur knapp 50% des notwendigen Lernstoffs beherrscht.

Normen sind im Kontext der diagnostischen Datensammlung bzw. Messung auch noch in einem anderen Zusammenhang von Bedeutung. Es handelt sich hier um sogenannte Normierungen bzw. Testnormen (siehe Lienert & Raatz, 1994; Tent & Stelzl, 1993). Die Gewinnung von Normdaten im Verlauf der Testkonstruktion wird Eichung genannt, die Stichprobe, an der die Daten erhoben werden, Eichstichprobe. Die Aussagekraft der Testnorm bezogen auf das Testergebnis eines einzelnen Schülers hängt auch davon ab, inwieweit die Eichstichprobe eine repräsentative Auswahl der Gesamtpopulation darstellt, über die eine Aussage getroffen werden soll.

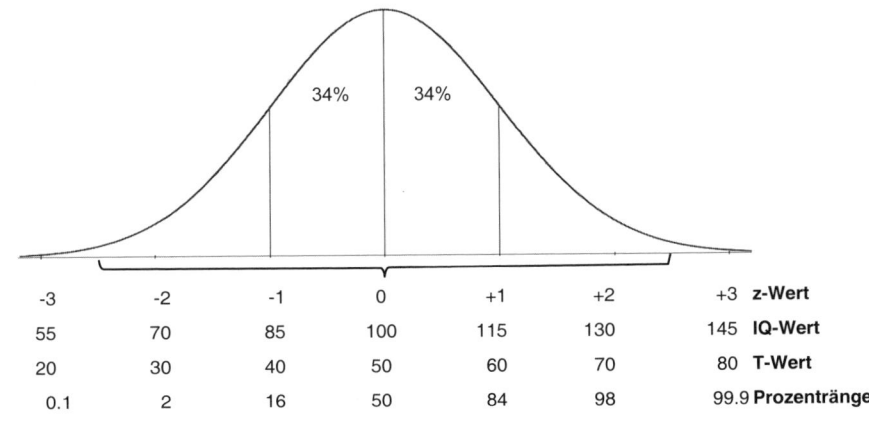

Abbildung 2.5: Gängige Normskalen

Um die Bedeutung der Normskalen verstehen zu können, muss zunächst Wissen aus der sogenannten Normalverteilung aktiviert werden. Denn bei Messungen im Rahmen der KTT geht man davon aus, dass sich das untersuchte Merkmal in der Population normal verteilt, weshalb man folgende Eigenschaften der Normalverteilung bei der Interpretation und Einordnung der Messergebnisse nutzen kann: a. Die Verteilung hat einen glockenförmigen Verlauf. b. Die Verteilung ist vollkommen symmetrisch, d.h. oberhalb und unterhalb des Mittelwertes liegen genau 50% aller Fälle. Zwischen den zu den Wendepunkten gehörenden Werten befinden sich ca. zwei Drittel der Gesamtfläche (68%). Die einzelnen Normalverteilungen unterscheiden sich durch ihren Mittelwert und die Streuung (siehe Abb. 2.5).

Unter diesen Normalverteilungen gibt es eine besondere, die einen Mittelwert von 0 und eine Streuung von 1 aufweist. Diese Normalverteilung ist deshalb von herausragender Bedeutung, weil alle anderen Normalverteilungen durch eine einfache Transformation in sie überführbar sind (für die genaue Berechnung siehe Bortz, 2005). Denn bei Intervallskalen (siehe Tab. 2.2.) ist es möglich, durch eine lineare Transformation Mittelwerte und Standardabweichung durch Hinzufügen einer Konstanten zu jedem Einzelwert zu verändern, ohne dass sich die relative Position des Individuums in der Population verändert. Durch die sogenannte z-Transformation, können alle Normalverteilungen in die Standardnormalverteilung, die **z-Wert-Skala**, überführt werden.

Wenn man nun in der aktuellen Stichprobe keine Normalverteilung der Messwerte gefunden hat, aber dennoch eine Normalverteilung des untersuchten Merkmals in der Population annimmt, kann man die **T-Wert-Skala** benutzen, bei der ein Mittelwert von 50 und die Standardabweichung auf 10 festgelegt wurde. Ingenkamp (1997) spricht in diesem Fall davon, die aktuelle Verteilung zu normalisieren.

Eine weitere Normskala, die im Zusammenhang mit der Intelligenzmessung bedeutsam ist, ist die in Abbildung 2.5 angegebene **Intelligenz-Skala [IQ-Skala]**, deren Skalenmittelwert bei 100 liegt und die Standardabweichung 15 Punkte beträgt. Es handelt sich hierbei um den Abweichungs-Intelligenzquotienten, der anhand der Abweichung der einzelnen Messergebnisse vom Mittelwert der normalverteilten Messergebnisse berechnet wird. Obgleich dem IQ über alle aktuellen Intelligenztests hinweg die gleiche messtheoretische Bedeutung zukommt, ist es hilfreich, zusätzlich den jeweiligen Test, mit dem der IQ ermittelt wurde, anzugeben, um die Bedeutung des IQ für die jeweilige diagnostische Fragestellung inhaltlich näher bestimmen bzw. einordnen zu können. Mit Blick auf die vorliegenden sehr unterschiedlichen Intelligenztests muss vor allem bei der Interpretation der Befunde auch die inhaltliche Ausrichtung bedacht werden.

Um auch bei unteren Messniveaus (z. B. Ordinal- oder Rangniveau) eine Normskala zur Verfügung zu haben, wird auf **Prozentränge** zurückgegriffen. Die **Prozentrangskala** gibt die Position des Getesteten zu einer Bezugsgruppe als Prozentrangplatz an. Obwohl Prozentränge sehr anschaulich sind und häufig genutzt werden, kann mit ihnen nur eine Aussage über die Position im Vergleich zu einer bestimmten Bezugsgruppe getroffen werden. Prozentränge sind demnach ein sehr ungenaues Maß im Vergleich zu T-Werten oder z-Werten. Es verbietet sich auch die Berechnung von Mittelwerten oder Streuungsmaßen. Außerdem verbietet sich der Vergleich von Prozenträngen aus

Messtheoretische Grundlagen 79

unterschiedlichen Testverfahren, weil die Prozentrangplätze immer an die spezifische Eichstichprobe gebunden sind und daher in unterschiedlichen Tests Unterschiedliches bedeuten. Erst T-Werte sind über die Tests vergleichbar.

Im Folgenden soll an einem Beispiel erläutert werden, welche Bedeutung Normwerten und Normskalen in standardisierten Tests zukommt und wie Testanwender mit ihnen umgehen können: Nehmen wir an, bei einer Schülerin sollen am Ende der dritten Klasse die Mathematikkompetenzen mithilfe eines standardisierten Mathematiktests gemessen werden. Dazu wird der Deutsche Mathematiktest für dritte Klassen [DEMAT 3+] (Roick, Görlitz, & Hasselhorn, 2004) eingesetzt. Die getestete Schülerin erzielt in diesem Test einen Rohwert von 27 Punkten, der über die Anzahl der korrekt gelösten Aufgaben ermittelt wurde. Dieser Testrohwert sagt zunächst nichts über die Leistung aus. Deshalb muss in einem weiteren Auswertungsschritt dieser Rohwert in einen standardisierten Wert ‚transformiert' werden. Der Testanwender kann den entsprechenden Normwert aus einer Tabelle aus dem Testmanual ablesen. Auf unser Beispiel bezogen ist die entsprechende Normtabelle für Mädchen am Anfang der Klassenstufe 4 relevant. Die Tabelle 2.4 gibt einen Auszug aus dieser Normtabelle wieder.

Tabelle 2.5: Auszug aus der Normtabelle A20 des DEMAT 3+

Rohwert	Prozentrangnormen		T-Wert-Normen	
	Prozentrang	Prozentrangband	T-Wert	T-Wert-Band
26	89	81-95	62	59-66
27	**94**	**87-97**	**65**	**61-69**
28	97	94-99	69	65-73
29	99	97-100	73	69-77

(entnommen aus Roick, Gölitz, Hasselhorn, 2004, S.71)

Aus der Normtabelle lässt sich entnehmen, dass dem Rohwert 27 ein Prozentrang von 94 und ein T-Wert von 65 entsprechen. Welchen Erkenntnisgewinn oder Nutzen kann die Lehrkraft aus den standardisierten Werten ziehen? Welche Vorteile liegen in der Angabe des T-Wertes oder des Prozentrangs?

Zur Beantwortung dieser Fragen schauen wir uns eine vergleichbare Situation aus dem Schulkontext an: Drei Schüler aus unterschiedlichen dritten Klassen (Klasse a, b und c) erhalten jeweils die Note 4 in der Mathematikarbeit. Gemessen an der Notenskala von 1 bis 6 erbringen alle Schüler die gleiche Leistung. Bezieht man jedoch folgende Informationen in das diagnostische Urteil ein, dass nämlich in Klasse 3a lediglich einmal die Note 4 vorkam, während alle übrigen Schüler die Noten 1 und 2 erreichten, in Klasse 3b dagegen eine einzige 4 unter 5en und 6en geschrieben wurde und sich in Klasse 3c die Noten gleichmäßig von 1 bis 6 verteilten, dann ist sofort klar, dass es sich bei den drei Vieren in der Mathematikarbeit um völlig unterschiedlich zu beurteilende Leistungen handelt.

An diesem Praxisbeispiel lässt sich nachvollziehen, dass Messwerte lediglich dann vergleichbar sind, wenn Mittelwert und Streuung der Population, aus der sie gezogen wurden gleich sind. Auf unser Beispiel bezogen heißt das, dass der jeweilige Mittelwert und die entsprechende Streuung der Klassen 3a, 3b, und 3c unterschiedlich sind, und wir deshalb die gleichen Noten von Schülern unterschiedlicher Klassen zunächst nicht vergleichen können.

Dieses praktische Problem wird bei einem standardisierten Test dadurch gelöst, dass der Rohwert in einen Normwert transformiert wird. Und genau darin liegt der Vorteil von Normwerten gegenüber Rohwerten (z.B. Noten). Denn dann können die Messwerte von Personen aus unterschiedlichen Populationen (bspw. Schüler aus unterschiedlichen Klassen und Jahrgängen) miteinander verglichen werden.

Übertragen wir das bisher Gesagte auf unser Beispiel der Testung mit dem DEMAT 3+, lässt der Rohwert von 27 lediglich die Aussage zu, dass die getestete Schülerin 27 Aufgaben richtig gelöst hat. Transformiert man den Rohwert in einen Prozentrang (94%), kann man die Aussage treffen, dass 94% „aller" Schülerinnen der Normstichprobe gleich gut oder schlechter abgeschnitten haben. Die Transformation des Rohwertes in einen T-Wert von 65 gibt die Leistung der Schülerin im Mathematiktest noch genauer wieder. Aus Abbildung 2.5 lässt sich ablesen, dass die Leistung der Schülerin mit einem T-Wert von 65 weit über dem Durchschnitt von 50 liegt.

Aus Tabelle 2.4 lassen sich neben den Angaben zu Prozentrang und T-Wert außerdem ein sogenanntes Prozentrangband (87-97) und T-Wert-Band (61-69) ablesen. Diese Bänder zeigen an, in welchem Bereich der wahre Wert mit einer gewissen Wahrscheinlichkeit liegt. Die Breite der Bänder gibt Auskunft über die Genauigkeit der Messung (vgl. Ausführung zum Standardmessfehler, Kap. 2.2.3).

Um die Frage nach dem Nutzen von Testnormwerten zu beantworten, lässt sich deren Bedeutung abschließend in drei Punkten zusammenfassen:

- Lehrkräfte können die Leistung eines Schülers über die soziale Bezugsnorm des Klassenverbandes hinaus mit einer größeren Stichprobe vergleichen.
- Lehrkräfte können ihr Urteil über die Leistung der Schüler hinterfragen.
- Die Lehrkräfte können Mess- bzw. Testergebnisse unterschiedlicher Verfahren miteinander vergleichen.

2.2.4 Wert und Grenze der Klassischen Testtheorie und neuere test- und messtheoretische Modelle

Verfahrensweisen und Gütekriterien der KTT sind bis heute relevant für die Entwicklung und Beurteilung psychologischer und sozialwissenschaftlicher Testverfahren. Tent und Stelzl (1993) machen auf zwei weitverbreitete Missverständnisse aufmerksam. Zum einen ist der Wirkkreis der KTT nicht nur auf Messungen psychologischer Konstrukte beschränkt und zum anderen treffen die Gütekriterien der KTT nicht nur auf Tests, sondern auf alle diagnostischen Methoden zu. Für den Diagnostiker ist ein expliziter empirischer Nachweis der Gütekriterien eines Instruments das Kriterium zur Entscheidung über dessen Einsatz. Fehlen solche empirischen Belege, dann ist die Qualität des Messinstrument als zweifelhaft einzuschätzen. Von einer Verwendung ist dann abzuraten.

Das Anliegen der Messungen im Rahmen der KTT besteht vor allem in der Identifikation von Unterschieden zwischen Individuen zu einem gegeben Zeitpunkt. Die

Parameter sind deshalb populations- oder stichprobenabhängig. Die im Rahmen der KTT ausgearbeiteten Verfahren können zur Beschreibung von stabilen Merkmalen von Personen eingesetzt werden. Deshalb ist der Einsatz solcher Verfahren maximal zweimal möglich, wenn eine Form A und eine Form B vorliegen.

Aus pädagogischer Sicht wären aber gerade solche Instrumente wünschenswert, die Veränderungen eines Merkmals über die Zeit reliabel erfassen bzw. Lernprozesse abbilden können. Das leisten die Methoden der KTT nur unzureichend.

Neuere messtheoretische Modelle dagegen entsprechen diesen Forderungen der pädagogischen Praxis in vielen Punkten deutlich mehr. Dies sind vor allem probabilistische Testmodelle oder sogenannte Rasch-Modelle, die nach ihrem prominentesten Vertreter benannt sind (Rasch, 1960). In der englischsprachigen Literatur werden sie als „latent trait theories" bezeichnet. Auf dieser testtheoretischen Grundlage ist es nicht mehr das Ziel von Messinstrumenten, individuelle Unterschiede zu erfassen und die Testergebnisse einer Person mit einer Eichstichprobe zu vergleichen und zu interpretieren, sondern es geht darum, ob ein Schüler ein bestimmtes inhaltlich definiertes Ziel erreicht und wie vollständig er das definierte Ziel erreicht hat. Wie viele andere Schüler das Lehrziel ebenfalls erreicht haben und wie sich die Leistung des Schülers von anderen unterscheidet, steht dabei nicht mehr im Fokus des diagnostischen Interesses. Solche neueren Verfahren lassen sich zur Messung von Veränderungen beim adaptiven Testen und für die Abbildung von Kompetenzstufen verwenden. Die Forderung nach solchen neuen diagnostischen Instrumenten konnte bisher jedoch erst durch wenige ausgearbeitete standardisierte Testverfahren eingelöst werden. So zum Beispiel der „Frankfurter Lese- und Verständnistest für fünfte und sechste Klassen" (FLVT5-6) von Souvignier, *Trenk-Hinterberger, Adam-Schwebe und Gold (2008)* oder das Verfahren „Verlaufsdiagnostik sinnerfassenden Lesens" (VSL) von Walter (2013) (siehe auch Kap. 3.2.4 Lernverlaufsdiagnostik).

Ein weiteres aktuell erfolgreiches Anwendungsfeld für Testentwicklung auf der Basis von Latent-Trait-Modellen sind die internationalen Schulleistungsvergleiche (TIMSS-Studien 2011, 2015, PISA-Studien).

2.3 Diagnostische Methoden

Pädagogisch-psychologische Diagnostik wird manchmal von ihren Kritikern nur auf den Testeinsatz reduziert. Dagegen sprechen nicht nur das Methodenspektrum der wissenschaftlichen Diagnostik, sondern auch neuere Befragungsdaten zum Methodeneinsatz von praktisch tätigen Psychologen (Roth, Schmitt, & Herzberg, 2010; Schorr, 1995). Ein wichtiges Ergebnis dieser Befragung zeigt, dass Gesprächsmethoden und Verhaltensbeobachtungen deutlich vor der Testanwendung rangieren. Bevor die klassischen diagnostischen Methoden detaillierter besprochen werden, soll ein wichtiger Grundsatz für Lehrkräfte beim Methodeneinsatz vorangestellt werden. Prinzipiell gilt beim Diagnostizieren, dass in Abhängigkeit der Fragestellung und der zu treffenden Entscheidung immer erst das Spektrum der Beobachtungs- und Gesprächsmethoden zur Hypothesenprüfung ausgeschöpft werden sollte, bevor standardisierte Tests zum Einsatz kommen. Darüber hinaus gilt, dass das diagnostische Urteil umso sicherer wird, je mehr Methoden zur Hypothesenprüfung (dem Ökonomie- und Zumutbarkeitsgrundsatz Rechnung tragend) eingesetzt werden (vgl. Hesse & Latzko, 2012, S. 623).

Das klassische Methodenrepertoire der pädagogisch-psychologischen Diagnostik lässt sich grundsätzlich in drei Gruppen einteilen. Neben standardisierten Testverfahren stehen dem Diagnostiker bei der Datensammlung Verhaltensbeobachtung sowie Gesprächsmethoden zur Verfügung (Langfeldt & Tent, 1999; Lukesch, 1998; Tent & Stelzl, 1993). Die beschriebenen Gütestandards der wissenschaftlichen Diagnostik sind für alle diagnostischen Methoden zutreffend. Die Methoden unterscheiden sich sowohl in den Zielsetzungen als auch in der Exaktheit bei der Umsetzung der Gütekriterien.

So sind Verhaltensbeobachtung und Gesprächsmethoden eher instrumentell schwächere Methoden der Urteilsbildung, mit deren Hilfe vor allem Breitbandinformationen gewonnen werden können. Ihnen stehen mit standardisierten Fragebögen und Tests formalisierte Methoden der Urteilsbildung gegenüber, die bei Maximierung der Gütekriterien jedoch viel engere Ausschnitte des individuellen Persönlichkeits- oder Fähigkeitsprofils erfassen (vgl. Hofer & Papastefanou, 1996). Von diagnostischen Instrumentarien wird immer dann gesprochen, wenn diese Verfahren den in Kapitel 2.1.2 aufgezeigten wissenschaftlichen Kriterien genügen.

Im Folgenden soll grundsätzlich besprochen werden, welche Anforderungen an Tests, Beobachtungen und Gespräche gestellt werden müssen und wie die jeweiligen Methoden von Lehrkräften zur Datensammlung im Prozess der diagnostischen Urteilsbildung eingesetzt werden können. Auf konkrete Verfahren wird dann in Teil III im Zusammenhang mit Diagnoseanlässen aus der Schulpraxis näher eingegangen.

2.3.1 Diagnostischer Test

Ein **diagnostischer Test** ist ein wissenschaftliches Routineverfahren zur Untersuchung eines oder mehrerer empirisch abgrenzbarer Persönlichkeitsmerkmale mit dem Ziel, eine möglichst quantitative Aussage über den relativen Grad der individuellen Merkmalsausprägung zu treffen (vgl. Lienert & Raatz, 1994, S. 1). Es liegt eine Fülle von ausgearbeiteten diagnostischen Tests vor, die die Wesensmerkmale nach Lienert und Raatz erfüllen und die nach weiteren Kriterien klassifiziert werden können.

Zunächst kann man eine Unterscheidung nach dem *Testmaterial* vornehmen: z.B. computergestützte Tests, Paper-Pencil-Tests, Materialbearbeitungstests, Bildertests. Eine weitere Unterscheidung kann nach der *Verwendung der Sprache* vorgenommen werden: verbal und nicht-verbal. Insbesondere bei Intelligenztests ist dies kein unwichtiges Unterscheidungskriterium, weil bspw. verbale Instruktionen Kinder aus sozial und sprachlich schwächeren Milieus von vornherein benachteiligen würden. Ob ein Test mit einer Einzelperson oder in einer ganzen Gruppe durchgeführt werden kann, markiert das *Setting*. Je nachdem wie viele Dimensionen ein Test abbilden kann, wird in *ein- oder mehrdimensionale* Tests unterschieden. Die Frage nach der *Art des provozierten Verhaltens* wird gelöst, indem einmal Tests zu typischem (z.B. Persönlichkeitstests) oder zu maximalem Verhalten (z.B. Konzentrationstest) auffordern. Tests können auch einen unterschiedlichen *Strukturiertheitsgrad* aufweisen. Neben hochstrukturierten (Multiple-Choice-Antwortschema) lassen sich niedrig strukturierte (projektive Tests) ausmachen. Psychologische Leistungstests lassen sich je nach Aufgabenstellung in *Schnelligkeitstests* (Speedtests) und *Niveautests* (Powertests) einteilen. Dabei enthalten Speedtests nur Aufgaben, die von jedem Probanden gelöst werden können, die Bearbeitungszeit wird allerdings begrenzt. Leistungsunterschiede ergeben sich demnach dann lediglich durch die unterschiedliche Bearbeitungszeit der Probanden. Dagegen enthalten Niveautest Aufgaben mit zunehmender Aufgabenschwierigkeit. Der Proband kann die Aufgaben soweit bearbeiten bis sie für ihn zu schwer werden und er anfängt zu raten. Schließlich kann die Klassifikation von diagnostischen Tests auch nach *inhaltlichen Gesichtspunkten* vorgenommen werden:

Auf die Schule bezogen wären das Einschulungs- und Entwicklungstests, Konzentrationstests, Tests zur Erfassung von Sozialbeziehungen in der Schule und Schulleistungstests. Schultests bzw. Schulleistungstests decken somit Bereiche ab, die Lehrkräfte tagtäglich beurteilen müssen: Wissen über spezifische Inhalte der Lernfächer, Lernvoraussetzungen, Kompetenzen und Leistungen. Deshalb versteht es sich von selbst, dass diese Verfahren, im Gegensatz zu Intelligenztests, Persönlichkeitstests oder klinischen Verfahren, von Lehrkräften nicht nur eingesetzt werden dürfen, sondern eingesetzt werden sollten.

Mit solchen Tests stehen Lehrkräften Messinstrumente zur Verfügung, die die geforderten Gütekriterien in wesentlich höherem Maße erfüllen als die informellen Tests zur Leistungsbeurteilung im Schulalltag. Ein standardisiertes Testverfahren sollte dann eingesetzt werden, wenn die Informationsbeschaffung zur Abklärung von Hypothesen mit Methoden der Beobachtung, des Gesprächs oder Tätigkeitsanalyse nicht mehr ausreicht.

Mittlerweile sind ca. 138 Schultests über die Testzentrale des Hogrefe Verlag Göttingen zu beziehen: 104 Schulleistungstests, 20 Schulfähigkeitstests, 13 Sozialverhaltenstests und nicht zuletzt 104 Trainingsprogramme. Einen vollständigen Überblick über alle aktuell verfügbaren Verfahren kann man sich anhand des jährlich erscheinenden Testkatalogs oder der Homepage der Testzentrale Göttingen verschaffen. Von den Tests werden Kurzinformationen, ausführliche Informationen und Beispielbefunde bereitgestellt – die Suche von Verfahren ist nach Kategorien und Merkmalen möglich. Am Muster des Teststeckbriefes (Abb. 2.6) lässt sich verdeutlichen, wie ein *standardisierter Test* prinzipiell aufgebaut ist und anhand welcher Kriterien die Lehrkraft beurteilen kann, ob das ausgewählte Testverfahren eine Entscheidungshilfe zur Beantwortung ihrer spezifischen diagnostischen Fragestellung bietet.

84 *Theoretische Grundlagen der pädagogisch-psychologischen Diagnostik*

- Name des Verfahrens
- Autor/en
- Erscheinungsjahr
- Art des Tests
- Altersbereich
- Durchführungsdauer
- Theoretische Einordnung
- Aufbau/Aufgaben
- Gütekriterien
- Auswertung
- Normen
- Interpretation

Abbildung 2.6: Allgemeine Struktur eines Teststeckbriefs

Abschließend soll nochmals in Merkpunkten zusammengefasst werden, was professionelle Lehrkräfte mit einer ethisch verantwortungsbewussten Grundhaltung vor und während des Testeinsatzes bedenken bzw. beachten müssen:

(1) Ein standardisiertes Testverfahren sollte immer dann zum Einsatz kommen, wenn die mittels Beobachtung und Gesprächsmethoden erhobenen Daten noch nicht ausreichen, um das Problem vollständig zu klären oder wenn die subjektiven Urteile der Lehrkraft gegengeprüft werden sollen. Darüber hinaus ist der Test dann das Mittel der ersten Wahl, wenn er genau das Merkmal misst, über das eine Aussage getroffen werden soll.

(2) Voraussetzung für den Testeinsatz ist, dass die Lehrkraft das Testmanual durchgearbeitet und die Handhabung des Tests verstanden hat. Unverzichtbar ist die Einübung des Testeinsatzes im Rollenwechsel ‚Testleiter und Proband' (z.B. mit Kollegen), um die notwendigen Routinen bei der Durchführung, Auswertung und Interpretation auszubilden.

(3) Um diese Anforderungen voll gewährleisten zu können, sollten Lehrkräfte diese Expertise nur bei ausgewählten Tests erwerben und dann auf dieser Grundlage einen Austausch organisieren.

(4) Die Lehrkraft muss sich auch der Gefahren bewusst sein, die mit der unsachgemäßen Handhabung von Tests verbunden sind. Prinzipiell gilt: Wer nicht fördern und helfen will, sollte keine standardisierten Tests einsetzen. Hinzu kommt, dass die Interpretation von Testergebnissen durch Erwartungseffekte (z.B. Vorurteile) und durch Beurteilungsfehler verfälscht werden könnte. Andererseits könnten durch erwartungswidrige Testergebnisse Vorurteile bei Lehrkräften auch erst hervorgerufen werden. Lehrkräfte mit einer ethisch verantwortungsbewussten Grundhaltung sind in der Lage, diese Effekte zu erkennen und auszubalancieren.

2.3.2 Diagnostisches Gespräch

Als ‚diagnostische Gesprächsmethoden' werden unterschiedliche *Gesprächsformen* zusammengefasst, die sich hinsichtlich ihres Strukturierungsgrades und der jeweiligen Zielsetzung voneinander unterscheiden lassen: *Anamnese, Exploration* und *Interview-Befragung.*

Die Anamnese beinhaltet die Datensammlung zur Vorgeschichte eines Problems. Entsprechend ist das anamnestische Gespräch im schulischen Kontext darauf ausgerichtet, zu Beginn des diagnostischen Prozesses die bewusstseinsnahen, d.h. die erinnerten Aspekte der Entstehungsgeschichte des aktuellen Problems zu erfassen: z.B. Wie fing alles an? Gab es schon ähnliche Ereignisse? Wie sieht die problematische Situation bzw. das Verhalten aus? Tritt das Problem des Schülers bei allen Lehrkräften auf? Tritt das Problem nur in einzelnen Fächern auf? Wann wurde das Kind eingeschult? Kann die Verschlechterung des Problems mit bestimmten Ereignissen in Zusammenhang gebracht werden? Welche Maßnahmen zur Behebung des Problems wurden bereits eingeleitet?

Diese angeführten Beispielfragen sind eher prototypisch für das anamnestische Gespräch und müssen an das jeweilige Problem angepasst und konkretisiert werden.

Die *Exploration* ist ein Erkundungsgespräch und verfolgt das Ziel, sich über die Entstehungsgeschichte hinaus, ein umfassenderes Bild von den involvierten Personen und den aktuellen Kontextbedingungen zu machen: z.B. Geht das Kind gern zur Schule? Welches sind seine Lieblingsfächer? Unterstützen die älteren Geschwister das Kind? Wo werden die Hausaufgaben gemacht? Wie wird sich auf Klassenarbeiten vorbereitet? Hat das Kind Hobbies?

Anamnese und Exploration dienen in erster Linie dazu, relevante Informationen über Kontextvariablen zu sammeln, das Problem einzugrenzen und diagnostische Fragestellungen abzuleiten.

Die *Interview-Befragung,* das eigentliche diagnostische Gespräch, zielt darauf ab, im weiteren diagnostischen Prozess systematisch Erkenntnisse zur Überprüfung von Hypothesen zu gewinnen. Durch das hoch strukturierte und planmäßige Vorgehen beim diagnostischen Gespräch können die Gütekriterien eher eingehalten werden.

Grundsätzlich sind Gespräche zur Beschaffung diagnostischer Informationen dann wichtig, wenn es darum geht, Breitbandinformationen oder sehr differenzierte Informationen über einen eingegrenzten Sachverhalt zu erhalten oder wenn Schüler bzw. Eltern nicht in der Lage sind, einen schriftlichen Fragebogen oder Test zu bearbeiten.

In Abgrenzung zu Alltagsgesprächen ergeben sich diagnostische Gespräche nicht spontan, sie müssen sorgfältig geplant, durchgeführt und ausgewertet werden.

Die Planung beginnt mit der expliziten Überlegung, welches Ziel mit dem Gespräch verfolgt wird. Aus dieser Zielstellung heraus muss die Lehrkraft präzise Themenbereiche entwickeln, die im Gespräch abgeklärt werden sollen.

Das Ergebnis dieser Überlegungen mündet in einen schriftlich fixierten Gesprächsleitfaden, der wesentliche Fragen enthalten muss. Bei der Fixierung der Fragen ist zu klären, welcher Informationsgewinn mit jeder Frage verknüpft werden soll (Was? Wie? Wozu?). Vor dem Gespräch ist gleichermaßen zu bedenken, welches die effektivste bzw. passendste Möglichkeit der Gesprächsaufzeichnung ist (z.B. Tonaufzeichnung, paralleles oder Gedächtnisprotokoll). Daneben müssen auch günstige räumliche und zeitliche Bedingungen gesichert werden.

Zu Beginn des Gesprächs wird die Dauer des Gesprächs mitgeteilt, was die Kräfteeinteilung des Probanden ausrichtet und darüber hinaus auch die Beendigung des Gesprächs bestimmt und erleichtert. Während des Gesprächs kommt der Lehrkraft die Aufgabe zu, den Gesprächsverlauf zu strukturieren und zu kontrollieren.

In Abbildung 2.7 sind wesentliche Aspekte der unterschiedlichen Gesprächsphasen nochmals zusammengefasst, deren systematische Umsetzung die Güte von Gesprächen *optimiert*.

Vorbereitungsphase:
- Explizite Zielbestimmung des Gesprächs
- Festlegung von Themenbereichen und Überlegung von Fragearten
- Verschriftlichung eines Gesprächsleitfaden mit zentralen Fragen (Alternativen/Varianten)
- Klärung der zeitlichen und räumlichen Umstände
- Festlegung des Aufzeichnungsmodus

Durchführungsphase:
- Gesprächseinstieg und Festlegung der Dauer des Gesprächs
- permanente Kontrolle des Gesprächsverlaufs
- angemessene Gesprächsführung
- Gesprächsbeendigung

Auswertungsphase:
- Gedächtnisprotokoll, sofort nach Gesprächsbeendigung erstellen bzw. Daten sichern
- Sichtung und Zusammenfassung wesentlicher Aussagen
- Prüfung auf Widersprüche
- eventuell Ableitung weiterer diagnostischer Fragestellungen

---

Abbildung 2.7: Phasen eines diagnostischen Gesprächs

Jede Lehrkraft weiß, dass im Schulalltag die Einhaltung dieser methodischen Regeln von Gesprächen manchmal zu einer großen Herausforderung wird. Nicht selten kostet es große Anstrengungen, Tür- und Angelgespräche abzuwehren oder ein Gespräch höflich aber bestimmt zu beenden. Diese wenigen Beispiele verdeutlichen bereits, dass auch die professionelle Durchführung von diagnostischen Gesprächen – und nicht nur die Testanwendung – diagnostische Kompetenzen voraussetzt, die durch Übung (siehe Kap. 4.3.1) und in entsprechenden Trainings (siehe Pallasch & Kölln, 2002) erworben werden können.

Sicherung der Güte von Befragungsergebnissen
Erfahrene Diagnostiker wissen, dass durch Gesprächsmethoden erhobene Daten hinsichtlich ihrer Objektivität beeinträchtigt sein können. Deshalb müssen interaktionsbedingte Einflüsse, die zu Verfälschungen der diagnostischen Information führen könnten, permanent durch den Gesprächsleiter kontrolliert werden.

So beeinflussen Verhaltensweisen des Gesprächsleiters wie z. B. Kopfnicken oder Schweigen das Verhalten in spiegelbildlicher Weise. Vorinformation über den zu Be-

Diagnostische Methoden 87

fragenden (Schichtzugehörigkeit, frühere Diagnosen) können die Ergebnisse der Exploration beeinflussen. Ergebnisse variieren z. T. mit dem Geschlecht. Freundliche und aufmunternd auftretende Exploratoren erhalten mehr Information als forderndautoritäre bzw. neutrale.

In allen Gesprächssituationen sollte eine gute vertrauensvolle Beziehung zum Befragten hergestellt werden (Janis, 1983). Jedes Gespräch findet innerhalb einer vorgegebenen Rollenbeziehung statt. Damit sind Erwartungen an die jeweiligen Interaktionspartner verbunden. Ist der Diagnostiker zur Verschwiegenheit verpflichtet, tritt er als Gegner oder als Helfer auf? Diese Rollenkonfigurationen bestimmen in entscheidendem Maße mit, welche Themen vom Befragten als angemessen akzeptiert werden. Sie bestimmen aber auch, was verschwiegen oder beschönigt wird, um ein günstigeres Bild abzugeben. Außerdem sollte der Diagnostiker seine affektiven Reaktionen auf den Klienten mitprotokollieren, um bei der Interpretation der Daten im Nachhinein mögliche Zusammenhänge zwischen dem eigenen Verhalten und dem des Befragten herstellen zu können. Dadurch können mögliche Beeinflussungstendenzen nachvollzogen werden.

Die Qualität der Gesprächssituation hängt auch vom kompetent verwendeten Repertoire an unterschiedlichen Fragemöglichkeiten des Diagnostikers zur Informationsbeschaffung ab. Diese Fragen sollten vor einem Gespräch überlegt und im Leitfaden neben den Inhalten explizit aufgeschrieben werden. Abschließend werden Impulse zur Reflexion des eigenen Repertoires geeigneter Fragen angeboten (siehe Abb. 2.8).

Funktionsfragen

- Kontakt- oder Einleitungsfragen zum Vertrauensaufbau (dürfen nicht vom Zweck des Treffens ablenken)
- Übergangs- oder Vorbereitungsfragen bei einem Themenwechsel
- Filterfragen (prüfen, ob ein Fragenteil überhaupt zutreffend ist)
- Rangier- oder Konzentrationsfragen (Bewusstmachen von Abschweifungen bei freier Beantwortung offener Fragen)
- Metakommunikation (Fragen, die das Gespräch selbst als Methode betreffen, z.B. wir drehen uns im Kreis?)
- Motivationsfragen zum Abbau von Hemmungen, zur Stärkung des Selbstbewusstseins
- Kontrollfragen zur Aufdeckung von Widersprüchen
- Ergänzungsfragen zur Klärung unvollständiger oder unbefriedigender Antworten

Direkte oder Indirekte Fragen
(bei Tabuthemen eher indirekt fragen)

Projektive Fragen
(für Zusatzinformationen, die aber erst interpretiert werden müssen z.B. welche Schüler würden in deiner Klasse sein, wenn du sie völlig neu zusammensetzen könntest? Welche Fächer würdest du in den Stundenplan aufnehmen?)

Abbildung 2.8: Mögliche Fragekategorien

2.3.3 Diagnostische Beobachtung

Einige Probleme, die mit einer Beobachtung verbunden sein können, lassen sich anhand des folgenden Praxisbeispiels verdeutlichen.

Beispiel aus der Schulpraxis:

> Mehrere Lehrkräfte hatten die Aufgabe, während ihrer Pausenaufsicht das Geschehen auf dem Schulhof zu beobachten und sich anschließend über ihre Beobachtungen auszutauschen. Im Ergebnis mussten diese Lehrer feststellen, dass sie nur wenige Situationen übereinstimmend beobachtet hatten, andere Situationen überhaupt nicht bemerkten und schließlich bei einigen beobachteten Situationen zu völlig unterschiedlichen Beurteilungen kamen. Auf die Nachfrage, welche Verhaltensweisen von Schülern in dieser Hofpause am häufigsten auftraten, antworteten die Lehrkräfte übereinstimmend, dass viele Schüler aggressiv, unhöflich, missgelaunt, gestresst und streitsüchtig waren.

Was kann aus dem Praxisbeispiel abgeleitet werden? Es wurde nicht wirklich Verhalten beobachtet, sondern die Lehrkräfte haben sich bereits über Motive, Gefühle und Ursachenerklärungen ausgetauscht. Dabei wurden Interpretationen und Schlussfolgerungen aus den beobachteten Situationen mit dem beobachteten Verhalten gleichgesetzt. Offensichtlich ist, dass sich die Beobachtung als diagnostische Methode grundlegend von der Alltagsbeobachtung unterscheidet. Die diagnostische Beobachtung muss geplant und kontrolliert durchgeführt werden.

Welche Überlegungen sind demnach immer vor und während einer diagnostischen Beobachtung anzustellen?

Zunächst muss geklärt werden, ob die Beobachtung für die Bearbeitung der anstehenden diagnostischen Fragestellung tatsächlich die Methode der Wahl ist. Dies trifft immer dann zu, wenn bestimmte Verhaltensweisen in Bezug auf Häufigkeit, Dauer oder Intensität untersucht werden sollen.

Die Beobachtung erfüllt im diagnostischen Prozess zwei Funktionen: Hypothesengenerierung und Hypothesenprüfung. Für die Generierung von Hypothesen eignen sich solche Beobachtungstechniken, bei denen ein breites Spektrum an Verhaltensweisen beobachtet werden kann (wie bspw. die minutenweise freie Beobachtung). Dagegen muss für die Prüfung von Hypothesen der Beobachtungsplan so konstruiert werden, dass Verhaltensweisen *genau gezählt* oder Schülerverhaltensweisen in *relevanten Situationen* differenziert erfasst werden können.

Des Weiteren muss der Diagnostiker überlegen, welche Verhaltensweisen beobachtet werden sollen, wie sich diese Verhaltensweisen von anderen abgrenzen lassen, wie diese Verhaltensweisen untergliedert werden können und wer in welchen Situationen beobachtet werden soll. Antworten auf diese Fragen erhält der Diagnostiker, wenn er über Arten von Beobachtungen, Arten von Stichproben und Formen von Verhaltenskodierungen Bescheid weiß und aus diesem Wissen begründete Entscheidungen für sein Vorgehen ableiten kann (siehe Abb. 2.9).

Diagnostische Methoden 89

Welche Art der Beobachtung soll durchgeführt werden?
- systematisch vs. unsystematisch
- teilnehmend vs. nicht-teilnehmend
- offen vs. verdeckt
- technisch vermittelt (indirekt) vs. unvermittelt (direkt)

Wer oder was soll beobachtet werden; Auswahl der Bobachtungsstichprobe?
- Welche Personen sollen beobachtet werden?
- Welches Verhalten soll beobachtet werden?
- Wann und wie lange soll beobachtet werden?
- In welcher Situation soll beobachtet werden?

Wie soll das beobachtete Verhalten kodiert werden?
- Verbalsysteme
- Zeichen- oder Indexsysteme
- Kategoriensysteme
- Ratingsysteme

Abbildung 2.9: Überlegungen bei der Vorbereitung einer Beobachtung

Arten von Beobachtung
Bei der systematischen vs. unsystematischen Beobachtung muss zunächst geklärt werden, wie strukturiert, kontrolliert und standardisiert die Beobachtung ablaufen kann. Bei einer systematischen Beobachtung müssen prinzipiell aus einem theoretischen Bezugsrahmen vorab festgelegte Beobachtungseinheiten abgeleitet werden. Ziel ist hierbei deren Quantifizierung. Dagegen ist bei der unsystematischen Beobachtung der Beobachtungsgegenstand nicht eindeutig festgelegt, und die Aufzeichnungen erfolgen eher deskriptiv und qualitativ. Bei einer teilnehmenden Beobachtung begibt sich der Diagnostiker in die zu beobachtende Situation und ist Teil des Geschehens (z.B. eine Lehrkraft, die während ihres Unterrichts beobachtet). Der Vorteil insbesondere im Kontext von Schule ist, dass die beobachteten Schüler sich ungezwungener verhalten. Dagegen ist die Anforderung an den beobachtenden und gleichzeitig unterrichtenden Lehrer sehr hoch. Bei einer nicht teilnehmenden Beobachtung hält sich der Beobachter aus der zu beobachtenden Situation heraus und beobachtet „von außen". Der Vorteil liegt hier in der Qualität der Beobachtung. Ein möglicher Nachteil ist, dass Schüler und unterrichtender Lehrer sich bei einer Unterrichtshospitation nicht mehr ungezwungenen verhalten. Dieser Nachteil kann durch einen Gewöhnungseffekt an den hospitierenden Beobachter minimiert werden.

In diesem Zusammenhang kann auch in offene vs. verdeckte Beobachtung unterschieden werden. Bei der offenen sind die Teilnehmer über den Zweck der Beobachtung informiert, während bei der verdeckten Beobachtung das eigentliche Ziel nicht transparent gemacht wird.

Um ein hoch komplexes Geschehen zu beobachten, bietet sich eine technisch vermittelte Beobachtung über Video- oder Tonbandaufnahme an, so dass einzelne Sequenzen oder das parallel ablaufende Verhalten mehrerer Personen im Anschluss problemlos ausgewertet werden können.

Entscheidung über Stichproben
Bei der Festlegung über die ‚Stichproben' geht es nicht um eine Entweder-Oder-Entscheidung. Der Beobachter muss Überlegungen darüber anstellen, welche Personen, welches Verhalten und welche Situationen erfasst werden sollen. Bezogen auf die Verhaltensstichprobe muss geprüft werden, ob eine relative vollständige Schilderung des Verhaltens und seiner Kontextbedingungen notwendig (Dauerbeobachtung) oder nur ein festgelegter Verhaltensbereich von diagnostischem Interesse ist (Ereignisstichprobe). Bei der Ereignisstichprobe kann weiterhin differenziert geprüft werden, ob und wie häufig bestimmte Verhaltensweisen oder Ereigniskombinationen auftreten. Mit der Festlegung der Zeitstichprobe wird der Zeitpunkt und die Dauer der Beobachtung bestimmt. Möglich ist hierbei, die Beobachtungszeit in kurze aufeinanderfolgende Zeitintervalle einzuteilen oder die Beobachtungsintervalle durch Pausenintervalle zu unterbrechen. Schließlich muss der Diagnostiker mit der Situationsstichprobe festlegen, welche Situationen für die diagnostische Fragestellung relevant sind.

Möglichkeiten der Verhaltenskodierung
Mit Blick auf die begrenzte Gedächtniskapazität und die Selektivität der Wahrnehmung muss im Vorfeld sorgfältig geprüft werden, wie das beobachtete Verhalten aufgezeichnet werden kann. Während die technisch vermittelte Beobachtung eine vollständige Erfassung des Verhaltens ermöglicht, stehen einem Beobachter unterschiedliche Möglichkeiten der Verhaltenskodierung zur Verfügung.

So kann mittels *Verbalsystem* das beobachtete Verhalten sprachlich und relativ vollständig protokolliert werden. Jedoch führt diese Form der verbalen Erfassung meist zur Überforderung des Diagnostikers – insbesondere bei schnell ablaufenden und komplexen Ereignissen. Es ist für den Beobachter weit weniger belastend, wenn er auf Zeichen- bzw. Index- oder Kategoriensysteme bei der Aufzeichnung der beobachteten Verhaltensweisen zugreifen kann.

Bei Zeichen- bzw. Indexsystemen kodiert der Beobachter nach vorher operationalisierten und festgelegten Verhaltensweisen, die als Indikatoren für ein nicht beobachtbares Konstrukt stehen (z.B. Schlagen, Treten, Beißen, Spucken für Aggressivität). Auch Checklisten, bei denen der Beobachter jeweils nur eine Ja/Nein-Entscheidung für das Auftreten vorab festgelegter Verhaltensweisen treffen muss, sind ein Beispiel für Indexsysteme.

Über Kategoriensysteme wird versucht, das ‚real' auftretende Verhalten insgesamt jeweils einzelnen Kategorien während der Beobachtung zuzuordnen. Der Unterschied der Kategoriensysteme zu Zeichen- bzw. Indexsystemsystem liegt darin, dass die Kategorien theoretisch abgeleitet werden und die einzelnen Kategorien das Verhalten relativ vollständig abbilden. Dabei müssen die Kategorien inhaltlich voneinander sauber abgegrenzt sein.

Des Weiteren können mit Rating-Verfahren Urteile über den Ausprägungsgrad einzelner Merkmale erfasst werden. Hierbei müssen zwei Leistungen erbracht werden: Zum einen muss eine relevante Beobachtung festgestellt und zum anderen eine Intensitätsabstufung der beobachteten Verhaltensweise vorgenommen werden. Es wird zwischen unipolaren (z.B. aufmerksam 1-2-3-4-5 unaufmerksam) und bipolaren (z.B. gespannt 2-1-0-1-2 gelöst) Ratings unterschieden.

Sicherung der Güte von Beobachtungsergebnissen
Aus den bisherigen Erläuterungen zur Beobachtung müsste deutlich geworden sein, dass sie eine eher schwächere Methode der Urteilsbildung im Gegensatz zu Testverfahren ist. Umso mehr ist der Diagnostiker hier in der Pflicht, so genau und exakt wie möglich zu beobachten.

Auf einige Möglichkeiten zur Sicherung von mehr Objektivität und Validität haben wir bereits verwiesen. Abschließend soll noch einmal auf ausgewählte Fehlerquellen bei der Beobachtung eingegangen werden, damit der Diagnostiker diese erkennen und ihnen entgegenwirken kann. In der Literatur werden zwei große Fehlerquellen unterschieden (Atteslander, 2010; Greve & Wentura, 1997): Fehler, die zu Lasten des Beobachters und Fehler, die zu Lasten des Instruments gehen.

Zur ersten Gruppe zählen Fehler, die sich aus der Wahrnehmung, Interpretation und Erinnerung ergeben. Da die Wahrnehmung ein selektiver Prozess ist, werden vom Beobachter nur jene Aspekte wahrgenommen, die seinem Wissen, seinen Erwartungen (Vor-Urteilen), Einstellungen und Interesse entsprechen. Außerdem ist das Erinnern als Gedächtnisleistung ein rekonstruktiver Prozess, d.h. das Beobachtete wird nicht ‚1 zu 1' wiedergeben, sondern kann bereits durch subjektive Erklärungen und Deutungen des Beobachters verzerrt werden.

Ein weiterer Fehler, der insbesondere bereits in unserem Ausgangsbeispiel deutlich wurde, besteht darin, Ursachenerklärungen und Interpretationen des Verhaltens mit dem beobachteten Verhalten gleichzusetzen.

Alle Fehlerquellen können minimiert werden, wenn der Beobachtungsprozess vom Diagnostiker sorgfältig geplant, durchgängig kontrolliert und bewusst reflektiert wird.

Fehler zu Lasten des Instruments liegen in erster Linie in unzureichenden oder zum Teil wenig theoriegeleiteten Operationalisierungen des zu beobachtenden Zielverhaltens. Diese Mängel setzen sich dann weiter fort bei der Erarbeitung der Kodiersysteme, wenn beispielsweise Kategoriensysteme nicht umfassend, nicht ausreichend trennscharf und in sich logisch geschlossen sind.

2.4 Orientierungsgrundlage für ein professionelles Vorgehen beim expliziten Diagnostizieren – der Fünfer-Schritt als Heuristik

In den vorangegangenen Kapiteln wurde in unterschiedlichen Begründungszusammenhängen immer wieder herausgearbeitet, dass professionelles Diagnostizieren durch Lehrkräfte an bestimmte Voraussetzungen geknüpft ist: pädagogisch-psychologisches Theoriewissen, Wissen und Kompetenzen in pädagogisch-psychologischer Diagnostik, differenziertes und flexibel anwendbares didaktisches Wissen und eine ethische Grundhaltung. Der Diagnostiker muss sich auch bewusst sein, dass es sich beim Diagnostizieren um ein Prozessgeschehen und um einen Problemlösungsprozess handelt. Erfolgreiche Problemlöser orientieren sich dabei an einem rationalen Handlungsmodell, das die Analyse der Ausgangsbedingungen, die Prüfung von Handlungsalternativen, die planmäßige Durchführung der für optimal befundenen Alternative und die kritische Reflexion der Lösungsergebnisse umfasst.

Auf der Grundlage der beschriebenen Voraussetzungen für professionelles Diagnostizieren soll Lehrkräften nun eine *strategische Hilfe* für die diagnostische Tätigkeit angeboten werden.

Diese Problemlösungshilfe ist eine Heuristik, die aus fünf allgemeinen Schritten besteht (Abb. 2.10). Der von uns so benannte *„Fünfer-Schritt"* (Hesse & Latzko, 2011; 2015; 2016) ist als ein *prinzipielles Denk- bzw. Orientierungsmuster* diagnostischen Vorgehens aufzufassen, das jeweils an die aktuelle Problemlage (Schüler, Unterricht, Schulklasse etc.) und an den Erkenntnisstand der Lehrkraft angepasst und ausdifferenziert werden muss. Eine Diagnose darf niemals vorschnell, d.h. ohne explizite Prüfung der Bedingungen/Situation, gestellt werden, genau so wenig wie lediglich aus der Problembenennung sofort Fördermaßnahmen eingeleitet werden dürfen, die zwar möglicherweise nicht schaden, aber auch keine Situationsverbesserung bringen.

FÜNFER-SCHRITT

1.Schritt: Formulierung der diagnostischen Fragestellung oder des Problems und theoretische Einordnung

2. Schritt: Formulierung theoriegeleiteter Hypothesen

3. Schritt: Sorgfältige Auswahl der diagnostischen Methoden zur Hypothesenprüfung

4. Schritt: Durchführung der Untersuchung, Integration von erhobenen Einzelbefunden in eine Diagnose und Problemklärung anhand der Untersuchungsergebnisse

5. Schritt: Planung und Durchführung der Intervention, Förderung, Beratung

---

Abbildung 2.10: „Fünfer-Schritt" beim professionellen Diagnostizieren

Im Folgenden wird der Fünfer-Schritt expliziten Diagnostizierens elaboriert:

1. Schritt: Formulierung der diagnostischen Fragestellung oder des Problems und theoretische Einordnung

Eine Problemlösung im pädagogischen Prozess wird umso besser gelingen, wenn von den Lehrkräften dabei auf pädagogische, psychologische Konzepte, Theorien, empirische Befunde zur Einordnung und Erklärung des Problems zurückgegriffen werden kann. Wir haben weiter vorn gezeigt (Kap.1.5.1), dass Lehrkräfte auf der Grundlage von Alltagswissen oder fundierten Theoriekenntnissen jeweils zu völlig unterschiedlichen Beurteilungen von Schülern und Situationen kommen können. Für Lehrkräfte ist eine solide theoretische Ausrichtung „ihrer Beurteilungslinse" durch adäquate und valide Glieder der proximalen Merkmale ein Kennzeichen für Professionalität. Fragen, die sich Lehrkräfte dabei stellen können, sind: Was ist es für ein Problem? Welches sind theoretische Zusammenhänge für die Beschreibung und Erklärung des Problems? Was weiß ich über das Zustandekommen dieses Problems (Kontexte, entwicklungspsychologische Aspekte etc.)? Welche diagnostischen Fragestellungen lassen sich ableiten?

2. Schritt: Ableitung theoriegeleiteter Hypothesen

Warum ist dieser zweite Schritt im diagnostischen Prozess unbedingt erforderlich? Die Entwicklung von fundierten theoriegeleiteten Hypothesen garantiert, dass die Lehrkraft nicht einseitig oder zu eng Probleme und Situationen hinterfragt, sondern adäquat und offen den Problemraum abstecken kann. Im Prinzip gehören also Schritt 1 und 2 unserer aufgezeigten Struktur zusammen. Über die theoretische Elaboration des Problems bzw. der Fragestellung wird es möglich, eine Reihe von Hypothesen zu seiner genaueren Untersuchung zu generieren. Die explizite Bildung von Hypothesen (stets mehrere, aber zumindest Alternativen) veranlasst den Problemlöser auch, die eigenen, bereits vorhandenen (Vor-)Urteile in Frage zu stellen und zu überprüfen.

Das ist eine wichtige Bedingung für ethisch verantwortungsbewusstes diagnostisches Handeln. Ein weiterer Vorteil der Generierung expliziter und theoriegeleiteter Hypothesen im Problemlösungsprozess besteht darin, dass bei ihrer Falsifikation neue bzw. weitere Hypothesen ableitbar sind. Die Unterscheidung in Feststellungs- und Erklärungshypothesen halten wir bei der Problemlösung im pädagogischen Prozess deshalb für sinnvoll, weil zuerst geprüft werden sollte, ob das Problem tatsächlich vorliegt (=Feststellungshypothese), bevor eine aufwändige Suche nach Ursachen beginnt. Erklärungshypothesen werden erst dann gebildet, wenn die Feststellungshypothese sich als relevant erwiesen hat. Danach gilt es, theoriegeleitete Überlegungen anzustellen, wo die Ursachen für das Problem zu suchen sind. Dem Effektivitätsprinzip folgend, werden hier solche Hypothesen ausgewählt, die für die vorliegende Situation und aus dem Wissen der Lehrkraft heraus plausibel erscheinen. Wenn die identifizierten Probleme bestimmten Schülern zugeordnet werden, sollte parallel zur Problemanalyse stets auch hinterfragt werden, wo die betreffenden Schüler Stärken und Ressourcen besitzen.

3. Schritt: Sorgfältige Auswahl der diagnostischen Methoden

Im dritten Schritt kommt das differenzierte Wissen des Diagnostikers über diagnostische Methoden und Standards zum Tragen. Hier geht es um die Frage, wie, d.h. mit welchen diagnostischen Methoden die Hypothesen effektiv geprüft werden können. Grundlegend für diese methodische Entscheidung ist die Passung von Problem und Methode. Beispielsweise wäre es wenig sinnvoll, die Lernmotivation nur beobachten oder Lernstrategien nur über Schülerselbstauskünfte erfassen zu wollen. Darüber hinaus muss bei der Planung von diagnostischen Beobachtungen oder diagnostischen Gesprächen große Sorgfalt auf die Operationalisierung der zu diagnostizierenden Konstrukte/Merkmale verwendet werden (siehe Kap. 2).

4. Schritt: Durchführung der Untersuchung, Integration der erhobenen Einzelbefunde in eine Diagnose und Problemklärung anhand der Untersuchungsergebnisse

Die Durchführung der Untersuchung sollte planmäßig und ökonomisch erfolgen und dabei das Gütekriterium der Objektivität gewährleisten. Die erhobenen Daten müssen sorgfältig ausgewertet, auf Widersprüche geprüft und in eine Diagnose integriert werden. Wenn die Ergebnisse ausgewertet sind, können die aufgestellten Hypothesen entweder verifiziert oder falsifiziert werden. Im Falle der Falsifikation beginnt die Treatment-vorbereitende Diagnostik (Krapp, 1979) wieder von vorn. Wie oben bereits erwähnt, müssen dann weitere Erklärungshypothesen aufbereitet werden.

Wir möchten an dieser Stelle auf ein Problem hinweisen, das wir in unseren Diagnostikseminaren und auch in Lehrerfortbildungen bemerkt haben. Es besteht manchmal eine Tendenz, die Falsifikation von Hypothesen als persönlichen diagnostischen Misserfolg zu bewerten und in Folge die Untersuchungsergebnisse umzudeuten oder das Untersuchungsinstrument abzuqualifizieren. Ein solches Vorgehen hat wenig mit professioneller Diagnostik zu tun. Der Vorzug einer systematischen Prüfung von Hypothesen besteht doch gerade darin, relativ vorurteilsfreie Ergebnisse zu erhalten, auch wenn sie dem Diagnostiker „nicht gefallen" bzw. seinen (Vor-)Urteilen widersprechen. Wenn die Hypothesen verifiziert werden konnten, d.h. in unserem Fall, dass die vermuteten Probleme tatsächlich existieren und die Untersuchung wesentliche verursachende Bedingungen erhellt hat, beginnt das Nachdenken über eine geeignete Intervention.

5. Schritt: Planung und Durchführung der Intervention (Förderung, Training, Beratung, Modifikation der unterrichtlichen Settings etc.)

Es könnte die Frage auftreten, was die Diagnostik mit Intervention zu tun hat. Im engeren Sinne scheint doch mit Schritt 4 die Diagnostik abgeschlossen zu sein. Wir erinnern in diesem Zusammenhang aber an den von Ingenkamp (1985) formulierten Anspruch der pädagogisch-psychologischen Diagnostik und an die ethische Grundhaltung des Diagnostikers. Vorzug der pädagogisch-psychologischen Diagnostik ist es ja gerade, dass im Erziehungs- und Bildungsprozess in der Schule Diagnose und Förderung in einer Hand bleiben können. Das ist ein großer Vorzug auch deshalb, weil Schülern so schnell und kompetent Hilfe zukommen kann. Für Lehrkräfte setzen Intervention und Förderung als Hilfsangebote jedoch erneut zusätzliches Wissen und Können voraus, vor allem aber die Fähigkeit, das didaktische und fachdidaktische Repertoire flexibel handhaben und adaptiv an die Problemlagen der einzelnen Schüler anpassen zu können.

Während gut aufbereitete Literatur und Anleitungen zur Handhabung diagnostischer Methoden zur Verfügung stehen, müssen Lehrkräfte bei der Realisierung des fünften Schrittes sehr häufig selbst konstruktiv tätig werden. Die Diagnose bzw. die Erhebung des Ist-Zustandes per se sagt nämlich noch nicht viel über das weitere pädagogische Vorgehen aus (vgl. hier auch Schlee, 2012). Darüber hinaus benötigt die Lehrkraft als Problemlöser grundlegendes theoretisches Wissen über die Zuordnung bzw. Passung von bestimmten diagnostischen Prädiktoren und geeigneten Fördermaßnahmen.

Auch wenn wiederholt (z.B. Schlee, 2012) darüber räsoniert wurde, dass Normskalenwerte aus Tests nichts über Wege der Förderung aussagen, so sind wir doch der Meinung, dass erstens Normwerte zunächst eine generelle Orientierung darüber geben, ob Förderbedarf besteht oder nicht und zweitens aus den bearbeiteten Items z.B. der Schulleistungs- oder Schultests sehr wohl erste Hinweise zur Förderung ableitbar sind. Allerdings stimmen wir Schlee uneingeschränkt zu, dass die Diagnose von Ausgangslagen allein nicht ausreicht, um Lernen und Entwicklung von Kindern zu optimieren und zur Förderung weit mehr gehört. Das wird im Folgenden weiter erläutert.

Die wesentliche Aufgabe des Diagnostikers besteht jetzt darin, die Diskrepanzen zwischen dem erhobenen Ist-Zustand und dem erwünschten Soll-Zustand aufzudecken und daraus zunächst im Schritt 5 handlungsleitende Ziele für die Intervention abzuleiten, d.h. was oder wer soll verändert, bestärkt, optimiert werden? Wenn die Ziele klar umrissen sind, muss hinterfragt werden, wie die Ziele erreicht werden sollen und welcher Zeitrahmen für geplante Veränderungen vorgesehen ist. Dabei können geeignete Maßnahmen mehr oder weniger aufwändig sein in Abhängigkeit des analysierten Problems. Denkbar wären Veränderung der Sitzordnung in der Klasse, Einführung neuer Unterrichtsmethoden, Vermittlung von Informationen an Schüler oder Eltern, Erhöhung der Aufmerksamkeit auf bestimmte Lerner, Verhaltensverträge, positive Verstärkungen von verhaltensproblematischen Schülern bei angemessenen Verhaltensweisen im Unterricht, Einsatz von speziellen Trainingsprogrammen (siehe bspw. Langfeldt & Büttner, 2009), Verbesserung von Lernbedingungen, Aufbau von Unterstützungsnetzwerken, Nachhilfearrangements, Förderpläne usw. Wenn sich die Treatments direkt auf die Verbesserung von individuellen Problemlagen von Schülern beziehen, dann sollten stets in die Überlegungen die Ressourcen des Schülers als Stützung der zu planenden Förderung/Hilfe einbezogen werden. In diesem Planungsprozess muss die Lehrkraft auch darüber nachdenken, wie viele Maßnahmen für Schüler und Lehrkräfte zumutbar, welche Veränderungen realistisch, welche Belohnungen angemessen sind. Die Entscheidung über die Wahl und Gestaltung geeigneter Hilfe- und Fördermaßnahmen ist in der Regel kein einmaliger Akt, sondern ein mehrphasiger Entscheidungsprozess, der so lange durchlaufen wird, bis eine geeignete Lösung gefunden ist (vgl. K.-P. Wild & Krapp, 2006, S. 532). Mit der Entscheidung über das Treatment bzw. mit der Planung der Intervention, Individualisierung, Differenzierung, Förderung vor allem im und außerhalb des Unterrichts endet die sogenannte treatmentvorbereitende Diagnostik.

Die zweite wichtige diagnostische Angriffsstelle wird bei der Durchführung der geplanten Intervention erforderlich. Es wäre eine verkürzte Vorstellung über Diagnostik im pädagogischen Prozess, wenn ihr nur die Aufgabe der Feststellung von Ausgangslagen zukäme. Unverzichtbar bei der Durchführung von Förderungen ist ihre sorgfältige Überwachung. Die sogenannte Treatment-begleitende Diagnostik liefert der Lehrkraft so zeitnah Informationen über Art und Ausmaß der eingeleiteten Interventionen, von Fortschritten, Plateaus, Störungen etc. Der Vorteil einer solchen formativen Evaluation besteht darin, dass die Fördermaßnahmen immer wieder aktuell verändert und angepasst werden können.

Während für die Diagnostik der Ausgangslage zahlreiche standardisierte Tests, Fragebögen und Screening-Verfahren zu Verfügung stehen, müssen die Instrumente für diese prozessbegleitende Diagnostik von den Lehrkräften in der Regel selbst entwickelt werden. Geeignete diagnostische Methoden sind hier vor allem zielgerichtete Beobachtungssysteme, wiederholte Befragungen, diagnostische Gespräche und curriculumbasiertes Messen.

Die zeitliche Befristung von Fördermaßnahmen ermöglicht am Ende der durchgeführten Intervention eine Treatment-abschließende Diagnostik. Diagnostik zum relativen Abschluss der Intervention/Förderung hat die Aufgabe, die Ergebnisse aller Bemühungen zu dokumentieren. Es sollte hier systematisch geprüft werden, welche der geplanten Ziele realisiert werden konnten, wo Lücken geblieben sind und welche unerwarteten Schwierigkeiten im Lösungsprozess aufgetaucht sind. Für die Treatment-abschließende Diagnostik können die Instrumente der Diagnostik der Ausgangslage wieder verwendet werden, wenn sie in Parallelformen vorliegen. Mit einer abschließenden Reflexion der Ergebnisse erhalten Lehrkräfte eine Fülle von Rückmeldungen über die Angemessenheit ihres Vorgehens.

Teil III:
Ausgewählte Anlässe und Situationen im Schulalltag für explizite Diagnostik

Ziel des dritten Teils ist es, Lehrkräften an konkreten Situationen ihres pädagogischen Alltags aufzuzeigen, wann und wie effektiv explizit diagnostiziert werden kann.

Aus den bisherigen Ausführungen müsste deutlich geworden sein, dass Lehrkräfte täglich im Unterricht implizit diagnostizieren und ihr pädagogisches Handeln daran orientieren. Diese impliziten Diagnosen sind für eine Vielzahl von pädagogischen Situationen angemessen und sinnvoll, weil Lehrer nur so schnell und sicher im Unterricht handeln können. Bewusste Reflexionsprozesse oder explizites Diagnostizieren wären in laufenden Unterrichtsprozessen eher hinderlich als nützlich. Es gibt jedoch auch Situationen bzw. Anlässe im Schulalltag, in denen diese impliziten Diagnosen nicht ausreichen, um nachhaltige Verbesserungen der Situation zu erreichen, relativ gerechte Zukunftschancen zu verteilen oder potenzielle Problemlagen frühzeitig zu erkennen. Wenn die Lehrkraft dann in der Lage ist, zu ihren impliziten Sichtweisen und Urteilen zusätzlich zielgerichtet und systematisch weitere Informationen einzuholen, kann sie auf dieser Grundlage ihr bisheriges Urteil und Handeln reflektieren, überdenken, bestätigen, korrigieren oder neu konzipieren.

Dieses explizite Diagnostizieren setzt jedoch eine ganz bestimmte Grundhaltung bei Lehrkräften voraus. So müssen sie sich darüber im Klaren sein, dass ihre implizit gewonnenen Urteile über Schüler und deren Lern- und Leistungsverhalten möglicherweise ungenau und vorläufig sind. Lehrer mit einer solchen Einstellung verfolgen mit der Beschaffung von zusätzlichen Informationen dann einerseits das Ziel, ihre Beurteilungen zu überprüfen, andererseits ihren Unterricht verändern bzw. optimieren und Schüler gezielt fördern zu wollen. Explizite Diagnosen der Lern- und Unterrichtssituation sind darüber hinaus auch dann notwendig, wenn an Schulen neue didaktische Konzepte eingeführt werden z.B. im Zusammengang mit Inklusion und Integration. Denn wenn die präzise Ausgangslage nicht bestimmt wird, dann können auch tatsächliche Effekte und Lernzuwächse nicht ausgemacht werden.

Neben dieser Grundhaltung ist für das explizite Diagnostizieren außerdem erforderlich, dass Lehrkräfte über pädagogisch-psychologisches Theoriewissen verfügen, um relevante Hypothesen zur Erklärung der Entstehung von Problemlagen aufstellen zu können, die sie dann systematisch mit passenden diagnostischen Methoden bzw. Verfahren überprüfen können.

An verschiedenen Stellen des vorliegenden Buches wurde auf die Bedeutung des pädagogisch-psychologischen Theoriewissens für die Lehrertätigkeit aufmerksam gemacht. Für den diagnostischen Begründungszusammenhang sei an das sogenannte „Linsenmodell" von Brunswik (1956) (vgl. Kap. 1.5.1) erinnert. Dort wurde herausgearbeitet, je geringer die theorierelevante Ausrichtung des Urteilenden im Beurteilungsprozess ist, d.h. je weniger die Lehrkraft valide Glieder für ihre „proximale Merkmalslinse" generieren kann, desto weniger zutreffend und genau ist ihr Urteil über das betreffende Konstrukt oder die betreffende Situation. Hat die Lehrkraft das Ziel, explizit zu diagnostizieren, dann wird ihr Beurteilungsprozess auch bewusster, theoretisch fundierter und damit kontrollierbarer.

Anhand des folgenden Beispiels soll verdeutlicht werden, dass theoretisches Wissen nicht nur die Hypothesenbildung, die adäquate Wahl der diagnostischen Methoden und damit die Exaktheit der Diagnose, sondern auch das pädagogische Handeln ausrichtet.

Praxisbeispiel

Ein Schüler in der 6. Klasse fällt durch Lernschwierigkeiten in Mathematik auf und damit ist seine Versetzung in die 7. Klasse gefährdet. Sein Klassenlehrer möchte verhindern, dass diese Situation eintritt und eine schnelle Hilfe einleiten. Der Lehrer ist sich darüber bewusst, dass die Ursachen für die Entstehung dieser Lernschwierigkeiten explizit diagnostiziert werden müssen. Welches Erklärungsmodell für die Entstehung von Lernschwierigkeiten hat er für die Hypothesenbildung parat? Ist der Lehrer davon überzeugt, dass Lernschwierigkeiten in erster Linie durch ungünstige familiäre Bedingungen, d.h. wenig unterstützende oder hart fordernde und kontrollierende Eltern entstehen, dann wird er zunächst zur Überprüfung seiner Hypothese einen Elternbesuch oder ein Gespräch mit den Eltern vereinbaren, um sich Informationen zu beschaffen. Sind die Eltern dieses Schülers dann möglicherweise auch noch den pädagogischen Ratschlägen des Lehrers gegenüber wenig aufgeschlossen, könnte es sein, dass dieser Lehrer seine Bemühungen einstellt, weil er resigniert.

Mit diesem Vorgehen bei der Diagnostik von Lernschwierigkeiten hat der Lehrer unnötig Zeit investiert, ohne dem Schüler wirklich geholfen zu haben. Denn dessen Mathematikprobleme bestehen nach wie vor und möglicherweise ist in der verflossenen Zeit noch eine weitere schlechte Note in der letzten Mathematikleistungskontrolle hinzugekommen. Die Furcht vor dem Mathematikunterricht des Schülers ist dann noch größer geworden.

Unter der Perspektive eines theoretischen Modells zur Entstehung von Lernschwierigkeiten hat dieser Lehrer eine Hypothese gebildet, die die Entstehung von Lernschwierigkeiten in Mathematik nur am Rande oder moderierend erklärt. Weit sinnvoller und theorierelevant wären Fragen nach der Art und Tiefe der Wissenslücken in Mathematik, nach dem Verständnis des Schülers in Bezug auf mathematische Zusammenhänge, nach seiner Lernmotivation oder nach der Qualität des Mathematikunterrichts gewesen. Aus der Prüfung solcher theorierelevanter Hypothesen und der validen Diagnose der Lernschwierigkeiten des Schülers hätten sich dann auch gezielte und wirkungsvolle Fördermaßnahmen einleiten lassen.

Wenn dieses Praxisbeispiel auch recht konstruiert für gestandene und erfahrene Lehrkräfte erscheinen mag, so belegt es jedoch erneut die Relevanz von pädagogisch-psychologischem Theoriewissen für die Diagnostik und Intervention von Lehrern bei konkreten Problemlagen im Schulalltag.

Für die nachfolgende Darstellung des konkreten diagnostischen Vorgehens bei aktuellen Problemlagen im pädagogischen Prozess wird deshalb in Anlehnung an den Fünfer-Schritt des professionellen Diagnostizierens folgende Struktur gewählt:
(1) Skizzierung des theoretischen Rahmens für das Problem/den Diagnoseanlass und für die theoriegeleitete Ableitung von Hypothesen
(2) Erläuterung entsprechender diagnostischer Methoden/Verfahren zur Prüfung der Hypothesen
(3) Hinweise für Interventionen/Förderung

Mit dieser Vorgehensweise soll dazu beigetragen werden, dass Lehrkräfte auch Strategien und Denkweisen für explizites Diagnostizieren entwickeln können, die nicht nur auf einen relativ unüberlegten, zusätzlichen Einsatz von diagnostischen Verfahren ausgerichtet sind. So haben wir in unseren Diagnostikseminaren oder auch bei Lehrerfortbildungen häufig die Erfahrung gemacht, dass die Teilnehmer sofort eine präzise Anleitung ‚aus dem Diagnostikkoffer' erwarten, um standardisierte Verfahren einsetzen zu lernen. Bei einer solchen weitgehend theoretisch unreflektierten Vorgehensweise würden Lehrkräfte zwar zusätzliche Informationen erhalten, die sie aber einerseits nicht in eine theoretisch fundierte Diagnose integrieren und daraus andererseits keine gezielten und wirkungsvollen Interventionen erarbeiten könnten.

Ein Schwerpunkt in der folgenden Darstellung liegt deshalb auch auf der sorgfältigen Erläuterung der theoretischen Grundlagen zur Einordnung der pädagogisch-psychologischen Diagnoseanlässe und zur Vorbereitung theoriegeleiteter Hypothesen. In diesem Begründungszusammenhang werden dann erst ausgewählte diagnostische Methoden beschrieben. Für den äußerst wichtigen Schritt der Intervention und Förderung beim professionellen Diagnostizieren (siehe Abb. 2.10) können im vorliegenden Buch nur ausgewählte Hinweise gegeben werden.

Im Folgenden werden solche Anlässe und Situationen im Schulalltag besprochen, bei denen explizites Diagnostizieren für optimale Förderung sinnvoll und notwendig ist: Feststellung von Lernvoraussetzungen, Schulleistungen und Lernfortschritten der Schüler; Reflexion der eigenen Unterrichtsqualität; Überprüfung der Ausgangsbedingungen der Schüler am Beginn von Klasse 5; Ursachensuche bei Lernschwierigkeiten; Erfassung des Entwicklungsstandes von Sozialverhalten und sozialen Kompetenzen. Bei der Untersuchung und Klärung aller dieser Anlässe oder Problemlagen kann die Lehrkraft immer wieder auf das Grundgerüst ihres theoretischen und diagnostischen Wissens zurückgreifen und auf dieser Basis progressive Transformationen für ihr Handeln vornehmen, ohne ständig neue bzw. zusätzliche Methoden und Verfahren zur Diagnostik einsetzen zu müssen.

3.1 Determinanten der Schulleistung und die Konsequenzen für die Diagnostik

Eine grundlegende Voraussetzung, um Hypothesen für eine genaue Feststellung von Schulleistungen generieren zu können, ist die Verfügbarkeit von pädagogisch-psychologischem Wissen über Lernprozesse und das Zustandekommen von Schulleistungen.

Allerdings existiert in der Pädagogischen Psychologie eine ganze Reihe theoretischer Modelle des schulischen Lernens und zu Determinanten der Schulleistungen. Da im Rahmen dieses Buches kein Überblick über diese Modelle gegeben werden kann (siehe dazu: Helmke & Weinert, 1997; Hasselhorn & Gold, 2013), soll besonders auf solche Aspekte eingegangen werden, die für das Diagnostizieren von Lehrkräften relevant sind.

Weinert (2001) geht in einem Aufsatz der Frage nach, ob es sich bei Schulleistungen um Leistungen der Schule oder des Schülers handelt. „Schulleistungen sind stets Leistungen der Schule und der Schüler" (ebd. S. 73). Weinert beantwortet die aufgeworfene – durchaus nicht triviale – Frage mit einem ausdrücklichen „und". Er benennt damit zwei der drei Hauptdeterminanten der Schulleistung, die in fast allen Modellen enthalten sind: (1.) die relevanten Personmerkmale des Lerners bzw. seine individuellen Lernvoraussetzungen und (2.) die Leistungen der Schule, die vor allem durch die Quantität und Qualität des unterrichtlichen Angebots bestimmt werden. Hinzu kommt als weitere maßgebliche Determinante in den einschlägigen Modellen der Schulleistung (3.) der Einfluss schulinterner und -externer Kontextbedingungen familiärer, sozialer und organisatorischer Art.

In Abbildung 3.1 sind diese zentralen Einflussgrößen auf die Schulleistung schematisch dargestellt.

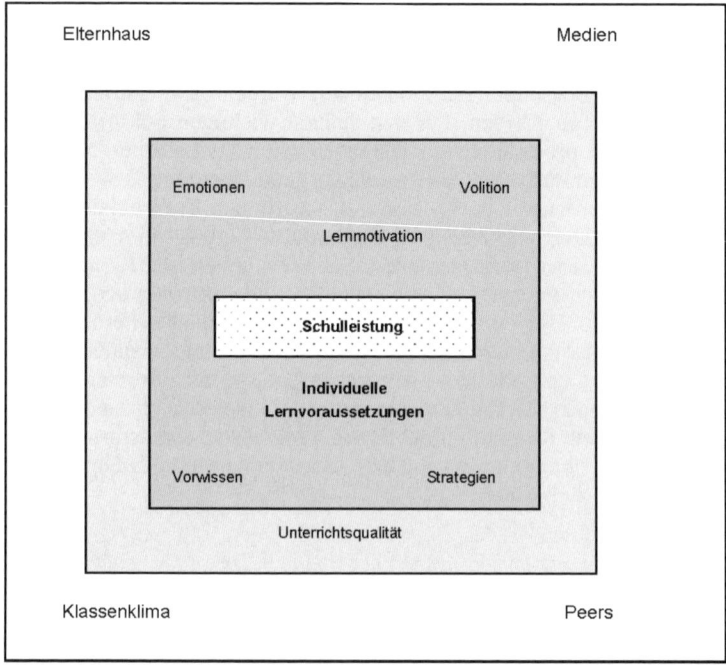

Abbildung 3.1: Schichtenmodell der Schulleistung

Für die schematische Darstellung in Abbildung 3.1 wurde gezielt ein Schichten- oder Schalenmodell verwendet, um die unterschiedlichen Analyseebenen der Determinanten der Schulleistung besonders hervorzuheben. So wird auf einen Blick deutlich, dass es Einflussgrößen gibt, die für die Erklärung der Schulleistung kausal näher (sogenannte proximale Faktoren) bzw. weiter entfernt (sogenannte distale Faktoren) liegen. Somit zählen die individuellen Lernvoraussetzungen sowie die Prozess- und Qualitätsmerkmale von Unterricht zu den proximalen Faktoren. Zu den eher distalen Faktoren gehören die strukturellen Merkmale der Familie, das Schul- und Unterrichtsklima oder die Peer-Beziehungen.

Für Lehrkräfte oder Lehramtsstudierende entsteht durch die Platzierung der distalen Faktoren manchmal ein Widerspruch zu ihren subjektiven Konzepten, weil sie daraus ableiten, dass diese Faktoren weniger bedeutsam seien. Die distalen Faktoren sind nicht weniger bedeutsam, sie sind jedoch in der Wirkungskette des Zustandekommens von Schulleistungen weiter entfernt als das Vorwissen des Lerners oder die Strukturierungshilfen des Lehrers. So hat beispielsweise die Sozialschicht der Eltern keinen eigenständigen Erklärungswert für die unterschiedlichen Lese- oder Rechtschreibkompetenzen der Schüler. Auch die Ehescheidung der Eltern übt keinen unmittelbar direkten Einfluss auf die Entstehung von Lernschwierigkeiten der Kinder aus. Allerdings haben die mit der sozialen Schichtzugehörigkeit verbundenen Merkmale wie Bildungsnähe oder -ferne der Eltern, das Anregungspotenzial der häuslichen Umwelt, die Leistungserwartungen und die Einstellungen der Eltern zur Schule oder ihr sprachliches Modellverhalten auf der Wirkebene der familiären Interaktion durchaus Einfluss auf die Entwicklung der Lese-Rechtschreibkompetenz des Kindes.

Zur theoretischen und empirischen Untermauerung unseres Schichtenmodells der Schulleistung kann das allgemein bekannte Modell der Produktivitätsfaktoren der Schulleistung von Walberg und Kollegen (1986) herangezogen werden. In diesem Modell wurden mittels eines gewaltigen Forschungsaufwandes (Metaanalysen mit mehr als tausend Einzelstudien) neun Faktoren der Schulleistung extrahiert (Fraser, Walberg, Welch & Hattie, 1987; Fraser, 1991).

Diese neun Faktoren, die in Tabelle 3.1 vollständig wiedergegeben werden, wurden in die folgenden drei Gruppen zusammengefasst:

- Schülerkompetenzen wie kognitive Fähigkeiten, Vorwissen und Motivation sowie der allgemeine Entwicklungsstand
- Unterrichtsvariablen wie Quantität und Qualität von Unterricht
- Psychologisches Umfeld wie häusliche Umwelt, Klassen- und Schulklima, außerschulische Peer-Beziehungen und Massenmediennutzung

Aus der Tabelle 3.1 sind ebenfalls die mittleren Korrelationskoeffizienten für die einzelnen Faktoren aus den Metaanalysen (Fraser et al., 1987) ersichtlich, die die Nähe zur Schulleistung explizit ausweisen.

Tabelle 3.1: Produktivitätsfaktoren der Schulleistung

	Beispielvariablen	Mittleres *r* mit Schulleistung
Schülerkompetenz		
1. Kognitive Fähigkeiten/Vorwissen	IQ/Leistungstest	0.44
2. Entwicklungsstand	Alter/Reifung	0.10
3. Motivation	Interesse/Lernausdauer	0.29
Unterrichtsvariablen		
4. Quantität des Unterrichts	Unterrichtszeit	0.38
5. Qualität des Unterrichts	Lehrstrategien	0.48
Psychologisches Umfeld		
6. Häusliche Umwelt	Elterliche Hausaufgabenkontrolle	0.31
7. Klassen- und Schulklima	Klassenkohäsion	0.20
8. Außerschulische Peer-Beziehungen	Bildungsaspiration des Freundeskreises	0.19
9. Massenmediennutzung	Fernsehzeiten	-0.06

Anmerkungen. Hinzugefügt wurden die mittleren Korrelationskoeffizienten aus den Metaanalysen (Fraser et al., 1987; zitiert nach Cortina, 2006, S. 491)

Die Auflistung der neun Produktivitätsfaktoren ist an sich wenig spektakulär. Die wissenschaftliche Bedeutung dieses Modells besteht jedoch in seinem Exklusivitätsanspruch. Denn es wird angenommen, dass kein weiterer Produktivitätsfaktor zu finden ist, der nicht unter einen der aufgelisteten zu subsumieren wäre oder zumindest mittelbar über diesen wirkt (Cortina, 2006).

Für den Diagnostiker bzw. den professionell tätigen Pädagogen ist über diese Auflistung der Produktivitätsfaktoren von Schulleistung hinaus jedoch vor allem von Bedeutung, wie die Faktoren zusammenwirken. Darüber sind die Auffassungen recht unterschiedlich. Für die fünf Kernfaktoren aus den Bereichen „Schülerkompetenz" bzw. Lernvoraussetzungen und „Unterricht" wird eine wechselseitige Substituier- bzw. Kompensierbarkeit häufig ausgeschlossen. Damit gelten diese Kernfaktoren in ihrer Ausprägung als notwendige Bedingungen für das Zustandekommen des Lernerfolgs. Im Gegensatz dazu wird für die vier Faktoren des psychologischen Umfeldes eine Substituierbarkeit angenommen. Man spricht bei diesen Faktoren auch davon, dass sie moderierenden Einfluss auf die Schulleistung haben, d.h. sie wirken entweder verstärkend oder abschwächend auf die proximalen Faktoren der Schulleistung. Walberg selbst war der Meinung, dass die neun Produktivitätsfaktoren nicht additiv, sondern multiplikativ verbunden seien.

Welche Konsequenzen lassen sich nun aus diesen Modellierungen der Schulleistung für die praktische diagnostische Tätigkeit des Lehrers ableiten?
Zum einen sollte bedacht werden, dass plausible Hypothesen für das Zustandekommen von Schulleistungen zuerst aus den proximalen Merkmalen gebildet werden sollten, um den Lernerfolg oder die Lernschwierigkeiten von Schülern valide zu erklären. Zum anderen muss der Diagnostiker versuchen, die Befunde der einzeln erhobenen Merkmale (z.B. Vorwissen, Motivation, Angst etc.) miteinander in Beziehung zu setzen, um diese Einzelbefunde in eine kohärente Diagnose zu integrieren, weil die Produktivi-

tätsfaktoren eben nicht additiv, sondern multiplikativ verbunden sind. Das bedeutet unter Umständen für die Erklärung der Diagnose und Planung der Intervention: Kompensationen eines Defizits bei einer der Determinanten „werden um so schwieriger, je niedriger die Ausprägung dieser notwendigen Determinante ist; in diesem Fall muss das Defizit durch verhältnismäßige ‚Mehrleistung' bei anderen Faktoren wettgemacht werden" (Helmke & Weinert, 1997, S. 140).

3.1.1 Diagnostik ausgewählter Lernvoraussetzungen

Die zentrale Gruppe innerhalb der Produktivitätsfaktoren zur Erklärung der Schulleistungen bilden unbestritten die individuellen Lernvoraussetzungen der Schüler. Wenn man die mittleren Korrelationskoeffizienten der jeweiligen Faktoren dieser ersten Gruppen mit der Schulleistung im Modell von Walberg betrachtet (siehe Tabelle 3.1), dann wird deutlich, dass ein engerer Zusammenhang zwischen den kognitiven Fähigkeiten einschließlich des Vorwissens und der Schulleistung ($r = 0.44$) besteht als zwischen Motivation (=Interesse) und Schulleistung ($r = 0.29$).

Der letztgenannte Zusammenhang widerspricht häufig der subjektiven Theorie der Lehrkräfte. Wir werden im Teilkapitel zur Diagnostik der Lern- und Leistungsmotivation auf die Auflösung dieses Widerspruchs zurückkommen.

Bevor die wesentlichen Lernvoraussetzungen und die Methoden zu ihrer expliziten Erfassung sukzessive dargestellt werden, soll noch einmal verdeutlicht werden, dass der gute Lehrer und Diagnostiker die Lernvoraussetzungen eines einzelnen Schülers immer in ihrer wechselseitigen Abhängigkeit erfassen und verstehen muss. Dies soll an einigen Beispielen deutlich gemacht werden.

Praxisbeispiele

Ein Schüler, dessen Wissen bezüglich der englischen Sprache große Lücken aufweist, kann im Englischunterricht nur noch wenig verstehen. Damit sinkt die Lust, sich mit englischer Lexik und Grammatik zu befassen, stetig und möglicherweise nimmt die Furcht vor Tests und Klassenarbeiten zu, nicht aber die Anstrengung, die Leistungsrückstände auszugleichen. Damit werden die Lücken im Wissen immer größer. Die einzelnen ungünstigen Bedingungen verstärken sich in einer Art Teufelskreis intraindividuell negativ.

Ein anderer Schüler mit guten intellektuellen Voraussetzungen muss nicht immer ein guter, erfolgreicher Lerner sein. Er hätte zwar das Potenzial dafür, aber seine Lust zu lernen ist so gering, dass er das vorhandene Potenzial nicht ausschöpft. Dadurch entstehen auch bei ihm immer größere Wissenslücken, die das Verstehen neuer Inhalte erschweren und die Schulunlust noch stärker werden lassen.

Ein dritter Schüler lernt zu Hause viel und fleißig, weil seine Eltern es von ihm erwarten. Er verfügt aber ganz offensichtlich über ineffektive Lernstrategien, so dass trotz der intensiv eingesetzten Zeit nicht die gewünschten Lernerfolge erreicht werden.

Besonders aus den beiden letzten Beispielen wird deutlich, dass eine hohe Lernmotivation oder eine gute intellektuelle Befähigung allein nicht ausreichen, um erfolgreich zu lernen. Eine hilfreiche Orientierungsgrundlage für den Diagnostiker zur Feststellung von sich gegenseitig günstig unterstützenden Lernvoraussetzungen ist das von Pressley, Borkowski und Schneider (1989) ausgearbeitete Modell der „guten Informationsverarbeitung" (GIV-Modell).

Dieses GIV-Modell bündelt eine Reihe von Merkmalen, die aus unterschiedlichen Befunden der kognitiven und motivationalen Forschungstradition abgeleitet wurden und eine Beschreibung des erfolgreichen Lerners liefern.

Erfolgreiche Lerner als gute Informationsverarbeiteter zeichnen sich nach Pressley et al. (1989) durch folgende Merkmale ihres Lernverhaltens aus:

- Sie sind reflexiv.
- Sie planen ihr Lernverhalten.
- Sie nutzen effiziente Lernstrategien und wissen, wie, wann und warum diese Strategien eingesetzt werden.
- Sie können diese Lernstrategien zunehmend automatisch anwenden.
- Sie überwachen permanent ihre Lern- und Leistungsfortschritte.
- Sie verfügen über ein Arbeitsgedächtnis mit hoher funktionaler Arbeitskapazität.
- Sie haben ein umfangreiches Weltwissen.
- Sie vertrauen in ihre Lernfähigkeiten und sind davon überzeugt, dass sie sich stets weiter verbessern können und halten dies auch für wünschenswert.
- Sie stellen sich immer neue Ziele und Anforderungen.

Aus dieser Auflistung der Merkmale des guten Informationsverarbeiters bzw. des erfolgreichen Lerners ist erkennbar, wie die kognitiven und motivationalen Lernvoraussetzungen sich in diesem Fall gegenseitig positiv verstärken. Entscheidend für den Lernerfolg sind nach Pressley et al. (1989) vor allem aber die Nutzung kognitiver und metakognitiver Lernstrategien und das reflexive Verhalten. Dieses GIV-Modell kann dem Diagnostiker auch dann als Erklärungsrahmen dienen, wenn weniger günstiges Lernverhalten bei Schülern festgestellt wird. Das GIV-Modell bietet in diesen Fällen die Grundlage für die Generierung von Soll- oder Förderzielen zur Optimierung des Lernverhaltens.

Abschließend kehren wir zurück zur Ausgangsfrage, wann und wozu Lehrkräfte die individuellen Lernvoraussetzungen ihrer Schüler genau diagnostizieren sollen. Lehrer, die längere Zeit in einer Schulklasse unterrichten, haben durchaus eine Vorstellung von den individuellen Lernvoraussetzungen ihrer Schüler, die mehr oder weniger genau und adäquat sein kann (vgl. Kap. 1.5). Solange Lehrkräfte die intraindividuellen Lernvoraussetzungen der Schüler leicht überschätzen, werden sie alle Schüler an der oberen Leistungsgrenze fordern und fördern. Solange sie die interindividuellen Unterschiede zwischen den Schülern ihrer Klassen leicht unterschätzen, wird dadurch ihr pädagogischer Tatendrang nicht eingeschränkt bzw. nicht erschüttert und es besteht offensichtlich kein Anlass zu expliziter Diagnostik.

Es bleibt aber die Grundfrage bestehen, woraus die Lehrkraft die Gewissheit ableiten kann, dass ihr pädagogisches Urteil auch so günstig ausgerichtet ist, wie oben beschrieben. Reicht eine ‚ungefähre' Beurteilung der individuellen Lernvoraussetzungen der Schüler tatsächlich aus, wenn Lehrer solche wichtigen pädagogisch-didaktischen Ziele wie adaptiven Unterricht und Individualisierung von Lernprozessen realisieren wollen?

Determinanten der Schulleistung und die Konsequenzen für die Diagnostik   105

Um solche didaktischen Zielsetzungen verantwortungsbewusst und mit positiven Effekten umzusetzen, stellen sich folgende Fragen:
- Wie genau sind die Vorstellungen der Lehrkraft über das Vorwissen der einzelnen Schüler in einem Fach, wenn eine neue Stoffeinheit begonnen wird?
- Ist der zuvor vermittelte Stoff auch bei der Mehrzahl der Kinder im Langzeitgedächtnis angekommen und kann somit zum Verstehen der neuen Lerninhalte herangezogen werden?
- Welches sind die bevorzugten Lernstrategien von Schülern, wenn im Zuge des Lernen Lernens neue Strategien angeboten und vermittelt werden sollen, um das Lernen der Schüler zu optimieren?
- Wie ist die Lern- und Leistungsmotivation der Schüler ausgeprägt, wenn deren Lernmotivation befördert werden soll bzw. wird registriert, was die Lernmotivation behindert?
- Welche Schüler passen in gut funktionierenden Lerngruppen wirklich zusammen?
- Welche Ursachen haben die Lernschwierigkeiten einzelner Schüler?
- Welche Hilfe und Förderung ist für Lernschwierige günstig? Reicht es aus, wenn diese Schüler die häusliche Lernzeit verlängern?
- Kann sich auf die Benotung der Vorgänger verlassen werden, wenn man eine Klasse neu übernimmt?
- Kann man aus den Zeugnisnoten der Schüler tatsächlich auf ihr Wissen und Können schließen?

Wenn diese aufgeworfenen Fragen pädagogisch produktiv beantwortet werden sollen, dann ist das ohne eine Präzisierung und Überprüfung der impliziten Urteile von Lehrkräften nicht zu leisten. Adaptiver Unterricht bzw. die Individualisierung von Lernprozessen im Unterricht erfordern eine genaue Feststellung der Lernvoraussetzungen der Schüler, damit die Anforderungen bzw. die Förderung und Hilfe tatsächlich für den einzelnen Schüler passfähig gemacht werden können.

Im Folgenden wird die Diagnostik wichtiger Lernvoraussetzungen der Schüler sukzessive besprochen: Vorwissen und Intelligenz (Kap. 3.1.1.1), Lernstrategien (Kap. 3.1.1.2), Lernmotivation (Kap. 3.1.1.3) und lernrelevante Emotionen (Kap. 3.1.1.4). Dabei richtet sich die Darstellung nach der vorgeschlagenen Struktur (siehe S. 93): (1) theoretischer Rahmen zur Vorbereitung der Hypothesenbildung, (2) Vorschläge für diagnostische Verfahren, (3) Hinweise zur pädagogischen Intervention bzw. Förderung.

3.1.1.1 Diagnostik von Vorwissen und Intelligenz

Praxisbeispiele

Lara ist Schülerin der 8. Klasse auf einem Gymnasium. Sie lernt recht erfolgreich, nur in Mathematik und Naturwissenschaften hat sie schlechte Noten. Sie macht zwar die Hausaufgaben in diesen Fächern, aber häufig weiß sie nicht weiter. Dann ruft sie ihre Freundin an, die ihr die richtigen Lösungen durchsagt. Auch vor Klassenarbeiten lernt Lara fleißig alles auswendig. Nur in den Prüfungssituationen sitzt sie dann häufig doch da und kann die Aufgaben nicht lösen. Sie weiß nicht, was sie noch machen könnte, um bessere Noten zu bekommen. Ihre Eltern meinen, sie müsse noch mehr lernen.

Michael war in der Grundschule ein hervorragender Schüler. Ihm ‚fiel alles zu'. Mit Übertritt auf das Gymnasium verschlechterten sich seine Leistungen zunehmend. Jetzt, in der 8. Klasse, schreibt er nur noch Vieren und Fünfen. Die Eltern von Michael können sich diese Lernentwicklung ihres Sohnes nicht erklären und suchen deshalb eine psychologische Beratungsstelle auf. Die Überprüfung seiner allgemeinen kognitiven Fähigkeiten ergab einen überdurchschnittlichen IQ-Wert.

Beide Praxisbeispiele deuten an, dass sowohl Lara als auch Michael Probleme beim Wissenserwerb haben. Schlechte Leistungen von Schülern können unterschiedliche Ursachen haben. So liegt auf der Hand, dass Lara den Lernstoff offensichtlich nicht versteht. Bei Michael dagegen könnte vermutet werden, dass er auch auf dem Gymnasium wenig Anstrengung beim Lernen betrieben hat und dadurch Wissenslücken entstanden sind. ‚Eine gute Intelligenz' ist zwar eine Voraussetzung, aber eben nicht hinreichend, um bei anspruchsvollem Lernstoff auch in der achten Klasse noch gute Lernleistungen zu zeigen.

Im Folgenden soll der Stellenwert von (Vor-)Wissen und Intelligenz für das Erbringen schulischer Leistungen differenzierter beleuchtet werden.

(1) Theoretischer Rahmen zur Vorbereitung der Hypothesenbildung

(a) Zusammenhang von Wissenserwerb und Vorwissen

Wissenserwerb ist ein wesentliches, wenn nicht sogar das wichtigste Ziel schulischen Lernens. Lernen als Wissenserwerb oder als Konstruktion von Wissen ist heute auch die zentrale Perspektive der psychologischen Lernforschung. Wissenserwerb wird in der Pädagogischen Psychologie als bereichsspezifischer, komplexer und mehrstufiger Prozess aufgefasst, der die Teilprozesse des Verstehens, Speicherns und Abrufens von Informationen umfasst (Steiner, 2006). Erst unter der Voraussetzung, dass diese Wissenserwerbsprozesse beim Schüler erfolgreich verlaufen, ist er auch in der Lage, das angeeignete Wissen auf neue bzw. ähnliche Situation zu übertragen oder es beim Problemlösen zu nutzen. Werden dagegen die Prozesse der Wissensvermittlung und des Wissenserwerbs schon bei der Reproduktion des gelernten Wissens (Abrufen der Informationen aus dem Langzeitgedächtnis) abgeschlossen, dann kann das neu erworbene Wissen nicht ausreichend konsolidiert und durchgearbeitet in die vorhandenen Wissensstrukturen eingepasst werden. Dann bleibt das Wissen der Schüler oberflächlich und flüchtig; es kann nicht transferiert werden.

Darüber hinaus geht es beim Wissenserwerb nicht nur um den Aufbau neuer Wissensstrukturen, sondern immer auch um die Veränderungen der bereits vorhandenen Strukturen. Dieser kumulative Charakter des schulischen Lernens muss bei der Diagnose des Wissens der Schüler unbedingt berücksichtigt werden. Dabei darf man sich diese Veränderungen der Wissensstrukturen nicht als Addition neuer Informationen – also nur quantitativ – vorstellen. Im positiven Fall verändert sich diese Wissensstruktur auch qualitativ, d.h. sie wird immer dichter und somit bedeutungsmäßig vernetzter und im Sinne von Über- und Unterordnungen strukturierter.

Im negativen Fall können bei Schülern auch statt des Wissens die Wissenslücken kumulieren. Das ist immer dann der Fall, wenn sich bei Schülern relativ unbemerkt und schleichend Lernrückstände einstellen, weil sie sich nicht ausreichend mit dem Lernstoff beschäftigt haben (motivationale Defizite), sie den neuen Stoff nicht verstehen und dies nicht bemerkt wird, oder sie für die Erwerbsprozesse einfach mehr Zeit brauchen als andere Schüler, diese Zeit ihnen aber im Unterricht nicht eingeräumt wird. In der Folge verstehen die Schüler den neuen Stoff dann immer seltener, weil sie keine Anknüpfungspunkte mehr in ihren Vorwissenstrukturen besitzen. Der Wissenserwerb verläuft bei Schülern demnach nur so lange erfolgreich, wie sie in der Lage sind, aus ihren vorhandenen, bereits angeeigneten Wissensstrukturen, relevantes Vorwissen zum Verstehen der neuen Informationen zu aktivieren. So gelingt ihnen gleichzeitig auch der intelligente Einbau der neuen Informationen in die Wissensstrukturen. Es ist also evident, dass das Wissen, über welches Lerner bereits verfügen, nicht nur zum Repräsentationsinhalt ihres Langzeitgedächtnisses geworden ist, sondern zugleich eine der wesentlichen Bedingungen für weiteres Lernen darstellt. Das sogenannte Vorwissen beeinflusst damit in entscheidender Weise die Qualität und die Schnelligkeit der Informationsverarbeitung bzw. des Wissenserwerbs.

Das Ausmaß und die Qualität des inhaltsbezogenen Vorwissens sind für einen hohen Anteil der interindividuellen Unterschiede des sichtbaren Lernerfolgs der Schüler verantwortlich. Ob Schüler gute oder schlechte Lerner sind, hängt also in entscheidendem Maße von ihrem (Vor)Wissen ab. Daraus leitet sich die wichtige Aufgabe für Lehrkräfte ab, den Stand des (Vor)Wissens der Schüler explizit zu kennen, um Verstehen beim Wissenserwerb zu ermöglichen, Lernschwierigkeiten vorzubeugen oder wenigstens frühzeitig zu erkennen, damit die Wissenslücken in den Wissensstrukturen noch behebbar sind.

(b) Dimensionen des (Vor)Wissens
Vorwissen als entscheidende kognitive Lernvoraussetzung ist nach Dochy und Alexander (1995) das gesamte Wissen des Lerners, das dynamischen Charakter trägt; das vor der Bearbeitung einer Lernaufgabe zur Verfügung steht und somit aktiviert werden kann; das strukturiert ist und in unterschiedlichen Formen vorliegt; das sowohl explizit als auch implizit existiert und konzeptuelle und metakognitive Komponenten einschließt.

In Anlehnung an Krause und Stark (2006) werden im Folgenden wesentliche Dimensionen von Vorwissen beschrieben, die eine Orientierungsgrundlage für Lehrkräfte bei der Wissensvermittlung und Diagnostik des Vorwissens sein können.

(1) Vorwissen besitzt immer eine *inhaltliche Dimension*. In der Psychologie wird zunächst in diesem Zusammenhang in deklaratives Wissen (Fakten, Bedeutungen von Symbolen, Konzepte, Regeln und Prinzipien in einem Wissensbereich) und prozedurales Wissen (Handlungen, Fertigkeiten, Können) unterschieden. Für die Übertragbarkeit des Gelernten ist das konditionale Wissen (Paris, Lipson & Wixson, 1983) ebenfalls von Bedeutung. So ist häufig entscheidend, dass Schüler das erworbene Wissen nur anwenden können, wenn sie auch darüber Bescheid wissen, in welchen Situationen das Wissen sich sinnvoll anwenden lässt bzw. wo die Grenzen der Anwendung zu ziehen sind.

(2) Dochy und Alexander (1995) unterscheiden *domänenspezifisches und domänenunspezifisches Wissen*. Aus der Expertiseforschung ist heute bekannt, dass für erfolgreiches Lernen deutlich mehr domänenspezifisches als domänenunspezifisches Wissen notwendig ist. Die Verfechter der formalen Bildungsidee vertraten lange unwidersprochen die Ansicht, dass in bestimmten formalbildenden Schulfächern wie Latein oder Mathematik zugleich eine allgemeine Verbesserung der Methodenkompetenz bzw. des logischen Denkens ermöglicht würde und eine formale Schulung des bereichsunspezifischen (also breit anwendbaren, prozeduralen) Wissens sinnvoll und möglich sei. Dagegen spricht das empirisch gut abgesicherte gesetzmäßige Phänomen, das Weinert (1994) als Anwendungsextensitäts-Nutzungsintensitäts-Disproportionalität bezeichnet. Hinter dieser komplizierten Bezeichnung verbirgt sich ein einleuchtender Sachverhalt: „Je allgemeiner eine Regel, eine Strategie oder eine Heuristik ist, d.h. in je mehr Situationen sie genutzt werden kann, desto geringer ist ihr Beitrag zur Lösung anspruchsvoller inhaltsspezifischer Probleme" (Weinert, 1994, S. 202). Für erfolgreiches schulisches Lernen sind offenkundig beide Wissensbereiche (domänenspezifisch und bereichsübergreifend) erforderlich.

(3) Für die Diagnostik des Wissens ist auch die Dimension der *Bewusstheit* des Wissens von entscheidender Bedeutung, nämlich inwiefern das Vorwissen explizierbar (explizit) oder in impliziter Form aufgebaut worden ist. Explizites Wissen (vor allem deklaratives Wissen, Algorithmen) ist verbalisierbar, kann also bewusst aktiviert werden. Dagegen kann implizites Wissen (zum großen Teil prozedurales Wissen) nur schwer verbalisiert werden; es wird automatisch und unbewusst aktiviert. Wenn bei der Diagnostik des Vorwissens Schüler dazu aufgefordert werden, laut zu denken, dann sollte der Spezifik des impliziten Wissens Rechnung getragen werden, um Schülern nicht kurzschlüssig zu unterstellen, ‚sie wüssten es nicht'.

(4) Die Dimension des *Repräsentationsformats* des (Vor)Wissens ist für den Diagnostiker insofern von Bedeutung, als dass qualitativ hochwertiges deklaratives Wissen im Langzeitgedächtnis in bedeutungsmäßig zusammenhängenden Netzwerken abgespeichert werden muss. Je vielfältiger diese bedeutungsmäßigen Verbindungen zwischen Konzepten und Regeln in diesem Wissensnetz sind, desto schneller und sicherer kann Vorwissen aktiviert werden. Der bewusste Zugriff kann demnach über ganz unterschiedliche Assoziationen im Netzwerk erreicht werden. Je weniger Eintragungen im Netzwerk bedeutungsmäßig verknüpft sind, desto länger dauert das Absuchen nach der relevanten Information. Gute Lerner haben Teile ihres Wissens darüber hinaus auch noch in doppelter (dualer) Weise eingespeichert. Sie haben neben der sprachlich-begrifflichen Einspeicherung von Wissen auch noch eine adäquate bildhafte Vorstellung dazu angelegt, die es ihnen ermöglicht, u.a. Visualisierungen des Wissens (z.B. Skizzen) anzufertigen, um den Lösungsprozess von Aufgaben oder Problemen systematischer und besser durchschaubar zu gestalten. Prozedurales Wissen ist nicht in solchen semantischen Netzwerken abgespeichert. Nach Newell und Simon (1972) wird prozedurales Wissen in Form von so genannten Produktionsregeln abgespeichert. Diese Produktionsregeln sind Wenn-dann-Regeln und als konkrete Anleitungen des Handelns, Problem- oder Aufgabenlösens zu verstehen, in dem Sinne, dass der Lerner in einem inneren Di-

alog mit seinem Lösungswissen und den Aufgabenbedingungen relevante Lösungsbedingungen konstruiert und daraufhin handeln wird.
(5) Wie bei der Repräsentation des deklarativen Wissens bereits deutlich wurde, ist die *Strukturiertheit* dieses Wissens für seine Qualität von entscheidender Bedeutung. Je besser das Wissen vernetzt ist, desto schneller laufen die Abrufprozesse und das Auffinden ab, was wiederum das Verstehen von gesprochenen oder geschriebenen Informationen und eine zügige Aufgabenlösung ermöglicht.
(6) Mit der Dimension der *Wissenschaftlichkeit* von Wissen wird der Sachverhalt beschrieben, inwieweit das vorhandene Wissen tatsächlich adäquat, d.h. mit wissenschaftlichen Theorien vereinbar ist. Schüler verfügen zum Teil über vielfältiges Alltagswissen und entwickeln aufgrund ihrer Erfahrungen subjektive Theorien über Objekte und Zusammenhänge. Diese Erklärungs- und Deutungsmuster haben sich im Alltag vielfach bewährt und werden daher auch für schulische Lernprozesse herangezogen. Das bedeutet jedoch keineswegs, dass solches Alltagswissen mit dem wissenschaftlichen Wissen übereinstimmen muss. Im Gegenteil, häufig liegen Misskonzepte vor, die den Erwerb wissenschaftlichen Wissens beeinträchtigen können (vgl. z.B. Stark, 2003).
Der Wissenserwerb kann durch Misskonzepte in zweifacher Weise gemindert werden. Einmal veranlassen solche Fehlkonzepte die Schüler dazu, unaufmerksam zu sein, weil sie in dem Glauben sind, den betreffenden Sachverhalt bereits zu kennen und andererseits erfolgt das Verstehen des neuen Lernstoffs möglicherweise inadäquat. Es gehört deshalb zur diagnostischen und didaktischen Aktivität des Lehrers, die Diskrepanzen zwischen fehlerhaftem Vorwissen und neuem Lernstoff der Schüler aufzudecken, damit die Modifikation von Wissensrepräsentationen erfolgreich verlaufen kann.
(7) Die Lerner, die über *viel* Wissen verfügen, sind im Vorteil, vorausgesetzt es ist auch gut und intelligent vernetzt. Die Dimension der Wissensbeschreibung bezieht sich hier auf den *Umfang* des Wissens. Wer viel weiß, versteht mehr, weil sich durch das reichhaltige Vorwissen mehr Anknüpfungspunkte ergeben. Dieser Sachverhalt wird in der Psychologie, in Analogie zu einer Stelle im Matthäus-Evangelium, als Matthäus-Prinzip bezeichnet: „Wer da hat, dem wird gegeben".
(8) Schließlich wird mit der *Handlungsrelevanz* des Vorwissens eine oft unterschätzte Dimension beschrieben. Im aktuellen schulpolitischen Diskurs wird dieser Zusammenhang als Kompetenzorientierung verstanden. Bei der Handlungsrelevanz geht es um die Frage, welche Operationen das Vorwissen generell oder in einer bestimmten Lernsituationen erlaubt. Häufig glauben Lehrer und Schüler, dass mit der reinen Vermittlung bzw. Reproduktion von deklarativem und prozeduralem Wissen bereits die Möglichkeiten zur Anwendung und Nutzung gegeben wären. Ist jedoch das Vorwissen wenig konsolidiert und durchgearbeitet, wenig flexibel, d.h. nicht in vielfältigen Kontexten geübt und der Anwendungsrahmen des Wissens unbekannt, dann kann dieses Wissen im Alltag und beim Problemlösen nicht angewendet werden. In schulischen und universitären Prüfungssituationen ist es oft ausreichend, Wissen zu reproduzieren, um gute Noten zu bekommen, weil es nur abgefragt wird. Dieser Umstand verhindert häufig die Kompetenzentwicklung.

(c) Hochwertiges Vorwissen von Experten
Eine anerkannte Methode zur Analyse von Vorwissenseffekten beim Lernen und Behalten neuer Informationen ist der Vergleich von Experten und Novizen in einer bestimmten Wissensdomäne. Lerner, die in einem Fach über Expertise verfügen, besitzen nicht nur viel, sondern qualitativ höherwertiges (intelligent organisiertes) Wissen (vgl. u.a. Bransford, 2000). In diesem Kontext kann diagnostisch geprüft werden, wie erfolgreiche Lerner ihr Wissen organisieren und welche Auswirkung die Qualität eines solchen Vorwissens auf den Lernprozess hat. Folgende Thesen dienen der Lehrkraft als Orientierung bei der diagnostischen Analyse:

- Experten richten ihre Aufmerksamkeit vor allem auf die relevanten Aspekte des Lernstoffs und der Aufgabenlösung.
- Sie bemerken Merkmale und Bedeutungsmuster im Lernstoff, die von Novizen gar nicht wahrgenommen werden können, weil diese ihr weniges Wissen auch nur oberflächlich und flüchtig abgespeichert haben.
- Experten dagegen haben ihr umfangreiches Wissen auf einem sehr hohen Verstehensniveau sinnvoll organisiert.
- Das Vorwissen von Experten besteht nicht aus isolierten Fakten. Es spiegelt vielmehr zugleich eine Vielzahl von Anwendungskontexten wider.
- Experten können mehr Informationen gleichzeitig verarbeiten, weil sie viele Informationen in übergeordnete Sinneinheiten zusammenfassen können; dadurch wird das Arbeitsgedächtnis entlastet.
- Experten sind in der Lage, relevante Aspekte des Vorwissens ohne große Anstrengung flexibel abzurufen.
- Experten sind deshalb auch Novizen beim Problemlösen und Denken überlegen, weil sie über äußerst variable und flexible Reaktionsmuster im Umgang mit neuen Aufgaben und Problemen verfügen.

(d) Zusammenhang von Intelligenz und Vorwissen für erfolgreiches Lernen
Der Klärung dieses Zusammenhanges wird eine kurze Zusammenfassung von Positionen zum Intelligenzbegriff vorangestellt. Intelligenz wird in einschlägigen Lehrbüchern der Pädagogischen Psychologie immer noch als die wichtigste Lernvoraussetzung angesehen. Allerdings wird ihr Einfluss auf den Lernerfolg heute durch die Befunde der Experten-Novizen-Forschung sehr viel differenzierter beschrieben. Unter Intelligenz wird die zusammengesetzte allgemeine Fähigkeit zum Lernen, Denken und Problemlösen verstanden. Die Neuigkeit oder Vertrautheit einer kognitiven Anforderung spielt für die Beurteilung der Intelligenz eine entscheidende Rolle. Intelligenz im Sinne von Denken und Problemlösen ist immer dann gefordert, wenn eine Situation unbekannt ist und keine Lösungen abrufbereit sind. Ist eine Aufgabe vertraut, lässt sie sich über den Wissensabruf (Expertise) bewältigen.

Intelligenz ist ein anerkanntes wissenschaftliches Konstrukt in der Psychologie. Dieses relativ stabile Persönlichkeitsmerkmal wird mit Hilfe von standardisierten Testverfahren gemessen. Der (Test)Intelligenz wird eine relativ gute prognostische Validität (Vorhersagbarkeit von Schul- und Berufserfolg) zugeschrieben. Man kann davon ausgehen, dass die mit diversen Intelligenztests erfassten kognitiven Merkmale in der Regel zwischen 25% und 45% der Schulleistungsvarianz erklären. Die verbalen

Intelligenztestleistungen sagen zumindest im Grundschulbereich den Schulerfolg besser vorher als nonverbale Intelligenzfaktoren. Der Erklärungsanteil der Intelligenz für die Prognose von Schulerfolg nimmt bei gleichzeitiger Kontrolle anderer prognoserelevanter Variablen (z.b. Lernmotivation, Lernstrategien, Vorwissen etc.) jedoch ab.

Die Beziehung zwischen Intelligenz und Schulleistung ist auch teilweise von der Qualität des Unterrichts abhängig. Sie ist bei einem weniger individualisierten, ‚testähnlichen' Unterricht größer als bei stärker offenen Unterrichtsbedingungen (Weinert & Petermann, 1980).

In der Psychologie besteht allerdings keineswegs Einigkeit über die theoretische Modellierung der Intelligenz. Es ist deshalb nicht unerheblich darauf zu achten, welches theoretische Intelligenzmodell einem Test zugrunde liegt, auf dem das diagnostische Urteil über die Fähigkeiten einer Person beruht.

In der Theorie von Cattell (1971) werden beispielsweise zwei Faktoren der Intelligenz postuliert. Die fluide oder flüssige Intelligenz einerseits umfasst das weitgehend angeborene Fähigkeitspotenzial. Fluide Intelligenzanteile werden häufig sprachfrei erfasst, z.b. über Ergänzen unvollständiger Matrizen oder Erschließen räumlicher Regeln. Die kristalline Intelligenz andererseits bezieht sich auf solche Fähigkeiten, die sich unter Kultureinflüssen und Sozialisation herausbilden (‚herauskristallisieren').

Es gibt andere Intelligenzansätze, die Intelligenz als globale, allgemeine Fähigkeit betrachten oder unterscheidbare, voneinander relativ unabhängige Fähigkeiten bzw. Intelligenzen ausgliedern. Ein klassisches Modell der unabhängigen Intelligenzen sind die sieben Primärfaktoren von Thurstone (1938) (verbales Verständnis, numerisches Verständnis, Gedächtnis, Wahrnehmungsgeschwindigkeit, räumliches Denken, verbale Flüssigkeit, schlussfolgerndes Denken), das einigen im Kontext von Schule verwendeten Intelligenztests zugrunde liegt.

Moderne Intelligenzansätze werden als hierarchische Strukturmodelle der Intelligenz konzipiert, in denen verschiedene Ebenen der Intelligenzfaktoren und Zusammenhänge von Teilkomponenten der Intelligenz abgebildet werden. Im Berliner Intelligenzstrukturmodell (A.O. Jäger, 1984) werden beispielsweise drei inhaltliche Dimensionen (verbal, numerisch, figural-bildhaft) mit vier Operationen (Bearbeitungsgeschwindigkeit, Merkfähigkeit, Einfallsreichtum, Verarbeitungskapazität) kombiniert. Damit lassen sich 12 Teilfähigkeiten ausgliedern. Gleichzeitig kann aus den 12 Teilfähigkeiten die allgemeine, bzw. generelle Intelligenz (IQ) als Integral bestimmt werden.

Die allgemeine Intelligenz wird mit dem so genannten IQ-Wert ausgedrückt. Heute wird dieser IQ als Abweichungsquotient bestimmt, der die Abweichungen der individuellen Leistung einer Person von der Durchschnittsleistung einer Bezugsgruppe markiert. Die Testkonstrukteure gehen davon aus, dass sich Intelligenz wie biologische Merkmale normal verteilt. Wenn man das numerisch ausdrücken will, nimmt man einen Mittelwert von $M = 100$ (Punkten) an (vgl. Kap. 2). Die Standardabweichungen auf der IQ-Skala werden mit $SD = 15$ (Punkten) festgelegt. Der mittlere Bereich der Intelligenz liegt demnach zwischen 85 und 115 Punkten. Das trifft für etwa 68% der Bevölkerung zu. Unterdurchschnittliche Intelligenz beginnt demnach bei einer Punktzahl von < 85 und überdurchschnittliche Intelligenz beginnt ab dem Punktwert > 115.

Die Bestimmung des so genannten IQ als Ausdruck des Fähigkeitspotenzials von Schülern hat für Lehrer allgemein wenig informativen Wert. Ein solcher Testwert kann lediglich eine Orientierung für das kognitive Potenzial eines Schülers bei kritischen Entscheidungen der Schullaufbahn liefern. *Die aus psychologischer Perspektive wesentlich interessantere Frage ist die, ob Intelligenz Vorwissen ersetzen kann oder in welchem Zusammenhang Intelligenz und Vorwissen beim Zustandekommen von Lernerfolg stehen.* In vielen Wissensbereichen lässt sich tatsächlich ein überzufälliger, jedoch geringer statistischer Zusammenhang zwischen dem Vorwissen und der allgemeinen Intelligenz nachweisen (vgl. Sternberg & Wagner, 1985). So konnten diese Forscher feststellen, dass Experten in verschiedenen Inhaltsbereichen (Physik, Musik, Geschichte) tatsächlich im Vergleich zu zufällig ausgewählten Novizen (Personen, die über wenig Wissen verfügen) bessere Intelligenzwerte hatten. Dieses Forschungsergebnis lässt den Schluss zu, dass die Expertise in einem Bereich (= viel Vorwissen) durch das bessere intellektuelle Potenzial zustande kommt. Diese Hypothese stimmt durchaus mit unseren Alltagsüberzeugungen überein.

Lehrer haben aber auch im Laufe ihrer Schulpraxis solche Erfahrungen gemacht, dass Schüler zwar ein gutes intellektuelles Potenzial haben, aber dieses Potenzial nicht nutzen, weil sie die entsprechenden schulischen Fächer nicht interessieren oder sie wenig Antrieb besitzen, sich anzustrengen und zu lernen (siehe Praxisbeispiel Michael). Diese Schüler haben dann in höheren Klassen einen regelrechten Leistungsabfall, das heißt, sie können anspruchsvollere Aufgaben nicht mehr gut lösen. Offensichtlich nützt dann das gute intellektuelle Potenzial nur noch wenig. Ihnen mangelt es aber ganz entschieden am Vorwissen.

Schneider, Körkel und Weinert (1989, 1990) haben diesen Zusammenhang zwischen Intelligenz, Vorwissen und Leistung in einer umfangreichen Untersuchung nachgewiesen (vgl. Abb. 3.2). Wir referieren daraus ein Beispiel, an dem grundsätzliche Einsichten veranschaulicht werden können. Für die empirischen Untersuchungen wurde die Domäne ‚Fußball' ausgewählt, weil in diesem Gebiet Umfang und Qualität des Vorwissens nicht statistisch bedeutsam mit der allgemeinen Intelligenz zusammenhängen. Bei einer großen Stichprobe von Schülern der dritten, fünften und siebten Klassen wurden das spezifische Fußballvorwissen und die allgemeine Intelligenz zunächst geprüft. Den Schülern wurde dann eine Geschichte über ein Fußballspiel vorgelesen, deren Inhalt sie danach wiedergeben sollten. Die Geschichte war auch für die Drittklässler gut verständlich. Sie enthielt jedoch einige Auslassungen und Widersprüche.

Determinanten der Schulleistung und die Konsequenzen für die Diagnostik 113

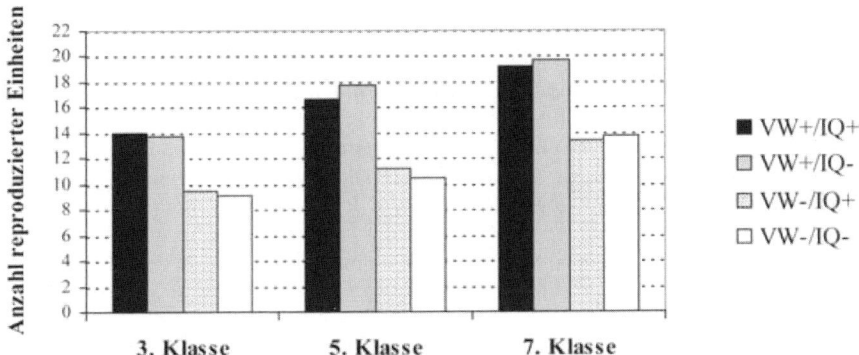

Vorwissen (hoch: VW+; niedrig: VW-), Intelligenz (hoch: IQ+; niedrig: IQ-) und Klassenstufe (Daten aus Schneider, Körkel & Weinert, 1989, Exp. 2; zitiert nach Hasselhorn & Gold, 2013, S. 87)

Abbildung 3.2: Leistung beim Nacherzählen einer Fussballgeschichte in Abhängigkeit vom Vorwissen

Die Befunde dieses Experiments weisen im Wesentlichen zwei Effekte aus, wie aus Abbildung 3.2 ersichtlich ist:

1. Mit zunehmendem Alter waren die Kinder immer besser in der Lage, die Geschichte vollständig zu reproduzieren, Schlussfolgerungen aus dem Text zu ziehen und Widersprüche zu entdecken.
2. Unabhängig vom Lebensalter waren jedoch die Fußballexperten stets den Kindern mit wenig Vorwissen überlegen. Selbst die Kinder mit dem niedrigsten IQ profitierten ab der fünften Klasse von ihrem Vorwissensvorteil gegenüber den Kindern die einen guten IQ, aber wenig Vorwissen haben.

Demnach ist selbst bei guter Testintelligenz ein umfangreiches bereichsspezifisches Vorwissen nicht entbehrlich, wenn anspruchsvolle Leistungen erzielt werden sollen.

Fazit für den Diagnostiker: Mit zunehmender Klassenstufe (= Fortschreiten des kumulativen Wissens in einem Inhaltsbereich) wird das Vorwissen der Schüler für erfolgreiches Lernen wichtiger als ihr Intelligenzpotenzial. Die Lösung anspruchsvoller Aufgaben kann ohne differenziertes, bereichsspezifisches Vorwissen – allein auf der Basis eines guten IQ-Testwertes – nicht mehr realisiert werden. Fleiß, Zielstrebigkeit, Anstrengungsbereitschaft und Gewissenhaftigkeit sind jedoch notwendige Faktoren, um ein umfangreiches und gut organisiertes Domänenwissen aufzubauen. Allerdings fällt der Wissenserwerb in der Regel den intelligenten *und* motivierten Schülern leichter und sie müssen deshalb weniger Zeit und Kraft in den Lernprozess investieren als weniger intelligente Schüler. Im Umkehrschluss können aber weniger intelligente Schüler (in einem bestimmten Toleranzbereich) bei hoher Motivation durchaus reichhaltiges Vorwissen aufbauen und den ‚faulen', aber intelligenteren Klassenkameraden in den schulischen Leistungen überlegen sein.

Im Folgenden werden ausgewählte Verfahren zur Diagnostik des Vorwissens und der Intelligenz besprochen.

(2) Diagnostische Verfahren zur Erfassung des Vorwissens und der Intelligenz

(2.1) Diagnostische Verfahren zur Erfassung des Vorwissens

(a) Konventionelle Klassenarbeiten

Jede Lehrkraft lässt regelmäßig Tests und Klassenarbeiten schreiben, in denen Aufgaben aus einem zeitlich und inhaltlich begrenzten Gebiet des aktuell behandelten Lehrstoffs von den Schülern bearbeitet werden müssen. Die Ergebnisse dieser Arbeiten sind in den meisten Schulen die wichtigste Grundlage der Leistungsbewertung und Zensierung. Die mit diesen Arbeiten verbundene günstige Möglichkeit der *expliziten Wissensdiagnose* gerät im Schulalltag jedoch manchmal etwas aus dem Blickfeld, weil Lehrer in erster Linie damit die Benotung verbinden. Die Klassenarbeiten können aber differenzierte Informationen über den Umfang und die Qualität des aufgebauten Wissens bei jedem Schüler liefern. Für die frühzeitige Erkennung von Wissenslücken und Lernrückständen sind diese schriftlichen Arbeiten eine zuverlässige und regelmäßige Datenquelle.

Wenn die Lehrkraft Klassenarbeiten zu einer solchen systematischen Wissensdiagnose nutzen will, dann müssen mindestens drei Anforderungen erfüllt werden:

1. Sorgfältige Konstruktion der Aufgaben
Bei der Ausarbeitung von Aufgaben muss beachtet werden, dass wesentliche Wissensinhalte (= Wissensumfang) *und* Verstehens- und Anwendungsqualität dieser Inhalte in gleichen Anteilen der Aufgaben erfasst werden. Der Schwierigkeitsgrad und der Umfang der Aufgaben für eine Klassenarbeit sollten bewusst hinterfragt werden. Aufgaben in einem mittleren Schwierigkeitsgrad differenzieren die Leistungsmöglichkeiten der Schüler am besten. Wie viele Aufgaben für die Schüler zumutbar sind, sollte von den Lehrkräften experimentell herausgefunden werden (vgl. Kap. 3.2.2: Konstruktion informeller Schulleistungstests).
Die Gütekriterien von Klassenarbeiten könnten prinzipiell optimiert werden, wenn die Lehrer eines Fachbereiches regelmäßig die ausgearbeiteten Klassenarbeiten analysieren, diskutieren und austauschen würden.

2. Erfassung der Mängel und Fehler
Jeder Fachlehrer kann in einer wenig aufwändigen Statistik bei jeder Klassenarbeitskontrolle wesentliche Fehler und Misskonzepte, gravierende Verstehensmängel, Defizite im Grundwissen, das Voraussetzung für den weiteren inhaltlichen Lehrgang ist, für jeden Schüler erfassen. Eine solche Statistik dürfte gestandenen Lehrern leicht fallen, weil sie die wesentlichen Fehlermuster des Stoffs, die Verstehensschwierigkeiten, den kumulativen Aufbau und die Zusammenhänge des Stoffs in ihren Unterrichtsfächern über die Schuljahre hinweg differenziert durchschauen. Erst mit einer solchen schriftlichen Auflistung der Wissensmängel wird eine gezielte Förderung der Schüler effektiv und kontrollierbar.

3. Fehlerkorrektur und zielerreichendes Lernen

Sogenannte Fehlerberichtigungen im Anschluss an Klassenarbeiten – wenn sie überhaupt von der Lehrkraft explizit eingefordert werden – stellen für Schüler häufig eine formale Lernsituation dar, deren Nützlichkeit sie zum Teil nicht durchschauen. Schülern muss zunächst deutlich erklärt werden, dass aktive Fehlerkorrekturen, Umarbeiten und nochmals neu lernen nach Misserfolgen die entscheidenden Strategien sind, um Leistungsverbesserungen zu erzielen. Für das Erlernen dieser Strategien bedürfen die Schüler einer differenzierten Anleitung durch die Lehrkräfte und Einübungsphasen mit Anfrage- und Rückmeldemöglichkeiten. Nacharbeiten von Fehlern, Defiziten, Verstehensrückständen kann z.t. im Unterricht in Individualisierungsphasen oder über Partnerlernen realisiert werden. Dieser ‚Aufwand' sollte stets betrieben werden, wenn es sich um gravierende aktuelle Verstehensprobleme von Schülern und um Knotenpunkte im Lehrstoff handelt. Natürlich können Schüler auch in häuslicher selbstständiger Arbeit einen Teil der diagnostizierten Rückstände aus Klassenarbeiten aufholen. Das setzt aber voraus, dass Lehrkräfte die Aufgaben für Fehlerberichtigungen und Nachholen präzise formulieren, kontrollieren und Rückmeldungen geben.

Ein solches Vorgehen ist eine sehr effektive Möglichkeit für die didaktische Methode der Individualisierung von Lernprozessen. Die Argumentation mancher Lehrkräfte, die in solch scheinbar aufwändigem, zusätzlichem, Ziel erreichendem Lernen der Schüler eine Gefährdung der Erfüllung des Lehrplanes sehen, kann theoretisch und praktisch entkräftet werden. Wenn nämlich die (Vor)Wissenslücken kumulieren, weil Schüler nach Klassenarbeiten und Tests keine angeleiteten Lerngelegenheiten zum Ziel erreichenden Lernen hatten, dann werden die neuen curricularen Anforderungen immer weniger oder gar nicht mehr erfüllbar sein, weil ein Teil der Schüler dem Unterricht nicht mehr folgen kann. Durch vermeintliche Zeiteinsparung kann der Lehrplan zwar formal abgearbeitet werden, aber er kann so niemals erfüllt werden.

(b) Strukturanalyse des (Vor)Wissens

Klassenarbeiten und informelle lehrzielorientierte Tests liefern ‚Momentaufnahmen' und z.T. nur Ausschnitte aus dem individuellen Wissensstand eines Schülers. Wenn die Lehrkraft Entscheidungen darüber fällen muss, ob ein Schüler eine Klasse wiederholen soll, ein Schulwechsel notwendig ist, ein pädagogisches Förderprogramm eingeleitet werden soll oder Eltern empfohlen wird, dem Kind Nachhilfeunterricht zu erteilen, dann ist eine sehr viel umfangreichere Analyse des Vorwissens dieser Schüler erforderlich. Erst wenn explizit diagnostiziert wurde, wie umfangreich die Wissenslücken und wie groß die Lernprobleme sind, können geeignete adaptive pädagogische Handlungsmöglichkeiten überlegt werden. Um den Aufwand einer solchen strukturellen Diagnose des Wissens von Schülern für Lehrkräfte beherrschbar zu halten, wird ein Vorgehen in vier Schritten empfohlen (Wahl, Weinert & Huber, 2007).

1. Diagnose der Breite der Wissensmängel

Zunächst muss festgestellt werden, in wie vielen Fächern und Themengebieten der betreffende Schüler Wissensrückstände bzw. -mängel aufweist. So sollten innerhalb eines begrenzten Zeitraumes Leistungstests durchgeführt werden, die den aktuellen Leistungsstand in möglichst allen wichtigen Fachgebieten offenlegen. Die diagnostischen

Einzeldaten von den Fachlehrern sollte der Klassenlehrer sammeln und zu einem Gesamtbild verdichten. Wie erfolgversprechend Förderprogramme und Hilfsmaßnahmen (z.B. Nachhilfeunterricht) sind, hängt auch davon ab, wie eng umgrenzt bzw. eingrenzbar die Lernschwierigkeiten und Wissenslücken sind. Die Hilfen werden sich immer dann schwieriger gestalten, wenn die Leistungsprobleme des Schülers bereits in vielen Gebieten vorliegen.

2. Diagnose der Schwere der Wissensmängel
Nachdem sorgfältig diagnostiziert wurde, wie breit die Wissensmängel sind, d.h. in wie vielen Fächern oder Gebieten eines Faches der Schüler Wissenslücken hat, muss überprüft werden, wie schwerwiegend diese Leistungsmängel sind. Dazu müssen die Abweichungen des tatsächlichen vom erwarteten Leistungstand aufgedeckt werden. Das kann in zweifacher Weise geschehen:

Die Lehrkraft legt erstens anhand des verbindlichen Lehrplans vor der Überprüfung fest, was ein Schüler eigentlich wissen und können muss (Lernziele). Gleichzeitig sollte definiert werden, bei welchen Aufgabenlösungen und Fehlerzahlen eine Leistung gerade noch als ausreichend angesehen werden kann. Dies ist natürlich immer nur im Hinblick auf bestimmte Schwierigkeitsgrade der Aufgaben möglich. Deshalb gibt es auch keinen objektiven Maßstab dafür, wie schwierig beispielsweise eine mathematische Sachaufgabe, eine Übersetzung oder ein Aufsatzthema tatsächlich sind oder sein sollten. Da Leistungen und Lernschwierigkeiten immer auch von der Schwierigkeit der gestellten Aufgaben abhängen, ist es notwendig, wenigstens annäherungsweise eine Übereinstimmung zwischen angestrebtem und in Klassenarbeiten oder Tests tatsächlich realisiertem Schwierigkeitsgrad der Anforderung zu erreichen. Die verantwortungsbewusste Reflexion der damit verbundenen Fragen ist um so dringlicher, je schwerwiegender die Konsequenzen nicht mehr tolerierbarer schlechter Leistungen für den Schüler sind. Es ist beispielsweise pädagogisch nicht verantwortbar, dass ein Schüler eine Klasse wiederholen muss, weil die Aufgaben bei drei Klassenarbeiten schwieriger und der Bewertungsmaßstab strenger als üblich waren.

Bei der sorgfältigen Bestimmung der Diskrepanz zwischen erwartetem und tatsächlichem Leistungsstand des Schülers muss zweitens als zusätzliches Kriterium der Bewertung hier der soziale Vergleich hinzugezogen werden. Dadurch kann beurteilt werden, wie groß der Leistungsabstand eines Schülers oder einer Gruppe vom Durchschnitt der Klasse ist. Sind die festgestellten Leistungsabweichungen des betreffenden Schülers im Verhältnis zum Klassendurchschnitt sehr groß, so wird es für den Schüler schwer sein, dem weiteren Unterricht noch zu folgen.

Erzielen Schüler in einer leistungsstarken und gut geförderten Klasse im Vergleich zu ihren Mitschülern nur schlechte Ergebnisse, entsprechen diese Leistungen aber noch den Anforderungen des Lehrplans, so liegen keine Lernschwierigkeiten im engeren Sinne vor. Klassenwiederholungen oder gar Wechsel der Schulform als Folge einer Leistungsbewertung, die ausschließlich auf der sozialen Bezugsnorm beruht, sind pädagogisch ebenfalls nicht tolerierbar. Bei der Beurteilung des Schweregrades der Wissens- und Lernmängel kommt es deswegen immer auf die verantwortungsbewusste Kombination des lehrplanorientierten und sozialen Maßstabes an.

3. Diagnose der Tiefe der Wissensmängel

Für das Erstellen einer günstigen Prognose zur Beseitigung von Leistungsmängeln genügt es nicht, lediglich das Nichterreichen der aktuellen Lernziele festzustellen. Vielmehr entscheidend ist es zu diagnostizieren, wie weit die Wissenslücken in die vergangenen Schuljahre zurückreichen. In diesem Zusammenhang stellt sich die Frage, wie die Lehrkraft zu Aufgabensammlungen aus den vorangegangenen Schuljahren kommt, die die lehrplanadäquaten Lernziele repräsentieren, um die individuellen Wissenslücken der Schüler zu bestimmen.

Wollte man diese Aufgabe sehr gründlich erfüllen, so müsste für eine Vielzahl von Lernzielen jeweils eine möglichst umfassende Systematik aller dafür relevanten Vorkenntnisse erstellt werden. Das würde sicher in manchen Fächern nicht nur große methodische Schwierigkeiten bereiten, sondern auch die Ressourcen jedes Lehrers zeitlich überfordern.

Um einen Aufgabenpool zu erarbeiten, wird in der Schulpraxis von Lehrkräften ein relativ einfaches Vorgehen praktiziert, das praktikabel und effektiv ist. Dabei stellen Lehrkräfte aus ihren eignen Unterlagen oder mit Hilfe von Fachkollegen eine große Anzahl von Aufgaben aus tatsächlich gestellten Klassenarbeiten von etwa zwei bis vier Schuljahrgängen zusammen, die vor der Klassenstufe des betreffenden Schülers liegen. Diese Aufgaben müssen dann auch von einem Teil der Mitschüler bearbeitet werden, weil die meisten Lehrer unterschätzen, wie viel Wissen aus früheren Schuljahren auch von guten Schülern vergessen wird.

Relevant für die Beurteilung leistungsschwacher Schüler sind demnach vor allem jene Wissenslücken und Verstehensprobleme, die durchschnittlich leistungsfähige Schüler nicht aufweisen. Auf diese Weise erfährt man relativ schnell und zuverlässig, wie weit die Vorwissensmängel zurückreichen, wie tief sie verwurzelt sind. Dieses Vorgehen lässt sich praktisch in jedem Unterrichtsfach durchführen. Als effektiv erweist sich, wenn die Lehrkräfte in den Aufgabensammlungen der einzelnen Jahrgänge auch noch die Aufgaben markieren, die Kenntnisse erfordern, die für den weiteren Lernfortschritt unabdingbar sind. Auf diese beschriebene Art und Weise können Lehrkräfte eine sehr detaillierte Diagnose des Wissenssystems von Schülern und die darin enthaltenen Mängel und Lücken erstellen.

4. Orientierung über Verbesserungsmöglichkeiten bei Leistungsmängeln

Zu einer professionellen Diagnostik der Wissensmängel eines Schülers gehört auch die Erstellung einer realistischen Prognose über die Verbesserungsmöglichkeiten dieses Schülers. Wenn die Aussichten unterschiedlicher pädagogischer Interventionen abgeschätzt werden sollen, so ist zusätzlich zu beurteilen, wie leicht oder schwer sich die Wissensrückstände bei dem betreffenden Schüler beheben lassen, wenn von den untersten bzw. tiefsten Vorwissenslücken ausgegangen werden soll. Viele Förderpläne von Lehrkräften oder Nachhilfen scheitern häufig deshalb, weil sie sich in der Regel ausschließlich auf die aktuellen unterrichtlichen Leistungsprobleme beziehen. Wie soll ein leistungsschwacher Schüler aber Fortschritte erzielen, wenn ihm die fundamentalen Vorkenntnisse fehlen, um von den zusätzlichen Fördermaßnahmen profitieren zu können?

Hierin liegt einer der entscheidenden Mängel manchen Förderunterrichts oder der teuer bezahlten Nachhilfe, die nicht auf den individuellen Lernvoraussetzungen und auf den diagnostizierten Vorwissenslücken aufbauen. Um zu prüfen, in welchem Ausmaß und mit welcher Wahrscheinlichkeit Leistungsverbesserungen überhaupt möglich sind, müssen dem betreffenden Schüler vorkenntnisspezifische Lernaufgaben gestellt werden, die er unter Mithilfe eines Lehrers, eines Mitschülers oder eines Elternteils zu bewältigen hat. Nur aus einem systematischen Vergleich zwischen Wissenslücken und erreichbaren Lernfortschritten lässt sich die „Zone der nächsten Entwicklung" abschätzen. Nur auf dieser beschriebenen Grundlage wird es effektiv möglich sein, pädagogische Fördermaßnahmen zu planen oder Eltern begründete Empfehlungen für Schulaufbahnentscheidungen zu geben. Zusammenfassend muss festgestellt werden, je breiter, schwerer und tiefer die Vorwissensmängel eines Schülers sind, umso geringer sind die Möglichkeiten der Lehrkraft, auch bei bestem Willen und großem Engagement im Rahmen von Unterricht wirkungsvoll helfen zu können. Bei eng umgrenzten Lernproblemen und bei Früherkennung der Wissenslücken von Schülern sind die pädagogischen Handlungsmöglichkeiten der einzelnen Lehrkraft sehr aussichtsreich.

(2.2) Diagnostische Verfahren zur Erfassung der Intelligenz

In der schulpsychologischen Beratung werden zur Prüfung des intellektuellen Potenzials von Kindern verschiedene Testverfahren benutzt, um Entscheidungen über Schullaufbahnen und Fördermaßnahmen von Schülern differenzierter treffen zu können. In diesem Beratungskontext der Schulpsychologen kommen solche Intelligenztests zur Anwendung wie der Hamburg-Wechsler-Intelligenztest für Kinder-IV (HAWIK-IV) von Petermann und Petermann (2008) (eine Übersetzung und Adaption der WISC-IV® von David Wechsler), der nur im Einzelversuch eingesetzt werden kann; die Grundintelligenztest Skala 1 (CFT 1) von Cattell, Weiß und Osterland (1997); die Intelligenztest Skala 2 (CFT 20) von Weiß (1998) bzw. die revidierte Version (CFT 20-R) von Weiß (2008), die sprachfreie Tests sind und eine hohe Ladung im Bereich der fluiden Intelligenz aufweisen, oder der Kognitive Fähigkeitstest für 4. bis 12. Klassen, Revision (KFT 4-12+ R) von Heller und Perleth (2000).

Prinzipiell dürfen Lehrkräfte keine Intelligenztests einsetzen. Für die Diagnoseanlässe in ihrem Verantwortungsbereich ist das in der Regel auch nicht erforderlich, weil die wichtigere Variable für die Beurteilung der Güte der Schulleistungen das Vorwissen der Schüler ist. Es soll hier aber ein schulrelevanter Intelligenztest näher besprochen werden, um Lehrkräften einerseits differenziertere Vorstellungen über die Messung kognitiver Fähigkeiten zu vermitteln, andererseits bei ihnen auch das Wissen zu erweitern, damit sie zielsicherer Schulpsychologen bei bestimmten Problemen im Schulalltag um eine Intelligenzdiagnostik ersuchen und daraufhin die Ergebnisse der Testung auch verstehen und einordnen können.

Exemplarisch wird nun in den KFT 4-12+ R von Heller und Perleth (2000) eingeführt. Die Auswahl gerade dieses Tests lässt sich erstens damit begründen, dass er wichtige schulrelevante Fähigkeiten abprüft und zweitens breit einsetzbar ist, weil er für 10 Jahrgangsstufen von Schülern normiert wurde. Im Folgenden wird der KFT 4-12+ R steckbriefartig mit für Lehrkräfte notwendigen Erläuterungen vorgestellt.

KognitiverFähigkeitsTest 4-12+R [KFT 4-12+ R]

Der KFT 4-12+ R ist ein differenzierter Intelligenztest zur Ermittlung der kognitiven Ausstattung der Schüler von der 4. bis zur 13. Klasse.

Testmaterial
Der komplette Testkoffer besteht aus dem Manual, 2 getrennten Aufgabenheften für 4. und für 5. bis 12./13. Klassen jeweils in Form A und Form B, 9 Antwortbögen (jeweils ein Exemplar für jede Klassenstufe), deren Rückseite gleichzeitig als Auswertungsbogen konzipiert ist. Für die Auswertung sind 18 Schablonen vorrätig (je zwei pro Klassenstufe).

Grundkonzeption und Testaufbau
Der KFT 4-12 + R ist die revidierte und um zwei Subtests gekürzte Fassung des KFT 4-13 (Heller, Gaedicke & Weinländer, 1985). Der vorliegende Test ist eine deutsche Bearbeitung des Cognitive Abilities Test (CAT) von Thorndike und Hagen (1971, 1993). Das theoretische Konzept des KFT basiert vor allem auf den Intelligenzmodellen von Thurstone (1938) und A.O. Jäger (1984).

Im Rahmen des KFT 4-12 + R können sowohl ein Fähigkeitsprofil erstellt, als auch Kennwerte für einen verbalen, quantitativen, einen nonverbalen Teil sowie eine Gesamtleistung bestimmt werden. Die Aufgaben der einzelnen Subtests sind nach Schwierigkeitsgrad gestaffelt angeordnet. Jede Klassenstufe bearbeitet eine ihrem Alter angemessene Aufgabenmenge (Itemteilmenge). Der Test ist so konstruiert, dass durch überlappende Itemteilmengen jedes Item für durchschnittlich fünf Klassenstufen verwendet werden kann.

Der KFT 4-12 + R besteht aus insgesamt drei Teilen, die jeweils drei Subtests ausweisen. In Tabelle 3.2 werden Testaufbau und Zeitbedarf bei der Durchführung explizit und übersichtlich dargestellt.

Die Testautoren weisen ausdrücklich darauf hin, dass sich je nach Klassengröße, Leistungsfähigkeit und Motivation der Schüler Abweichungen im Zeitbedarf ergeben können. So brauchen Schüler an Gymnasien eher weniger Zeit, Hauptschüler dagegen mehr, wenn die Instruktionen des Testleiters häufig wiederholt werden müssen oder viele Anfragen kommen. Der KFT kann als Gruppentest und Einzeltest eingesetzt werden. Es existieren Form A und Form B als Paralleltests. Bei der sogenannten Kurzform des KFT 4-12+ R wird auf die Subtests V2, Q3 und N3 verzichtet. Damit wird die Bearbeitungsdauer um eine Schulstunde verkürzt (ca. 90 Min.).

Tabelle 3.2: Testaufbau und Zeitbedarf des KFT 4-12+ R

	Aufgabenzahl (insgesamt)	Instruktion	Zeitbedarf in Min:Sek KFT-Aufgaben	Summe
Einführung		4:00	--	4:00
Verbaler Teil				
V1 Wortschatz	25	3:00	7:00	10:00
V2 Wortklassifikationen	25	1:30	9:00	10:30
V3 Wortanalogien	20	2:30	7:00	9:30
V-Teil Gesamt	70	7:00	23:00	30:00
Quantitativer Teil		--	--	--
Q1 Mengenvergleiche	25	3:30	10:00	13:30
Q2 Zahlenreihen	20	2:00	9:00	11:00
Q3 Gleichungen bilden	15	5:30	13:00	18:30
Q-Teil Gesamt	60	11:00	32:00	43:00
Nonverbaler Teil				
N1 Figurenklassifikation	25	3:00	9:00	12:00
N2 Figurenanalogien	25	2:30	8:00	10:30
N3 Faltaufgaben	15	3:00	8:00	11:00
N-Teil Gesamt	65	8:30	25:00	33:30
KFT Gesamt	195	30:30	80:00	130:00* bzw. 3 Schulstunden

Anmerkung: * = ca.-Zeitangaben inkl. Pausen (nach Heller & Perleth, 2000, S. 8f.)

Anlässe für den Einsatz des KFT 4-12+ R
Der KFT 4-12+ R kann zur Sicherung von Entscheidungen der Schullaufbahnberatung eingesetzt werden; zum Beispiel, ob einem Viertklässler eine Bildungsempfehlung für das Gymnasium gegeben werden kann, ob ein leistungsschwächerer Schüler in der achten Klasse des Gymnasiums den von ihm gewünschten Schulwechsel auf die Realschule vollziehen sollte bzw. ob ein Realschüler der siebten Klasse, dessen Freunde alle das Gymnasium besuchen, im neuen Schuljahr noch auf das Gymnasium wechseln könnte. Es versteht sich von selbst, dass für die genannten Schullaufbahnentscheidungen zusätzlich zur Überprüfung des Fähigkeitspotenzials das Vorwissen, die lernrelevante Anstrengung und das Arbeitsverhalten der betreffenden Schüler überprüft und in die Laufbahnentscheidung einbezogen werden müssen. Der KFT 4-12+ R kann auch zur Prüfung von Lernfortschritten durch Trainings- bzw. Fördermaßnahmen herangezogen werden, weil zwei Parallelformen (A und B Form) vorliegen. Damit kann mindestens zweimal mit dem gleichen Test gearbeitet werden.

Welche Art von Aufgaben müssen die Schüler bei den einzelnen Subtests lösen? Abbildung 3.3 fasst die Beschreibung der Subtests durch die Testautoren zusammen.

Determinanten der Schulleistung und die Konsequenzen für die Diagnostik 121

V1 (Wortschatz)
Gegeben ist jeweils ein Wort, zu dem aus einer Reihe von fünf weiteren Wörtern dasjenige herauszufinden ist, dass am ehesten zu dem gegebenen Wort passt (Oberbegriff oder Synonym).

V2 (Wortklassifikationen)
Gegeben sind drei Wörter, die sich entweder unter einen gemeinsamen Oberbegriff fassen oder nach einem Begriffsmerkmal klassifizieren lassen. Aus fünf weiteren ist dasjenige herauszufinden, das unter den gleichen Oberbegriff oder in die gleiche Wortklasse fällt.

V3 (Wortanalogien)
Gegeben ist ein Wortpaar, dessen Teile in einem bestimmten Verhältnis zueinander stehen. Zu einem dritten Wort ist aus fünf Antwortalternativen diejenige herauszufinden, die mit dem dritten Wort in gleicher Relation (Analogie) steht wie die beiden ersten.

Q1 (Mengenvergleiche)
In zwei nebeneinander liegenden Feldern sind Mengen, Zahlen (durch verschiedene Terme), Vielfache verschiedener Einheiten, Flächen, Winkel, Strecken und Rauminhalte dargestellt. Zu entscheiden ist, ob diese Größen in der Relation „kleiner", „größer" oder „gleich" stehen. Diese Aufgaben sind relativ heterogen und beziehen sich größtenteils auf schulmathematische Probleme.

Q2 (Zahlenreihen)
Gegeben ist jeweils eine Reihe von fünf Zahlen, die nach einer bestimmten Regel angeordnet sind. Diese Regel soll erkannt werden. Aus fünf weiteren Zahlen soll dann diejenige herausgesucht werden, die die Reihe folgerichtig fortsetzt.

Q3 (Gleichungen bilden)
Gegeben sind drei bis vier Zahlen und eine entsprechende Anzahl von Operationszeichen, mit denen die Zahlen verknüpft werden sollen. Es ist jene Kombination von Verknüpfungen zu finden, die ein Ergebnis liefert, das unter den fünf Auswahlantworten zu finden ist. Alle Zahlen und Zeichen müssen einmal verwendet werden. Es ist jeweils nur eine richtige Lösung möglich.

N1 (Figurenklassifikation)
Gegeben ist eine Reihe von drei oder vier Figuren, die sich nach bestimmten Merkmalen klassifizieren lassen (Form, Schraffur, Lage …). Aus fünf weiteren Figuren ist diejenige herauszufinden, die zu der Klasse der vorgegebenen Figuren gehört.

N2 (Figurenanalogien)
Analog zu V3. Statt um Wortpaare geht es in diesem Test um Figurenpaare.

N3 (Faltaufgaben)
Ein „Blatt Papier" wird gedanklich mehrmals gefaltet; anschließend werden (ebenfalls virtuell) Löcher hineingestanzt Es muss entschieden werden, welches von fünf vorgegebenen Mustern sich nach dem Auffalten ergibt.

Abbildung 3.3: Beschreibung der einzelnen Subtests des KFT 4-12+R (entnommen aus Heller & Perleth, 2000, S. 10)

Testdurchführung
Der Testleiter muss die detaillierten Instruktionen einschließlich der Beispielaufgaben zu jedem Subtest aus dem Manual vorlesen. Die Schüler können diese Instruktionen zugleich auch in ihren Aufgabenheften mitlesen. Die Schüler bearbeiten jeweils die für ihre Klassenstufen vorgesehenen Aufgaben. Für die Klassenstufe 4 liegen zwei ge-

sonderte Aufgabenhefte (A und B Form) vor. Schüler der Klassenstufen 5-12/13 verwenden pro Form (A und B) jeweils das gleiche Aufgabenheft, in dem die Aufgaben gestaffelt mit klaren Instruktionen für das Beginnen und Aufhören präsentiert werden. Bei den Viertklässlern kann die Testdurchführung auf drei Termine gesplittet werden. Für diese Art der Testdurchführung liegen jedoch keine gesonderten Normen vor.

Auswertung
Für die Handauswertung liegen entsprechende Schablonen vor, die auf den ausgefüllten Antwortbogen gelegt werden. Die Zahl der richtigen Lösungen (im entsprechenden Kästchen auf Schablonen markiert) wird dann pro Subtest ausgezählt. Dieser Rohwert (RW) wird auf dem Auswertungsbogen zum jeweiligen Subtest (V1, V2...) eingetragen. Wenn die Leistungen mittels Jahrgangs- und Schulformnormen interpretiert werden sollen, müssen beide Auswertungsfelder ausgefüllt werden. Danach werden die Summen der Rohwerte für V-, Q- und N-Teil gebildet und in die vorgesehenen Felder eingetragen. Abschließend wird die Gesamtleistung (KFT-GL) als Summe über alle Testteile gebildet und eingetragen. Um die Testergebnisse interpretieren zu können, müssen die gebildeten Rohwerte in T-Werte transformiert werden. Dazu können die Normtabellen im Teil 3 des Manuals genutzt werden. Die Rohwerte können jeweils in jahrgangsspezifische Standards (T-JG) und/oder für jeden Jahrgang (Klassenstufe) in separate schulspezifische Standards (T-ST) transformiert werden und in der entsprechende Spalte auf dem Auswertungsbogen ergänzt werden. Zur Veranschaulichung der KFT-Leistungen können individuelle Testprofile auf dem Auswertungsbogen gezeichnet werden.

Beispiel für die Interpretation der Testergebnisse
Das folgende Fallbeispiel ist in leicht veränderter Form aus dem Manual des KFT 4-12+ R entnommen (Heller & Perleth, 2000, S. 131f.). Im vorliegenden Fall sind sich die Eltern unschlüssig, ob sie ihren Sohn Florian auf das Gymnasium schicken sollen. Deshalb wird der KFT 4-12+ R u.a. eingesetzt. Die Testung ergab folgende Werte (siehe Tab. 3.3). Zunächst fällt auf, dass Florian in der Gesamtleistung im Vergleich zu den Schülern seines Jahrgangs (4. Klasse) gute durchschnittliche Leistungen erzielte (GL = 56). Wenn man aber die Leistungen der drei Testteile vergleicht (V, Q, N), so fällt auf, dass hier erhebliche Schwankungen im Testprofil zu Tage treten. Wie sind diese Schwankungen zu interpretieren? Handelt es sich um zufallsbedingte oder echte Profildifferenzen, die möglicherweise dann signifikant unterschiedliche Merkmalsausprägungen bzw. Fähigkeitsschwerpunkte bei Florian vermuten lassen? Die Frage kann mit Hilfe der kritischen Differenzen beantwortet werden.

Tabelle 3.3: Übersicht über die erreichten Leistungen im KFT von Florian (9;10 Jahre, Testform A)

KFT-Form A	RW	T-JG	Profildifferenzen
V1	16	49	
V2	15	45	*
V3	14	52	
V	45	48	*
Q1	17	56	
Q2	18	50	
Q3	10	50	
Q	45	52	
111	24	63	
N2	24	62	
N3	14	59	
N	62	65	*
GL	155	56	

Legende: RW = Rohwerte; T-JG = T-Werte, bezogen auf die Jahrgangsnormen (4. Schuljahrgang); Profildifferenzen = signifikante Leistungsstärken bzw. -schwächen (*) im KFT Profil (Vergleich mit der Gesamtleistung) des Schülers laut Tabelle für die kritischen Differenzen (nach Heller & Perleth 2000, S. 131)

Aus den Ergebnissen der Tabelle 3.3 ist ersichtlich, dass der V-Bereich den T-Wert von 48 und der N-Bereich den T-Wert von 65 ausweist. Nach den Regeln für die Interpretation von Profildifferenzen sind die gesuchten kritischen Differenzwerte für den vorliegenden Fall jeweils im Schnittpunkt der nacheinander verglichenen Skalentypen aufzusuchen. Demnach sind die Differenzen zwischen V und N signifikant, da deren Differenz im T-Wert größer als neun ausfällt (Differenz beträgt 17). Gleichermaßen kann Florians Leistung im N-Teil signifikant besser als die im Q-Teil interpretiert werden. Hier beträgt die Differenz in den T-Werten 13. Diese signifikanten Differenzen in den T-Werten können so interpretiert werden, dass Florian im intraindividuellen Vergleich der nonverbalen zu den verbalen und quantitativen Fähigkeitsdimensionen über sehr stark ausgeprägte Fähigkeiten im anschauungsgebundenen Denken und beim räumlichen Problemlösen verfügt. Wenn man von der theoriegeleiteten Annahme ausgeht, dass der N-Teil des KFT 4-12+ R eher Anteile der fluiden Intelligenz (im Sinne von Cattell) repräsentiert und die Teile V und Q stärker soziokulturell beeinflusste Fähigkeitsdimensionen darstellen, dann könnte man für das Testergebnis von Florian die Hypothese bilden, dass die überdurchschnittlichen Leistungen im N-Teil auf das fluide Intelligenzpotenzial zurückzuführen sind und die immer noch durchschnittlichen T-Werte im V- und Q-Teil (V= 48, Q= 52) die familiären und schulischen Bildungseinflüsse widerspiegeln.

Im Fall von Florian sind geeignete sprachliche und mathematische Fördermaßnahmen erfolgversprechend und sollten schnellstens eingeleitet werden, damit eine Schullaufbahn am Gymnasium zum Beginn der fünften Klasse eingeschlagen werden könnte. Dazu könnte eine Testwiederholung mit der Parallelform B nach einer vorher festgelegten Zeitspanne über den Erfolg des Treatments genauer Auskunft geben und die endgültige Schullaufbahnentscheidung erleichtern.

Gütekriterien

Das Testmanual weist die Gütekriterien explizit aus. Die Objektivität ist in Bezug auf die Durchführung, Auswertung und Interpretation gegeben. Reliabilität und Validität sind zufriedenstellend. Das Testmanual weist sehr differenzierte Normen aus. Es existieren einschließlich der Klassenstufen 9 sowohl jahrgangs- als auch schulformspezifische Normen für Hauptschule, Realschule und Gymnasium in Form von T-Werten. Diese Normierung ist jeweils für die A- und B-Form des Tests ausgewiesen. Ab der 10. bis zur 12. Jahrgangsstufe werden nur noch Jahrgangsnormen für Gymnasialschüler angegeben.

(3) Förderung: Denktrainings zur Optimierung des Wissenserwerbs

Es ist nicht nur für Psychologen, sondern auch für Lehrkräfte eine wichtige Frage des professionellen Handelns, wie die kognitiven Lernvoraussetzungen bei Kindern und Jugendlichen verbessert und auf diese Weise die Prozesse der intellektuellen Entwicklung unterstützt werden können. Hier sind die Denktrainingsprogramme von Klauer (1989, 1991, 1993) nach wie vor sehr geeignete Instrumente zur Realisierung dieses formulierten Anspruchs. Die Denktrainingsprogramme haben das Ziel, eine systematische Förderung von Denkprozessen zu bewirken, die sowohl für die Schule als auch für den Alltag bedeutsam sind.

Trainings- bzw. Fördergegenstand ist das *induktive Denken*. „Beim induktivem Denken geht es darum, Regelhaftigkeiten oder Ordnung selbst im scheinbar Ungeordneten zu erkennen" (Klauer, 1993. S. 5). Um solche Regelhaftigkeiten erkennen zu können, ist es notwendig, Beobachtungen und Erfahrungen zu systematisieren und sinnvolle Hypothesen aus Einzelbeobachtungen abzuleiten. Somit ist das induktive Denken ein klar umgrenzter Bereich, zu dem Trainingsaufgaben konstruiert werden können.

Außerdem sind die im Training erlernbaren Prozesse des Analysierens, Vergleichens und Systematisierens sehr grundlegende und damit gut transferierbare Kompetenzen. Klauer (2000) schreibt dem Denktraining einen doppelten Nutzen zu. So werden bei der Förderung konkrete Strategien des induktiven Denkens bei den Trainingspersonen herausgebildet, die zusätzlich einen Lerntransfer auf allgemeinere Strategien bewirken. Bei praktisch tätigen Lehrern bestehen häufig Zweifel am Nutzen solcher standardisierten Trainingsprogramme für die Optimierung realer schulischer Lernprozesse der Schüler.

Die Effektivität des Denktrainings wurde in mehreren Evaluationsstudien geprüft. In ihrer Gesamtheit stützen die Ergebnisse die Vermutung, dass die trainierten Kinder einen signifikanten Zuwachs bei solchen kognitiven Fähigkeiten erzielen, die mit Intelligenztests gemessen werden. Darüber hinaus konnte jedoch auch nachgewiesen werden, dass die trainierten Kinder stärker von Lernstrategieprogrammen profitierten als die Kinder einer Kontrollgruppe. Hinzu kommt noch, dass das Denktraining auch Verbesserungen der schulischen Lernleistungen bei den trainierten Kindern bewirkt. Im Unterschied zu den meisten kognitiven Trainingsprogrammen ist die Zielsetzung des Denktrainings nicht an Defiziten oder Störungsbildern bei Kindern orientiert. Klauer hat vielmehr den generellen Anspruch, eine Opimierung von häufig benötigten Grundstrukturen des Denkens zu bewirken.

Das Denktraining liegt in drei Versionen vor:

(1) *Denktraining für Kinder I* (Klauer, 1989). Mit diesem Programm können Kinder im Alter von fünf bis acht Jahren trainiert werden.
(2) *Denktraining für Kinder II* (Klauer, 1991). Dieses Programm ist für Kinder zwischen zehn und 13 Jahren konzipiert und kann im Unterricht oder Förderkursen eingesetzt werden.
(3) *Denktraining für Jugendliche* (Klauer, 1993). Diese Version des Denktrainings wurde für leistungsschwächere Jugendliche zwischen 14 und 16 Jahren erarbeitet und kann in Abschlussklassen von Sonderschulen, Berufsvorbereitungsklassen und ähnlichen Institutionen genutzt werden, um Probleme bei der beruflichen Eingliederung zu kompensieren.

Das Grundkonzept aller drei Trainingsprogramme ist identisch: In 10 Trainingssitzungen (à 45 Minuten) werden jeweils 120 Aufgaben (40 verbalen, 40 numerischen und 40 figuralen Inhalts) zu den trainierten grundlegenden Denkstrukturen (Generalisierung, Diskrimination, Kreuzklassifikation, Beziehungserfassung, Beziehungsunterscheidung) von den Teilnehmern bearbeitet. Es werden die gleichen Lösungsschemata vermittelt, die sich jedoch in Bezug auf die Aufgabeninhalte, den Schwierigkeitsgrad und das Abstraktionsniveau unterscheiden. So lernen die Kinder im Denktraining I spielerisch die Grundstrukturen an Beispielaufgaben zu erkennen und angemessene Lösungs- und Kontrollprozesse auszuführen. Der Transfer wird somit systematisch eingeübt. Im Denktraining II kommen die verbalen und numerischen Aufgabenformen hinzu, weil die Kinder jetzt am Ende der Grundschule die Kulturtechniken so weit erworben haben, dass korrespondierende Aufgabeninhalte einsetzbar sind.

Das Training des induktiven Denkens kann im Einzel-, Paar-, Kleingruppen- oder Großgruppensetting durchgeführt werden. Klauer (1998) hat die Wirksamkeit des Trainings in Abhängigkeit von der Gruppengröße untersucht und kam zu dem Ergebnis, dass „die optimale Gruppengröße mit wachsendem mittleren Lebensalter zunimmt. Offenbar tragen andere Lernende zum Lernen des Einzelnen bei, und zwar bei älteren Kindern umso mehr, je mehr Mitschüler daran teilnehmen" (S. 319). Damit liegt das Optimum beim Denktraining I eher beim Einzel- und Paartraining. Dagegen profitieren ältere Schüler in höherem Maße vom gegenseitigen Austausch, was bei der Durchführung des Denktrainings II und des Trainings für Jugendliche für Klein- und Großgruppenarbeit als günstige Sozialform spricht.

Als Trainingsmethode empfiehlt Klauer das „gelenkte Entdecken lassen". Schüler sollen während des Trainings in hohem Maße selbstständig denken, permanent zum lauten Denken und zur Selbstreflexion veranlasst werden. Der Trainingsautor selbst macht keine Angaben dazu, wer das Training durchführen soll bzw. darf. Wir halten es durchaus für möglich und sinnvoll, wenn Lehrkräfte dieses Training im Rahmen des Unterrichts, in zusätzlichen Förderkursen oder als sinnvolles Angebot in der Ganztagsschule durchführen.

Als Voraussetzung für eine professionelle Durchführung besteht die Notwendigkeit, dass sich ausgebildete pädagogische Fachkräfte *vor* der Durchführung des Trainings prinzipiell mit den theoretischen Grundlagen des Denktrainings beschäftigen (vgl. dazu Klauer, 1998, 2000, 2001; Souvignier, 2003). Danach müssen das Trainingsmanual der ausgewählten Version gründlich durchgearbeitet und Routinen in der Trainingsführung angebahnt werden. Als günstig hat sich dabei erwiesen, wenn eine kleine Gruppe von Lehrkräften einer Schule die Erarbeitung gemeinsam vornimmt und die im Trainingsmanual äußerst differenziert geplanten und ausgearbeiteten Trainingssitzungen im gegenseitigen Rollenwechsel (Trainingsleiter, Übender) einübt. Das Trainingsprogramm besteht komplett aus Handanweisung (Manual) und einem Satz Tafeln, die jeweils auf der Vorderseite die entsprechende Aufgabe und auf der Rückseite die Aufgabenlösung abbilden.

Mit den „Denkspielen mit Elfe und Mathis" (Lenhard, Lenhard & Klauer, 2012) liegt ein computerbasiertes Förderprogramm für Vor- und Grundschulkinder zum Training des schlussfolgernden Denkens vor, das auf der Konzeption des Denktrainings I von Klauer (1989) beruht. Das ursprüngliche Aufgabenmaterial von Klauer wurde für die Denkspiele mit Elfe und Mathis inhaltlich und grafisch überarbeitet. Das neue Förderprogramm umfasst 120 Aufgaben, die sich auf die sechs Aufgabenklassen des induktiven Denkens nach Klauer verteilen. Von den Autoren wird vorgeschlagen, ca. 10 Trainingseinheiten (einmal wöchentlich) durchzuführen, deren Bearbeitungszeit zwischen 30 und 45 Minuten variiert. Das Computertraining kann sowohl mit einem einzelnen Kind als auch mit einer kleinen Gruppe durchgeführt werden. Die Rahmenhandlung ist dem Alter der Kinder angepasst und spielt bei den Elfen. Die Kinder begeben sich auf die Suche nach dem Diamanten der Weisheit, der in den Bergen versteckt ist und müssen auf dem Weg dorthin verschiedene Denkaufgaben lösen. Dabei werden sie von Mathis und Elfe unterstützt und erhalten vom alten, weisen Elf Osarion Tipps zur Aufgabenlösung. Das Training sollte von einer Lehrkraft begleitet werden, die die Diskussionen der Kinder strukturiert bzw. hilft und korrigiert. Das Training wurde in zwei empirischen Studien evaluiert (siehe Lenhard & Lenhard, 2016) und erbrachte mittlere Effekte. Die Autoren kommen zu dem Schluss, dass vom Training insbesondere leistungsschwache Kinder profitieren. Es kann sowohl an Förder- als auch an Regelschulen eingesetzt werden.

3.1.1.2 Diagnostik der Lernstrategien

Praxisbeispiele

Olga schmeißt ihren Ranzen in die Ecke. Schon wieder nur eine Vier in Sachkunde. Dabei hat sie doch so viele Stunden gelernt. Viel länger als Harald, der wieder mal eine Zwei bekommen hat!

Tim freut sich. Vokabeln waren eigentlich nie seine Stärke. Aber letzte Woche war seine Cousine Ingrid zu Besuch, die ihm einen guten Trick gezeigt hat. Vokabeln in Fünferpäckchen wiederholen und immer kleine Pausen dazwischen machen. Jetzt kann sich Tim die Vokabeln viel besser merken, und Zeit fürs Tennis bleibt auch noch.

Maria sitzt jetzt schon eine Stunde vor den Deutschhausaufgaben. Sie soll ein Gedicht auswendig lernen. Sie liest es sich wieder und wieder durch, aber die blöden Verse wollen sich einfach nicht einprägen.

Determinanten der Schulleistung und die Konsequenzen für die Diagnostik 127

Olga, Harald, Tim und Maria, sie alle sind motiviert zu lernen und gute Lernergebnisse zu erreichen. Die Schüler aus den einführenden Beispielen unterscheiden sich jedoch darin, wie viel Zeit und Aufwand sie investieren und welchen Lernerfolg sie erzielen. Nicht selten sind Schüler enttäuscht und traurig darüber, dass sie zwar viel Freizeit für die Erledigung schulischer Aufgaben ‚opfern', ihr Lerneinsatz sich jedoch nicht in einer entsprechenden Note niederschlägt. Die Ursache hierfür liegt nicht selten in einem ineffizienten Lernverhalten. Lernerfolg kann durchaus an den falschen Strategien scheitern. Schulischer Erfolg hängt somit auch von der Kompetenz ab, das eigene Lern- und Arbeitsverhalten den Lernanforderungen anpassen zu können. Die Techniken und Strategien des Lernens und der Informationsverarbeitung bestimmen die Qualität, mit der Informationen im Lernprozess verarbeitet werden und zählen demnach zu den zentralen Determinanten der Schulleistung (vgl. Abb. 3.1, Schichtenmodell der Schulleistung). Lehrkräfte sollten deshalb bei der Feststellung der Lernleistung stets auch prüfen, ob ihre Schüler wissen, wie sie strategisch effektiv lernen können.

(1) Theoretischer Rahmen zur Vorbereitung der Hypothesenbildung

(a) Klassifikation von Lernstrategien
Lernstrategien sind allgemeine und spezielle, mental repräsentierte Handlungspläne zur Steuerung des eigenen Lernverhaltens (Friedrich & Mandl, 1992). Pressley et al. (1989) betonen darüber hinaus, dass diese Prozesse, die auf Lern- und Behaltensziele ausgerichtet sind, über die obligatorischen Vorgänge bei der Bearbeitung einer Lernanforderung hinausgehen.

Lernstrategien dienen der Optimierung des Lernens. Wobei der Einsatz von Lernstrategien sowohl auf das schnellere und effektivere Aufnehmen, Verstehen und Behalten als auch auf das Abrufen und Anwenden von Wissen ausgerichtet ist. Der Schüler Tim aus dem oben angeführten Praxisbeispiel hat das Vokabellernen dadurch optimiert, dass er die Vokabeln zu Gruppen zusammengefasst und auf diese Weise besser organisiert hat.

Grundsätzlich werden drei Klassen von Lernstrategien unterschieden (vgl. Friedrich & Mandl, 1997; K.-P. Wild, 2000): Informationsverarbeitungs-, Kontroll- und Stützstrategien, die wiederum jeweils unterschiedliche Substrategien umfassen. In Tabelle 3.4 werden die Lernstrategien im Überblick dargestellt und im Folgenden näher erläutert.

Die **Informationsverarbeitungsstrategien** werden auch kognitive Lernstrategien genannt, da sie sich direkt auf die kognitiven Verarbeitungsprozesse des Lernstoffs wie Informationsaufnahme, -verarbeitung und -speicherung des Lerninhalts beziehen. Innerhalb dieser Strategieklasse werden Wiederholungs-, Elaborations- und Organisationsstrategien sowie das kritische Prüfen unterschieden.

Tabelle 3.4: Klassifikation von Lernstrategien

Informationsverarbeitungs-strategien	Metakognitive Strategien	Stützstrategien
• Wiederholen • Elaborieren • Organisieren • Kritisches Prüfen	• Planen • Überwachen • Bewerten	• Aufmerksamkeitssteuerung • Anstrengungssteuerung • Zeitmanagement • Gestaltung der Lernumgebung und des Arbeitsplatzes • Nutzung zusätzlicher Informationsquellen • bewusste Auswahl der Lernarrangements

Wiederholungsstrategien meinen u.a. das einfache Auswendiglernen. Die neue Information wird durch mehrmaliges Aufsagen, Memorieren oder Repetieren einzelner Fakten in das Langzeitgedächtnis überführt. Die Schüler lesen sich z.B. den Hefter mehrmals durch, sprechen Vokabellisten nach oder schreiben Merksätze mehrfach ab. Auf diese Weise wird die neue Information zwar aufgenommen, jedoch kaum mit dem bereits vorhandenen Vorwissen vernetzt, weshalb diese Strategien auch als Oberflächenstrategien bezeichnet werden. Es ist beim Einsatz von Wiederholungsstrategien nicht garantiert, dass der Lernstoff auch verstanden wurde.

Elaborationsstrategien sind dagegen auf ein tieferes Verstehen des Lernstoffes ausgerichtet. Der neue Stoff wird nicht nur aufgesagt, sondern beim Lernen durch weitere Information angereichert (= elaboriert), indem sich Schüler Eselsbrücken bauen, Beispiele für Regeln und Fakten suchen, ein Vorstellungsbild zu einem Begriff generieren oder absichtsvoll Querverbindungen zu bereits Gelerntem herstellen. Durch dieses Vorgehen kann das neu aufzunehmende Wissen in ein Netzwerk notwendiger bedeutungsmäßiger Bezüge eingebettet und in das bereits vorhandene Vorwissen integriert werden.

Organisationsstrategien zielen darauf ab, den zu bewältigenden Lernstoff in geeigneter Weise zu reorganisieren. Schüler fassen einen gelesenen Text beispielsweise mit eigenen Worten zusammen, sie finden Überschriften für einzelne Textabschnitte, sie erarbeiten sich eine Übersicht in Form eines Schemas, Diagramms oder einer sogenannten Mindmap, d.h. einer Gedankenkarte. Mindmaps beinhalten die äußere materialisierte Darstellung der wichtigen Gedanken bzw. Begriffe eines Textes. Man notiert das Hauptthema auf der Mitte eines Blattes und ordnet Schlüsselwörter auf Verbindungslinien in maximal zwei Ebenen an. Auf diese Weise werden die Notizen nicht wie üblich hinter- oder untereinander geschrieben, sondern es entsteht eine leicht einprägsame, bereits strukturierte Abbildung der zu lernenden Inhalte. Je systematischer ein Lernmaterial zusammengefasst wird, desto höher ist sein Verständlichkeitsniveau für den Lerner und desto wahrscheinlicher wird der Abruf des neu gelernten Wissens.

Kritisches Prüfen ist wortwörtlich zu nehmen und bezeichnet das kritische Analysieren von Aussagen und Begründungszusammenhängen der aufzunehmenden Information. Schüler prüfen beispielsweise die Inhalte eines Textes, indem sie im Text dargestellte

Zusammenhänge hinterfragen: Passt Aussage A zu Aussage B? Ist die Schlussfolgerung ausreichend belegt? Dieses aktive Verarbeiten der zu lernenden Information dient – wie im Zusammenhang mit den Elaborationsstrategien bereits beschrieben wurde – dem vertieften Verständnis des Lernstoffes.

Metakognitive Lernstrategien oder **Kontrollstrategien** beziehen sich auf die Steuerung und Optimierung des Lernprozesses. Es handelt sich also um der Informationsverarbeitung übergeordnete Strategien der Planung, Überwachung und Bewertung des Lernprozesses. Je höher die Anforderungen an das Lernen und je anspruchsvoller die Lernziele sind, desto schneller stößt der bloße Einsatz von kognitiven Strategien an seine Grenzen. Mit zunehmender Klassenstufe und der damit einhergehenden zunehmenden Komplexität des Lernstoffes steigt die Anforderung, die eigenen Lernhandlungen selbstständig zu kontrollieren und zu steuern. Diese interne Steuerungskomponente bildet den gemeinsamen Kern aller Modelle zum selbstgesteuerten Lernen (vgl. Hasselhorn & Gold, 2013) und kann als wichtigste Kompetenz erfolgreicher Lerner herausgestellt werden. Denn nur diejenigen Schüler, die neben der strategisch ausgerichteten Informationsverarbeitung auch in der Lage sind, ihren Lernprozess durchgängig zu reflektieren, werden langfristig gute Schulleistungen erbringen.

Dabei umfasst die *Planungskomponente* alle Aktivitäten zur inhaltlichen Vorbereitung konkreter Lernphasen. Der Lerner formuliert Planungsziele (= primäre Ziele, die sich direkt auf die Lerninhalte beziehen) und Effizienzziele (= sekundäre Ziele, die sich auf den schonenden Umgang mit den Ressourcen des Lerners beziehen). Zudem legt er die einzelnen Lernschritte fest.

Die *Überwachungskomponente* zielt darauf ab, den Lernprozess zu überwachen, indem der Bearbeitungsfortschritt einer Aufgabe kritisch begleitet wird. Dazu führt der Lerner während des Lernprozesses stets Ist-Soll-Vergleiche durch, um auftretende Diskrepanzen sofort korrigieren zu können. Erfolgreiche Lerner prüfen beispielsweise, ob der erreichte Lernfortschritt dem antizipierten Teilziel entspricht, wenn sie z.B. die gelernten Inhalte ohne Lernvorlage wiederholen. Auf diese Weise können Wissenslücken sofort festgestellt und behoben werden.

Die *Bewertungskomponente* schließlich ermöglicht, den Lernprozess nach Beendigung der Lernaufgabe zu evaluieren und Schlussfolgerungen zur Optimierung des eigenen Lernens abzuleiten: Stimmen die Ergebnisse mit den geplanten Zielen überein? Konnte der vorgegebene Zeitplan eingehalten werden? Ist der Lernprozess so abgelaufen, wie er geplant wurde? Sind die eingesetzten Lernstrategien wirklich hilfreich gewesen? Anhand der kritischen Bewertung unterschiedlicher Aspekte des Lernprozesses können Schwierigkeiten identifiziert werden, was nicht nur zur Verbesserung des Lernprozesses allgemein, sondern auch zum grundsätzlichen Aufbau von strategischer Expertise beiträgt.

Unter **Stütz-** oder **Ressourcenstrategien** werden Aktivitäten zusammengefasst, die auf die Optimierung innerer und äußerer Ressourcen des Lerners gerichtet sind. Es geht darum, sich bewusst auf das Lernen konzentrieren zu können, indem Störquellen (z.B. Handy) ausgeschaltet werden (= Aufmerksamkeitssteuerung). Insbesondere im Zusammenhang mit Themen, die als schwierig oder uninteressant erlebt werden, ist willentliche Anstrengungsbereitschaft eine zentrale Voraussetzung für den Lernerfolg. Eine gute Zeitplanung und -kontrolle (= Zeitmanagement) ermöglicht es, die Zeitspanne, die für das Erlernen eines bestimmten Sachverhaltes zur Verfügung steht, effektiv zu nutzen. Auch eine geeignete äußere Lernumgebung bzw. eine entsprechende Gestaltung des Arbeitsplatzes erleichtern das Lernen. Darüber hinaus kann der Lernprozess dadurch unterstützt werden, dass der Lernende die notwendigen Hilfsmittel und Informationsquellen selbstständig sucht und nutzen kann. Außerdem wählt der strategisch geschickte Lerner, die für die Erreichung seines Lernziels angemessene Arbeitsform aus (kooperatives oder individuelles Lernen).

Der effektive Einsatz von Lernstrategien ist sowohl eine zentrale Voraussetzung des Wissenserwerbs als auch ein zentrales Ergebnis schulischen Lernens. In dem Maße, in dem selbstgesteuertes Lernen als Ziel schulischer Ausbildung in den Mittelpunkt des Interesses rückt, kommt Lehrkräften auch die Aufgabe zu, den Aufbau und den Einsatz effizienter Lernstrategien zu befördern. Erfolgreiche Schüler verfügen über vielfältige Lernstrategien und die Fähigkeit, ihr Lernverhalten und den Einsatz von Lerntechniken den Erfordernissen der Lernaufgaben anzupassen. Sie sind in der Lage, den eigenen Lernprozess selbstständig zu initiieren, zu kontrollieren, zu überwachen und am Ende kritisch zu reflektieren. Leistungsschwache Schüler dagegen planen, überwachen und kontrollieren ihr Lern- und Arbeitsverhalten kaum und verfügen über wenig effiziente Lernstrategien.

(b) Entwicklung von Lernstrategien
Einfache Behaltensstrategien (bspw. Wiederholen) werden schon von Kindern in der Grundschule spontan gezeigt, komplexe dagegen erst in der Sekundarstufe erworben. Baumert und Köller (1996) konnten nachweisen, dass sich ein Repertoire differenzierter Lernstrategien erst im Alter von 15-16 Jahren ausgebildet hat. Dies gilt vor allem für komplexe und metakognitive Lernstrategien. Der Aufbau und die Anwendung von Lernstrategien lassen sich als Abfolge folgender Entwicklungsstadien beschreiben:

Zunächst wenden (Grundschul-)Kinder Behaltens- oder einfache Klassifikationsstrategien an, für komplexere Lernstrategien scheint es noch an den notwendigen kognitiven Vorrausetzungen (= Mediatoren) zu mangeln. Denn selbst wenn der Lehrer eine Strategie vormacht, können die Kinder sie nicht nachmachen, weshalb man von einem *Mediationsdefizit* spricht.

Im Laufe der kognitiven Entwicklung verfügen die Schüler zwar über die notwendigen kognitiven Voraussetzungen, können Lernstrategien jedoch noch nicht spontan anwenden (= *Produktionsdefizit*). Das lässt sich daran beobachten, dass eine Strategie wieder aufgegeben wird, sobald nicht mehr explizit zur Anwendung aufgefordert wird. Möglicherweise ist den Schülern der Nutzen der Strategie nicht klar. Besonders deutlich wird dies am Beispiel der Probe im Zusammenhang mit der Subtraktions- und Divisionsrechnung in Mathematik, solange Schüler ihre Lehrer fragen, ob sie zusätzlich zur entsprechenden Rechnung auch eine Probe durchführen sollen.

Der Übergang vom Produktionsdefizit zum spontanen Gebrauch von Lernstrategien wird als Phase des *Nutzungsdefizits* bezeichnet. Kinder bringen Strategien zwar spontan hervor, die Strategienutzung wirkt sich jedoch noch nicht verbessernd auf die

Determinanten der Schulleistung und die Konsequenzen für die Diagnostik 131

entsprechende Lernleistung aus. Das lässt sich durch die unzureichende Automatisierung von Lernstrategien erklären. In dieser Phase wird noch zu viel Kapazität des Arbeitsgedächtnisses für den Einsatz von Lernstrategien verbraucht. Deshalb ist es dringend notwendig, Lernstrategien so lange einzuüben, bis sie in das Lernstrategierepertoire der Schüler übergegangen sind.

Wenn Lehrer in Erfahrung bringen wollen, wie Schüler lernen, insbesondere welche Lernstrategien sie einsetzen, müsste man im Idealfall Schüler beim Lernen beobachten. Somit darf die Diagnostik von Lernstrategien nicht beim bloßen Abfragen von Wissen über Strategien und die Häufigkeit ihrer Nutzung stehen bleiben, sondern es sollte versucht werden, eine handlungsnahe Erfassung zu realisieren. Artelt (2000) hat im Zusammenhang mit der Erfassung von Informationsverarbeitungsstrategien vorgeschlagen, Schüler Aufgaben lösen zu lassen und sie direkt hinterher zu befragen, wie sie dabei vorgegangen sind. Dieses Vorgehen ist jedoch nicht immer anwenbar, weshalb im Folgenden unterschiedliche Diagnosemöglichkeiten zur Erfassung des Arbeitsverhaltens vorgestellt werden. Dabei werden sowohl Möglichkeiten und Verfahren für allgemeine Strategien als auch für spezifische Strategien besprochen.

(2) Diagnostische Verfahren zur Erfassung des Lern- und Arbeitsverhaltens

Der Arbeitsstil eines Schülers ist sowohl für die Sicherung des Lernerfolgs als auch für die Entstehung und Überwindung von Lernschwierigkeiten von größter Bedeutung. Für die Diagnose kann sich der Lehrer (zusammen mit dem Schüler) folgende Fragen stellen, die unterschiedliche Aspekte der Kontroll- und Stützstrategien ansprechen:

(1) Wie viel Arbeitszeit wird überhaupt aufgewendet?
(2) Wer kontrolliert die Arbeitszeit?
(3) Wie viel Zeit wird während der Arbeitszeit tatsächlich gearbeitet?
(4) Wie konzentriert wird gearbeitet?
(5) Wie effektiv wird während der Arbeitszeit gelernt?

Der fünfte Aspekt des Arbeitsverhaltens ist wesentlich schwerer zu diagnostizieren als die in den ersten vier Punkten berücksichtigten Merkmale. Dabei geht es nämlich um folgende Fragen:

- Wird die Aufmerksamkeit jeweils auf die wesentlichen Teile einer Aufgabe gerichtet oder nicht?
- Erfolgt eine Anpassung des Arbeitsstils an wechselnde Schwierigkeitsgrade von Aufgaben?
- Wie verhält sich der Schüler, wenn bei der Lösung einer Aufgabe Schwierigkeiten auftreten?

Im Grunde geht es bei diesen Fragen gar nicht mehr um das Arbeitsverhalten im engeren Sinn, sondern um die Qualität der Bearbeitung von Aufgaben. Wie effektiv das geschieht, hängt nicht nur und nicht einmal in erster Linie von der Ausdauer, der Intensität und der Anpassungsfähigkeit des Arbeitsverhaltens ab, sondern auch und sogar weit mehr von der Verfügbarkeit notwendiger Strategien für die Lösung der Aufgaben. Die entsprechende Diagnostik erfordert vom Lehrer eine intensive Beschäftigung mit dem betreffenden Schüler. Dabei steht die Möglichkeit zur Verfügung, den Schüler während oder direkt nach der Aufgabenbearbeitung zum lauten Denken aufzufordern. Lehrkräfte können zur Diagnostik der Lernstrategien auch eines der nachfolgenden standardisierten Verfahren einsetzen.

Lehrereinschätzliste für Sozial- und Lernverhalten [LSL]

Bei der LSL (Petermann & Petermann, 2013) handelt es sich um ein Screening für Lehrkräfte zur Beurteilung sowohl des schulbezogenen Sozial- als auch Arbeitsverhaltens von Schülern, das an Regel- und Sonderschulen von der 3. Klasse bis zum Schulabschluss eingesetzt werden kann. Zur genaueren Charakteristik siehe Teilkapitel 3.5.2.3.

Wie Lernen Sie [WLS]

Der Fragebogen „Wie lernen Sie?" [WLS] von Souvignier und Gold (2005; Souvignier & Gold, 2004) ist ein Verfahren zur lernstrategischen Selbstdiagnostik von Oberschülern und Studierenden. Dieses Instrument ist nicht über die Testzentrale zu beziehen.

Ziele beim Einsatz durch die Lehrkraft
WLS kann eingesetzt werden, um Informationsverarbeitungs- und Ressourcenstrategien von Schülern der Oberstufe genauer zu erfassen, um gezieltes Lernstrategietraining zur Optimierung des Lernens einleiten zu können.

Konzeption und Aufbau
WLS ist auf der Basis bereits vorhandener Instrumente konstruiert worden. Das Verfahren enthält 35 Items, die zu 6 Skalen zusammengefasst werden: Memorieren, Elaborieren, Veranschaulichen, Transformieren, Zeitmanagement und Anstrengung. Die ersten vier Skalen beziehen sich auf kognitive Primärstrategien und die letzten beiden auf Stützstrategien. In Abbildung 3.4 wird eine an Schüler angepasste Modifikation des Fragebogens wiedergegeben.

Fragebogen WLS und Instruktion

Wie lernst du? Im Folgenden möchten wir gerne mehr darüber erfahren, wie du dein Lernen gestaltest. Die nachfolgenden Aussagen beschreiben Aktivitäten, die zum Lernen gehören. Bitte schätze ein, wie häufig du diese Lernaktivitäten ausführst. Die Antworten können von 1 (sehr selten) bis 5 (sehr oft) abgestuft werden. Kreuze bitte die für dich zutreffende Ziffer an.

		sehr selten	selten	Manch-mal	oft	sehr oft
	Wenn ich lerne, ...					
1	halte ich mich an einen bestimmten Zeitplan.	1	2	3	4	5
2	übe ich, indem ich mir den Stoff mehrfach aufsage.	1	2	3	4	5
3	präge ich mir alles Neue möglichst so ein, dass ich es hersagen kann.	1	2	3	4	5
4	sage ich mir alle wichtigen Sachen immer wieder auf.	1	2	3	4	5
5	vergleiche ich das Neue mit Ähnlichem, das ich schon kenne, um es besser zu verstehen und behalten zu können.	1	2	3	4	5
6	versuche ich einige Beispiele zu finden, die zum Stoff passen.	1	2	3	4	5
7	versuche ich auch Gedanken aus anderen Fächern mit dem Neuen zu verbinden.	1	2	3	4	5
8	schreibe ich zur Wiederholung die wichtigsten Zusammenhänge noch einmal mit eigenen Worten auf.	1	2	3	4	5
9	halte ich oft mit dem Lesen ein und schreibe die Hauptaussagen des Textes heraus.	1	2	3	4	5
10	mache ich mir kurze schriftliche Zusammenfassungen der wichtigsten Sachverhalte.	1	2	3	4	5
11	fasse ich die wichtigsten Inhalte mit eigenen Worten zusammen.	1	2	3	4	5
12	versuche ich, Zusammenhänge zwischen verschiedenen Inhalten, Ideen, Themen herzustellen.	1	2	3	4	5
13	mache ich mir währenddessen Zeichnungen und Skizzen, damit ich den Stoff besser verstehe.	1	2	3	4	5
	So lerne ich:					
14	Ich lege im Vorhinein fest, wie weit ich mit der Durcharbeit des Stoffes kommen möchte.	1	2	3	4	5
15	Ich strenge mich auch an, wenn mir der Stoff überhaupt nicht liegt.	1	2	3	4	5
16	Ich gebe nicht auf, auch wenn der Stoff sehr schwierig und komplex ist.	1	2	3	4	5
17	Gewöhnlich dauert es nicht lange, bis ich mich entschieden habe, mit dem Lernen anzufangen.	1	2	3	4	5
18	Vor einer Klausur nehme ich mir ausreichend Zeit, um den ganzen Stoff noch einmal durchzugehen.	1	2	3	4	5
19	Ich nehme mir mehr Zeit zum Lernen als die meisten meiner Mitschüler.	1	2	3	4	5
20	Ich arbeite so lange, bis ich mir sicher bin, eine Klausur gut bestehe zu können.	1	2	3	4	5
21	Ich lege bestimmte Zeiten fest, zu denen ich dann lerne.	1	2	3	4	5

		sehr selten	selten	Manch-mal	oft	sehr oft
22	Ich lege die Stunden, die ich täglich mit Lernen verbringe, durch einen Zeitplan fest.	1	2	3	4	5
23	Ich lege vor jeder Lernphase eine bestimmte Zeitdauer fest.	1	2	3	4	5
24	Wenn ich mich auf eine Klausur vorbereite, versuche ich alles auswendig zu lernen, was drankommen könnte.	1	2	3	4	5
25	Wenn ich mich auf eine Klausur vorbereite, versuche ich möglichst viel auswendig zu lernen.	1	2	3	4	5
26	Ich versuche, Beziehungen zu finden zwischen dem, was ich gerade lerne, und dem, was ich bereits weiß.	1	2	3	4	5
27	Was ich gerade lerne, versuche ich mit meinen eigenen Erfahrungen in Verbindung zu bringen.	1	2	3	4	5
28	Ich versuche zu erkennen, wie sich das, was ich lerne, auf meinen Alltag beziehen könnte.	1	2	3	4	5
29	Ich erstelle einfache Listen, Tabellen und schematische Darstellungen, um den Unterrichtsstoff zu ordnen und zusammenfassen.	1	2	3	4	5
30	Wenn ich ein Referat vorbereite, fertige ich zur Gliederung eine Skizze oder eine Tabelle mit den wichtigsten Inhalten an.	1	2	3	4	5
	Wenn ich einen Text lese, ...					
31	schreibe ich kurze Zusammenfassungen der wichtigsten Punkte.	1	2	3	4	5
32	versuche ich, die wichtigsten Aspekte in meinen eigenen Worten wiederzugeben.	1	2	3	4	5
33	veranschauliche ich mir die wichtigsten Zusammenhänge in einer Skizze.	1	2	3	4	5
34	schreibe ich mir während des Lesens die wichtigsten Punkte heraus.	1	2	3	4	5
35	versuche ich den Stoff in Übersichten, Tabellen oder Skizzen zusammenzufassen.	1	2	3	4	5

Abbildung 3.4: Der Fragebogen WLS in Anlehnung an Hasselhorn und Gold, 2013, S. 338ff.

Auswertung, Normen, Interpretation

In Tabelle 3.5 ist das Auswertungsschema für den Fragebogen vorgegeben. Die Items, die sich jeweils auf die gleiche Skala beziehen, sind in Tabelle 3.5 in der Spalte "Frage/Item" angegeben. In einem ersten Schritt werden die Werte aller Items (= Fragen) einer Skala addiert. Anschließend wird die Summe durch die Anzahl der Items einer Skala dividiert, um den Skalenmittelwert zu erhalten. Die zu jeder Skala angegebenen Skalenmittelwerte (=M) und Standardabweichungen (=SD) können als Referenzpunkt zur Interpretation der bei den Schülern ermittelten Skalenwerte herangezogen werden. Dabei ist jedoch zu beachten, dass sich die Normierungsstichprobe aus Studierenden zusammensetzt. Die Skalenwerte (1 bis 5) per se können ebenfalls als Bezugsnorm zur Interpretation der Ergebnisse herangezogen werden. Wenn Schüler beispielsweise beim Memorieren hohe Mittelwerte und geringere beim Elaborieren zeigen, dann sollten Lehrkräfte unbedingt mit der Besprechung von Lernstrategien beginnen. Bei der Interpretation der Werte ist nämlich darauf zu achten, dass hohe Mittelwerte im Memorieren nicht unbedingt auf günstiges Lernverhalten hinweisen. Möglicherweise lernen die betreffenden Schüler viel auswenig.

Tabelle 3.5: Auswertungsschema zur Ermittlung der Skalenwerte für den WLS

Skala	Frage/Item	Mittelwert
Memorieren M= 2.9 SD= .85	(1+3+4+24+25)	(Summe) / 5 =
Transformieren M= 3.8 SD= .76	(8+9+10+11+31+32+34)	(Summe) / 7 =
Veranschaulichen M= 2.7 SD= .89	(13+29+30+33+35)	(Summe) / 5 =
Elaborieren M= 3.4 SD= .67	(5+6+7+12+26+27+28)	(Summe) / 7 =
Zeitmanagement M= 2.7 SD= .91	(1+14+21+22+23)	(Summe) / 5 =
Anstrengung M= 3.1 SD= .70	(15+16+17+18+19+20)	(Summe) / 6 =

Würzburger Lesestrategie-Wissenstest [WLST 7-12]

Der Würzburger Lesestrategie-Wissenstest für die Klassen 7-12 (WLST 7-12) von Schlagmüller und Schneider (2007) ist ein Verfahren zur Erfassung des Wissens über Lesestrategien.

Die Lernstrategieforschung hat sich auch mit solchen Fragen beschäftigt, die sich auf die Beschreibung und Erfassung des Wissens über die angemessene Verarbeitung von Texten bei Schülern beziehen. Es ist evident, dass Schüler erst in höheren Klassenstufen reichhaltiges Wissen über angemessene Strategien beim Lernen und Behalten aus Texten besitzen. Lernstrategien werden dabei in der Regel als potenziell bewusste, häufig auch automatisierte Handlungsfolgen aufgefasst, die in bestimmten Lernsituationen aus dem Strategierepertoire abgerufen und passend eingesetzt werden können, um die antizipierten Lern- und Leistungsziele auch zu erreichen. Wissen über Lernstrategien wird als deklaratives metakognitives Wissen eingestuft und damit prinzipiell als verbalisierbar angesehen. Bei der Erfassung von Lernstrategiewissen über herkömmliche Fragebögen treten häufig Probleme bei der Validität der Antworten auf, d.h. ob hinreichend gesichert werden kann, dass Schüler wahrheitsgemäß und nicht sozial erwünscht antworten. So kann es passieren, dass Schüler, die hohe Werte im Strategiewissenstest aufweisen, dann aber nur niedrige Werte bei der Überprüfung der Lesekompetenz zeigen. Schlagmüller und Schneider haben versucht, bei der Konstruktion des Tests dieses Validitätsproblem besser zu lösen.

Ziele des Einsatzes durch Lehrkräfte

- Differenzierte Erfassung (nach Klassenstufen, Schulformen, Geschlecht) des Wissens über Lesestrategien von Schülern ganzer Klassen
- Überprüfung der Hypothese, ob Lernprobleme von Schülern u.a. auf Defizite im Lesestrategiewissen zurückgeführt werden können
- Überprüfung der Ausgangslage zum Wissensstand, bevor (im Handel verfügbare) Strategietrainingsprogramme zur gezielten Verbesserung des Lesestrategiewissens eingesetzt werden

Konzeption und Aufbau des Tests

Das mit dem WLST 7-12 vorgelegte Verfahren zur Erfassung metakognitiven Wissens über Lesestrategien ist für die Untersuchung von Schülern der Klassenstufen 7 bis 12 konzipiert und deckt damit ein breites Altersspektrum ab. Die Autoren gehen davon aus, dass der Test insbesondere für Lehrkräfte (Deutschlehrer und Klassenlehrer) im Zusammenhang mit der Förderung von Lesekompetenz und der Optimierung des Wissenserwerbs aus Texten in der Sekundarstufe eine entscheidende Hilfe darstellen könnte.

Im WLST 7-12 wird Wissen über Lernstrategien so erhoben, dass Schüler anhand vorgegebener Lern- und Lesesituationen bewerten sollen, welche der aufgelisteten Strategien bzw. Lerntechniken die effektivsten wären, um die jeweiligen Ziele optimal zu erreichen. Das erhobene Wissen über Lernstrategien bezieht sich dabei auf Techniken, die beim Lesen, Verstehen und Reproduzieren von (Wissen aus) Texten wichtig sind.

Im Test werden den Schülern sechs verschiedene Lernszenarien vorgelegt (z.B. was zu tun ist, um einen Text gut verstehen, den Textinhalt gut beherrschen und wiedergeben zu können; ob Bilder, die den Text auflockern, zum besseren Verständnis beitragen etc.).

Jedem Lernszenario sind fünf bzw. sechs verschiedene Vorgehensweisen zur Erreichung der im Szenario formulierten Lernziele angefügt. Die Schüler sollen jeweils die *Qualität und Nützlichkeit aller Antwortalternativen* auf einer Zensurenskala von 1 bis 6 einschätzen. Dabei können die gleichen Skalenwerte bzw. Zensuren auch mehrfach vergeben werden.

Der Test wurde so konzipiert, dass die aus den Einschätzungen entstehende Rangordnung der Vorgehensweise der Schüler mit einer von Experten (Lehrkräfte und Pädagogische Psychologen) erstellten Rangordnung verglichen wird.

Das Ausmaß der Übereinstimmung zwischen Schüler- und Expertenbeurteilung drückt sich im Testwert aus. Hohe Werte können dabei als Hinweis auf gutes Wissen über effektive Strategien zum Lernen aus Texten interpretiert werden.

Der durch den Test ermittelte Prozentrangwert eines Schülers sagt etwas über die Qualität seines metakognitiven Wissens beim Wissenserwerb aus Texten insgesamt aus, weniger über die Ausprägung einzelner Lernstrategien.

Durchführung, Auswertung, Interpretation

Der WLST 7-12 sollte jeweils in der zweiten Hälfte des entsprechenden Schulhalbjahres eingesetzt werden, da in diesem Zeitraum die Normierung vorgenommen wurde. Der Test kann sowohl als Gruppen- als auch Einzeltest durchgeführt werden. Die Durchführungsdauer ist nicht begrenzt und richtet sich nach dem Arbeitstempo der jeweiligen Klasse. Im Durchschnitt kann die Bearbeitungsdauer einschließlich der Instruktionszeit etwa zwischen 20 und 35 Minuten angesetzt werden.

Die Schüler erhalten ein Testheft für die Durchführung. Die Anleitung wird von der Lehrkraft gemeinsam mit den Schülern gelesen. Danach bearbeitet jeder Schüler die sechs Lernszenarien selbstständig.

Die Auswertung erscheint auf den ersten Blick recht kompliziert zu sein. Lehrkräfte sollten sich deshalb aber nicht abschrecken lassen. Die Auswertung für jeden Schüler wird auf einem Auswertungsbogen, der in der Testmappe mitgeliefert wird, vorgenommen. Dieser Auswertungsbogen enthält für alle 6 Szenarien bzw. Aufgaben jeweils ein Pfeildiagramm. Dort wird in die vorbereiteten und mit Großbuchstaben gekennzeichneten Kästchen (Buchstaben entsprechen dabei der Antwortalternative auf dem Schülerbearbeitungsbogen) die vom Schüler angegebene Note für die jeweilige Antwortalternative eingetragen. Danach werden die Schülerantworten jeweils nach ihrer Güte durch Punkte beurteilt, die in die vorbereiteten Kreise im Pfeildiagramm zwischen zwei Kästchen eingetragen werden. Dazu geht der Auswerter folgendermaßen vor: Bepunktet wird jeweils der Vergleich zwischen zwei Kästchenwerten (Noten). Wenn die Note im rechten Kästchen größer ist als die im zu vergleichenden linken Kästchen, dann werden 2 Punkte vergeben und dies in den Kreis zwischen den beiden Kästchen eingetragen. Das heißt, der Schüler bekommt zwei Punkte, weil er der besseren Antwortalternative die bessere Note gegeben hat (entsprechende Kästchen stehen im Diagramm immer links). Hat der Schüler beiden Antwortalternativen die gleiche Note erteilt, so erhält er dafür einen Punkt in den entsprechenden Kreis. Wenn jedoch die im rechten Kästchen stehende Note besser ist als die im linken, so erhält der Schüler keinen Punkt (0 Punkte) in den vorbereiteten Kreis, weil er die Strategien falsch beurteilt hat, d.h. er hat der ineffizienteren Strategie die bessere Benotung gegeben. Insgesamt betrachtet, werden Lesestrategien im Vergleich dann positiver bewertet, wenn sie genaues und systematisches Lesen betonen, Zusammenfassen von Textinhalten mit eigenen Worten und das Markieren von relevanten Textstellen präferieren. Danach wird für die ausgewertete Aufgabe die Gesamtpunktzahl bestimmt, d.h. die in den Kreisen vermerkten Punkte werden aufaddiert. Analog wird mit jedem Lernszenario verfahren. Abschließend wird der Gesamtrohwert durch Aufaddieren aller Aufgabenpunkte bestimmt.

Der Gesamtrohwert kann in der entsprechenden Tabelle im Testmanual in einen Prozentrang transformiert werden.

Die den Prozenträngen entsprechenden Leistungen (von ausgezeichnet bis sehr schwach) sind in einer Übersicht mit sieben Abstufungen auf Seite 16 des Manuals zur Interpretation angegeben worden. Wenn sich für eine Klasse mittlere Prozentrangwerte von 50 und besser ergeben und es nur wenige Ausreißer nach unten gibt, kann die Lehrkraft davon ausgehen, dass ihre Schüler mehrheitlich über metakognitives Wissen verfügen und das Leseverständnis normal entwickelt ist. Hier empfiehlt sich eine differenzierte Förderung lediglich für die betreffenden einzelnen Schüler im Rahmen von individualisiertem oder Förderunterricht. Wenn dagegen festgestellt wird, dass eine größere Zahl von Schülern Prozentrangwerte unter 50 erreicht hat, dann sollte die Lehrkraft verstärkt im Unterricht effektive Lernstrategien des Wissenserwerbs aus Texten an konkreten Lerninhalten vermitteln und einüben lassen.

Gütekriterien
Alle Bereiche der *Objektivität* werden durch das Testmanual gut gewährleistet. Die drei Verfahren zur Überprüfung der *Reliabilität* (Retest, Split-Half und interne Konsistenz) weisen gute Reliabilitätskoeffizienten auf. Die kriteriumsbezogene *Validität* ist zufriedenstellend.

Normen: Es liegen Prozentrangnormen (und T-Werte) vor. Für die Klassenstufen 7 bis 10 liegen nach Geschlecht und Schulformen (außer Förderschule) differenzierte Normtabellen vor. Für Klassenstufe 11 und 12, die nur das Gymnasium betreffen, wurde ebenfalls eine geschlechtsspezifische Differenzierung vorgenommen. Die Normierungsstichprobe bezieht sich auf insgesamt 4.490 Schüler aus allen Bundesländern.

Mathematisches Strategiewissen [MAESTRA 5-6+]

Mit dem MAESTRA 5-6+ stellen Lingl, Götz, Artelt und Schneider (2014) für den Bereich der mathematischen Fertigkeiten ein Verfahren zur Verfügung, das fachbezogenes Strategiewissen erfasst. Damit kann die Beurteilung der Mathematikleistung weiter ausdifferenziert werden.

Ziele des Einsatz durch Lehrkräfte

- Ökonomische Erfassung von Wissen über kognitive und metakognitive Strategien beim mathematischen Problemlösen
- Überprüfung der Hypothese, ob Lernprobleme in Mathematik von Schülern u.a. auf Defizite im Strategiewissen zurückgeführt werden können
- Evaluation der Lernfortschritte beim Strategietraining/Fördern

Konzeption und Aufbau des Tests
Während die Zusammenhänge zwischen selbstberichtetem und tatsächlichem Strategieeinsatz eher gering sind (siehe Artelt, 2000), stellt die Beurteilung von Lernstrategien einen validen Indikator für Strategiewissen dar. Deshalb wird mit dem MAESTRA fachbezogenes Strategiewissen über die Bewertung der Funktionalität und Effektivität unterschiedlicher kognitiver und metakognitiver Strategien operationalisiert und gemessen.

Dabei beziehen sich die kognitiven und metakognitiven Handlungsstrategien, die im Test zu bewerten sind, auf die 4 Phasen des mathematischen Promlemlösens nach Polya (1949): (1) Verstehen der Aufgabenstellung, (2) Planen der Lösungsschritte, (3) Ausführen des Planes und (4) Evaluation und Reflexion der Lösung. Garofalo und Lester (1985) haben in Übereinstimmung mit Polya jeder dieser 4 Phasen solche kognitiven Strategien zugeordnet, die am effektivsten der Zielerreichung in der jeweiligen Phase dienen. Um z.B. eine Aufgabe zu verstehen (1), müssen Schüler zunächst den Aufgabentext durchdringen und die Aufgabe bezogen auf Bekanntheit, Schwierigkeit und Erfolgsaussicht einschätzen können. In der Planungsphase (2) ist Wissen darüber erforderlich, wie Pläne entworfen, wie Ziele und Teilziele identifiziert werden. Die Durchführungsphase (3) gelingt nur dann, wenn Schüler auch Wissen darüber haben, dass der Lösungsplan während der Durchführung möglicherweise auch korrigiert werden muss. In der letzten Phase (4) ist Wissen darüber notwendig, wie die Aufgabenbearbeitung und damit auch die Ergebnisse der vorangegangenen Lösungsphasen bewertet werden können. Dabei gilt grundsätzlich, dass bei festgestellten Problemen in einer der Phasen immer wieder auf vorangegange Phasen rekurriert werden muss. Es wird davon ausgegangen, dass der Umfang des Strategierepertoires entscheidend für die kompetente Lösung mathematischer Probleme ist, weshalb das Urteil über die relative Effektivität und Funktionalität einer Strategie als Indikator für die individuelle Ausprägung des deklarativen und konditionalen Aspekts metagognitiver Kompetenzen angesehen wird.

Auf dieser theoretischen Grundlage werden fünf Szenarien formuliert: Im Szenario „Zoo" wird eine Aufgabe zum Thema Proportionalität vorgeben (dabei beziehen sich die zu bewertenden Strategien auf die Phasen 1 und 2). Das Szenario „Neue Aufgabe" thematisiert die Anforderung, einen Lösungsplan überwachen zu müssen (Phase 1, 2, 3), während im Szenario „Schwierigkeiten" ein Lösungsplan verändert werden muss (Phase 3). Das Szenario „Lösungen" erfordert vom Schüler, Handlungen zu bewerten (Phase 4) und schließlich wird beim Szenario „Klassenarbeit" Wissen über kognitive Lernstrategien (Elaboration vs. mechanische Wiederholung) geprüft. Zur Verdeutlichung der Aufgabenstruktur ist in Abbildung 3.5 das Szenario „Schwierigkeiten" angeführt.

1. Schwierigkeiten	
Die Lösung einer komplizierten Berechnung aus der Hausaufgabe erfordert mehrere Schritte. Bei einem dieser Schritte kommst Du nicht weiter. Was hilft in einer solchen Situation?	
A	Ich fange noch einmal von vorne an und denke darüber nach, ob es andere Möglichkeiten gibt, die Aufgabe zu lösen.
B	Ich frage meine Eltern, Geschwister oder Schulkameraden, ob sie mit weiterhelfen können.
C	Ich überprüfe, ob ich bei den ersten Rechenschritten einen Fehler gemacht habe.
D	Ich rechne aus, was leicht auszurechnen ist und beginne mit der nächsten Aufgabe.
E	Ich frage mich, welches Zwischenergebnis ich brauche, um das Gesuchte berechnen zu können.
F	Ich überspringe den Schritt bei dem ich nicht weiterkomme, damit ich nicht zu viel Zeit verliere.

Abbildung 3.5: Aufgabenbeispiel aus MAESTRA 5-6+ (Lingel et al., 2014, S. 2)

Durchführung, Auswertung, Interpretation
Der Test kann vom 2. Halbjahr der fünften bis zum 1. Halbjahr der siebten Klasse als Einzel- und Gruppentest in allen Schulformen – außer Förderschule – durchgeführt werden. Es handelt sich um einen Paper-Pencil-Test für dessen Durchführung neben einer Stoppuhr zum Dokumentieren der Bearbeitungszeit noch ein Ersatzstift bereit gehalten werden sollte.

Für die Bearbeitung der Testaufgaben gibt es keine festgelegte Zeitvorgabe. Aus der Erfahrung mit der Normierungsstichprobe beträgt der ungefähre Richtwert 10-15 Minuten. Den Schülern wird ein Testheft mit 5 Lern- und Leistungszenarien und den jeweiligen strategischen Handlungsalternativen vorgelegt. Die Schüler haben dann die Aufgabe, die jeweiligen Vorschläge mit den Noten 1 bis 6 danach zu bewerten, wie funktional und effektiv sie sind.

Grundsätzlich werden bei der Auswertung die Bewertungen der Schüler mit den Bewertungen von Experten verglichen. Dabei kommt es nicht auf die absolute Übereinstimmung zwischen Schüler- und Expertenurteil an, sondern darauf, dass Schüler erkennen, welche Strategie die ‚bessere' und welche die ‚schlechtere' ist. Bei Übereinstimmung wird der Paarvergleich mit „1" gewertet, bei Nicht-Übereinstimmung mit „0". Insgesamt sind 34 Paarvergleiche vorzunehmen, so dass die maximale Rohwertsumme 34 Punkte betragen kann. Zur Beurteilung der erreichten Leistung werden die

Rohwerte (mit Hilfe von Normtabellen) in entsprechende Prozentrangwerte oder T-Werte transformiert. Das Vorgehen bei der Auswertung wird im Testmanual anhand eines Beispiels anschaulich erklärt, zur Interpretation sind keine expliziten Beispiele angeführt. Hier muss auf das Wissen über kognitive und metakognitive Lernstrategien und die Bedeutung von Normskalen zurückgegriffen werden.

Gütekriterien: Durchführungs- und Auswertungs*objektivität* werden durch präzise Instruktionshinweise, die Interpretationsobjektivität durch die Angabe von Normen gesichert. Bezogen auf die *Reliabilität* wurde eine gute interne Konsistenz ausgemacht ($\alpha = .85$), die Retest-Reliabilität nach 4 Wochen ist zufriedenstellend ($r_{tt} = .70$). Die Inhalts*validität* wurde durch Expertenübereinstimmung in der Bewertung der Paarvergleiche > 80% sichergestellt. Die kriteriale Validität kann über den Vergleich mit Mathematikleistungstests als zufriedenstellend bewertet werden (DEMAT 5+ $r = .32$, DEMAT 6+ $r = .44$).

Normen: Die Normierungsstichprobe setzt sich insgesamt aus 4.135 Schülern der fünften und sechsten Klassen aus neun Bundesländern zusammen (Baden-Württemberg, Bayern, Brandenburg, Hamburg, Hessen, Mecklenburg-Vorpommern, Niedersachsen, Nordrhein-Westfalen und Sachsenanhalt). Es liegen Prozentrangnormen, T-Werte und T-Wertbänder getrennt für das 2. Halbjahr Klasse 5 bis 1. Halbjahr Klasse 6 und für das 2. Halbjahr Klasse 6 bis Ende 1. Halbjahr Klasse 7 für das Gesamtergebnis und jeweils differenziert nach Schulformen (Gymnasium, Realschule, Hauptschule und Sekundarschule) vor.

(3) Förderung

Neben der prinzipiellen Möglichkeit zur Strategieförderung über die Gestaltung des Unterrichts in allen Sachfächern, gibt es Förderprogramme, mit denen gezielt allgemeine oder spezifische Strategien trainiert werden können (vgl. Friedrich & Mandl, 1997; Weinert & Schrader, 1997). Es liegen Programme zur direkten Vermittlung von allgemeinen, d.h. auf verschiedene Lerninhalte und Aufgabentypen bezogene Strategien vor und Programme zur Vermittlung spezifischer, d.h. domänenbezogener Strategien. Den Großteil dieser Programme machen dabei diejenigen aus, die auf die Vermittlung von Strategien zur Optimierung des Lernens mit Texten ausgerichtet sind. Um die Effektivität solcher Programme zu steigern und den Lerntransfer zu sichern, ist es notwendig, dass alle Fachlehrer ihre Schüler zum strategischen Lernen anleiten. Denn wie bereits im Zusammenhang mit dem Produktivitätsdefizit aufgezeigt wurde, gewährleistet das Wissen um Lernstrategien nicht unbedingt deren Einsatz bei der Bearbeitung einer konkreten Aufgabe. Deshalb ist es notwendig, dass Schüler explizit zur Anwendung von geeigneten Lernstrategien aufgefordert werden und ihnen Gelegenheit gegeben wird, Lernstrategien einzuüben. Im Folgenden wird das Selbstinstruktionsprogramm zum Training reduktiver Textverarbeitungsstrategien (REDUTEX) nach Friedrich (1995) exemplarisch vorgestellt, weil die strategisch effektive Zusammenfassung von Texten eine Schlüsselkompetenz lebenslangen Lernens darstellt.

Zu Beginn des Trainings werden die Anwendung von Makroregeln und die Analyse von Textstrukturen demonstriert und eingeübt. Danach werden sie in einer

Determinanten der Schulleistung und die Konsequenzen für die Diagnostik

Heuristik für das Zusammenfassen von Texten kombiniert. D.h. die folgenden vier Schritte werden mit den Schülern durchgesprochen und danach anhand eines konkreten Textes durchgearbeitet: Die Schüler werden aufgefordert, den Text zu überfliegen (siehe 1. Schritt), danach sollen sie Stichpunkte an den Rand des Textes schreiben (siehe 2. Schritt) usw. Dabei werden die Ergebnisse der einzelnen Schritte verglichen und mit den Schülern besprochen.

Die zu lernende Heuristik umfasst folgende vier Schritte:
1. Orientierendes Lesen: Text zunächst überfliegen, um sich einen Eindruck von Inhalt und formaler Organisation zu verschaffen.
2. Analyse der formalen Organisation des Textes: Am rechten Rand die formale Organisation des Textes durch Marginalien kennzeichnen.
   Vorauswahl: Kennzeichnen der Textabschnitte, welche für die Zusammenfassung wichtige Infos enthalten.
3. Absatzweises Zusammenfassen der ausgewählten Textabschnitte in folgenden Schritten:
   – Bestimmung des Themas des Textabschnittes
   – Knappe Auflistung dessen, was zum Thema gesagt wird
   – Auswahl der Informationen mit Hilfe der Makrooperatoren: Tilgen, Generalisieren, Konstruieren
   – Zusammenfassung des Textabschnittes in ein bis zwei Sätzen
4. Integration der Zusammenfassungen der Abschnitte zu einem kurzen, kohärenten Text.

Schüler sollten wissen, dass das Zusammenfassen von Texten ein rekursiver Prozess ist. Dies kann auch speziell mit den Schülern geübt werden, d.h. sie werden aufgefordert, einen bereits zusammengefassten Text noch weiter zusammenzufassen.

3.1.1.3 Diagnostik der Lernmotivation

Praxisbeispiele

Lea ist seit der 1. Klasse eine gute Schülerin. Wenn sie in einem Leistungstest einmal die Note 2 erhält, ist sie enttäuscht und strengt sich das nächste Mal noch mehr an. Ihrem Freund Peter dagegen machen schlechtere Noten nichts aus. Die Schule interessiert ihn nicht besonders. Nur in Geschichte strengt er sich an. Da hat er immer Einsen. Hierfür liest er sogar zusätzliche Aufsätze und Bücher. Seinem Freund Christian hängt die ganze Schule schon lange zum Halse heraus. Er ist froh, wenn er die Lehrer nicht mehr sieht und endlich Geld verdienen kann.

Paul hat in letzter Zeit an den Wochenenden immer häufiger so etwas wie ein schlechtes Gewissen. Denn eigentlich müsste er sich ja längst auf die bevorstehenden Prüfungen vorbereiten und nicht jede freie Minute zum Klettern fahren. Aber irgendwie bekommt er das nicht in den Griff, obwohl er sich die ganze Woche ernsthaft vornimmt, am kommenden Wochenende nur zu lernen.

Gabi langweilt sich in den Französischstunden bei den furchtbaren Grammatikübungen. Sie möchte doch sprechen lernen, um im Sommer mit ihrer Freundin allein nach Frankreich reisen zu dürfen.

Alle beschriebenen Situationen haben etwas mit der Lern- und Leistungsmotivation dieser Schüler zu tun. Die Hypothesen, dass gute oder schlechte Schulleistungen, Freude oder Anstrengungsvermeidung beim Lernen von der entsprechenden Lernmotivation der Schüler abhängen, sind für die meisten Lehrer plausibel. Für sie ist die Lernmotivation eine der wichtigsten Einflussgrößen für die Aufklärung der Schulleistungsunterschiede zwischen den Schülern.

Wenn man sich dagegen die Korrelationen von Leistungsmotivation und Schulleistung anschaut (z.B. Fraser, Walberg, Welch & Hattie, 1987), dann ist der durchschnittliche Zusammenhang enttäuschend niedrig ($r = .12$). Die gute Absicht allein genügt eben oft nicht, sich in der Schule anstrengen und die unbefriedigende Note auf dem letzten Zeugnis ausmerzen zu wollen. Denn wenn das strategische Lernverhalten dieser Schüler wenig effektiv ist, wird die Leistung nur schwer zu verbessern sein. Mit den Hausaufgaben oder dem Lernen ewig nicht anfangen zu können, Hausaufgaben neben dem Fernsehen zu erledigen, Vokabeln dreimal mechanisch abzuschreiben – all das sind ungünstige Lernstrategien, die trotz aufgewendeter Zeit für das Lernen nicht die erhofften Erfolge bringen. Erfolgreich in der Schule zu sein, verlangt offensichtlich mehr als ein solides Vertrauen, den Anforderungen gewachsen zu sein oder die Wichtigkeit und den Wert schulischen Lernens für die eigene Zukunft zu akzeptieren oder sich verbessern zu wollen. Es bedarf neben dieser positiven Lernmotivation vor allem volitionaler (willentlicher) Kontrollprozesse und instrumenteller Kompetenzen wie der klugen Formulierung von Lernzielen und eines Repertoires an flexibel einsetzbaren Lernstrategien (siehe Kap. 3.1.1.2), um Lernabsichten in tatsächlich erfolgreiche Lernhandlungen überführen zu können.

(1) Theoretischer Rahmen zur Vorbereitung der Hypothesenbildung

Die Beantwortung der Frage, was in der Pädagogischen Psychologie unter Lernmotivation verstanden wird, ist durchaus nicht einfach, weil Lernmotivation kein einheitliches Konstrukt ist, wie es in subjektiven Theorien von Lehrern manchmal angenommen wird. Es geht dabei nicht nur darum, ob Schüler Spaß am Lernen haben, fleißig oder faul sind und im Unterricht gut mitarbeiten. In der Psychologie werden ganz unterschiedliche Formen von Lernmotiven beschrieben und empirisch untersucht: z.B. Interesse, intrinsische und extrinsische Lernmotivation, Leistungsmotivation, Zielorientierungen, motivationale Handlungskonflikte oder soziale Lernmotivation.

Im Folgenden sollen einige dieser theoretischen Konzepte und Modelle der Lernmotivation näher ausgeführt werden, weil mit diesem Wissen Lehrkräfte nicht nur die entsprechenden standardisierten diagnostischen Verfahren besser einordnen und einsetzen können, sondern darüber hinaus auch für das informelle Diagnostizieren und vor allem für die permanente Förderung der Lernmotivation im Unterricht gerüstet sind.

(a) Interesse

Im Gegensatz zu vielen anderen motivationalen Konstrukten ist das Interesse unter psychologischer Perspektive stets *gegenstandsspezifisch* ausgeprägt (vgl. Krapp, 1998, 2002; Prenzel, 1998; Schiefele, 1996, 2001). Interesse bezeichnet die *besondere Be-*

ziehung eines Lerners zu einem *Lerngegenstand* und wird als *individuelle Disposition* aufgefasst.

Ein wesentliches Merkmal von Interesse besteht darin, dass Lerner entsprechenden Lerninhalten eine *herausragende subjektive Bedeutung* verleihen und sich über ihr Interesse selbst definieren. Dabei erleben sie sich beim Lernen aus Interesse als *selbstbestimmt* und frei von äußeren Zwängen. Die Beschäftigung mit interessebasierten Lerngegenständen wird mit *positiven Gefühlen* (Freude, Spaß, Angeregtheit) assoziiert. Schließlich leitet sich aus dem Interesse auch eine *epistemische Orientierung* des Lernens ab. Denn Lerner, die sich für ein Fach oder ein Thema besonders interessieren, möchten mehr darüber erfahren, sich kundig machen, ihr Wissen in Umfang und Differenziertheit erweitern. Somit ist das Interesse zwar ein differenzierender, auswählender, aber äußerst starker Motor für das Lernen. Die mittlere Korrelation zwischen Interesse und Leistung (Noten, Tests) beträgt r = .30 (H. Schiefele, Krapp & Schreyer, 1993). Interesse steht damit in einem engeren motivationalen Zusammenhang mit Leistung als andere Formen der Lernmotivation.

Als pädagogische Schlussfolgerung lässt sich ableiten, dass Schüler in oberen Klassen ein solches gegenstandsspezifisches Interesse bestenfalls für ein oder nur wenige Fächer entwickeln. Die Enttäuschung von manchen Lehrern darüber, dass sich Schüler nicht für alle Fächer interessieren, ist zumindest theoretisch nicht gerechtfertigt und sollte schon gar nicht persönlich bewertet werden.

(b) Intrinsische und extrinsische Motivation
Eng verknüpft mit dem Konzept des Interesses ist der Begriff der intrinsischen Motivation. Intrinsisch motiviert ist Lernen dann, wenn sein Beweggrund im Lerngegenstand oder in der Tätigkeit selbst begründet liegt. Das Lernen, das durch Eigenschaften des Gegenstandes ausgelöst wird, ist offensichtlich interessenbasiert. Es ist aber durchaus auch denkbar, dass das Lernen im Fach Deutsch/Literatur durch die Freude am Lesen, im Kunstunterricht durch die Freude am Zeichnen und in Teilen des Matheunterrichts durch die Freude am Knobeln und Problemlösen gespeist wird.

Als Antrieb gegenstandszentrierter intrinsischer Motivation im Bereich schulischen und akademischen Lernens wird das Streben des Lerners nach persönlicher Verursachung des eigenen Handelns als besonders wichtig angesehen (DeChamrs, 1968). Wenn Lerner ihr eigenes Handeln in hohem Maße als selbst verursacht erleben, dann entsteht ein innerer Belohnungsmechanismus (Stolz, Genugtuung, Wohlbefinden etc.), der das Lernen (intrinsisch) motiviert. Dieser wichtige Aspekt intrinsischer Motivation wurde von Deci & Ryan (1985) weiter ausgearbeitet. Lernen ist immer dann hoch intrinsisch motiviert, wenn es die Grundbedürfnisse des Lerners nach Autonomie, Kompetenz und sozialer Eingebundenheit befriedigt. Auf den Schulkontext übertragen heißt das: Immer dann, wenn Schüler sich im Unterricht und beim Lernen als kompetent, autonom und in Teilen selbstbestimmt und in die Lerngruppe integriert wahrnehmen können, wird die Wahrscheinlichkeit des intrinsisch motivierten Lernens ansteigen. Intrinsische Motivation wird dagegen immer da verunmöglicht, wo Schüler in hohem Maße fremdbestimmt werden, d.h. obwohl sie vieles selbst entscheiden und tun könnten, erhalten sie dafür keine Gelegenheiten und erleben sich dadurch als inkompetent oder als Außenseiter.

Bestehende intrinsische Motivation kann aber auch dadurch verloren gehen, wenn Schüler für das, was sie aus freien Stücken gern und gut tun, zusätzlich von außen belohnt werden (= extrinsischer Anreiz) (DeCharms, 1968; Steiner, 2001). Als Erklärung für diesen Korrumpierungseffekt wird die wahrgenommene Überveranlassung des eigenen Lernens angenommen (Greene & Lepper, 1977). Durch diese zusätzliche Belohnung von außen wird der Lerner darüber unsicher, was der eigentliche Beweggrund für das eigene Lernen ist. Bei anhaltenden Belohnungen (=vorwiegend materielle Verstärker) erhält das Lernen zunehmend intrumentellen Charakter, d.h. es wird nur noch wegen der Belohnung gelernt und die selbstbestimmte, intrinsische Motivation wird geschwächt.

Extrinsisch motiviert ist Lernen dann, wenn es von äußeren, nicht in der Lernhandlung oder im Lerngegenstand liegenden Anreizen verursacht bzw. gesteuert wird. So kann Lernen durch in Aussicht gestellte materielle Belohnungen, durch soziale Anerkennung (Lob), durch Zensuren, aber auch durch das Vermeiden von Strafen, schlechten Noten oder sozialer Blamage extrinsisch motiviert sein. Somit sind Leistungsmotivation, Leistungszielorientierung und soziale Motivation über die Folgen des Lernens veranlasste, extrinsische Motivation.

Die im pädagogischen Diskurs häufig zitierte unterschiedliche Wertigkeit von extrinsischer versus intrinsischer Motivation für das Lernen ist wenig fruchtbar. Rheinberg und Krug (2005) bezeichnen die Bestimmung der intrinsischen Motivation als „Jagd nach einem Phantom". Die Forderung, dass Schüler in der Schule nur oder verstärkt intrinsisch motiviert lernen sollten, wird über einen pädagogischen Mythos und nicht über ein pädagogisch-psychologisches Theorieverständnis zum Lernen und zur Lernmotivation erhoben. Häufig sind in der Praxis die Anteile von extrinsischer und intrinsischer Motivation nicht zu identifizieren. So lernt ein Schüler zunächst, weil er gute Noten möchte und im Laufe der Zeit nimmt er sich zunehmend als kompetent wahr und lernt selbstbestimmt und aus freien Stücken weiter. Gute Noten sind aber in der Schule trotzdem nicht zu verachten.

Es erweist sich für Lehrkräfte als hilfreich, wenn sie lernschwache Kinder oder äußerst unmotivierte Schüler dennoch zum Lernen veranlassen wollen, dass sie auf Mechanismen der materiellen und sozialen Verstärkung (= extrinsische Motivation) zurückgreifen können. Schüler, die äußerst unmotiviert sind, können leichter über Verstärkungspläne ins Lernen zurückgeholt werden als über Einsicht und Überzeugung in die Notwendigkeit des Lernens für das Leben.

Erfahrene Lehrkräfte haben sicher im Blick, dass sie durch ihren Unterrichtsstil, ihre konkrete didaktische Unterrichtsorganisation, ihre handlungsleitenden Kognitionen (Vorurteile im Sinne des Pygmalioneffekts, typische Kausalattributionen der Schülerleistung) und ihre Kommunikation mit den Schülern die Bedürfnisse nach Selbstbestimmung, Kompetenz und sozialer Integration in hohem Maße befriedigen können und damit automatisch die Schüler zum intrinsisch motivierten oder selbstbestimmten Lernen veranlassen. Diese Grundbedürfnisse der Schüler können aber auch täglich und von Lehrkräften unreflektiert frustriert werden, was dann zu Lernunlust, zur Arbeitsverweigerung und zu einer hohen Abneigung gegen Schule und Lernen führen kann.

(c) Leistungsmotivation

Leistungsmotiviert ist das Lernen dann, wenn Schüler nach Erfolgen und Vermeidung von Misserfolgen streben und wenn dieses Lernen in Auseinandersetzung mit einem selbst auferlegten Gütemaßstab auf die Selbstbewertung der eigenen Tüchtigkeit abzielt (Wild, Hofer & Pekrun, 2006). Der Schüler will ein Leistungsziel erreichen oder übertreffen und strengt sich deshalb besonders an. Der Gütemaßstab (= Anspruchsniveau), den sich ein Lerner dabei auferlegt, entscheidet darüber, was als Erfolg und was als Misserfolg bewertet wird. Die Schülerin Lea (siehe Praxisbeispiel) hat ganz offensichtlich einen sehr hohen Gütemaßstab für ihre Leistungen, ein sehr hohes Anspruchsniveau, denn sie erlebt bereits die Note Zwei als verfehlten Erfolg. Andere Schüler sind mit Dreien und Vieren zufrieden, d.h für sie ist das schon Lernerfolg, weil sie nicht mehr Anstrengung in das Lernen investieren wollen oder weil sie ihre Fähigkeiten für begrenzt halten und sich nicht mehr zutrauen.

Leistungsmotivation wird mit Hilfe der Erwartungs-Mal-Wert-Theorie (Atkinson, 1957) erklärt. Die Stärke der Leistungsmotivation wird in diesem Kontext von dem erwartbaren Erfolg des Handlungsergebnisses (= Erwartungskomponente) und vom Anreiz des Handlungsergebnisses (= Wertkomponente) bestimmt. Wenn ein Schüler annimmt, dass er dem Prüfungsstoff gewachsen ist und ihn versteht (Erfolgserwartung) und die Prüfungsnote z.B. für seine Studienbewerbung (Wertkomponente) ausschlaggebend ist, dann wird die Stärke seiner Motivation hoch sein, d.h. er wird viel Anstrengung und Zeit in die Prüfungsvorbereitung investieren. Wenn dagegen die Noten von Zettelarbeiten nicht ins Klassenbuch eingetragen oder die Hausaufgaben nicht kontrolliert werden, dann ist der Anreiz des Handlungsergebnisses gering und der Arbeitsaufwand dieser Schüler wird sich dementsprechend in Grenzen halten.

Neben der *Stärke* ist auch die *Richtung* ein wesentliches Merkmal der Leistungsmotivation. Bei der Leistungsmotivation können zwei Tendenzen auftreten, die sich über die Erfahrung der eigenen Kompetenzen und sozialer Vergleichsprozesse im Verlaufe der Lernkarriere bei jeder Person herausbilden: *Hoffnung auf Erfolg = Erfolgsmotiv* und *Furcht vor Misserfolg = Misserfolgsmotiv*. Schüler mit stark ausgeprägter Tendenz zum Erfolgsmotiv suchen Leistungssituationen auf und erleben sie als Herausforderung, während Schüler mit ausgeprägtem Misserfolgsmotiv leistungsthematische Situationen lieber meiden, weil sie von ihnen als Bedrohung erlebt werden. Es wird angenommen, dass Leistungsmotivation auf einem sich selbst stabilisierenden Selbstbewertungssystem beruht (Heckhausen, 1972).

Wie aus Abbildung 3.6 ersichtlich ist, unterscheiden sich erfolgszuversichtliche und misserfolgsbefürchtende Lerner gravierend in Bezug auf Anspruchsniveau und Zielsetzung, auf typische Attributionsstile (Ursachenzuschreibungen) bei Erfolg und Misserfolg der Leistungen und durch ihre Lernbilanz insgesamt.

Teilprozesse der Selbstbewertung		Motivausprägung	
		erfolgszuversichtlich	misserfolgsmeidend
Anspruchsniveau, Zielsetzung		realistisch, mittelschwere Aufgaben	unrealistisch, extrem leichte/ schwere Aufgaben
Typische Ursachenzuschreibung nach:	Erfolg	Anstrengung, eigene Tüchtigkeit	Glück, leichte Aufgaben
	Misserfolg	mangelnde Anstrengung, Pech	mangelnde eigene Fähigkeiten, Begabung
Bewertung des Handlungsergebnisses		positive Erfolgs-Misserfolgsbilanz	negative Erfolgs-Misserfolgsbilanz

Abbildung 3.6: Das Selbstbewertungsmodell der Leistungsmotivation nach Heckhausen (1972)

Erfolgsmotivierte Lerner besitzen ein angemessenes Anspruchsniveau und wählen mittelschwere Aufgaben als realistische Zielsetzung. Die Wahl mittelschwerer Aufgaben lässt sie den Handlungserfolg noch erwarten, stellt damit aber gleichzeitig auch eine Herausforderung (Anreiz) dar, weil der Erfolg bei diesen Aufgaben nicht garantiert ist. Mittelschwere Aufgaben machen am besten deutlich, was ein Lerner zu leisten im Stande ist. Misserfolgsbefürchter dagegen haben häufig eine unrealistische Zielsetzung. Sie wählen entweder zu leichte oder zu schwere Aufgaben. Bei der Wahl der leichten Aufgaben ist für sie der Handlungserfolg wahrscheinlich. Der Wert (Anreiz) des Handlungsergebnisses ist jedoch dann gering und stabilisiert damit nicht das Selbstkonzept der eigenen Fähigkeiten, weil ja jeder Schüler im Prinzip solche leichten Aufgaben lösen kann. Verwunderlich erscheint auf den ersten Blick die Wahl extrem schwieriger Aufgaben, weil die Erwartung des Handlungserfolgs praktisch ausgeschlossen ist. Dagegen liegt der Anreiz für Misserfolgsmotivierte bei der Wahl extrem schwieriger Aufgaben darin, dass sie ihr Selbstkonzept schützen können, denn das Verfehlen von Leistungen bei solchen Aufgaben fällt nicht besonders ins Gewicht, weil nur ganz wenige Schüler solche Aufgaben überhaupt lösen können. Misserfolgsmotivierte vermeiden – wenn sie die Wahl haben – immer mittelschwere Aufgaben, weil dadurch ihr vermeintliches Unvermögen besonders deutlich zu Tage tritt.

Ein weiterer Teilprozess der Selbstbewertung der Leistung bezieht sich auf die typische Ursachenzuschreibung bei erfolgreicher oder verfehlter Leistung (Weiner, 1975).

	Internal		External	
	Stabil	Variabel	Stabil	Variabel
Kontrollierbar	Wissen	Anstrengung	Lernumgebung	Aufgabenwahl
Nicht Kontollierbar	Begabung	Krankheit	Schwierigkeit des Faches	Zufall

Abbildung 3.7: Taxonomie der Kausalattributionen bei Erfolg und Misserfolg nach Weiner (1975)

Determinanten der Schulleistung und die Konsequenzen für die Diagnostik 147

In enger Beziehung zum Selbstkonzept des Lerners sind die Ursachen zu sehen, die er seinen Erfolgen und Misserfolgen zuschreibt. Wie aus Abbildung 3.7 ersichtlich ist, kann die Kausalattribution auf drei Dimensionen bezogen werden:
1. Ort der Verursachung
 (internal = in der Person vs. external = außerhalb der Person, im Kontext)
2. Veränderbarkeit
 (stabil= nicht oder nur schwer veränderbar vs. variabel = veränderbar)
3. Kontrollierbarkeit
 (vom Lerner beeinflussbar vs. nicht beeinflussbar)

Wie aus dem Selbstbewertungsmodell (Abb. 3.6) hervorgeht, erklären erfolgsmotivierte Lerner ihre Leistungserfolge mit Fähigkeiten und Begabung (= internal, stabil, wenig kontrollierbar) oder mit Anstrengung und Tüchtigkeit (= internal, variabel, kontrollierbar). Beide Möglichkeiten der Ursachenzuschreibung wirken selbstwertverstärkend, wobei die Anstrengung vom Lerner noch kontrollierbar ist, d.h. er kann selbst bestimmen, wann und wie sehr er sich anstrengt. Misserfolge begründen diese Lerner auch selbstwerterhaltend, indem sie dafür mangelnde Anstrengung oder Pech (=external, variabel, nicht kontrollierbar) verantwortlich machen.

Misserfolgmotivierte dagegen attribuieren gelegentliche Erfolge mit Glück (=external, variabel, nicht kontrollierbar) oder mit zu leichten Aufgaben (=external, variabel). Damit bessern diese Erfolge nicht ihr Fähigkeitsselbstkonzept auf, weil sie glauben, dass der Erfolg nicht von ihnen verursacht ist. Deshalb macht es auch wenig Sinn, solchen Lernern Erfolgserlebnisse zu verschaffen, ohne ihren Attributionsstil zu korrigieren, weil sie daraus keine Konsequenzen für die Aufpolierung ihres Selbstkonzeptes und keinen Nutzen für nachfolgende Lernmotivation ziehen können. Selbstbild vernichtend werden zusätzlich die häufigen Misserfolge beurteilt, weil diese nun auf mangelnde eigene Fähigkeiten zurückgeführt werden, die unbeeinflussbar sind.

Die vergleichsweise schlechte Selbstbewertungsbilanz der Misserfolgsmotivierten bewirkt, dass Leistungsverhalten für sie nicht positiv bekräftigend wirkt. Die extreme Art der Aufgabenwahl ermöglicht ihnen zwar, Selbstwert belastende Rückschlüsse über die eigenen Fähigkeiten möglichst zu vermeiden. Damit haben sie aber auch keine Chance, ihre tatsächlichen Leistungsmöglichkeiten zu erfahren und sich ein positives Selbstbewertungsverhalten anzueignen. Das ungünstige Motivsystem – im Falle der Misserfolgsmotivierten – stabilisiert sich selbst. Damit wird ein verhängnisvoller Teufelskreis ausgelöst, aus dem solche Lerner häufig nicht allein herausfinden. Sie bedürfen der Beratung und Veränderung ihrer unrealistischen Zielsetzungen und Selbstwert zerstörenden Attributionsmuster. Sie müssen lernen, dass Misserfolge und Erfolge über die eigene Anstrengung zustande kommen (typisches Attributionsmuster der Erfolgsmotivierten). Eine Ursachenzuschreibung auf Anstrengung verbessert die Selbstbewertungsbilanz und hält Leistungsbemühungen auch bei Leistungsverfehlungen aufrecht.

(d) Zielorientierungen
Zielorientierungen beim Lernen werden als motivationale Variable insbesondere im amerikanischen Sprachraum untersucht (goal theories: vgl. Pintrich & Schunk, 1996) und weisen eine gewisse konzeptuelle Ähnlichkeit zur Leistungsmotivation auf. Denn

auch bei den Zielorientierungen steht die Frage im Mittelpunkt, aus welchen Beweggründen, Personen lernen. *Zielorientierungen sind gedächtnismäßig gespeicherte und im Selbstkonzept des Lerners verankerte Bewertungsmaßstäbe für den eigenen Lernerfolg.*

Zielorientierungen werden ähnlich wie intrinsische und extrinsische Motivation dichotom aufgefasst; neuerdings aber auch als relativ unabhängige Konstrukte. Dabei kann das Lernen einerseits von einer *Aufgaben- und Lernzielorientierung,* andererseits von einer *Leistungszielorientierung* gesteuert werden. Das Ausmaß der Lernzielorientierung wird daran festgemacht, wie sehr ein Lerner seine eigenen Fähigkeiten steigern und sein Wissen erweitern will. Dieses Lernen ist also vor allem auf die Lerninhalte und die Kompetenzerweiterung ausgerichtet.

Lerner mit einer Leistungszielorientierung richten dagegen den Lernanreiz auf die vorzeigbaren Folgen des Lernergebnisses. Sie lernen nicht der Inhalte oder Kompetenzerweiterung wegen, sondern um gute Note zu erhalten, besser als andere zu sein oder ihr Image bei Lehrern und Mitschülern zu steigern. Beide Arten von Zielorientierungen beim Lernen sind *habituelle Dispositionen* und ermöglichen die relativ nachhaltige und situationsübergreifende Bewertung von Zielen und Valenzen.

Heute wird die Leistungszielorientierung häufig in zwei Unterformen beschrieben: (a) Annäherungsleistungszielorientierung und (b) Vermeidungsleistungszielorientierung. Diese Ausdifferenzierung findet im diagnostischen Verfahren der „Skalen zur Erfassung der schulischen Lern- und Leistungsmotivation" (SELLMO) (siehe unter Diagnostik der Motivation) bereits eine Anwendung. Damit wird in gewisser Weise die traditionelle Unterscheidung der Leistungsmotivkomponenten (Hoffnung auf Erfolg vs. Furcht vor Misserfolg) wieder aufgenommen.

(e) Fähigkeitsselbstkonzepte
Jeder Schüler entwickelt im Verlaufe seiner Schulzeit ein relativ stabiles Fähigkeitsselbstkonzept, das unter anderem das *Wissen über die eigenen Leistungsmöglichkeiten und die affektive Beurteilung (Selbstvertrauen)* enthält. Das Fähigkeitsselbstkonzept des Lerners beeinflusst ganz entscheidend das Kompetenzerleben, die Befindlichkeit, das Anspruchsniveau und das subjektive Erklärungsmuster für Erfolg und Misserfolg. Damit beeinflusst das Fähigkeitsselbstkonzept einer Person auch entscheidend ihre Lern- und Leistungsmotivation.

So wirken sich beispielsweise die Attributionen erfolgszuversichtlicher Lerner günstig für die Selbstbewertung aus. Die internale Ursachenzuschreibung (siehe genauer unter Leistungsmotivation) bei Erfolg erhöht mit jedem Erfolgserlebnis zugleich auch das Vertrauen in die eigenen Fähigkeiten. Somit ist es auch nicht verwunderlich, dass erfolgsmotivierte Lerner im Vergleich zu misserfolgsängstlichen in der Regel ein günstigeres Selbstkonzept der eigenen Fähigkeiten haben.

Die individuellen Einschätzungen der eigenen Fähigkeiten müssen jedoch nicht immer den tatsächlichen Begabungen und Fähigkeiten der Person entsprechen. Hierbei kann es zu Überschätzungen oder auch Unterschätzungen kommen, was sich nicht unwesentlich auf die Stärke und Richtung der Leistungsmotivation und auch auf die tatsächliche Leistung auswirken kann.

Personen, die ihre Fähigkeiten hoch einschätzen oder leicht überschätzen, setzen sich hohe Ziele, trauen sich viel zu und sind hoch motiviert, Schwierigkeiten beim Lernen zu überwinden. Unter diesen günstigen motivationalen Bedingungen zeigen solche Lerner dann auch bessere Schulleistungen als jene, die ein zu niedriges Fähigkeitsselbstkonzept haben, obwohl sie sich möglicherweise in ihrem tatsächlichen Fähigkeitsniveau von jenen mit einem hohen Selbstkonzept nicht unterscheiden.

Diejenigen, die ihre Fähigkeiten zu gering einschätzen, setzen sich niedrige Ziele, weichen leistungsthematischen Situationen, wenn möglich, aus und machen sich in Leistungssituationen permanent Sorgen, ob sie es schaffen. Dadurch leisten sie dann tatsächlich weniger als sie könnten, was wieder negativ und bestätigend auf ihr ungünstiges Fähigkeitsselbstkonzept zurückwirkt.

Es besteht Konsens darüber, dass sich Fähigkeitsselbstkonzepte der Lerner durch ihre *Kompetenzerfahrungen* in den betreffenden Schulfächern herausbilden und dass bei der Bewertung dieser Erfahrungen *soziale, individuelle und dimensionale Vergleichsprozesse (Bezugsnormorientierungen)* eine wichtige Rolle spielen (zusammenfassend: Möller & Köller, 2004). Diese wichtige theoretische Prämisse liegt auch dem diagnostischen Verfahren der *„Skalen zur Erfassung schulischer Selbstkonzepte"* *(SESSKO)* zugrunde (siehe Diagnostik der Lernmotivation).

Lehrer sollten ein besonderes Augenmerk darauf richten, dass Selbstkonzepte als Ergebnisse sozialer Vergleichsprozesse immer von der durchschnittlichen Leistungsfähigkeit der Lerngruppe bestimmt werden, in der sich die Schüler befinden. So wird ein ehemals guter Grundschüler, der in eine sehr leistungsstarke 5. Klasse kommt, mit einer geringeren Wahrscheinlichkeit gute Noten erzielen und deshalb ein weniger positives lernrelevantes Selbstkonzept entwickeln können als ein ebenso fähiger Schüler, der zufällig in eine leistungsschwächere Klasse kommt, deshalb häufiger Einsen erhält und dadurch ein wesentlich positiveres Selbstkonzept aufbauen kann.

Die Tatsache, dass sich zwei „objektiv" gleich gute Schüler durchaus in ihrer Selbstbewertung unterscheiden können, ist als *„BIG-fish-little-pond-Effekt"* (großer Fisch im kleinen Teich) bekannt geworden (Marsh, 1987, 2005). Im Schulalltag zeigt sich dieser Effekt auch darin, dass gute Hauptschüler ein positiveres Fähigkeitsselbstkonzept entwickeln können als leistungsschwächere Gymnasialschüler, obwohl letztere im Leistungstest die besseren Leistungen zeigen (Köller & Baumert, 2001). Dadurch verfügen diese Hauptschüler über die günstigere Motivation und ihr schulisches Wohlbefinden wird besser sein als das jener Gymnasiasten.

Besonders deutlich werden die beschriebenen Bezugsgruppeneffekte, wenn Schüler die Schulform wechseln. So kann es beim Übergang von der Grundschule in weiterführende Schulen zu einem relativen Auf- oder Abstieg innerhalb der Leistungshierarchie in der Bezugsgruppe kommen, der zum Teil wesentliche Veränderungen in den Ursachenzuschreibungen und Selbstbewertungen der Schüler nach sich ziehen kann (Möller & Jerusalem, 1997). Lehrkräfte sollten dieses Wissen bei der Schullaufbahnberatung der Schüler und Eltern unbedingt berücksichtigen.

Für die Diagnostik und Förderung der motivationalen Lernvoraussetzungen von Schülern ist darüber hinaus von Bedeutung, dass Lehrkräfte vor allem die Schüler identifizieren, die ihre eigenen Leistungsmöglichkeiten unterschätzen, ein zu niedriges Fähigkeitsselbstkonzept haben und sich damit in einer ungünstigeren Lern- und Leistungssituation befinden, als das von ihren tatsächlichen ‚objektiven' Lernvoraussetzungen her nötig wäre. Diese Schüler benötigen bei der Korrektur ihres Fähigkeitsselbstkonzeptes Beratung und Hilfe durch Lehrkräfte.

(f) Motivationale Handlungskonflikte
Diagnostik steht immer auch in der Gefahr, die Erklärung auf monokausale Ursachen zu reduzieren – besonders bei Annahmen zur Zielstruktur von Schülern. Kinder und Jugendliche verfügen aber wie alle Erwachsenen über multiple Handlungsziele. Inwieweit *Lernziele* und *akademische Ziele* in der persönlichen Zielstruktur von Schülern verankert sind, hat Einfluss auf ihre Lern- und Leistungsmotivation.

Für das emotionale Wohlbefinden einer Person ist es wichtig, dass Ziele und Motive kongruent sind. Ein Schüler, der im Wesentlichen Ziele anstrebt, die nur im Freizeitbereich realisiert werden können, wird schwerlich eine ausreichende Lernmotivation für schulisches Lernen entwickeln und sein Wohlbefinden wird in der Schule und beim Lernen in hohem Maße beeinträchtigt sein.

Heutige Schüler erleben häufig einen „Wertekonflikt" zwischen Leistungserbringung und Wohlbefinden, weil Wohlbefindenswerte in der Regel nur noch außerhalb der Schule befriedigt werden können. Die Zahl der Schüler, die im schulischen Lernen gleichzeitig auch Wohlbefinden erlebt, nimmt ab. Rational besteht bei den meisten Schülern zwar die Einsicht, dass sie nur mit guten Lernergebnissen und entsprechenden Schulabschlüssen die gewünschte berufliche Laufbahn einschlagen können. Andererseits hat der Wert Freizeit in der Gesellschaft einen so hohen Stellenwert erlangt und die Freizeitangebote und -wünsche der Schüler haben so stark zugenommen, dass sie mit den Lernerfordernissen in Konkurrenz und zum Teil in dauerhafte Konflikte geraten können.

Dem kompetenten Umgang mit multiplen Zielen (Freizeitziele, Hobbys vs. für die Schule lernen und gute Schulabschlüsse erlangen) kommt in postmodernen Gesellschaften eine wachsende Rolle zu. Klassische Motivationstheorien, wie etwa die Leistungsmotivationstheorie, haben solche Zielkonflikte von heutigen Schülern weniger im Blick. Auch Lehrkräfte denken bei der Qualität der Lernmotivation eher an Leistungserbringungen, Interesse, Fleiß und Anstrengung beim Lernen, als daran, dass ihre Schüler Zielkonflikte zwischen Freizeitinteressen und schulischen Anforderungen nicht effizient bewältigen können und darin ein Teil der Schul- und Lernfrustration der Schüler begründet liegen könnte.

In der Theorie der motivationalen Handlungskonflikte (Hofer, 2003, 2004; Hofer, Fries, Reinders, Clausen, Dietz & Schmid, 2004) wird der Zustand rivalisierender Handlungstendenzen, ihre Entstehungsbedingungen und die Folgen solcher motivationaler Konflikte für die Schüler beschrieben.

In einer Zeit gravierenden Wertewandels, in der Leistung zunehmend aus unterschiedlichen Gründen relativiert wird und dagegen die Wohlbefindenswerte und der Wert Freizeit an Bedeutung und Einfluss stetig in der Zielstruktur nicht nur bei Jugendlichen, sondern auch bei deren Eltern zunehmen, müssen Lehrkräfte verstärkt berücksichtigen, dass *das Lernen eben nur einen Teil des Schüleralltags ausmacht.* Wenn man das akzeptiert, sollte darüber nachgedacht werden, wie Schüler zum Managen von Lernen und Freizeit befähigt werden können.

Determinanten der Schulleistung und die Konsequenzen für die Diagnostik

> Für eine angemesse Diagnostik ist die Frage wichtig: Wie entstehen nun solche Handlungskonflikte und welche konkreten Auswirkungen haben sie auf das Lernen der Schüler?

Schüler realisieren Leistungs- und Wohlbefindenswerte in interindividuell unterschiedlichem Ausmaß. Schüler, die mit dem Lernen sowohl Leistungs- als auch Wohlbefindenswerte in Einklang bringen, sind für Lernen und schulische Ziele hoch motiviert und werden in der Regel erfolgreiche Schüler sein. Die Schüler aber, die mit *einer* Handlung jeweils nur *ein* Ziel erreichen und damit die *Realisierung eines anderen Ziels ausschließen*, erleben sogenannte *Zielkonflikte*. Das ist beispielsweise dann der Fall, wenn ein Schüler für eine Klassenarbeit lernen müsste, aber am Wochenende die Freunde zum Klettern fahren (siehe Praxisbeispiel Paul).

Ein motivationaler Handlungskonflikt entsteht also nur dann, wenn zu einem Zeitpunkt mehrere Tätigkeiten gleich hoch bewertet werden, die aber nicht gleichzeitig ausgeführt werden können. Es entsteht bei dem betreffenden Schüler nun ein situativer Zustand, der durch Unsicherheit geprägt ist.

Eine zentrale Aussage der Theorie von Hofer ist, dass im Falle des Wertekonfliktes auch nach der Entscheidung für eine Handlung der Konfliktzustand erhalten bleibt. Das kommt daher, weil die nicht ausgeführte Intention im Arbeitsgedächtnis aktiviert bleibt und zur Ausführung drängt. Damit stört sie die Ausführung der gewählten Handlung. Das trifft insbesondere dann zu, wenn die gewählte Handlung das Lernen ist. Dieses wird dann mit weniger Konzentration, Ausdauer und Qualität ausgeführt, weil es schwierig ist, die alternative Freizeitintention aus dem Arbeitsgedächtnis zu verbannen. Der Schüler, der sich für das Lernen auf die Klassenarbeit und gegen das Klettern mit Freunden entschieden hat, denkt beim Lernen permanent daran, was ihm am Wochenende alles entgangen ist und was die Freunde wohl Interessantes erlebt haben. Die Vorbereitung auf die Klassenarbeit geht dabei schleppend, missmutig und ineffektiv voran.

Aber auch dann, wenn der Freizeitinitiative nachgegeben worden wäre, tritt möglicherweise ein schlechtes Gewissen auf, das den Genuss beeinträchtigt, weil die nicht realisierte Lernhandlung im Arbeitsgedächtnis weiterhin präsent ist. Das würde für Paul bedeuten, der sich für das Klettern mit Freunden entschieden hat, dass er sich das ganze Wochenende sorgende Gedanken macht, ob er in der Nacht auf Montag noch ausreichend lernen und wie er einen Misserfolg in der Klassenarbeit doch noch abwenden könnte. Bei diesen Gedanken kommt auch nicht die erwartete Freude beim Klettern auf.

> Wie aber lösen Schüler nun solche motivationalen Handlungskonflikte?

In der Regel wenden sie inadäquate Lösungs- bzw. Sequenzierungsstrategien an (Hofer, 2004), die im Folgenden kurz erläutert werden.

Hinausschieben
Um mit anhaltenden Rivalitäten von Intentionen umzugehen, wird die schulische Lernhandlung zugunsten aktueller Wohlbefindenstätigkeit hinausgeschoben. Die Hausaufga-

ben werden z.B. zugunsten des Treffs im Park auf später verschoben. Hinausschieben ist aber nur dann sinnvoll, wenn ein günstiger Zeitpunkt für eine Handlung abgewartet werden soll. Das macht aber eine Vorausplanung der Lerntätigkeit erforderlich. Meist besteht jedoch die Gefahr, dass die aufgeschobene Tätigkeit unterlassen wird.

Springen
Der Schüler springt zwischen verschiedenen Tätigkeiten. So wechselt er zwischen Mathematikhausaufgabe und Übertragung eines Fußballspiels hin und her. Dabei kostet jeder Wechsel Zeit. Die Hausaufgaben sind zum Schluss flüchtig und fehlerbehaftet und vom Fußballspiel wurden auch die entscheidenden Szenen verpasst.

Mehrfachhandlungen
Diese Strategie folgt dem Prinzip, das eine zu tun, ohne das andere zu unterlassen. Es ist kaum vorstellbar, dass eine Schülerin auf einer Gartenparty effektiv für die Biologiearbeit lernen kann, obwohl sie vorsorglich alle Arbeitsmaterialien mitgenommen hat.

Aufgeben
Wenn während des Lernens Schwierigkeiten auftreten, so kann das entweder mit erhöhter Anstrengung kompensiert werden, oder die Tätigkeit wird vorzeitig abgebrochen. Das kann bei der Realisierung multipler Ziele adaptiv sein. Wenn das gewünschte Ziel nicht erreichbar ist, ist es für das Wohlbefinden günstig, das Ziel aufzugeben oder den Anspruch zu senken. Dabei müssen die betreffenden Schüler aber in Kauf nehmen, dass die schulischen Leistungen schlechter werden. Die damit verbundene Herabsetzung des Leistungsanspruchs als eine den Selbstwert schützende Strategie bedeutet häufig, dass die Schüler den Freizeitaktivitäten einen höheren Wert zumessen.

Für die Diagnostik ist in diesem Zusammenhang wieder bedeutsam, dass die Bewertung von Leistung und Wohlbefinden durch Schüler systematisch mit deren Lernverhalten (Noten, Hausaufgaben) zusammenhängt (Hofer et al., 2004): 1. Schüler, die Leistungen hoch bewerten, berichten über günstigere Sequenzierungsstrategien bei Handlungskonflikten zwischen schulischen und außerschulischen Tätigkeiten. 2. Schüler mit hohen Wohlbefindenswerten neigen eher zu ineffektiven Sequenzierungsstrategien (Springen, Aufgeben). 3. Schüler, die in Leistung und Wohlbefinden wichtige Ziele für sich sehen, berichten über mehr motivationale Handlungskonflikte.

Leistungsverluste durch das Erleben motivationaler Handlungskonflikte sind vor allem dann zu erwarten, wenn Schüler ihre Tätigkeiten nicht planen können. Schüler, die Handlungsinitiierung und Handlungsausführung planen können, haben wesentlich geringere Leistungseinbußen. Sie sind zu Metakognitionen in der Lage und können so das Auftreten von motivationalen Handlungskonflikten minimieren. Eine zentrale Fördermöglichkeit durch Lehrkräfte liegt deshalb in der Befähigung der Schüler zum differenzierten Planen von Lernhandlungen und Tagesabläufen.

(g) Veränderung der Lernmotivation im Verlauf der Schulzeit
Für eine angemessene Diagnostik der Lernmotivation sind auch entwicklungspsychologische Veränderungen dieser Lernvoraussetzung von Bedeutung.

Betrachtet man die Entwicklung der Lernmotivation der Schüler vom Schuleintritt bis zum Verlassen der Schule, dann wird ein *gravierender Umbau* der motivationalen

Strukturen (Fend, 2000c) sichtbar. Fend spricht nicht vom Abfallen, sondern vom Umbau der Lernmotivation über die Schuljahre, wenngleich Lehrkräfte diese Veränderung der Lernbereitschaft ihrer Schüler eher als ein Absinken erleben.

Jede Grundschullehrerin weiß aber auch, dass Kinder in der Regel hoch motiviert in die erste Klasse kommen. Die Identifikation mit der Schule ist noch globaler Art, denn Schule wird insgesamt als ganzheitlich gut und nur gelegentlich als überflüssig erlebt. Mit der Lehrkraft identifiziert sich das Kind total. Was die Schule verlangt, wird ohne kritische Rückfragen akzeptiert, was Lehrer und Eltern fordern, ist Gebot – auch bei allem möglichen kindlichen Widerstand, der aber noch nicht auf einer eigenen Position aufbaut.

Schulanfänger überschätzen häufig ihre eigenen Fähigkeiten und halten sich in der Regel für begabt und gute Schüler. Dieser natürliche (aber unrealistische) Überoptimismus ist ein wichtiger Schutzmechanismus, der die Überzeugung vermittelt, dass sich mit Anstrengung alles erreichen lässt. Dieses unrealistische Wunschdenken geht etwa mit acht Jahren verloren und macht einer realistischeren Selbsteinschätzung Platz, die zunehmend durch soziale Vergleiche und Lehrerrückmeldungen korrigiert wird.

Eine Gefährdung für die Etablierung einer positiven Lernmotivation besteht während der Grundschulzeit durch gehäufte Misserfolge und eine Erziehungshaltung der Eltern, die ihre Zuneigung zu einseitig von den Lernerfolgen des Kindes abhängig machen. Im ungünstigen Fall kann auch bereits in dieser Zeit das Lehrerverhalten zu einem Risikofaktor für die Entwicklung der Leistungsmotivation der Schüler werden. Wenn nämlich Schüler ihre Lehrer als wenig unterstützend, wenig verlässlich und unberechenbar erleben, dann geht das häufig mit negativen Kontrollüberzeugungen, einer geringen Unterrichtsbeteiligung und mit schlechten Schulleistungen einher (Skinner, Zimmer-Gembeck & Conell, 1998). Zeitstabile und situationsübergreifende Leistungsmotivstrukturen, die sich zwischen „Erfolgszuversicht" und „Misserfolgsängstlichkeit" ausprägen, sind aber erst am Ende der Grundschulzeit zu beobachten.

Für den deutschsprachigen Raum liefert die Münchner Längsschnittstudie (Helmke, 1993) interessante Befunde für die Entwicklung der Lernfreude vom Kindergarten bis zum Ende der Grundschule. *Von Schuljahr zu Schuljahr ist ein kontinuierlicher Rückgang der Lernfreude zu beobachten,* der jedoch fächerspezifisch ist. Bei Mädchen sinkt die Lernfreude insbesondere stärker in Mathematik, bei Jungen im zweiten Schuljahr deutlich in Deutsch. Insgesamt bleibt die Lernfreude in der Grundschulzeit aber noch im positiven Bereich.

Der eigentliche Einbruch der Lernmotivation ist von der sechsten zur siebten Klasse zu verzeichnen. Die Anstrengungsbereitschaft bei schulischen Aufgaben sinkt von der sechsten zur neunten Klasse kontinuierlich. Die Veränderung wird von einem Anstieg disziplinarisch auffälligen Verhaltens, insbesondere bei Jungen, begleitet. *Die Distanz zur Schule vergrößert sich in dieser Zeit prinzipiell* (Fend, 2000b).

Differenzierte Einblicke in die Entwicklung verschiedener Komponenten der Lernmotivation während der Schulzeit liefert die Arbeit von Pekrun (1993). Das wichtigste Ergebnis dieser Untersuchung ist, dass die *Leistungsmotivation der Schüler über die Schuljahre von der fünften Klasse an sehr stabil bleibt.* Das ist deshalb nicht verwunderlich, weil sich am Ende der Grundschulzeit die Leistungsmotivstrukturen zeitstabil und situationsübergreifend herausgebildet haben. Die Bedeutung von Erfolg bleibt darüber hinaus von der fünften bis zur zehnten Klasse konstant hoch. Die *intrinsische und die soziale Motivation fallen dagegen signifikant ab*. Auch das *Wohlbefinden der Schüler in der Schule nimmt von der sechsten zur zehnten Klasse signifikant ab* (Fend, 2000c).

Diese gravierenden, ungünstigen Veränderungen in der Lernmotivation und in der Zuwendung zur Schule im Verlauf der Adoleszenz machen eine Ursachenaufklärung erforderlich. Ist der Rückgang der Anstrengungsbereitschaft und der Lernmotivation in einigen Bereichen ein unvermeidliches Entwicklungsphänomen oder von schulischen Kontextfaktoren abhängig?

Fend (2000c) argumentiert in beide Richtungen. Zunächst setzt in dieser Altersphase eine Differenzierung der Lerninteressen ein, die dazu führt, dass die Schüler ihre Anstrengungsbereitschaft und ihre emotionalen Investitionen selektiver und dosierter gestalten. Die Schule als Entwicklungsaufgabe tritt in Konkurrenz zu anderen wichtigen Themen und Entwicklungsaufgaben – etwa zur Neuorganisation der Beziehungen zu Eltern, Erwachsenen und Peers oder zum Lernen des Umgangs mit Sexualität.

Gegen eine entwicklungsbedingte und somit unabänderliche Erklärung sprechen auch Vergleichsuntersuchungen der Lernmotivation von deutschen und schweizerischen Schülern (Fend, 1997). Da anzunehmen ist, dass schweizerische Schüler auch in die Pubertät kommen und von den entsprechenden Entwicklungsaufgaben belastet sind, bei ihnen aber Lernmotivation, Lernfreude und schulisches Wohlbefinden nicht absinken, liegt der Schluss nahe, dass die Veränderung der Lernmotivation deutscher Schüler vor allem auf eine ungünstige und sich im Verlaufe der Sekundarstufe verschlechternde Passung zwischen den Bedürfnissen der Schüler und den Kontextbedingungen der Schule zurückzuführen ist (z.B. Eccles & Midgley, 1989; Roesner & Eccles, 1998). Eccles und Kollegen beschreiben eine Reihe von Veränderungen in der Qualität der Lehrer-Schüler-Beziehungen, die für das Absinken der Lernmotivation der Schüler verantwortlich sein könnten.

- Schüler wünschten sich gerade in der Phase der Frühadoleszenz (6. bis 8. Klasse) eine erhöhte emotionale Unterstützung und Zuwendung durch ihre Lehrkräfte, die dies häufig aber nicht mehr als ihre Aufgabe ansehen.
- Im Verlauf der Sekundarstufe I würde nicht nur das intellektuelle Anspruchsniveau erhöht, sondern auch die Notenpraxis würde strenger. Damit entstünde eine offenkundige Diskrepanz im Erleben der Schüler zwischen der Verschlechterung der Noten und dem aber kontinuierlichen Anwachsen ihres Wissens und Könnens. Die Verschlechterung der Noten führt zu einer Verunsicherung im Selbstwerterleben und einer Verschlechterung der Fähigkeitsselbstkonzepte, was wiederum das Absinken der Lernmotivation zur Folge hat.
- Verschärfend käme hinzu, dass Lehrkräfte Leistungsbewertungen insbesondere im Rahmen einer sozialen Bezugsnormorientierung vornehmen und die Schüler, die sich entsprechend ihrer Entwicklungsaufgabe zunehmend an Gleichaltrigen orientieren, in einen Wettbewerb mit ihren Mitschülern gedrängt würden.
- Der Unterricht in höheren Klassen sei stärker lehrerdominiert und lehrerzentriert und stünde damit im Widerspruch zum entwicklungsgemäßen Streben der Schüler

nach Autonomie und Selbstbestimmung. Damit werden diese ausgeformten Grundbedürfnisse der Schüler frustriert, was wiederum äußerst negativ auf die Lernmotivation zurückwirkt.

(2) Diagnostische Verfahren zur Erfassung der Lernmotivation
Die Hypothese, dass die Lernmotivation der Schüler gestört bzw. ungünstig ist, kann u.a. immer dann aufgestellt werden, wenn die schulischen Leistungen von Schülern absinken, sie schulische Anforderungen verweigern oder nur unzureichend erfüllen und wenn Schüler disziplinarisch auffällig werden. Für die Diagnostik der Lernmotivation gibt es für die Hand des Lehrers eine Reihe z.T. standardisierter Verfahren, die in der Regel jeweils einen Aspekt der Motivation näher hinterfragen.

Zur Erfassung des Leistungsmotivs (Hoffnung auf Erfolg/Furcht vor Misserfolg) liegen dagegen keine für Lehrer geeigneten ökonomischen und standardisierten Verfahren vor. Die Ausarbeitung und Handhabung solcher Verfahren ist deshalb kompliziert, weil sich einerseits die direkte verbale Erfassung des Leistungsmotivs aus theoretischen Gründen verbietet, andererseits die vorhandenen Verfahren, die auf Bildsituationen basieren (z.B. Leistungsmotiv-Gitter von Schmalt, 1976) sehr kompliziert in der Auswertung sind.

Bevor die Lehrkraft jedoch zur Hypothesenprüfung auf standardisierte Verfahren zurückgreift, sollte sie informelle Methoden zur Feststellung der Lernmotivation in Erwägung ziehen, z.B. Exploration, direkte mündliche Befragung oder schriftlich über Aufsätze.

Soll näher geprüft werden, wie die Schüler Erfolge oder Misserfolge attribuieren, so können Lehrer z.B. nach Klassenarbeiten, Leistungskontrollen u.ä. die Schüler befragen, worin Sie die Ursachen für den konkreten Erfolg oder Misserfolg sehen. Sie könnten die Schüler aber auch beobachten, wie diese das Zustandekommen ihrer Leistung beurteilen. Denn Schüler verbalisieren über das Zustandekommen von Erfolgen bzw. Misserfolgen häufig laut und wenig missverständlich.

Will die Lehrkraft in Erfahrung bringen, ob und welche motivationalen Handlungskonflikte die Schüler haben und wie sie diese lösen, kann ganz direkt schriftlich oder mündlich gefragt werden. Erfahrene Lehrkräfte erzählen zur besseren Einstellung der Schüler auf das Problem beispielsweise eine Fallgeschichte von einem Schüler, der solche Konflikte hat und nicht weiß, wie er damit umgehen soll (siehe in Analogie zu Paul im vorangestellten Praxisbeispiel). Danach können die Schüler Vorschläge zur Lösung einbringen bzw. berichten, was sie selbst in solchen Situationen tun.

Im Folgenden wird ein neueres standardisiertes Verfahren zur Diagnostik von Aspekten der Lernmotivation näher vorgestellt.

(a) Diagnostik der Lern- und Leistungsmotivation
Lern- und Leistungsverhalten von Schülern wird auch durch ihre Zielorientierung beim Lernen bestimmt. Bei Schülern mit andauernden schlechten Schulleistungen besteht die Gefahr, dass bereits Vermeidungs-Leistungsziele aufgebaut wurden und sie zunehmend die Tendenz zur Arbeitsvermeidung zeigen. Mit der ‚Bevorzugung' einer solchen Lernzielorientierung ist die ‚Karriere' des schlechten Schülers häufig besiegelt, wenn dies vom Lehrer nicht rechtzeitig erkannt wird. Es ist für eine positive Leistungsentwicklung

der Schüler entscheidend, dass sie frühzeitig eine motivationale Haltung ausbilden, die sich auf eine starke inhaltsgebundene Lernzielorientierung gründet.

Zur Diagnostik unterschiedlicher **Zielorientierungen** können die Skalen zur Erfassung der Lern- und Leistungsmotivation (SELLMO*)* (Spinath, Stiensmeier-Pelster, Schöne & Dickhäuser, 2012) eingesetzt werden, um diejenigen Schüler frühzeitig zu erkennen, die eine ungünstige Zielorientierung zum Lernen präferieren.

Skalen zur Erfassung der Lern- und Leistungsmotivation [SELLMO-S]

Die SELLMO-S sind bei Schülern der 3. bis 10. Klassenstufen und bei Studierenden (SELLMO-ST) einsetzbar. Im Folgenden werden nur die Skalen für Schüler erläutert.

Ziele des Einsatzes für Lehrkräfte

- Ursachensuche bei schlechten Schulleistungen oder Lernschwierigkeiten
- Feststellung der Zielorientierungen von Schülern beim Lernen nach Übernahme einer neuen Klasse, um geeignete pädagogische Maßnahmen zur Motivationsförderung einleiten zu können

Konzeption und Aufbau

Mit den SELLMO liegt ein deutschsprachiges Verfahren zur Erfassung von zeitlich überdauernden und über Situationen hinweg konsistenten Zielorientierungen bei Schülern vor. Die Zielorientierung wird dabei über vier Dimensionen erfasst: (1) „Lernzielorientierung", (2) „Annäherungs-Leistungszielorientierung", (3) „Vermeidungs-Leistungszielorientierung", (4) „Arbeitsvermeidungsorientierung".

Die *erste Dimension (Lernzielorientierung)* beschreibt Lerner mit einer starken Lernzielorientierung, d.h. diese bevorzugen leistungsbezogene Aufgaben als Lernchance und sind bemüht, permanent Lernfortschritte zu erzielen und Aufgaben trotz auftretender Schwierigkeiten zu meistern. Die motivationale Ausrichtung dieser Schüler beim Lernen bezieht sich vor allen auf den eigenen Wissens- und Könnenszuwachs. Eine solche ausgeprägte Lernzielorientierung hat positive Wechselwirkungen mit anderen motivationalen und kognitiven Variablen. So stehen die Zielorientierungen der Schüler auch im Zusammenhang mit ihren spezifischen Kausalattributionsstilen. Lernzielorientierte Schüler beispielsweise begründen ihre Leistungen im Gegensatz zu leistungsorientierten eher mit Anstrengung als mit Fähigkeiten (Ames, 1984). Eine solche Ursachenbegründung ist im Falle schlechter Leistungen (Misserfolgen) immer günstiger, weil man seine eigene Anstrengung stets kontrollieren kann. Schüler mit einer Lernzielorientierung erleben auch mehr positive Affekte gegenüber Lern- und Leistungsaufgaben (Nicholls, Patashnick & Nolen, 1985) und ein stärkeres Interesse für den Lerngegenstand (Harackiewicz, Barron, Carter, Lehto & Elliot, 1997). Lernzielorientierte verwenden darüber hinaus mehr tiefenverarbeitende Lernstrategien, was sich wiederum günstig auf das Verstehen der Lerninhalte und die Leistungen auswirkt. Sie zeigen ebenfalls eine größere Ausdauer (Ames & Archer, 1988). Insgesamt wurde durch eine Reihe empirischer Untersuchungen belegt, dass eine starke Lernzielorientierung mit dauerhaft guten Schulleistungen einhergeht.

Die *zweite Dimension (Annäherungs-Leistungszielorientierung)* beschreibt eine Zielorientierung des Lerners, die vorwiegend darauf gerichtet ist, vorhandene eigene Kompetenzen besonders gut zur Geltung zu bringen. Die Zielrichtung ist hierbei weniger der Lerninhalt, sondern vielmehr das Vorzeigen guter Leistungen und Fähigkeiten. Schüler lernen beispielsweise deshalb, um die Besten in einer Klasse oder besser als Freunde zu sein. Solche Annäherungs-Leistungsziele können kurzfristig durchaus mit guten Leistungen gekoppelt sein. Sie gewährleisten jedoch nicht immer eine langfristige und intensive Beschäftigung mit Lerninhalten, die für nachhaltige Lernerfolge zusätzlich unerlässlich ist. Die Annäherungs-Leistungszielorientierung ist unter bestimmten Bedingungen jedoch äußerst vorteilhaft (Wettbewerbssituation, Prüfung).

Mit der *dritten Dimension (Vermeidungs-Leistungszielorientierung)* werden Lerner gekennzeichnet, die versuchen, ihre vermeintlich nicht vorhandenen Kompetenzen zu verbergen. Sie verwenden ihre Anstrengung nicht darauf, Lernrückstände und Wissensdefizite aufzuholen, sondern das Nicht-Können zu bemänteln und Leistungssituationen, wo immer es geht, auszuweichen.

Beide Arten der Leistungszielorientierung wirken sich vor allem dann ungünstig auf das Lernen und die Leistung aus, wenn die Schüler über ein geringes Fähigkeitsselbstkonzept verfügen. Für die Präzisierung der Diagnose zur Lernmotivation ist es deshalb von Vorteil, wenn SELLMO-S und Skalen zur Erfassung des schulischen Selbstkonzepts (SESSKO) gekoppelt eingesetzt werden.

Bei der *vierten Dimension (Arbeitsvermeidungorientierung)* ist charakteristisch, dass beim Lerner weder Lern- noch Leistungsanreize vorhanden sind. Hier besteht die Tendenz, möglichst wenig Arbeit und Anstrengung in das Lernen zu investieren. Weder Lernerfolge, noch gute Noten werden von diesen Schülern angestrebt. Die Folge dieser Arbeitsvermeidungsorientierung sind schlechte Schulleistungen und eine äußerst gering bzw. negativ ausgeprägte Lernmotivation.

Für die Interpretation der Testergebnisse der Lern- und Leistungsorientierung im Rahmen der vier Dimensionen ist jedoch zu bedenken, dass bei Schülern diese Formen der Zielorientierungen nicht isoliert auftreten müssen, sondern von ihnen parallel verfolgt werden können. So kann ein Schüler durchaus motiviert sein, permanent neues Wissen zu erwerben, aber gleichzeitig möchte er auch seine Kompetenzen in der Schulklasse zur Geltung bringen und zu den Besten gerechnet werden. Ein anderer Schüler verfolgt die Zielorientierung, seine Leistungen günstig zu präsentieren, aber parallel dazu will er auch seine Schwächen verbergen.

Die SELLMO umfassen insgesamt 31 Items zur Selbsteinschätzung (jeweils 8 Items zur Lernzielorientierung, Vermeidungszielorientierung, Arbeitsvermeidungsorientierung sowie 7 Items zu Annäherungs-Leistungszielorientierung). Alle Items sind als Ergänzung der Aussage „In der Schule geht es mir darum ..." konzipiert (siehe zur Illustration Abb. 3.8). Auf einer 5-stufigen Antwortskala geben die Schüler an, in welchem Ausmaß die jeweilige Aussage für sie persönlich zutrifft.

	stimmt gar nicht	stimmt eher nicht	Weder noch	stimmt eher	Stimmt genau
In der Schule geht es mir darum, ...					
... zum Nachdenken angeregt zu werden	☐	☐	☐	☐	☐
... das, was ich kann und weiß, auch zu zeigen (AL)	☐	☐	☐	☐	☐
... dass niemand merkt, wenn ich etwas nicht verstehen (VL)	☐	☐	☐	☐	☐
... mit wenig Arbeit durch die Schule zu kommen (AV)	☐	☐	☐	☐	☐

(LZ = Lernziele, AL = Annäherungs-Leistungsziele, VL = Vermeidungs-Leistungsziele, AV = Arbeitsvermeidung)

Abbildung 3.8: Itembeispiel aus SELLMO-S (Spinath et. al., 2012)

Durchführung, Auswertung, Interpretation
Die SELLMO-S können sowohl zur Einzel- als auch zur Gruppentestung eingesetzt werden. Die Bearbeitungsdauer einschließlich der Instruktion und Erläuterung liegt zwischen 10 und 20 Minuten. Für die Auswertung liegen Schablonen vor, die dem Testauswerter die Aufrechnung der Rohwerte zu den vier Dimensionen (jede Dimension ist dort unterschiedlich farblich gekennzeichnet) erleichtern. Die addierten Skalenrohwerte lassen sich bei den SELLMO-S mit Hilfe von Normtabellen in Prozentränge und T-Werte transformieren. Dadurch wird das Testergebnis der getesteten Person in Bezug auf die repräsentative Vergleichsstichprobe interpretierbar.

Gütekriterien
Die *Objektivität* wird gewährleistet durch eine differenzierte Instruktion zur Durchführung, Auswertung und Interpretation im Testmanual. *Reliabilität* und *Gültigkeit* sind zufrieden stellend.
  Die Normierung der SELLMO-S basiert auf einer repräsentativen Stichprobe von Schülern der 3. bis 10. Klassen an Haupt,- Real-, Gesamt- und Sekundarschulen und an Gymnasien. Die Normtabellen enthalten Skalen-Rohwerte, Rohwertbänder, Prozentränge, T-Werte und T-Wertbänder. Die Berechnungsprozedur, die der Normierung zugrunde liegt, hat ergeben, dass getrennte Normtabellen einmal für die Schüler der 3. bis 6. Klassen und zum anderen für die Schüler der 7. bis 10. Klassen erstellt wurden. Eine Differenzierung der Normen in Bezug auf Schulform und Geschlecht erwies sich nach Aussage der Autoren aufgrund fehlender Unterschiede als nicht erforderlich (vgl. Manual, S. 39).

(b) Diagnostik schulischer Fähigkeitsselbstkonzepte
Wenn ein Schüler schlechte Leistungen erbringt, Eltern oder Lehrer jedoch vermuten, dass seine kognitiven Fähigkeiten wesentlich über dem Niveau der erbrachten Leistung liegen könnten, sollte nach den Ursachen geforscht werden. Eine plausible Hypothese in diesem Beratungskontext könnte lauten: Der Schüler zeigt u.a. deshalb schlechte Leistungen, weil sein allgemeines schulisches Fähigkeitsselbstkonzept ungünstig auf die Lernmotivation wirkt. Er traut sich möglicherweise nichts oder sehr wenig zu. Bei Klassenarbeiten richten sich seine besorgten Gedanken insbesondere auf

Determinanten der Schulleistung und die Konsequenzen für die Diagnostik 159

die zugeschriebene geringe Leistungsfähigkeit, die sich dann auch einstellt, weil nicht ausreichend Zeit zur Aufgabenlösung blieb.

Skalen zur Erfassung des schulischen Selbstkonzepts [SESSKO]

Mit den Skalen zur Erfassung des schulischen Selbstkonzepts (SESSKO) von Schöne, Dickhäuser, Spinath und Stiensmeier-Pelster (2012) kann bei Schülern der 3. bis 10. Klasse ein allgemeines schulisches Fähigkeitskonzept erfasst werden.

Ziele des Einsatzes für Lehrkräfte
- Differenzierte Aufklärung bei ungünstiger Lernmotivation, wenn vorher bereits die SELLMO eingesetzt wurden
- Überprüfung des Fähigkeitsselbstkonzepts von Schülern, wenn die Hypothese besteht, dass diese bessere Leistungen erbringen könnten

Konzeption und Aufbau
Die SESSKO bestehen aus vier Skalen: schulisches Selbstkonzept (1.) kriterial; (2.) individuell; (3.) sozial; (4.) absolut; mit jeweils 5 bis 6 Items. Damit wird das Fähigkeitsselbstkonzept von Schülern unter systematischer Berücksichtigung verschiedener Bezugsnormen, die der Schüler zur Beurteilung seiner schulischen Fähigkeiten heranzieht, abgebildet. D.h. der Schüler beurteilt seine Leistungsfähigkeit jeweils in Bezug auf seine Mitschüler (soziale Bezugnorm), in Bezug auf seine eigene Leistungsentwicklung (individuelle Bezugsnorm), in Bezug auf ein Kriterium/eine Anforderung (kriteriale Bezugsnorm). Die Items der vierten Skala sind bezugsnormunspezifisch (=absolut) formuliert (siehe Abb. 3.9).

Wenn ich mir angucke, was wir in der Schule können müssen, halte ich mich für					
nicht begabt	•	•	•	•	• sehr begabt
Ich bin für die Schule …					
weniger begabt	•	•	•	•	• begabter als früher
Ich denke, ich bin für die Schule …					
weniger begabt als meine MitschülerInnen	•	•	•	•	• begabter als meine MitschülerInnen
Ich bin für die Schule …					
nicht begabt	•	•	•	•	• sehr begabt

(Bsp. 1: Skala „Selbstkonzept – „kriterial", Bsp. 2: Skala „Selbstkonzept – „individuell", Bsp. 3: Skala „Selbstkonzept – „sozial", Bsp. 4: Skala „Selbstkonzept – „absolut").

Abbildung 3.9:   Itembeispiele aus SESSKO-S (Schöne et. al., 2012)

Durchführung, Auswertung, Interpretation
Die SESSKO können zur Gruppen- oder Einzeltestung genutzt werden. In beiden Fällen bearbeiten die Schüler den Fragebogen selbstständig. Zuvor erhalten sie vom Testleiter präzise Instruktionen zur Durchführung. Die Bearbeitungsdauer beträgt zwischen 7 und 15 Minuten. Für die Auswertung stehen Schablonen und ein Auswertungsbogen zur Verfügung. Es können Prozentränge und T-Werte (Bänder) für alle vier Skalen ermittelt werden. Die ermittelten Normwerte für die vier Skalen können als Profil grafisch dargestellt werden. Sowohl für die Interpretation als auch für die Ableitung von Fördermaßnahmen sind diese vier Werte von entscheidender Bedeutung. Wenn beispielsweise der Wert der Skala „sozial" unterdurchschnittlich ausfällt, die Leistungen des Schülers aber über dem Klassendurchschnitt liegen (d.h. der Schüler bewertet sich im sozialen Vergleich zu seinen Mitschülern zu schlecht), dann muss im Unterricht und im Beratungsgespräch mit dem Schüler an einer realistischeren Selbsteinschätzung gearbeitet werden.

Gütekriterien
Die SESSKO erfüllen aufgrund der standardisierten und detailliert beschriebenen Durchführungs-, Auswertungs- und Interpretationsinstruktionen im Testmanual das Kriterium der *Objektivität*. Zahlreiche Befunde belegen die *Reliabilität*. Die *Validität* wurde in der überarbeiteten Fassung weiter abgesichert.

Es liegen für die vier Skalen jeweils Prozentrangnormen und T-Werte getrennt nach Schülern der Primarstufe (3. bis 4. Klasse) und der Sekundarstufe (5. Bis 10. Klasse) vor.

Differentielles schulisches Selbstkonzept-Gitter mit Skala zur Erfassung des Selbstkonzepts schulischer Leistungen und Fähigkeiten [DISK-Gitter mit SKSLF-8]

Mit dem differentiellen schulischen Selbstkonzept-Gitter mit Skala zur Erfassung des Selbstkonzepts schulischer Leistungen und Fähigkeiten von Rost, Sparfeldt und Schilling (2007) liegt ein Verfahren vor, das es ermöglicht, in den Klassen 7 bis 10 neben dem generellen schulischen Selbstkonzept (SKSLF-8) auch schulfachspezifische Selbstkonzeptfacetten (DISK-Gitter) in sechs Schulfächern (Mathematik, Deutsch, Englisch, Physik, Geschichte und Biologie) ökonomisch zu erfassen. In Abhängigkeit von der jeweiligen diagnostischen Fragestellung können das allgemeine Selbstkonzept und die differentiellen Aspekte auch getrennt voneinander erfasst werden.

Ziele des Einsatzes für Lehrkräfte

- Erfassung der Ausprägung des allgemeinen schulischen Selbstkonzepts sowie spezifischer Selbstkonzepte in den Hauptfächern zur differenzierten Aufklärung bei Lernmotivationsproblemen von Schülern
- Prüfung der Hypothese, ob ein Schüler u.a. auch deshalb schlechte Leistungen in einem Fach zeigt, weil sein fachspezifisches Fähigkeitsselbstkonzept ungünstig ausgeprägt ist

Konzeption und Aufbau

In der Literatur wird zwar übereinstimmend davon ausgegangen, dass es sich beim Selbstkonzept um ein mehrdimensionales Konstrukt handelt, die Binnenstruktur ist aber noch nicht abschließend geklärt. Die Mehrheit schließt sich der Position des Selbstkonzeptmodells von Shavelson, Huber und Stanton (1976) an, die folgende hierarchische Organisation der Selbstkonzeptfacetten postulieren: Danach steht das generelle Selbstkonzept an der Spitze und gliedert sich in Gruppen-Selbstkonzeptfaktoren auf, z.B. in das akademische oder physische Selbstkonzept. Diese Gruppen werden eine Ebene tiefer wiederum in relativ enge inhaltliche Subkomponenten unterteilt. Das akademische Selbstkonzept lässt sich demnach in schulfachspezifische Aspekte, z.B. das Selbstkonzept der Leistungsfähigkeit in Deutsch, Mathematik usw. aufteilen. Während das globale Selbstkonzept eher stabil ist, sind die unteren Ebenen beweglicher und damit durch pädagogische Interventionen veränderbar.

Auf dieser theoretischen Grundlage können mit dem vorliegenden Instrument sowohl das allgemeine schulische Selbstkonzept als auch schulfachspezifische Selbstkonzeptfacetten erfasst werden. Um zu gewährleisten, dass die Verfahren auch getrennt voneinander durchgeführt werden können, befinden sich die Items für SKSLF-8 und DISK-Gitter auf separaten Testbögen. Sowohl für die Erfassung des allgemeinen schulischen Selbstkonzepts als auch der sechs Fachselbstkonzepte müssen jeweils acht identische Itemstämme bearbeitet werden. Dadurch reduziert sich der Leseaufwand und -anspruch für die Schüler.

Durchführung, Auswertung, Interpretation

SKSLF-8 und DISK-Gitter können unabhängig, aber auch gemeinsam eingesetzt und als Einzel- oder Gruppentest durchgeführt werden. Die Schüler haben jeweils 8 Aussagen zu bewerten (z.B. „Ich weiß in ... die Antwort auf eine Frage schneller als die Anderen"; „In ... fallen mir gute Noten zu"; „Ich gehöre in ... zu den Guten"). Das Antwortformat reicht jeweils von „1" (trifft gar nicht zu) bis "6" (trifft genau zu). Dauer der Testdurchführung bei der Vorgabe des gesamten Instruments beträgt ca. 10 Minuten. Für die Instruktion ist zusätzlich Zeit einzurechnen.

Die *Auswertung* erfolgt ohne Schablone. Die Ergebnisse können nach Aufsummierung der Werte jeder Skala direkt in das Profilblatt eingetragen werden. Diejenigen Skalen, bei denen mehr als ein Wert pro Skala fehlt, sollten nicht ausgewertet werden. Fehlende Werte können durch einen individuellen, d.h. auf den restlichen sieben Items der jeweiligen Skala basierenden Mittelwert, ergänzt werden. Bei Einzelbefragungen besteht für den Testleiter die Möglichkeit, eine Nachbearbeitung fehlender Antworten zu erfragen. Von der Auswertung sollten weiterhin Fragebögen ausgeschlossen werden, bei denen ein (Verfälschungs-)Muster erkennbar ist. Auch bei einer massiven Störung während der Bearbeitung sollte der Fragebogen nicht ausgewertet werden.

Die Rohwerte werden mithilfe der Normtabellen im Manual in T-Werte ‚transformiert'. Zusätzlich wird ein inhaltliches Interpretationsbeispiel angeboten.

Gütekriterien

Das Verfahren überzeugt insgesamt durch die guten psychometrischen Eigenschaften. Die Hinweise zur Durchführung, Auswertung und Interpretation sichern ein hohes Maß an *Objektivität*. Bezogen auf die *Reliabilität* liegen für die SKSLF-8 die Homogenitäten in unterschiedlichen Teilnormstichproben zwischen α =.81 und α =.83, die Retest-Reliabilitäten (4 bis 6 Wochen) zwischen r_{tt}=.71 und r_{tt}=.80. Die Homogenitäten der sechs Skalen des DISK-Gitters reichen von α =.91 bis α =.95, die Retest-Reliabilität (4 bis 6 Wochen) von rtt=.70 bis rtt=.90. Die *Validität* wird für die beide Teile belegt.

Es liegen gemeinsame schulformübergreifende als auch nach Geschlecht und Schulform getrennte *Normen* vor. Für extrem hohe und extrem niedrige Rohwerte werden in den Normtabellen keine differenzierten T-Werte angegeben.

(3) Förderung der Lernmotivation

- Die Förderung der Lernmotivation durch den Lehrer im Unterricht lässt sich nur schwer in einzelne Maßnahmen zerlegen. Dabei handelt es sich eher um ein sehr komplexes pädagogisches Treatment. Es erstreckt sich über die *permanente Berücksichtigung der Grundbedürfnisse der Schüler nach Autonomie, Kompetenz und sozialer Eingebundenheit, über Strategievermittlung* bis hin zum *angemessenen Wechsel in der Bezugsnormorientierung bei der Leistungsbewertung* durch den Lehrer. So profitieren beispielsweise leistungsschwächere Schüler zur Stärkung ihrer Lernmotivation von einer individuellen Bezugsnormorientierung, d.h. wenn die Lehrkraft dem Schüler die individuellen Lernfortschritte zurückmeldet, die bei einer sozialen Bezugsnormorientierung noch nicht ins Gewicht fallen würden. Dagegen möchten leistungsstarke Schüler oder Schüler mit einer Annäherungs-Leistungszielorientierung schon auch eine Rückmeldung darüber, dass sie im sozialen Vergleich gut sind. Lehrkräfte, die *bei der Bewertung Engagement und Leistung trennen,* d.h. die neben der unvermeidlichen Zensierung auch das Engagement und die kleinen Lernfortschritte der Schüler positiv anerkennen, fördern und erhalten die Lernmotivation der Schüler. Wichtig bei der Lernmotivationsförderung ist aber auch, dass Lehrer den *Mythos, dass Lernen immer Spaß machen müsse*, für sich und die Schüler *korrigieren.* Lernen kann und wird mit positiven Emotionen einhergehen, wenn Schüler sich als kompetent erleben, gewissenhaft arbeiten, systematisch Wissen ohne Lücken aufbauen können, wenn sie über flexible Lernstrategien verfügen und vor allem, wenn sie Verantwortung für ihr Lernen übernehmen, die auf bestimmte Ziele gerichtet ist. Lernen ist aber darüber hinaus auch Verpflichtung und harte Arbeit und bedarf volitionaler (willensmäßiger) Anstrengung und Kontrolle, um Störreize beim Lernen ausschalten, Schwierigkeiten beim Lernen überwinden, Lerninhalte und -aufgaben verstehen zu wollen.
- Lehrkräfte sollten ihre *eigenen Kausalattributionen für Erfolg und Misserfolg bei der Schülerleistung überprüfen*. Die Lehrer, die in der Ursachenzuschreibung für Erfolg und Misserfolg bei ihren Schülern Anstrengung, Fleiß und Zeiteinsatz präferieren, haben in der Regel lernmotiviertere Klassen, weil sie so den Schülern Veränderungsoptimismus und Kontrollautonomie kommunizieren. Wenn Schüler glauben, dass ihre Lehrer für die schlechten Leistungen ihren zu geringen Lernaufwand verantwortlich machen und nicht ihre mangelnden Kompetenzen und Begabungen, dann ist das selbstbilderhaltend und -förderlich, weil „man sich ja nun doch bald anstrengen und mehr lernen könnte, wenn man wollte".

Determinanten der Schulleistung und die Konsequenzen für die Diagnostik 163

- Lernaktivitäten und Lernmotivation der Schüler können in unteren Klassen auch durch das *Sammeln von Leistungspunkten auf ein Punktekonto* (Karteikarte) gefördert und verstärkt werden. Dabei wird zunächst gemeinsam von Lehrkraft und Schülern festgelegt, wofür es solche Punkte gibt. So kann es z.B. Punkte für das Überarbeiten oder Neuschreiben von Texten (Aufsätze, Projektmappen, Versuchsbeschreibungen), für besondere Gründlichkeit beim Kontrollieren der eigenen Mathematikaufgaben, des Diktates, des Aufsatzes, der Übersetzung etc. und für das Entdecken von überflüssigen Fehlern geben. Die gesammelten Punkte können zu einem festgelegten Zeitpunkt jeweils in vorher festgelegte Annehmlichkeiten transferiert werden (z.B. Eintauschen gegen Erlassen von Hausaufgabe, eine gute Fleißnote etc.). Wichtig dabei ist, dass es dem Schüler selbst obliegt, ob er solche Punkte sammeln will. Im gegenteiligen Fall erwachsen ihm keine Nachteile.
- Besonders motivationsfördernd und leistungsverbessernd hat sich erwiesen, wenn Lehrkräfte ihre *Schüler bei der Formulierung, Ausarbeitung, Realisierung und Kontrolle von Lernzielen unterstützen.* Lernziele können auf unterschiedlichem Abstraktionsniveau formuliert und antizipiert werden (momentanes, sehr kurzfristiges, wenig komplexes Anliegen bis zu äußerst langfristigen, globalen Lebenszielen). Je weitreichender und umfassender Lern- und Verbesserungsziele von Schülern aufgestellt werden, desto mehr bedürfen diese Ziele der Unterteilung (Hierarchisierung) und Sequenzierung in Teilziele, einer differenzierten Planung der konkreten Umsetzung und der klugen zeitlichen Rahmung. Eine praktikable Möglichkeit für die Zielfestlegung, -realisierung und -kontrolle ist der so genannte *Zielvertrag,* der zwischen einem Schüler, seinen Eltern und/oder seinem (Klassen)Lehrer abgeschlossen wird. Schüler äußern am Schuljahresbeginn häufig den Wunsch, sich in einem oder mehreren Fächern verbessern zu wollen. Da sie aber ihren Verbesserungswunsch oft nicht in Handlungsintention und Handlungen umsetzen können, folgt auf diesen Wunsch nur ein schlechtes Gewissen. Erstreckt sich das Lernvorhaben über ein Schulhalbjahr, dann ist der Abschluss eines Zielvertrags besonders effektiv. In Analogie zum Verhaltensvertrag (siehe Kap. 3.5.3.2) sollte diese Vereinbarung folgende Punkte enthalten:

1. Benennung der konkreten Lernziele und den Zeitraum ihrer Realisierung
2. Planung der Umsetzung (was, wann, wo mit wessen Hilfe …)
3. Antizipation möglicher Schwierigkeiten und Lösungsvarianten
4. Festlegung von Lernhelfern (Mitschüler, Eltern, Lehrer) und Realisierungskontrolleuren (zunächst Fremdkontrolle mit Zunahme der Selbstkontrolle)
5. Termine der Zwischenbilanzierung
6. Festlegung der Belohnung bei Zielrealisierung

Eine solche Zielvereinbarung zur Verbesserung der Lernleistungen erhöht die Verbindlichkeit der Zielrealisierung für alle Seiten. Dabei machen Schüler die Erfahrung, dass durch eine konkrete schriftliche Planung die Umsetzung der positiven Lernabsicht in tatsächliche und regelmäßige Lernhandlungen besser gelingt, als wenn man es sich nur in Gedanken vorgenommen hätte und dass sich durch den erhöhten Einsatz der Lernzeit und der Anstrengung die Schulleistungen tatsächlich verbessern lassen. Damit ist auch eine positive Rückwirkung auf die Lernmotivation und das Wohlbefinden des Schülers verbunden. Ebenso hat ein solcher Zielvertrag in seiner Realisierung auch Auswirkungen auf *die Verbesserung der metakognitiven Lernstrategien,* denn Schüler lernen dadurch, ihr Lernen selbstständiger zu planen und zu kontrollieren.

- Auch die Schüler, die häufige motivationale Handlungskonflikte erleben und dabei inadäquate Sequenzierungsstrategien anwenden, benötigen eine konkrete Anleitung durch Lehrkräfte, um sich bei der Realisierung schulischer Anforderungen nicht zu stark ablenken zu lassen und dennoch Freizeit genießen zu können. Die *Förderung von Kompetenzen im Umgang mit motivationalen Handlungskonflikten setzt Willensstärke beim Lernen voraus bzw. muss trainiert werden.* Ein Mittel dafür ist ein *Lerntagebuch, das der Selbstbeobachtung bei Planungs-, Diagnose-, und Steuerungsprozessen des Lernens* dient (siehe dazu auch Kap. 3.2.4).
- Handlungskontrolle (als volitionale Komponente) kann auch dadurch erreicht werden, dass sich Schüler die positiven Konsequenzen des Lernens vorstellen (z.B. etwas ohne fremde Hilfe verstehen, Verbesserung der Note, mehr Anerkennung durch Mitschüler und Lehrer, Freude für Eltern etc.), um negative Gefühle beim Lernen zu verändern.
- Ein geeignetes Mittel für den Umgang mit motivationalen Handlungskonflikten ist demnach das *Bereitstellen von Strukturen.* Struktur ist die erwartbare Verknüpfung von Ort, Zeit und Lernhandlung und besteht vor allem in geregelten Zeitabläufen (Hofer, 2003). Solche festgelegten Strukturen (z.B. von ... bis ... Hausaufgaben und Lernpensum; von ... bis ... Freizeit, etc.) erleichtern dann das Ausblenden von alternativen Handlungsoptionen zum jeweiligen Zeitpunkt, weil die Reihenfolge, in der die unterschiedlichen Ziele realisiert werden, im Grundsatz festgelegt ist. Lehrer sollten mit Schülern relativ frühzeitig solche Strukturen (Wochenpläne; Tagespläne, Pläne bei besonderen Arbeiten, wie z.B. Projekten oder der ersten selbstständigen wissenschaftlichen Arbeit am Gymnasium, etc.) in Varianten besprechen, eigene Erfahrungen mit geregelten Zeitabläufen kommunizieren und ausdrücklich deutlich machen, dass durch dieses Zeit- und Aufgabenmanagement Freizeit auch ohne schlechtes Gewissen genossen werden kann, ohne schulische Anforderungen zu vernachlässigen.
- Die wesentlichen Erkenntnisse der Pädagogischen Psychologie zur Lern- und Leistungsmotivation wurden in konkreten Programmen und Maßnahmen zur Motivationsförderung umgesetzt (zusammenfassend Rheinberg & Krug, 2005; Rheinberg & Fries, 2001). Die *vorliegenden wissenschaftlich begründeten Förderprogramme* unterscheiden sich einerseits in ihrer theoretischen Begründung und andererseits in ihrer Zielrichtung der Förderung von Lernmotivation. So kann man die Programme grob klassifizieren in kurative Interventionsmaßnahmen, die auf die Behebung akuter Motivationsprobleme abzielen und in Präventionsmaßnahmen, die einem Absinken der Lernmotivation vorbeugen sollen.

Ein interessanter Förder- bzw. Trainingsansatz wurde von Fries (2002) ausgearbeitet und auf seine Wirksamkeit empirisch geprüft. In diesem Training wurde eine *Kombination des Klauerschen Denktrainings II (1991) mit einem Motivtraining bei 10- bis 13-jährigen Schülern* vorgenommen. Bei dieser integrierten Förderung werden für die Motivationsverbesserung zentrale Übungen wie realistische Ziel-

setzung, erfolgszuversichtliche Ursachenzuschreibung und positive Selbstbewertung direkt auf Aufgaben des induktiven Denkens bezogen. In jeder der insgesamt 16 Lektionen finden sowohl eine Denk- als auch eine Motivationsförderung statt. Dieser integrierte Trainingsansatz erscheint vielversprechend, weil die verbesserten kognitiven Fähigkeiten bei entsprechender motivationaler Unterstützung stärker zur Geltung kommen. Außerdem wirkt die Motivationsförderung im kombinierten Training auch deshalb verstärkend, weil sie gleichzeitig mit einer vom Schüler direkt erlebten Kompetenzsteigerung einhergeht.
- Als Konsequenz für einen motivationsfördernden Unterricht lässt sich ableiten, dass die Lehrer, die systematisch das Wissen und die Kompetenzen ihrer Schüler anreichern, Rückmeldungen über Lernfortschritte und Fehler geben, Lernrückstände schnell bemerken und beheben, die Selbstständigkeit fordern und Schülern Vertrauen in ihre Fähigkeiten kommunizieren, damit immer gleichzeitig die Lernmotivation ihrer Schüler befördern.
- Den Lehrern, die glauben, nur über Interessantheit, Spaß und gute soziale Beziehungen die Lernmotivation aller ihrer Schüler über die Schuljahre aufrechterhalten zu können, wird über kurz oder lang der Atem ausgehen, weil die Förderung einer positiven Lern- und Leistungsmotivation immer und vor allem dauerhaft nur über die Stärkung der kognitiven Lernvoraussetzungen und mehrerer motivationaler Variablen gelingt.

3.1.1.4 Diagnostik lernrelevanter Emotionen

Praxisbeispiele

Der Literaturunterricht seit der 10. Klasse macht Eva viel Freude. Mit Begeisterung liest sie nun auch die Klassiker, in die die neue Deutschlehrerin immer so spannend einführt.

Frank hat besonders viel Angst bei Referaten. Wenn er vor der ganzen Klasse vortragen muss, fallen ihm die einfachsten Dinge nicht mehr ein.

Seit Peter in die neue Schule geht, fühlt er sich nicht mehr wohl. Die Mitschüler behandeln ihn wie einen Eindringling. Was er auch tut, er ist der Außenseiter. Was hatten sie doch in der alten Klasse täglich für Spaß!

Ina langweilt sich in Geschichte maßlos. Diese ewigen Erzählungen über alles Tote und Vergangene gehen ihr wirklich ab. Wozu soll sie sich das alles merken, wenn sie doch Medizin studieren will?

---

(1) Theoretische Grundlagen zur Vorbereitung der Hypothesenbildung

Gefühle von Lernern wurden in der Pädagogischen Psychologie lange Zeit nur als integraler Bestandteil übergreifender Motivkonstrukte thematisiert. So sind Freude und Spaß beim Lernen beispielsweise Ausdruck von Interesse und intrinsischer Motivation. Auch das Wohlbefinden von Schülern in der Schule und beim Lernen wurde eher unter motivationsnahen Aspekten untersucht (vgl. Kap. 3.1.1.3).

Obwohl bereits jüngere Schüler ihre Gefühle recht differenziert erleben können, lassen sich Emotionen wissenschaftlich nur schwer definieren. Grundsätzlich wird der Begriff der Emotionen in zweifacher Weise verwendet:

(1) als situativer oder aktueller Zustand;
(2) als eine dispositionelle, überdauernde Reaktionstendenz.

Ängstlichkeit ist beispielsweise ein solches relativ überdauerndes Persönlichkeitsmerkmal, das Personen veranlasst, sich in vielen unterschiedlichen, real mit wenig Angst besetzten Situationen, dennoch ängstlich zu verhalten. Emotionen als situative Zustände ermöglichen dagegen, rasch und flexibel auf wichtige und gefährliche Ereignisse zu reagieren.

Emotionen werden als komplexe Muster von Veränderungen aufgefasst, die sich aus

(1) physiologischer Erregung (rote Flecken am Hals, Angstschweiß, Herzklopfen),
(2) Mimik und Gestik (grimassieren, Augen verdrehen),
(3) psychischem Erleben (Freude oder Angst haben, traurig sein),
(4) spezifischen Reaktionstendenzen (weglaufen, Aggressionen wie schlagen, treten, spucken etc.) sowie
(5) kognitiven Prozessen (z.B. Erwartungen oder Sorgen)

zusammensetzen können. Diese treten als Reaktion auf eine Situation auf, die ein Individuum als persönlich bedeutsam erlebt. Die Situation muss nicht wirklich aktuell erlebt werden, sondern man kann sie sich auch bloß vorstellen (vgl. Zimbardo & Gerrig, 2004, S. 547).

Nun sind aber Leistungssituationen und Wissenserwerb immer mit bestimmten Emotionen des Lerners verbunden, die sein Lernen sowohl positiv als auch negativ beeinflussen können. Pekrun und Schiefele (1996) klassifizieren Emotionen unter anderem nach zwei wichtigen Aspekten: einerseits bezüglich der Valenz (positiv versus negativ) und andererseits bezüglich der Art der Energetisierung (aktivierende versus desaktivierende Emotionen). So können beispielsweise positive Emotionen durchaus unterschiedlich wirken. Begeisterung und Freude aktivieren das Lernen, während Zufriedenheit die Lernanstrengung nicht gerade beflügelt. Angst als negative Emotion kann ebenfalls in zwei Richtungen wirken, einmal nicht handeln und Leistungssituationen vermeiden oder aber noch mehr Zeit und Anstrengung in das Lernen investieren, um der Blamage und dem befürchteten Misserfolg zu entgehen. Emotionen können sich dabei einmal mehr auf Aufgaben und Gegenstände und andererseits auf soziale Situationen beziehen. Wir begegnen im pädagogischen Alltag vielfältigen emotionalen Reaktionen.

Angst ist die am besten untersuchte Emotion. Zu Angst bzw. Prüfungsangst von Lernern liegen zahlreiche empirische Studien vor (vgl. Literaturübersicht Krohne, 1996). In jüngster Zeit gerät die Angst der Schüler vor Mathematik in den Fokus des wissenschaftlichen Interesses (siehe Kap. 3.2.1.4). Rost & Schermer (2001) haben typische Merkmale ängstlicher Schüler zusammengefasst. Solche Schüler

- zeigen ein hohes Maß an Hilflosigkeit und Unsicherheit,
- haben in der Regel ein negatives Selbstbild,
- sehen die Ursache für Erfolg in externalen und für Misserfolg in internalen Bedingungen (siehe Kap. 3.1.1.3),
- fallen durch nervöses Hantieren und schlechte Arbeitshaltung auf,

- sind häufiger in ihrer Klasse isoliert,
- fehlen häufiger in der Schule und sind öfter krank.

Für die Diagnostik von und den pädagogischen Umgang mit Angst ist es für Lehrkräfte von besonderer Bedeutung, neben diesen Verhaltenssymptomen auch die *Auswirkungen von Angst,* insbesondere Prüfungs- oder Leistungsangst auf das Lernen differenziert zu durchschauen. Wie vielschichtig und nachhaltig Angst das Lernen beeinflusst, wird im Folgenden dargestellt.

Auswirkungen von Angst auf die Lernmotivation
Angst, Scham oder Ärger und Wut (= aktivierende negative Emotionen) beeinträchtigen zwar die Freude und intrinsische Motivation am Lernen, sie können aber beträchtliche Aktivitäten freisetzen, um einen möglichen Misserfolg zu vermeiden oder dem ungeliebten Lehrer doch zu beweisen, dass man mehr kann, als er einem zutraut. Wenn diese negativen Emotionen dagegen durch Flucht aus der leistungsthematischen Situation (krank melden, Kurs wechseln, Ausreden, Ausflüchte, etc.) kompensiert werden können, dann ist eine Verringerung der Lernmotivation insgesamt sehr wahrscheinlich. Häufig ist die Flucht aus Prüfungssituationen jedoch wenig hilfreich, weil damit die Angst nur aufgeschoben wird. Effektiver für die Angstbewältigung ist es, mit vermehrter Leistungsanstrengung zu reagieren.

Auswirkungen der Angst auf kognitive Prozesse
Angst behindert die kognitiven Funktionen beim Lernen bereits bei der Fokussierung der Aufmerksamkeit. Lerner richten in diesem Zusammenhang die Aufmerksamkeit bzw. Gedanken nicht auf die zu lösende Aufgabe und den Lerninhalt, sondern auf die Sorgen über das mögliche Versagen, die Folgen des Misserfolgs oder die nicht ausreichende Prüfungsvorbereitung. Das führt zu einer massiven Beeinträchtigung der Informationsverarbeitungsprozesse während des Lernens und damit zu schlechten Leistungen (zusammenfassend Schnabel, 1998).

Auswirkungen der Angst auf die Lernstrategiewahl
Ängstliche Schüler neigen eher zur Wahl von wenig flexiblen, wenig verstehensorientierten, oberflächlichen Lernstrategien wie Wiederholungsstrategien. Kuhl (1983) geht davon aus, dass Informationen je nach Stimmungslage einmal mehr sequenziell-analytisch (d.h. detailgetreu an die genaue Lernvorlage halten, Reihenfolge der Lerninhalte im Lehrbuch beim Lernen einhalten etc.) und zum anderen intuitiv-holistisch (ganzheitlich, übergreifend, verstehend, Reihenfolge zur Herstellung einer globalen Kohärenz verändern) verarbeitet werden. Angst führt demnach eher zu vorsichtigen, riskante Wege vermeidenden Lernstrategien. Damit wird das zu lernende Wissen wenig elaboriert, d.h. wenig mit Vorwissen angereichert. Ängstliche Lerner legen eher Wert auf Vollständigkeit des Materials bei der Prüfungsvorbereitung als auf Verstehen und Durcharbeiten. Eine bevorzugte Strategie dabei ist das Auswendiglernen, das aber wenig Erfolg bringt.

Entstehung von Angst bei Schülern kann viele Ursachen haben. Übermäßiger und unangemessener Leistungsdruck kann Leistungsangst auslösen. In Klassen mit starker Wettbewerbsorientierung muss bei leistungsschwächeren oder sensibleren Schülern mit

Prüfungsangst gerechnet werden. Auch Bestrafungen durch Eltern und Lehrer nach Misserfolgen befördern die Entstehung von dispositionell negativen Emotionen beim Lernen. Gerade in der Grundschule kann ein für Schüler nicht durchschaubarer Umgang mit schulischen Regeln und Standards zur Verunsicherung und zur Ausbildung leistungshemmender Ängste führen.

Mit Blick auf die Diagnostik von Ängsten bei Schülern kann zusammenfassend festgestellt werden, dass bei Schul- und Prüfungsangst oder generell bei Leistungsängsten zwei verschiedene Angstkomponenten besonders in Erscheinung treten (Krohne, 1996):

1) Aufgeregtheitskomponente
   Sie umfasst alle physiologisch erfassbaren Veränderungen in einer Prüfungs- oder Leistungssituation und ist mit starken, unangenehmen Erregungszuständen verbunden.
2) Besorgtheitskomponente
   Sie bezieht sich auf Selbstzweifel, antizipierte Versagensvorstellungen und Selbstwert schädigende Leistungsvergleiche.

Es ist erwiesen, dass die Besorgtheitskomponente der Leistungsangst für die Leistungsminderung relevanter ist als die Aufgeregtheitskomponente.

Lehrer sollten immer dann Hypothesen zur Leistungsangst bilden, wenn sich Schüler äußerst schüchtern und zurückhaltend verhalten, sich nicht melden oder wenn sie aufgerufen werden und vor Aufregung keine Antwort geben können. Allerdings können auch Schüler, die in Versagenssituationen demonstrativ frech oder aggressiv reagieren, damit ihre Ängste kompensieren. Lehrkräfte unterliegen gerade in solchen Situationen häufiger Beurteilungsfehlern, weil offene Aggression eher mit Delinquenz als mit Angst assoziiert wird. Leistungsschwache Schüler, insbesondere in leistungsstarken Klassen, neigen häufig zu Versagens- und Leistungsängsten. Andererseits neigen auch Lehrer dazu, die Leistungsängstlichkeit der Schüler zu überschätzen (vgl. Spinath, 2005). Das kann zu einer möglichen Unterforderung von Schülern führen.

(3) Diagnostische Verfahren zur Erfassung von Leistungsängsten

Insbesondere die Aufgeregtheitskomponente der Leistungsangst kann durch *Beobachtungen* von den Lehrkräften erfasst werden. Dabei ist davon auszugehen, dass Fremd- und Selbstbeobachtung nicht zu gleichen Ergebnissen führen müssen, da der Lehrer Veränderungen im Verhalten der Schüler bemerkt, die der aktuellen Selbstwahrnehmung des Schülers entzogen sein können. Inwieweit Schüler in Prüfungssituationen angstbezogene Verhaltensweisen zeigen, kann über differenzierte Beobachtungen erfasst werden. In Abbildung 3.10 wird ein Beispiel für einen Beobachtungsbogen gegeben.

Determinanten der Schulleistung und die Konsequenzen für die Diagnostik 169

Anweisung **Bitte beurteilen Sie die folgenden Merkmale:** **(0 = nicht beobachtet, 1 = vorhanden, 2 = stark vorhanden)**
• Unnatürliche Gesichtsfarbe (Blässe, Rotwerden, Flecken, Schweiß) • Hautauffälligkeiten im Bereich der Hände (rot und fleckig, weiße Knöchel, kalte Hände) • Ungewöhnliche Atmung (flache Atmung, seufzend, schwer, bekommt keine Luft) • Nervöse Gesichtsmotorik (Zuckungen, zittern, schlucken, Lippen ablecken) • Nervöse Hand- oder Beinmotorik (Knöchel reiben, Fäuste ballen, Finger knacken, Hände kratzen, mit Fingern spielen, Hände reiben, viele oder stereotype Bewegungen der Beine, zappeln) • Unruhige Gesamtmotorik (fahrige oder stereotype Bewegungen, Spielen mit Gegenständen, auffällig viele Bewegungen) • Erstarrte Gesamtmotorik (wenige Bewegungen, erstarrte Haltung, verkrampft) • Selbstmanipulationen (mit Haaren spielen, Nase reiben, Finger im Gesicht, Hände vor Augen, Stirnreiben, Saugen am Finger, Kopfkratzen) • Abwehrverhalten (Arme vor Brust, Festklammern am Stuhl, Vermeiden von Augenkontakt, betonte Abwendung vom Prüfer) • Unsicherheitsgesten (verlegenes oder unmotiviertes Lachen, unsicherer Gang, Schreckreaktionen) • Sprachauffälligkeiten (räuspern, seufzen, verhaspeln, zittern, Sprechblockaden, Füllwörter, tonlose Stimme)

Abbildung 3.10: Beobachtungsbogen für Angst in Prüfungssituationen (Lukesch, 1998, S. 330).

Diese zielgerichteten Beobachtungen können von Lehrern während der Klassenarbeiten oder mündlichen Leistungskontrollen bei den Schülern durchgeführt werden, die für besonders leistungsängstlich gehalten werden.

Zur ersten Informationssammlung über potenzielle Leistungsängste aller Schüler einer neu übernommenen Klasse kann ein sogenanntes *Angstthermometer* am Beginn von Klassenarbeiten eingesetzt werden. Es handelt sich dabei um ein Verfahren zur Selbsteinschätzung der Angst durch Schüler. Die Lehrkraft gibt zum Beispiel am Anfang des Aufgabenblattes der Klassenarbeit grafisch eine Skala vor, auf der die Schüler die Stärke ihrer aktuell erlebten Angst eintragen. In Abbildung 3.11 ist ein Beispiel für ein Angstthermometer vorgegeben.

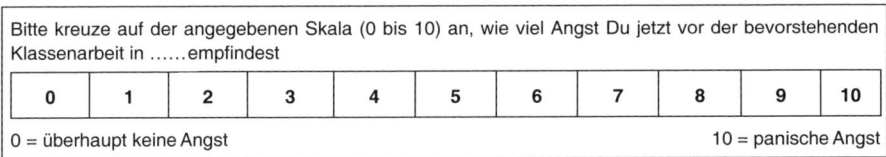

Abbildung 3.11: Angstthermometer zur Selbsteinschätzung von Prüfungsangst

Die Erfassung der aktuellen Prüfungsangst bei Tests mittels Angstthermometer kann in unterschiedlichen Fächern vorgenommen werden. Der Klassenleiter könnte die durch die Fachlehrer erhobenen Angstwerte insgesamt auswerten. Damit erhält er differenzierte Informationen über die aktuell erlebte Prüfungsangst der einzelnen Schüler, die über die Hauptfächer intraindividuell variieren kann. Dadurch können aber auch recht schnell jene Schüler identifiziert werden, die in allen Klassenarbeitssituationen hochängstlich sind. Darüber hinaus kann man Informationen erhalten, in welchem Fach viele Schüler der Klasse mit hohen Angstwerten reagieren. In solchen Fällen sollte vorsichtig das Anforderungsniveau und der Schwierigkeitsgrad der Aufgaben überprüft werden.

Zusätzlich können die Noten in den entsprechenden Arbeiten mit den eingeschätzten Angstwerten in Beziehung gesetzt werden. Dabei kann darauf geschlossen werden, bei welchen Schülern hohe Angstwerte noch eine aktivierende und bei welchen sie bereits eine desaktivierende Wirkung haben. Für die sich anschließende therapeutische Intervention zur Minderung der Angst sind besonders die Schüler auszuwählen, die hohe Angstwerte und schlechte Noten aufweisen.

Angst kann auch über *formelle diagnostische Angsterfassungsmethoden* festgestellt werden. Dazu liegt eine Vielzahl von Verfahren vor (siehe Lukesch, 1998, S. 139 f; siehe auch Lukesch, 1986).

Die Anzahl der Verfahren ist aber nicht unbedingt mit einer befriedigenden Qualität der Diagnostik in diesem Bereich gleichzusetzen. Die Kritik bezieht sich vor allem auf veraltete, wenig differenzierte Normen, ungenügende Erfüllung der Gütekriterien und problematische Konstruktvalidität.

Ein Verfahren, das in der Schule zur Feststellung von Angst bei Schülern häufiger verwendet wird, ist der *Angstfragebogen für Schüler (AFS)* von Wieczerkowski, Nickel, Janowski, Fittkau & Rauer (1981). Die

Kritik an diesem Fragebogen bezieht sich vor allem darauf, dass weder ein durchgängiger Situationsbezug noch der prozessuale Charakter von Leistungsangst konzeptionell ausreichend berücksichtigt wird. Dennoch liefert der AFS eine erste und für schulische Zwecke ausreichende Diagnose, wenn Lehrkräfte den Verdacht auf Angst beim Schüler abklären wollen.

Angstfragebogen für Schüler [AFS]

Der Angstfragebogen von Wieczerkowski, Nickel, Janowski, Fittkau und Rauer (1981) kann bei Schülern von 9 bis 17 Jahren (3. bis 10. Schulklasse) eingesetzt werden.

Ziele des Einsatzes durch die Lehrkraft

- Erfassung des Ausmaßes der Angstatmosphäre in der Schulklasse als Hinweis für Lehrkräfte
- Beschaffung von Ausgangsmaterial für Selbsterfahrungsgruppen von Schülern zur Erhöhung der Sensitivität gegenüber eigenen Ängsten
- Vergleich der Selbsteinschätzung der Schüler mit der Fremdeinschätzung der Lehrkraft

Konzeption und Aufbau des Verfahrens
Der AFS ist ein mehrfaktorieller Fragebogen, der die ängstlichen und unlustvollen Erfahrungen von Schülern in drei Aspekten erfasst:

1) Prüfungsangst (PA)
2) allgemeine (manifeste) Angst (MA)
3) Schulunlust (SU)

Darüber hinaus enthält der AFS eine Skala zur Erfassung der Tendenz bei Schülern, sich angepasst und sozial erwünscht darzustellen (SE).

Die *Skala Prüfungsangst (PA)* erfasst Gefühle der Hilflosigkeit und Unzulänglichkeit in schulischen Prüfungssituationen sowie Ängste vor Leistungsversagen.

Die *Skala manifeste Angst (MA)* fokussiert allgemeinere Angstsymptome wie z.B. Herzklopfen, Nervosität, Einschlaf- und Konzentrationsprobleme, sowie Furchtsamkeit und reduziertes Selbstvertrauen.

Die *Skala Schulunlust (SU)* thematisiert die Abwehr von Schülern gegen Schule und einen Motivationsabfall in Bezug auf Lerngegenstände.

Die *Skala soziale Erwünschtheit (SE)* kann einerseits als Ängstlichkeit, von der sozialen Norm abzuweichen, interpretiert werden, andererseits lässt sich damit auch eine Neigung zur Verstellung erkennen. Wenn die Werte dieser Skala besonders hoch ausfallen, kann vermutet werden, dass die Ängstlichkeitswerte in den drei anderen Skalen deutlich höher liegen, als durch die Selbsteinschätzung der Schüler ermittelt wurde.

Der AFS enthält zusätzlich zum Schülerfragebogen ein Heft, in dem die Lehrkraft die entsprechenden Einschätzungen zu den Angstskalen der Schüler als Fremdbeurteilung abgeben kann. Dadurch lässt sich prüfen, inwieweit die Selbsteinschätzung der Schüler im AFS mit der Einschätzung der Lehrer übereinstimmt.

Durchführung, Auswertung, Interpretation
Der AFS kann als Einzel- oder Gruppenverfahren eingesetzt werden. Die *Durchführung* des AFS dauert ca. 10-25 Minuten. Die Testinstruktionen sind auf der ersten Seite des AFS formuliert. Der Klassenleiter sollte den AFS nur dann selbst durchführen, wenn er ein echtes Vertrauensverhältnis zu seiner Klasse hat und glaubwürdig versichern kann, dass für die Schüler keine nachteiligen Folgen, sondern echte Hilfe aus der Befragung erwachsen kann. Es sollte darauf geachtet werden, dass gerade jüngere Schüler im Gruppenverfahren über die notwendigen Lesefertigkeiten verfügen.

Die *Auswertung* des AFS wird mittels Schablone vorgenommen. Die Items der einzelnen Skalenbereiche sind farbig und figural gekennzeichnet. Die Punktwertsumme wird seitenweise in die dafür vorgesehenen Kästchen am unteren Rand des Testblattes eingetragen. Für die Zuordnung der randomisierten Items des Fragebogens zu den vier Skalen findet sich im Testmanual eine entsprechende Tabelle. Die Umrechnung der Rohwerte pro Skala in Prozentränge und T-Werte wird über entsprechende Tabellen vorgenommen. Die Darstellung der Fragebogenergebnisse kann als Angstprofil vorgenommen werden.

Die *Interpretation* der Ergebnisse sollte weniger als Vergleich zur Eichstichprobe vorgenommen werden, da die Normierung sehr lange zurückliegt. Auf jeden Fall können die Werte aber individuell interpretiert werden, d.h. wie hoch die einzelnen Skalenwerte ausgeprägt sind.

Die Fremdeinschätzung der Schülerängste im dafür vorgesehenen Heft sollte vom Lehrer während der Bearbeitung des AFS durch die Schüler vorgenommen werden. Die Einschätzungen der Fremdbeurteilungen haben Rangskalenqualität und können mit den Skalenwerten des AFS korreliert werden. Richtwerte für den Vergleich werden in einer Tabelle im Manual angegeben.

Gütekriterien
Die *Objektivität* kann durch die gegebenen Testinstruktionen gewährleistet werden. Die *Zuverlässigkeit* ist befriedigend. Untersuchungen zur Kriteriums*validität* liegen vor. Die kritischen Einwände sind jedoch nicht unbeträchtlich.

Es werden T-Werte und Prozentränge zur Transformation der Rohwerte berechnet. Vergleichswerte für die Lehrereinschätzungen zu den Selbsteinschätzungen der Schüler werden angegeben.

(3) Pädagogische Schlussfolgerungen und Interventionen

Jedem Lehrer stehen vielfältige Möglichkeiten zur Angstvermeidung oder Angstverminderung beim Lernen und in Leistungssituationen seiner Schüler zur Verfügung. Anhand der folgenden ‚Regeln' können Lehrkräfte Verhaltensweisen und Unterrichtssituationen kritisch reflektieren:

- Lehrer, die ihren Schülern öfter auch Komplimente machen, werden ein lernerfreundliches Klima erzeugen.
- ‚Lust und Liebe' von Lehrern sind Fittiche zu großen Taten bei Schülern. Für ihr Fach brennende und humorvolle Lehrer werden eine günstige Lernatmosphäre einfach über ihr positives Modell erzeugen.
- Schüler sollten nicht gedemütigt, bloßgestellt oder bedroht werden, da sonst leicht Angst oder Wut auf den Lehrer entstehen, die destruktiv auf das Lernen wirken.
- Es sollte mehr gelobt als getadelt werden.
- Lehrkräfte sollten ihre Emotionen bestimmten Schülern (renitenten, unsympathischen, leistungsschwachen, faulen etc.) gegenüber häufiger kontrollieren.
- Regeln und Ziele des Unterrichts müssen immer allen Schülern klar sein, sonst entstehen Angst und Unsicherheit.
- Der Unterrichtstoff sollte auch sprachlich präzise präsentiert werden, anderenfalls können Verwirrung und Zweifel über erhaltene Instruktionen Angst auslösen.
- Die Notengebung und die damit verbundenen Gütestandards müssen für alle Schüler transparent sein. Noten, die als willkürlich oder zu streng erlebt werden, können Angst bei Schülern auslösen.
- Offene Wettbewerbssituationen, in denen leistungsschwächere Schüler immer als „Letzte, Dümmste, Unsportlichste" etc. bloßgestellt werden (z.B. Kopfrechnen oder Vokabeln abfragen ‚im Stehen mit Hinsetzen'...) demotivieren nicht nur, sondern rufen bei diesen Schülern Leistungsängste und Scham hervor.
- Klassenarbeiten oder mündliche Leistungskontrollen sollten keinesfalls als Drohkulisse aufgebaut oder als Strafmaßnahme eingesetzt werden.

Wenn bei bestimmten Schülern jedoch gravierende Leistungsängste diagnostiziert werden, müssen therapeutische Interventionen zur Angstreduzierung eingesetzt wer-

Determinanten der Schulleistung und die Konsequenzen für die Diagnostik 173

den (siehe dazu Krohne, 1985). Inwieweit Lehrkräfte zu solchen Interventionen in der Lage sind, hängt von ihren Qualifikationen ab. Bei starken Prüfungs- und Leistungsängsten sollten Schüler an psychologische Fachkräfte verwiesen werden.

Lehrkräfte können jedoch in jedem Fall beraterisch auf Eltern einwirken, die ihre Kinder massiv unter Leistungsdruck setzen. Als wirkungsvoll haben sich auch Selbsthilfegruppen von ängstlichen Schülern erwiesen. Hierbei sollte der Beratungslehrer oder der Schulpsychologe zu Rate gezogen werden.

3.1.2 Diagnostik der Unterrichtsqualität

Neben den individuellen Lernvoraussetzungen zählen die Prozess- und Qualitätsmerkmale von Unterricht zu den proximalen Faktoren der Schulleistung. Im Modell der Produktivitätsfaktoren der Schulleistungen (Fraser et al., 1987; vgl. Kap. 3.1) werden die relevanten Unterrichtsvariablen unter zwei Aspekten zusammengefasst:
1. Quantität des Unterrichts
2. Qualität des Unterrichts

Für beide Unterrichtsvariablen fallen die mittleren Korrelationen mit der Schulleistung recht hoch aus. (Quantität des Unterrichts r = 0.38; Qualität des Unterrichts r = 0.48). Diese statistischen Kenngrößen zeigen damit einen nicht unbeträchtlichen Einfluss der beiden Variablen auf Schulleistungen bzw. Lernerfolge auf.

Viele Lehrkräfte messen dagegen der Unterrichtqualität für die Erklärung von Lernerfolgen und Leistungen der Schüler weniger Bedeutung zu; insbesondere dann, wenn es sich um schlechte Leistungen und nicht ausreichende Lernergebnisse handelt. Diese generelle Unterschätzung des Zusammenhanges von Qualität des Unterrichts und Qualität der Schülerleistung zeigt sich auch darin, dass nur relativ wenig Lehrer ihren Unterricht regelmäßig und systematisch reflektieren bzw. Feedback von den Schülern einholen.

Die Erfassung und Bewertung der Unterrichtsqualität erweisen sich generell als sehr sensibler Bereich in der deutschen Schulpraxis. Erst seit etwa 20 Jahren interessiert man sich zunehmend für Fragen und Instrumente der Evaluation von Schule und Unterricht (siehe differenziert: Schnack, 1997; Burkhard & Eikenbusch, 2000).

Die Einholung von Rückmeldungen ist jedoch ein zentrales Prinzip jeder Art von professionellem Training. Denn ohne eine solide Bestandsaufnahme, ohne gültige Beschreibung des Ist-Standes sind Veränderungen des Unterrichts weder möglich noch wirkungsvoll.

Warum gerade deutsche Lehrkräfte relativ unprofessionell mit der Diagnose und Bewertung ihres Unterrichts umgehen, darüber kann hier nur spekuliert werden. Möglicherweise sind die tradierten Vorstellungen vom „guten Lehrer" aus dem Persönlichkeitsparadigma der Lehrerforschung noch so verankert, dass man glaubt, zum „guten Lehrer werde man geboren". Offensichtlich setzen sich neuere Forschungen, dass Lehrer vor allem „Experten ihres Faches" sind und dass der Lehrer*beruf* erlernt werden kann bzw. muss, nur allmählich in Einstellungen um.

Erwerb von Expertise im Beruf ist ein längerer Prozess und kein Status. Nur wer seine Tätigkeit systematisch analysiert und reflektiert, kann Expertise erwerben, kann die Unterrichtsqualität verändern und weiterentwickeln.

Natürlich funktioniert das nur, wenn diese professionelle *Evaluation der Tätigkeit* nicht permanent mit der *Beurteilung von Personen* (Lehrern) verbunden wird, sondern tatsächlich zu einem *alltäglichen Arbeitswerkzeug* ‚heruntergespielt' wird.

Im Folgenden soll jedoch nicht die externe Evaluation von Unterricht beleuchtet werden, sondern wie die Lehrkraft den eigenen Unterricht für sich effektiv diagnostizieren kann. Lehrern wird häufig nachgesagt (vgl. auch Weinert & Schrader, 1986), dass sie ihren eigenen Unterricht schlecht beurteilen könnten. Diese Tatsache wird auch durch solche Befunde der empirischen Schulforschung gestützt, wo Beurteilungen von Lehrern zu ihrem Unterricht häufig nicht mit anderen inhaltlich korrespondierenden Datenquellen (Schüler, Beobachter des Unterrichts, etc.) übereinstimmen, während die Daten dieser „Fremdbeurteiler" hoch miteinander konvergieren (vgl. Clausen, 2002). Daraus ist zu schlussfolgern, dass Lehrkräfte *geeignete Hilfsmittel zur Diagnose, zur Selbstbeurteilung ihres Unterrichts* benötigen. Solche „Hilfsmittel" in Form von Checklisten oder Ratingskalen zur Beurteilung von Unterrichtsqualität sind aber nur dann wirklich Ziel führend und sinnvoll, wenn diese Reflexion auf der Grundlage eines soliden, wissenschaftlich fundierten und empirisch gesicherten Wissens über den Unterricht und seine Wirkungen erfolgt. Eine ausführliche und gute Quelle zur Beschaffung oder Überprüfung dieses Wissens bietet Helmke (2007; 2013).

(1) Theoretischer Rahmen zur Vorbereitung der Hypothesenbildung

3.1.2.1 Operationalisierung von gutem Unterricht

Um diagnostische Verfahren zur Beurteilung des eigenen Unterrichts besser handhaben und die so erhaltenen Informationen konstruktiv interpretieren zu können, sollen folgende Fragen eine theoretische Problemsicht auf die Diagnose von Unterrichtsmerkmalen und Unterrichtsqualität eröffnen:
1. Gibt es eigentlich *den* guten Unterricht?
2. Welche Merkmale kennzeichnen guten Unterricht?

Zu 1. Gibt es eigentlich *den* guten Unterricht?
Gestandene Lehrer wissen aus Erfahrung, dass es *den* guten Unterricht nicht gibt. Zum einen variiert die Unterrichtsgestaltung in der Abhängigkeit vom Unterrichtsfach, zum anderen von der didaktischen Zielstellung.

Praxisbeispiel

Frau Fritz hat auch die Erfahrung gemacht, dass besonders sorgfältig geplante und vorbereitete Unterrichtsstunden dann manchmal erwartungswidrig schlecht laufen. Gründe dafür nennt sie folgende: ihre Planung enthielt offensichtlich Mängel, sie war nicht ausreichend im Unterricht präsent, da sie sich sehr gut vorbereitet fühlte, ein anderes Mal hatten die Schüler vor der Deutschstunde im Sport 800m-Lauf, waren müde, unkonzentriert und wollten kein Gruppenpuzzle machen.

Seit der ATI-Forschung ist bekannt (Aptitude-Treatment-Interaction= [Lernvoraussetzungen-Unterrichtsmaßnahme-Wechselwirkung]) (siehe auch Hasselhorn & Gold, 2013), dass eine bestimmte Unterrichtsmethode auf das Lernen verschiedener Schüler ganz unterschiedliche Auswirkungen haben kann. Denn ängstliche und leistungsschwächere Schüler profitieren von direkter Instruktion (hochstrukturierter Unterricht, schrittweise Stoffdarbietung, starke Lenkung) mehr als leistungsstärkere, deren Lernpotenzen eher in offenen und entdeckenlassenden Unterrichtsformen gefördert werden können (vgl. ebd.).

Eine weitere Begründung dafür, dass es *den* guten Unterricht nicht geben kann, liefern empirische Untersuchungen (Weinert & Helmke, 1996, 1997). Es ist z.B. empirisch gut belegt, dass so genannte „Optimallehrer" in Mathematik (sie erreichen parallel wichtige Lernziele: z.B. überdurchschnittlichen Zuwachs an arithmetischen Fertigkeiten und Fähigkeiten in mathematischem Problemlösen, Verringerung der Leistungsunterschiede zwischen Schülern einer Klasse bei gleichzeitiger Verbesserung der Lernfreude und des Fähigkeitsselbstkonzepts) keineswegs *einheitlich alle* empirisch gefundenen Kriterien und Merkmale des guten Unterrichts realisieren. Somit lassen sich *notwendige* Merkmale *des guten Unterrichts* empirisch nur schwer nachweisen. Die Variablen effektiven Unterrichts sind offenbar gegenseitig in *gewissem Maße kompensierbar*. Diese Relativierung der in gewissen Grenzen austauschbaren Variablen des guten Unterrichts erlaubt jedoch nicht die Schlussfolgerung, dass guter Unterricht über das Prinzip der Beliebigkeit erreicht würde. Es existieren sehr wohl Qualitätsprinzipien des Unterrichts, die allgemein gültig sind. Darüber hinaus gibt es empirisch begründete Standards des Lehrerverhaltens und Merkmale der Expertise von Lehrkräften. Das führt uns zur zweiten Frage, die diagnostisch relevant ist.

Zu 2. Welche Merkmale kennzeichnen guten Unterricht?
An welchen Kriterien, Merkmalen sich die Unterrichtsqualität festmachen lässt, ist empirisch gut untersucht. Darum ist die Palette von fachübergreifenden Merkmalen erfolgreichen Unterrichts auch relativ breit.

Für unser Anliegen zur Diagnostik der Unterrichtsqualität ist es aber nützlich, die Variablenvielfalt zum einen einzugrenzen und zum anderen die Merkmale so zu operationalisieren, dass sie auch diagnostisch gut erfassbar sind. Variablen auf einem hochinferenten Niveau lassen sich weniger gut beobachten als verhaltensnahe.

Die Merkmalsbeschreibungen der Unterrichtsqualität von verschiedenen Pädagogischen Psychologen unterscheiden sich zwar hinsichtlich der Anzahl und Begrifflichkeit recht erheblich, aber die Merkmalskataloge beziehen sich immer auf empirisch geprüfte Variablen erfolgreichen Unterrichts (aus direkten Unterrichtsstudien oder Metaanalysen). Im Folgenden werden auf der Grundlage eines Vergleichs der einschlägigen Literatur zum Thema (Brophy & Good, 1986; Brophy, 2000; Weinert & Helmke, 1996; Helmke, 2007; Bromme et al., 2006; Clausen, 2002) neun Merkmalsbereiche von fachübergreifenden Schlüsselmerkmalen des erfolgreichen Unterrichts zusammengefasst, die sozusagen den „kleinsten gemeinsamen Nenner" der guten Unterrichtsqualität ausmachen und daher als diagnostische Orientierungspunkte für die Beurteilung von Unterichtsqualität dienen können.

Diese Merkmalsbereiche erfolgreichen Unterrichts sind in unterschiedlichen Klassifikationen bzw. Übersichten enthalten:
1. Effiziente Klassenführung
2. Zeitausnutzung im Unterricht
3. Lernförderliches Unterrichtsklima
4. Flexibler Einsatz unterschiedlicher Lehrmethoden und Sozialformen
5. Klarheit, Verständlichkeit, Strukturiertheit
6. Vielfältige Motivierung
7. Konsolidierung, Sicherung, intelligentes Üben
8. Individualisierung und Differenzierung: adaptiver Unterricht
9. Förderung von aktivem und selbstgesteuertem Lernen

Diese Merkmale des erfolgreichen Unterrichts stammen aus unterschiedlichen Forschungsparadigmen. Es ist für die Beurteilung guten Unterrichts nicht unerheblich, mit welcher Kriteriumsvariable erfolgreiches Lehr(er)verhalten korreliert wurde. Häufig wird der Lernzuwachs bei den Schülern (über Noten, Leistungstestergebnisse) als Kriterium des guten Unterrichts herangezogen (Prozess-Produkt-Paradigma). Lernzuwachs ist nicht das einzige Kriterium für guten Unterricht. Denn das Wecken von Neugier und Freude am Lernen sowie die Erhöhung der Selbstständigkeit des Lerners sind ebenfalls wichtige Kriterien, woran Lehr(er)erfolg gemessen werden kann und muss. Lernfreude oder Selbstständigkeit werden möglicherweise aber durch andere Unterrichtmethoden befördert als die Leistungssteigerung.

Im Folgenden sollen die extrahierten neun fachübergreifenden Merkmalsbereiche erfolgreichen Unterrichts kurz skizziert werden, um einerseits Operationalisierungen für differenzierte Beobachtung und Beurteilung des eigenen Unterrichts zu erleichtern und andererseits das Verständnis der später vorgestellten diagnostischen Verfahren vorzubereiten.

1. Effiziente Klassenführung (Klassenmanagement)
Aus zahlreichen Untersuchungen zur Lehrergesundheit und zum Umgang mit Belastungen (Schaarschmidt & Fischer, 2001) ist bekannt, dass insbesondere Disziplinprobleme eine hohe stressauslösende Wirkung haben und Lehrern über Jahre hinweg große Schwierigkeiten bereiten. Solche Disziplinprobleme belasten nicht nur Lehrkräfte und Schüler, sondern natürlich auch die Qualität des Unterrichts. Gestresste Lehrer erhoffen sich in Fortbildungen/Beratungen wirkungsvolle Interventionsmaßnahmen. Sie sind aber „enttäuscht", wenn lediglich auf den amerikanischen Klassiker Jacob S. Kounin und sein Buch „Techniken der Klassenführung" (1976, 2006) verwiesen wird. Andererseits zeigen sich bei Lehrkräften jedoch gravierende Unterschiede im Wissen und Handlungsrepertoire zum Klassenmanagement.

Kounin (1976) hat u.a. nachgewiesen, dass es *keine effektiven Interventionsstrategien* bei Disziplinproblemen gibt. Wenn der Unterricht bereits massiv gestört wird und Lehrkräfte dann auch noch massiv eingreifen, ist es oft zu spät für *wirkungsvolles Lehrerhandeln*. Nur über eine effiziente Klassenführung kann *präventiv* erreicht werden, Disziplinprobleme zu verhindern oder bereits im Keim zu ersticken.

Determinanten der Schulleistung und die Konsequenzen für die Diagnostik

Die Prinzipien Kounins zur effektiven Klassenführung beziehen sich jedoch keineswegs nur auf Störungskontrolle. So schlägt er vor, *explizite* Regeln und Routinen, die Schülerverhalten steuern, zu vereinbaren und einzuüben.

Die folgenden Prinzipien der Unterrichtsführung haben sich für effektiven Unterricht als wirksam erwiesen. Lehrkräfte können deshalb zum Zwecke der Diagnose prüfen, inwieweit es ihnen gelingt, sie in ihrem Unterricht zu realisieren.

Allgegenwärtigkeit/Überlappung
Die Lehrkraft zeigt in ihrem Verhalten, dass

- sie alle Aktivitäten im Blick hat und alles hört,
- sie störende Vorfälle nicht übersieht,
- sie heikle Entwicklungen nicht toleriert,
- sie auf unvermeidbare Disziplinprobleme „nebenbei", d.h. ohne den Unterrichtsfluss mehr als nötig zu unterbrechen, reagiert („den Ball flach hält"),
- sie *gleichzeitig* an verschiedenen Problemen arbeiten bzw. auf verschiedene Schülerbedürfnisse reagieren kann.

Reibungslosigkeit
Lehrkraft vermeidet unnötige Unterbrechungen des Unterrichtsflusses durch

- angemessene Unterrichtsplanung, die Hektik (zu viel Stoff) und Langeweile (zu wenig, zu monotoner Stoff) vorbeugt,
- Bereitlegung aller notwendigen Unterrichtsmaterialien vor Unterrichtsbeginn,
- Verzicht auf Weitschweifigkeit und Überproblematisierung von Kleinigkeiten.

Geschmeidigkeit:
Unterricht verläuft geschmeidig, ohne sachlogische Brüche.

Gruppenfokus:
Lehrkraft behält den Fokus auf der Gruppe bzw. Klasse auch dann,

- wenn nur ein Schüler dran ist.
- Übertragung klarer Aufgaben an die Klasse insgesamt, bevor sich Lehrkraft dialogisch einzelnem Schüler zuwendet.

Übergangsmanagement:
- Übergänge zwischen verschiedenen Unterrichtsphasen werden durch knappe und eindeutige Überleitungen (z.B. akustische Signale, bestimmte Gesten, andere Rituale) und ohne Zeitverlust gestaltet,
- Rituale zur De-Eskalation sind eingespielt abrufbar.

Erkennen vorgetäuschter Teilnahme:
Lehrkraft erkennt „Schein-Aufmerksamkeit", raffinierte Tricks (school survival skills) der Schüler (Stirn fälteln, stöhnen, heftiges Kopfnicken etc.)

Sorge Tragen für intellektuelle Herausforderungen und abwechslungsreiches Lernen:
- angemessene Methodenvielfalt,
- Problemorientierung

2. Zeitausnutzung im Unterricht

In klassischen Modellen schulischen Lernens (Caroll, 1963; Bloom, 1976) wird die Unterrichtszeit bzw. die *zugestandene Lernzeit* vom Lehrer als eine wichtige Variable für den Lernerfolg beschrieben.

Auch in der 1. PISA-Welle wurde ein Zusammenhang zwischen Leistungsergebnissen der Schüler und der zugestandenen Lernzeit (Anzahl der Unterrichtswochen eines Schuljahres; Anzahl der Ausfallstunden) hergestellt. Es gab einen eindeutigen positiven Zusammenhang zwischen der Länge der zugestandenen Lernzeit und den Leistungen der Schüler.

Lehrer müssen sich also die Frage stellen, wie effizient im eigenen Unterricht die zur Verfügung stehende Unterrichtszeit für das Lernen und die Beschäftigung mit Lerninhalten *voll* genutzt und nicht für die Disziplinierung oder die Besprechung organisatorischer Angelegenheiten verwendet wird. Dieser quantitative Aspekt der Nutzung der Unterrichtszeit ist keineswegs trivial. Wenn beispielsweise in einem Fach jeweils 10 Minuten in jeder Stunde nicht am Lerninhalt gearbeitet wird, kann sich in der Summe der verlorenen Zeit durchaus ein beträchtlicher Lernausfall über die Schuljahre ansammeln, der insbesondere bei lernschwächeren und langsamen Lernern zusätzlich negativ und folgenschwer zu Buche schlägt. Die verlorene Zeit ‚holen' Lehrer dann häufig durch Erhöhung des Unterrichtstempos oder den Verzicht auf Konsolidierung und Übung des Lernstoffs ‚wieder auf'.

Die Nutzung der vollen Unterrichtszeit für das Lernen, Üben, die Arbeit am Stoff etc. („time on task") korrespondiert eng mit den Kompetenzen des Lehrers zur Klassenführung. Durch ein effektives Klassemanagement wird die Basis für die optimale Nutzung der Unterrichtszeit zum Lernen geschaffen.

Darüber hinaus kann die Zeitnutzung auch als ein Einstellungsproblem von Lehrern aufgefasst werden. So lange Lehrer kein ‚Bewusstsein' für diesen Unterrichtsmangel entwickeln, wird sich wenig ändern. Manchmal gelten ‚Zeitverschwender' sogar als gute Erzieher. Die volle Ausnutzung der Unterrichtszeit darf aber nicht mit Tempo des Lernens gleichgesetzt werden. Schülern muss genügend Zeit für das Verstehen komplexen Stoffes und für die Aufgabenlösung eingeräumt werden. Dabei ist hier unbedingt adaptiv zu denken, da Schüler einer Klasse in Bezug auf das für sie angemessene Lerntempo interindividuell stark variieren. *Die Diagnostik der Ausnutzung von Unterrichtszeit* ist äußerst einfach. Entweder beauftragt man leistungsstärkere und zuverlässige Schüler über einen gewissen Zeitraum damit, in eine vorbereitete Liste, auf der die Daten der Unterrichtsstunden bereits ausgewiesen sind, die ungefähren Minuten der Stör bzw. Ausfallzeit jeweils mit einem Stichwort zur Verursachung einzutragen oder die Lehrkraft audiographiert mehrere Unterrichtsstunden mit und wertet sie dann selbst aus.

3. Lernförderliches Unterrichtsklima

Für die Diagnose des Unterrichtsklimas ist es notwendig, dass die „klimatischen" Unterschiede zwischen verschiedenen Schulklassen aufgedeckt werden, die in der sozialen Interaktion, in der Lernaktivität, der Leistungsorientierung, den Einstellungen zur Schule und in der gesamten Stimmungslage der Schüler unmittelbar zum Ausdruck kommen.

Solche Bedingungen, wie

- Umgang der Lehrkraft mit ihren Schülern
- Beziehung der Schüler zu ihren Lehrern
- Beziehungen der Schüler untereinander
- Wirkung des Unterrichts auf Schüler (sich herausgefordert, bedroht, eingeschüchtert oder gedemütigt fühlen)
- eine Lernatmosphäre intellektueller Anregung, ästhetischer Gestaltungsfreude und inhaltsbezogener Lernorientierung
- eine Atmosphäre offener Konflikte, verdeckter Feindlichkeiten und offener Wettbewerbsorientierung

können Lehren und Lernen begünstigen, aber auch erheblich behindern.

Klima ist kein *Merkmal* der Unterrichtsqualität wie die übrigen in der Merkmalsliste. Klima ist ein systemisches Phänomen, das objektiv aus Interaktionen zwischen Lehrern und Schülern und der Schüler untereinander entsteht. Es kann nicht im Sinne einer Kompetenz von Lehrkräften erworben werden, da es ein *Beziehungsgeschehen* ist, das *zwischen* Personen existiert (vgl. Kap. 3.5).

In Modellen zur Erklärung des Zustandekommens von Schulleistungen wird Klassen- oder Unterrichtsklima als *moderierende Bedingung* eingestuft. Von Lehrkräften besonders *beeinflussbar* beim Aufbau eines lernförderlichen Unterrichtsklimas und Orientierungspunkte auch für die Diagnostik sind z.B. folgende Aspekte:

1. Recht der Schüler auf Irrtum und Fehler beim Lernen einräumen;
2. *Lern*situationen stärker gewichten als *Leistungs*situationen;
3. Optimistische Grundhaltung, dass *jeder* Schüler sich verbessern und mehr leisten kann;
4. Akzeptanz von langsamen und leistungsschwächeren Lernern, die angemessene Wartezeit beim Antworten erhalten;
5. Freundlicher Umgangston, Vermeiden irreversibler Redewendungen, gegenseitiger Respekt, Anteilnahme und Wärme;
6. Angemessene, transparente Lern- und Leistungsanforderungen, die Fröhlichkeit und Humor einschließen.

4. Flexibler Einsatz unterschiedlicher Methoden und Sozialformen

Guter Unterricht zeichnet sich durch Methodenvielfalt aus (Brophy, 2000). Das setzt voraus, dass Lehrkräfte ein differenziertes Wissen zu den verschiedenen Lehr-Lern-Methoden besitzen, die sich im Wesentlichen in vier große Gruppen einteilen lassen:

- direkte Instruktion
- entdeckenlassendes Lehren und Lernen, offener Unterricht, problemorientierter Unterricht
- kooperatives Lernen oder Partnerlernen
- individualisiert selbstständiges Lernen

Diese grundlegenden Lehr-Lern-Formen können im Rahmen des vorliegenden Buches nicht differenziert entfaltet werden (siehe dazu Hasselhorn & Gold, 2013; Brophy & Good, 1986). Es sei an dieser Stelle jedoch darauf hingewiesen, wenn einzelne Lehr-

Lern-Methoden teilweise in Verruf geraten sind, dass dies weniger an der Spezifik oder Unzulänglichkeit der jeweiligen Methode liegt, sondern vielmehr an ihrer unangemessenen praktischen Realisierung im Unterricht.

So kann *direkte Instruktion* durchaus *wirkungsvoll* sein, wenn die *notwendigen Maßnahmen* des Lehrerhandelns *tatsächlich realisiert* werden (Brophy & Good, 1986):

- täglicher Rückblick auf die vorangegangene Stunde und *Prüfung der Lernvoraussetzungen* (Vorwissen)
- darstellende Stoffvermittlung
- *genügend Zeit* für *angeleitetes* Üben mit *Verstehensprüfung*
- Lernüberwachung mit *korrigierender Rückmeldung*
- *genügend Zeit* für *selbstständiges Üben*
- wöchentlicher oder monatlicher *Rückblick* und *Kontrolle des Lernfortschritts*

Der Vorzug direkter Instruktion liegt eindeutig darin, dass die Lernvoraussetzungen und die Lernergebnisse permanent explizit diagnostiziert werden müssen.

Auch in Bezug auf kooperatives Lernen kann es zu einer Reihe von Missverständnissen kommen. Denn kooperatives Lernen zeichnet sich z.B. nicht allein dadurch aus, dass Schüler in Gruppen eingeteilt werden und Aufgaben lösen, die sie gut auch allein lösen könnten. Die notwendige positive Interdependenz (Wechselseitigkeit, Verantwortlichkeit) der Schüler beim kooperativen Lernen kann nur über Ziele, Aufgaben, Rollen oder Anreize/Gratifikationen hergestellt werden. Die Realisierung dieses Hauptmerkmals kooperativen Lernens setzt jedoch hohes didaktisches Geschick und Einfallsreichtum voraus (vgl. Kap. 3.5).

Gleicher hoher Anspruch gilt für die Praktizierung von Formen des entdeckenlassenden Lehrens bzw. offenen oder problemorientierten Unterrichts. Denn die Konstruktion bzw. Beschaffung authentischer, lebensnaher Probleme, an denen die Schüler lernen sollen, sowie die professionelle Überwachung von selbstständiger Schülerarbeit mit angemessen Inputs bei Stagnation oder die Lernberatung und Lerndiagnostik sind dabei äußerst anspruchsvolle didaktische Herausforderungen.

Die Unterrichtsqualität wird aber nicht nur von der Reichhaltigkeit des Methodenrepertoires und diesbezüglichen Wissens der Lehrkraft bestimmt, sondern vor allem von ihrer *Kompetenz* zur *Entscheidung* für *passende* Lehrmethoden zur Lernoptimierung. Es kommt nicht nur auf die Vielfalt der Methoden an, sondern darauf, *wann welche Methode das Lernoptimum bietet*. Diese Entscheidung für bestimmte Unterrichtsmethoden hängt zunächst vom *Lernziel* ab. Verschiedene Lernziele erfordern zwingend unterschiedliche Lehrmethoden. So lernen Schüler sicherlich effektiver und schneller große historische Epochen kennen, wenn die Lehrkraft interessant und systematisch dieses Wissen darbietet. Demgegenüber verbieten sich Methoden der direkten Instruktion, wenn Schüler z.B. Problemlösestrategien erwerben sollen. Weiterhin wird die Methodenwahl vom *Lerngegenstand* (Inhalt) bestimmt. Ganz entscheidend ist bei der Methodenwahl ebenso die Überlegung, welche *Lernvoraussetzungen* die Schüler haben. Je weniger Vorwissen und lernrelevante Fertigkeiten die Schüler besitzen, desto mehr profitieren sie von einer gut strukturierten, angeleiteten Lernumgebung. Hierbei gilt die Faustregel: Alles, was die Schüler schon wissen und können, sollen sie auch selbstständig tun und entscheiden etc. Natürlich hängt die Auswahl der Lehrmethode auch von den *Kontextbedingungen* der Schule/ Klasse (Zeittakt, Lehr- und Lernmaterialressourcen, Alter der Schüler, Klassengröße, etc.) und von den *Präferenzen der Lehrkraft* für eine bestimmte Unterrichtsmethode ab.

Die Forderungen nach Methodenvielfalt bedeutet aber auch, dass Lehrkräfte nicht nur die Logik und Ziele von Unterrichtsmethoden, deren Vorzüge, Einschränkungen und möglichen Nachteile kennen, sondern dass sie unterschiedliche Methoden auch experimentell erproben, einüben und über die Wirksamkeit vor allem kollegial reflektieren. Zusammenfassend können für die Diagnose der Methodenvielfalt im eigenen Unterricht folgende Fragen gestellt werden:

- Wird die praktizierte Methode tatsächlich adäquat und vollständig umgesetzt?
- Passt die Methode zum angestrebten Lernziel (Kosten-Nutzen-Bilanz von Zeitaufwand und Lernergebnis)?
- Passt die ausgewählte Methode zum Lerngegenstand?
- Sind die Lernvoraussetzungen der Schüler (Vorwissen, Fertigkeiten, Beherrschung kooperativer Arbeitstechniken, Problemlösestrategien etc.) ausreichend/passend für die gewählte Methode? Kommen die Schüler mit der Methode gut zurecht?
- Werden die kontextuellen Ressourcen (Zeit, Raum, Lernmaterial etc.) der Methode angemessen und effektiv genutzt?
- Fühlt sich die Lehrkraft „in der Methode wohl" (Beherrschungsgrad, Routinen, Veränderungsbereitschaft)?
- Werden die Methoden nach den gerade aufgelisteten Fragen reflektiert oder eher routinemäßig eingesetzt?

5. Klarheit, Verständlichkeit, Strukturierung
Die klassische Kategorie der Klarheit erlangt vor allem bei der Beurteilung von Lehreräußerungen und erarbeiteten Lehr- und Lernmaterialien Relevanz, weniger bei schülergesteuerten Unterrichtsformen. Die Klarheit als wichtiges Kriterium didaktischer Expertise kann vor allem anhand folgender Aspekte bei der Diagnose näher betrachtet werden:

- artikulatorische Aspekte (akustische Verständlichkeit sowie präzise und korrekte Sprache)
- fachliche Kohärenz
- Strukturiertheit
- Verständlichkeit

Beim *artikulatorischen Aspekt* der *akustischen Verständlichkeit* sollten zunächst die Lautstärke der Lehrersprache, artikulatorische Unsauberkeiten (z.B. Verschlucken von Silben), exzessiver Gebrauch von Füllwörtern oder stereotypen Redewendungen überprüft werden.

Darüber hinaus muss die *Präzision und Korrektheit der Lehrersprache* im Fachunterricht diagnostiziert werden. Erfolgreiche Lehrkräfte verwenden die Fachsprache korrekt, ohne unzulässige Vereinfachungen vorzunehmen. In Bezug auf Fremdwörter und Fachtermini bedeutet das, dass diese in der Lehrersprache flüssig und adäquat benutzt werden, aber über längere Zeit nach ihrer Einführung noch mit „akustischer

Klammer" zur notwendigen Bedeutungsklärungen/-wiederholung/-festigung gesprochen werden, ohne den Sinnfluss zu beschädigen.

Für den Fremdsprachenunterricht sind des Weiteren Korrektheit der Aussprache, Variation von Stil, Semantik und grammatische Kompetenz diagnostisch abzuklären.

Exkurs: Lehrerfragen
Insbesondere im gelenkten Unterrichtsgespräch ist die *Qualität* der Lehrerfragen von zentraler Bedeutung. In Anlehnung an Brophy und Good (1986) können bei der Unterrichtsdiagnostik folgende wichtige Aspekte überprüft werden:

- Wird der Dialog mit den Schülern so geführt, dass sich Schülerinspirationen und Nach- und Gegenfragen entwickeln können?
- Liegt der angemessene Schwierigkeitsgrad der Fragen zwischen Unter- und Überforderung?
- Wird eine angemessene Mischung von „high level"- und „low level"-Fragen formuliert?
- Wird ein Wechsel zwischen eindeutig beantwortbaren und mehrdeutigen (offene) Fragen gewährleistet?
- Wird mindestens drei Sekunden gewartet, bevor sie weitergereicht werden?
- Werden alle Schüler gleichermaßen in die Frage-Antwort-Sequenz eingebunden?
- Inwieweit werden Schüler ermuntert, bei schwierigen Aufgaben nachzufragen bzw. die Bitte um Verbalisierung zu artikulieren?

Exkurs: Angemessene klare Reaktionen auf Schülerantworten

- Wird nach einer richtigen Antwort immer *Feedback* gegeben und Lob hingegen sorgfältig dosiert?
- Werden bei partiell richtigen Beiträgen der *korrekte Anteil explizit herausgestellt* und helfende Hinweise für die Korrektur/Verbesserung gegeben?
- Werden bei völlig falschen Antworten Frage/Aufgabe wiederholt und stützende Inputs gegeben?
- Inwieweit werden alle Schülerfragen auf- und ernst genommen?

Ein weiterer diagnostischer Aspekt richtet sich auf die *fachliche Kohärenz* (Schlüssigkeit) als eines der wichtigsten Qualitätskriterien der Klarheit. Schüler müssen den „roten Faden" oder den „Sinnfluss" bei Lehrervorträgen, Erklärungen des neuen Lehrstoffs aufrechterhalten können. Das setzt voraus, dass Lehrkräfte in ihren Äußerungen *explizit* Verbindungen zum Vorwissen der Schüler (= Rückwärtsverknüpfungen) herstellen, *explizite Möglichkeiten* und *Grenzen* der *Anwendbarkeit* von Wissen (Vorwärtsverknüpfung) ausführen. Gute Lehrkräfte *ermöglichen* stets die *Rückwärts- und die Vorwärtsverknüpfungen* des Lehrstoffs bei der Wissensvermittlung.

Vorwärtsverknüpfungen sind darüber hinaus gekennzeichnet durch explizite Elaborationen (Fragen aufwerfen, inhaltliche Diskrepanzen offen legen, Beispiele aufzeigen) und explizite Schlussfolgerungen.

Außerdem verwenden gute Lehrer auch *sprachliche Formulierungen,* die die inhaltliche *Kohärenz für Schüler* erleichtern (z.B. „also", „deshalb", „das heißt", „weil").

Fachliche Kohärenz kann auch durch metakommunikative Redewendungen der Lehrkräfte unterstützt werden (z.B.: „auf die letzten drei Punkte gehe ich im Detail ein, die anderen stelle ich nur überblicksartig dar"). Durch die Herstellung von fachlicher Kohärenz kann sichergestellt werden, dass bei den Schülern eine kohärente Wissensstruktur entsteht (siehe auch Kap. 3.1.1.1.1).

Für die Optimierung des Lernens ist eine gute *Strukturierung* des Unterrichts, des Lehrervortrags und des Lernmaterials von entscheidender Bedeutung. Die Strukturierung hängt eng mit dem Herstellen fachlicher Kohärenz zusammen. Eine *klare äußere Struktur des Unterrichts* ermöglicht Schülern, eine klar gegliederte innere Wissensstruktur aufzubauen und die Lerninhalte zu verstehen. Wie sollte eine gute Strukturierung des Unterrichts aussehen? Welche relevanten Aspekte können für die Unterrichtsdiagnose herangezogen werden?

- *Zielstellung* der Stunde und ihre Position im Gesamtzusammenhang der Unterrichtseinheit sind deutlich zu machen;
- *Angemessene Gliederung* in materialisierter Form auszuweisen und permanent Rückbezüge darauf herzustellen;
- *Vorstrukturierung* des Lernstoffs in Form eines „advance organizer". Durch eine geeignete, vorangestellte Zusammenfassung, durch das Anbieten von Assoziationen, eine hierarchische Gliederung des Lernmaterials und der Lernabfolge werden die Schüler ‚gezwungen', Vorwissen zu aktivieren und gezielt ihre Aufmerksamkeit auf das Neue zu richten;
- *Übersichten und Sytematisierungen* erarbeiten und *mind-maps* von Schülern erstellen lassen;
- *Zusammenfassungen* (auch am Ende der Stunde), um die Orientierung für Schüler zu erleichtern;
- *Durchgängig Verweise auf Vorwissen* vornehmen und Anwendungen verdeutlichen;
- *Redundanz* muss ausreichend groß sein, was *durch Rückblicke* und *Wiederholungen/Übungen* erreicht werden kann;
- *Arbeitsanweisungen sind präzise zu formulieren* und es ist sicherzustellen, dass sie von allen Schülern verstanden werden.

Um die *Verständlichkeit der Lehreräußerungen und des Lernmaterials* im Unterricht zu prüfen bzw. zu operationalisieren, kann als theoretische Grundlage das Hamburger Verständlichkeitskonzept (Langer, Schulz von Thun & Tausch, 1974) herangezogen werden. Das *Verständlichkeitsniveau* des Unterrichts hängt aber auch davon ab, *wie viel neue Informationen die Schüler ‚vertragen'*, wie groß die Aufgabendichte im Unterricht sein kann. Ein ‚Zuwenig' führt zu Langeweile und Unterforderung, ein ‚Zuviel' zu Stress und Überforderung. Wie hoch die ‚Dosierung' jeweils sein kann, um die Verständlichkeit zu sichern, hängt vor allem vom Leistungsniveau der Klasse und von der Fähigkeit der Lehrkraft ab, hierzu ständig zu experimentieren und zu diagnostizieren.

6. Vielfältige Motivierung
Die Vielfalt der Motivierung, d.h. Schüler zum Lernen anzuregen und ihr Lernen und Aufgabenlösen aufrechtzuerhalten, kann über Lehrerhandeln im Unterricht direkt oder

auch indirekt realisiert werden. Wir verweisen an dieser Stelle auch auf das Teilkapitel 3.1.1.3, in dem ausführlich zu Fragen der Lern- und Leistungsmotivation und ihrer Förderung argumentiert wurde.

7. *Konsolidierung, Sicherung, intelligentes Üben*
Konsolidierung (Durcharbeitung) des Lernstoffs, Sicherung von Wissen und Fertigkeiten durch intelligentes Üben kommen häufig in einem Unterricht, der auf die Realisierung einer Fülle von Lehrplaninhalten gerichtet ist, zu kurz. Der Aufbau von Expertise im Lesen, Schreiben, Rechnen und beim Erwerb von Fremdsprachen erfolgt nur über die kontinuierliche, zeitaufwändige Beschäftigung mit den Lernstoffen und systematisches und regelmäßiges Einüben, Trainieren.

Für die Konsolidierung von Wissensstrukturen ist es notwendig, dass diese allmählich von den mentalen „Schlacken", d.h. den konkreten situativen Einzelinhalten, die bei ihrem Aufbau notwendig waren, befreit werden (vgl. Aebli, 1991). Für diesen *Prozess des Durcharbeitens* ist es hilfreich, wenn Schüler *das erworbene Wissen in einer anderen Aufbaufolge, unter verschiedenen Rahmenbedingungen und Kontexten, aus mehreren Perspektiven* (z.B. jemanden die Sachverhalte erklären müssen) bearbeiten.

Bei der Vermittlung von Wissen und Fertigkeiten im Rahmen von Lehrmethoden der direkten Instruktion ist stets zu beachten, dass *Kontrolle und Sicherung des Verstehens des Lehrstoffs* die *unabdingbare Voraussetzung für selbstständiges Üben* in Phasen der Stillarbeit oder Hausaufgaben sind.

Eine Faustregel für die Methoden der direkten Instruktion lautet, dass der Verstehenssicherung, dem selbstständigen und angeleiteten Üben stets mehr Zeit und Raum beigemessen werden als der eigentlichen Stoffvermittlung.

Hinweise darauf, wann vom angeleiteten zum selbstständigen Üben übergegangen werden kann, erhält die Lehrkraft durch das 80% Kriterium (Brophy & Good, 1986): D.h., wenn die Schüler einer Klasse mindestens 80% der Lehrerfragen korrekt beantworten können.

Durch selbstständiges Üben wird das neu Gelernte verfestigt und automatisiert. Das selbstständige Üben hat eine geringere Bedeutung, wenn komplexe und mehrschichtige Inhalte vermittelt werden.

In Bezug auf *offene Unterrichtssituationen gilt* gleichermaßen, dass selbstständiges Lernen und Problemlösen nur erfolgreich sein können, wenn die Schüler eine *inhaltlich solide und gesicherte Wissensbasis* besitzen.

8. *Individualisierung und Differenzierung: adaptiver Unterricht*
Jahrgangsklassen zeichnen sich zunehmend durch sehr heterogene Lernvoraussetzungen der Schüler aus. Lehrkräfte, die ihren Unterricht dann an einem fiktiven Durchschnittsschüler orientieren, werden wenig erfolgreich unterrichten können. Die Lerneffekte im Unterricht sind nur dann ausreichend hoch, wenn die Lehrkraft die interindividuell variierenden Lernvoraussetzungen der Schüler einer Klasse exakt diagnostizieren und darauf hin wirkungsvolle Maßnahmen ergreifen kann, um fast jeden Schüler angemessen fordern und fördern zu können. Häufig spricht man dann in diesem Zusammenhang von adaptivem Unterricht. Adaptives Lehren kann zumindest grob drei Ziele verfolgen (Leutner, 1992):

(1) Bereitstellung *zusätzlichen* Nachhilfe- oder Förderunterrichts (Fördermodell).
(2) Ausgleich von Wissens- und Leistungsdefiziten durch Arbeit an den verursachenden Bedingungen (Vorwissen, Lernmotivation, Lernstrategien) (Kompensationsmodell).
(3) Wertschöpfende Ausnutzung besonderer Stärken und Vorlieben der Schüler, z.B. durch Anpassung der Lehrmethode an den Lernstil des Schülers (Präferenzmodell).

Unterricht lässt sich prinzipiell differenzieren, indem man das Lernziel, die Lehrmethode oder die Lehr-Lern-Zeit auf den Lerner abstimmt. Beim individuellen zusätzlichen Förderunterricht werden Lernzeit und Lehrmethode den diagnostizierten Lernvoraussetzungen des Lerners angepasst.

Wird im Klassenverband für einzelne Schüler die *Lehrmethode, der Schwierigkeitsgrad von Aufgaben* nicht aber die Lernzeit adaptiert, liegt *innere Differenzierung* vor.

Eine weitere Möglichkeit, den Unterricht adaptiv zu gestalten, liegt darin, die Sozialformen für unterschiedliche Schüler zu variieren.

9. Förderung aktiven, selbstgesteuerten Lernens
Bei der Diagnose, wie selbstständig und aktiv alle Schüler im Unterricht lernen, können folgende Aspekte hinterfragt werden:

- Überwiegen *Schüleraktivitäten gegenüber Lehreraktivitäten* (z.B. wenn Schüler im Fremdsprachenunterricht mehr sprechen als die Lehrkraft).
- *Beteiligung der Schüler auch am Planungs- und Beurteilungsprozess* des Unterrichts.
- *Kooperatives oder selbstständiges Problemlösen* erhöht die Schüleraktivität, erfordert aber das Bereitstellen von geeigneten Lernmaterialien und authentischen Problemen.
- Selbstgesteuertes Lernen wird insbesondere über die Möglichkeit der Schüler zur *Wahl* von *Aufgaben, Material, Lösungswegen* (Spielräume statt Engführung), *Ort* und *Zeit* befördert.
- Die Befähigung zum selbstgesteuerten Lernen wird durch *Lehren und Erproben von Lernstrategien* (vgl. Kap. 3.1.1.2) gewährleistet.
- Kooperatives Lernen wird *sinnvoll* eingesetzt, d.h. positive Interdependenz wird über Ziele, Aufgaben, Rollen und Anreize erreicht.
- Solche lernförderlichen Interaktionen wie wechselseitiges Erklären und Korrigieren, das Erproben, Verteidigen und Modifizieren von Standpunkten, das Erkennen und Akzeptieren von unterschiedlichen Argumeten beim kooperativen Lernen muss vom Lehrer modelliert, gemeinsam reflektiert und eingeübt werden.

Es ergibt sich nach dem theoretischen Exkurs zu den diagnostisch relevanten Schwerpunkten der Unterrichtsqualität nun die Frage:

> In welchen Situationen sollte eine Lehrkraft die Hypothese aufstellen, dass die eigene Unterrichtqualität möglicherweise mit dem anstehenden, zu diagnostizierenden Problem in Beziehung stehen könnte?

Diese Hypothese sollte z.B. immer bei

- Disziplinproblemen im Unterricht
- Lernunlust und Motivationsproblemen mehrerer Schüler der Klasse
- überwiegend schlechten Leistungen in Klassenarbeiten, Tests
- Lernschwierigkeiten von Schülern
- zurückhaltender Mitarbeit der Schüler im Unterricht
- quälender eigener Unzufriedenheit, Unsicherheit der Lehrkraft im Unterricht („man kommt nicht besonders gut mit einer Klasse klar")

explizit formuliert werden.

Prinzipiell sollte jedoch gelten, dass der Unterricht von der Lehrkraft auch ohne äußere Anlässe regelmäßig (z.B. am Schulhalbjahres- und Schuljahresende) evaluiert wird, um eine kontinuierliche Qualitätssicherung zu gewährleisten.

(2) Diagnostische Verfahren zur Erfassung ausgewählter Aspekte der Unterrichtsqualität

Wir gehen im Folgenden auf diagnostische Verfahren zur Erfassung von Merkmalen und Problemen der Unterrichtsqualität ein, die aus drei unterschiedlichen Perspektiven auf Unterricht zustande kommen.

1. Selbstbeurteilung des Unterrichts durch die Lehrkraft
2. Fremdbeobachtung, -beurteilung (Hospitation) durch einen Kollegen
3. Einholen von Schüler-Feedback

Die niederschwelligste Form der Diagnose von Unterricht ist die *Selbstbeurteilung der Lehrkraft*. Hierbei muss sie das Wissen um bestimmte Probleme und Mängel des eigenen Unterrichts nicht mit einer anderen Person teilen.

Für viele Lehrkräfte ist die Hospitation (Fremdbeobachtung) im eigenen Unterricht durch andere Kollegen bereits mit Skepsis und Unbehagen verbunden. In Berufen, in denen die Tätigkeit in einem Team mit Gleichqualifizierten ausgeübt wird, ist die (Fehler-)Rückmeldung etwas Selbstverständliches und Alltägliches. Bei Lehrkräften, die sich über lange Zeiträume an sozial und in Bezug auf Kompetenz ungleichen Partnern messen, entstehen deshalb manchmal Selbstoffenbarungsängste und Unsicherheiten bei Hospitationen.

Um solchen Phänomenen Rechnung zu tragen, sollten Lehrkräfte zur Hospitation (Fremdbeurteilung) ihres Unterrichts vor allem befreundete und vertrauensvolle Kolleginnen und Kollegen gewinnen. Durch die Fremdbeobachtung des Unterrichts durch eine gleich qualifizierte Person wird gewährleistet, dass auch didaktische und fachliche Aspekte des Unterrichts oder akute Problemlagen kompetent beurteilt werden können.

Das Einholen von Schüler-Feedback bündelt Urteile wieder aus einer anderen Perspektive. Schüler sind selbst Betroffene oder Mitgestalter des Unterrichts. Ihre Beobachtungen zeichnen sich dadurch aus, dass sie in der Regel keine Momentaufnahmen des Unterrichts darstellen, sondern Wahrnehmungen und Erfahrungen über einen längeren Zeitraum mitteln. Hinzu kommt, dass ältere Schüler ihr Feedback auf den

Determinanten der Schulleistung und die Konsequenzen für die Diagnostik 187

Vergleich von mehrerern Lehrkräften stützen können. Um möglichst eine valide Diagnose zum Unterricht zu erhalten, wäre es sinnvoll, wenn Daten aus allen drei Perspektiven oder Quellen miteinander verglichen werden könnten.

3.1.2.2 Selbstbeurteilung des Unterrichts durch die Lehrkraft

a) Checklisten zur Wirkung des eigenen Unterrichts

Checklisten in Form von Fragekatalogen kann die Lehrkraft für die Selbstbefragung eigenständig auf der Grundlage wissenschaftlich fundierten Wissens über den Unterricht und aktueller diagnostischer Anlässe entwickeln. Allerdings liegt auch eine ganze Reihe solcher Checklisten bereits vor. Exemplarisch soll hier die Checkliste von Becker (1998) vorgestellt werden (siehe Abb. 3.12).

- Wie habe ich den Lehr-Lern-Prozess angeregt?
- Wurde das Interesse am Lerninhalt aufrechterhalten?
- Wurden die Schüler auf zentrale Frage-oder Problemstellungen hingelenkt?
- Lässt die Unterrichtsstunde einen Schwerpunkt erkennen?
- Wie viele Fragen habe ich gestellt?
- Was für Fragen habe ich gestellt?
- Wie viele Fragen stellten die Schüler?
- Was für Fragen stellten die Schüler?
- Waren die Fragen- bzw. Problemstellungen sachlogisch aufeinander bezogen?
- Welche Beiträge lösten welche Fragen aus?
- Hörte ich den Schülern zu?
- Wurden vereinbarte Gesprächsregeln eingehalten?
- Wie ging ich auf die Schülerbeiträge ein?
- Wurden Schülerbeiträge von mir wörtlich wiederholt?
- Benutzte ich stereotype Verstärkungsformen?
- Wurden auch Interaktionen zwischen den Schülern angeregt?
- Wie hoch war mein Sprechanteil?
- Wie hoch war der Sprechanteil aller Schüler?
- Gab es einzelne Schüler mit besonders hohen Sprechanteilen?
- Wie stark beteiligten sich die Mädchen im Vergleich zu den Jungen?
- Welche Beiträge leisteten besondere Problemschüler?
- Konzentrierte ich mich auf bestimmte Schüler?
- Wie kam es zu spezifischen Konfliktsituationen?
- Welchen Verlauf nahmen die Auseinandersetzungen?
- Wie wurden Konflikte vorläufig bewältigt?
- Waren die Arbeitsaufträge verständlich?
- Wie wurden die Arbeitsaufträge in den Prozess eingebracht?
- Welche Lernhilfen wurden von mir gegeben?
- Wie wurden die Arbeitsergebnisse präsentiert?
- Wie wurden Kenntnisse, Einsichten oder Erkenntnisse festgehalten?
- Weitere Fragestellungen?

Abbildung 3.12: Checkliste zur Selbstbeurteilung von Unterricht nach Becker (1998)

Wenn diese Checkliste zur Selbstreflexion nach dem Unterricht aus der bloßen Erinnerung des Unterrichtgeschehens abgearbeitet wird, dann besteht die Gefahr, dass diese Art der Reflexion sehr oberflächlich verlaufen kann. Sinnvoller ist es dagegen, wenn die Lehrkraft zuvor einen akustischen Mitschnitt von der Unterrichtsstunde macht und beim oder nach dem Abhören die Checkliste unmittelbar bearbeitet.

b) Selbstbefragung zur Diagnose des Unterrichtsstils

Flexibler Einsatz vielfältiger Methoden durch die Lehrkraft wurde als ein wichtiges Merkmal der Unterrichtsqualität hervorgehoben. Aus empirischen Untersuchungen ist aber auch bekannt, dass jede Lehrkraft eine unverwechselbare Art zu unterrichten hat. Unabhängig von dieser persönlichen Eigenart lassen sich verschiedene präferierte Unterrichtsstile unterscheiden, die für das unterrichtliche Verhalten und die Methodenauswahl charakteristisch sind. Lehrkräfte unterscheiden sich

1. in der Bevorzugung direkter Formen der Unterweisung oder Formen des offenen Unterrichts und
2. im Ausmaß der Übernahme von Verantwortung für die Leistungen (insbesondere für Misserfolge) ihrer Schüler.

Die Bevorzugung einer Richtung des Lehrens bzw. Unterrichtens, d.h. die präferierte Einstellung zur Lernsteuerung im Unterricht kann durch die 10 Items des Fragebogens „Präferierter Lehrstil" (Abb. 3.13) schnell erfasst werden.

Lehreraussagen zu ihrem Unterricht	in der Regel	gelegentlich	nie
1. Der Unterricht verläuft so, wie ich ihn geplant hatte.			
2. Ich beteilige die Schüler an den Entscheidungen über Unterrichtsziele und Lernmethoden.			
3. Schwierige Lerninhalte stelle ich im Unterricht selbst dar.			
4. Die Ideen, Einfälle und Wünsche meiner Schüler beeinflussen meinen Unterricht.			
5. Ich verwende im Unterrichtsgespräch gern genau formulierte Fragen.			
6. Ich ermuntere die Schüler, selbstständig zu arbeiten.			
7. Ich sage den Schülern genau, was sie richtig und was sie falsch gemacht haben.			
8. Ich bestehe nicht auf dem geplanten Unterrichtsverlauf, wenn sich ein gutes Gespräch oder eine interessante Aktivität der Schüler ergibt.			
9. Ich überprüfe ständig die Kenntnisse und Lernfortschritte der Schüler.			
10. Dass Gefühl, dass die Schüler in meinem Unterricht zufrieden sind, ist mir sehr wichtig.			

Abbildung 3.13: Fragebogen zur Erfassung der Einstellung zur präferierten Lernsteuerung im Unterricht (nach Wahl et al. 2007, S. 336)

Auswertung der Selbstbefragung zur präferierten Lernsteuerung
Das Ergebnis der Selbstbefragung kann sehr schnell ermittelt werden. Dazu ist es hilfreich, wenn die Antworten zu den Aussagen 1, 3, 5, 7. 9 z.B. rot und die Antworten zu 2, 4, 6, 8, 10 dagegen blau eingekreist werden. Durch die farbige Markierung werden die Aussagen den beiden gegensätzlichen Methoden der Lernsteuerung zugeordnet.

a) Wenn die Aussagen 1, 3, 5, 7 und 9 (rote Markierung) in der Regel zutreffen, dann bevorzugt die Lehrkraft Formen der direkten Unterweisung im Unterricht.
b) Offene Unterrichtsformen werden dagegen präferiert, wenn die Items 2, 4, 6, 8 und 10 (blaue Markierung) im besonderen Maße zutreffen.

Je stärker eine Lehrkraft zu einer der beiden Richtungen neigt, umso dringlicher ist die *bewusste und absichtsvolle* Veränderung des Unterrichts zugunsten der anderen Unterrichtsform. Auch hier ist eine gezielte und wirkungsvolle Veränderung des eigenen Unterrichts nur über eine Ziel verändernde Unterrichtsvorbereitung und über den Austausch mit Kollegen möglich, die begründet die andere Richtung des Lehrstils praktizieren.

Der Unterrichtsstil einer Lehrkraft wird nicht nur durch die Form der Lenkung oder Offenheit, sondern auch durch das *Ausmaß der Übernahme an Verantwortung für das Zustandekommen der Leistung der Schüler* bestimmt. So ist bei diagnostizierten Lernschwierigkeiten einzelner Schüler auch der spezifische Anteil der Verantwortung, den die Lehrkraft hierbei trägt, zu hinterfragen. Dazu kann der folgende Fragebogen (Abb. 3.14) als Anleitung benutzt werden.

Auswertung des Ausmaßes des „Mitverantwortlichfühlens"
Feststellungen 1-8 geben darüber Auskunft, inwieweit sich die Lehrkraft für das Verhalten, die Leistungen und die Entwicklungsfortschritte der Schüler verantwortlich fühlt.
Die Feststellungen 9-16 beziehen sich auf das Bemühen, dem einzelnen Schüler gerecht zu werden und ihn individuell zu fördern.
Es besteht Konsens darüber, dass die Bereitschaft zur individuellen Förderung umso größer ist, je stärker sich die Lehrkraft für die Erfolge und Misserfolge der Schüler verantwortlich fühlt. Folgendes ist deshalb zu vermuten: *Wenn die ersten acht Feststellungen weitgehend zutreffen, dann fühlt sich die betreffende Lehrkraft für die schlechten Leistungen der Schüler nur wenig verantwortlich. Es ist dann wahrscheinlich, dass die Aussagen 9-16 in der Mehrzahl nicht zutreffen. Umgekehrt gilt: Wenn die Aussagen 9-16 positiv beurteilt werden, so wird die Lehrkraft eher bereit und in der Lage sein, Lernhilfen zu geben oder bei diagnostizierten Lernschwierigkeiten gezielte Fördermaßnahmen anzubieten.*

Lehreraussagen	trifft zu	teils/ teils	trifft nicht zu
1. Die Misserfolge eines Schülers haben wenig mit den Leistungen eines Lehrers zu tun; sie hängen von ganz anderen Faktoren ab.			
2. Es ist für die ganze Schule insgesamt wichtiger, die guten Schüler zu fördern, als den schlechten Schülern zu helfen.			
3. Für schlechte Noten darf man nicht den Lehrer verantwortlich machen.			
4. Viele Lehrer neigen dazu, die Bedeutung für die Vererbung geistiger Leistungen zu unterschätzen.			
5. Gegen uninteressierte Schüler ist auch der beste Lehrer machtlos.			
6. Sind bei einer Klassenarbeit einige Einsen und Zweien dabei, so kann man nicht behaupten, die Aufgaben wären zu schwer, nur weil sehr viele Schüler Fünfen und Sechsen geschrieben haben.			
7. Gute Beziehungen zwischen Lehrer und Schüler hängen mehr vom Verhalten des Schülers ab als von den Einstellungen des Lehrers.			
8. Wenn einzelne Schüler auch nach der zweiten Erklärung noch nichts verstanden haben, muss man als Lehrer in seinem Unterricht fortfahren.			
9. Während des Unterrichts vergewissere ich mich durch Fragen und Aufgaben, ob die Schüler den Stoff wirklich verstanden haben.			
10. Die Arbeiten von schwachen Schülern sehe ich mir immer besonders genau an.			
11. Ich kann Eltern leistungsschwacher Schüler recht gut sagen, wie sie ihrem Kind helfen können.			
12. Bei der Leistungsbeurteilung berücksichtige ich nicht nur Vergleiche zwischen den Schülern sondern auch die Fortschritte des einzelnen.			
13. Bei leistungsschwachen Schülern ist Unterstützung durch den Lehrer im Allgemeinen günstiger als Strenge.			
14. Nach einem Unterrichtsabschnitt lasse ich unbenotete Testarbeiten schreiben, um zu sehen, wo die Schüler noch Lücken haben.			
15. Bei der Stillarbeit verwende ich einen Teil meiner Zeit darauf, schwächeren Schülern zu helfen.			
16. Im Gespräch mit Eltern leistungsschwächerer Schülern bemühe ich mich, nicht zu klagen, sondern ihnen zu helfen.			

Abbildung 3.14: Fragebogen zur Diagnostik des „Mitverantwortlichfühlens" für die Schülerleistung (Wahl et al., 2007, S. 337)

Lehrkräfte, die bei sich ein geringeres Ausmaß an Verantwortung für die Leistungen der Schüler festgestellt haben, sollten dann gezielt über explizite Lernhilfen für schwächere Schüler nachdenken und diese anbieten und einleiten.

c) Audioprotokolle von Unterricht

Eine sehr effektive Methode zu Selbstbeurteilung des Unterrichts ist die Protokollierung von Unterrichtsstunden mit Hilfe eines der diversen akustischen Aufnahmegeräte. Solche Unterrichtsaufzeichnungen lassen sich einfach, unauffällig und ohne Beeinträchtigung des Unterrichtgeschehens herstellen. Es ist in der Regel auch kein Problem, den Schülern der Klasse offen das Anliegen der Protokollierung mitzuteilen. In höheren Klassen können sogar ausgewählte Schüler für die Technik des Mitschnittes der

Unterrichtsstunde verantwortlich gemacht werden. Die Lehrkraft hat durch diese Form der Protokollierung dann die Möglichkeit, den eigenen Unterricht für sich alleine anzuhören und unter verschiedenen Fragestellungen auszuwerten. Beispielsweise könnte man die Fragen aus der Checkliste von Becker (1998, siehe Abb. 3.12) zum eigenen Verhalten im Unterricht, zu den Anteilen von Lehrer- und Schüleraktivitäten, zur genaueren Analyse von Konfliktsituationen, zu Reaktionen auf Schülerantworten etc. herauslösen. Jede Lehrkraft kann selbstständig Kriterien zur Auswertung der Unterrichtsmitschnitte z.b. auch aus den theoretischen Ausführungen im ersten Teil dieses Teilkapitels operationalisieren.

Als besonders aufschlussreiche Variante der Selbstreflexion von Unterricht hat sich der *Vergleich von Mitschnitten des eigenen Unterrichts aus unterschiedlichen Klassen* erwiesen. Zum Beispiel kann man dann analysieren, ob das eigene Unterrichtsverhalten in jüngeren und älteren Klassen (in Bezug auf Engführung der Fragen, Ausspruchsniveau der Aufgaben etc.) variiert wird (was sicher notwendig ist!). *Außerdem kann in schwierigen Klassen überprüft werden, wer wodurch konkret Unmut, Konflikte etc. auslöst.* Es kann des Weiteren festgestellt werden, ob sich die Lehrkraft in als „schwierig erlebten" Klassen leichter provozieren lässt, weniger empathisch reagiert etc.

Für die Auswertung solcher Unterrichtsmitschnitte sollte unbedingt von der Lehrkraft, die dies zum ersten Mal praktiziert, beachtet werden, dass die Konfrontation mit den akustischen Unterrichtsprotokollen durchaus auch Mut und Souveränität erfordern. Wenn man die eigene Sprache, die gehäuften stereotypen Redewendungen oder bestimmte fragwürdige fachlich-inhaltliche Äußerungen aus dieser Distanz wahrnimmt, kann es schon zu ‚schockähnlichen' Erlebnissen kommen, obgleich man den Unterrichtsmitschnitt zur Überprüfung möglicher eigener Mängel angefertigt hat.

Für die Auswertung der akustischen Unterrichtsprotokolle kann sich die Lehrkraft auch überlegen, ob die gesamte Stunde analysiert werden soll oder nur bestimmte Sequenzen. Das hängt vom antizipierten Ziel der Unterrichtsdiagnose durch die Lehrkraft ab.

Die Ergebnisse der jeweiligen Unterrichtsanalyse und die daraus resultierenden antizipierten Veränderungen können dann ganz bewusst und immer wieder bei der Planung von Unterricht Berücksichtigung finden. Wenn auf diese Weise zielgerichtet und reflektiert an der Optimierung des eigenen Unterrichts gearbeitet wird, kann nach einer festgelegten Zeit (z.B. ein Monat) ein erneuter Unterrichtsmitschnitt erfolgen, um die Veränderungen zu überprüfen, sich selbst zu verstärken oder weitere Modifikationen in Angriff zu nehmen.

3.1.2.3 Fremdbeurteilung des Unterrichts durch einen Kollegen (Hospitation)

Zusätzlich zur Selbstdiagnose des eigenen Unterrichts und/oder zum Schüler-Feedback können gegenseitige Unterrichtshospitationen als eine effektive diagnostische Variante zum Qualitätsmanagement von Unterricht durchgeführt werden.

Dabei ist vorher genau zu vereinbaren, was wie beobachtet werden soll, in welcher Form das Hospitationsprotokoll vorbereitet wird (dazu genauer Kap. 2.4.3). Prinzipiell gilt, dass die Unterrichtsmerkmale ausreichend für die Beobachtung operationalisiert sein müssen, also möglichst auf Schüler- oder Lehrerverhalten ausgerichtet sind, dass die Anzahl der zu beobachteten Aspekte überschaubar bleibt. Günstig ist, wenn die beiden über die Hospitation kooperierenden Lehrkräfte diese Vorbereitungsarbeit gemeinsam leisten. Anlässe für Unterrichtshospitationen können z.B. sein:

- fachliche Rückmeldungen beim Experimentieren mit neuen Unterrichtsmethoden
- Disziplinprobleme mit einer Klasse
- Unzufriedenheit mit dem eigenen Unterricht
- regelmäßige Evaluation des eigenen Unterrichts

Zu Inhalten der Diagnose von Unterricht können prinzipiell alle weiter vorn aufgelisteten fachübergreifenden Merkmale der Unterrichtsqualität herangezogen werden. Eine Auswahl für Operationalisierungen ist:

- Lehrerfragen und Schülerbeiträge
- Reaktionen der Schüler auf Lehreraktionen
- Reaktion auf Schülerbeiträge
- Fachlichen Kohärenz bei der Einführung eines neuen Themas
- Lehrersprache (Verständlichkeit)
- Strukturierungsgrad von Unterricht
- Klassenmanagement: Allgegenwärtigkeit und Überlappung usw.

Kooperierende Lehrer können sich auch auf bestimmte Aspekte aus der Checkliste von Becker (1998) zur Diagnostik von Unterricht verständigen.

In der Auswertung der jeweiligen Unterrichtsstunde reflektiert dann zunächst der unterrichtende Lehrer aus seiner Perspektive über die gehaltene Stunde bzw. über die verabredeten Aspekte der gemeinsamen Überprüfung. Danach teilt der Fremdbeobachter seine Beobachtungsergebnisse mit. Bei divergenten Beurteilungen kann eine weitere Hospitation vereinbart werden. Im Anschluss an die Auswertung der hospitierten Stunde sollten beide Lehrkräfte auch überlegen, was optimiert werden könnte.

3.1.2.4 Schüler-Feedback zum Unterricht

Die Beurteilung von Unterricht durch Schüler stößt nicht selten und immer noch bei Lehrkräften auf Skepsis, obwohl zahlreiche Projekte zur Erprobung von Schüler-Feedback in verschiedenen Bundesländern vorliegen (Überblick siehe: Helmke, 2007). Insbesondere jüngeren Schülern wird die Fähigkeit abgesprochen, über die didaktische Kompetenz und die fachliche Expertise von Lehrkräften sachgerecht urteilen zu können. Das kann jedoch als ‚Killerargument' angesehen werden, weil es beim Einholen von Schüler-Feedback nicht um fachliche Expertisen geht. Für eine Befragung von Schülern spricht dagegen ihre spezifische Langzeiterfahrung mit erlebtem Unterricht und mit Lehrkräften. Schüler können Lehrkräfte und Unterricht nämlich aus zwei Perspektiven wahrnehmen:

- aus ihrem Vergleich der verschiedenen Unterrichtsfächer und
- aus dem Vergleich über die Schuljahre hinweg.

Damit enthalten die Urteile von Schülern viele verdichtete Informationen, die sich auf viele Situationen und auf einen längeren Zeitraum beziehen. Die meisten diagnostischen Urteile über Unterricht (z.B. Hospitation des Schulleiters, der Evaluationskommission etc.) können auch nicht diese *Datendichte besitzen*, die für reliable und valide Urteile notwendig wäre.

Dagegen kommen die Aussagen von Schülern über eine individuelle Mittelung der Wahrnehmungen über die Zeit zustande. Hierin liegt natürlich auch ein Problem des Schüler-Feedbacks, denn es ist häufig unklar, über welchen Zeitraum Schüler kognitiv mitteln. In einzelnen Fällen ist freilich nicht auszuschließen, dass Schüler zu negativen Herabsetzungen oder sozial erwünschten Gefälligkeitsaussagen tendieren. Ferner liegt ein Problem der Schülerurteile auch darin, dass sachliche Aspekte zur Einschätzung der Unterrichtsqualität durch eine prinzipielle Beliebtheit der Lehrkraft überlagert oder verzerrt werden können.

Trotz solcher Mängel können Schülerurteile wichtige Hinweise auf Stärken und Schwächen des Unterrichts, auf besondere Problemlagen geben. Sie erweisen sich deswegen durchaus als ein *effektives Werkzeug für die Unterrichtsentwicklung*. Man darf bei der Problematisierung des Schüler-Feedbacks auch nicht vergessen, dass *alle* bzw. *viele* Schüler einer Klasse ihre Urteile zu den Unterrichtsmerkmalen etc. abgeben. Damit kann die Lehrkraft über die *klasseninterne Streuung* der zu beurteilenden Aussagen einen Interpretationsrahmen für das *Ausmaß an Konvergenz oder Divergenz* erhalten.

Das Einholen von Schüler-Feedback hat, wie bereits erwähnt, nicht zum Ziel, ein tatsächliches Urteil über die Qualität der fachlichen und didaktischen Kompetenz von Lehrkräften zu erheben. Vielmehr geht es darum zu erfahren, wie Schüler den Unterricht und den unterrichtenden Lehrer *erleben*. Es liefert damit wichtige Informationen über

- die Wirkung des eigenen Unterrichts auf die Schüler,
- die tatsächliche Erreichung angestrebter Ziele und
- Interaktionsprozesse im Unterricht.

Lehrkräfte, die Feedback ihrer Schüler einholen, signalisieren damit auch, dass sie die Schüler an der Gestaltung von Unterricht beteiligen. Denn Auswertung und Diskussion der vom Lehrer zusammengefassten Ergebnisse des Feedbacks mit den Schülern erhöhen ihre Mitverantwortung am Gelingen des Unterrichts und die Lernmotivation von Schülern. Schüler-Feedback kann mit unterschiedlicher Zielsetzung organisiert und eingeholt werden:

1. Feedback als Beurteilung des „typischen" Unterrichts
2. Feedback nach einer Unterrichtsstunde

Zu 1. Feedback als Beurteilung des typischen Unterrichts
Mit dieser Form der Schülerrückmeldungen wird erfasst, wie der Unterricht einer bestimmten Lehrkraft über einen längeren Zeitraum erlebt wird.

Die Erfassung der Schülerurteile sollte in jedem Fall *anonym* erfolgen, d.h. die Lehrkräfte stellen fertige Fragebögen zur Verfügung, die z.B. von einem Schüler zu einem festgesetzten Termin wieder eingesammelt werden. Die Anonymität ist deshalb wichtig, weil die Schüler dann einerseits weniger sozial erwünscht antworten. Andererseits werden Schüler und Lehrer davor geschützt, dass bei möglichen unerfreulichen Rückmeldungen dann doch entstandene Kränkungen und Frustrationen über unreflektierte handlungsleitende Kognitionen der Lehrkraft negativ auf die Schüler zurückwirken.

Im Folgenden werden drei diagnostische Möglichkeiten zur Einholung von Schüler-Feedback zum typischen Unterricht vorgestellt:

a) Schülerbefragung zu Merkmalen der Unterrichtsqualität
b) Schülerbefragung zum Unterrichtsklima
c) Schülerfeedback zur Diagnose der Klassenführung einer Lehrkraft

a) Schülerbefragung zu Merkmalen der Unterrichtsqualität

Helmke (2003) schlägt dazu vor, Fragebögen und Ergebnisse aus großen Schul- und Unterrichtsstudien für die Standortbestimmung (Benchmarking) hinsichtlich der eigenen Unterrichtsqualität in den unterrichteten Klassen zu benutzen. Dieses Vorgehen zeichnet sich durch zwei Vorteile aus. Erstens kann man auf ausgefertigte Fragebögen zur Unterrichtsqualität zurückgreifen und muss die notwendigen Items nicht selbst operationalisieren. Zweitens liegen mit dem Einsatz der Fragebögen in größeren Studien auch Vergleichswerte vor, an denen die Aussagen der Schüler aus der eigenen befragten Klasse geprüft werden können. Damit erhält die Lehrkraft, die solche Fragebögen verwendet, einen Interpretationsrahmen für die eigene Tätigkeit, den eigenen Unterricht.

Die 30 Items zur Unterrichtsqualität und die Untersuchungsergebnisse für das sogenannte Benchmarking in Tabelle 3.6 stammen aus dem Projekt MARKUS (Mathematik; 8. Klassenstufen, zitiert nach Helmke, 2003, S. 168ff.). In Tabelle 3.6 werden die Ergebnisse der Schülerbefragung zur Unterrichtsqualität im Mathematikunterricht getrennt nach Schulformen (HS, RS, GY) einschließlich eines Gesamtwertes pro Item dargestellt. Helmke hat aus Gründen der Übersichtlichkeit die beiden zustimmenden Antwortkategorien in einem Wert zusammengefasst. Für eine genauere Lektüre zum MARKUS-Projekt und der Interpretation der z.T. in den Schulformen sehr divergenten Ergebnisse (siehe Tabelle 3.6) wird auf Helmke und R. Jäger (2002) verwiesen.

Determinanten der Schulleistung und die Konsequenzen für die Diagnostik 195

Tabelle 3.6: Schülerfragebogen zur Unterrichtsqualität mit den Ergebnissen aus MARKUS

Unser ....Lehrer /unsere ....Lehrerin ...	Zustimmung in Prozent			
	ges.	HS	RS	GY
Aufgabenkultur				
1) betont oft, dass es mehrere Wege zu einer Aufgabenlösung gibt	74	76	73	72
2) ermuntert uns, eigene Lösungswege zu probieren	54	63	51	46
3) fragt erst die anderen und lässt dann diskutieren, welche Aussage die richtige ist	71	70	71	72
Strukturierung				
4) weist uns darauf hin, wenn etwas besonders beachtenswert ist	79	79	78	80
5) fasst den Stoff am Ende der Stunde noch einmal zusammen	39	55	34	24
Leistungserwartung				
6) will, dass ich mich richtig anstrenge	83	88	81	79
7) achtet sehr darauf, dass ich gute Leistungen bringe	63	76	58	51
Motivierung				
8) kann neue Themen gut erklären	64	73	61	54
9) kann mich manchmal richtig für die Themen begeistern	48	60	42	37
10) kann auch trockene Themen wirklich interessant machen	38	49	33	27
Relevanz des Unterrichts				
11) zeigt uns, wie nützlich ....unterricht *im Alltag* sein kann	50	68	46	33
12) betont, dass ....unterricht in vielen Berufen eine große Rolle spielt	58	79	55	35
Schülerorientierung				
13) weiß genau, bei welchen Aufgaben ich Schwierigkeiten habe	55	67	50	43
14) erklärt etwas so lange, bis ich es verstehe	61	73	56	50
15) nimmt sich immer Zeit, wenn ich etwas mit ihm/ihr bereden möchte	61	68	57	56
16) kümmert sich um mich, wenn ich Schwierigkeiten habe	57	68	53	48
Klassenführung				
17) weiß immer genau, was in der Klasse vor sich geht	59	71	57	46
18) muss oft eingreifen, um Aufmerksamkeit herzustellen	65	63	67	64
19) sind die Schüler/innen während des Unterrichts aufmerksam und konzentriert	41	45	37	39
20) sind die Spielregeln, die man einhalten muss, allen bekannt	78	81	78	75
21) hat klar gemacht, was passiert, wenn man Regeln verletzt	65	73	67	53
Freiheitsspielräume				
22) gibt uns verschiedene Themen oder Aufgaben zur Auswahl	14	22	11	8
23) geht auf Vorschläge und Anregungen der Schüler/innen ein	34	41	32	28
Zeit zu Reflexion				
24) verlangt blitzschnelle Antworten	48	47	50	48
25) geht gleich zum nächsten Schüler, wenn ich nicht sofort antworte	39	38	42	38
26) ruft jemand anderen auf, der es wahrscheinlich richtig weiß, wenn ich einen Fehler mache	66	68	66	63
Kleingruppenarbeit				
27) arbeiten wir oft in kleinen Gruppen an verschiedenen Aufgaben	20	23	21	14
28) helfen die leistungsstärkeren Schüler/innen den schwächeren auch einzeln oder in kleinen Gruppen	44	46	46	39
Leistungsdifferenzierung				
29) verlangt von den guten Schülern deutlich mehr	48	55	44	44
30) stellt leistungsschwächeren Schüler/innen einfachere Fragen	25	34	20	20

Der Fragebogen aus Tabelle 3.6 bzw. die 30 Items zur Beurteilung der Unterrichtsqualität können auch von anderen Fachlehrern als den Mathematiklehrern benutzt werden. Die Items zu den Variablen der Unterrichtsqualität müssen dann *entsprechend fachbezogen* verändert werden (z.B. unsere Deutschlehrerin, unsere Biologielehrerin etc.). Der Fragebogen kann in dieser Form bei Schülern 5. bis 10. Klassen in allen Fächern eingesetzt werden; dazu muss er geringfügig verändert werden (Muster siehe Abbildung 3.15).

Unser …..lehrer/unsere …..lehrerin … bzw. bei	Stimmt genau	Stimmt ziemlich	Stimmt wenig	Stimmt gar nicht
1) … betont oft, dass es mehrere Wege zu einer Aufgabenlösung gibt	☐	☐	☐	☐
2) … ermuntert uns, eigene Lösungswege zu probieren	☐	☐	☐	☐
3) … fragt erst die anderen und lässt dann diskutieren, welche Aussage die richtige ist	☐	☐	☐	☐
4) … weist uns darauf hin, wenn etwas besonders beachtenswert ist	☐	☐	☐	☐
5) … fasst den Stoff am Ende der Stunde noch einmal zusammen	☐	☐	☐	☐
6) … will, dass ich mich richtig anstrenge	☐	☐	☐	☐
7) … achtet sehr darauf, dass ich gute Leistungen bringe	☐	☐	☐	☐
8) … kann neue Themen gut erklären	☐	☐	☐	☐
9) … kann mich manchmal richtig für die Themen begeistern	☐	☐	☐	☐
10) … kann auch trockene Themen wirklich interessant machen	☐	☐	☐	☐
11) … zeigt uns, wie nützlich … unterricht *im Alltag* sein kann	☐	☐	☐	☐
12) … betont, dass …………………unterricht in vielen Berufen eine große Rolle spielt	☐	☐	☐	☐
13) … weiß genau, bei welchen Aufgaben ich Schwierigkeiten habe	☐	☐	☐	☐
14) … erklärt etwas so lange, bis ich es verstehe	☐	☐	☐	☐
15) … nimmt sich immer Zeit, wenn ich etwas mit ihm/ihr bereden möchte	☐	☐	☐	☐
16) … kümmert sich um mich, wenn ich Schwierigkeiten habe	☐	☐	☐	☐
17) …weiß immer genau, was in der Klasse vor sich geht	☐	☐	☐	☐
18) … muss oft eingreifen, um Aufmerksamkeit herzustellen	☐	☐	☐	☐
19) … sind die Schüler/innen während des Unterrichts aufmerksam und konzentriert	☐	☐	☐	☐
20) … sind die Spielregeln, die man einhalten muss, allen bekannt	☐	☐	☐	☐
21) … hat klar gemacht, was passiert, wenn man Regeln verletzt	☐	☐	☐	☐
22) … gibt uns verschiedene Themen oder Aufgaben zur Auswahl	☐	☐	☐	☐
23) … geht auf Vorschläge und Anregungen der Schüler/innen ein	☐	☐	☐	☐
24) … verlangt blitzschnelle Antworten	☐	☐	☐	☐
25) … geht gleich zum nächsten Schüler, wenn ich nicht sofort antworte		☐	☐	☐
26) …ruft jemand anderen auf, der es wahrscheinlich richtig weiß, wenn ich einen Fehler mache		☐	☐	☐
27) … arbeiten wir oft in kleinen Gruppen an verschiedenen Aufgaben	☐	☐	☐	☐
28) … helfen die leistungsstärkeren Schüler/innen den schwächeren auch einzeln oder in kleinen Gruppen		☐	☐	☐
29) … verlangt von den guten Schülern deutlich mehr	☐	☐	☐	☐
30) … stellt leistungsschwächeren Schüler/innen einfachere Fragen	☐	☐	☐	☐

Abbildung 3.15: Schülerfragebogen zu Merkmalen der Unterrichtsqualität

Determinanten der Schulleistung und die Konsequenzen für die Diagnostik 197

Wie aus Abbildung 3.15 ersichtlich ist, wird hier in Anlehnung an den Fragebogen aus dem MARKUS-Projekt ein Fragebogenmuster mit einer vierstufigen Antwortskala vorgegeben. Die Bezeichnung der Merkmalskategorien für die Unterrichtsqualität wird hier jedoch weggelassen, weil diese für die Schülerbeantwortung nicht relevant sind. Für die Auswertung und Interpretation können diese Kategorien leicht wieder von der Lehrkraft hinzugefügt oder hinzugedacht werden.

Wenn der Fragebogen in einer Klasse eingesetzt wird, dann sollten die Schüler auf das Feedback eingestimmt werden. Es wird den Schülern beispielsweise mitgeteilt, dass der Fragebogen *anonym* ausgefüllt werden soll, weil man an der ehrlichen Meinung jedes Schülers interessiert ist und dass die Ergebnisse nach der Auswertung diskutiert werden, um gemeinsam den Unterricht noch weiter verbessern zu können.

Auswertung der Fragebögen
Die Antwortkategorien, die die Schüler angekreuzt haben, werden mit folgenden Werten versehen: Die Kreuze in den beiden Ablehnungskategorien erhalten den Wert „0". Kreuze in den beiden Zustimmungskategorien werden mit einem Punkt bewertet, d.h. sie erhalten den Wert „1".

Es wird für *jedes Item getrennt der Prozentsatz* bestimmt. Dazu wird zunächst *pro Item* über *alle Schüler* die Zustimmung (=1 Punkt) *aufaddiert*. Diese erhaltene Summe wird durch die Gesamtzahl der befragten Schüler dividiert. Danach wird dieser Wert mit 100 multipliziert. Damit die Ergebnisse besser interpretiert werden können, sollte ein *grafisches Profil* erstellt werden. So kann dann auf einen Blick gesehen werden, bei welchen Unterrichtsqualitätsvariablen hohe Prozentwerte erreicht wurden. Die einzelnen Prozentwerte pro Item aus der eigenen Schülerbefragung können auch mit den Ergebnissen aus der MARKUS-Studie der *entsprechenden Schulform* verglichen werden. Selbstverständlich ist ein ‚sauberer' Vergleich nur im Fach Mathematik und in der 8. Klasse möglich. In anderen Fächern und Klassenstufen ist die Vergleichbarkeit eingeschränkt. Man kann die Vergleichbarkeit der Daten jedoch verbessern, indem der Fragebogen in mehreren Klassen (gemeinsam mit anderen Kollegen) an der Schule eingesetzt wird.

b) Schülerfragebogen zum Unterrichtsklima

Jeder Lehrer hat die Erfahrung gemacht, dass es ‚klimatische' Unterschiede zwischen verschiedenen Schulklassen gibt, die in der sozialen Interaktion, in der Lernaktivität, der Leistungsorientierung, den Einstellungen zur Schule und in der gesamten Stimmungslage der Schüler unmittelbar zum Ausdruck kommen. Die Besonderheit dieser Variable der Unterrichtsqualität wurde bereits bei der theoretischen Darstellung von fächerübergreifenden Unterrichtsmerkmalen skizziert.

Für die Diagnose des Unterrichtsklimas sind vor allem folgende Variablen von Bedeutung (vgl. Wahl, Weinert & Huber 2007):

- Zusammengehörigkeitsgefühle der Schüler
  (Erleben sich Schüler einer Klasse als Gemeinschaft oder gibt es Cliquen, Streit, Außenseiter);

- Zufriedenheit mit der Lehrkraft
  (Wird sie als aufgeschlossen, empathisch, konsequent, gerecht, oder als ungerecht, Macht ausnutzend erlebt);
- Zufriedenheit mit dem Unterricht
  (herausfordernd, anregend, nützlich vs. langweilig, uneffektiv, unnötig);
- Leistungsanforderungen (angemessen, zu hoch, zu niedrig);
- Selbstverantwortlichkeit
  (Wird der Unterricht als Möglichkeit zum mitbestimmenden Lernen oder als Frustration des Bedürfnisses nach Autonomie und Selbstbestimmung erlebt).

Eine diagnostische Möglichkeit zur Erhebung des Klassenklimas stellt der Fragebogen nach Dreesmann (1980) dar, der in Abbildung 3.16 wiedergegeben wird.

Wie erleben die Schüler die Atmosphäre im Klassenzimmer?
Kreuze bitte zu jeder Aussage an, ob diese zutrifft bzw. nicht zutrifft.

		Ja	Nein
1	Die Anforderungen in unserem ………….........unterricht sind zu hoch.	•	•
2	In unserem …unterricht wird wenig gestört.	•	•
3	Unter den Schülern gibt es häufig Streit und Zank.	•	•
4	Es wird immer darauf geachtet, dass alle den Stoff verstehen.	•	•
5	Der Lehrer lässt uns gerne neue und andere Lösungen versuchen.	•	•
6	Schwächeren Schülern gibt der Lehrer leichtere Aufgaben.	•	•
7	Die Schüler sind mit dem ……………………unterricht zufrieden.	•	•
8	Der Lehrer wird leicht ärgerlich.	•	•
9	Der Stoff in diesem Fach ist so leicht, dass man sich nur wenig anstrengen muss.	•	•
10	Es macht für die Beurteilung des Lehrers wenig aus, wie viel Mühe sich ein Schüler gibt.	•	•
11	Die Schüler arbeiten im …………………….unterricht konzentriert mit.	•	•
12	Der Lehrer lässt sich nicht umstimmen, wenn die Schüler anderer Meinung sind, als er.	•	•
13	Die Schüler in dieser Klasse sind alle gute Kameraden.	•	•
14	Der Lehrer gibt uns zu schwere Hausaufgaben auf.	•	•
15	Der Unterrichtsstoff wird immer gut erklärt.	•	•
16	Wenn der Lehrer Fragen oder Aufgaben stellt, berücksichtigt er immer, wieviel der Schüler kann.	•	•
17	Bessere Schüler gelten hier mehr als die schlechteren Schüler.	•	•
18	Der Lehrer ist zu allen gleich freundlich.	•	•
19	Schüler mit schlechten Leistungen können sich in diesem Fach durch Anstrengung verbessern.	•	•
20	In unserem …………………unterricht geht es sehr diszipliniert zu.	•	•
21	Wir Schüler dürfen mitbestimmen, was im Unterricht gemacht werden soll.	•	•
22	In dieser Klasse helfen sich die Schüler gerne gegenseitig.	•	•
23	Erst wenn alle Schüler den Stoff begriffen haben, wird etwas Neues durchgenommen.	•	•
24	Der Lehrer erlaubt es, wenn ein guter Schüler einem schlechteren bei einer Aufgabe hilft	•	•
25	Man muss besser als der Durchschnitt sein, damit man vom Lehrer gelobt und anerkannt wird.	•	•
26	Alle Schüler arbeiten im Unterricht gerne mit.	•	•
27	Wenn es um Leistungen geht, gibt es hier mehr Konkurrenz als Hilfsbereitschaft.	•	•
28	Der Lehrer lobt die Schüler, wenn sie gute Arbeit leisten.	•	•
29	Häufig ist die Klasse so laut, dass man sich nicht konzentrieren kann.	•	•
30	Im Unterricht wird nur das gemacht, was der Lehrer bestimmt.	•	•
31	Wir sollen immer erst selbst versuchen, eine Aufgabe zu lösen, bevor der Lehrer uns hilft.	•	•
32	Der …unterricht macht überhaupt keine Freude.	•	•
33	Die Schüler sind dem Lehrer ziemlich gleichgültig.	•	•

		Ja	Nein
34	Der Unterrichtsstoff in ... ist zu schwierig.	•	•
35	Manchmal weiß man im ...unterricht nicht genau, was man zu tun hat.	•	•
36	Wenn man etwas falsch gemacht hat, wird man häufig von den anderen Schülern gehänselt oder ausgelacht.	•	•
37	Häufig verstehen die Schüler das nicht, was gerade durchgenommen wird.	•	•
38	Der Lehrer wird ärgerlich, wenn die Schüler sich gegenseitig zu helfen versuchen.	•	•
39	Die Schüler haben manches daran auszusetzen, wie unser ...unterricht gemacht wird.	•	•
40	Der Lehrer ist zu den Schülern wie ein guter Kamerad.	•	•

Abbildung 3.16: Modifizierter Fragebogen zur Unterrichtsqualität (Dreesmann, 1980; zitiert nach Wahl et al. 2007, S. 333)

Wenn der Fragebogen aus Abbildung 3.16 in einer Klasse eingesetzt werden soll, sind vor dem Kopieren die Leerstellen durch das abzufragende Unterrichtsfach zu ersetzen.

Die Befragung ist *anonym* durchzuführen. Der Fragebogen kann bei Schülern 4. bis 10. Klassen eingesetzt werden. Beim Einsatz in der 4. Klasse muss vorher geprüft werden, dass alle Schüler relativ flüssig lesen können.

Jede Lehrkraft sollte *vor der Befragung* die Items des Fragebogens für sich selbst beantworten. Damit fixiert sie ihre Erwartungen, wie die Mehrzahl der Schüler antworten wird, um den anschließenden Vergleich von Lehrerurteil und Schülereinschätzungen zu gewährleisten.

Auswertung des Fragebogens zur Unterrichtsqualität
Zu jedem Item werden die positiven oder ablehnenden Antworten über alle Schüler ausgezählt. Dazu muss die auswertende Lehrkraft die „Ja"- und „Nein"-Antworten der Schüler zunächst aber in ihre *entsprechende positive oder negative Bedeutung übersetzen*. Das ist deshalb notwendig, weil die Items des Fragebogens sowohl positiv als auch negativ formuliert wurden. Aus diesem Grunde kann keine durchgängig gleiche Bedeutung mit den Antworten „Ja" oder „Nein" verbunden werden. Dies soll an zwei Beispielen des Fragebogens verdeutlicht werden:

Bei Item 3 („Unter den Schülern gibt es häufig Streit und Zank") bedeutet die Antwort „Ja" ein negatives Urteil des Schülers, das der Auswerter mit einem Minus (-) kodieren sollte. Die Antwort „Nein" bringt dann ein positives Votum des Schülers zum Ausdruck, was durch ein Plus (+) kodiert wird.

Bei Item 11 („Die Schüler arbeiten im ....unterricht konzentriert mit") bedeutet dagegen das „JA" eine positive Einschätzung (+) und das „Nein" analog eine negative Einschätzung (-).

Es hat sich als günstig erwiesen, wenn die Kodierung pro Item über alle Schüler hinweg vorgenommen wird. Dazu sollte man sich ein gesondertes Auswertungsblatt (möglichst kariert) anfertigen, auf dem die Nummern der Items 1-40 (vertikal) eingetragen werden und die kodierten Antworten aller Schüler zu einem Item in die entsprechende Zeile eingetragen werden. Das kann beispielsweise so aussehen:

Item 1 : + – + – + + + + + – + + – – – + – + + + + ... = 15 + : 7-

Somit kann am Ende jeder Zeile schnell ausgezählt werden, wie häufig die Schüler positiv oder negativ geurteilt haben.

Um bei der Interpretation der Schülerantworten nicht bei isolierten Urteilen (d.h. pro Item) stehen zu bleiben, könnten die 40 Items auch den von Wahl et al. (2007) aufgelisteten fünf Kategorien zugeordnet werden. Dabei besteht ein methodisches Auswertungsproblem jedoch darin, dass diese Zuordnung von uns im Nachhinein vorgenommen worden ist und sich die Items nicht in gleicher Anzahl auf die vorgeschlagenen Kategorien verteilen lassen. Einige Items sind darüber hinaus auch schwer eindeutig zuzuordnen, d.h. sie könnten zu mehreren Kategorien Informationen liefern. Diese Items wurden von uns deshalb auch mehrfach zu den jeweiligen Kategorien zugeordnet.

Für die hier intendierte diagnostische Informationssammlung zur Aufdeckung von Problemen in Bezug auf das Unterrichtsklima fallen diese genannten methodischen Probleme nicht weiter ins Gewicht.

Der folgende Vorschlag einer Itemzuordnung auf die fünf Kategorien des Unterrichtsklimas weist pro Kategorie zunächst die *nur einmal zugeordneten Items* aus, *nach dem Semikolon* die *Mehrfachzuordnungen*.

1. Zusammengehörigkeitsgefühl der Klasse: 3, 13, 22, 27, 36; 4, 17, 29
2. Zufriedenheit mit dem Lehrer: 8, 10, 12, 18, 25, 28, 33, 38, 40; 5, 6, 14, 15, 16, 17
3. Zufriedenheit mit dem Unterricht: 2, 7, 11, 20, 26, 32, 39; 15, 29, 35
4. Leistungsanforderungen: 1, 6, 9, 14, 19, 34, 37; 4, 16, 22, 23, 35
5. Selbstverantwortlichkeit: 21, 30, 31; 5, 24, 38

Dieses Vorgehen erhöht natürlich den Auswertungsaufwand. Deshalb ist es ratsam, von vornherein die Entscheidung zu treffen, ob nach den fünf Kategorien oder ob lediglich entlang der 40 Items ausgewertet werden soll.

Es ist auch möglich, nur eine besonders interessierende, ausgewählte Kategorie nach dem vorgeschlagenen Muster auszuwerten.

Entscheidet man sich für die Auswertung nach den Kategorien, dann ist es günstig, wenn *pro Kategorie ein Auswertungsprotokoll* eingerichtet wird, auf dem die zugeordneten Items horizontal (Zeile) aufgelistet werden und die Eintragungen der kodierten Schülerantworten vertikal (Spalte) vorgenommen werden (siehe Muster in Abb. 3.17).

Schülerantwort	Item							
	3	4	13	17	22	27	29	36
Schüler 1	+	+	+	+	+	+	+	+
Schüler 2	-	-	-	+	-	-	+	-
Schüler 3	.	.	.	.	.	.		

Abbildung 3.17: Muster für das Auswertungsprotokoll der Kategorie „Zusammengehörigkeitsgefühl der Klasse"

Wie aus Abbildung 3.17 deutlich zu erkennen ist, erhält man über die Zeile die Information darüber, wie konsistent *ein* Schüler zu den betreffenden Items geantwortet hat. Die Spalte bildet dagegen die Meinung *aller* Schüler zu einem Item ab, woraus schnell die +/-Antworten aufaddiert werden können. Die in der Spalte erhaltene Antworttendenz der Schüler sollte die Lehrkraft jeweils mit ihrer fixierten Erwartung vergleichen.

Der Vergleich aller Items einer Kategorie über die Spalten gibt Auskunft über die Richtungstendenz des Schülererlebens in Bezug auf die Kategorie z.b. das Zusammengehörigkeitsgefühl in der Klasse. Gleichzeitig werden auf einen Blick auch mögliche Extreme bezüglich eines Items in der Kategorie deutlich. Wenn eine Lehrkraft aus den Daten entnehmen muss, dass die Mehrzahl der Schüler die Situation wenig positiv einschätzt, dann sollte sie sich den Regeln des Einholens von Feedback erinnern und nicht vor sich selbst oder den Schülern in Verteidigungsposition gehen. Natürlich wäre dies zunächst die wirksamste Art des Schutzes des Selbstkonzepts – besonders wenn das Schülererleben *erwartungswidrig* schlecht zu der eigenen fixierten Beurteilung ausfällt. Wer Feedback einholt, muss den Feedbackgebern *ihre Sicht zugestehen*, auch wenn die eigene Beurteilung davon abweicht.

Die Analyse der Schülerantworten zu den einzelnen Variablen kann außerdem durchaus dabei helfen, Probleme und Ansatzpunkte für Veränderungen der Situation aufzudecken. Es können die Schüler auch direkt nach Veränderungsvorschlägen gefragt werden, was das Gefühl der Mitbestimmung stärkt und möglicherweise bestimmten ungünstigen Beziehungskonstellationen bereits die ‚Schärfe' nimmt. Die *Veränderung des Unterrichtsklimas* kann jedoch durch die Lehrkraft nicht kurzfristig erreicht werden. Hierzu sind längerfristige zielgerichtete und systematische Bemühungen in Form von Unterrichtsplanungen, Unterrichtsreflexionen, Schülergesprächen usw. erforderlich.

c) Schülerfeedback zur Diagnose der Klassenführung einer Lehrkraft

Im ersten Teil des vorliegenden Kapitels wurde explizit auf die effiziente Klassenführung als ein wesentliches Qualitätsmerkmal des guten Unterrichts eingegangen. Hier soll nun ein Verfahren zur Diagnose der Klassenführung aus der Beurteilungsperspektive der Schüler (Küpper, 1977) vorgestellt werden. Der Fragebogen erfasst zu folgenden Kategorien der von Kounin (1976) begründeten „Technologien" des Klassenmanagements (Abb. 3.18) die Einschätzung der Schüler einer Klasse:

- Allgegenwärtigkeit/Überlappung
- Reibungslosigkeit/Geschmeidigkeit des Unterrichts
- Gruppenfokus/Gruppenaktivierung/Überprüfung
- Abwechslung/intellektuelle Herausforderung

Die Instruktion an die Schüler kann mündlich oder schriftlich formuliert werden. Zum Beispiel:

Bitte bearbeite den folgenden Fragebogen sehr sorgfältig. Versuche so ehrlich, so genau wie möglich zu antworten. Du brauchst deinen Namen nicht zu nennen. Die Befragung ist anonym. Bitte mach bei jeder Aussage das Kreuz dort, was dazu deine Meinung ist.

	Ja	Nein
1. Der Lehrer nimmt oft Schüler dran, die mit einem Kuli oder etwas anderem spielen.	•	•
2. Der Lehrer bestraft immer nur die Schüler, die wirklich etwas getan haben.	•	•
3. Dieser Lehrer ist auch durch Kleinigkeiten leicht aus der Ruhe zu bringen.	•	•
4. Bei diesem Lehrer kann man während der Stunde Hausaufgaben machen, ohne dass man ermahnt wird.	•	•
5. Auch wenn der Lehrer etwas an der Tafel erklärt, merkt er, was in der Klasse vor sich geht.	•	•
6. Bei diesem Lehrer kann man schlecht abschreiben, weil er das meistens merkt.	•	•
7. Wenn der Lehrer etwas Neues durchnimmt, dann dauert das oft so lange, dass es langweilig wird.	•	•
8. Bei diesem Lehrer muss man dauernd damit rechnen, aufgerufen zu werden, auch wenn man sich nicht gemeldet hat.	•	•
9. Wenn der Lehrer etwas an die Tafel schreibt, kann man Sachen durch die Klasse werfen, ohne dass der Lehrer etwas sagt	•	•
10. Auch wenn der Lehrer mit einem einzelnen Schüler spricht, merkt er, was die anderen machen.	•	•
11. Der Lehrer geht im Stoff so schnell vorwärts, dass viele nicht mitkommen und er es noch einmal erklären muss.	•	•
12. Auch wenn ich mich etwas ducke, muss ich damit rechnen, dass ich plötzlich drankomme.	•	•
13. Man braucht manchmal die ganze Stunde nichts zu sagen, ohne dass dies dem Lehrer auffällt.	•	•
14. Dieser Lehrer erklärt auch einfache Sachen so ausführlich, dass wir im Stoff nur langsam weiterkommen.	•	•
15. Wenn wir in einer Gruppe arbeiten, weiß der Lehrer, ob alle Gruppenmitglieder etwas zum Arbeitsergebnis beigetragen haben oder nicht.	•	•
16. Man kann ein Buch aufstellen, um dahinter mit dem Nachbarn zu sprechen, ohne dass dieser Lehrer etwas merkt.	•	•
17. Wenn der Lehrer an der Tafel beschäftigt ist, können wir allen möglichen Quatsch machen.	•	•
18. Wenn der Lehrer jemanden ermahnt, erwischt er meist den richtigen.	•	•
19. Dieser Lehrer nimmt fast immer dieselben dran.	•	•
20. Wenn ein Schüler etwas getan hat, schimpft der Lehrer ziemlich lange mit ihm.	•	•
21. Dieser Lehrer hat nur wenig Ahnung davon, was in der Klasse wirklich vor sich geht.	•	•
22. Wenn der Lehrer sich mit einem einzelnen Schüler beschäftigt, müssen die anderen trotzdem aufpassen, weil sie plötzlich aufgerufen werden können.	•	•
23. Dieser Lehrer weiß ziemlich oft nicht, ob ein Schüler etwas selbst gewusst hat, oder ob es jemand vorgesagt hat.	•	•
24. Wenn jemand zum Fenster rausguckt, muss er bei diesem Lehrer damit rechnen, überraschend aufgerufen zu werden.	•	•
25. Wenn der Lehrer etwas austeilt, hält er sich damit ziemlich lange auf.	•	•
26. Dieser Lehrer achtet darauf, dass auch bei Gruppenarbeit alle Schüler mitarbeiten.	•	•
27. Man kann während der Stunde bei diesem Lehrer laut sprechen, ohne dass man ermahnt wird.	•	•
28. Der Lehrer achtet darauf, dass so ziemlich alle Schüler einmal drankommen.	•	•
29. Man hat manchmal das Gefühl, dass dieser Lehrer auch hinten Augen hat.	•	•
30. Wenn etwas vorgelesen wird, kann man ruhig etwas anderes lesen, ohne dass dieser Lehrer das merkt.	•	•
31. Hat ein Schüler die Hausaufgaben nicht gemacht, so hält sich dieser Lehrer lange mit ihm auf.	•	•
32. Der Lehrer bestraft oft die falschen Schüler, weil er nicht weiß, wer wirklich etwas getan hat.	•	•
33. Auch wenn der Lehrer an der Tafel etwas Neues erklärt, merkt er, ob jemand aufpasst oder nicht.	•	•

Abbildung 3.18: Fragebogen zum Schüler-Feedback über die Klassenführung eines Fachlehrers (nach Küpper 1977; zitiert nach Wahl et al. 2007, S. 340f.)

Die Lehrkraft sollte *vor dem Einsatz des Fragebogens* bei den Schülern zunächst für sich die 33 Aussagen beurteilen und zwar so, wie sie erwartet, dass die *Mehrzahl* der Schüler

Determinanten der Schulleistung und die Konsequenzen für die Diagnostik 203

urteilt. Mit dieser Fixierung der Erwartungen der Lehrkraft wird der Vergleich von Lehrersicht und Schülersicht auf die Unterrichtsführung möglich.

Auswertung des Fragebogens zum Schüler-Feedback
Für die Auswertung der Schülerantworten ist es zunächst erforderlich, dass die Ja- und Nein-Antworten entsprechend ihrer *positiven oder negativen Bedeutung* in Bezug auf die Unterrichtsführung *kodiert* werden. Dies soll exemplarisch an zwei Items des Fragebogens verdeutlicht werden.

Wenn ein Schüler bei Item1 („Der Lehrer nimmt oft Schüler dran, die mit einem Kuli oder etwas anderen spielen") mit Ja antwortet, dann wird dies mit einem Plus (+) kodiert, weil der Lehrer im Sinne von Kounins Technologie angemessen gehandelt hat. Wenn der Schüler mit Nein antwortet, bringt das analog ein weniger angemessenes Lehrerverhalten zum Ausdruck und wird demzufolge mit einem Minus (-) kodiert.

Bei Item 4 („Bei dem Lehrer kann man während der Stunde Hausaufgaben machen, ohne dass man ermahnt wird") bedeutet dagegen ein Ja ein ungünstiges Lehrerverhalten und wird mit einem Minus (-) versehen; analog das Nein mit einem Plus, weil die Lehrkraft richtig reagiert hat.

Für den Fall, dass bei der Kodierung eines der 33 Items des Fragebogens Unsicherheiten auftreten sollten, wird im Folgenden eine *Orientierungsgrundlage für* die *positive Beurteilung der Items* gegeben. Bei der folgenden Übersicht wird dazu zusätzlich noch eine Zuordnung der Items zu den ausgewählten vier Kategorien der Unterrichtsführung vorgenommen.

Die Schülerantworten erhalten jeweils *ein Plus (+)*, wenn für die Kategorie

1. Allgegenwärtigkeit/Überlappung
| die Items | 1 | 2 | 5 | 6 | 12 | 18 | 24 | 29 | 33 | mit Ja |
| die Items | 4 | 9 | 16 | 17 | 21 | 27 | 30 | 32 | | mit Nein beantwortet werden. |

2. Reibungslosigkeit/Geschmeidigkeit
| die Items | 3 | 20 | 25 | 31 | mit Nein beantwortet werden. |

3. Gruppenfokus/Gruppenaktivierung/Überprüfung
| die Items | 8 | 15 | 22 | 26 | 28 | mit Ja |
| die Items | 13 | 19 | 23 | | | mit Nein beantwortet werden. |

4. Abwechslung/intellektuelle Herausforderung
| die Items | 7 | 11 | 14 | mit Nein beantwortet werden. |

Es hat sich für die zügige Auswertung als günstig erwiesen, wenn zunächst auf jedem Schülerfragebogen die Kodierung der Antworten jeweils am Ende der Zeile mit einem Filzstift deutlich vorgenommen wird.

Für die weitere Auswertung und Zusammenfassung der Daten sollte pro Kategorie ein Protokollblatt vorbereitet werden. Bei der 1. Kategorie „Allgegenwärtigkeit/Überlappung" sollten zwei Blätter vorbereitet werden, da diese Kategorie die meisten Items (18) umfasst.

In Abbildung 3.19 ist ein Muster für die Auswertungsprotokolle am Beispiel der Kategorie „Reibungslosigkeit/Geschmeidigkeit" aufgeführt.

Kategorie: Reibungslosigkeit/Geschmeidigkeit			
Item			
3	20	25	31
-	-	+	-
-	-	+	+
-	-	+	+
-	-	+	+
+	+	+	-
.	.	.	.
.	.	.	.
Summe 4-: 1+	4-: 1+	5+	2-: 3+

Abbildung 3.19: Muster eines Auswertungsprotokolls zum FB „Klassenführung" am Beispiel der Kategorie Reibungslosigkeit

Auf dem entsprechenden Protokollblatt werden die zur Kategorie zugehörigen Items abgetragen und danach alle kodierten Schülerantworten in die Spalte des betreffenden Items eingetragen.

Unter die Spalten werden die Plus und Minus jeweils aufaddiert. *Zu diesem Ergebnis der Schülerantworten* wird mit einem roten Filzstift das *vorher fixierte Urteil der Lehrkraft hinzugefügt.*

Damit kann auf einen Blick pro Kategorie die Tendenz der Angemessenheit des Lehrerverhaltens aus der *Perspektive der Schüler* und das Ausmaß der Übereinstimmung mit dem Lehrerurteil erfasst werden.

Die Adäquatheit der Einschätzung durch die Schüler kann anhand von Audioprotokollen des eigenen Unterrichts und/oder Hospitationen von Kollegen nachgeprüft werden. Daraus lässt sich feststellen, welche Probleme in der Klassenführung tatsächlich auftreten. Insbesondere ist eine solche Nachprüfung dann sinnvoll, wenn die Schülerurteile und die Lehrereinschätzung divergieren.

Die erhaltenen Daten und die damit verbundenen Einsichten sind eine wesentliche Voraussetzung für den Versuch, einzelne Strategien zum Klassenmanagement zu verbessern. Dazu könnte auch das Buch von Kounin (1976; 2006) eine wertvolle Unterstützung bieten.

Zu 2. Feedback nach einer Unterrichtsstunde
Bei dieser Form des Feedbacks der Schüler zum Unterricht geht es darum, aktuelle lernförderliche oder lernbehindernde Aspekte des Unterrichts durch die Schüler selbst einschätzen zu lassen (z.B. war die angesetzte Zeit für die Stillarbeit für den Schüler ausreichend; hat er den Unterrichtsstoff verstanden; hat er sich unter- oder überfordert gefühlt; war der Stoff interessant etc.). Die Lehrkraft sollte den Schülerfragen selbst nach der gehaltenen Stunde (während die Schüler ihn bearbeiten) ausfüllen und zwar so, dass sie einmal pro Frage ihren Eindruck über die Mehrzahl der Schüler zusammenfasst und darüber hinaus noch Differenzierungen für einzelne Schüler vornimmt, sofern sie diese bemerkt hat.

Über diese Informationen der Schüler erhalten die Lehrkräfte einmal wichtige und genaue Rückmeldungen bezüglich der Lernvoraussetzungen der Schüler und andererseits der Angepasstheit des Unterrichts an diese Lernvoraussetzungen (Wirksamkeit der eingesetzten Individualisierungs- und Differenzierungsmaßnahmen).

Im Folgenden wird ein Fragebogen zur Einholung des Feedbacks nach einer Unterrichtsstunde (Abb. 3.20) besprochen, der ursprünglich als ein Erhebungsinstrument im DFG-Projekt SALVE genutzt wurde (Hosenfeld et al., 2002a), auf den wir bereits bei der Darstellung von empirischen Untersuchungsbefunden zur diagnostischen Kompetenz von Lehrkräften indirekt verwiesen haben (Kap. 1.4).

Der Fragebogen kann bei Schülern 4. bis 10. Klassen eingesetzt werden.

Datum: Unterricht:
Name: Zeit:

Bitte lies die Aufgaben genau durch und entscheide dich für eine Antwortmöglichkeit, die auf dich voll zutrifft. Dabei vergiss auch die Begründungen nicht.

Was wir in der Stunde heute durchgenommen haben, habe ich ...
- sehr gut verstanden
- gut verstanden
- einigermaßen verstanden
- nicht so gut verstanden
- schlecht verstanden
- sehr schlecht verstanden

Heute habe ich in der Stunde ...
- sehr gut aufgepasst
- gut aufgepasst
- einigermaßen aufgepasst
- nicht so gut aufgepasst
- schlecht aufgepasst
- sehr schlecht aufgepasst, weil ....

War Dir klar, worauf der Lehrer/die Lehrerin hinauswollte?
- völlig klar
- ziemlich klar
- einigermaßen klar
- nicht so klar
- ziemlich unklar
- völlig unklar

Heute war der Unterricht für mich ...
- viel zu leicht
- etwas zu leicht
- genau richtig
- eher etwas zu schwer
- viel zu schwer,
- weil ....

Was wir heute durchgenommen haben, fand ich ...
- sehr interessant
- ziemlich interessant
- einigermaßen interessant
- nicht so interessant
- ziemlich uninteressant
- völlig uninteressant,
- weil ....

Der Unterricht heute war ...
- genau so wie andere Stunden auch
- anders als sonst, weil ....

Abbildung 3.20:   Schüler-Feedback zu einer konkreten Unterrichtsstunde (mit geringfügigen Veränderungen zitiert nach Helmke, 2003, S. 173).

Dieser Fragebogen ist auch *mehrfach einsetzbar*, um Informationen zur Unterrichtsstunde auch unter speziellen Zielsetzungen zu erhalten:

- Einführung in ein neues Stoffgebiet;
- Ausprobieren einer neuen Unterrichtsmethode;
- Lernbesonderheiten von Schülern erfassen, um Lernschwierigkeiten vorzubeugen oder früh zu erkennen;
- Abgleich der Lehrereinschätzung mit denen der Schüler, um Individualisierung und Differenzierung des Unterrichts noch passender auf das Lernverhalten der Schüler vornehmen zu können.

Auswertung des Fragebogens zum Schülerfeedback nach einer Unterrichtsstunde
Die Auswertung kann je nach Zielstellung qualitativ vorgenommen werden.
 Wenn die Lehrkraft jedoch genau erfassen möchte, für welche Schüler der Unterricht angemessen war, eine Über- oder Unterforderung bezüglich der ausgewiesenen Aspekte darstellte, dann muss ein Auswertungsblatt mit allen Schülernamen angefertigt werden, in das die entsprechenden Schülerantworten eingetragen werden.

3.2 Diagnostik zur Feststellung von Lernergebnissen und Lernverläufen bei Schülern

Praxisbeispiele

Frau Scheibler hat eine 8. Klasse in Mathematik und Physik zum letzten Schuljahr neu übernommen. Im Elternabend nach den Halbjahresnoten verlangt die Mehrzahl der Eltern der Schüler, dass sie ihre Zensurengebung verändern solle. Ihr Vorgänger hätte im Vergleich um eine Note besser bewertet und die Eltern können sich nicht vorstellen, dass ihre Kinder sich in relativ kurzer Zeit so verschlechtert haben sollen. Dies kann nur an der unangemessen strengen Bewertung der neuen Lehrerin liegen.

In einer anderen Klasse halten Schüler ihrem Lehrer nach der Evaluation des Unterrichts vor, er würde nach Sympathie und nicht nach Leistung benoten und das halten sie in hohem Maße für ungerecht.

Nach Rückgabe einer Klassenarbeit kommen drei Schüler in der Pause nach vorn und behaupten gegenüber ihrem Chemielehrer das Gleiche geschrieben, aber drei verschiedene Noten bekommen zu haben. Sie verlangen von ihm, dass er den beiden schlechter beurteilten Schülern ebenfalls die gute Note erteilt.

Alle drei beschriebenen Beispiele haben etwas mit der Leistungsbeurteilung durch Lehrkräfte zu tun. Wenn die Lehrerin aus dem ersten Beispiel den Eltern ihre Benotung als korrekt und angemessen begründen will, muss sie sich auf belegbare Argumente stützen, die sich auf eine objektive und valide Leistungsmessung beziehen. Möglicherweise hat der Vorgänger der Mathematiklehrerin wirklich zu milde bewertet. Wie weit die im Lehrplan formulierten und im Unterricht umgesetzten Lernziele bei den einzelnen Schülern erreicht werden, prüfen Lehrkräfte in der Regel mit Hilfe von traditionellen Klassenarbeiten, schriftlichen und mündlichen Leistungskon-

Diagnostik zur Feststellung von Lernergebnissen und Lernverläufen 207

trollen, durch mündliche und schriftliche Prüfungen, zunehmend auch durch Vergleichsarbeiten und Kompetenztests, seltener über Portfolios und Lerntagebücher.
Das Messergebnis dieser Überprüfungen sind Zensuren und Zeugnisse, denen nicht selten unterstellt wird, dass sie eine fragwürdige Qualität in Bezug auf die Gütekriterien hätten und ihr Aussagewert über die Schülerleistung nur im Rahmen der jeweiligen Klasse gelte. Im Folgenden soll deshalb auf diagnostische Möglichkeiten eingegangen werden, mit deren Hilfe die Qualität der Schulleistungs- bzw. Lernerfolgsmessung optimiert werden könnte. Es werden formelle Schulleistungstests (Kap. 3.2.1), die Konstruktion informeller Schulleistungstests (Kap. 3.2.2), alternative Beurteilungsverfahren insbesondere zur Erfassung von Lernverläufen (Kap. 3.2.3) besprochen.

3.2.1 Schulleistungstests – Formen und Funktionen

Schulleistungstests stellen eine diagnostische Alternative zur traditionellen Leistungsmessung in der Schulpraxis dar. In der einschlägigen Literatur werden solche Tests z.T. unterschiedlich benannt (Argumentation siehe Ingenkamp & Lissmann, 2008). Man spricht z.B. von standardisierten, normorientierten oder kriteriumsorientierten Schulleistungstests.

Ein zentrales Unterscheidungsmerkmal einer Klassifizierung besteht darin, ob Schulleistungstests (= formelle) von fachpsychologischen Testkonstrukteuren ausgearbeitet und die Gütekriterien empirisch nachgewiesen werden. Die anderen Tests (= informelle) werden von Lehrkräften selbst konstruiert. Dabei wird eine den Gütekriterien eher entsprechende Leistungsmessung im Vergleich zur traditionellen Vorgehensweise angestrebt, die aber nicht durchgängig statistisch belegt wird.

Die formellen, wissenschaftlich ausgearbeiteten Verfahren lassen sich wiederum in zwei Gruppen unterteilen: Sozialnormorientierte und kriteriumsorientierte Tests. Mit *sozialnormorientierten Tests* wird das Ziel verfolgt, Leistungen von Schülern zu prüfen und mit den Leistungen einer großen repräsentativen Stichprobe (bezogen auf Altersstufe, Schulstufe, Schulform) zu vergleichen. Das bedeutet, dass man mit einem solchen standardisierten, bezugsnormorientierten Verfahren Aussagen darüber treffen kann, wie gut (ein) Schüler einer bestimmten Klasse in Bezug auf „alle" Schüler dieser Altersklasse (ist) sind. Als Vergleichswerte werden meist Prozentrangplätze oder T-Werte benutzt (vgl. Kap. 2). Mit diesen sozialnormorientierten Schulleistungstests als wissenschaftlichen Routineverfahren kann der Kenntnisstand von Schülern in einem oder mehreren inhaltlich spezifizierten kognitiven Lehrzielbereichen festgestellt werden. Dabei orientieren sich die Testkonstrukteure in der Regel an wichtigen übergreifenden Lernzielen, weil eine überregionale Anwendbarkeit intendiert wird.

Die Mehrzahl der in Deutschland publizierten Schulleistungstests sind sozialnormorientierte Tests. Zunehmend gewinnt jedoch auch die zweite Form der formellen Schulleistungstest, die kriteriumsorientierten, an Bedeutung. Mit *kriteriumsorientierten Schulleistungstests* kann geprüft werden, wie gut Schüler in Bezug auf ein Kriterium (= sachliche Bezugsnorm) gelernt haben. Ein Kriterium kann sich auf voll operationalisierte Lernziele in einem Inhaltsbereich aus Lehrplänen und Lehrbüchern beziehen. Dann wird geprüft, wie viel Prozent des Wissens aus diesem Inhaltsbereich ein Schüler haben muss, um ihn voll zu beherrschen. Ein Kriterium kann aber auch eine schulische Kompetenz (mathematische, Lese- bzw. Rechtschreibkompetenzen) sein. Dann kann mit einem solchen Schulleistungstest festgestellt werden, auf welcher Niveaustufe der betreffende Schüler diese Kompetenz ausgebildet hat. Auch kriteriumsorientierte oder Lehrzieltests weisen statistische Kennziffern aus. Der entscheidende Vorzug der kriteriumsorientierten Tests liegt darin, dass auf ihrer diagnostischen Grundlage Lernprozesse optimiert und Schüler zielgerichteter gefördert werden können.

Die verfügbaren Verfahren sind in einschlägigen Testkompendien (z.B. Brickenkamp; Handbuch psychologischer und pädagogischer Tests von Brähler, Holling, Leutner & Petermann, 2002), Testkatalogen (Hogrefe) und Testdatenbanken dokumentiert.

Es ist unbestreitbar, dass die ausgearbeiteten Schulleistungstests unterschiedliche Ziele verfolgen und von der Qualität her uneinheitlich sind. Zur Beurteilung der Qualität der Schulleistungstests empfiehlt es sich deshalb, bei der Auswahl auf die Prüfkriterien von Langfeldt (1984, S. 97) zurückzugreifen:

- Überprüft der Test das, was unterrichtet wurde?
- Ist der Test reliabel (zuverlässig) genug?
- Wie präzise ist ein individueller Testpunktwert?
- Wie wird eine objektive Testdurchführung gesichert?
- Wie wird die Auswertungsobjektivität gesichert?
- Wie ist der Test normiert?
- Gibt es Paralleltests?
- Wie sind die Testergebnisse inhaltlich zu interpretieren?
- Wie lange dauert der Test?
- Wie alt ist der Test?

Darüber hinaus liefert Langfeldt (ebd., S. 98) auch *Richtwerte für die Beurteilung der Kennwerte* eines Schulleistungstests. Ein Schulleistungstest kann dann verantwortungsbewusst eingesetzt werden, wenn die ausgewiesene Validität .40 bis .60; die Reliabilität .80 bis .90; die Aufgabenschwierigkeit zwischen 20% und 80%; die Trennschärfe .30 bis .50 beträgt. Die Normierungsstichprobe sollte mindestens 500 bis 800 Schüler umfassen. Die Normierung des Tests sollte möglichst nicht länger als 10 Jahre zurückliegen.

Abschließend soll auf *Einsatzmöglichkeiten von Schulleistungstests* in der Schulpraxis eingegangen werden, d.h. bei welchen Zielstellungen können sie Lehrkräften nützlich sein (vgl. Lukesch, 1998, S. 517f.):

1. Vergleich des Leistungsstandes einer ganzen Schulklasse mit der Eichstichprobe
Wenn die Schüler der Klasse im Test gut abschneiden, dann waren die Lerngelegenheiten für die Realisierung der Lehrplanziele offensichtlich angemessen. Die Lehrkraft erhält außerdem eine objektive Rückmeldung über die durchschnittliche Leistungsfähigkeit der getesteten Klasse und damit auch Informationen über die Effektivität ihres Unterrichts.

Diagnostik zur Feststellung von Lernergebnissen und Lernverläufen 209

2. *Überprüfung des eigenen Benotungssystems durch den Vergleich mit den Testwertklassen*
Anhand des Abschneidens bestimmter Schüler im Schulleistungstest kann überprüft werden, ob die immer gut Benoteten und die immer schlecht Benoteten in traditionellen Klassenarbeiten auch hier adäquate Leistungen erbringen. Wenn die Schulklasse insgesamt erwartungswidrig schlecht oder gut im Test abschneidet, dann benotet die Lehrkraft zu streng oder zu milde.

3. *Objektivierungsmöglichkeit bei Entscheidungen zur Schullaufbahn*
Bei Entscheidungsunsicherheiten der Lehrkraft beim Übergang der Schüler in weiterführende Schulen nach der Grundschule oder prinzipiell beim Schulwechsel kann ein objektiver Schulleistungstest die Entscheidungsfindung erleichtern.

4. *Hilfe bei der Lern- und Unterrichtssteuerung*
Wenn die Lehrkraft eine neue Klasse übernimmt (z.B. 5. Klasse), dann erleichtert ihr der Einsatz eines Schulleistungstests die Wissensstandsprüfung im betreffenden Fach. Außerdem können systematisch Schwachstellen im durchschnittlichen Wissen der Klasse aufgedeckt werden.

5. *Einsatz zur Unterrichtsdifferenzierung*
Mit Hilfe von Schulleistungstests kann auch ökonomisch und genauer festgestellt werden, in welchen schulischen Lernbereichen einzelne Schüler besondere Schwächen aufweisen, um sie dort gezielt fördern zu können.

Im Folgenden werden ausgewählte standardisierte Schulleistungstests vorgestellt.

3.2.1.1 Mehrfächertests

Die sogenannten *Mehrfächertests* ermöglichen die Leistungsmessung von Schülern in mehreren Grundkompetenzbereichen des schulischen Lernens gleichzeitig, d.h. in nur einem Verfahren.

Im Folgenden werden zwei Schulleistungstests (HST 4/5 und KLASSE 4) beschrieben, die eine zuverlässige Bilanzierung wesentlicher Aspekte schulischen Lernens am Ende der Grundschule ermöglichen.

Hamburger Schulleistungstest für 4. und 5. Klassen [HST 4/5]

Der *Hamburger Schulleistungstest für 4. und 5. Klassen (HST 4/5)* von Mietzel und Willenberg (2000) ist eine Neubearbeitung des „Kombinierten Schultests für das 4. Schuljahr [KS 4]" von Mietzel (1974).

Ziele des Einsatzes durch Lehrkräfte

- Der Test kann Grundschullehrern eine vergleichende Bilanzierung des erreichten Lernstandes ihrer Schüler ermöglichen. Sie können die Testleistungen der Kinder darüber hinaus mit ihren Bildungsempfehlungen abgleichen. Damit haben die Grundschullehrer ein Evaluationsinstrument für die Zuverlässigkeit ihrer Bildungsempfehlungen an der Hand.

- Lehrkräften weiterführender Schulen in Klasse 5 liefert der Test zunächst Informationen für die Unterrichtsplanung und -gestaltung der neu übernommenen Klasse. Denn Lehrer können sich mit dem HST 4/5 schnell einen ersten Überblick über den Lernstand der Kinder in fünf Lernbereichen verschaffen. Je nach Befund können weitere differenzierte Abklärungen im Bereich des Lesens, der Rechtschreibung und Mathematik vorgenommen werden, um wirksame Förderpläne für einzelne Schüler in der Orientierungsstufe erarbeiten zu können.

Konzeption und Aufbau des Tests
Der HST 4/5 misst den Lernstand in folgenden Bereichen:
- differenzierte Wahrnehmung von Sprache
- Sinn verstehendes Lesen
- passives Rechtschreibwissen
- Verstehen verschlüsselter Informationen in Karten, Tabellen, Diagrammen
- Zahlenverständnis und Rechenfertigkeit

Um diese fünf Bereiche abprüfen zu können, wurden 14 Untertests konstruiert:
- Sprachverständnis mit zwei Untertests: a) Wörter (14 Aufgaben) und b) Sätze (mit 13 Aufgaben);
- Leseverständnis mit vier Untertests: a) zwei Prosatexte (6 bzw. 8 Aufgaben) und b) zwei Sachtexte (6 bzw. 7 Aufgaben);
- Passives Rechtschreibwissen wird über die Fehlersuche in einem vorgegebenen Text festgestellt;
- Informationsaufnahme aus „Nicht-Texten" mit vier Untertests: a) Stadtplan (5 Aufgaben), b) Straßenkarte (6 Aufgaben), c) Diagramme (3 Aufgaben) und d) Tabellen (2 Aufgaben);
- Mathematik mit drei Untertests: a) Zahlenverständnis (18 Aufgaben), b) Rechnen (7 Aufgaben), c) Größenverständnis (5 Aufgaben).

Durchführung, Auswertung, Interpretation
Der HST 4/5 liegt in *Form A und B* vor. Er wird in der Regel zur *Gruppentestung* eingesetzt. Der Test wird an *zwei Tagen* in einer Doppelstunde (90 Minuten) und einer einzelnen Unterrichtsstunde (45 Minuten) durchgeführt. Dazu ist im Testmanual ein detaillierter Zeitplan aufgeführt (S. 13), der verbindlich eingehalten werden muss. Für die Durchführung enthält das Manual ganz präzise Instruktionen für den Testleiter (Lehrer), die wörtlich vorgetragen werden müssen (S. 14 bis 17). Die Schüler erhalten je ein Testheft der entsprechenden Parallelform und tragen die Aufgabenlösungen auf einem Aufgabenblatt ein.

Die *Auswertung* kann bzw. *sollte vom Testleiter (Klassenlehrer) und den Deutsch- und Mathematiklehrern gemeinsam vorgenommen* werden, einmal weil dadurch Fehler beim Auswerten minimiert, zum anderen von den zuständigen Fachlehrern sofort entsprechende Fördermaßnahmen in ihrem Unterricht eingeleitet werden können. Die Auswertung erfolgt *mit Hilfe eines Satzes Schablonen* und die ermittelten Rohwerte werden in eine *Auswertungsliste*, die im Testmaterial mitgeliefert wird, eingetragen.

Diagnostik zur Feststellung von Lernergebnissen und Lernverläufen 211

Für die Auswertung pro Schüler werden ca. 10 Minuten benötigt. Die Auswertung kann in vier Schritten erfolgen:

1. Ermittlung der richtigen Lösungen für die einzelnen Testteile mit Hilfe der Auswertungsschablonen.
2. Danach werden die Rohpunkte (= richtige Lösungen) im jeweiligen Kompetenzbereich aufaddiert. Im Bereich „Rechtschreibung" wird der Rohwert durch eine „Korrekturformel" erstellt; die Falschmarkierungen werden dabei berücksichtigt (vgl. Manual, S. 19).
3. Ermittlung des Gesamtrohwertes (= Summe der Rohwerte aus den 5 Bereichen).
4. Transformation der Rohwerte in Prozentränge für jeden der fünf Bereiche und für die Gesamtleistung.

Die Interpretation der Prozentränge ermöglicht die Beurteilung der Leistungen der Schüler in den fünf Bereichen in Bezug auf die Normierungsstichprobe. Darüber hinaus ist aber für eine differenzierte Förderung zusätzlich erforderlich, die inhaltlichen Wissenslücken und Kompetenzrückstände aus den entsprechenden Testitems konkret zu entnehmen. Erst auf dieser Grundlage können dann von den Fachlehrern spezielle *kurzfristige und längerfristige Fördermaßnahmen geplant* werden, die *im laufenden Unterricht* und *in speziellem Förderunterricht realisiert* werden können.

Gütekriterien
Objektivität ist gegeben, wenn der Testleiter die Instruktionen aus dem Manual präzise einhält und die Auswertungsschablonen sorgfältig benutzt. *Reliabilität* ist gut. *Validität*, insbesondere die curriculare Validität, gilt im Rahmen von Expertenurteilen (Lehrkräften) als gut abgesichert. Außerdem wird ein hohes Maß an prognostischer Validität angenommen.

Normen: Die Eichstichprobe umfasst 1770 Schüler aus ganzen Schulkassen der 5. Jahrgangsstufe in 13 Bundesländern. Die Referenzstichprobe bildet die Grundgesamtheit der Fünftklässler in Deutschland hinsichtlich der Quote der Verteilung auf die Bundesländer, Alter, Geschlecht und Muttersprache ab. Die *mittleren Prozentränge* für die fünf Kompetenzbereiche wurden *differenziert nach Gesamtstichprobe, Hauptschule, Orientierungsstufe, Realschule und Gymnasium* berechnet. Für die Gesamtleistung werden zusätzlich noch Prozentrang-Bänder differenziert nach den einzelnen Schulformen angegeben.

Kombiniertes Leistungsinventar zur allgemeinen Schulleistung und für Schullaufbahnempfehlungen in der vierten Klasse [KLASSE 4]

Die Herausgeber merken an, dass mit KLASSE 4 von Lenhard, Hasselhorn und Schneider (2011) ein Verfahren in der Tradition der „Allgemeinen Schultests" entwickelt wurde, mit dem mehrere schulische Basiskompetenzen gleichzeitig abgeprüft werden können. Dies schließe eine Lücke auf dem Testmarkt, weil die vorhandenen Instrumente alle älter als 10 Jahre sind.

Ziele des Einsatzes für Lehrkräfte

- Erfassung der Leistungen bzw. des Lernstandes im Sachrechnen, Lesen, Geometrie und im Rechtschreiben
- Feststellung der Fähigkeitsselbstkonzepte für die Fächer Deutsch und Mathematik
- Aufdeckung von Diskrepanzen zwischen Selbsteinschätzung der Schüler und ihren tatsächlichen Leistungen
- Unterstützung bei Schullaufbahnempfehlungen der Lehrkräfte und Übertrittsentscheidungen der Eltern

Konzeption und Aufbau

KLASSE 4 ist ein Paper-und Pencil-Test, der für Schüler in der Mitte des vierten Schuljahres entwickelt wurde. Es handelt sich hierbei um ein diagnostisches Verfahren, das die ökonomische Überprüfung der Leistungen in einem breiten Spektrum verschiedener schulischer Leistungsanforderungen (Sachrechnen, Geometrie, Lesen, Rechtschreiben) ermöglicht. Dabei stützt sich das Verfahren auf Teile aus drei anderen, bewährten Testverfahren. So wurden die Untertests zum Sachrechnen und der Geometrie aus dem *Deutschen Mathematiktest für vierte Klassen* (DEMAT 4 von Gölitz, Roik & Hasselhorn, 2006) entnommen. Das Rechtschreibdiktat entstammt dem *Deutschen Rechtschreibtest für das dritte und vierte Schuljahr* (DERET 3-4+ von Stock und Schneider, 2008). Der Subtest zum Textverständnis wurde dem Verfahren *Ein Leseverständnistest für Erst-bis Sechstklässler* (ELFE 1-6, von Lenhard & Schneider, 2006) entlehnt. Somit handelt es sich bei den Testitems um relevante curriculare Ziele der Grundschule. Da bei der Entwicklung von KLASSE 4 vor allem die ökonomische Handhabung eines Mehrfächertests durch Lehrkräfte im Vordergrund stand, wurden jeweils nur einzelne Ausschnitte aus den drei bewährten Schulleistungstests zusammengefügt.

Für ein Screening der Leistungen reicht diese diagnostische Vorgehensweise durchaus aus. Für eine differenzierte, weiterführende Diagnostik sollten jedoch unbedingt die Originaltests eingesetzt werden. Der Test KLASSE 4 besteht aus fünf Inhaltsbereichen mit acht Untertests: Fähigkeitsselbstkonzepte in den Bereichen Deutsch und Mathematik (1 Untertest mit 8 Items), Lesen (1 Untertest = Textverständnis), Sachrechnen (3 Untertests = Größenvergleiche und Sachrechnen 1 und 2), Geometrie (2 Untertests = Lagebeziehungen und Spiegelzeichnungen) und Schreiben (1 Untertest = Diktat). Ein Vorzug des Verfahrens KLASSE 4 besteht in der Kombination von *Leistungserfassung* in drei wichtigen Lernbereichen der Grundschule *und* der Erhebung der *Fähigkeitsselbstkonzepte* als motivational-volitionaler Variable für die Fächer Deutsch und Mathematik. Damit wird es möglich, nicht nur Stärken und Schwächen von Schülern im Leistungsprofil zu diagnostizieren, sondern auch mögliche *Diskrepanzen* zwischen den *tatsächlichen Leistungen und der Selbsteinschätzung* der Schüler aufzudecken. Dadurch können Unterschätzungen und Überschätzungen der Schüler pädagogisch fruchtbar gemacht werden (siehe auch Kap. 3.1.1.3 Lernmotivation, Fähigkeitsselbstkonzept). Mit KLASSE 4 steht Lehrkräften ein standardisiertes diagnostisches Verfahren zur Verfügung, das auch Schullaufbahnempfehlungen in weiterführende Schulen nach der vierten Klasse objektivieren bzw. Unsicherheiten von Lehrkräften und Eltern bezüglich der Schulwahl klären kann.

Durchführung, Auswertung, Interpretation
Zur *Durchführung* des Tests sind für den Testleiter eine Stoppuhr und für die Schüler zwei Stifte nötig. Die Schüler erhalten je ein Testheft und arbeiten nach den Instruktionen des Testleiters, die im Manual präzise verschriftet sind und wörtlich vorgetragen werden müssen. Die Bearbeitungsdauer ist bis auf die Items zu den Fähigkeitsselbstkonzepten zu Testbeginn exakt festgelegt. Die gesamte Bearbeitungszeit wird mit ca. 45 Minuten veranschlagt.

Für die inhaltliche *Auswertung* liegen Schablonen zu den richtigen Lösungen vor. Die Auswertung wird zunächst getrennt nach den Inhaltsbereichen vorgenommen. Die angekreuzten Werte der Skalen zu den Selbstkonzepten Mathematik und Deutsch werden getrennt addiert. Bei den Subtests *Größenvergleiche, Sachrechnen 1 und 2, Lesen, Lagebeziehungen und Spiegelzeichnungen* wird je richtige Lösung ein Punkt vergeben. Die detaillierte Anweisung dazu kann aus dem Manual entnommen werden. Im Untertest Schreiben werden keine Rohpunkte gegeben, sondern die Anzahl der Fehler im Fließtext ausgezählt (Anzahl der Fehler gilt als Rohwert). Die einzelnen Rohwerte der Subtests werden in eine Tabelle auf dem Auswertungsbogen (A) eingetragen. Danach werden die Werte aus Sachrechnen 1 und 2 addiert, ebenso die Werte für Geometrie, die sich aus Lagebeziehungen und Spiegelzeichnungen zusammensetzen. Somit können die Rohwerte für die Fähigkeitsselbstkonzepte Deutsch und Mathe, Sachrechnen, Geometrie, Lesen und Schreiben in Normwerte mit Hilfe der Tabellen im Anhang des Manuals transformiert werden (Auswertungstabelle A). Es stehen Prozentränge, T-Werte und T-Wertebänder zur Verfügung. Darüber hinaus kann mit Hilfe der Auswertungstabelle B das Gesamtergebnis jeweils für die Leistungen der Subtests für Deutsch (Lesen und Schreiben) und Mathe (Sachrechnen 1+2, Lagebeziehungen, Spiegelzeichnungen) ermittelt werden. Schließlich können die ermittelten T-Werte für die Selbstkonzepte Mathe und Deutsch und für die Subtests Sachrechnen, Lesen, Geometrie und Schreiben noch in ein Profildiagramm (Vorlage C des Auswertungsbogens) eingetragen werden. Damit kann auf einen Blick überschaut werden, wie sich die einzelnen T-Werte verteilen: z.B ob die Leistungen in Mathe und Deutsch etwa gleich oder unterschiedlich sind; ob eine Diskrepanz zwischen der Ausprägung des Selbstkonzepts und der korrespondieren Fachleistung besteht etc. Mit diesen drei Schritten (A, B, C) der Auswertung, die auf der Vorderseite des Auswertungsblattes verschriftet werden, sind die grundlegenden Ergebnisse des Tests dokumentiert. Die *Interpretation* der Ergebnisse erfolgt gemäß der T-Werteskala.

Für eine weiterführende Einzelfalldiagnostik werden Diskrepanzvergleiche (=D Rückseite des Auswertungsbogens) angeboten: Ermittlung von Diskrepanzen im Leistungsprofil des Schülers, von signifikanten Unterschieden zwischen Selbstkonzepten und korrespondieren tatsächlichen Leistungen und die Ermittlung einer Schullaufbahnempfehlung (=E; über die Berechnung der Werte der Diskriminanzfunktionen auf der Basis der T-Werte der Subskalen).

Gütekriterien
Die Durchführungs-, Auswertungs- und Interpretations*objektivität* wird über die Instruktionen und Beschreibungen im Manual gewährleistet. Die *Reliabilität* kann als zufriedenstellend bewertet werden. Die interne Konsistenz der Gesamtskalen liegt

zwischen α = .75 und α = .90. Die Retestreliabilität des Gesamttests beträgt r_{tt} = .83. Curriculare *Validität* ist gegeben. Die Korrelation zwischen dem Gesamtergebnis und dem Rating der allgemeinen Schulleistung liegt zwischen r = .74 (gesamte Normstichprobe) und r = .86 (Kinder mit Migrationshintergrund). Die Leistungen im Lesen und Schreiben haben einen höheren Bezug zur Deutschnote. Die Mathematikleistungen korrelieren stärker mit der Mathematiknote. Im Abgleich mit den Lehrerurteilen bei Schullaufbahnentscheidungen liegt der Anteil korrekter Klassifikationen bei Gymnasialentscheidungen bei 80%. Die *Normierungs*stichprobe bestand aus 396 Schülern aus fünf großen Bundesländern (Bayern, Hessen, Mecklenburg-Vorpommern, Saarland, Thüringen) Es liegen für die einzelnen Untertests sowie für das Gesamtergebnis Prozentränge, T-Werte und T-Wertbänder vor. Die Normen sind für den Zeitraum Januar bis Ende März der vierten Jahrgangsstufe gültig. Darüber hinaus werden Stärken und Schwächen sowie Diskrepanzen zwischen Subskalen bestimmt und die relative Häufigkeit der Abweichungen ermittelt. Für die Schullaufbahnberatung werden Diskriminanzfunktionen berechnet. Dabei wird die Passung des einzelnen Schülers als Wahrscheinlichkeit angegeben.

3.2.1.2 Diagnostik der Lesekompetenz

Praxisbeispiel

Stefan ist Schüler der 7. Klasse und seine Leistungen sind insgesamt recht unbefriedigend. Auf der Lehrerkonferenz am Schuljahresende, auf der Noten und Leistungsprobleme für die bevorstehenden Zeugnisse besprochen werden, äußert der Mathematiklehrer von Stefan folgenden Verdacht: Ihm ist aufgefallen, dass der Junge im Unterricht recht gute mündliche Leistungen zeigt und offensichtlich nicht „auf den Kopf gefallen" ist. In Klassenarbeiten aber versagt er häufig total. Insbesondere bei Aufgabenstellungen, die eine längere verbale Instruktion haben, kommt der Junge gar nicht zurecht. Sachaufgaben löst er nie, während er im Lehrer-Schüler-Gespräch aber recht knifflige Probleme lösen kann. Der Mathematiklehrer hat Stefan deshalb vor kurzem nach dem Unterricht gebeten, einen Aufgabentext laut vorzulesen. Der Junge konnte den Text zwar sehr langsam erlesen, aber als er mit eigenen Worten sagen sollte, was zu tun ist, konnte er es nicht. Sollte der Junge am Ende nicht verstehend lesen können?

Lesen zu können zählt unbestritten zu den wichtigsten Kulturtechniken. Der gesamte gesellschaftliche Erfahrungsschatz ist hauptsächlich in Schrift repräsentiert und wird in dieser Form weitergegeben. Deshalb ist die Fähigkeit, Geschriebenes (vor allem Texte) lesen, verstehen und nutzen zu können die grundlegende Voraussetzung nicht nur für schulisches, sondern auch für lebenslanges Lernen. Die Entwicklung der Lesekompetenz ist nicht mit dem Erwerb der Kulturtechnik des Lesens am Ende der Primarstufe abgeschlossen, sondern wird als entscheidene Voraussetzung für den Wissenserwerb aus Texten in höheren Klassenstufen immer weiter ausdifferenziert.

Die Befunde der letzten internationalen Vergleichsstudien (PISA, IGLU) haben deutlich gemacht, dass sich die Lesekompetenz deutscher Schüler zwar leicht, aber nicht statistisch signifikant, verbesssert hat. Nach wie vor befindet sich ein Fünftel der Alterskohorte der 15-jährigen auf der niedrigsten Kompetenzstufe (vgl. Lenhard &

Artelt, 2009). Deshalb bleibt eine der wichtigsten pädagogischen Implikationen aus diesen Befunden, dass insbesondere Schüler mit extrem schwacher Lesekompetenz gefördert werden müssen (vgl. Artelt, Stanat, Schneider & Schiefele, 2001; Artelt, McElvany et al., 2005). Allerdings bedeutet dieser Fokus vor allem auf die schwachen Leser nicht, dass nicht auch *allen* Fachlehrkräften eine Verantwortung für die Verbesserung der Lesekompetenz *aller* Schüler im Sinne weiterführenden Lesens (vgl. Kap. 3.3) auch über die Grundschule hinaus zukäme. Um jedoch beide Aufgaben effizient erfüllen zu können, ist eine explizite Diagnostik zu unterschiedlichen Zeitpunkten des Leselernprozesses für Lehrkräfte unerlässlich und zielführend.

(1) Theoretischer Rahmen zur Vorbereitung der Hypothesenbildung

a) Basale Prozesse des Lese-Lernprozesses
Bereits vor Schuleintritt entwickeln sich wichtige Vorläuferfertigkeiten des Schriftspracherwerbs. In diesem Zusammenhang ist die *phonologische Bewusstheit* die bedeutsamste Fertigkeit und damit der wichtigste Einzelprädiktor für den Erfolg beim Lesen- und Schreibenlernen für *alle* Kinder (Küspert, 1998; H. Marx, 1997; Skowronek & H. Marx, 1989). Unter phonologischer Bewusstheit versteht man die Fähigkeit, die Aufmerksamkeit auf die formalen Eigenschaften der gesprochenen Sprache zu lenken, z.B. auf die einzelnen Laute der gesprochenen Wörter, auf den Klang der Wörter beim Reimen, auf Silben als Teile von Wörtern, auf Wörter als Teile von Sätzen.

Der Leselernprozess im Anfangsunterricht der Grundschule ist vorrangig darauf gerichtet, dass Kinder zunächst lernen, Graphem-Phonem-Zuordnungen vornehmen zu können. Zu Beginn des Lesenlernens stehen je nach didaktischer Ausrichtung (z.B. „Lesen durch Schreiben" als ganzheitliche Methode; Fibellehrgänge als analytisch-synthetische Methode) zunächst Einzellaute, Einzelbuchstaben sowie einzelne Wörter im Vordergrund. Um einem erlesenen Wort eine Bedeutung zuordnen zu können, d.h. das Erlesene auch zu verstehen, muss der Leser neben dieser Rekodierfähigkeit auch über die Dekodierfähigkeit (=Erkennen ganzer Wörter) verfügen. Die Dekodierfähigkeit beschreibt die Fähigkeit, einzelne Wörter zu dechiffrieren. Dabei lassen sich zwei Unterformen unterscheiden, die phonologische und die semantische Dekodierung. Die phonologische Dekodierung beschreibt die korrekte Phonem-Graphem-Zuordnung und den Vergleich mit einer inneren phonologischen Repräsentation. Wie wichtig dieser Teilschritt beim Lesen ist, lässt sich beispielsweise daran erkennen, dass auch geübte Leser, die Strategie des lauten Lesens anwenden, wenn Probleme beim Verstehen auftreten. Die semantische Dekodierung beschreibt den lexikalischen Zugriff, d.h. das erlesene Wort wird mit dem inneren Lexikon verglichen. Rekodier- und Dekodierfähigkeit wiederum bilden zusammen die Voraussetzung für das sinnverstehende Lesen von ganzen Sätzen bzw. Texten. Abbildung 3.21 gibt den Zusammenhang der einzelnen Teilprozesse des Lesenlernens in vereinfachter Form wieder.

	Teilprozesse des Lesens		
	Rekodierfähigkeit	Dekodierfähigkeit	verstehendes Lesen
Voraussetzungen	Buchstabenkenntnis	Buchstabenkenntnis Rekodierfähigkeit	Buchstabenkenntnis Rekodierfähigkeit Dekodierfähigkeit

Abbildung 3.21: Basale Teilprozesse beim Lesenlernen

Leseverständnis und satzübergreifendes Lesen
Der Verstehensprozess beim Lesen beginnt erst mit der semantischen und sytaktischen Entschlüsselung einzelner Wortgruppen oder Sätze. Eine entscheidende Voraussetzung für verstehendes Lesen ist zunächst die Automatisierung der basalen Teilprozesse. Hieraus lässt sich der Zusammenhang zwischen der Lesegeschwindigkeit und dem sinnverstehenden Lesen erklären, denn gute Leser sind schnelle Leser.

Beim Leseverständnis steht die Anforderung im Mittelpunkt, Informationen aus Texten ermitteln, Informationen auf Textabschnittsebene verknüpfen und interpretieren und schließlich die Inhalte eines Textes ausdrücklich mit Vorwissen in Beziehung setzen, d.h. den Text reflektieren und bewerten zu können (vgl. Anforderungen der KMK-Bildungsstandards im Kompetenzbereich Lesen).

Damit das Verständnis beim Lesen von Texten hergestellt werden kann, ist es notwendig, dass der Leser lokale Kohärenzen zwischen Sätzen und globale Kohärenz des gesamten Textes aufbaut. Spätestens bei der Verarbeitung mehrerer Sätze, d.h. beim satzübergreifenden Lesen, spielen sogenannte hierarchiehöhere Prozesse eine Rolle. Während hierarchieniedere (basale) Leseprozesse mehr oder weniger automatisiert ablaufen, ist für hierarchiehöhere Prozesse das potentiell strategisch-zielorientierte Lesen kennzeichnend.

Texte sind in der Regel so verfasst, dass vom Leser mehr oder weniger aufwändige Schlussfolgerungen (Inferenzen) gezogen werden müssen, um eine kohärente Repräsentation des Textes aufzubauen, d.h. Texte zu verstehen. Solche Schlussfolgerungen können danach klassifiziert werden, ob sie spontan, d.h. online während des Lesenes oder evoziert, offline nach den Lesen gebildet werden.

Es ist hierbei von Bedeutung, dass sich Schlussfolgerungen, die sich auf kausale Konsequenzen oder übergeordnete Handlungen beziehen, während des Lesens kaum spontan ausbilden. Die Bildung von hierarchiehöheren Schlussfolgerungen ist also stark von den jeweiligen Lern- oder Lesezielen abhängig.

Zusammenfassend kann festgehalten werden, dass die Lesekompetenz eine komplexe Fähigkeit ist, die sich aus zahlreichen Teilfertigkeiten und Prozessen zusammensetzt und deren Entwicklung weit über den Primarbereich hinausreicht. Der Leselernprozess ist demnach kein abgeschlossener und zeitlich begrenzter Vorgang, sondern komplexe Lesestrategien bilden sich beispielsweise erst im Laufe der Sekundarstufe aus. Es ist deshalb von größter Wichtigkeit, dass Lehrkräfte den Leselernprozess ihrer Schüler auch über die Grundschule hinaus diagnostisch begleiten können.

(2) Verfahren zur Erfassung der Lesekompetenz und (3) Fördermöglichkeiten

Im Folgenden werden aus der relativ großen Anzahl der Lesetests fünf ausgewählt und näher beschrieben. Dabei handelt es sich um Knuspels Lesetest (KNUSPEL-L), der zur differenzierten Erfassung basaler Lesefertigkeiten in der Grundschule genutzt werden kann. Der Lesetest ELFE kann für die Leseverständniserfassung über die Grundschule hinaus in der Orientierungsstufe auch als Screening zur schnellen Identifikation schwacher Leser eingesetzt werden. Mit dem Frankfurter Lese- und Verständnistest (FLVT 5-6), dem Lesegeschwindigkeits- und Verständnistest für die Klassen 6-12 (LGVT 6-12), den Lesetestbatterien LESEN 6-7 bzw. LESEN 8-9 liegen nun auch diagnostische Schultests für die Sekundarstufen vor, die sowohl die Erfassung der basalen als auch der hierarchiehöheren Leseprozesse ermöglichen.

Knuspels Leseaufgaben [KNUSPEL – L]

Bei Knuspels Lesaufgaben von H. Marx (1998) handelt es sich um einen Lesetest für Grundschulkinder vom Ende des ersten bis Ende des vierten Schuljahres. Die Bezeichnung Knuspel geht dabei auf die sogenannten Knuspel-Fabelwesen zurück, die die Kinder zur Schaffung einer kindgerechten Testatmosphäre als Leitfiguren begleiten.

Ziele für den Einsatz durch Lehrkräfte
- Überprüfung des Leseleistungsstandes einzelner Schüler oder der ganzen Klasse
- Differenzierte Erfassung der Teilprozesse des Lesenlernens für die Förderplanung
- Identifizierung von Risikokindern
- Überprüfung von Effekten bei Fördermaßnahmen (Form A und B)

Konzeption und Aufbau
Auf der Grundlage der besprochenen Teilprozesse des Lesenlernens (siehe Abb. 3.21) beansprucht der Test, das Hörverstehen, das Leseverstehen, die Rekodierfähigkeit und die Dekodierfähigkeit *getrennt* zu erfassen. Die einzelnen Subtests und entsprechende Beispiele werden im Folgenden dargestellt:

Subtest (1) – Messung des Hörverstehens:
Mit dem Hörverstehen wird die Fähigkeit erfasst, gehörte Instruktionen zu bearbeiten. Dazu werden den Kindern vom Testleiter Fragen und Aufforderungen mündlich gestellt. Die Aufgaben beziehen sich auf zwei Inhaltsbereiche: Person/Testsituation (z.B. Geburtsdatum, Wochentag, usw.) und die Knuspel-Wesen (z.B. Haben die Knuspel glatte oder lockige Haare?).
Beispiel: Du siehst vor dir drei Pfeile. Schreibe auf den dritten Pfeil den Buchstaben, mit dem dein Nachname beginnt.

Das Beispiel verdeutlicht, dass die Kinder genau zuhören müssen, um beide Aufforderungen, die in zwei Teilsätzen vorgegeben werden, richtig zu bearbeiten. Es wird geprüft, ob sie den richtigen Buchstaben (= Wissensaspekt) abrufen können und zudem, ob sie den Buchstaben auf den richtigen Pfeil (= Ausführungsaspekt) malen.

Subtest (2) – Messung der Rekodierfertigkeit:
Als Rekodierfertigkeit wird die Fertigkeit bezeichnet, Schrift im Sinne einer Übersetzungsleistung in eine „innere Sprechsprache" zu überführen, d.h. die Laute miteinander zu verschleifen und dem Wort einen Klang zu geben (artikuliert oder nicht artikuliert). Dabei ist es nicht unbedingt erforderlich, den Sinn zu erfassen. In diesem Subtest müssen zwei Worte miteinander verglichen werden, um herauszufinden, ob diese beiden Worte gleich klingen.
Beispiel: Widder – wider; Rind – rinnt

Subtest (3) – Messung der Dekodierfertigkeit:
Dekodierfertigkeit bezeichnet die Fertigkeit, den vorher rekodierten Worten einen Sinn zu geben. D.h., wenn das Wort richtig rekodiert wurde, muss es danach im Gedächtnis wieder gefunden werden. Nur so erschließt sich eine Bedeutung. Die Schüler müssen aus einer Vielzahl von Pseudowörtern die Wörter heraussuchen, die wie bekannte Wörter klingen.
Beispiel: HOFF – REEH – RUNTE – BÄRG

Subtest (4) – Messung des Leseverstehens:
Der Subtest Leseverstehen ist nach dem gleichen Muster aufgebaut wie der Subtest (1). Die Veränderung besteht jetzt darin, dass die Instruktion nicht mehr vom Testleiter vorgelesen wird und vom Kind lediglich erhört werden muss, sondern jetzt vom Kind selbstständig erlesen werden muss.
Im Subtest (4) geht es darum, mit schriftlich formulierten Fragen herauszufinden, wie gut das Leseverstehen der Kinder ist.

Beispiel: In die wievielte Klasse wirst du nach diesem Schuljahr gehen?
   Unterstreiche die richtige Antwort mit zwei Strichen.
       1   2   3   4   5

In Analogie zum Subtest (1) werden der Wissensaspekt und der Ausführungsaspekt geprüft. Dabei werden den Kindern teilweise die gleichen Aufforderungen wie im Subtest (1) gestellt, um differenzieren zu können, ob mögliche Schwierigkeiten beim Lesenlernen auf das Hörverstehen oder das Leseverstehen zurückzuführen sind.

Durchführung, Auswertung, Interpretation
Der Knuspel-Test kann als Gruppen- und Einzeltest durchgeführt werden. Es liegen Parallelformen (A und B) vor.
Die Durchführungszeit ist schulstufenabhängig, sie liegt zwischen ca. 35 (Ende der 4. Klasse) und 50 Minuten (Ende der 1. Klasse). Wir empfehlen insbesondere in den Klassenstufen 1 und 2 den Test jeweils mit Unterstützung einer Kollegin durchzuführen.
   Das Vorgehen bei der Auswertung ist im Testmanual genau beschrieben. Für richtige Lösungen werden Punkte vergeben, die Rohwerte können anschließend mit Hilfe der Normtabellen in T-Werte überführt werden. Neben den Ergebnissen für die vier Subtests lässt sich aus der Verknüpfung der Ergebnisse einzelner Subtests sowohl eine Aussage über die Vorläuferfertigkeiten (Subtest 1, 2, 3) als auch über das aktuelle Leseniveau (Subtest 2, 3, 4) ableiten. Zusätzlich werden klassenstufenübergreifende Lesealternormen mitgeteilt, die Auskunft über den Leseentwicklungsstand geben. Eine

Diagnostik zur Feststellung von Lernergebnissen und Lernverläufen 219

besondere Stärke des Tests liegt darin, dass die Normen den Migrationshintergund von Schülern berücksichtigen.

Gütekriterien
Die *Objektivität* des Verfahrens kann durch die Anleitung im Testmanual voll gewährleistet werden. Die Retest*reliabilität* liegt für den Gesamtscore „Lesefähigkeit" über alle Klassenstufen bei einem Wert von r_{tt} = .83. Die Paralleltestreliabilitäten sind vergleichbar hoch, so dass das Verfahren als relativ „messgenau" eingestuft werden kann. Zur Ermittlung der *Validität* wurden für jede Halbjahresstufe Übereinstimmungen zwischen „verwandten" Testverfahren und den Ergebnissen einzelner Subtests bzw. dem Gesamtscore berechnet. Die Werte sind als gut bis sehr gut zu beurteilen.

Im Testmanual finden sich übersichtliche Normtabellen. Es liegen klassenstufenbezogene *Normen* zu den Subtests und beiden Gesamtscores für den Zeitraum Ende des 1. bis Ende des 4. Schuljahres vor.

Förderung
Zur Förderung der Vorläuferfertigkeiten wird das Würzburger Trainingsprogramm „Hören, lauschen, lernen" (Küspert & Schneider, 2006) zur Vorbereitung auf den Erwerb der Schriftsprache empfohlen. Obgleich das Verfahren für Vorschulkinder ausgewiesen ist, ist es auch für diejenigen Grundschulkinder geeignet, die im Knuspel-Test durch niedrige Werte in den Vorläuferfertigkeiten aufgefallen sind. Durch dieses Verfahren lernen Kinder in spielerischer Weise, die lautliche Struktur der gesprochenen Sprache zu erkennen (= phonologische Bewusstheit). Das Programm beginnt mit Lauschspielen zum Üben des genauen Hinhörens, fährt fort mit Reimübungen und führt dann die Einheiten Satz, Wort und Silbe ein.

Leseverständnistest für Erst- bis Sechstklässler [ELFE 1-6]

Bei ELFE 1-6 handelt es sich um einen Leseverständnistest von Lenhard und Schneider (2006), der in den ersten sechs Schulklassen eingesetzt werden kann. Der Test liegt sowohl in einer Computer- als auch einer Papierversion vor. Der Name des Tests erklärt sich damit, dass eine symbolische ELFE durch den Test führt.

Ziele des Einsatzes durch die Lehrkraft
- Überprüfung des Leseleistungsstandes einzelner Kinder und ganzer Klassen
- Differenzierte Erfassung der Leseleistung auf Wort-, Satz- und Textebene
- Aufdeckung von Defiziten im Leseverständnis
- Diagnostik am Beginn der Klasse 5

Konzeption und Aufbau des Tests
ELFE 1-6 prüft sowohl basale Lesefertigkeiten als auch die Fähigkeit zum Verstehen von Sätzen und Texten. Das Leseverständnis wird auf den folgenden Ebenen erfasst:

- Wortverständnis (Dekodieren, Synthese)
- Lesegeschwindigkeit (Schwelle der visuellen Worterkennung)
- Satzverständnis (sinnentnehmendes Lesen, syntaktische Fähigkeiten)

- Textverständnis (Auffinden von Informationen, satzübergreifendes Lesen, schlussfolgerndes Denken)

Der Test besteht aus drei Subtests (Wort, Satz und Text lesen). Die Lesegeschwindigkeit wird innerhalb des Wortverständnistests ermittelt. Für die Durchführung in den Klassenstufen 5 und 6 hat der Test durch die Verkürzung der Bearbeitungszeiten eher den Charakter eines Screening-Verfahrens.

Durchführung, Auswertung, Interpretation
Durch die computergestützte Durchführung und Auswertung ist ELFE 1-6 nicht nur hochstandardisiert, sondern kann auch von testdiagnostisch weniger erfahrenen Personen eingesetzt werden. Grundschullehrer können beispielsweise Defizite im Leseverständnis ihrer Schüler erkennen und ggf. gezielt die Hilfe des schulpsychologischen Dienstes anfordern. Die reine Bearbeitungsdauer beträgt in den Klassenstufen eins bis vier insgesamt 13 Minuten (Papiertest) bzw. 15 Minuten (Computerversion), in den Klassenstufen fünf und sechs 10 Minuten (Papiertest) bzw. 11 Minuten (Computerversion). Eine Gruppentestung mit der Papierversion ist in ca. 30 Minuten realisierbar.

Die *Auswertung* auf den einzelnen Leseverständnisebenen erfolgt nach dem folgenden Muster: Die Auswertung kann handschriftlich von der Lehrkraft vorgenommen werden. Bei der Comupterversion übernimmt das Programm die Auswertung automatisch.

Beim Wortverständnistest wird die Anzahl der richtigen Lösungen in Abhängigkeit von der Anzahl der Silben des Lösungswortes ermittelt. Beim Lesegeschwindigkeitstest wird analog die Anzahl der richtigen Lösungen in Abhängigkeit von der Anzahl der Buchstaben des dargebotenen Wortes erfasst. Beim Satzverständnistest erfolgt die differentielle Auswertung des Antwortverhaltens nach Wortart der Antwortalternativen (Substantive, Verben, Adjektive, Präpositionen und Konjunktionen). Beim Textverständnistest wird nach folgenden Aufgabentypen differentiell ausgewertet: Auffinden von Informationen, anaphorischer Bezug (satzübergreifendes Lesen), Inferenzbildung.

Der Anteil der richtigen Lösungen in jeder Kategorie wird bei der Computerversion automatisch im Ergebnisprotokoll angezeigt. Bei der Papierversion hat die Lehkraft die Möglichkeit, das Profil des Lesverständnisses eines Schülers zu den einzelnen Ebenen in einem Diagramm darzustellen, um so eine Übersicht über Stärken und Schwächen zu gewinnen. Hierzu werden die Ergebnisse der einzelnen Untertests mit dem Gesamtergebnis verglichen. Überschneiden sich die Prozentrangbänder des Untertests mit dem Prozentrangband des Gesamtergebnisses, dann unterscheidet sich der Wert des Untertests nicht signifikant vom Gesamtergebnis. Überlappen sich die Prozentrangbänder nicht, dann liegt entweder eine signifikante Stärke oder eine signifikante Schwäche vor, je nachdem, ob der Wert des Untertests über oder unter dem Gesamtergebnis liegt. Auf diese Weise lässt sich schnell erkennen, ob die Schüler eher auf der Wort-, der Satz- oder Textebene Förderbedarf haben.

Gütekriterien
Durchführungsobjektivität wird erreicht, wenn sich der Testleiter an die Anweisungen im Manual hält. Ein großer Vorteil der computergestützten Testung ist die standardisierte Darbietung der Instruktionen und Aufgaben. Die *Auswertungsobjektivität* ist durch die eindeutige Festlegung der richtigen Antworten gesichert. Die Interpretationsobjektivität ergibt sich aus dem Vergleich der Ergebnisse der Testpersonen mit denen der Normierungsstichprobe. Die *Reliabilität* ist gesichert. ELFE 1-6 gibt ausschließlich vor, das Leseverständnis zu messen. Das Verfahren verfügt deshalb über *„triviale"* Gültigkeit oder *Augenscheinvalidität*, da das Testergebnis ausschließlich über diese Eigenschaft Rückschlüsse zulässt. Darüber hinaus wurde die Übereinstimmung von ELFE 1-6 mit verschiedenen Außenkriterien erfasst und ist als valide einzustufen.

Normen (Z- und T-Äquivalenznormen, Prozentränge und Prozentrangbänder) liegen jeweils für das Schuljahresende (die letzten 2 Monate vor den Sommerferien) und – mit Ausnahme der ersten Klasse – auch für die Schuljahresmitte (zwei Monate vor bis ein Monat nach dem Zwischenzeugnis) vor. Die Normstichprobe (N = 4893) stammt aus 12 Bundesländern der BRD und Südtirol.

Förderung
Ein gezieltes Training der einzelnen Komponenten kann mit Hilfe des ELFE-Trainingsprogramms (Lenhard & Lenhard, 2006) durchgeführt werden. Es handelt sich dabei um ein Computerprogramm, das die Kinder nach einer ersten Einführung auch ohne Hilfe der Lehrkraft durchführen können. Das Training ist für den Einsatz in den ersten sechs Jahrgangsstufen geeignet. Voraussetzung ist die Beherrschung von Buchstaben-Laut-Zuordnungen. Aus diesem Grund sollte das Training in der Regel erst ab Ende der ersten Klasse eingesetzt werden. In der Sekundarstufe ist das Training eher für schwächere Leser angemessen.

Aufbau des Trainings
Das ELFE-Trainingsprogramm umfasst insgesamt 14 Lesespiele auf jeweils 3 Schwierigkeitsstufen. Die Spiele decken die unterschiedlichen Bereiche Wort-, Satz- und Textebene ab. Zwar bietet das ELFE-Training die Möglichkeit, die Spiele auf den verschiedenen Niveaustufen nach einem vorgegebenen Schema zu durchlaufen, je nach Indikation können jedoch auch einzelne Aufgaben herausgegriffen oder selbst eigene Aufgaben eingespeist und dann gezielt bearbeitet werden. Ein Vorzug der Computerversion besteht darin, dass sich das Trainingsprogramm automatisch auf das zuvor mit ELFE 1-6 getestete Leistungsprofil des Kindes einstellt.

Die Gesamtdauer des Trainings variiert nach Fähigkeit und Interesse der Schüler. Es empfiehlt sich, das Programm als punktuelle Ergänzung von Therapiesitzungen oder im Rahmen schulischer Freiarbeit anzubieten und dabei eine tägliche Übungsdauer von 20 Minuten nicht zu überschreiten.

Sowohl für den ELFE-Lesetest als auch das ELFE-Training sind anschauliche Beispiele im Internet über folgende Adresse zu finden: http://www.elfe-lesetest.de

Frankfurter Leseverständnistest für die Klassen 5-6 [FLVT 5-6]

Der FLVT 5-6 von Souvignier, Trenk-Hinterberger, Adam-Schwebe und Gold (2008) ist ein anspruchsvoller Test zur Überprüfung der Lesekompetenz in den Klassenstufen 5 und 6, um nach dem Übergang von der Grundschule etwa in der Mitte der 5. Klasse eine differenzierte Förderung einleiten zu können.

Ziele des Einsatzes durch die Lehrkraft
- Überprüfung des Leseverständnisses differenziert nach Textsorte (Sach- und Erzähltext)
- Erfassen der Lesekompetenz bei der Übernahme einer 6./7. Klasse
- Ermitteln des Leseverständnisses auf Kompetenzstufenniveau

Konzeption und Aufbau
Das Leseverständnis ist für die Informationsgewinnung beim Lesen zentral und somit für die Lesekompetenz der Schüler von wesentlicher Bedeutung. Beim verstehenden Lesen geht es einerseits darum, die Ebene der Textstruktur zu erkennen (Textbasis erschließen), andererseits können die Textinformationen mit bereits erworbenem Wissen verknüpft werden (mentale Konstruktion eines Situationsmodells bzw. Schlussfolgerungen ziehen). Während auf der ersten Ebene beim ersten Verständnisprozess lediglich die Textinformationen reproduziert und zusammengefasst werden, zielt die zweite auf ein tieferes Verständnis des Gelesenen ab (vgl. Dijk & Kintsch 1983). Es ist empirisch erwiesen, dass sich das Leseverständnis in Abhängigkeit der Textsorte unterscheidet. So ist die Lesekompetenz bei Sachtexten i.d.R. deshalb besser, weil diese eindeutige Informationen enthalten, während narrative oft mehrdeutig sind und die Konstruktion verschiedener Situationsmodelle zulassen.

Der Vorzug des FLVT 5-6 besteht darin, dass die Lesekompetenz sowohl anhand von Sach- als auch anhand von Erzähltexten ermittelt werden kann und Lehrkräften so eine differenzierte Erfassung des Leseverständnisses ermöglicht. Entsprechend setzt sich der Test aus zwei Teilen zusammen: Der erste Teil besteht aus einem narrativen, der zweite aus einem Sachtext. Beide Texte umfassen etwa 570 Wörter und jeweils 18 Testfragen mit vier Antwortmöglichkeiten (a-d). Die Beantwortung der einzelnen Fragen stellt unterschiedliche Anforderungen an das Textverständnis (textimmanente oder schlussfolgernde Verstehensleistungen). Es liegen Parallelformen (A und B) vor, die insgesamt 4 unterschiedliche Texte mit gleichem Schwierigkeitsgrad enthalten.

Durchführung, Auswertung, Interpretation
Der Test kann ab Mitte Klasse 5 bis Übergang in Klasse 7 als Gruppen- und Einzeltest durchgeführt werden. Die Durchführungsdauer orientiert sich an einer Schulstunde: Die 5-minütige Instruktion durch die Lehrkraft (inkl. Austeilen der Testhefte, Eintragen der personenbezogenen Daten, Lösen der Beispielaufgabe) sollte nach der Anleitung im Testmanual erfolgen. Danach werden für jeden Testteil 20 Minuten reine Bearbeitungszeit benötigt.

Bei der schriftlichen Auswertung wird für jede richtig gelöste Aufgabe ein Punkt gegeben und für jeden Testteil ein Rohwertsummenwert gebildet. Damit erhält die Lehrkraft eine Rückmeldung über die Lesekompetenz getrennt für Sach- und Erzähltexte. Die Interpretation der Ergebnisse kann anhand der Normtabellen (sozialer Vergleich) oder über das Zuordnen zu einer Lese-Kompetenzstufe (0-2) erfolgen. Kompetenzstufe 2 bildet die Fähigkeit ab, Informationen aus mehreren Textpassagen sinnvoll miteinander kombinieren, durch die Verknüpfung verschiedener Textpassagen globale Zusammenhänge herstellen und daraus Schlussfolgerungen ziehen zu können. Kompetenzstufe 1 bildet die grundlegende Fähigkeit ab, eine (oder auch mehrere) explizit im Text enthaltene Information aufzufinden und korrekte Schlussfolgerungen aus einer einzelnen Textpassage zu ziehen.

Gütekriterien
Durchführungs- und Auswertungs*objektivität* sind bei sachgemäßem Befolgen der Instruktionen im Testmanual gegeben. Bei der *Reliabilität* wurde für beide Testformen eine gute interne Konsistenz ermittelt ($\alpha = .88$ für Testform A; $\alpha = .86$ für Testform B). Die Paralleltestreliabilität liegt bei $r_{tt} = .71$. Die *Validität* ist theoretisch gut begründet und empirisch durch Vergleiche mit anderen Leseverständnistests (IGLU, Elfe 1-6), Mathematiktests belegt.

Für das zweite Schulhalbjahr der 5. und 6. Klasse liegen gesicherte *Normen* vor. Der FLVT 5-6 wurde als Gruppentest normiert. Die Stichprobe besteht aus 1.239 Schülerinnen und Schülern für Testform A und 1.237 für Testform B. Im Anhang des Testmanuals befinden sich für beide Testformen Normtabellen (z- und T-Werte, Kompetenzstufen) für die Gesamtstichprobe und einzelne Schulformen.

Förderung
Mit den „*Textdetektiven*" liegt ein umfangreiches und empirisch evaluiertes Programm vor, mit dem sich das Leseverständnis im Unterricht fördern lässt. Dazu wurden spezifische Unterrichtsprogramme mit unterschiedlichen Schwerpunkten entwickelt. Während das Basisprogramm (Gold, Mokhlesgerami, Rühl, Schreblowski & Souvignier, 2004/2009) in erster Linie darauf abzielt, kognitive und metakognitive Lesestrategien auszubilden, dienen die Wiederholungsstunden „Wir sind Textdetektive" (Trenk-Hinterberger, Souvignier, 2006) der Verfestigung der angebahnten Kompetenzen bei Schülern der 6. und 7. Klassen. Neben einer Version für schwächere Schüler (Rühl & Souvignier, 2006) ist auch eine Version für den Englischunterricht erhältlich (Gaile, Gold & Souvignier, 2007).

Aufbau des Trainings
Das Basisprogramm umfasst 14 Lerneinheiten (mit etwa 28 Unterrichtsstunden), in denen Lesestrategien in Verbindung mit Strategien zur motivationalen und kognitiven Selbstregulation vermittelt werden. Die Programmdurchführung wird in eine Rahmenhandlung eingebunden, über die die Schüler zu Textdetektiven ausgebildet werden. In Analogie zu echten Detektiven, die ihr Vorgehen strategisch planen und auf bestimmte Arbeitsmittel zur Spurensicherung zurückgreifen, sollen Schüler systematisch Lernstrategien einsetzen, um schwierige Texte besser verstehen und wesentliche Informationen herausfiltern und behalten zu können. Zur Programmdurchführung ist sowohl ein Lehrermanual mit ausführlichen Hintergrundinformationen, Durchführungsanweisungen, Hilfestellungen und allen benötigten Materialien als auch ein Schülerarbeitsheft erhältlich.

Lesegeschwindigkeits- und Verständnistest für die Klassen 6-12 [LGVT 6-12]

Der LGVT 6-12 von Schneider, Schlagmüller und Ennemoser (2007) ist ein Screeningverfahren zur ökonomischen Erfassung einer basalen (Geschwindigkeit) und einer hierarchiehöheren (Leseverständnis) Komponente der Lesekompetenz in der gesamten Sekundarstufe.

Ziele des Einsatzes durch Lehrkräfte
- Feststellung des Leistungsstandes in Bezug auf Leseverständnis und Lesegeschwindigkeit der gesamten Schulklasse in unterschiedlichen Schulformen
- Schnelles Erkennen von schwachen Lesern, die im Sekundarbereich nicht mehr vermutet werden, um eine differenzierte Förderung anschließen zu können
- Erstellen von Förderdiagnosen für einzelne Schüler mit Leseproblemen

Konzeption und Aufbau des Tests
Leseverständnis und Lesegeschwindigkeit sind Faktoren, die bei der Aneignung von Wissen (Wissenserwerb aus Texten) eine wesentliche Rolle spielen.

Die Leseforschung hat eindeutig belegt, dass Lesen nicht als passiver Prozess aufzufassen ist. Lesen ist eine aktive Konstruktionsleistung des Lesers, bei der er die im Text enthaltenen Inhalte aktiv mit seinem Vor- und Weltwissen in Beziehung setzen muss.

Wenn die technischen Aspekte des Lesens nicht voll ausgebildet sind, dann kommt es bei Schülern zur Beeinträchtigung des Prozesses der aktiven Entnahme von Informationen aus Texten. Wenn viel Zeit und Anstrengung für das Dekodieren der Textinformation aufgewendet werden muss, d.h. die Schüler erlesen relativ mühevoll Wörter, dann ist bei ihnen die aktive Sinnentnahme aus ganzen Texten wesentlich eingeschränkt. Das bedeutet für solche Schüler in der Sekundarstufe, dass sie die notwendigen Informationen aus Texten (z.B. auch Aufgabeninstruktionen bei Klassenarbeiten) nicht oder nur unzureichend erfassen können. Im Endeffekt kann das dazu führen, dass dieses Lesekompetenzdefizit als mangelnde Kompetenz in einem Unterrichtsfach gedeutet werden kann (siehe Praxisbeispiel). Andererseits sinkt unter solchen Bedingungen natürlich die Lernmotivation.

Lesegeschwindigkeit als eine Voraussetzung für das Leseverständnis stellt eine einfach zu messende Größe dar, um Informationen über diese basalen Lesekompetenzen zu erhalten. Es werden die in einer bestimmten Zeit gelesenen Wörter gezählt und mit bestimmten Standards in Beziehung gesetzt. Mit dem LGVT 6-12 wird aber auch explizit das Leseverständnis erfasst. Dazu müssen die Schüler einen Ausgangstext („Brot und Rosenkohl") lesen, der aus 1727 Wörtern besteht. An 23 im Text verteilten Stellen müssen die Schüler aus drei in Klammern angegebenen Alternativen das in den Zusammenhang des Textes passende Wort auswählen und unterstreichen. Die richtige Auswahl der Antwort setzt ein gründliches sinnverstehendes Lesen voraus. Die Autoren schließen aus, dass die Schüler den Text nur flüchtig überfliegen können, um die richtige Antwortalternative zu markieren.

Bei dem Lesetext handelt es sich um eine Geschichte, die in Ostnorwegen spielt und von Schneider leicht modifiziert ins Deutsche übertragen wurde.

Diagnostik zur Feststellung von Lernergebnissen und Lernverläufen 225

Der Text ist inhaltlich relativ anspruchsvoll und für Schüler nicht besonders interessant. Schwierig könnte z.B. die Auswahl der Alternative insbesondere für jüngere Schüler in folgendem Textzusammenhang sein: „Nachdem ich zu dieser Einstellung erzogen wurde, was das Brot angeht, fällt es mir schwer, selbst altes und trockenes Brot wegzuwerfen. Ich gebe es dann lieber an die Vögel weiter, so dass wenigstens einige von (Gottes, unseren, euren) Geschöpfen, die weniger anspruchsvoll sind, letztendlich davon profitieren können." Hier setzt die richtige Antwort durchaus ein Gefühl für literarische Sprache voraus. Der Lesetext ist so konstruiert, dass am Ende jeder Zeile fortlaufend die Anzahl der gelesenen Wörter aufaddiert angegeben ist.

Durchführung, Auswertung, Interpretation
Der Test kann als *Gruppentest* oder auch als *Einzeltest* durchgeführt werden. Die Durchführungsdauer einschließlich der Instruktionszeit beträgt etwa 10 Minuten. Der Test für die jeweilige Klassenstufe sollte im *zweiten Halbjahr* durchgeführt werden, weil die Normstichprobe in der Mitte des zweiten Schulhalbjahres erhoben wurde.

Die Lehrkraft gibt bei der Durchführung entsprechende Instruktionen und die Anweisung wird im Testheft gemeinsam mit den Schülern gelesen. Danach müssen die Schüler *vier Minuten lang* den Ausgangstext bis zum Stoppsignal durch den Testleiter lesen. Nach dem Stoppsignal markieren die Schüler durch einen Strich die Stelle im Text, an der sie abbrechen. Am Ende der entsprechenden Zeile müssen die Schüler noch die Ziffer für die gelesene Anzahl der Wörter einkreisen.

Für die Testauswertung liegt ein Auswertungsbogen vor, auf dem die 23 Antwortalternativen zum Erfassen des Textverständnisses aufgelistet sind. Die richtige Antwort ist dort jeweils unterstrichen.

Die Auswertung wird so vorgenommen, dass korrekte Unterstreichungen im Ausgangstext 2 Punkte erhalten, keine Unterstreichungen mit 0 Punkten und falsche oder mehrere Unterstreichungen jeweils mit einem Punkt Abzug (= -1 Punkt) bewertet werden. Die Punktevergabe wird vom Auswerter in die entsprechende Zeile auf dem Antwortbogen eingetragen. Am Schluss werden die Rohpunkte aufaddiert. Zusätzlich wird die eingekreiste Ziffer (Anzahl der gelesenen Wörter) aus dem Testheft auf dem Auswertungsbogen notiert. Danach werden die Rohpunkte in Prozentränge und T-Werte mithilfe der im Manual enthaltenen Normtabellen transformiert. In gleicher Weise wird die Wortanzahl der Lesegeschwindigkeit in Prozentränge und T-Werte umgewandelt. Für die Interpretation der Ergebnisse ist eine Übersicht beigefügt; sie gibt an, welcher Leistungsgüte die erreichten Prozentränge entsprechen.

Gütekriterien
Wenn der Testleiter alle Instruktionen des Testmanuals sorgfältig beachtet, dann ist in allen Bereichen die *Objektivität* gewährleistet. Die Retest*reliabilität* nach 6 Wochen ist gut. *Validität* ist zufriedenstellend.

Es liegen Prozentrang*normen* und T-Werte für die Anzahl korrekter Unterstreichungen (= Leseverständnis) und die Menge der gelesenen Wörter (= Lesegeschwindigkeit) getrennt nach Klassenstufen (6 bis 10) und Schulformen vor. Für die Klassen 11 und 12 des Gymnasiums wurde jeweils eine gemeinsame Tabelle zur Verfügung gestellt. Die Normierungsstichprobe setzt sich aus insgesamt 2390 Schülern aus elf Bundesländern zusammen.

Lesetestbatterie für die Klassenstufen 6-7 bzw. 8-9 [LESEN 6-7] [LESEN 8-9]

Mit den beiden Lesetestbatterien für die Klassenstufen 6-7 und 8-9 von Bäuerlin, Lenhard und Schneider (2012a, 2012b) stehen auch für den Sekundarbereich zwei weitere Verfahren zur Verfügung, mit denen sich sowohl die Lesegeschwindigkeit als auch das Leseverständnis erfassen lassen.

Ziele des Einsatzes durch die Lehrkraft

- Ermittlung des Standes der Lesekompetenz ganzer Schulklassen
- Überprüfung verschiedener Aspekte von Lesekompetenz und Erstellung eines individuellen Lesekompetenzprofils für einzelne Schüler
- Ermittlung bedeutsamer Diskrepanzen zwischen den verschiedenen Komponenten des Leseverständnisses
- Evaluation von Fördermaßnahmen der Lesekompetenz

Darüber hinaus halten die Autoren das Verfahren für einsetzbar bei diagnostischen Fragestellungen zur Berufseignung, zur Eingliederung von Menschen mit Migrationshintergrund und im Rahmen von Alphabetisierungskursen für funktionelle Analphabeten.

Konzeption und Aufbau des Tests

Sowohl mit LESEN 6-7 als auch LESEN 8-9 wird ermöglicht, beide im Theorieteil dargestellten Aspekte der Lesekompetenz möglichst separat zu erfassen, um prüfen zu können, ob schwache Verständnisleistungen an anspruchsvollen Prozessen (Bilden von Kohärenzen und Inferenzen) scheitern oder ob bereits basale Lesekompetenzen unzureichend ausgebildet sind. Zur Überprüfung der basalen Lesekompetenz sollen aus einer Liste kurzer, einfacher Sätze innerhalb von 3 Minuten möglichst viele Sätze gelesen und auf inhaltliche Richtigkeit hin beurteilt werden. Beispielsweise wird im LESEN 6-7 der Satz vorgegeben „Karotten, Tomaten und Gurken sind Gemüse". Die Schüler müssen ihn lesen und ankreuzen, ob die Aussage richtig oder falsch ist. Der Schwerpunkt liegt dabei auf der Geschwindigkeitskomponente. Zur Erfassung des Textverständnisses werden ein expositorischer Text (über die „Tiefsee") und ein narrativer Text (über einen „geheilten Patienten") mit jeweils 17 (bzw. 19) Multiple-Choice-Verständnisfragen, die sich auf die unterschiedlichen Ebenen des Textverständnisses bzw. auf die verschiedenen Formen der Textrepräsentation beziehen, vorgelegt.

Durchführung, Auswertung und Interpretation

LESEN 6-7/8-9 ist bei allen Schülern 6. bis 9. Klassen aller Schulformen einsetzbar. Die Durchführungsdauer beträgt etwa 45 Minuten. Der Test kann als Einzel- und Gruppentest durchgeführt werden.

Die Auswertung erfolgt mithilfe von Schablonen. Es wird in beiden Subtests für jede korrekt gelöste Aufgabe ein Rohwertpunkt vergeben und anschließend ein Summenwert für die basale Lesekompetenz und ein Summenwert für das Textverständnis gebildet. Entsprechende Normwerte für die Subtests können den Tabellen im Anhang entnommen werden. Das Gesamtergebnis ergibt sich aus der Summe der T-Werte der

Subtests. Für das Gesamtergebnis stehen ebenfalls Vergleichswerte zur Verfügung. Zur Ermittlung von Stärken und Schwächen einzelner Schüler ist es zusätzlich möglich, ein Lesekompetenzprofil zu erstellen sowie eine Diskrepanzanalyse bezüglich der Subtests durchzuführen. Das spezifische Vorgehen wird im Testmanual beschrieben. In Zusammenhang mit der Interpretation der Testergebnisse werden Ansatzpunkte für Fördermaßnahmen vorgeschlagen.

Gütekriterien
Durchführungs- und Auswertungs*objektivität* werden bei sachgerechter Anwendung erreicht. Sowohl für LESEN 6-7 als auch LESEN 8-9 werden interne Konsistenz für die Subtests „Basale Lesekompetenz" ($\alpha = .97$) und „Textverständnis ($\alpha = .87$) ausgewiesen. Auch die Überprüfung der Retest*reliabilität* weist für beide Verfahren gute Koeffizienten auf ($r_{tt} = .80$). Die Tests sind als inhalts*valide* ausgewiesen, daneben fallen Konstrukt- als auch Kriteriumsvalidität zufriedenstellend aus.

Normen: Die Normstichprobe für „LESEN 6-7" umfasst insgesamt 1.644 Schüler aus sieben deutschen Bundesländern. Für „LESEN 8-9" liegt eine Normstichprobe von 945 Schülern aus sieben deutschen Bundesländern vor. Es liegen für die Subtests Basale Lesekompetenz und Textverständnis sowie für das Gesamtergebnis Prozentrangnormen, T-Werte und T-Wert-Bänder vor.

Das Besondere an diesen beiden Verfahren besteht darin, dass zur Interpretation der Rohwerte im Bereich Textverständnis Personenparameter zur Verfügung stehen. Je höher die Personenfähigkeit im Vergleich zur Schwierigkeit des einzelnen Items ist, desto größer ist die Wahrscheinlichkeit, dass die Person das Item richtig löst. Negative Personenparamter kennzeichnen ein geringes und positive Parameter ein hohes Leseverständnis. Personenparameter ermöglichen nicht nur eine kriterienorientierte Testinterpretation, sondern erlauben auch den Vergleich der Leistungen der Schüler über die Schulklassen und die Schularten hinweg.

3.2.1.3 Diagnostik der Rechtschreibleistung

(1) Theoretischer Rahmen zur Vorbereitung der Hypothesenbildung

In den nationalen und internationalen Schulleistungsvergleichen der letzten Jahre lag der Fokus bei der Prüfung der muttersprachlichen Kompetenzen meist auf der Lesekompetenz. Die Prüfung der Rechtschreibkompetenz von Schülern spielte zumindest in diesem Zusammenhang eine geringere Rolle.

Im Folgenden wollen wir uns deshalb etwas ausführlicher mit der Rechtschreibkompetenz beschäftigen.

(a) Stellenwert der Rechtschreibleistung und -kompetenz im Rahmen schulischer Bildungsziele
Bei den Prozessen des Lesens und des Rechtschreibens handelt es sich keineswegs um ähnliche Vorgänge, wenn auch in einigen Untersuchungen hohe empirische Korrelationen zwischen Lese- und Rechtschreibleistungen festgestellt werden konnten.

Um eine gute Lesekompetenz zu besitzen, sind neben orthografischem Wissen auch Wiedererkennungsleistungen von immenser Bedeutung. Demgegenüber spielen für die Rechtschreibkompetenz in erster Linie phonologische Prozesse sowie Arbeitsgedächtnisfunktionen eine Rolle (vgl. Hasselhorn, H. Marx & Schneider, 2008, S. 1). Bei der deutschen Sprache ist es besonders wichtig, die Irregularität des Rechtschreibens im Auge zu behalten, während die Orthografie hinsichtlich des Lesens regulär ist und die Anzahl der Graphem-Phonem-Korrespondenz-Regeln leichter zu erfassen ist. Die Summe der für die Rechtschreibung wichtigen Phonem-Graphem-Korrespondenz-Regeln des Deutschen ist dagegen sehr groß, d.h. dass der Schreiber beispielsweise bei einem Diktat einen wahrgenommenen Laut durch eine Vielzahl von Buchstaben schriftlich wiedergeben kann (ebd.; vgl. auch Schneider, 1997). Zugespitzt könnte man behaupten, dass der Lernprozess des Rechtschreibens die deutschen Schüler vor eine größere Herausforderung stellt, als der des Lesens.

Jedoch wird der Rechtschreibkompetenz im öffentlichen Diskurs längst nicht die Bedeutung zugemessen wie der Lesekompetenz. Gründe hierfür liegen einmal darin, dass gerade in den großen internationalen Vergleichstudien die Rechtschreibleistung nicht abgeprüft wurde (inhaltliche und methodische Probleme des Vergleichs unterschiedlicher Muttersprachen). Zum anderen spielt für Fachdidaktiker die *Schreibproduktion* eine wesentlich zentralere Rolle beim Muttersprachenwerb. Hinzu kommt, dass jedes Schreibprogramm eines PC eine Rechtschreibkorrektur anbietet und damit die mit geringer Rechtschreibkompetenz verbundene soziale Blamage aus früheren Zeiten zumindest abgeschwächt werden kann. Wenn man sich die neuen Bildungsstandards der KMK für den Erwerb muttersprachlicher Kompetenzen im Primarbereich anschaut, dann erscheint die Rechtschreibung auch nicht als Hinweisreiz in der Benennung der fünf Kompetenzbereiche (vgl. KMK, 2005, S. 9-14). Die Rechtschreibkompetenz ist dem Kompetenzbereich „Schreiben" zugeordnet und wird folgendermaßen definiert:

> „Die Kinder verfügen über grundlegende Rechtschreibstrategien. Sie können lautentsprechend verschriften und berücksichtigen orthographische und morphematische Regelungen und grammatisches Wissen. Sie haben erste Einsichten in die Prinzipien der Rechtschreibung gewonnen. Sie erproben und vergleichen Schreibweisen und denken über sie nach. Sie gelangen durch Vergleichen, Nachschlagen im Wörterbuch und Anwenden von Regeln zur richtigen Schreibweise. Sie entwickeln Rechtschreibgespür und Selbstverantwortung ihren Texten gegenüber" (KMK, 2005, S. 8).

Für den Mittleren Schulabschluss als weiterführenden Bildungsweg wird empfohlen (vgl. KMK, 2004a, S. 10f.), die Kompetenzen im Bereich des Schreibens auf das Verfassen von Texten auszurichten, wobei die Schüler die zentralen Schreibformen (u.a. die Grundregeln der Rechtschreibung und Zeichensetzung) sicher beherrschen und ihre Texte sprachlich und stilistisch stimmig gestalten sollen. Die Textproduktion sollte „unter Beachtung von Strategien zur Fehlervermeidung und mit Hilfe eines Wörterbuches weitgehend fehlerfrei" von den Schülern geleistet werden können (ebd. S. 11). Dies schließt zugleich die Kompetenz zur Selbstkritik und Überarbeitung ein, also die Fähigkeit, individuelle Fehlerschwerpunkte zu erkennen und Fehler durch Anwendung von Rechtschreibstrategien zu vermeiden, wie z.B. Nachschlagen, Abschreiben, Wortverwandtschaften suchen, grammatisches Wissen anwenden (ebd.). Die Rechtschreibkompetenz entsprechend dem Niveau des Mittleren Schulabschlusses impliziert auch die Beherrschung von häufig vorkommenden Fach- und Fremdwörtern.

Resümierend kann festgestellt werden, dass die Rechtschreibkompetenz im Rahmen schulischer Bildungsziele zwar eine Rolle spielt, die Verantwortung für ihre Herausbildung jedoch insbesondere dem Deutschunterricht zukommt. Wir halten eine solche Interpretation und Zuordnung des Aufbaus von Rechtschreibkompetenz für sehr eng. Jeder Fachlehrer hat doch einen Teil Verantwortung in diesem Zusammenhang und sollte bei Verschriftungen durch die Schüler stets die Rechtschreib- und Zeichensetzungsfehler rückmelden und eine produktive Berichtigung einfordern. Auf diese Weise wären Schüler automatisch mehr gezwungen, orthografisch richtiges Schreiben als „Norm" zu akzeptieren und dies nicht nur für Deutscharbeiten als erforderlich anzusehen.

Damit würden sich auch die Übungsmöglichkeiten für Rechtschreiben wesentlich intensivieren.

(b) Ausgewählte empirische Befunde zur Qualität der Rechtschreibkompetenz deutscher Schüler

Die Entwicklung der Rechtschreibkompetenz ist in der Münchner Längsschnittstudie LOGIK (Longitudinalstudie zur Genese individueller Kompetenzen; Weinert, 1998; Weinert & Schneider, 1999) differenziert untersucht worden, in der ab 1984 mehr als 10 Jahre etwa 200 Kinder von der 2. bis zur 6. Klasse einmal jährlich u.a. in Bezug auf ihre Rechtschreibkompetenz getestet wurden. Die Nacherhebungen von 1998 bis 2004 liefern zusätzlich wichtige Informationen zur allgemeinen Kompetenzentwicklung nach der Grundschulzeit: Während sich in der Grundschulphase die Rechtschreibleistung (insbesondere der Mädchen) deutlich verbesserte, verringerte sich der Kompetenzzuwachs mit Beginn der Sekundarstufe. Insgesamt erzielten die Mädchen bessere Ergebnisse als die Jungen. Es konnte festgestellt werden, dass bereits in der Grundschulzeit deutliche Unterschiede zwischen späteren Gymnasiasten und Haupt- und Realschülern bestanden, welche ab der 3. Klasse bis in das junge Erwachsenenalter im Mittel ca. eine Standardabweichung ausmachen. Auch andere Untersuchungen belegen die These, dass Unterschiede in den Rechtschreibleistungen von Schülern die Entscheidungsprozesse hinsichtlich weiterführender Schularten mehr beeinflussen als Unterschiede in der Intelligenz (Schneider, 2008).

Ein weiteres Untersuchungsergebnis der LOGIK-Studie bezieht sich auf die Stabilität individueller Unterschiede. So ließ sich für die Grundschul-und beginnende Sekundarstufenzeit belegen, dass früh erkennbare Unterschiede in den Rechtschreibkompetenzen sehr zeitstabil ausfielen. Schüler, die schon in der Grundschulzeit bessere Rechtschreibleistungen erbrachten, zeigten diese relativ schulformunabhängig auch im Jugend- und Erwachsenenalter. Auf der anderen Seite ist das Risiko relativ hoch, dass anfänglich schwache Rechtschreiber ihre Defizite während der weiteren Schullaufbahn ausbauen. Eine weitergehende, gezielte Förderung dieser Schülergruppe auch über das Grundschulalter hinaus, erscheint deshalb dringend erforderlich zu sein. Unterbleibt eine entsprechende Intervention, so führt die Langzeitstabilität der Rechtschreibschwierigkeiten zwangsläufig zu deren Verfestigung bis ins Erwachsenenalter (vgl. Schneider, 2008, S. 149).

Eine weitere Untersuchung zur Rechtschreibkompetenz wurde im Rahmen der nationalen Erhebung von IGLU bei Viertklässern in 12 Bundesländern durchgeführt.

Hier wurden wichtige Zusammenhänge zwischen Rechtschreibleistungen und verschiedenen Schülermerkmalen gefunden (Valtin, Badel, Löffler, Meyer-Schepers & Voss, 2003):

1. Geschlechtsspezifischer Unterschied: Mädchen erbringen bessere Rechtschreibleistungen als Jungen.
2. Dauer des Kindergartenbesuchs: Längerer Kindergartenaufenthalt wirkt sich förderlich auf Schriftspracherwerb aus.
3. Lesegewohnheiten: Schwache Rechtschreiber finden Lesen langweilig und lesen nur, wenn sie müssen.
4. Präferenz der Textsorten: Schwache Rechtschreiber lesen öfter Comics und Gebrauchstexte, gute Rechtschreiber eher Geschichten und Romane.
5. Art der Computernutzung: Schwache Rechtschreiber beschäftigen sich am Computer länger mit Spielen.
6. Freizeitgestaltung: Gute Rechtschreiber nutzen täglich mehr Zeit, um zu ihrem persönlichen Vergnügen zu lesen, während schwache Rechtschreiber eher fernsehen.
7. Kultureller Hintergrund: 64,6% der schwachen Rechtschreiber besitzen Migrationshintergrund, während nur 10,5% der starken Rechtschreiber dieser sozialen Gruppe angehören.

(c) Theoretische Modellieung des Rechtschreiberwerbs
Bevor die einzelnen diagnostischen Verfahren zur Prüfung der Rechtschreibleistung beschrieben werden, soll in knapper Form auch auf die diesen Tests zugrunde liegenden theoretischen Modelle des Rechtschreiberwerbs eingegangen werden, weil damit die Auswahl von publizierten Tests auch an inhaltlichen Parametern festgemacht werden kann.

Die Vorstellungen zum Rechtschreiberwerb haben sich in den letzten 30 Jahren grundlegend gewandelt. Die ältere Sichtweise lässt sich grob dadurch kennzeichnen, dass von additiven Komponentenmodellen ausgegangen und eine Hierarchie von Teilleistungen unterstellt wurde, die beim Lesen und Schreiben zusammenwirken und separat diagnostiziert werden sollten. Demgegenüber postuliert das neuere Paradigma des Rechtschreiberwerbs Prozessmodelle mit qualitativen Entwicklungsstufen (vgl. Stock & Schneider, 2008, S. 45). Lesen und Schreiben wird als Entwicklungsprozess verstanden, der bereits vor Schuleintritt beginnt. Eines der bedeutendsten Modelle des Rechtschreiberwerbs in diesem Zusammenhang ist das Stufenmodell der Schriftsprachentwicklung von Frith (kognitives Informationsverarbeitungsmodell), das drei sukzessiv zu erlernende, aufeinander aufbauende Entwicklungs- bzw. Strategiephasen beschreibt (Frith 1985, 1986; siehe Abb. 3.22).

In der ersten Phase des in Abbildung 3.22 veranschaulichten Erwerbsmodells, der *logographemischen Strategie*, werden die Wörter zunächst mittels prägnanter optischer Merkmale erkannt. Das führt im Laufe der Zeit dazu, dass sich interne visuelle Repräsentationen verschiedener Wörter herausbilden, die in zunehmendem Maße detaillierter auch dem Rechtschreibvorgang zur Verfügung stehen. Die zweite Phase mit der *alphabetischen Strategie* dient der Verbindung akustisch wahrgenommener Laute mit visuell darstellbaren Graphemen auf der Basis von Pho-

Diagnostik zur Feststellung von Lernergebnissen und Lernverläufen 231

nem-Graphem-Korrespondenzregeln, so dass der Schreiber auf dieser Kompetenzebene bereits in der Lage ist, vom Schriftbild her bis dato unbekannte Wörter auf Anhieb richtig zu schreiben. Zugleich wird die alphabetische Strategie auf den Prozess des Lesens übertragen und manifestiert sich im lautierenden Lesen. Für das Erreichen der letzten Phase, der *orthografischen Strategie*, ist eine Erweiterung des orthografischen Lexikons von entscheidender Bedeutung, das einzelne Wortbilder und Morpheme abspeichert. Damit sind die Schüler nun in der Lage, während des Lesens nicht mehr einzelne Buchstaben zu Lauten rekodieren und dann zusammenschleifen zu müssen, sondern können vielmehr Wörter in einzelne Morphem- und Buchstabenfolgen aufspalten und deutlich flüssiger lesen. Der Wissenszuwachs im orthografischen Lexikon ist gleichzeitig Voraussetzung dafür, dass orthografische Strategien ebenfalls im Schreibprozess angewendet werden. Einzelne Wortbilder werden jetzt nicht nur wiedererkannt, sondern können komplett aus dem Gedächtnis abgerufen werden. Dieses Modell bildet die Basis für eine Vielzahl von Tests zur Lese- und Rechtschreibkompetenz, wie z.B. für die Entwicklung der Deutschen Rechtschreibtests (DERETs) (Stock & Schneider, 2008; Martinez Méndez, M. Schneider, Hasselhorn, 2015).

Abbildung 3.22: Strategiephasen des Rechtschreiberwerbs nach Frith (1985)

Wie erwähnt, beginnt der Kompetenzerwerb des Lesens und Schreibens bereits vor Eintritt des Kindes in die Schule, d.h. dass schon im Vorschulalter wichtige Basiskompetenzen erworben werden, die bis zur Einschulung ganz unterschiedlich entwickelt sein können und zu Schulbeginn in dieser Hinsicht bereits Differenzen von zwei bis drei Jahren zwischen den Schülern bestehen können (vgl. Barth & Gomm, 2008, S. 10), was einen gemeinsamen Anfangsunterricht geradezu verunmöglicht. Die Vorläuferfertigkeiten zum Schriftspracherwerb wurden in den letzten zwei Jahrzehnten besonders gut erforscht (Schulte-Körne, 2001).

Als prognostisch besonders relevant hat sich in einigen Studien, die auf den kognitiven Informationsverarbeitungsmodellen zum Schriftspracherwerb aufbauen (Frith, 1985; Scheerer-Neumann, 1987), die phonologische Informationsverarbeitung erwiesen (u.a. Jansen & H. Marx, 1999).

Eine andere Beschreibung des Erwerbs der Rechtschreibkompetenz liefern Augst und Dehn (2007): Die Schreibkompetenz eines Anfängers umfasst zum einen Wortbilder, die im weiteren Verlauf zu Schreibschemata ausgebaut werden, zum anderen Zuordnungen der Buchstaben zu Lauten (Lautschrift), die auf dem Niveau eines Rechtschreib-Könners zu vielschichtigen Rechtschreibregeln auf der Basis von Lautschemata ausgebaut werden (lautliche, morphologische, lexikalische und syntaktische Rechtschreibregeln) (vgl. Augst & Dehn, 2007, S. 12).

(2) Diagnostische Verfahren zur Erfassung der Rechtschreibleistung in unterschiedlichen Altersstufen

Nachfolgend werden Rechtschreibtests vorgestellt, die im Schulbereich am häufigsten angewendet werden: Die Deutschen Rechtschreibtests (DERETs), die Hamburger Schreib-Probe 1-10 (HSP 1-10) und der Fehleridentifikationstest – Rechtschreibung für fünfte und sechste Klassen (R-FIT 5-6+).

Die aktuellen Trends der Entwicklungs- und Forschungsaktivitäten in der Rechtschreibdiagnostik lassen sich nach Hasselhorn, H. Marx und Schneider (2008) in drei Bereichen festmachen:

- Es ist eine zunehmende Orientierung der Rechtschreibdiagnostik an den Bildungsstandards zu registrieren. Damit wird die Konzentration auf die Unterrichtsinhalte entlang der curricularen Vorgaben durch die Bildungsstandards und ihr Blick auf die individuellen Kompetenzen der Schüler sinnvoll bereichert.
- Aufbau und Diagnostik der Rechtschreibkompetenz werden nicht mehr nur für die Primarstufe begrenzt, sondern auch für den Sekundarstufenbereich bis hin ins Berufsbildungswesen ausgeweitet.
- In zunehmendem Maße werden computerbasierte Technologien zur Ökonomisierung und Ausdifferenzierung der Rechtschreibdiagnostik eingesetzt, wie z.B. bei der Weiterführung und Erweiterung der Hamburger Schreib-Probe (HSP) für 1. bis 10. Klassen hin zum Online-Verfahren Deutsche Schreibprobe (DSP) (May, 2008) sowie beim DERET 5-6+.

Die **D**eutschen **R**echtschreib**t**ests für das Grundschulalter [DERET 1-2]; [DERET 3-4]

1. *Deutscher Rechtschreibtest für das erste und zweite Schuljahr* (DERET 1-2+) von Stock & Schneider (2008)
2. *Deutscher Rechtschreibtest für das dritte und vierte Schuljahr* (DERET 3-4+) von Stock & Schneider (2008)

Da beide Verfahren auf dem gleichen Konzept aufbauen, werden sie gemeinsam besprochen.
Ziele des Einsatzes durch Lehrkräfte

Diagnostik zur Feststellung von Lernergebnissen und Lernverläufen 233

- Überprüfung des Lernstandes beim Erwerb der Rechtschreibkompetenz der Schüler unterschiedlicher Klassenstufen (1 bis 5)
- Lehrplangemäße Fehleranalysen bezüglich der Rechtschreibfehler
- Beurteilung der Fähigkeit zur Zeichensetzung und der wörtlichen Rede (DERET 3-4+)
- Präzise Erfassung der Häufigkeiten in verschiedenen Fehlerarten und Erstellung eines Fehlerprofils, das Hinweise auf mögliche Problembereiche liefert
- Grundlage für die Erarbeitung differenzierter Förderpläne
- Erste Diagnostik der Lese-Rechtschreibschwäche möglich

Konzeption und Aufbau der Tests
Die Konstruktion der DERETs für das Grundschulalter basiert auf dem kognitiven Informationsverarbeitungsmodell der Schriftsprachentwicklung von Frith (1985, 1986). Die zu diktierenden Fließtexte richten sich in ihrer Konzeption nach den drei Entwicklungsstufen (siehe Abb. 3.22). Darüber hinaus werden Forschungsergebnisse der Salzburger Arbeitsgruppe um Wimmer (Wimmer, Zwicker & Gugg, 1991) einbezogen. Sie konnten in einer Längsschnittstudie belegen, dass Lese- und Schreibanfänger mit deutscher Muttersprache oftmals noch keine logographemischen Strategien verwenden und die Probleme bei der phonologischen Segmentierung sowie der Ausbildung von Phonem-Graphem-Korrespondenzen gravierend sind. Diese DERETs unterscheiden sich von herkömmlichen Diagnoseverfahren vor allem in drei Punkten (vgl. Stock & Schneider, 2008, S. 48):

- Sie beruhen überwiegend auf dem *Diktat* von Fließtexten und heben sich damit von jenen Verfahren ab, die überwiegend auf dem Lückentextformat aufgebaut sind und damit die Diagnose von solchen Fähigkeiten wie ganze Sätze schreiben, Wörter richtig von einander trennen, Satzzeichen korrekt setzen nicht leisten können.
- Sie beziehen sich angemessen auf die entsprechenden Lehrpläne, auf Wörter aus dem Grundwortschatz und auf ergänzende Materialien wie Lehrbücher.
- Die DERETs tragen bei der inhaltlichen Testkonstruktion und der Testnormierung der besonderen föderalistischen Situation in Deutschland mit 16 unterschiedlichen Lehrplänen und graduell unterschiedlichen Leistungskriterien an die Schüler voll Rechnung.

In Abhängigkeit der Klassenstufe umfassen die zu diktierenden Fließtexte der DERETs eine unterschiedliche Anzahl von Wörtern (zzgl. Lückentextwörter): erste Klassenstufe: 29 Wörter (zzgl. 6 Lückentextwörter); zweite Klassenstufe: 52 Wörter (zzgl. 12 Lückentextwörter); dritte Klassenstufe: 80 Wörter (zzgl. 14 Lückentextwörter); vierte Klassenstufe: 92 Wörter (zzgl. 15 Lückentextwörter).

Durchführung, Auswertung, Interpretation
Für die Durchführung liegt zusätzlich zum Manual jeweils eine gesonderte Durchführungsanleitung für den Testleiter (z.B. Deutschlehrer) mit Diktat des Fließtextes und der Lückentextwörter vor.

Die Schüler bearbeiten den DERET der entsprechenden Klassenstufe in einem Testheft (sehr ansprechend gestaltet). Es liegen jeweils *echte Parallelformen* vor. Somit kann der Test auch nach einer Trainingsphase zur Lernfortschrittsprüfung genutzt werden. Die DERETs können sowohl als *Einzel-* als auch als *Gruppentest* durchgeführt werden. Die Testdurchführung nimmt jeweils 30 Minuten für den Fließtext und ca.15 Minuten für das Diktat der Lückentextwörter in Anspruch. Die Instruktionen für den Testleiter sind sehr klar ausgeführt.

Die Auswertung der Fließtexte nach den Rechtschreibfehlern ermöglicht eine reliable und valide Einstufung der Schüler hinsichtlich ihrer Rechtschreibleistung im Vergleich zur Normstichprobe. Darüber hinaus ist unter Hinzunahme weniger Lückentextwörter eine qualitative Auswertung der Rechtschreibleistung möglich. Die quantitative Auswertung erfolgt zunächst durch ein einfaches Auszählen der Fehler und die Summierung in einen Gesamtfehlerwert. Die Rohwerte können jeweils in *Prozentränge für die Gesamtfehlerzahl und die spezifischen Fehlerarten je Klassenstufe* transformiert werden. Die Auswertung und Leistungseinschätzung ist sowohl für Einzelschüler als auch für die gesamte Klasse möglich.

Auf dem Auswertungsbogen kann anhand der Häufigkeiten in den verschiedenen Fehlerarten (z.B. Wortauslassungen, falsche Schreibung von Buchstaben, Getrennt-Zusammenschreibung, Groß- und Kleinschreibung, Dehnungs-Kürzungsfehler usw.) ein *Fehlerprofil* erstellt werden, das Hinweise auf mögliche Problembereiche liefert und gleichzeitig Grundlage für die Förderung darstellt. Sowohl die Auswertungsbögen für die einzelne Schülerleistung als auch der Klassenauswertungsbogen (Klassenmittelwerte und Prozentrangbereiche je Fehlerart) sind sehr übersichtlich und leicht handhabbar gestaltet worden. Die Transformation der Rohwerte in Prozentränge und die dadurch ermöglichte Leistungseinschätzung sind sowohl im Testmanual als auch auf den Auswertungsbögen durchgängig unterschiedlich farbig (z.B. grün = ausgezeichnet, überdurchschnittlich über gelb, orange bis rot = schwach, sehr schwach) gestaltet worden. Das erleichtert und sichert die Interpretation der Testleistung.

Gütekriterien
Durchführungs-Auswertungs- und Interpretations*objektivität* werden durch das Testmanual voll gewährleistet. Die *Zuverlässigkeit* wurde mittels verschiedener Verfahren geprüft. Insgesamt lässt sich feststellen, dass die Rechtschreibleistung im Grundschulalter durch die DERETs mit hoher Genauigkeit gemessen werden kann. Die kriterienbezogene *Validität* mit der durch andere Rechtschreibtests erfassten Rechtschreibleistung je Klassenstufe ist gut.

Normen: Die Normierungsstichproben bestanden je Klassenstufe und Testform aus über 2500 Kindern. Es liegen Prozentrangnormen für die Gesamtfehlerzahl und die spezifischen Fehlerarten je Klassenstufe und Testform vor.

Förderung

> Ein Trainingsprogramm zur Verbesserung der phonologischen Bewusstheit und der Rechtschreibleistung im Grundschulalter [PHONIT] von Stock und Schneider (2010).

Das Trainingsprogramm ist für die Klassenstufen 1 bis 3 evaluiert worden; ein Einsatz in der vierten Klasse ist darüber hinaus durch die jahrgangsübergreifenden Curricula für das Fach Deutsch und die Orientierung an den Lehrplaninhalten der verschiedenen Bundesländer möglich.

Verfahren und Bearbeitungsdauer
Es wurden für die einzelnen Altersgruppen gesonderte Trainingseinheiten ausgearbeitet, die entsprechend eines Baukastensystems individuell, d.h. in Abhängigkeit von den zu fördernden Fehlerschwerpunkten, von der Lehrkraft selbst ausgewählt und zusammengestellt werden können.

Das Training kann sowohl im laufenden Unterricht, als auch im Förderunterricht eingesetzt werden.

Die Ergebnisse der Evaluation des Trainingsprogramms (an 882 Schülern in vier Bundesländern) belegen in allen drei Klassenstufen bedeutsame Verbesserungen in den Trainingsgruppen gegenüber den Kindern in den Kontrollgruppen in Bezug auf phonologische Bewusstheit und Rechtschreibleistungen. Die im Baukastensystem zusammengestellten einzelnen Einheiten dauern wenige Minuten. Für die Evaluation des Trainings wurden von den Autoren die einzelnen Trainingseinheiten zu 22 Trainingssitzungen zu je 45 Minuten für Klasse 1; 24 Sitzungen für Klasse 2 und 27 Sitzungen für Klasse 4 zusammengestellt und eingesetzt. Im Trainingsmanual wird ein Übersichtsplan über diese Gestaltung der Trainings (Struktur der Trainingseinheiten und Zeitdauer) differenziert und für den Anwender nachvollziehbar vorgestellt. Das Trainingsmaterial ist im Manual jedoch so aufbereitet, dass jeder Anwender (Lehrkräfte) ein spezielles Förderprogramm für seine Zwecke zusammenstellen kann.

Durch den Einsatz dieses Trainingsprogramms PHONIT nach einer differenzierten Diagnose mittels DERET können Schüler der Grundschule zur Verbesserung der Rechtschreibkompetenz optimal und für die Lehrkraft mit ökonomischem Vorbereitungsaufwand gefördert werden.

Deutscher Rechtschreibtest für fünfte und sechste Klassen [DERET 5-6+]

Mit dem DERET 5-6+ von Martinez Méndez, M. Schneider und Hasselhorn (2015) wird ein Verfahren zur differenziellen Erfassung der Rechtschreibkompetenzen vorgelegt, das sich an den Schnittstellen der Lehrplaninhalte für das Fach Deutsch im Kompetenzbereich „Schreiben" der einzelnen Bundesländer und den Bildungsstandards orientiert und zudem neben quantitativen Analysen auch eine qualitative Fehlerdiagnose ermöglicht.

Ziele des Einsatzes für Lehrkräfte
- Differenzierte Erfassung von Leistungsmerkmalen des Rechtschreibens und des Lernstandes
- Adaptive Unterrichtsplanung
- Diagnose von Rechtschreibstörungen
- Erstellung von zieladaptiven Förderplänen
- Lernfortschrittsmessung nach Förderphasen, da Parallelformen (A;B) vorliegen

Konzeption und Aufbau
Der DERET 5-6+ ist so konzipiert, dass je nach Fragestellung verschiedene Leistungsmerkmale der Rechtschreibung *auf drei Analyseebenen* erfasst und dargestellt werden können. Auf *Analyseebene 1* können *allgemeine orthografische Basiskompetenzen* (= Anzahl korrekt geschriebener Wörter) und *spezifische* orthografische Basiskompetenzen (=Groß-Kleinschreibung; Wortgrenzenerfassung; Zeichensetzung; Wortauslassungen, Worteinfügungen) abgebildet werden. Diese erste Analyseebene ist besonders für die diagnostische Tätigkeit der Deutschlehrkräfte relevant. Die Datenauswertung kann hier traditionell per Hand (optional auch per Computerprogramm) erfolgen. Dagegen ist für die Auswertung der Analyseebenen 2 und 3 ein optional erhältliches Computerprogramm unerlässlich. Auf *Analyseebene 2* können über die nähere Beurteilung einzelner Buchstaben oder Buchstabenkombinationen 11 curricular verankerte Leistungsstandards (Doppelkonsonanten, Schärfung „ck", Dehnung „ie" und „h", Doppelvokale, Ableitungen „ä" und „äu", Anfangsmorpheme „ver/vor", Ausnahmeschreibung „v", Buchstabenverbindung „qu" und „ß-Schreibung) differenziert erfasst werden. Als Nutzergruppe werden hierfür Deutsch- und Förderlehrer vorgeschlagen. *Analyseebene 3* (für Kinder- und Jugendtherapeuten, Psychologen, Sonderpädagogen und L-R-S-Therapeuten) erlaubt anhand von fünf Entwicklungsniveau-Skalen (in Anlehnung an das sprachsystematische Therapieprogramm für lese-rechtschreibschwache Kinder nach Reuter-Lier, 2008) den *Schriftsprachentwicklungsstand* der Schüler zu beurteilen. Hierzu wird eine umfassende Auswertung aller Buchstaben und Buchstabenkombinationen (=Stellen) durchgeführt. Neben der Anzahl richtig geschriebener Wörter wird auf Analyseebene 3 ein zusätzlicher Testwert (=Summe gelöster Stellen) bereitgestellt, der auch gelungene Teillösungen aufzeigt. Die „Summe der gelösten Stellen" ergibt sich aus der Summe aller korrekt geschriebenen (=gelöster) Buchstaben bzw. Buchstabenkombinationen über alle fünf Entwicklungsskalenniveaus (1. grundlegende phonemanalytische; 2. fortgeschrittene phonemanalytische Kompetenzen; 3. sichere Silbentrennung; 4. Regelkompetenzen; 5. Speicherkompetenzen) hinweg. Mit der „Summe gelöster Stellen" liegt ein hoch reliabler Gesamttestwert für *Verlaufsmessungen* vor. Über diesen Wert können auch kleine Lernfortschritte festgestellt und rückgemeldet werden, die für eine adaptive Förderung und vor allen die Motivationsförderung der Schüler relevant sind.

Es liegen zwei Paralleltestformen (A und B) vor. Jede Testform umfasst *drei Subtests:* Fließtextdiktat, Diktat einzelner Sätze und Lückentextdiktat. Die Testitems sind sehr anspruchsvoll konstruiert worden. Der Test kann als Einzel- und Gruppentest durchgeführt werden. Der DERET 5-6+ sollte jeweils in den letzten drei Monaten vor Halbjahres-und Schuljahresende der 5. und 6. Klasse sowie in den letzten drei Monaten vor Ende des ersten Halbjahres in Klasse 7 zur Anwendung kommen.

Durchführung, Auswertung, Interpretation
Für die *Durchführung* steht dem Testleiter ein spezielles Instruktionsheft (zusätzlich zum Manual) zur Verfügung, das detaillierte Hinweise zur Testdurchführung inklusive Diktiervorlagen für beide Parallelformen enthält. Die Schüler erhalten ein Testheft, in das sie nach Diktat alle drei Subtests (Fließtext; 6 bzw. 8 Sätze; 17 bzw. 18 Wortgrup-

pen in Lückentext) schreiben. Die Durchführungsdauer beträgt je nach Leistungsniveau der Schüler 25 bis 45 Minuten.

Die *Auswertung* beginnt unabhängig von der antizipierten Analyseebene mit der Handkorrektur der Testhefte. Dafür müssen die unterschiedlichen Fehlerarten (Fehler in der Phonem-Graphem-Zuordnung; Groß-/Kleinschreibfehler; nicht beurteilbare Groß-/Kleinschreibung; Zeichensetzungsfehler; Getrenntschreibfehler; Zusammenschreibungsfehler; Auslassung von diktierten Wörtern; Einfügung nicht diktierter Wörter) mit bestimmten Symbolen markiert werden. Diese Korrektur bildet die Grundlage für die anschließende Leistungsbestimmung der orthografischen Basiskompetenzen. Mit der allgemeinen orthografischen Basiskompetenz kann abgebildet werden, wie viele Wörter korrekt geschrieben wurden, d.h. alle markierten falsch geschriebenen und ausgelassenen Wörter werden addiert und von der Summe der insgesamt zu schreibenden Wörter subtrahiert.

Die spezifischen orthografischen Basiskompetenzen werden über die Anzahl der Fehler bestimmt. Es ist vorteilhaft, wenn die Rohwerte für die spezifischen Basiskompetenzen separat für jeden Subtest ausgezählt, auf den Auswertungsbogen übertragen und dort addiert werden.

Die individuelle Leistung (allgemeine und spezifische orthografische BK) eines Schülers kann mit Hilfe von Normtabellen im Manual beurteilt und interpretiert werden. Für die orthografischen Basiskompetenzen werden sowohl T-Werte als auch Prozentränge angeboten. Unter den T-Wert-Normtabellen wird jeweils ein Konfidenzintervall mit einer 95%Wahrscheinlichkeit angeben. Für die spezifischen orthografischen Basiskompetenzen werden entsprechend der Standardabweichung der T-Werte-Skala nur T-Wertnormen angeboten. Hier kann lediglich ermittelt werden, ob die Leistung eines Schülers niedriger als ein T-Wert von 30 (=stark unterdurchschnittlich), zwischen 30 und 39 (=unterdurchschnittlich) oder größer/gleich 40 (=unauffällig) ist. Auf dem Auswertungsbogen können die T-Werte für die spezifischen orthografischen Basiskompetenzen in einer Tabelle veranschaulicht werden. Liegen die Werte der allgemeinen orthografischen Basiskompetenzen bei einem Prozentrang von <16 bzw. T-Wert <40, so können Rechtschreibschwierigkeiten angenommen werden. Daraufhin ist die Analyse auf Ebene 3 (=Erstellung eines hierarchisch-differenziellen Entwicklungsprofils mittels computerbasierten Auswertungsprogramms) anzuraten.

Im Manual (S.31f) werden auch weiterführende Interpretationshinweise für die jeweiligen Werte der allgemeinen und spezifischen orthografischen Basiskompetenzen gegeben. Zur qualitativen Beurteilung der individuellen Mängel bzw. Besonderheiten der Rechtschreibkompetenz werden zusätzliche qualitative Rechtschreibparameter vorgestellt, weil identische quantitative Testergebnisse sehr unterschiedlich zustande kommen können.

Für die Übung zur Verbesserung der Rechtschreibkompetenz für die Kinder, bei denen schwerwiegende Lese-Rechtschreib-Störungen ausgeschlossen werden können, bieten die Autoren des DERET 5-6+ kritisches Wortschatzmaterial an, das eine große Auswahl an Übungswörtern der curricular verankerten Leistungsstandards beinhaltet.

Gütekriterien
Durchführungs-, Auswertungs- und Interpretations*objektivität* sind durch die Hinweise und Beschreibungen im Manual und Instruktionsheft voll gewährleistet. Die angegeben *Reliabilitäten* sind zufriedenstellend bis gut. Beispielsweise liegen bei den allgemeinen und spezifischen Basiskompetenzen (Anzahl korrekt geschriebener Wörter) die internen Konsistenzen zwischen α = .96 und α = .97. Die Retestreliabilitäten erreichen Koeffizienten zwischen r_{tt} = .87 und r_{tt} = .91. Für die „Zeichensetzung" ergeben sich befriedigende Retestreliabilitäten zwischen r_{tt} = .66 und r_{tt} = .80. *Curriculare Validität* ist gegeben. Studien zur Modellgüte des hierarchisch-differenziellen Entwicklungsprofils liegen vor. Die *Normierungs*stichprobe (N = 12.552) wurde aus Schülern unterschiedlicher Schulformen in fünf großen Bundesländern gewonnen und bestand pro Klassenstufe, Erhebungszeitpunkt und Testform aus 1.000 bis 1.400 Schülern. *Individualnormen* in Form von klassenstufenspezifischen Gesamtwerten werden je nach Analyseebene in Form von T-Werten und Prozenträngen oder T-Wert-Bereichen zur Verfügung gestellt.

Hamburger Schreib-Probe 1-10 [HSP 1-10]

Die Hamburger Schreib-Probe 1-10 (HSP 1-10) von May (2013) wurde 2012 neu normiert. Da immer mehr Jugendliche mindestens 10 Jahre in einer allgemeinbildenden Schule lernen, wurden als *Neuerung Vergleichsnormen für die Jahrgangsstufe 10* eingeführt. Ebenfalls neu ist, dass mit der Neunormierung der HSP zusätzlich zu den üblichen deutschlandweiten Normen auch *Vergleichswerte für die Stadtstaaten und die großstädtischen Ballungsgebiete* bereitgestellt werden, um die Leistungen der Schüler in solchen Großstadtgebieten realistisch einschätzen zu können. In der neuen Ausgabe wird nun auch auf die Ausweisung von besonderen Normen für Förderschulen (d.h. für Kinder mit Lernschwierigkeiten) verzichtet, weil durch die Realisierung von Inklusion zunehmend auch Kinder mit sonderpädagogischem Förderbedarf in Regelklassen unterrichtet werden. Die *neu entwickelten Kompetenzstufen* liefern zusätzliche diagnostische Informationen.

Ziele des Einsatzes durch Lehrkräfte

- Mit der HSP 1-10 kann der Lernstand der orthografischen Kompetenz von der ersten bis zur zehnten Klasse in allen Schulformen differenziert erfasst werden.
- Die HSP kann für eine *langfristige Überprüfung von Lernentwicklungen* (Lernfortschritten) im Bereich der Rechtschreibkompetenz genutzt werden.

Konzeption und Aufbau des Tests
Eine Sonderstellung innerhalb der Rechtschreibtests nimmt die HSP ein, weil sie ein Gesamtkonzept für die Diagnostik der Rechtschreibkompetenz von der 1. bis zur 10. Klasse umfasst. Ein wichtiges Charakteristikum ist ihr relativ geringer Umfang und die ökonomische Handhabung. Die HSP ermöglicht eine Kombination von Strategieanalyse und Graphemtreffermethode bei der Erfassung des Lernstandes der Rechtschreibung. Ursprünglich war die HSP vor allem für eine Diagnose im unteren Leistungsbereich entwickelt worden. Um auch für die Zielgruppen im oberen Leistungsbereich

(z.B Gymnasialschüler) ein Diagnoseinstrument bereitzustellen, wurde dafür zusätzlich die *HSP 5-10 EK* entwickelt. Die *HSP 5-10 B (Basisanforderungen)* beinhaltet vorgegebene Einzelwörter und Sätze, die von den Schülern geschrieben werden. Mit dieser Version werden Grundfertigkeiten erfasst, über die jeder kompetente Schreiber verfügen muss, um die meisten Wörter und Sätze richtig zu schreiben.

In der *HSP 5-10 EK (Erweiterte Kompetenz)* wird dagegen die Aufgabe gestellt, in einer Textvorlage mit teilweise falsch geschriebenen Wörtern die Fehler zu korrigieren und die Satzzeichen zu ergänzen. Mit dieser Version soll die Fähigkeit erfasst werden, komplexere und schwierigere Rechtschreibprobleme zu meistern.

In beiden Versionen (HSP B und EK) werden neben der Zahl richtiger Lösungen (Wörter, Graphemtreffer bzw. Gesamtpunkte) zur Bestimmung des Niveaus der Rechtschreibkompetenz zahlreiche Lupenstellen (siehe genauer Testmanual) für die verschiedenen Rechtschreibstrategien analysiert, aus denen ein individuelles Strategieprofil gewonnen werden kann. Anhand der „Lupenstellen" kann der Ausbildungsgrad der verschiedenen Rechtschreibstrategien (A=alphabetische Strategie → „lautorientiertes" Schreiben; O=orthografische Strategie → „regelorientiertes" Schreiben; M= morphematische Strategie → Orientierung an Wortstrukturen; WÜ= wortübergreifende Strategie → Orientierung an satzbezogenen Sprachaspekten wie Wortart, Semantik, Satzgrammatik ab Klasse 4) bestimmt werden.

Die neu entwickelten *Kompetenzstufen* (1-12) stellen zusätzliche diagnostische Informationen bereit, die eine Einordnung des individuellen orthografischen Lernstandes vollkommen unabhängig von Klassenstufe und Schulform in ein einheitliches Kompetenzstufenmodell der Rechtschreibung ermöglichen. Damit wird eine fundierte Grundlage für die Förderplanung bereitgestellt.

Durchführung, Auswertung, Interpretation
Der Fertigkeitserwerb, der der HSP modellierend zugrunde liegt, vollzieht sich stufenweise vom Anfänger zum Experten. Die HSP ist so konzipiert, dass jeweils von der 1. bis zur 3. Klasse ein gesondertes Testheft für die Schüler und gesonderte Hinweise zur Durchführung für den Testleiter vorliegen. Für 4. und 5., 5. und 6., 7. und 8., 9. und 10. Klassen wird jeweils ein gemeinsames Testheft bereitgestellt. Darüberhinaus werden für 5. bis 10. Klassen sowohl in der B als auch EK Version Testhefte angeboten. In den entsprechenden Kombinationen gibt es auch die Hinweise zur Durchführung für den Testleiter. Durch eine solche Aufteilung kann der Anwender entscheiden, welche Klassenstufen er testen möchte bzw. welche diagnostischen Ziele verfolgt werden sollen und kann somit neben dem Manual nur diese Testhefte samt Durchführungshinweisen käuflich erwerben.

Die HSP kann als Gruppen- oder als Einzeltest durchgeführt werden. Die zu schreibenden Testwörter bzw. -sätze werden vom Lehrer zunächst vorgelesen und sind zusätzlich in den Testheften durch Illustrationen veranschaulicht.

Danach folgen die Schüler ihrem individuellen Schreibtempo und verschriften die Bilder. Das Bearbeiten der Schreibblätter beansprucht auch bei leistungsschwächeren Schülern weniger als 30 Minuten.

Die Auswertung erfolgt auch auf der Graphemebene, d.h. es wird die Zahl der richtig geschriebenen Grapheme ermittelt. Darüber hinaus werden die Summe der richtig geschriebenen Wörter und die Summe der Lupenstellen (Auswertung der Rechtschreibstrategien) ausgezählt. Die Rohwerte der drei Summen können jeweils in Prozentränge und T-Werte transformiert und damit interprtiert werden. Für die vier abgeprüften Rechtschreibstrategien kann ein Strategieprofil für jeden Schüler erstellt werden, das die Fördernotwendigkeiten klar offenlegt.

Die manuelle Auswertung der Schreibprobe wird mithilfe des vorgegebenen Schemas im Testheft des Schülers vorgenommen. Alternativ dazu besteht die Möglichkeit, den Test kostenlos auf *www.hsp-plus.de* **online** auswerten zu lassen. Der dazu benötigte Auswertungscode befindet sich auf der Rückseite des Testheftes.

Die Hinweishefte für die Testleiter enthalten darüber hinaus als Kopiervorlagen grafische Schemata für die Darstellung der Strategieprofile sowie eine Liste für die Klassenergebnisse.

Es wird auf der Grundlage des Konzepts der HSP auch eine vollständige Onlineversion *Deutsche Schreibprobe* (DSP), die 2010 normiert wurde, angeboten Das Besondere ist hier, dass mehrere Parallelformen in den einzelnen Klassenstufen vorhanden sind. Dadurch sind Testwiederholungen nach Trainings bereits auch in kürzeren Zeitabständen möglich.

Gütekriterien
Objektivität wird durch die Durchführungsinstruktionen gewährleistet, darüber hinaus auch die Auswertungs- und Interpretationsobjektivität. Die *interne Konsistenz* für die Gesamtergebnisse liegt zwischen r = .92 und r = .99. Die Stabilität der Gesamtergebnisse liegt zwischen rtt = .52 und rtt = .93. Auch die *Validität* ist recht gut. So betragen die Korrelationen zwischen der Rechtschreibleistung in der HSP und der Rechtschreibleistung in Deutschaufsätzen zwischen r = .78 und r = .81. Die HSP wurde bundesweit für die Klassen 1 bis 10 normiert. Es werden Prozentränge und T-Werte sowie Prozentrangbänder und T-Wertbänder angegeben.

Fehleridentifikationstest-Rechtschreibung für fünfte und sechste Klassen [R-FIT 5-6+]

Mit dem R-FIT 5-6+ von M. Schneider, Martinez Méndez und Hasselhorn (2014) wird ein Instrument vorgelegt, das eine objektive, zuverlässige und curricular valide Erfassung der Fähigkeit zur Fehleridentifikation als Teilkomponente der allgemeinen Rechtschreibkompetenz von Schülern fünfter bis siebter Klassen ermöglicht.

Ziele des Einsatzes durch die Lehrkraft

- Screening zur Schätzung der allgemeinen Rechtschreibkompetenz aller Schüler einer Klasse insbesondere bei Übernahme einer neuen Klasse, um die Unterrichtsplanung zu präzisieren und/oder Fördergruppen zusammenzustellen
- Leistungsstandserfassung des Lernziels „Fähigkeit zur Fehleridentifikation" im Deutschunterricht
- Überprüfung von Lernfortschritten bei der Fehleridentifikation nach gezielter Förderung im Deutschunterricht durch die Pseudoparalleltestversionen (A und B)

Konzeption und Aufbau

M. Schneider et al. legen dem R-FIT 5-6+ eine Definition der Fehleridentifikation zugrunde, die der Diversität der curricularen Beschreibungen Rechnung trägt: „Die Fähigkeit zur Fehleridentifikation entspricht der Vollständigkeit sowie der Qualität, mit der eine Person orthografische Falsch- und Korrektdarbietungen in einem schriftlich dargebotenen Text mit Schreibfehlern erkennt" (Manual, S. 8).

Der Konstruktion der Testitems liegen umfangreiche Recherchen der Deutschlehrpläne der Sekundarstufe I aller 16 Bundesländer und gängiger Schulbücher zugrunde. Dadurch konnten die relevanten orthografischen Lernziele für die fünfte, sechste und siebte Klasse exakt ermittelt werden. Folgende curricular verankerte Anforderungen wurden in den Testitems umgesetzt: *Dehnung und Schärfung* (Doppelkonsonant, Lautverwechslung tz, i-Dehnung, Dehnungs-h); *Ableitung* (Lautverwechslung ä, Diphtong äu, Auslautverhärtungen bei d, b, g); *Anfangs- und Endmorpheme* (Anfangsmorpheme ent, vor, ver); *Ausnahmeschreibungen* (Lautverwechslung v, langer Vokal-i); *s-Schreibung* (ß-Schreibung, ts-Schreibung, dass); *Groß- und Kleinschreibung (*Großschreibung von Substantiven).

Um eine möglichst objektive Leistungsmessung zu gewährleisten, wurde jeweils *ein Wort mit maximal einem Fehler* konstruiert. Die Items werden *in Textform* dargeboten. Der Test umfasst zwei Pseudoparallelversionen (A und B), d. h. obwohl sich die Inhalte der Geschichten (Texte) an der Oberfläche unterscheiden, so sind die Testitems beider Texte (A=„Gute Nachrichten" und B="Der Schulausflug") jedoch identisch. A- und B-Version enthalten je 99 Wörter, von denen 30 einen Rechtschreibfehler enthalten. Die in den Texten vorkommenden Eigennamen wurden nicht als Items definiert und werden bei der Auswertung nicht berücksichtigt.

Prinzipiell kann der R-FIT 5-6+ mit Schülern ab November der 5. Klasse (=3 Monate vor Halbjahresende) bis Mitte der 7. Klasse sowohl als Einzeltest als auch mit der gesamten Klasse durchgeführt werden.

Durchführung, Auswertung, Interpretation

Zur Test*durchführung* werden den Schülern die entsprechenden Testbögen vorgelegt. Zur Bearbeitung werden zwei Stifte benötigt. Die Durchführungsdauer einschließlich der Instruktionen beträgt ca. 8 Minuten. Die reine Bearbeitungszeit für die Schüler ist auf 5 Minuten exakt begrenzt und sollte mit einer Stoppuhr gemessen werden. Die Durchführungsbedingungen und die Instruktionen sind im Manual präzise vorgegeben. Da der Text vor der Bearbeitung von der Lehrkraft vorgelesen werden soll, müssen bei der Gruppentestung alle Kinder die gleiche Textversion erhalten. Die Aufgabe für die Schüler besteht darin, Rechtschreibfehler im Text zu entdecken und präzise mit einem Längsstrich zu markieren.

Für die *Auswertung* stehen für beide Testversionen Schablonen zur Verfügung. Die Auswertungszeit pro Schüler beträgt etwa 2 Minuten. Jedes vom Schüler markierte Wort geht in die Auswertung ein. Dabei werden von den Autoren drei Kategorien vorgegeben:

- *Korrekte Markierung* (K): Alle korrekt markierten Rechtschreibfehler werden addiert und die Summe in die Auswertungstabelle auf der Vorderseite des Testbogens eingetragen.

- *Falsche Markierungen* (F): Hier werden die irrtümlich als Rechtschreibfehler markierten Buchstaben addiert und die Summe auf dem Testbogen notiert.
- *Bearbeitungsfehler* (B): Die Summe der Bearbeitungsfehler ergibt sich aus allen in der Form falsch markierten Wörter (=Markierungen entsprechen nicht der Instruktion= z.B. Wort umkreisen, Buchstaben unterstreichen etc.). Wenn die Summe der Bearbeitungsfehler >8 ist, dann sollte keine Interpretation des Gesamtrohwertes vorgenommen werden, weil der betreffende Schüler entweder die Instruktion nicht verstanden hat oder zur Testdurchführung nicht motiviert war.

Der Gesamtrohwert wird schließlich aus der Differenz von korrekten Markierungen und der Summe aus falschen Markierungen und Bearbeitungsfehlern errechnet. Dieser erhaltene Rohwert kann in einen Normwert anhand der Tabellen im Anhang des Manuals transformiert werden. Die Normen gelten für beide Testversionen. Die Tabellen enthalten Normwerte für die entsprechenden Messzeitpunkte (Mitte bzw. Ende des Schuljahres) der jeweiligen Klassenstufe. Zur Verfügung stehen Prozentränge und T-Werte. Es ist unbedingt zu beachten, dass die ausgewiesenen Normwerte jedoch nur für die ausgewiesenen Messzeitpunkte Mitte bzw. Ende des Schuljahres gültig sind. Wenn die Testung der Schüler zu anderen Zeitpunkten im Schuljahr erfolgt, kann eine einfache Interpolation der Rohwerte vorgenommen werden (genauer siehe Manual, S. 19).

Für die *Interpretation* gelten zunächst die im Rahmen von Prozenträngen und T-Werten üblichen Beurteilungen. Damit erhält die Lehrkraft eine Information darüber, wie gut die Fähigkeit zur Fehleridentifikation bei den getesteten Schülern im Vergleich zur Eichstichprobe ist. Darüber hinaus können die T-Werte auch noch zum Vergleich mit anderen Leistungen des Schülers (z.B. Lesekompetenz) herangezogen werden. Für die sich anschließende Förderung sollte die Lehrkraft jedoch auch die konkreten Testitems anschauen, um die konkreten Rechtschreibprobleme der Schüler zu erkennen, die im nachfolgenden Lern- bzw. Umlernprozess dann zielgerichtet und effektiv angegangen werden können.

Gütekriterien

Durchführungs-, Auswertungs- und Interpretations*objektivität* werden durch die präzisen Ausführungen im Testmanual voll gewährleistet. Dem R-FIT 5-6+ wird eine hohe Test*zuverlässigkeit* zugeschrieben. Die Konsistenzschätzungen über Cronbachs Alpha liegen zwischen $\alpha = .89$ und $\alpha = .91$. Die Retest-Reliabilitäten betragen $r_{tt} = .86$ (Version A) und $r_{tt} = .87$ (Version B). Die Paralleltest-Reliabilitätskoeffizienten liegen bei $r = .91$ (AB) und $r = .82$ (BA). Die *Gültigkeit* der Messung der Fähigkeit zur Fehleridentifikation als auch die Schätzung der allgemeinen Rechtschreibkompetenz kann nach Aussage der Autoren als gesichert angesehen werden. Die konvergente Konstruktvalidität kann durch die hohen Korrelationen ($r = .81$ bis $.83$) zur Gesamtleistung beim DERET 5-6 als gegeben beurteilt werden. Positive Werte zur divergenten und Kriteriumsvalidität liegen ebenfalls vor.

Die *Normierung* wurde auf der Datenbasis einer Stichprobe von 12.477 Schülern unterschiedlicher Schulformen in fünf großen Bundesländern (Hessen, NRW, BW, Niedersachsen, Mecklenburg-Vorpommern) vorgenommen. Es liegen Prozentränge und T-Werte jeweils für Schuljahresmitte (= Ende 1. Halbjahr) und Schuljahresende (=

Ende 2. Halbjahr) für die Klassen 5 und 6 vor. Die Normen für Klasse 7 sind nur gültig für Schuljahresmitte (= Ende 1. Halbjahr). Bei Testungen außerhalb dieser Normierungszeiträume können die Normwerte durch Interpolation näherungsweise bestimmt werden.

Zur Förderung kann das strategiebezogene Förderprogramm zur Unterstützung der Lernentwicklung im Bereich des Rechtschreibens von der 1. bis zur 6. Klasse *A-O-M (a-o-m: Denkwege in die Rechtschreibung)* von Balhorn & Büchner (2005) verwendet werden. Das *Wortlisten-Trainingsprogramm für die 1. bis 6. Klasse* (WLT 1-6) von Balhorn & Schniebel (1995) kann von Schülern unabhängig vom Lehrer zum Üben individuell genutzt werden.

3.2.1.4 Diagnostik der Mathematikleistung

> **Praxisbeispiele**
>
> David hat in der Grundschule fast nur Dreien und Vieren in den Mathematikarbeiten geschrieben, obwohl er mit seiner Mutter immer fleißig geübt hatte. Seit er die 5. Klasse besucht, sind seine Noten noch schlechter geworden. Jetzt hat er manchmal sogar Angst vor dem Mathematikunterricht und insbesondere vor anstehenden Leistungstests. Wenn der Mathelehrer ihn im Unterricht aufruft, dann kann er meistens keine Antwort geben und die ganze Klasse lacht über ihn.
>
> Frau Höfer hat nach langer Suche endlich einen Studenten für die Mathenachhilfe ihrer Tochter, die in die 7. Klasse des Gymnasiums geht, gefunden. Nun lernen die beiden schon über drei Monate zweimal wöchentlich zusammen, konzentrieren sich vor allem auf die gründliche Erledigung der Mathematikhausaufgaben, aber die Noten in den Klassenarbeiten haben sich noch nicht verbessert. Als Frau Höfer deshalb jetzt mehrfach die Nachhilfestunden beobachtet hat, schien es ihr, als ob der Student zu viel vorsagt und wenig erklärt.

(1) Theoretischer Rahmen zur Vorbereitung der Hypothesenbildung

Während die pädagogisch-psychologische Forschung, insbesondere auch zur Diagnostik im Schriftsprachbereich im Verlauf der letzten Jahre einen beachtlichen Aufschwung genommen hat, kann dies für die Diagnostik der Mathematikleistung nicht in gleicher Weise festgestellt werden. Auch wenn in jüngster Zeit zunehmend interdisziplinäre Aktivitäten zwischen Mathematikdidaktikern und Pädagogischen Psychologen zur Entwicklung diagnostischer Verfahren zu beobachten sind, so konzentrieren sich diese jedoch vorwiegend auf die frühe Identifikation von Kindern mit erhöhtem Risiko von Mathematikschwierigkeiten, auf die Überprüfung des mathematischen Kompetenzfortschritts im Grundschulalter und auf die Unterstützung bei der Konzeption von Förderplänen (vgl. Hasselhorn, Heinze, Schneider & Trautwein, 2013). Für den Sekundarbereich fehlen dagegen nach wie vor geeignete standardisierte Testverfahren sowohl zur curricular validen Erfassung von Mathematikleistungen als auch zur Erfassung bildungsstandardbezogener mathematischer Kompetenzen.

Diese Tatsache fällt umso mehr ins Gewicht, als der Anteil derjenigen Schüler, die nur über rudimentäre mathematische Kenntnisse verfügen und somit auch am Ende der neunten Jahrgangsstufe nur einfachste mathematische Aufgaben bewältigen können, immer noch bei 20% liegt (Frey, Heinze, Mildner, Hochweber & Asseburg, 2010). Auch wenn die Mathematikleistungen deutscher Sekundarschüler nach den Ergebnissen von PISA 2009 im internationalen Vergleich zwar besser ausfielen als zu den Messzeitpunkten vorher, so sind grundlegende Defizite in den mathematischen Basiskompetenzen nach wie vor ein Problem (Götz, Lingel & Schneider, 2013). Die Herausbildung mathematischer Basiskompetenzen (z.b. Zahl-Größen-Verknüpfung) und Konventions- und Regelwissens (z.B. Vorzeichen oder Punkt-vor-Strich-Regel) von Schülern ist nicht am Ende der Primarstufe abgeschlossen – wie manchmal angenommen wird – sondern setzt sich auch in der Sekundarstufe fort. In diesem Zusammenhang muss bedacht werden, dass Schwierigkeiten der Schüler im Bereich der Mathematik in der Sekundarstufe (siehe Praxisbeispiele) häufig auch auf Defizite in diesen grundlegenden mathematischen Kompetenzbereichen zurückzuführen sind (vgl. Ennemoser & Krajewski, 2013). Darüber hinaus wird die Güte der Mathematikleistungen auch durch mathematisches Strategiewissen, durch motivationale (z.B. Fähigkeitsselbstkonzept in Mathematik) und emotionale (z.B. Matheangst) Komponenten beeinflusst. Der engste Zusammenhang besteht jedoch nach wie vor zwischen Mathematikleistungen der Schüler und der erfolgreichen Umsetzung der jeweiligen curricularen Ziele und Anforderungen der Mathematiklehrkraft im Unterricht. Deshalb ist die Beherrschung curricular validen Wissens ein sicherer Prädiktor für den Lernerfolg in Mathematik.

(2) Diagnostische Verfahren zur Erfassung und Erklärung der Mathematikleistung und (3) Hinweise zur Förderung

Für die Darstellung von Verfahren zur Diagnostik der Mathematikleistung wird die Reihe „Deutsche Mathematiktests" ausgewählt, weil diese DEMATs Mathematiklehrern auf ökonomische Weise ermöglichen, die Leistungen der Schüler vor allem curricular valide zu erfassen und damit Wissens- und Kompetenzlücken frühzeitig zu erkennen.

Diese Reihe beginnt mit der Veröffentlichung des Deutschen Mathematiktests für erste Klassen (DEMAT 1+; Krajewski, Küspert & Schneider, 2002). Mittlerweile liegen auch Testverfahren für 2., 3. und 4. Klassen vor (DEMAT 2+; Krajewski, Liehm & Schneider, 2004; DEMAT 3+; Roick, Gölitz & Hasselhorn, 2004; DEMAT 4; Gölitz, Roick & Hasselhorn, 2006). Im Sekundarstufenbereich sind bisher Testverfahren für die Jahrgangsstufen 5, 6 und 9 verfügbar (DEMAT 5+; Götz, Lingel & Schneider, 2013; DEMAT 6+; Götz, Lingel & Schneider, 2013; DEMAT 9; Schmidt, Ennemoser & Krajewski, 2012). Die Mathematiktests für die Jahrgangsstufen 7 und 8 (DEMAT 7 und DEMAT 8) sind in Vorbereitung. Damit werden in naher Zukunft auch für die gesamte Sekundarstufe I curricular valide Testverfahren der DEMAT-Reihe zur Verfügung stehen. Obwohl die Testverfahren für die einzelnen Jahrgangsstufen von unterschiedlichen Autoren entwickelt wurden, ist es dennoch gelungen, eine hohe Kontinuität beim Testaufbau zu gewährleisten. So stimmen die Konstruktionsprinzipien bei allen Verfahren überein, die Inhaltsbereiche unterscheiden sich entsprechend des jeweiligen Lehrplans und der Klassenstufe. Im Folgenden wird deshalb nur ein Verfahren aus der DEMAT Reihe exemplarisch vorgestellt. Im Anschluss daran wird Mathematiklehrern ein knapper Überblick über alle bisher vorliegenden DEMATs gegeben (siehe Tab. 3.7).

Diagnostik zur Feststellung von Lernergebnissen und Lernverläufen 245

| **D**eutscher **Ma**thematiktest für neunte Klassen [DEMAT 9+] |

Mit dem DEMAT 9 (Schmidt, Ennemoser & Krajewski, 2012) können Mathematikleistungen von Schülern in den letzten drei Monaten des neunten Schuljahres curricular valide erfasst werden.

Ziele des Einsatzes durch die Lehrkraft
- lehrplanbezogene Erfassung der Mathematikleistungen einzelner Schüler
- ökonomische Überprüfung des Leistungsstandes ganzer Schulklassen
- schulformspezifische und schulformübergreifende Beurteilung der individuellen Mathematikleistungen
- Überprüfung des eigenen Unterrichts zur Umsetzung der Bildungsstandards
- Identifikation individueller Leistungsauffälligkeiten (Mathematikschwierigkeiten)
- Erstellung von Förderdiagnosen

Konzeption und Aufbau
Dem Test liegt die gemeinsame Schnittmenge der Lehrpläne 9. Klassen aller deutschen Bundesländer unter Berücksichtigung der Bildungsstandards der KMK (2005) zu Grunde. Die drei curricular relevanten Inhaltsbereiche „Messen/Raum und Form", „Funktioneller Zusammenhang" und „Daten und Zufall" sind in neun Themengebiete gegliedert und umfassen insgesamt 43 Aufgaben. Der Bereich „Messen/Raum und Form" wird durch die drei Aufgabentypen – geometrische Flächen, geometrische Körper sowie Satz des Pythagoras – erfasst. Die Leistung im Themengebiet „Funktioneller Zusammenhang" wird über vier Subtests (Prozent- und Zinsrechnung, Lineare Gleichungen, Zahlenrätsel sowie Dreisatz) operationalisiert und gemessen. Der Inhaltsbereich „Daten und Zufall" besteht aus den zwei Aufgabentypen Datengrundlage Abbildung und Tabelle. Ergänzt werden die 43 Aufgaben des DEMAT 9 durch ein kurzes Screening-Verfahren zur Diagnose des Konventions- und Regelwissens (KRW). Damit kann ein Teilbereich der mathematischen Basiskompetenzen geprüft werden, der nicht explizit Gegenstand des Lehrplans in Klasse 9 ist.

Durchführung, Auswertung, Interpretation
Die Durchführung erfordert ca. 45 Minuten, wobei die reine Bearbeitungszeit 35 Minuten beträgt und 3,5 Minuten für den Ergänzungstest KRW 9 einzuplanen sind. Zur Auswertung des Tests liegen Schablonen vor, mit deren Hilfe die Rohwerte für die drei Subtests und ein Gesamtwert ermittelt werden können. Darüber hinaus werden wichtige Auswertungshinweise z.B. für den Umgang mit Rundungsungenauigkeiten gegeben. Der Zusatztest „Konventions- und Regelwissen" (KRW 9) wird getrennt ausgewertet und geht nicht in das Gesamtergebnis des DEMAT 9 ein. Zur Interpretation der Ergebnisse können die Rohwerte für den Gesamttest sowie für die drei Inhaltsbereiche anhand von Normtabellen in Prozentränge und T-Werte transformiert werden. Zum besseren Verständnis können die T-Werte auch in einem T-Wert-Profil veranschaulicht werden.

Gütekriterien
Alle Aspekte der *Objektivität* sind durch die präzisen Angaben im Testmanual gewährleistet. Die im Manual angegebenen hohen Ausprägungen von Cronbachs Alpha für die drei Subtests ($\alpha. = .82$ bis $.89$) gewährleisten eine gute *Reliabilität*. Die Retest-Reliabilität von $r_{tt} = .77$ für das KRW ist ebenfalls als gut einzustufen. Auch die Konstrukt*validität* sowohl für DEMAT ($r = .64$) als auch für KRW ($r = .49$) kann als gut beurteilt werden. Darüber hinaus ist die curriculare Validität gesichert.

Normen: Es liegen sowohl schulformspezifische (Haupt-, Real- und Gymnasialstufe) als auch schulformübergreifende Normtabellen vor. Die Normdaten basieren auf einer Stichprobe von 1230 Schülern aus 14 Bundesländern.

Tabelle 3.7: Überblick über vorliegende DEMATs

Subtest/Skala	Aufgabeninhalt	Itemzahl	Bearbeitungszeit Minuten
DEMAT 1+			
Arithmetik	Mengen – Zahlen	3	Ohne Begrenzung
	Zahlenraum	5	2:30
	Addition und Subtraktion	8	3:00
	Zahlenzerlegung- Zahlenergänzung	4	2:00
	Teil-Ganzes	4	2:30
	Kettenaufgaben	4	2:00
	Ungleichungen	4	2:00
Sachrechnen	Sachaufgaben	4	0:30 je Aufgabe
Summe		36	16 (+X)
DEMAT 2+			
Arithmetik	Zahleneigenschaften	2	1:30
	Längenvergleich	4	1:30
	Addition und Subtraktion	8	4:00
	Verdoppeln	3	1:30
	Division	4	2:30
	Halbieren	3	1:30
Sachrechnen	Rechnen mit Geld	4	2:30
	Sachaufgaben	4	1:30 je Aufgabe
Geometrie	Räumliche Vorstellung geometrischer Figuren	4	2:30
Summe		36	23:30
DEMAT 3+			
Arithmetik	Zahlenstrahl	3	3:00
	Addition	4	3:00
	Subtraktion	4	3:00
	Multiplikation	4	4:00
Sachrechnen	Sachrechnungen	4	6:00 (2x 3:00)
	Längen umrechnen	3	3:00
Geometrie	Spiegelzeichnungen	3	3:00
	Formen legen	2	3:00
	Längen schätzen	4	3:00
Summe		31	28:00

Diagnostik zur Feststellung von Lernergebnissen und Lernverläufen 247

Subtest/Skala	Aufgabeninhalt	Itemzahl	Bearbeitungszeit Minuten
DEMAT 4			
Arithmetik	Zahlenstrahl	3	1:30
	Addition	4	3:00
	Subtraktion	4	3:00
	Multiplikation	4	3:30
	Division	4	3:30
Sachrechnen	Größenvergleiche	6	2:00
	Sachrechnungen	8	8:30
Geometrie	Lagebeziehungen	4	1:30
	Spiegelzeichnungen	3	3:00
Summe		31	28:00
DEMAT 5+			
Arithmetik	Zahlenstrahl	2	11:00
	Bestimmung eines Anteils	1	
	Rechengesetze	2	
	Umwandlung von Maßeinheiten	2	
	Rechnen mit Maßeinheiten	1	
	Rechnen mit unbekannter Variable	1	
	Schriftliches Rechen mit unbekannter Variablen	1	
	Aufstellen eines Terms	1	
	Aufstellen einer Gleichung	1	
	Grundrechenarten	2	
Geometrie	Umfangmessung	1	5:00
	Symmetrie	1	
	Umfang Quadrat	1	
	Umfang Rechteck	1	
Sachrechnen	Proportionalität Dezimalzahl	1	15:00
	Aufstellen eines Terms Division	1	
	Proportionalität	2	
	Aufstellen eines Terms Subtraktion	1	
	Aufstellen eines Terms Addition	1	
	Gleichung	1	
	Datenbearbeitung Tabelle	2	
	Aufstellen eines Terms Subtraktion	1	
	Datenbearbeitung Diagramm	5	
Summe		33	31:00
DEMAT 6+			
Arithmetik	Zahlenstrahl	1	11:00
	Bestimmung eines Anteils	1	
	Umwandlung von Brüchen	2	
	Umwandlung von Dezimalbrüchen	2	
	Kürzen von Brüchen	2	
	Umwandlung von Maßeinheiten	2	
	Grundrechenarten mit Brüchen	2	
	Bruchrechnen mit unbekannter Variable	2	
	Aufstellen einer Gleichung	1	
	Lösung einer Gleichung	1	
Geometrie	Symmetrie	1	5:00

Subtest/Skala	Aufgabeninhalt	Itemzahl	Bearbeitungszeit Minuten
Sachrechnen	Flächenberechnung	1	
	Winkelbestimmung	1	
	Volumenberechnung	1	
	Proportionalität Dezimalzahl	1	15:00
	Aufstellen von Termen Subtraktion	1	
	Proportionalität	2	
	Proportionalität Bruchzahl	2	
	Aufstellen von Termen Division	1	
	Datenbearbeitung Tabelle	2	
	Datenbearbeitung Diagramm	5	
	Bestimmung von Flächenanteilen	1	
Summe		31	28:00
DEMAT 9			
Funktionaler Zusammenhang	Lineare Gleichungen	8	4:00
	Zahlenrätsel	4	1:30
	Prozent- und Zinsrechnung	7	6:00
	Dreisatz	4	4:00
Messen/Raum und Form	Satz des Pythagoras	4	4:30
	Geometrische Flächen	4	4:00
	Geometrische Körper	4	5:00
Daten und Zufall	Datenbasis Diagramm	5	3:00
	Datenbasis Tabelle	3	3:00
Summe		43	35:00

Wenn Mathematiklehrkräfte ökonomisch und zuverlässig herausfinden wollen, wie weit die Lücken in den mathematischen Kompetenzen ihrer Schüler zurückreichen, dann können sie diese diagnostische Fragestellung auch mithilfe von DEMATs niedrigerer Klassenstufen prüfen. In diesem diagnostischen Zusammenhang ist dann bei der Interpretation der Ergebnisse nicht in erster Linie relevant, wie gut der Schüler in Bezug auf die Eichstichprobe abschneidet, sondern welche mathematischen Inhalte (=Leistungen in den Subskalen) defizitär ausgebildet sind, damit die Lückenschließung und Förderung gezielt und effektiv ansetzen kann (siehe Praxisbeispiel Nachhilfe).

Basisdiagnostik Mathematik für die Klassen 4-8 [BASIS-MATH 4-8]

Zur individuellen Abklärung bei Schülern mit schwachen Mathematikleistungen kann darüber hinaus der standardisierte Test (BASIS-MATH 4-8) von Moser Opitz, L. Reusser, Moeri Müller, Anliker, Wittich und Freesemann (2010) eingesetzt werden. Mit der BASIS-MATH kann festgestellt werden, ob und inwieweit diese Schüler den mathematischen Basisstoff der Grundschule tatsächlich beherrschen. Anhand von 48 Aufgaben können neben Grundoperationen auch Rechenwege, das Verständnis des dezimalen Stellenwertsystems, die Zählkompetenz, das Operationsverständnis und die Mathematisierungsfähigkeit in kurzer Zeit (ca. 20 bis 45 Minuten) überprüft werden. Über ein PC-Auswertungsprogramm wird dem Mathematiklehrer darüber hinaus auch noch eine fehlerfreie und komfortable Auswertung ermöglicht.

Für die Ursachensuche bei unbefriedigenden Mathematikleistungen sollten auch *strategische, motivationale und emotionale* Aspekte hinterfragt werden. In diesem Zusammenhang wird auf die diagnostischen Verfahren verwiesen, die im vorliegenden Buch in den entsprechenden Kapiteln nachgeschlagen werden können (z.B. MAESTRA 5-6+ zur ökonomischen Erfassung von Strategiewissen im Bereich des mathematischen Problemlösens; DISK-Gitter für 7. bis 10. Klassen zur Feststellung des Fähigkeitsselbstkonzepts in Mathematik; Einsatz des Angstthermometers vor Mathematikarbeiten). In letzter Zeit wird insbesondere der *Mathematikangst* im Zusammenhang mit der Mathematikleistung größere Aufmerksamkeit gewidmet. So ist evident, dass mathematische Leistungsfähigkeit und Mathematikangst negativ korreliert sind. Die Wirkrichtung dieses Zusammenhangs konnte bis jetzt empirisch nicht eindeutig aufgeklärt werden. In Längsschnittstudien zeigte sich jedoch, dass vor allem zu Beginn der Primarstufe und zum Ende der Sekundarstufe I nur Effekte der Mathematikkompetenz auf die Angst in Mathematik festgestellt werden konnten (Krinzinger, Kaufmann & Willems, 2009; Ma & Xu, 2004). Für die pädagogische Intervention von Lehrkräften bedeuten diese Befunde, dass vor allem an der Aufdeckung und Schließung von Wissenslücken (z.B. Lücken in den curricularen Kompetenzen, den Basiskompetenzen und dem Konventions- und Regelwissen) systematisch gearbeitet werden muss, um Mathematikangst zu verringern. Im Umkehrschluss lautet die Schlussfolgerung, dass Lehrkräfte, die einen optimalen Mathematikunterricht sichern (Erklärungen, Modellierungen, permanente Prüfung, Sicherung und Konsolidierung des (Vor)Wissens etc.), auch weniger Angst bei ihren Schülern aufkommen lassen. Im Folgenden soll ein weiteres Verfahren zur Aufdeckung von Mathematikangst vorgestellt werden.

Mathematikangst-**R**atings**s**kala für vierte bis sechste Klassen [MARS 4-6]

Die MARS 4-6 von Roick, Gölitz und Hasselhorn (2013) ist ein Verfahren, das auf dem MARS-E (Suinn, Taylor & Edwards, 1988) basiert und von Jänen (2005) ins Deutsche übersetzt wurde. Die MARS ist nur in Ansätzen standardisiert. Dennoch kann der Einsatz zur genaueren Abklärung von Mathematikangst empfohlen werden.

Konzeption und Aufbau
Die deutsche Fassung der MARS setzt sich aus 26 Items zusammen (siehe Abb. 3.23), die mathematische Situationen in Schule und Alltag thematisieren. Im Ergebnis von Faktorenanalysen wurden *5 Dimension der Mathematikangst* im Grundschulalter gefunden: *Mathetestangst, schulische Rechenangst, Mathelehrkraftangst, Mathelehrbuchangst, Matheanwendungsangst*.
    Obwohl die Autoren selbst einige Schwächen des Ratings vor allem in Bezug auf die inhaltliche Struktur einräumen und Items zur Erfassung von Angst im Teilbereich Geometrie gänzlich fehlen, kann die MARS 4-6 bereits zur differenzierten Erfassung von Mathematikangst zum Ende der Primastufe genutzt werden, weil einige teststatistische Kennwerte aus einer Untersuchung an 755 Viertklässlern vorliegen (vgl. Roick, Gölitz & Hasselhorn, 2013).

Instruktion für den Schüler:	
Die folgenden Fragen beinhalten Situationen, die dich möglicherweise beunruhigen, nervös oder ängstlich machen könnten.	
Beispielaufgaben: A) Wie nervös fühlst du dich, wenn du die Aufgabe 11 + 6 rechnen musst? 1 = gar nicht nervös 2 = nicht besonders nervös 3 = etwas nervös 4 = ziemlich nervös 5 = sehr nervös B) Wie nervös fühlst du dich, wenn du die Aufgabe 982 + 54 im Kopf rechnen sollst? 1 = gar nicht nervös 2 = nicht besonders nervös 3 = etwas nervös 4 = ziemlich nervös 5 = sehr nervös	
Bitte stelle Dir jede unten beschriebene Situation vor. Kreuze dann an, wie nervös du dich in dieser Situation fühlen würdest. Kreuze immer nur eine Antwort an.	
Bitte antworte ehrlich. Es gibt keine richtigen und falschen Antworten.	

Nr	Wie nervös fühlst du dich, …	1	2	3	4	5
		gar nicht nervös	nicht besonders nervös	etwas nervös	ziemlich nervös	sehr nervös
1	wenn du diese Aufgabe lösen sollst: Georg hat 4 Schachteln mit Spielzeugautos. Wenn in jeder Schachtel 7 Autos sind, wie viele Autos hat Georg dann?					
2	wenn du entscheiden musst, ob diese Aufgabe richtig ist: (3+4) +2 = 4 + (2+3)?					
3	wenn du diese Aufgabe liest: Der „SV Haren" hatte früher eine erfolgreiche Fußballmannschaft. Diese erzielte 54 Tore im Jahr 1920, 59 im Jahr 1921 und sogar 80 im Jahr 1928. Wie viele Tore hat die Mannschaft in allen 3 Jahren gemacht?					
4	wenn du die Zahlen 976 + 777 + 458 schriftlich addieren sollst?					
5	wenn du nach dem Einkauf mehrerer Sachen den Kassenzettel noch einmal nachrechnen sollst?					
6	wenn du darüber nachdenkst, wie viel Wechselgeld du zurückkriegen solltest, nachdem du etwas gekauft hast?					
7	wenn du in dein Mathebuch schaust und all die Zahlen darin siehst?					
8	wenn du von deiner Lehrerin/deinem Lehrer aufgerufen wirst, um eine Matheaufgabe an der Tafel zu lösen?					
9	wenn du dich im Matheunterricht meldest, weil du etwas nicht verstanden hast?					
10	wenn du für zwei unterschiedlich große Limonaden herausfinden sollst, bei welcher der Literpreis günstiger ist?					
11	wenn Du mit dem Lesen eines neuen schwierigen Kapitels im Mathebuch für deine Mathehausaufgaben anfängst?					

Nr	Wie nervös fühlst du dich, …	1 gar nicht nervös	2 nicht besonders nervös	3 etwas nervös	4 ziemlich nervös	5 sehr nervös
12	Wenn deine Lehrerin/dein Lehrer dich auffordert zu erklären, wie du zur Lösung der Matheaufgabe gekommen bist?					
13	wenn eine Mathearbeit geschrieben wird?					
14	wenn du dich hinsetzt, um deine Mathehausaufgaben zu machen, die neu gelernte Aufgaben umfassen?					
15	wenn du nachts über die Mathearbeit am nächsten Tag nachdenkst?					
16	wenn du eine Stunde vor einer Mathearbeit über die Arbeit nachdenkst?					
17	wenn du 5 Minuten vor einer Mathearbeit über die Arbeit nachdenkst?					
18	wenn du auf die Rückgabe einer Mathearbeit wartest, bei der du denkst, nicht allzu gut gewesen zu sein?					
19	wenn du einige Multikplikationsaufgaben schriftlich lösen sollst?					
20	wenn du einige Divisionsaufgaben schriftlich lösen sollst?					
21	wenn du berechnen sollst, wie viel jeder von euch bezahlen muss, wenn du mit zwei Freunden eine Pizza und 3 Getränke bestellst?					
22	wenn du nach dem Kauf einer Kinokarte das Wechselgeld zählst, weil du denkst, dass du nicht genug Geld zurückbekommen hast?					
23	wenn du dir überlegst, wie spät es in 25 Minuten ist?					
24	wenn du dir ausrechnest, ob du genug Geld für einen Schokoriegel und ein Getränk dabei hast?					
25	wenn dir jemand zuschaut, während du deine Mathehausaufgaben an der Tafel verbesserst?					
26	wenn du deiner Lehrerin/deinem Lehrer zuhörst, während sie/er versucht, dir das Lösen einer Matheaufgabe zu erklären?					

Abbildung 3.23: Items der MARS 4-6 (vgl. Roick, Gölitz & Hasselhorn, 2013, S. 209ff.)

Durchführung, Auswertung, Interpretation
Der Fragebogen sollte in der Regel nicht von Mathematiklehrern selbst eingesetzt werden, weil die Gefahr besteht, dass Schüler dann nicht ehrlich antworten. Die Durchführung kann von der Klassenlehrkraft oder vom Beratungslehrer übernommen werden. Die Befragung kann mit einem einzelnen Schüler oder der ganzen Klasse durchgeführt werden. Die Bearbeitung der MARS 5-6 erfolgt ohne Zeitbegrenzung. Erfahrungsgemäß ist eine Bearbeitungszeit von 20 Minuten einzuplanen. Die Durchführung der Befragung beginnt mit der allgemeinen Instruktion und der gemeinsamen Besprechung der beiden Beispielitems. Danach arbeiten die Schüler individuell.

Für die Auswertung erweist es sich als günstig, wenn sich die Lehrkraft zunächst in Anlehnung an Tabelle 3.8 ein Auswertungsprotokoll anfertigt. Aus Tabelle 3.8 kann auch die Zuordnung der einzelnen Items zu den Dimensionen der Matheangst entnommen werden. Danach werden die vom Schüler angekreuzten Skalenwerte (1-5) der Items innerhalb jeder Dimension aufaddiert und durch die Anzahl der Items dividiert. In die angefertigte Auswertungstabelle werden die Werte eingetragen. Der so errechnete Mittelwert der jeweiligen Dimension der Mathematikangst gibt Auskunft über die Höhe der Angst. Unsere Erfahrungen beim Einsatz des Fragebogens zeigen, dass die Mittelwerte in den Dimensionen „Mathetestangst" und „schulische Rechenangst" häufig höher ausfallen als bei der Dimension „Matheanwendungsangst". Das ist wahrscheinlich damit zu erklären, dass mathematische Leistungen bzw. ihr Nichterbringen im Alltag weniger mit sozialer Blamage bzw. Leistungs-und Bewertungsdruck verbunden sind. Als pädagogische Schlussfolgerung kann u.a. daraus abgeleitet werden, dass Mathematiktests nicht als Drohkulisse aufgebaut werden dürfen, das Recht auf Irrtum und Fehler auch in Mathe gilt und schlechte Schüler nach Möglichkeit nicht vorgeführt werden. Wenn der Mittelwert der Dimension „Mathelehrkraftangst" hoch ausfällt, dann sollten zunächst kollegiale Gespräche in Bezug auf Anforderungsniveau, Aufgabenschwierigkeit und ‚Strenge' mit dem betreffenden Mathematiklehrer geführt werden. Dabei sollte unbedingt in Rechnung gestellt werden, wie groß die Anzahl der Schüler einer Klasse mit einer hohen Ausprägung der Dimension „Mathelehrerangst" ist.

Tabelle 3.8: MARS 4-6 – Dimensionen der Matheangst mit den zugeordneten Items (Auswertungsschema)

Dimensionen der Matheangst	Itemnummer	Summe der jeweiligen Itemausprägungen	Mittelwert Summe/Anzahl Items
Mathetestangst	(13, 15, 16, 17, 18)		(Summe)/5=
Schulische Rechenangst	(1, 2, 3, 4, 19, 20)		(Summe)/6=
Mathelehrkraftangst	(8, 9, 12, 25, 26)		(Summe)/5=
Mathelehrbuchangst	(7, 11, 14)		(Summe)/3=
Matheanwendungsangst	(5, 6, 10, 21, 22, 23, 24)		(Summe)/7=

3.2.1.5 Vergleichsarbeiten

Neben sozialnormorientierten, standardisierten Testverfahren können Lehrkräfte vor allem auch die *Vergleichsarbeiten* als diagnostische Informationsquelle nutzen, um sich ein klassenübergreifendes Bild von der Lernentwicklung einzelner Schüler bzw. der ganzen Schulklasse zu verschaffen.

a) Ziele und Funktion
Durch die Ergebnisse der Vergleichsarbeiten erhalten Lehrkräfte vor allem Informationen darüber, *welche Kompetenzen die Schüler ihrer Klasse zu einem bestimmten Zeitpunkt in den Hauptfächern Mathematik und Deutsch mit Bezug auf die Bildungsstandards ausgebildet haben.* Auf dieser Datengrundlage könnten Lehrkräfte dann auch zielgerichteter die Kompetenzentwicklung der Schüler neben der Sicherung curricularen Inhaltswissens in ihrem Unterricht organisieren. Und darin liegt auch ein entscheidender Vorteil der Vergleichsarbeiten gegenüber sozialnormierten Schulleistungstests. Vergleichsarbeiten werden jährlich in der 3. und 8. Jahrgangsstufe durchgeführt und alle Schritte von der Durchführung und Auswertung bis hin zur Ergeb-

nisrückmeldung begleitet, so dass Lehrkräfte ohne erheblichen Mehraufwand Kompetenzrückstände ihrer Schüler erkennen und damit Schüler effektiver fördern könnten – vorausgesetzt Lehrkräfte nehmen Vergleichsarbeiten als Unterstützung und nicht als zusätzliche Belastung wahr. Damit Vergleichsarbeiten zunehmend als professionelle Arbeitsinstrumente akzeptiert werden, wollen wir im Folgenden neben den Zielen und der bildungspolitischen Funktion insbesondere noch einmal ihr *diagnostisches Potenzial* für Lehrkräfte herausstellen.

Wie bekannt ist, werden Vergleichsarbeiten flächendeckend und verpflichtend in den dritten und achten Klassen aller allgemeinbildenden Schulen in allen Bundesländern durchgeführt, um auf diese Weise vor allem mit einem Vergleich der Schülerleistungen über die einzelne Klasse hinweg die Umsetzung der Bildungsstandards zu sichern. Dazu zählen sowohl länderspezifische als auch länderübergreifende Tests, die als „Lernstandserhebungen" (Hessen, NRW), „KERMIT-Kompetenzen ermitteln" (Hamburg) oder „Kompetenztests" (Thüringen, Sachsen) ausgewiesen werden. Diese verschiedenen Verfahren sind Teil eines schulpolitischen Maßnahmenbündels, um eine evidenzbasierte Qualitätsentwicklung und -sicherung bis auf die Ebene der einzelnen Schule zu gewährleisten. So wurde im Jahre 2002 durch die Kultusministerkonferenz beschlossen, nicht nur bundesweit geltende Bildungsstandards zu *entwickeln*, sondern vor allem auch deren Realisierung über die nationalen Lernstandserhebungen zu *befördern*. Neben den Verfahren zur externen Evaluation von einzelnen Schulen und der Input-orientierten Unterrichtssteuerung durch Bildungsstandards und Lehrpläne (vgl. Kap.1.2), unterstützen die Länder mit den Vergleichsarbeiten vor allem die interne Evaluation von Schulen durch die Bereitstellung solcher Output-orientierten Verfahren und Beratungsangebote, die auf die Feststellung des Kompetenzerwerbs der Schüler in unterschiedlichen Domänen ausgerichtet sind (vgl. Hosenfeld & Zimmer-Müller, 2009). Unter den Lernstandserhebungen nehmen die bundesweit einheitlichen Vergleichsarbeiten VERA und das gleichnamige Projekt, das 2003 an der Universität Koblenz-Landau entwickelt wurde (Helmke, Hosenfeld & Schrader, 2004), eine besondere Stellung ein. Im Folgenden soll deshalb stellvertretend für eine allgemeine Beschreibung der Vergleichsarbeiten das Projekt VERA differenzierter vorgestellt werden.

b) Zum Stellenwert von VERA
Das Projekt VERA steht ursprünglich für **VER**gleichs**A**rbeiten in der Grundschule (Helmke, Hosenfeld & Schrader, 2004) und nimmt unter den Vergleichsarbeiten deshalb eine prominente Stellung ein, weil es das einzige Testverfahren ist, das bundesweit und verpflichtend in den Fächern Deutsch und/oder Mathematik in allen allgemeinbildenden Schulen mit allen Schülern der dritten (VERA-3) und mittlerweile auch der achten Jahrgangsstufe (VERA-8) durchgeführt wird. In der Jahrgangstufe 8 wird zusätzlich noch die erste Fremdsprache (Englisch oder Französisch) erfasst. Die Länder haben sich darauf geeinigt, dass VERA in der dritten Jahrgangsstufe in mindestens einem der Fächer Deutsch bzw. Mathematik obligatorisch durchgeführt wird. Wenn das Fach Deutsch getestet wird, dann mindestens im Kompetenzbereich *Lesen*. Es ist vorgesehen, dass zukünftig auch das *Schreiben* im Rahmen von VERA-3 optional getestet wird. In Mathematik werden zwei von fünf möglichen inhaltlichen

Kompetenzbereichen (Zahlen, Operationen, Daten, Häufigkeit und Wahrscheinlichkeit) abgeprüft. Welche zwei Bereiche jeweils ausgewählt werden, wird vor jedem Testdurchgang von den Ländern gemeinsam mit dem IQB festgelegt.

In der achten Jahrgangsstufe soll VERA ebenfalls obligatorisch mindestens in einem Fach durchgeführt werden. Wenn die Wahl auf das Fach Deutsch fällt, dann mindestens im Kompetenzbereich *Lesen,* optional in den Bereichen, *Zuhören, Orthografie, Sprache und Sprachgebrauch untersuchen* oder *Schreiben.* In Mathematik werden alle fünf inhaltlichen Kompetenzen getestet. In der ersten Fremdsprache soll zumindest die Domäne Lese-oder Hörverständnis überprüft werden. Den Ländern steht es bei VERA-3 und VERA-8 frei, mehr als ein Fach bzw. einen Kompetenzbereich verpflichtend überprüfen zu lassen.

Ursprünglich von der Universität Landau als Gemeinschaftsprojekt von sieben Bundesländern (Berlin, Brandenburg, Bremen, Mecklenburg-Vorpommern, Nordrhein-Westfalen, Rheinland-Pfalz und Schleswig-Holstein) initiiert und koordiniert, sind seit 2008 nun alle 16 Bundesländer beteiligt. Vom Institut für Qualitätsentwicklung im Bildungssystem (IQB) in Berlin wurde 2010 die Aufgabenentwicklung übernommen. Zusätzlich werden in einigen Ländern Lernstandserhebungen auch in der Klassenstufe 6 durchgeführt. Die für alle Länder geltenden, verbindlichen Zielsetzungen, Rahmenbedingungen und Regeln für VERA sind in einer Sammlung von Fragen und Antworten für Schulen und Lehrkräfte zu VERA 3 und VERA 8 zusammengestellt worden und können unter dem Link (https://www.kmk.org/themen/qualitaetssicherung-in-schulen/bildungsmonitoring/verfahren-zur-qualitaetssicherung-auf-schulebene/vera-faq.html) eingesehen werden.

Bevor anhand einer ausgewählten Beispielaufgabe aufgezeigt wird, welchen diagnostischen Mehrgewinn Lehrkräfte aus den Vergleichsarbeiten ziehen können, soll zunächst der Ablauf eines gesamten VERA-Zyklus skizziert werden: Der Prozess beginnt etwa 2 Jahre vor dem jeweiligen Testtermin mit der Entwicklung der Aufgaben, die unter Federführung des IQB und unter Einbezug von Fachlehrern und fachdidaktischen Beratern erfolgt. Der erarbeitete Aufgabenpool wird dann durch das IQB anhand einer Stichprobe von mehreren hundert Schülern auf Eignung und Schwierigkeit geprüft und normiert. Dabei wird insbesondere darauf geachtet, dass die Aufgaben ein breites Schwierigkeitsspektrum abdecken und keine Schülergruppe (Mädchen, Jungen, Schüler mit und ohne Migrationshintergrund) systematisch benachteiligt wird. Für diese Pilotierung benennen die Länder alternierend Testklassen.

Für den tatsächlichen VERA-Durchgang werden dann nur noch die statistisch bereinigten Aufgaben vom IQB in den endgültigen Testheften zusammengestellt. Außerdem werden durch die externen Kooperationspartner des IQB in den Bundesländern fachdidaktische Kommentierungen verfasst und ebenfalls den Ländern zur Unterstützung der Auswertung zur Verfügung gestellt. Die Materialien werden den Lehrkräften i.d.R. im Mai über das Internet zugänglich gemacht, sodass diese die Vergleichsarbeiten herunterladen und mit ihren Klassen durchführen können. Die anschließende Auswertung erfolgt zunächst internetbasiert durch die Lehrkräfte. Sie geben die Antworten ihrer Schüler in ein Internetportal ein und erhalten nach etwa zwei Wochen die Ergebnisse auf Individual-, Klassen- und Schulebene. Zum Jahresende werden dann Zusatzinformationen (bspw. zum Ländervergleich) ebenfalls zur

Verfügung gestellt. Daneben erhalten die Schulen ausführliche Handreichungen zur Vor- und Nachbereitung der Vergleichsarbeiten im Internet.

Mit einer freiwilligen Befragung zur Evaluation wird der jährliche „VERA-Zyklus" abgeschlossen. Auf der Grundlage dieser Evaluationsergebnisse sollen nicht nur Durchführung und Auswertung, sondern insbesondere auch die Unterstützung bei der pädagogischen Umsetzung der Ergebnisse optimiert werden. In Mecklenburg-Vorpommern hat sich in diesem Zusammenhang der Einsatz von VERA-Koordinatoren bewährt, die jeweils 15 Schulen bei der schulischen Nutzung der Ergebnisrückmeldung unterstützen (vgl. Groß Ophoff, Mett, Koch & Hosenfeld, 2007).

c) Welche diagnostischen Informationen erhalten Lehrkräfte mit den Ergebnissen der Vergleichsarbeiten?

Um aufzuzeigen, welche diagnostischen Informationen Lehrkräfte aus den zurückgemeldeten Daten entnehmen können, wird in Abbildung 3.24 auszugsweise eine Ergebnisrückmeldung für Lehrkräfte dargestellt. Die Ergebnisse sind in Prozentangaben ausgewiesen und beziehen sich im gewählten Beispiel auf den Kompetenzbereich *Lesen*. Durch diese kompakte Darstellung ist es der Lehrkraft zunächst möglich, die Ausprägung der Lesekompetenzen ihrer Schüler auf einen Blick sowohl unter Rückgriff auf die kriteriale (=Niveaustufen 1, 2, 3) als auch die soziale Bezugsnorm (=Schule/Land) einzuordnen. Die Niveaustufen sind farbig markiert und zeigen anhand der Balkenbreite und der explizit angegebenen Prozentzahlen an, wie sich die unterschiedlichen Fähigkeitsniveaus des Lesens (1-3) auf die Schüler der Klasse, der gesamten Schule und des Landes verteilen. Welche Informationen kann die Lehrkraft nun aus der Grafik entnehmen? In Bezug auf die eigene Klasse sind die Ergebnisse von ca. 2 Schülern (12%) nicht in die Auswertung einbezogen worden, ca. 8 befinden sich auf Niveaustufe 1 (50%), ca. 5 auf Niveaustufe 2 (30%) und lediglich 1 Schüler auf Niveaustufe 3 (6%).

Das bedeutet, dass die Mehrheit der Kinder dieser Klasse die in den Bildungsstandards formulierten Anforderungen noch nicht erfüllen kann und über das elementare Niveau 1 beim Lesen nicht hinauskommt. Der mittlere Balken der Abbildung weist die Ergebnisse der betreffenden Schule aus. Diese Angabe der Ergebnisse auf Schulebene ermöglicht der Lehrkraft den Vergleich der Leistungen der ‚eigenen' Schüler mit allen Drittklässlern derselben Schule und schließlich markiert der oberste Balken die Ergebnisse des Leistungsvergleichs aller Drittklässler aller beteiligten Schulen des Bundeslandes. Aus dieser grafischen Darstellung erfährt die Lehrkraft, dass ihre Klasse auch in Relation zu den anderen Schülern auf Schul- und Landesebene eine vergleichsweise schwache Leseleistung aufweist. Denn die anderen Schüler haben mehrheitlich die Niveaustufen 2 und 3 erreicht. Mit dieser *quantitativen* Ergebnisrückmeldung kann die Lehrkraft einordnen, wie sich die Lesekompetenzniveaus in ihrer Klasse verteilen und wie diese Leistungen im Vergleich zu den Drittklässlern über die Klasse hinaus zu beurteilen sind. Als erste Schlussfolgerung kann daraus abgeleitet werden, dass dringender Handlungsbedarf zur Optimierung der Leseleistung besteht. Allerdings lassen sich aus diesen quantitativen Ergebnissen noch keine konkreten pädagogischen Fördermaßnahmen oder Unterrichtsoptimierungen ableiten.

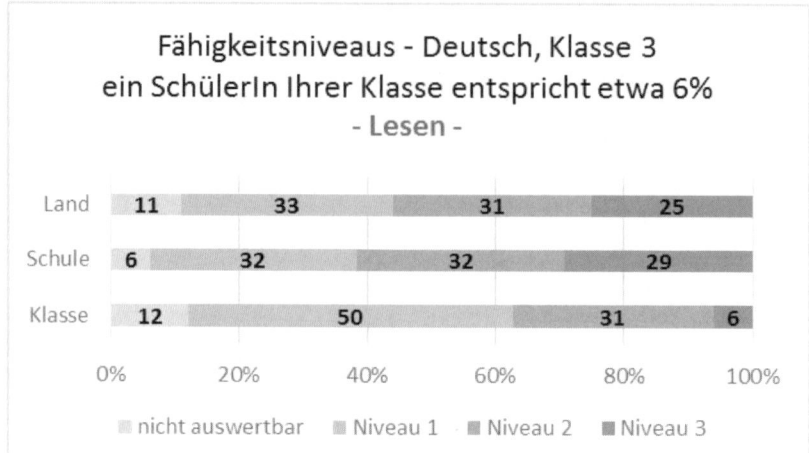

Abbildung 3.24: Auszug aus einer Ergebnisrückmeldung zur Lesekompetenz (vgl. Koch, Groß Ophoff, Hosenfeld & Helmke, 2006/Schulverwaltung Nr. 5).

Dafür bedarf es zusätzlicher inhaltlicher Informationen. Um die *inhaltliche* Bedeutung der Ergebnisse erfassen und konkrete Hinweise für Förderung, Unterrichtsgestaltung bzw. für fachdidaktische Adaptationen des Unterrichts erarbeiten zu können, müssen Lehrkräfte über diese quantitative, überwiegend sozialnormorientierte Ergebnisinterpretation hinaus auch die konkreten Testaufgaben und die mit ihnen verknüpften Bildungsstandards differenziert analysieren, um so auch die inhaltlichen Ressourcen aufdecken zu können. Diese inhaltliche Aufbereitung der Ergebnisse wird im Folgenden exemplarisch skizziert.

Zur Veranschaulichung, wie einzelne Bildungsstandards und die jeweiligen Kompetenzausprägungen über konkrete Aufgaben der Vergleichsarbeiten umgesetzt werden, wird auf eine Aufgabe aus VERA-3 (Erhebung im Jahr 2012; IQB, 2012) zurückgegriffen. Zunächst hatten die Schüler hier die Aufgabe, den Brief aus Abbildung 3.25 zum Schulausflug zu lesen. Es handelt sich dabei um einen diskontinuierlichen Sachtext mit mittelhoher Informationsdichte. Die formale Strukturierung dient dazu, die Orientierung der Schüler beim Leseprozess und das Aufsuchen von Einzelinformation zu unterstützen. Der Wortschatz wird als bekannt vorausgesetzt und die wenigen schwierigen Wörter sind für das Verständnis unerheblich. Nach dem Lesen sollten die Schüler unterschiedliche Fragen zum Text beantworten (Tab. 3.9). Dafür werden unterschiedliche Antwortformate (freie und MC mit Antwortalternativen) vorgegeben. Mithilfe der einzelnen Aufgaben und der dazugehörigen Antwortformate lassen sich die unterschiedlichen Niveaustufen des ausgewählten Aspekts der Lesekompetenz erfassen.

Schulausflug

Montag, 19. Mai

Liebe Schülerinnen und Schüler der Lindenschule,

sicher freut ihr euch schon auf unseren **Ausflugstag am 7. Juni.**

Heute sollt ihr euch entscheiden, was ihr an diesem Tag am liebsten machen möchtet. Gebt bitte auch zwei Ersatzwünsche an, falls es zu viele Anmeldungen für euren ersten Wunsch gibt. Füllt den unten angehängten Abschnitt aus und gebt ihn bei eurer Klassenlehrerin oder eurem Klassenlehrer ab.

Alles Weitere erfahrt ihr nächste Woche.

Eure Vorbereitungsgruppe

Angebot 1 (nur für 1. und 2. Klasse)

Für Märchenfreunde: Wir besuchen das Schloss Rosenfels. Im Anschluss an die Führung dürft ihr euch als Prinzessinnen, Prinzen, Dienerinnen und Diener verkleiden und euch schminken lassen.

Angebot 2 (nur für Schwimmerinnen und Schwimmer)

An alle Wasserratten: Wir machen einen Ausflug ins Hallenbad. Dort dürft ihr verschiedene Spielgeräte im Wasser ausprobieren. Auch ein Wettbewerb vom 3-Meter-Brett, bei dem es kleine Preise als Belohnung gibt, ist geplant.

Angebot 3

Wer möchte eine Indianerausstellung besuchen?
Auf geht's, wir fahren zum Museum für Völkerkunde. Nach einer Führung durch die Indianer-Abteilung basteln wir ein indianisches Schmuckstück mit Perlen und Federn.

Angebot 4

Für Abenteurer: Wir machen eine aufregende Schatzsuche im Krähenwald. Nachdem ihr den Schatz gefunden habt, wollen wir auf einem Spielplatz noch grillen und anschließend auf den Spielgeräten schaukeln, wippen, rutschen und klettern.

Abbildung 3.25: Beispiel für eine VERA-Aufgabe Lesen „Schulausflug" (Quelle: Institut zur Qualitätsentwicklung im Bildungswesen (*IQB*), Berlin, 2012)

Tabelle 3.9: Aufgaben zur Feststellung der Kompetenzstufen bezogen auf den Standard „gezielt Informationen suchen"

Nr.	Aufgabe	Antwortformat	Kompetenzstufe
A	Bei wem müssen die Kinder den Zettel mit den Wünschen abgeben?	Freies Antwortformat	Niveau 3
B	Wann erfahren die Kinder, zu welchem Ausflugsziel sie fahren?	MC mit 4 Alternativen: in der folgenden Woche am nächsten Tag Anfang Juni am Tag vor dem Ausflug	Niveau 2
C	Bei welchem Angebot kann man sich schminken lassen?	Freies Antwortformat	Niveau 1

Unter Rückgriff auf die dargestellten inhaltlichen Aspekte können die quantitativen Ergebnisse aus Abbildung 3.24 so interpretiert werden, dass die Mehrzahl der Schüler der Klasse, noch nicht in der Lage ist, beim Lesen von alltagsnahen Sachtexten konkrete Information an prominenter Stelle zu finden und zu identifizieren. Schwierigkeiten treten vor allem dann auf, wenn es zusätzlich einen prominenten Distraktor gibt; so wird einerseits der Autor des Textes (= Briefschreiber) mit Unterschrift und Grußformel hervorgehoben, andererseits soll der Rückmeldeabschnitt jedoch beim Klassenleiter abgegeben werden, was einer Lese- und Verstehensleistung auf Niveaustufe 3 entspricht. Wenn die zu identifizierende prominente Information gleichzeitig auch formal hervorgehoben wird, dann gelingt die Aufgabenlösung zwar schon eher (=Niveau 2), aber dennoch kann der überwiegende Teil der Schüler die gesuchte Information nur in einem überschaubaren Textteil mit drei Zeilen auffinden, weil die Information dort wörtlich enthalten ist und nur entnommen werden muss (= Niveau 1).

Welche Schlussfolgerungen lassen sich aus dieser inhaltlichen Interpretation der Ergebnisse für die Deutschlehrkraft ableiten?
Zunächst muss über eine innere Differenzierung des Leseunterrichts nachgedacht werden. Dabei ist der Schwerpunkt für die Schüler der Niveaustufe 1 insbesondere auf die Verbesserung des basalen Leseverständnisses zu setzen. Es ist zu empfehlen, dass die Lehrkraft durch eine zusätzliche Diagnostik (bspw. mit KNUSPEL-L, siehe Kap. 3.2.1.2) jene basalen Teilfertigkeiten beim Lesen aufdeckt, über die die Schüler noch nicht verfügen. Damit kann eine differenzierte Förderung des Lese-Lern-Prozesses eingeleitet werden.

d) Vergleichsarbeiten als diagnostische Ressource – ein Fazit

1. Das Besondere an den VERA-Ergebnissen liegt darin, dass Fähigkeitsniveaus der Schüler im Sinne von Kompetenzstufen ermittelt werden können. Während bei Klassenarbeiten und Kontrollfragen im Unterricht (und bei einigen der standardisierten Schulleistungstests) in erster Linie nahe curriculare Lernziele abgeprüft werden, liegt

der Schwerpunkt der ‚VERA-Aufgaben' darauf zu erfassen, wie Schüler mit dem im Unterricht erworbenen Wissen umgehen bzw. ob sie das Wissen erfolgreich anwenden können. Lehrkräfte erhalten also durch die Vergleichsarbeiten eine Rückmeldung darüber, inwieweit ihre Schüler tatsächlich die in den Bildungsstandards geforderten Kompetenzen erreicht haben.

2. Schon über den Begriff „Vergleichsarbeiten" wird deutlich, dass ein zusätzlicher Vorteil für die Lehrkraft darin liegt, objektive diagnostische Informationen über die Lernstände der eigenen Lerngruppe unter unterschiedlichen Bezugsnormen zu erhalten. VERA-Ergebnisse stellen zunächst einen sozialen oder bezugsgruppenorientierten Vergleichsmaßstab zur Verfügung, denn Lehrkräfte können die Ergebnisse der eigenen Klasse mit den Ergebnissen anderer Klassen in Beziehung setzen und so eine objektive Standortbestimmung vornehmen. Einige Länder weisen bei dieser Rückmeldung auch die soziale Zusammensetzung der einzelnen Klassen aus, um damit einen „fairen Vergleich" zu gewährleisten (Hosenfeld & Zimmer, 2009). Dieser Vergleich liefert der Lehrkraft also zunächst Informationen wie gut bzw. schlecht die eigene Klasse in Bezug auf die geprüften Kompetenzen abgeschnitten hat. Daraus lassen sich auch erste vorsichtige Vermutungen ableiten, wie der eigene Unterricht optimiert werden könnte.

3. Wichtiger als die Informationen über den Lernstand der Schüler über die eigene Klasse hinaus, sind jedoch die lerninhaltsbezogenen Rückmeldungen für die Lehrkraft. Diese stellen kriteriale Bezugsnormen bereit und ermöglichen eine Orientierung an den Bildungsstandards. Lehrer und Schüler erfahren so, welche Anforderungen bereits erfüllt werden und woran noch gearbeitet werden müsste. Beispielsweise liegt der besondere Vorteil dieser Rückmeldung bezogen auf die Durchführung der Vergleichsarbeiten in Klasse 3 darin, dass die Grundschullehrkräfte in der Regel noch ein Schuljahr Zeit haben, um auf der Grundlage der Ergebnisse an den notwendigen Kompetenzen ihrer Schüler zu arbeiten, alternative Konzepte für den Unterricht zu entwickeln und so die Bildungschancen ihrer Schüler mit Blick auf die Schullaufbahn für weiterführende Schulen zu verbessern.

4. Die Ergebnisrückmeldungen aus VERA bieten für Lehrkräfte auch eine niederschwellige und effektive Möglichkeit, die *eigenen didaktischen und diagnostischen Kompetenzen* zu reflektieren und weiterzuentwickeln. So könnte beispielsweise am Modell der Aufgabenformulierung der Vergleichsarbeiten gelernt werden, wie die recht allgemeinen Anforderungen der Bildungsstandards in konkreten Aufgabenstellungen des Faches zu operationalisieren sind. Gleichzeitig würde mit einer solchen Praxis der Aufgabengestaltung und -differenzierung auch eine bewusstere Reflexionsbasis geschaffen, auf der häufiger überprüft werden kann, auf welchem Fähigkeitsniveau der Unterricht abläuft oder ob tatsächlich auch differenzierte Angebote für Schüler unterbreitet werden.

5. Darüber hinaus bieten die Ergebnisrückmeldungen aus VERA den Lehrkräften aber auch die Gelegenheit, die eigenen diagnostischen Kompetenzen weiterzuentwickeln. Denn die Lehrkräfte haben auf freiwilliger Basis die Möglichkeit, im Vorfeld der Durchführung der Vergleichsarbeiten die Aufgabenschwierigkeit und das Abschneiden ihrer Schüler in den einzelnen Fachgebieten einzuschätzen und vorherzusagen. Den

Lehrkräften werden dann (zusammen mit den Zusatzergebnissen Ende des Jahres) auch ihre Diagnoseleistungen zurückgemeldet. Aus der sich anschließenden individuellen Reflexion und der Suche nach Ursachen für mögliche Unter-, Über- bzw. Fehleinschätzungen lassen sich Ansätze zur Verbesserung des diagnostischen Urteils der Lehrkräfte ableiten.

Insgesamt wird durch VERA, und damit durch alle Vergleichsarbeiten, Lehrkräften ermöglicht, über ein offizielles, aber vertrauliches Instrument von außen den eigenen Blick auf Lehren und Lernen im eigenen Unterricht zu schärfen. Eine entscheidende Voraussetzung dafür ist jedoch die Einstellung der Lehrkräfte in Bezug auf diese Form der Diagnostik und Unterrichtsentwicklung. Zimmer-Müller und Hosenfeld (2013) kommen nach 10 Jahren Zwischenbilanz zu dem Schluss, dass viele Lehrkräfte und Verbände nach wie vor große Vorbehalte gegenüber VERA bzw. den Vergleichsarbeiten anmelden. Skeptiker erleben die Durchführung eher als Kontrolle der Lehrkräfte denn als Unterstützung des eigenen Unterrichts. In diesem Zusammenhang sollte in der Zukunft auch genauer untersucht werden, ob zu einer solchen relativ abwehrenden Haltung der Lehrkräfte bei einem doch äußerst innovativen Unterstützungsangebot nicht tatsächlich auch Verhaltensweisen der Schuladministration beitragen. Darüber hinaus sollte eventuell auch die Diskussion über die Verstärkung der Kompetenzorientierung im Bildungssystem nach der Überarbeitung der Gesamtstrategie der KMK zum Bildungsmonitoring 2015 vor allem auch in Bezug auf lernpsychologische Fragen sorgfältiger geführt werden. Wenn nämlich die Kompetenzentwicklung als Gegensatz zur Vermittlung von curricularem Inhaltswissen in den Fächern aufgemacht wird, dann ist zu befürchten, dass die Kompetenzorientierung dem gleichen Schicksal wie die formale Bildungsdoktrin entgegengeht. Kompetenzentwicklung bei Schülern in den einzelnen Domänen ist nur über eine solide inhaltliche Wissensbasis möglich. Das Problem besteht doch vielmehr darin, dass mit der Wissensreproduktion der Lernprozess nicht abgeschlossen ist, sondern dass Schüler häufiger im Unterricht die Gelegenheit erhalten müssen, das angeeignete curriculare Wissen weiter zu vernetzen, es an immer unterschiedlicheren Anwendungskontexten zu erproben und immer selbstständiger zur Problemlösung einsetzen zu müssen. Erst in einem solchen umfassenden Erwerbsprozess intelligenten Wissens werden Kompetenzen aufgebaut. Möglicherweise liegt in der manchmal anzutreffenden Verkürzung dieses komplexen Lernprozesses, d.h. wenn vorschnell auf Kompetenzentwicklung fokussiert wird, ein weiterer Grund dafür, warum manche Lehrkräfte den Vergleichsarbeiten skeptisch gegenüberstehen.

3.2.2 Konstruktion informeller Schulleistungstests

„Informelle Schulleistungstests sind Verfahren der Pädagogischen Diagnostik, die hauptsächlich von Lehrkräften konstruiert werden, um Ergebnisse der von ihnen geplanten Lernvorgänge in ihrer Klasse möglichst objektiv zu erfassen und für ihr pädagogisches Handeln nutzbar zu machen" (Ingenkamp & Lissmann, 2008, S. 173).

Aus dieser Beschreibung wird ein wichtiges Unterscheidungsmerkmal zu den formellen Schulleistungstests deutlich: informelle Tests werden *von Lehrkräften selbst* und nicht von psychologisch ausgebildeten Testkonstrukteuren entwickelt.

Diagnostik zur Feststellung von Lernergebnissen und Lernverläufen 261

Informelle Tests besitzen damit zwar einerseits von vornherein eine *geringere psychometrische Qualität*. Ihr *Vorzug* besteht jedoch andererseits darin, dass sie *sehr unterrichtsnah* und *auf die Lehrziele in einer Schulklasse bezogen* entworfen werden können. Es ist zu vermuten, dass bei solchen informellen Tests eher die *curriculare Validität gesichert* werden kann, als bei überregionalen Schulleistungstests. Außerdem kann stets gewährleistet werden, dass der abzuprüfende Stoff, die abzuprüfende Kompetenz zuvor *im Unterricht behandelt* bzw. entwickelt wurde.

Mit der Konstruktion solcher informellen Tests wird eine formative Evaluation des Unterrichts möglich, d.h. es kann unterrichtsbegleitend diagnostiziert werden, welche Lern- und Kompetenzziele die Schüler tatsächlich erreicht haben. Somit ist eine geeignetere Möglichkeit zur Früherkennung von Lernschwierigkeiten und von Defiziten im Lernprozess gegeben als das durch traditionelle Leistungsüberprüfungen geleistet werden kann.

Lehrkräfte schaffen sich damit ein Instrument zur Realisierung von adaptivem Unterricht, d.h. im Ergebnis dieser unterrichtsnahen objektiveren Leistungsüberprüfung kann der Unterricht an die augenblicklichen Lernvoraussetzungen der Schüler angepasst werden.

Lukesch fordert sogar, dass die Entwicklung informeller Tests konstitutives Element jeder Unterrichtsvorbereitung sein sollte. Die dafür notwendige Bestimmung und Konkretisierung der Lehrziele erfordern eine didaktische Reflexion, die für Unterrichtsplanung und Lernstandsdiagnose gleichermaßen bedeutsam und professionell ist (vgl. Lukesch, 1998, S. 530).

Wenn Lehrkräfte solche Tests konstruieren sollen, dann muss sich aber der methodische Aufwand in Grenzen halten, die einmal durch ihre Ausbildung und zum anderen durch ihre hohe Arbeitsbelastung bestimmt werden.

Von den traditionellen subjektiven Methoden der Leistungsüberprüfung (Aufsatz, Klassenarbeit, Zettelarbeit etc.) unterscheiden sich informelle Tests vor allem durch das *Maß an erreichbarer Objektivität*. Es ist durchaus möglich, dass Lehrkräfte bei sorgfältiger Ausarbeitung Durchführungs-, Auswertungs- und Interpretationsobjektivität sichern können. Reliabilität und Validität werden bei der Konstruktion von informellen Tests angestrebt, aber nicht durch statistische Verfahren (wie bei formellen Tests) nachgewiesen.

Bei der Ausarbeitung eines solchen informellen Tests sollte eine ähnliche Schrittfolge (z.B. Lehrplananalyse, Konstruktion von Testaufgaben, empirische Aufgabenanalyse) wie bei der Erstellung formeller Tests eingehalten werden (vgl. Lukesch, 1998; Ingenkamp & Lissmann, 2008).

- Die *Lehrplananalyse* konzentriert sich auf die präzise Bestimmung und Beschreibung der Lehrziele, deren Realisierung mit dem Test untersucht werden soll. Im Ergebnis dieser Analyse entsteht eine Lehrzielmatrix, die sich aus Inhaltsaspekten und Verhaltensaspekten zusammensetzt. Die Inhaltsaspekte beschreiben die Schwerpunkte des Stoffes, während die Verhaltensaspekte die kognitiven Anforderungen bei der Beherrschung dieser Inhalte festlegen (z.B. grob: Wissen, Verstehen, Denken oder in Anlehnung an Bloom, Engelhardt, Furst, Hill & Krathwohl (1956): Wissen, Verstehen, Anwenden, Analyse, Synthese, Beurteilung). Formulierungen von typischen Lernzielen in der Kombination dieser beiden Dimensionen wären z.B.: „Die Schüler sollen erläutern/erklären/beschreiben können, dass bzw. warum ..." (= Beherrschung des Inhalts auf den Ebenen „Wissen und Verstehen") oder „Die Schüler sollen ... vergleichend beurteilen können" (= Beherrschungsgrad: Anwenden und Beurteilen).

- Nach der Bestimmung solcher präzisen Lernziele müssen die *Testaufgaben konstruiert* werden. Als günstig erweist sich hierbei, wenn eine Tabelle erstellt wird, die die Anzahl der Aufgaben in Abhängigkeit des Inhalts und der kognitiven Anforderungs- bzw. Verhaltensebene ausweist (Tab. 3.10).

Tabelle 3.10: Muster zur Erstellung von Aufgaben in Abhängigkeit der Lernziele

Ausgewählter Inhaltsbereich	Kognitive Anforderun			
	Wissen	Verstehen	Denken[1]	Summe
A				
B				
Z				
Summe				

Anmerkung: [1]Denken könnte weiter differenziert werden in Verhaltensaspekte (Anwenden, Beurteilen, Problemlösen)

Wie aus Tabelle 3.10 zu ersehen ist, gibt die Zeilensumme Auskunft über das Gewicht der Inhaltsaspekte, d.h. lassen sich Aufgaben zum Inhalt auf allen kognitiven Anforderungsebenen finden. Über den Vergleich der Spaltensummen kann die Lehrkraft kontrollieren, wie die Verteilung der Aufgaben in Bezug auf die kognitiven Anforderungsebenen gelungen ist. So lassen sich schnell Korrekturen vornehmen, falls der Wissensaspekt gegenüber dem Denkaspekt überrepräsentiert sein sollte.

Die Anzahl der Aufgaben wird von der für die Testung vorgesehenen Zeit (1 oder 2 Schulstunden) bestimmt.

Bei der Aufgabenkonstruktion erweist es sich als günstig, wenn zunächst mehrere Aufgaben pro vorgesehener Zelle (siehe Tab. 3.10) formuliert werden, als in der Lehrzielmatrix vorgesehen sind. Denn erfahrungsgemäß erweisen sich bei der ersten Testung Aufgaben auch als unbrauchbar.

Bezüglich der Aufgabentypen können dieselben Aufgaben wie in den formellen Tests verwendet werden. Je nach zu erfassendem Inhalt-Anforderungsaspekt können folgende Möglichkeiten genutzt werden (vgl. Schelten, 1980, S. 144):

(a) Gebundene Aufgabenbeantwortung
    (aa) Auswahlantworten
        Richtig/Falsch-Aufgaben
        Mehrfachwahlaufgaben
    (ab) Ordnungsantwortaufgaben
        Zuordnungsaufgaben
        Umordnungsaufgaben

(b) Freie Aufgabenbeantwortung
    (ba) Ergänzungsaufgaben (Lücken)
    (bb) Kurzantwortaufgaben
    (bc) Kurzaufsatzaufgaben

Diagnostik zur Feststellung von Lernergebnissen und Lernverläufen 263

Viele Lehrkräfte bevorzugen bei der Konstruktion von informellen Tests häufig Mehrfachwahlaufgaben und Kurzantwortaufgaben, weil diese leichter zu konstruieren und auszuwerten sind. Differenziertere Regeln und Hinweise für die Formulierung von Testaufgaben kann man aus Lukesch (1998, S. 505f.) entnehmen.

- Unter Alltagsbedingungen in der Schulpraxis wird die Lehrkraft, nachdem sie die Aufgaben sorgfältig konstruiert und in eine „Testform" auf Blätter oder in ein Heft gebracht hat, diesen Test dann *sofort in der ganzen Klasse durchführen,* ohne ihn vorher an wenigen Schülern erprobt zu haben.
- Die *empirische Aufgabenanalyse* schließt sich nach dieser Testdurchführung an. Das ist sicher der entscheidende Unterschied zur Durchführung konventioneller Klassenarbeiten und weist die Lehrkraft als professionellen Diagnostiker aus.
- Die empirische Aufgabenanalyse umfasst bei formellen Tests die Berechnung des Schwierigkeitsindexes, des Trennschärfekoeffizienten und eine Distraktorenanalyse (Feststellung der Eignung falscher Antworten bei Mehrfachwahlaufgaben). Zur differenzierten Beschäftigung mit der Vorgehensweise bei der Berechnung dieser Aufgabenkennziffern siehe Lukesch (ebd. S. 505ff.). Für den Schritt der Aufgabenanalyse wird an dieser Stelle in Anlehnung an Diedrich (1968) ein einfaches, aber für schulische Zwecke ausreichendes Verfahren vorgestellt (vgl. auch Ingenkamp & Lissmann, 2008, S. 175f.).

a) Die Lehrkraft wertet die bearbeiteten Tests zunächst aus und ordnet sie nach der erreichten Gesamtpunktzahl.

b) Anhand der Punktzahl werden die Tests in zwei Teile geteilt: die besseren Schüler in die obere Hälfte= OH und analog die schlechteren in die untere Hälfte= UH. Bei einer ungeraden Schüleranzahl bleibt der Test in der Mitte für die weitere Aufgabenanalyse unberücksichtigt. Wenn mehrere Schüler am Trennpunkt zwischen den Hälften die gleiche Punktzahl haben, werden sie nach Zufall auf die beiden Hälften gleich verteilt.

c) Jetzt wird der *Schwierigkeitsgrad* der einzelnen Aufgaben bestimmt. Dazu ist es notwendig, getrennt für die obere und untere Hälfte für jede Aufgabe die Anzahl der richtigen Lösungen auszuzählen. Die Summe der richtigen Lösungen (OH + UH) ergibt ein Maß für den Schwierigkeitsgrad der Aufgabe. Der genauere Schwierigkeitsgrad p der Aufgabe kann nach der Formel

$$\text{Schwierigkeitsgrad} = \frac{OH+UH}{\text{Anzahl der Schüler}} \times 100$$

berechnet werden.

Nehmen wir an, in einer Klasse haben 32 Schüler den Test bearbeitet. Davon haben in der OH 12 und in der UH 5 Schüler die Aufgabe 1 richtig gelöst. Insgesamt wurde die Aufgabe 1 also von 53% der Schüler richtig gelöst. Das ist ein noch angemessener Schwierigkeitsgrad. Der Schwierigkeitsgrad p ist numerisch umso größer, je leichter die Aufgabe ist. Der Schwierigkeitsgrad von standardisierten Tests sollte zwischen p =

20 und p = 80 streuen, damit der Test maximal differenziert. Je nachdem, welche Zielstellung der Test verfolgt (Differenzierung im oberen oder unteren Leistungsbereich) müssen mehr leichtere oder mehr schwierigere Aufgaben präsentiert werden. Für das Anliegen der informellen Tests, nach der Behandlung einer größeren Stoffeinheit die Beherrschung der Lehrziele zu prüfen, sollte die Verteilung der Schwierigkeitsgrade von p= 20 bis p= 80 mit einem Mittelwert von p= 50 angestrebt werden, um eine gute Ergebnisverteilung zu erreichen.

d) Jetzt kann die *Trennschärfe* der Aufgabe bestimmt werden. Von hoher Trennschärfe spricht man, wenn die Schüler, die die Aufgabe richtig gelöst haben, auch einen hohen Gesamtpunktwert erzielt haben. Ein Trennschärfekoeffizient von 0 bedeutet, dass die gleiche Anzahl von Schülern in der oberen und in der unteren Hälfte die Aufgabe richtig gelöst hat. Solche Aufgaben sind unbrauchbar.

In unserem Fall ermitteln wir das Maß für die Trennschärfe durch die Differenz von OH minus UH. Wenn die Differenz 10% der Klassenstärke entspricht, dann spricht man von einer befriedigenden Trennschärfe. Beträgt die Differenz 15% ist sie als gut zu bewerten. In unseren Beispielfall beträgt die Trennschärfe (12-5= 7) 22%. Sie ist also durchaus hoch.

Damit die Lehrkraft mit einem Blick die Ergebnisse der Aufgabenanalyse beurteilen kann, wird empfohlen, die Auswertung übersichtlich in einer Tabelle vorzunehmen (siehe dazu Tab. 3.11).

Tabelle 3.11: Muster zur Auswertung der Aufgabenanalyse

Nummer der Aufgabe	OH insgesamt richtig	UH insgesamt richtig	Aufgabenschwierigkeit OH + UH	p	Trennschärfe OH-UH
1	12	5	17	56	7 (22%)
2					
3					
4					
n					

(OH= obere Hälfte; UH= untere Hälfte; p= Maß für den Schwierigkeitsgrad)

- Die *Bereinigung der Aufgaben* des Tests erfolgt nach der Aufgabenanalyse, d.h die Aufgaben mit unangemessenen Schwierigkeits- und Trennschärfegrad werden entfernt.
- Für die endgültige Beurteilung der Gesamtleistung werden nun nur die Aufgaben herangezogen, die sich bei der Aufgabenanalyse als geeignet erwiesen haben. Dazu macht sich eine Nachkorrektur erforderlich. Im Anschluss daran, könnte für die Klasse oder ausgewählte einzelne Schüler ein Profil über die Stärken und Schwächen (bezogen auf die Lehrzielmatrix) erstellt werden. Damit erhält die Lehrkraft differenzierte Anhaltspunkte für die gezielte Förderung von Schülern. Hat ein Schüler alle Reproduktionsaufgaben beispielsweise richtig gelöst, jedoch nur ganz wenige Aufgaben im Bereich des Denkens, dann liegt die Hypothese nahe, dass dieser Schüler zwar (auswendig) lernt, aber nur wenig versteht. Tritt der Fall ein, dass mehr Schüler einer Klasse nur wenige Aufgaben im Anforde-

Diagnostik zur Feststellung von Lernergebnissen und Lernverläufen 265

rungsbereich „Denken" gelöst haben, sollte die Lehrkraft die Methoden ihres Unterrichts prüfen.
- Ingenkamp und Lissmann (2008, S. 176) machen folgende Angaben für die Bestimmung der Zuverlässigkeit des erstellten informellen Tests. Bei informellen Tests, die einer *Aufgabenanalyse unterzogen wurden*, beträgt der *Messfehler etwa* ±
2 Rohpunkte bei weniger als 24 Aufgaben
± 3 Rohpunkte bei 24 bis 47 Aufgaben
± 4 Rohpunkte bei 48 bis 89 Aufgaben.
Diese Informationen sind eine Orientierung für die Lehrkraft, um eine Überschätzung zufallsbedingter Unterschiede zu vermeiden.

Abschließend kann festgestellt werden, dass zwar der Konstruktionsaufwand bei informellen Tests für die Lehrkraft zunächst hoch ist. Wenn Lehrkräfte jedoch ihre erprobten informellen Tests sammeln bzw. untereinander austauschen, dann kommt es bei der wiederholten Leistungsmessung bereits zu einer erheblichen Zeitersparnis bei der Auswertung (im Vergleich zu konventionellen Klassenarbeiten). Darüber hinaus liegt ein Gewinn in der Objektivität und Genauigkeit der Messung, die für professionelle Lehrkräfte eigentlich unverzichtbar ist.

3.2.3 Alternative Beurteilungsverfahren

Im Zusammenhang mit der Kritik an der Zensurengebung in den 1970er Jahren und der an Bildungsinstitutionen fast ausschließlich praktizierten Zensurenvergabe im Dienste des Berechtigungswesens wurde verstärkt über Beurteilungsalternativen nachgedacht, die für Schüler und ihre Eltern detailliertere Informationen über den Lernprozess, über Lernfortschritte und Lernprobleme liefern können (z.B. Diagnosebogen, Schülerbeobachtungsbogen, Lernbericht, Zeugnisbericht; dazu ausführlicher Ingenkamp & Lissmann, 2008).

Für die Leistungsbeurteilung im Rahmen einer neuen Lehr-Lernkultur wurde ein beachtenswerter reformerischer Ansatz vor allem in den USA entwickelt, der zum einen die Beurteilung des Lern*verlaufs* und Lern*fortschritts (z.B. Curriculum basiertes Messen)* stärker in den Mittelpunkt rückt und zum anderen eine grundsätzlich aktivere Einbeziehung und Mitwirkung der Schüler in den Beurteilungs- und Bewertungsprozess vorsieht (z.B. *Arbeit mit Lerntagebüchern und Portfolios).*

Lerntagebücher und Portfolios sind dabei als eine Bereicherung bzw. Erweiterung zu den traditionellen Beurteilungsverfahren und *nicht als Ersatz* zu verstehen.

In den zurückliegenden Jahren hat sich eine Hinwendung zu diesem Ansatz auch in verschiedenen europäischen Ländern abgezeichnet und im deutschsprachigen Raum ist seit Ende der 1990er Jahre, insbesondere aber nach 2000, eine breitere Anwendung und Erprobung in Theorie und Praxis zu registrieren. Das spiegelt sich in einer zunehmenden Zahl von Publikationen und wissenschaftlichen Konferenzen zu diesem Thema wider.

Dieser Ansatz darf deshalb als ein wichtiger neuer Aspekt moderner Diagnostik in diesem Buch nicht unberücksichtigt bleiben, auch wenn Umfang und Rahmen nur Raum für eine knappe Einführung erlauben.

Im Folgenden sollen ausgewählte Aspekte dieser neuen Formen diagnostischer Tätigkeit vorgestellt werden, die vor allem für Praktiker und auch Lehramtsstudierende besonders relevant sind: Was versteht man unter Portfolio und Lerntagebuch? Welche Besonderheiten zeichnen sie gegenüber traditionellen Verfahren der Diagnostik aus? Welche Typen und Funktionen lassen sich ausmachen? Wie sind sie aufgebaut? Wie können sie zur Fremdbeurteilung durch Lehrer und Selbstbeurteilung der Schüler genutzt werden? Was ist unter Curriculum basiertem Messen zu verstehen und welche Vorzüge ergeben sich für die tägliche Diagnostik der Lehrkräfte? Welche standardisierten Verfahren liegen bereits vor? Wo sind die Grenzen im Lern- und Beurteilungsprozess bei allen alternativen Verfahren zu markieren?

3.2.3.1 Portfolio

Unter Portfolio wird zunächst allgemein eine gegliederte Sammlung von Lernergebnissen verstanden, die vorwiegend Arbeiten und Produkte schülerischer Lernvorgänge enthält.

Eine gängige Definition von Portfolio geht auf den Portfoliospezialisten Pearl Leon Paulson zurück, auf die sich die meisten Autoren heute beziehen: „Ein Portfolio ist eine zielgerichtete Sammlung von Arbeiten, welche die individuellen Bemühungen, Fortschritte und Leistungen der/des Lernenden auf einem oder mehreren Gebieten zeigt. Die Sammlung muss die Beteiligung der/des Lernenden an der Auswahl der Inhalte, der Kriterien für die Auswahl, der Festlegung der Beurteilungskriterien sowie Hinweise auf die Selbstreflexion der/des Lernenden einschließen" (Paulson, Paulson & Meyer, 1991, zitiert nach der Übersetzung von Häcker, 2006, S. 36).

Wie bereits erwähnt, ist das Portfolio in seinem Ursprung ein Resultat reformerischer Ansätze und Bestrebungen aus den USA mit dem Ziel, die Einseitigkeit der gängigen Beurteilungspraxis zu überwinden, die Lernende im Beurteilungsprozess zu stark auf passive Objekte reduziert.

In diesem Reformprozess stellte und stellt sich insbesondere die Frage, ob man die Lernenden immer stärker zu aktiven und selbstbestimmten Gestaltern des eigenen Lernprozesses machen kann, sie aber bei der Bewertung der Lernergebnisse im Zustand passiver, beurteilter Objekte belässt.

Die Einführung von Portfolioarbeit und Lerntagebüchern zielt vor allem darauf, beim Lernen solche Tätigkeiten wie selbstständiges Fragen, Beobachten, Planen, Analysieren, Präsentieren, Verteidigen, Reflektieren zu initiieren. Solche auf die Selbststeuerung des Lernens gerichteten Aktivitäten von Schülern, die ganz ausdrücklich auch Selbstkontrolle und -bewertung einbeziehen, werden vor allem im Dialog mit Lehrkräften und Mitschülern erworben. Mit einer so veränderten Lernkultur wird sich bei den Schülern allmählich auch eine emotional-motivationale Einstellung herausbilden, die auf Eigeninitiative, Selbstverantwortung und Selbstkontrolle der eigenen Lerntätigkeit ausgerichtet ist.

Auf diese Weise sollen Einführung und Arbeit mit Portfolio und Lerntagebüchern – bei aller Vorsicht – auch einen Einstieg in ein verändertes Rollenverständnis im Lernprozess, aber besonders in der Beurteilungspraxis, ermöglichen. So können Lehrende vom einseitigen Wissensvermittler und Beurteiler zum Berater, Trainer, Coach,

Diagnostik zur Feststellung von Lernergebnissen und Lernverläufen

Anreger werden und die missliebigere Rolle des allgegenwärtigen Kontrolleurs und Fremdbeurteilers kann deutlich minimiert werden.

Die Portfolioarbeit verfolgt unterschiedliche Zwecke bzw. Aufgaben bei der Beurteilung von Lern*tätigkeit* und Lern*person*. Zusammengefasst lassen sich folgende Aufgaben der Portfoliobeurteilung herauslösen (vgl. auch Lissmann, 2007, S. 280):

(1) Lerntätigkeit diagnostizieren, um Stärken und Schwächen von Lernenden festzustellen.
(2) Den Lernenden selbst beurteilen.
(3) Die besten Arbeiten des Lernenden vorweisen.
(4) Die Lernentwicklung des Lernenden dokumentieren.
(5) Den Lernenden vorstellen.

Je nachdem, welche Aufgaben bei der Beurteilung von Lerntätigkeit oder Lernperson intendiert sind, werden bestimmte Anforderungen an Aufbau und Struktur des Portfolios gestellt. Dadurch lassen sich unterschiedliche Portfoliotypen bestimmen.

Zu Formen und Typen gibt es inzwischen in der deutschsprachigen Literatur eine breite Palette von Arbeiten; dazu sei an dieser Stelle auf Häcker verwiesen, der sich mit der Vielfalt der Portfolios ausführlich auseinandersetzt (Häcker, 2006).

Generell werden von den meisten Autoren (u.a. Brunner, Häcker, Winter, 2006; Lissmann, 2007; Gläser-Zikuda & Hascher, 2007) folgende Portfoliotypen benannt:

- *Das Arbeitsportfolio* oder *Lernportfolio* dient dazu, Produkte, Arbeiten und Materialien des Lernenden zu sammeln und zu dokumentieren. Zweck des Arbeitsportfolios ist die *Diagnostik der Lerntätigkeit, d.h. Stärken und Schwächen des Lernenden herauszufinden.* Damit kann es Grundlage für die Planung eines adaptiven Unterrichts für die Lehrkraft sein. Das Arbeitsportfolio wird als Ganzes nach einer Lerneinheit durchgesehen, seine Teile können während oder am Ende einer Lerneinheit beurteilt werden. Eine explizite Fremdbeurteilung durch den Lehrenden ist z.T. auch nicht erwünscht, weil hier eher aufhebenswerte Lernprodukte gesammelt und dokumentiert werden. Dann dient das Arbeitsportfolio in erster Linie dem Nachweis der Teilnahme am Lernprozess (z.B. Unterricht in einem Fach).

- Das Vorzeige- (auch Präsentations-)portfolio, enthält die gelungensten Arbeiten (Produkte) zu einem bestimmten Thema, Aufgaben- oder Problembereich, die vom Lernenden selbst ausgewählt und zusammengestellt werden, um die eigene Leistung und Kompetenz über längere Etappen oder Zeiträume zu demonstrieren. Mit dieser Auswahl der Arbeiten ist auch eine gewisse emotionale Bewertung des Lernenden (Stolz) verbunden. Aus dem Vorzeigepotfolio kann somit auch diagnostiziert werden, welche Arbeiten dem Lernenden besonders vorzeigenswert erscheinen und was er selbst für bedeutsam an seinen Arbeiten ansieht. Damit kann eine inhaltliche und methodische Begründung der Auswahl explizit eingefordert und diagnostiziert werden.
Oft wird eine Auswahl unter einer speziellen Ziel- oder Themenstellung aus dem Arbeitsportfolio vorgenommen.

- *Das Entwicklungs- oder Prozessportfolio* legt den Schwerpunkt stärker auf eine Sammlung solcher Arbeits- und Lernprodukte, mit denen der *Lern- und Entwick-*

lungsprozess demonstriert werden kann. Im Prozess der Entstehung solcher Portfolios können die Schüler selbst erfahren, wie sie Lernfortschritte machen. Der besondere Wert des Entwicklungsportfolios für schulisches Lernen besteht darin, dass Schüler einen Teil der Lehrerbewertung übernehmen können. Sie beurteilen ihre Arbeiten selbst, überwachen den Lernfortschritt und leiten selbstständig Entscheidungen ab, wie sie mit erkannten Lernproblemen umgehen wollen. Auf diese Weise werden verstärkt metakognitive Kompetenzen beim Lernen befördert. Natürlich kann auch im Rahmen des Entwicklungsportfolios eine Fremdbeurteilung durch den Lehrenden vorgenommen werden.

- Das *Beurteilungsportfolio* soll dokumentieren, *was ein Schüler gelernt hat*. Beim Beurteilungsportfolio wird auf der Grundlage von Lernzielen des entsprechenden Lehrplanes festgelegt, welche Arbeiten für ein Portfolio auszuwählen sind.
Damit ist das Beurteilungsportfolio formaler und stärker fremdgesteuert in Bezug auf die Bestimmung der Auswahlkriterien als beispielsweise das Arbeitsportfolio. Für die Fremdbeurteilung wird deshalb die Ausarbeitung klarer Kriterien und Beschreibungen der unterschiedlichen Leistungsstufen (Kompetenzstufen) im jeweiligen Lernbereich notwendig.
Somit muss für Schüler bereits bei der Planung des Portfolios einsichtig sein, was sie tun und wie gut sie es tun müssen, um bestimmte Noten zu erreichen.

- Das *Bewerbungsportfolio* ist eine spezifische Form, das sowohl Elemente des Präsentations- als auch des Entwicklungsportfolios enthalten kann. Es ist eine Art *Ausweis, der den Zugang zu Berufs- und Bildungswegen begleitet.* Bei der Durchsicht des Portfolios interessiert jetzt weniger der Lernprozess, sondern vielmehr der erreichte Lernstand. Hierfür brauchen Lernende allerdings mehr Beratung und Unterstützung.

Obwohl die einzelnen vorgestellten Portfoliotypen unterschiedliche Zwecke verfolgen, sind Vorgehensweise und Aufbau häufig ähnlich.

Zunächst lassen sich bestimmte relativ übereinstimmende Grundfragen ableiten, die für die Portfolioarbeit eine Orientierung geben können:

1. *Was soll gesammelt werden?* (abhängig von den konkreten Frage- und Zwecksetzungen des Portfolios).
2. *Was ist günstig in Aufbau, Struktur und Abfolge*? (weitgehend von der inhaltlichen Zielstellung bestimmt).
3. *Wer sammelt wie evtl. mit wem zusammen?* (im Dialog mit der Gruppe bzw. dem Verfasser und der Lehrkraft sowie evtl. "Experten" klären).
4. *Wie ordnen?* (z.B. in informativer Datierung, Stich- und Schlagwörtern, Verzeichnissen und nach Zielsetzung und Adressaten).
5. *Wie aufbewahren?* (meist in Ordnern, Mappen, Schachteln u.ä.; findige Lehrer organisieren Schubfächer, u.ä. im Klassenraum, um Zugangsmöglichkeiten selbstverantwortlich verwalten zu lassen).

Wie sollte nun ein *typisches* Portfolio aufgebaut sein? In der Abbildung 3.26 wird hierzu ein allgemeiner Vorschlag unterbreitet (vgl. Lissmann, 2007; Häcker et al. 2006).

Diagnostik zur Feststellung von Lernergebnissen und Lernverläufen 269

- Titelseite oder Titelblatt
- Inhaltsverzeichnis ; Liste der Schwerpunkte
- Einleitung (evtl. mit Vorstellung und Zielstellung des Verfassers („Visitenkarte")
- Auswahl der Arbeiten und Dokumente (in sinnvoller Anordnung)
- Reflexion der Lern- und Lösungswege; Schlussfolgerungen für weiteres Arbeiten
- Beratungsergebnisse und Hinweise von Lehrpersonen und Partnern

Abbildung 3.26: Aufbau einer Portfoliosammlung

Nach dieser Benennung wesentlicher struktureller Schwerpunkte des Portfolioaufbaus sollen nun einige Konkretisierungen an verschiedenen Beispielportfolios den Überblick vervollständigen. Auch hierzu liegen ausführlichere Beiträge in der Literatur (Brunner, Häcker, Winter, 2006; Lissmann, 2007; Gläser-Zikuda et al. 2007) und im Internet (Reich, K. (Hg.): Methodenpool. In: URL: http://methodenpool.uni-koeln.de 2003ff.) vor.

Wenn man Beispiele und Muster von Portfolioarbeiten ansieht, so zeigt sich die außerordentlich große Spannweite der Möglichkeiten schon darin, dass bereits im Werkstattunterricht einer ersten Klasse mit Elementen der Portfolioarbeit begonnen werden kann und Portfolioarbeit auch zunehmend bis in die Hochschulausbildung reicht. Inzwischen gibt es auch erste Online-Seminare zur Portfolioarbeit.

In einem Bericht über den Beginn der Portfolioarbeit in der Grundschule schildert Rentsch (2006), wie sie dort „Schatzkisten", d.h. angeleitete Sammlungen bester Arbeiten und dokumentierender Fotos mit den Kindern erarbeitet hat. Interessant sind besonders auch die erteilten altersgerechten Arbeitsaufträge:

„Wähle aus deinen gesammelten Arbeiten zehn aus, auf die du besonders stolz bist...und die unbedingt in deine Schatzkiste gehören...
Suche dir ein Kind aus, das damit ebenfalls fertig ist. Zeigt euch eure Schatzkisten und begründet ganz genau, warum die ausgewählten Arbeiten in die Mappe gehören" (Rentsch, 2006, S. 118).

Rentsch beurteilt die Arbeit mit dem Portfolio in Form einer „Schatzkiste" durchweg positiv, weil dadurch

- die individuell verschiedenen Lernwege und Arbeitsschwerpunkte der einzelnen Schüler diagnostiziert werden können;
- die Kinder veranlasst werden, über die subjektive Bedeutsamkeit eigener Lernprodukte nachzudenken und damit auch eine erste Selbstreflexion in Gang gesetzt wird;
- die Kinder lernen, ihre Arbeiten nach bestimmten Kriterien auszuwählen und zu beurteilen;
- die Kinder allmählich befähigt werden, über ihre Lernziele, Lernprodukte und Lernfortschritte miteinander zu sprechen;
- Raum für Würdigung und Abschluss einer intensiven Arbeitsphase entsteht, was insbesondere die Lernmotivation der Schüler günstig beeinflusst (vgl. ebd. S. 119).

Vergleichbar erfolgreich wurde mit einem „Talentportfolio" in einer Hauptschule gearbeitet (Scheibert, 2006). Hier wurden in einer „Schatztruhe der Stärken" Dokumente,

Lern- und Arbeitsergebnisse in den spezifischen Stärkebereichen der Schüler gesammelt. Die ausgewählten Dokumente sollen die Stärken in bestimmten Interessens-, Fähigkeitsbereichen sowie Tätigkeitsformen veranschaulichen und Reflexion persönlicher und beruflicher Bildungsziele ermöglichen (vgl. ebd., S. 127).

Abschließend soll noch auf eine Beschreibung der Lernportfolioarbeit und eine in diesem Zusammenhang äußerst ansprechende Illustration von A. Müller im Internet hingewiesen werden (http://www.learningfactory.ch/downloads/dateien/portfolio-www.pdf; http://www. learningfactoty.ch/downloads/).

Ein weiterer wichtiger Aspekt der Portfolioarbeit bezieht sich im engeren Sinn auf die Diagnostik mithilfe der Portfolios, d.h. auf ihre Beurteilung und Bewertung.

Dabei kann die Beurteilung durch die Lehrkraft oder Mitschüler (Fremdbeurteilung) oder durch die Verfasser selbst (Selbstbeurteilung) vorgenommen werden.

Auch hier ist eine Gesamtschau nicht einfach, weil die Standpunkte in Literatur und Praxis sehr unterschiedlich sind. So wird eine Beurteilung der Portfolios auf der einen Seite völlig abgelehnt, weil dadurch eine Verringerung der Lernmotivation befürchtet wird.

Auf der anderen Seite spricht eine explizite Beurteilung von Portfolios dafür, aus Rückmeldungen Anhaltspunkte für die systematische Verbesserung des eigenen Lernens zu erhalten, Positives als solches auch sicher einordnen zu können und auch entsprechende Impulse für die Beibehaltung oder Erhöhung der Lernmotivation abzuleiten.

Im Rahmen der Portfoliobeurteilung müssen konkrete Kriterien für die Leistungsbeurteilung in Bezug auf Fremd- und Selbstbeurteilung vorhanden sein.

Wenn die *Schüler die Portfolioarbeit selbst beurteilen* sollen, dann ist es hilfreich, wenn sie dafür präzise Anregungen für die Beurteilung der Stärken und Schwächen und ihrer eingesetzten Anstrengung erhalten. In Abbildung 3. 27 wird ein solcher Vorschlag für ein Formblatt der Beurteilung in Anlehnung an Winter (2000) unterbreitet.

Name:	Klasse:	Zeitraum der Bearbeitung:
Weshalb habe ich dieses Dokument für mein Portfolio ausgewählt? Auf welche Weise wurde das Thema bearbeitet? Was ist gelungen? Was könnte noch verbessert werden? Was habe ich dabei gelernt?		
Datum:		Unterschrift:

Abbildung 3.27: Formblatt zur Selbsteinschätzung des Portfolios durch Schüler

Durch die zunehmend gründlichere und sorgfältigere Beantwortung der Fragen in Abbildung 3.27 lernen die Schüler nicht nur die Schritte ihres Lernweges zu reflektieren, sondern sie werden auch in die Lage versetzt, durch Vergleiche mit Meinungsäußerungen und Bewertungen anderer Partner, besonders aber mit den Werturteilen der Lehrer, ihre eigenen Reflexionen zu überprüfen.

Für die Selbstbeurteilung des „Talentportfolios" bietet Scheibert (vgl. 2006, 134f.) den Schülern Hilfen zur Reflexion und Sprach- bzw. Denkunterstützung an (siehe Abb. 3.28).

Eine Möglichkeit, wie Schüler ihre *Stärken und Schwächen* bei der Portfolioarbeit einschätzen können, berichtet Lissmann (2007, S. 290f.) unter Bezug auf Goerss (1993). Dazu werden Schülern bestimmte Bewertungskategorien mit einer Bewertung von 1 (= schwach) bis 5 (= stark ausgeprägt) vorgegeben. Das Beispiel „Mein Portfolio liefert Hinweise auf meine Fähigkeit, effektiv zu schreiben" wäre der Bewertungskategorie 3 zuzuordnen.

- Ich mag diesen Teil .... des Portfolios besonders, weil ....
- Eine Sache, die ich noch verbessern kann, ist ....
- Dieser Teil des Portfolios .... zeigt z.B.
  Meinen Fortschritt in ....
  Meine Schwierigkeiten bei ....
  Mein Wissensstand über ....
- Anfangs habe ich noch ....
- Ich finde toll ....
- Ich hatte mir das Ziel gesetzt, ...
- Dabei habe ich folgende Schwierigkeiten bewältigt: ....
- .... zeigt, dass mir .... am Herzen liegt.

Abbildung 3.28: Reflexionshilfen bei der Beurteilung eines Portfolios in Anlehnung an Scheibert (2006)

Es bleibt aber offen, wie tragfähig und informativ solche formalisierten Bewertungsvorschläge im Rahmen einer Portfolioselbstbeurteilung durch Schüler tatsächlich sind.

Auch für die *Fremdbeurteilung von Portfolios durch* Lehrkräfte sind Beurteilungshilfen von Vorteil, weil es in der Regel hier nicht genügt, das Leistungskriterium nur zu definieren. In Abbildung 3.29 wird ein Beispiel für die Beurteilung der Qualität einzelner Leistungen anhand einer Art semantischer Differenzierung in Anlehnung an Winter (2000) vorgestellt.

Die in Abbildung 3.29 vorgestellte Bewertungsvariante bezieht sich auf das gesamte Portfolio und muss nach Anzahl und Art der Dokumente des jeweiligen Portfolios differenziert gestaltet werden.

Ähnliche oder vergleichbare Muster zur Portfoliobewertung können im Internet (Methodenpool Uni Köln) eingesehen werden.

Es besteht Konsens darüber, dass Portfolioarbeit nicht mit wildem und ziellosem Sammeln mehr oder weniger relevanter Arbeiten beginnen kann, sondern ausreichende, möglichst von Lehrkraft und Schülern gemeinsam vorgenommene Klärung von Ziel, Inhalt, Struktur, Aufbau und vor allem auch Kriterien der Bewertung voraussetzt.

Portfolio von:			
Klasse: Schuljahr:		Zeitraum der Bearbeitung	
1. Anzahl der Dokumente des Portfolios:			
2. Gesamteinschätzung des Portfolios:			
a) strukturierende Elemente	vorhanden	•••	nicht vorhanden
b) Gestaltung	sorgfältig	•••	nachlässig
c) fachliche Substanz	hoch	•••	gering
d) Kommentare/Reflexion	sorgfältig	•••	nachlässig
e) Lernfortschritte	erkennbar	•••	nicht erkennbar
weitere Hinweise			
3. Einschätzung des Dokuments zum Thema:			
a) Umfang	groß	•••	gering
b) Gliederung	gut/differenziert	•••	weniger gut/grob
c) fachliche Tiefe	angemessen/ hoch	•••	oberflächlich/ gering
d) fachliche Breite	angemessen/ hoch	•••	eng/gering
e) Gestaltung	sorgfältig	•••	nachlässig
f) Quellenangaben	vollständig	•••	unvollständig
g) Kommentare/Reflexion	sorgfältig	•••	nachlässig
weitere Hinweise zu diesem Dokument			
4. Einschätzung des Dokuments zum Thema			
a) ...			
b) ...			
c) ... usw. (analog zu 3.)			
Portfoliogespräch am:			

Abbildung 3.29: Beurteilung der Leistungen im Portfolio anhand einer bedeutungsmäßigen verbalen Differenzierung der Qualität (nach Winter, 2000)

Eine klare, für die Schüler vorstell- und nachvollziehbare *Rahmensetzung* ist eine Grundvoraussetzung für gelingende Portfolioarbeit. Hierbei sollten Lehrende und Verfasser stets dem Ziel folgen, dass in Portfolios ausreichend *Produkte und Prozesse* dokumentiert werden. Die in Portfolios stets einzufordernde Darstellung der Lernfortschritte (auch Schwierigkeiten, Fehlschläge und ihre Lösungsbemühungen) und Beurteilung der eigenen Anstrengung sind grundlegende Bedingungen für die selbstständige Reflexion.

Portfolioarbeit wird pädagogisch umso wirkungsvoller, je authentischer und lebensnaher durch die selbst verantwortete Auswahl, Dokumentation und die im Dialog vorgestellte Präsentation der erbrachten Leistungen der *Sinn* des Lernens erfahren und erlebt werden kann.

Die Bereitstellung eigener Lernresultate und die Veranlassung zu systematischer Lernanstrengung können die Lern- und Methodenkompetenz in völlig anderer Weise entwickeln und fördern als herkömmliche Zensurenbewertungen und Leistungstests. Hier können die Lernenden selbst ihre individuelle Leistungsfähigkeit und Lernkompetenz unter adaptiven Bedingungen (Zeit, Vorgehensweise, Lernort) erproben, darstellen und „verobjektivierend" in die Bewertung ihrer Leistungsurteile eingreifen.

Zusammenfassend kann festgehalten werden:
Es ist unübersehbar, Portfolioarbeit setzt sich immer mehr in Schulen, Ausbildungsbereichen bis hin zu akademischen Bildungsformen durch. Eine besondere Rolle spielt dabei die Lehreraus- und -fortbildung.

Zu warnen ist vor Fehleinschätzungen und Überschätzungen, einer „Portfoliomanie", vor „Hochglanzportfolios", die besonders bei kurzatmigem Aktionismus und Unterschätzung der Rahmenbedingungen entstehen können.

Schwierigkeiten und Fehlschläge, auch Ermüdungen nach kurzer Zeit können besonders dann entstehen, wenn Unterricht, Lerngestaltung und vor allem die anderen diagnostischen Instrumentarien nicht zur Portfolioarbeit passfähig sind, Portfolios also nicht integrativ in den gesamten Beurteilungsprozess eingebettet, sondern aufgesetzt und additiv hinzugefügt werden.

Portfolioarbeit kann immer dann gelingen, wenn die Voraussetzungen und Rahmenbedingungen so gestaltet werden, dass die Mühen des Anfangs in konstruktiven Beratungsgesprächen mit den Lernenden aufgefangen werden und sie bald im Portfolioarbeitsprozess die Wertschätzung ihres selbst verantworteten und selbst gesteuerten Lernens am Durchstehen der Anstrengungen und am Erfolg erfahren.

3.2.3.2 Lerntagebuch

Tagebücher und Tagebuchformen haben eine lange Tradition. Sie ermöglichen sowohl unter persönlichen als auch unter wissenschaftlichen Aspekten die Beschreibung und Erfahrungsbewahrung in einer spezifischen Form der Reflexion und Verständigung über Handlungs- und Geschehensabläufe. Sie sind aus der Literatur ebenso wie aus der Medizin, der Entwicklungspsychologie, der Psychotherapie und aus dem pädagogischen Bereich bekannt.

Im Rahmen der Entwicklung einer neuen Lernkultur und der Einbeziehung der Lernenden in die Diagnostik ihrer Lernanstrengungen und Lernprozesse haben Lerntagebücher in den letzten Jahren – auch in enger Beziehung zu den Portfolios – einen neuen Stellenwert erhalten.

Die Hauptzielsetzung besteht darin, Schülern eine materialisierte und systematische Grundlage zur Dokumentation und Reflexion ihrer Lernprozesse zu ermöglichen.

Lerntagebücher dienen somit der Beschreibung und Beurteilung des täglichen Lernens, der Feststellung der eigenen Lernentwicklung, des Lernfortschritts durch die Möglichkeit des Vergleichs der Eintragungen und der externen Abspeicherung von Lerninhalten. In diesem Reflexionsprozess lernen die Schüler zunehmend auch die internen und externen Bedingungen ihres Lernens in ihrer Effizienz für das Lernen zu beurteilen.

Lerntagebücher sind damit weniger ein Instrument zur Beurteilung von Schülerleistungen, als vielmehr eine Quelle für die Diagnostik von Lernprozessen, Lernverläufen, Lernstrategien, Lernschwierigkeiten, Denkfehlern und Lernmotivation der Schüler. Lehrer können so eine Fülle von authentischen Informationen erhalten, die sie bei der Individualisierung von Lernprozessen effektiv umsetzen können.

Von Schülern wird das Führen von Lerntagebüchern zunächst als eine zusätzliche Arbeit erlebt. Besonders bei wenig motivierten und leistungsschwächeren Schülern bedarf es kluger Beratung, Anleitung und extrinsischer Anreize durch die Lehrkraft. Eine systematische Arbeit mit Lerntagebüchern befähigt die Schüler zunehmend zur Selbstregulation des Lernens, vor allem aber zum Aufbau metakognitiver Kompetenzen und Strategien (Planen, Überwachen, Evaluieren von Lernprozessen), die für erfolgreiches und effizientes Lernen unverzichtbar sind. Lerntagebücher unterscheiden sich bezüglich ihrer Form und ihres Zweckes. Lerntagebücher werden meist grob unterschieden nach *Aufzeichnungsmethoden*:

- spontane Niederschriften, die relativ frei sind von orientierenden Vorgaben;
- an einem bestimmten Raster (meist Grobraster) ausgerichtete Lerntagebücher;
- an stärker differenzierten Fragen, detaillierteren Vorgaben orientierte Lerntagebücher.

So können Lerntagebücher einmal *strukturiert* sein, d.h. über Selbsteinschätzungsbögen oder formalisierte Berichtsbögen werden die Lernenden durch Fragen oder vorgegebene Antwortkategorien geführt und damit wird auch das Reflektieren und Stellung nehmen erleichtert (siehe u.a. Landmann & Schmitz, 2007). Zum anderen kann ein *voll entwickeltes offenes* Lerntagebuch angestrebt werden, in dem die schreibenden Lerner jeweils Dialoge auf mehreren Ebenen führen und darüber berichten:

- Dialog mit dem Lerngegenstand,
- Dialog mit sich selbst (Reaktionen, Sinnbezüge, Gefühle)
- Dialog mit Zielen und Kriterien des Lernens,
- Dialog mit den eigenen Vorgehensweisen, Lernstrategien (vgl. Winter, 2007, S. 113).

Die Abfassung und das Grundmuster der Anlage von Lerntagebüchern erhalten so auch aus diagnostischer Perspektive eine wichtige Bedeutung. Denn der Beschreibungsmodus, der zwischen einer differenzierten, ausführlichen Beschreibung und einer knappen durch Rastervorgabe fixierten Benennung von Prozesskomponenten möglich ist, widerspiegelt sehr unterschiedliche Qualitäten der Selbstreflexion. Eine Standardisierung ist natürlich sowohl für Lernende leichter als auch für Vergleiche und Schlussfolgerungen durch die Lehrenden effizienter. Eine standardisierte Form bringt auch die Motivation zur Nutzung von Lerntagebüchern leichter auf den Weg, denn Schüler wissen am Anfang oft nicht, wie sie Lernen (Lernvorgänge) beschreiben und reflektieren sollen. Deshalb empfiehlt es sich, mit formalisierten, überschaubaren Formen zu beginnen.

In diesem Zusammenhang wurde von Spinath (2007) untersucht, wie auch schon für Förderschüler ein Lerntagebuch erfolgreich auf den Weg gebracht werden kann.

Anregende und anschauliche Belege für Lerntagebücher in unterschiedlichen Abfassungsformen referiert Lissmann (2007).

Für die Form *offener Lerntagebücher* hat sich die Abfassung von Lernjournalen als besonders geeignet erwiesen. Schüler halten dabei zwar chronologisch, aber sonst weitgehend vorgabefrei, fest, wie sie sich mit bestimmten Problemen beim Lernen auseinandersetzen, welche Methoden, Strategien und Techniken sie auswählen und nutzen usw. Dabei wird neben der Auseinandersetzung mit dem Lerninhalt vor allem die strategische und auf Verfahrenswissen orientierte Reflexion befördert.

Der Kern des Anlegens und des Abfassens von Lerntagebüchern besteht vorrangig in einer mehr oder weniger differenzierten Reflexion von Gedanken und Erfahrungen, die den eigenen Lernprozess spiegeln.

Für die Anregung zur Reflexion für die Lernenden können u.a. folgende Fragen eine Orientierung sein:

- Was sollte ich lernen? Worin bestand die Zielstellung?
- Was habe ich tatsächlich (heute, diese Woche etc.) gelernt? (Inhalte)
- Wo traten Schwierigkeiten auf?
- Was habe ich nicht verstanden?
- Konnte ich es klären? (mit wem? wie?)
- Welche Fragen und Probleme sind immer noch offen?
- Wie/mit wem/wann will ich sie klären?
- Wie bin ich beim Lernen/Aufgabenlösen vorgegangen? (Plan, Strategien, Methoden)
- Wie viel Zeit habe ich investiert? (Anzahl von Stunden/Minuten)
- War die Zeit ausreichend?
- Hätte ich bei mehr Zeit (wenn ich früher begonnen hätte) mehr/besser gelernt?
- Hat mir das Lernen Freude gemacht? Wenn ja, warum? Wenn nein, warum nicht?
- Was könnte ich in Zukunft anders/besser machen?
- Was sollte ich unbedingt beibehalten, weil Erfolg versprechend?

Wenn Lehrkräfte Lerntagebücher auf den Weg bringen wollen, so ist zu berücksichtigen, dass konzeptionelle Anlagen und die konkreten Einsatzformen immer von der spezifischen Zielgruppe, von der beabsichtigten Form der Gestaltung, von den Anleitungs- und Betreuungsformen und nicht zuletzt von den geplanten und möglichen Rückmeldungen abhängen.

Eine probate Hilfe zur konzeptionellen Entwicklung und dem Einsatz von Lerntagebüchern bieten Landmann und Schmitz (2007, S. 163) in einer differenzierten Checkliste an. An dieser Stelle werden daraus nur wenige Ausschnitte in modifizierter Form vorgestellt, um Lehrkräften eine Orientierungsgrundlage zu vermitteln:

- Schülern Sinn des Tagesbuches für das Lernen einsichtig machen
  - Frage des „Wozu" nicht unterschätzen
  - mit Modellen arbeiten
- Konzeptionsentwicklung
  - Zielsetzung klären: was soll reflektiert, was gefördert werden
  - Ressourcen erfragen, stärken
  - Individueller Zuschnitt auf die Zielgruppe
- Gestaltung des Tagebuchs
  - möglichst kurzer Bearbeitungszeitraum (abhängig vom Alter der Schüler)
  - Kombination offener und geschlossener Fragen
  - optisch ansprechende, ins Auge fallende Gestaltung

- Bearbeitung
  - regelmäßige Ausfüllroutinen gewährleisten
  - Tagebücher möglichst oft einsammeln
  - Stichprobenartige Prüfung durchführen
  - Belohnung/Lob für gutes Bearbeiten aussprechen
- Feedback
  - möglichst schnelles, umgehendes Feedback geben
  - individuelles, differenziertes Feedback geben
  - Beteiligung des Schülers an Rückmeldung sichern
  - Fortschritt zurückmelden und anerkennen

Es ist hinreichend nachgewiesen, dass der Einsatz von Lerntagebüchern nicht nur eine komplettierende Ergänzung im diagnostischen Gesamtprozess darstellt, sondern gleichzeitig auch wirkungsvoll das Lernstrategietraining unterstützt und dadurch als ein wirkungsvoller Faktor zur Optimierung selbstregulierten Lernens genutzt werden kann.

Insgesamt lernen Schüler auf diesem Wege, sich und ihren Lernprozess zunehmend besser sach- und zielbezogen zu beobachten, elementare Grundlagen der Selbstbewertung auszuprobieren. Damit erlangen Schüler auch eine aktivere Position im schulischen Lerngeschehen, die sich positiv auf ihre Motivation zum Lernen und die Einstellung zur Schule insgesamt auswirken kann.

3.2.3.3 Diagnostik von Lernverläufen über „curriculumbasiertes Messen" (CBM)

Seit Erscheinen der PISA-Ergebnisse der ersten Welle ist die Tatsache über die Möglichkeit, dass Schüler zwar die Schule besuchen, aber über Jahre keine Lernfortschritte erzielen, öffentlich. Die Lernrückstände bei Schülern werden häufig nicht oder zu spät explizit diagnostiziert. So konnten Strathmann und Klauer (2010) in einer empirischen Untersuchung zeigen, dass bei 14% der untersuchten Kinder über ein Schuljahr hinweg praktisch keinerlei Lernfortschritte nachgewiesen werden konnten. Es geht in diesem Zusammenhang wohl weniger um das Bemerken von „schlechten" Schülern durch Lehrkräfte, sondern eher um eine frühzeitige, differenzierte und explizite Abklärung von Lern(rück)ständen der Schüler. Bislang stehen Lehrkräften für diese diagnostische Aufgabe auch wenig geeignete und vor allem ökonomische und standardisierte Instrumente zur Verfügung. Das „curriculumbasierte Messen" erscheint dafür eine aussichtsreiche Möglichkeit zu bieten.

a) Was ist „curriculumbasiertes Messen"?
„Curriculumbasiertes Messen" (CBM) ist ein Ansatz zur Diagnostik von Lernverläufen der Schüler, der ursprünglich in den USA von Deno (1985) entwickelt wurde, in Deutschland erstmals 2006 von Klauer vorgestellt wurde und vor allem in der Sonderpädagogik und z.T. im Primarbereich beachtliche Resonanz auslöste. Für die Diagnostik der Lernentwicklung von Schülern in der Sekundarstufe an Regelschulen spielt dieser Ansatz bis jetzt kaum eine Rolle. Und nicht zuletzt deshalb, weil ein Angebot an geprüften curriculumbasierten Tests (sogen. ‚CBMs') in den Sachfächern fehlt.

Mit ‚CBMs' im engeren Sinne werden dabei solche Messinstrumente bezeichnet, die es erlauben, das Wissen und die Kompetenzen bezogen auf den aktuell mit der Klasse behandelten Lehr-Lernstoff in regelmäßigen und möglichst kurzen Abständen zu überprüfen. Dabei bezeichnet ‚Curriculum' in diesem Zusammenhang nicht in erster Linie den allgemeinen Lehrplan, sondern die konkreten Inhalte, die tatsächlich gerade im Unterricht behandelt werden. Durch den Einsatz von CBMs soll Lehrkräften die Möglichkeit eröffnet werden, die Lernfortschritte ihrer Schüler parallel zum Unterrichten zu erfassen und so eine beständige Rückmeldung über die Leistungsentwicklung einzelner Schüler oder der ganzen Klasse zu erhalten. Auf der Grundlage der gesammelten Daten kann die Lehrkraft dann die Fragen beantworten, wie sich die Leistungsentwicklung mittel- und langfristig verändert, ob sie sich als linearer Lernzuwachs darstellt, ob sich typische Lernverläufe einzelner Schüler oder ganzer Klassen ausmachen lassen und nicht zuletzt, ob sich auch negativ beschleunigte Kurven oder Lernplateaus zeigen, d.h ob Schüler zeitweise bzw. längerandauernd überhaupt keinen Lerngewinn haben (Strathmann & Klauer, 2010). Die Hinweise auf die Lernverläufe, die mithilfe von CBMs abgebildet werden, können dann sofort und direkt im weiteren Unterricht umgesetzt werden.Nur so kann die Lernentwicklung von Schülern effektiv und zielgerichtet befördert werden. CBM und CBMs stellen somit die Basis für einen adaptiven und lernwirksamen Unterricht dar.

Um diesem Anspruch, Lernverläufe von Schülern regelmäßig, kleinschrittig und ökonomisch zu erfassen, auch wirklich gerecht werden zu können, müssen die CBMs sehr kurze Diagnoseinstrumente sein, die in nur wenigen Minuten von der Lehrkraft im Unterricht durchgeführt und sich anschließend rasch auswerten lassen. Darüber hinaus sollen sie oft eingesetzt werden können und dennoch wenig Zeit vom eigentlichen Unterricht beanspruchen (vgl. Klauer, 2014). Walter (2008) fasst die Forderungen, die an CBMs gestellt werden in folgenden Kriterien zusammen:

- Es soll ein enger curricularer Bezug zu Fach und Klasse ausgewiesen werden.
- Einsatz und Auswertung sollen schnell und unkompliziert sein.
- Die Tests sollen sehr oft einsetzbar sein, also genügend Parallelformen aufweisen. Das wiederum bedeutet, dass der Schwierigkeitsgrad der einzelnen Aufgaben vergleichbar sein muss.
- Es soll das Gütekriterium der Änderungssensitivität erfüllt werden.
- Es sollen kurzfristige Veränderungen der Leistungspotenziale bei Schülern sensibel erfasst werden können.

Walter (ebd.) gibt zwar an, dass CBMs darüber hinaus auch die klassischen Testgütekriterien erfüllen sollten, Klauer allerdings weist auf die Schwierigkeiten hin, änderungssensible Verfahren gemäß der klassischen Testtheorie zu konstruieren. Er schlägt deshalb vor, dass solche Verfahren nur mäßige Retest- oder Paralleltestreliabilitäten, aber hohe Werte der Split-half Reliabilität aufweisen sollten (vgl. Klauer, 2014, S. 11).

b) Vorteile von CBMs für die Diagnostik im laufenden Unterricht
Der entscheidende Vorteil der Leistungsmessung mithilfe von CBMs im Vergleich zu anderen standardisierten Verfahren liegt darin, Lernverläufe valide abbilden und dokumentieren zu können. Herkömmliche Schulleistungstests verfügen in der Regel lediglich über zwei Parallelformen, die im besten Fall zwei Messungen ermöglichen

und deshalb eher zur summativen Evaluation von Lernleistungen und Fördermaßnahmen und weniger zur formativen Diagnostik von Lernverläufen über einen größeren Zeitraum geeignet sind.

Lehrkräfte erhalten durch den Einsatz von CBMs aber nicht ausschließlich Informationen über die Lernentwicklung ihrer Schüler, sondern auch über die Wirksamkeit des eigenen Unterrichts. Über CBMs kann die Effektivität verschiedener Unterrichtsmethoden mit nur geringer Zeitverzögerung erfasst und entsprechende Modifikationen bzw. Anpassungen für einen lernwirksamen Unterricht vorgenommen werden. Gleiches gilt für den Einsatz spezifischer Förderprogramme, deren Wirksamkeit anhand von CBMs Treatment begleitend geprüft werden kann.

Die ausschlaggebende Stärke des CBM liegt aber möglicherweise darin, dass Lehrkräfte, Schüler und Eltern nicht mehr- wie bei der Prüfung des Lernerfolgs durch herkömmliche Klassenarbeiten (=Feststellung des Lernerfolgs erst am Ende einer Stoffeinheit) – mehrere Wochen auf eine Rückmeldung darüber warten müssen, ob Schüler sich den aktuellen Stoff angeeignet bzw. entsprechende Kompetenzen ausgebildet haben oder aber dem Klassenmittel bereits weit voraus sind. Denn dadurch, dass vom Beginn jeder Lehr-Lerneinheit in kurzen Abständen (fünf bis zehn Tage) immer wieder Paralleltests bearbeitet werden, können sowohl kurzfristig die intendierten Lernfortschritte als auch Mängel, Lücken und Stagnationen zeitnah sichtbar gemacht werden. Durch solch differenzierte diagnostische Informationen kann die Lehrkraft sofort und nicht erst nach Wochen mit einer Veränderung der individuellen Lernangebote reagieren.

Dadurch, dass die Ergebnisse der Lernfortschrittsmessung mittels CBMs auch graphisch aufbereitet werden, können sich Lehrer, Schüler und Eltern einen anschaulichen Überblick über die Lern- und Leistungsentwicklung verschaffen. Gerade für eher schwache Schüler ist es wichtig, den eigenen Lernfortschritt im wahrsten Sinne des Wortes zu sehen und im besten Falle einen Ursache-Wirkungszusammenhang zwischen Üben und Lernfortschritt herstellen zu können. Diese Sichtbarmachung von kleinen Lernfortschritten (die beim Einsatz von herkömmlichen standardisierten Testverfahren und Klassenarbeiten ‚untergehen'), kann dazu beitragen, die Lernmotivation zu erhalten bzw. zu steigern (vgl. Voß, 2012).

Dass es sich beim systematischen Einsatz von CBMs um einen erfolgversprechenden Weg für Lehrkräfte bei der Gestaltung von lernwirksamem Unterricht handelt, konnte anhand empirischer Studien zur Wirksamkeit der CBMs belegt werden. So berichten Fuchs und Fuchs (1993) von einer Verbesserung der Schulleistung, wenn Lehrkräfte ihren Unterricht mithilfe von CBMs formativ evaluieren. Auch Souvignier und Förster (2011) konnten positive Effekte der Lernverlaufsdiagnostik auf die Entwicklung der Lesekompetenz von Viertklässlern empirisch bestätigen.

Aber im Gegensatz zu den USA steht die Entwicklung von solchen curriculumbasierten Verfahren in Deutschland noch am Anfang. Für die Bereiche Lesen und Rechnen wurden im Rahmen des Projekts „Prävention und Integration" an der Universität Rostock erste curriculumbasierte Instrumente entwickelt (vgl. Mahlau, Diehl, Voß und Hartke, 2011). Strathmann, Klauer und Greisbach (2010) haben die Lernverlaufsdiagnostik am Beispiel der Rechtschreibung näher beleuchtet.

Folgende ausgearbeitete, standardisierte CBM-Verfahren liegen bereits vor:

Diagnostik zur Feststellung von Lernergebnissen und Lernverläufen 279

| Lernverlaufsdiagnostik –Mathematik für zweite bis vierte Klassen [LVD-M 2-4] |

Mit der LVD-M 2-4 von Strathmann und Klauer (2012) können mathematische Rechenfertigkeiten der Klassenstufen zwei bis vier der Grundschule erfasst und optimiert werden. Diese CBMs können in von Lehrkräften selbst zu bestimmenden sinnvollen Zeitabständen über das ganze Schuljahr verteilt zur Testung eingesetzt werden. Neben dem Manual steht eine Programm-CD zur Verfügung, die eine differenzierte Anleitung zur Durchführung und Auswertung enthält (z.B. konfigurierte Testbögen zum Kopieren; Schüler- und Klassenverwaltung; Ergebnis- und Lernverlaufsdarstellung mit Normen etc.). Für die Testdurchführung erhält jedes Kind bei jeder Testung eine eigene, neue Zufallsstichprobe von 24 Aufgaben. Die Aufgabenblätter werden mit Hilfe der CD in einem Zufallsverfahren erzeugt, das kontentvalide Aufgabenstichproben gewährleistet. Das Programm bietet zur Auswertung verschiedene Hilfen an und ermöglicht Verlaufs-und/oder Statusdiagnostik. Während die Lernverläufe grafisch dargestellt werden, wird der Status mit Hilfe der individuellen, sozialen und curricularen (=Lehrziel) Bezugsnorm geschätzt.

Für den Kompetenzbereich Lesen liegt ein Test zur Lernfortschrittsdiagnostik basaler Lesekompetenzen „Lernfortschrittsdiagnostik Lesen" (LDL) von Walter (2009) vor, der im Anschluss ausführlicher vorgestellt wird.

| Lernfortschrittsdiagnostik Lesen [LDL] |

Mit der Lernfortschrittsdiagnostik Lesen [LDL] von Walter (2009) liegt ein curriculumbasiertes Verfahren zur Lernfortschrittsmessung der Lesekompetenz vor. Obwohl es auch zur Erfassung des allgemeinen Leseniveaus von Grund- Haupt- und Förderschulkindern eingesetzt werden kann, zielt es in erster Linie darauf ab, Veränderungen und Entwicklungs- bzw. Lernfortschritte bei der Lesekompetenz der Schüler abzubilden, zu dokumentieren und nicht zuletzt auf dieser Datengrundlage den Unterricht zu optimieren.

Ziele des Einsatzes durch die Lehrkraft

- Statusdiagnostik, d.h. Erfassung der allgemeinen Lesefähigkeit
- Überblick, Screening zur Feststellung des Leseniveaus einer Klasse
- Prozessdiagnostik zur Erfassung des Leselernverlaufs
- Systematische Evaluation des Leseunterrichts
- Systematische Evaluation von Fördermaßnahmen

Konzeption und Aufbau

Die Lesekompetenz wird zum einen unter der Bottom-Up-Perspektive, die die elementaren Prozesse des Wortlesens wie z.B. Dekodier- bzw. Wortlesefähigkeit umfasst und zum anderen unter Top-Down Perspektive, die komplexere und nicht ausschließlich sprachliche Informationsverarbeitungsleistungen beinhaltet, erfasst. Die Lesefähigkeit wird als Produkt beider Leistungen verstanden; Schüler generieren mit Hilfe elementarer Dekodier- und Wortlesefähigkeiten einen Code, dem sie aufgrund ihrer Sprachkompetenz Bedeutung zuschreiben. Lesen kann demzufolge durch unterschiedliche Faktoren beeinträchtigt sein: Entweder ist die Dekodierfähigkeit adäquat ausgebildet und das Sprachverständnis ist schwach oder umgekehrt oder beide Kompetenzen sind schwach. Es ist empirisch abgesichert, dass den unterschiedlichen Komponenten in unterschiedlichen Lesealtern unterschiedliche Bedeutung beizumessen ist. Willson und Rupley (1997) konnten anhand einer Stichprobe von Schülern der 1. bis 6. Klasse zeigen, dass die kausale Beziehung zwischen Wortlesen bzw. Dekodierstrategien und dem Sinnverstehen in den ersten Lesejahren stärker ausfällt und sich mit zunehmendem Lesealter abschwächt. Etwa ab Klasse 2 der Grundschule wird Hintergrundwissen immer wichtiger. D.h. bei Leseanfängern und eher schwachen Lesern gehen viele Lesefehler mit wenig Selbstkorrekturen und einem schlechten Leseverständnis einher, während für die Gruppe der geübten oder guten Leser dagegen nur wenig Varianz über die Lesefehler aufgeklärt werden kann. Hier spielen Hintergrund- bzw. Weltwissen, wie es vom VSL (siehe S. 281) erfasst wird, eine größere Rolle.

Mit der Anzahl der richtigen, laut gelesenen Wörter wurde somit ein Indikator gefunden, mit dem die komplexe Tätigkeit des Lesens durch eine einzige Maßzahl abgebildet werden kann: Anzahl der korrekt gelesenen Wörter. Deshalb wird die Kompetenz „Lesen" im vorliegenden Test über das „laute Lesen von Textabschnitten" operationalisiert und erfasst. Damit kann der Anspruch des curriculumbasierten Messens eingelöst werden, weil die Messung a) einfach und schnell durchführbar ist und b) sensibel auf Veränderungen reagiert. Allerdings kann die LDL nicht im laufenden Unterricht eingesetzt werden, bestenfalls in Individualisierungsphasen.

Das Verfahren umfasst 28 Karten mit Lesetexten, die in ihrem Schwierigkeitsgrad vergleichbar sind. Daneben gibt es 28 Auswertungsbögen und entsprechende Lernfortschrittsprotokolle.

Durchführung, Auswertung, Interpretation
Die Durchführung erfolgt in Einzelsitzungen. Lehrer und Schüler sitzen sich gegenüber. Der Schüler hat die Aufgabe, den Text auf der Lesekarte eine Minute lang laut vorzulesen. Der Lehrer liest denselben Text auf dem Auswertungsbogen mit und markiert zeitgleich folgende Lesefehler: Auslassungen, Einfügungen, Ersetzungen, zu langes Zögern und Fehlaussprache. Die Gesamtbearbeitungszeit beträgt ca. 2 Minuten pro Schüler. Für die Auswertung werden zunächst Rohwerte ermittelt. Der Testrohwert ergibt sich aus der Anzahl erlesener Wörter minus der Anzahl der Fehler. Das Kompetenzmaß wird über die Anzahl der richtig gelesenen Wörter gebildet. Je nach Ziel des Einsatzes kann der Rohwert bei der Statusdiagnostik auch anhand der beigefügten Normtabellen in einen Prozentrang oder T-Wert umgewandelt und entsprechend interpretiert werden.

Um das eigentliche Ziel zu erreichen, nämlich Lernverläufe einzelner Schüler oder Klassen systematisch zu ermitteln, geht man bei der Auswertung folgendermaßen vor: Zunächst werden Lernverlaufsgrafiken erstellt. D.h. das für jeden Schüler zu jedem Messzeitpunkt ermittelte Kompetenzmaß wird fortlaufend in ein Lernfortschritts-Protokoll eingetragen. Diese grafisch aufbereiteten Ergebnisse erlauben der Lehrkraft, die Leistungsentwicklung der Schüler auf einen Blick zu erfassen. Eine solche Übersicht ermöglicht auch einen schnellen Vergleich der Leistung einzelner Schüler zum Klassendurchschnitt (auch ein Jahrgangsdurchschnitt wäre denkbar) und kann als Diskussionsgrundlage in Gesprächen mit Eltern oder Experten genutzt werden, um individuelle Lernziele zu formulieren und die Zielerreichung permanent zu überprüfen. Im Testmanual der LDL wird dieser Prozess anhand eines fiktiven Anwendungsbeispiels beschrieben, wie aus der grafischen Ergebnisdarstellung ein Leistungsziel für den Schüler abgeleitet und die Implementierung einer passenden Unterrichtsmaßnahme erfolgen kann.

Gütekriterien
Alle Aspekte der *Objektivität* sind gesichert, wenn die Testanwender sich an die Vorgaben halten. Die Paralleltest*reliabilität* fällt bei allen Grundschul- und Hauptschulklassen über alle 28 Leseproben hinweg gut bis sehr gut aus ($r_{Klasse1/2} = .90$; $r_{Klasse2-4} = .91$, $r_{Hauptschüler} = .80$). Die *Validität* wurde über die Korrelation mit gängigen Lesetests (z.B. ELFE, LGVT) ermittelt. Alle Koeffizienten sind ebenfalls durchweg als gut bis sehr gut einzustufen.

Normierung: Das Verfahren ist sowohl für Grund-, Haupt- als auch Sonderschulen normiert. Dabei liegen jeweils z-Werte, T-Werte, T-Wertbänder und Prozentränge für die Klassen 1 bis 9 vor. Die Lehrkraft kann zusätzlich über den Klassenmittelwert eine Klassennorm ermitteln. Auf der gleichen theoretischen Grundlage wurde von Walter (2013) ein weiterer Lesetest zur Erfassung des Leseverständnisses vorgelegt.

Verlaufsdiagnostikum sinnentnehmenden Lesens [VSL]

Das VSL ist ein Screeningverfahren, das vor allem zur systematischen formativen Evaluation von Unterrichts- und Fördermaßnahmen bei Schülern der Klassenstufen zwei bis sechs eingesetzt werden kann. Darüber hinaus kann es auch im Förderunterricht und bei Alphabetisierungskursen genutzt werden. Das Vorgehen beim VSL besteht darin, dass Schüler Texte lesen müssen, bei denen an Stelle jedes siebten Wortes eine Klammer mit 3 Auswahlwörtern (= 2 Distraktoren und 1 passendes Wort) gegeben ist. Das passende Wort muss eingekreist werden. Das VSL kann für 20 Messungen verwendet werden, die jeweils 4 Minuten beanspruchen. Es liegen sowohl eine Paper-Pencil-Form als auch eine äquivalente PC-Version vor.

3.3 Diagnostik am Beginn von Klasse 5

Praxisbeispiel

Eine erfahrene Gymnasiallehrerin muss zum Schuljahresanfang wieder eine 5. Klasse übernehmen. Sie sieht dem ersten Schultag mit äußerst gemischten Gefühlen entgegen. Wenn sie daran denkt, dass die Lernvoraussetzungen bei den Fünftklässlern in den letzten Jahren immer heterogener geworden sind und man nicht einfach mit einem lehrplangemäßen Unterricht beginnen kann, dann wünschte sie sich schon Hilfe und Unterstützung, diesen Anfang differenzierter meistern zu können und den Schülern die notwendige Förderung und Hilfe zu ermöglichen. Sie erinnert sich noch genau an das letzte Mal, als sie eine 5. Klasse übernommen hat. Da hatte sie sich die Zeugnisse und Bildungsempfehlungen der zukünftigen Schüler genau angeschaut und dennoch war es ihr nur unzureichend aus dieser Perspektive gelungen, die Schwierigkeiten einzelner Schüler vor allem im Lesen rechtzeitig aufzufangen.

(1) Theoretischer Rahmen zur Vorbereitung der Hypothesenbildung

Schüler kommen an weiterführende Schulen mit großen Erwartungen, aber auch (kleinen) Ängsten und Befürchtungen, weil jetzt der Fachunterricht voll beginnt und man sich an viele neue Lehrer und neue Mitschüler gewöhnen muss. Vielleicht besuchen sogar die besten Freunde oder Freundinnen aus der Grundschule jetzt andere Schulen. Die Lehrkräfte an den weiterführenden Schulen gehen in der Regel davon aus, dass die neuen Schüler lesen, rechtschreiben und rechnen können, so wie das die Lehrpläne in der Grundschule auch vorsehen. Bei den Gymnasiallehrern kommt noch hinzu, dass ihre zukünftigen Schüler z. T. eine verbale Bildungsempfehlung mitbringen, die für sie diagnostische Information enthalten sollte.

Mit der Fächerdifferenzierung ab Klasse 5 wird für die Schüler zunehmend auch eine neue Lernform bedeutsam, der selbstständige Wissenserwerb aus Texten. Lehrkräfte bieten jetzt den Lehrstoff nicht mehr ausschließlich mündlich dar bzw. „erzählen" ihn vor, sondern die Schüler sollen aus Lehrbuchtexten, aus Sachtexten mit Tabellen und Grafiken nun relativ selbstständig lernen. Diese „Lernform der Erwachsenen" setzt aber voraus, dass die Schüler flüssig und verstehend lesen können. Denn nur die Schüler, die über diese automatisierten basalen Lesekompetenzen verfügen, sind in der Lage, mit dieser neuen Lernform zurechtzukommen. Die geeigneten Strategien, um effektiv aus Texten lernen zu können, sollten Schüler bis zur Klasse 8 an konkreten Inhalten in unterschiedlichen Fächern dann erworben haben.

Um allen Schülern einen guten Start in dieser anspruchsvollen neuen Lernform tatsächlich zu ermöglichen, ist deshalb zu Beginn von Klasse 5 eine differenzierte Diagnose der Lesekompetenz aller Schüler hilfreich, denn die Zeugnisnoten aus Klasse 4 korrelieren nicht immer hoch mit den entsprechenden Leistungen der Schüler. Die Schüler, die über wenig ausgeprägte Lesekompetenzen verfügen, müssten demnach rechtzeitig identifiziert und gezielt gefördert werden, bevor sich bei ihnen Lernschwierigkeiten in den Fächern einstellen. Später können diese Lesedefizite nämlich in den Unterrichtsfächern erhebliche fachliche Minderleistungen verursachen, weil anspruchsvolle Texte oder auch Aufgabeninstruktionen nicht verstehend gelesen werden können.

Darüber hinaus könnten in dieser Ausgangsdiagnostik am Anfang der 5. Klasse auch die Rechtschreibleistung, das Lern- und Arbeitsverhalten, die Lernmotivation und die Leistungsangst diagnostiziert werden, um dem Anspruch der Individualisierung von Lernprozessen voll zu entsprechen.

Die Fragen, die die Klassenlehrer in diesem Zusammenhang formulieren sollten, lassen sich folgendermaßen zusammenfassen:

- Ist die Lesekompetenz jedes Kindes so ausgebildet, dass es ohne Mühe den neuen, höheren Anforderungen des selbstständigen Wissenserwerbs aus Texten gerecht werden kann? Wo liegen die Ansatzpunkte für eine gezielte Förderung in den Lesefertigkeiten und des weiterführenden Lesens?

Diagnostik am Beginn von Klasse 5

- Ist die Rechtschreibkompetenz jedes Schülers so entwickelt, dass er ohne Probleme Texte in verschiedenen Fächern verfassen kann? Welche Fehlerarten treten besonders häufig auf und wie und wo kann die Rechtschreibkompetenz gefördert werden?
- Verfügen die Schüler über zentrale Kompetenzen der Grundschulmathematik?
- Ist die Lernmotivation günstig ausgeprägt, damit so die neuen und höheren Anforderungen auch ohne größere Frustrationen verkraftet werden können?
- Gibt es Kinder, die ein für schulisches Lernen unangemessenes Angstverhalten zeigen und deren positive Lernentwicklung somit behindert werden könnte?

Mit der Beantwortung dieser Fragen bzw. nach der Prüfung korrespondierender Hypothesen könnte für jedes Kind ein langfristiges individuelles Förderprogramm erarbeitet werden, das im laufenden Unterricht, im Förderunterricht, in Nachhilfeempfehlungen oder über spezielle Trainingsprogramme realisiert werden kann. Selbstverständlich kann jede Lehrkraft nach ihren spezifischen Möglichkeiten und Ressourcen jeweils nur ausgewählte Fragestellungen bei der Ausgangsdiagnostik untersuchen. Wenn auch der Aufwand für die Ausgangsdiagnostik hoch ist, so zahlt sich diese Investition im Verlauf der Orientierungsstufe jedoch mehrfach aus, weil so Lernschwierigkeiten frühzeitig erkannt und behoben werden können, die Lernmotivation nicht sukzessive schlechter wird, was günstige Effekte auf die Disziplin im Unterricht hat. Durch die gezielte Beeinflussung der Lern- und Arbeitsgewohnheiten können die Schüler zunehmend auch effizienter lernen, was ihre Freizeitressourcen positiv erweitert ohne auf Kosten des Lernerfolgs zu gehen.

Diese ausführliche explizite Diagnostik kann natürlich mit unerwünschten Nebeneffekten bzw. ethischen Problemen verbunden sein. Dies ist immer dann der Fall, wenn Lehrkräfte nicht nur zum Zweck der Förderung, Individualisierung von Lernprozessen, der Anpassung ihres Unterrichts an die Lernvoraussetzungen der Schüler zusätzliche diagnostische Informationen einholen, sondern auf dieser Grundlage Schüler stigmatisieren, in dem sie inoffiziellen Referenzgruppen zugeordnet werden. Lehrkräfte, die keine Ressourcen für die Förderung der Schüler haben, sollten eine explizite Diagnostik unterlassen.

Diese ethische Gefahr lässt sich natürlich auch bei sehr positiv eingestellten und professionell arbeitenden Lehrern nicht gänzlich bannen. Deshalb sollten sie ihre Erwartungen und Einstellungen insbesondere gegenüber leistungsschwächeren Kindern öfter bewusst reflektieren.

Bei einer unterstellten professionellen Haltung der Lehrkräfte und einem Schulkonzept, das auf Förderung und Individualisierung ausgerichtet ist, minimiert sich die Gefahr der frühzeitigen Stigmatisierung schlechter bzw. leistungsschwächerer Schüler dadurch, dass sie ein Förderangebot erhalten und sich zielgerichtet und systematisch verbessern können. Werden die Lücken und Schwierigkeiten jedoch beim Übergang in weiterführende Schulen verschleppt, dann ist die Gefahr groß, dass sie sich ausweiten und manifestieren und zu einem späteren Zeitpunkt nicht mehr ohne gravierende Einschnitte (nicht versetzen) und hohe Kosten für Schüler und Lehrer behebbar sind. Die Zuordnung zur Referenzgruppe der schlechten Schüler tritt damit vielleicht zu einem etwas späteren Zeitpunkt ein, sie bleibt aber möglicherweise dann über die gesamte Schulzeit des betreffenden Schülers erhalten.

(2) Diagnostisches Vorgehen und diagnostische Verfahren

(a) Organisation der Informationssammlung und Auswertung
Da eine so beschriebene, umfassende Ausgangsdiagnostik mit hohem zusätzlichen Arbeitsaufwand verbunden ist, wird empfohlen, dass sich engagierte Lehrkräfte, die in den fünften Klassen unterrichten, die Arbeit teilen oder die Beratungslehrer zumindest die Auswertung der Tests vornehmen. Der Klassenlehrer erarbeitet einen Plan, in welchen Unterrichtsstunden die Tests in seiner Klasse durchgeführt werden können. Im Rahmen von Deutsch-, Geschichts- oder Mathematik- bzw. Klassenleiterstunden sollten die Kinder in relativ entspannter Form die Tests bearbeiten. Dabei wird den Schülern ausdrücklich mitgeteilt, dass es auf diese Tests keine Noten gibt und die Ergebnisse aus den Übungen zum Lesen, Rechtschreiben usw. vor allem dazu dienen, den Kindern rasche Hilfe und Förderung beim Lernen zu teil werden zu lassen. Den Kindern wird erklärt, dass Wissenslücken und Fehler keine Schande sind, wenn man sie erkennt und zu beheben versucht. Sie wirken sich umgekehrt dann heimtückisch und für die Lernkarriere beeinträchtigend aus, wenn sie nicht rechtzeitig erkannt werden. Verschleppte, zu spät oder sehr spät erkannte Lücken und Mängel können manchmal gar nicht mehr ausgeglichen werden. Hier ist nicht zu übersehen, schulisches Lernen ist kumulativ und somit kumulieren auch die Lücken. In gleicher Weise sollten die Eltern der Kinder informiert und motiviert werden.

Wenn die Daten ausgewertet und für jedes Kind zusammengefasst sind, muss jeder Klassenlehrer mit den entsprechenden Fachlehrern Fördermaßnahmen planen. Die Optimierung des Lern- und Arbeitsverhaltens und der Lernmotivation kann über differenzierte Beratungsgespräche der Lehrkraft oder in einer Art Gesprächskreis der Schüler ähnlich den Selbsthilfegruppen mit Unterstützung der Lehrkraft, des Beratungslehrers oder speziell geschulter älterer Schüler der Schule angebahnt werden.

(b) Diagnostische Verfahren
Die Auswahl der diagnostischen Verfahren durch die Lehrkraft hängt einerseits von den zu prüfenden Fragestellungen ab, andererseits auch davon, welche Tests an der Schule bereits angeschafft wurden bzw. ob Routinen im Umgang mit bestimmten Tests bereits bestehen.

Wir verweisen jetzt im Folgenden auf die Tests, die wir in den vorangegangen Kapiteln des Buches unter anderen diagnostischen Zielstellungen bereits besprochen haben und die sich für die Diagnostik der Ausgangslage am Anfang von Klasse 5 besonders eignen:

1. *Verschaffung eines ersten Überblicks über den Lernstand in entscheidenden Lernbereichen mit Mehrfächertests*
   Hamburger Schulleistungstest für 4. und 5. Klassen (HST 4/5) von Mietzel und Willenberg (2000). Mit dem HST 4/5 kann der Lernstand in fünf Lernbereichen erfasst werden: differenzierte Wahrnehmung von Sprache; Sinn verstehendes Lesen; passives Rechtschreibwissen; Verstehen von Karten, Tabellen etc.; Zahlenverständnis und Rechenfertigkeit.
   oder

Kombiniertes Leistungsinventar zur allgemeinen Schulleistung und für Schullaufbahnempfehlung in der vierten Klasse [KLASSE 4] von Lenhard, Hasselhorn und Schneider (2011). Mit dem Screeningverfahren KLASSE 4 kann der Lernstand der Schüler in Sachrechnen, Lesen, Geometrie und Rechtschreiben sehr ökonomisch erfasst werden. Nur bei den Schülern, die in den einzelnen geprüften Lernbereichen geringe Normwerte erreichen, sollten weitere diagnostische Informationen eingeholt werden. Der Vorteil von KLASSE 4 besteht auch darin, dass zu den Leistungsparametern noch die Fähigkeitsselbstkonzepte der Schüler in Deutsch und Mathematik ermittelt werden können.

2. *Ermittlung des Lernstandes im Lesen*
Knuspels Leseaufgaben-L [KNUSPEL-L] von Marx (1998)
oder
Ein Leseverständnistest für Erst – bis Sechstklässler [ELFE 1-6] von Lenhard & Schneider (2006)

3. *Ermittlung des Lernstandes im Rechtschreiben*
Deutscher Rechtschreibtest für das dritte und vierte Schuljahr (DERET 3-4+) von Stock & Schneider (2008b)
oder
Hamburger Schreib-Probe 1-10 (HSP 1-10) von May (2013)

4. *Ermittlung des Lernstandes in Mathematik*
Deutscher Mathematiktest für vierte Klassen [DEMAT 4] von Gölitz, Roick und Hasselhorn (2006)

5. *Erfassung der Lernmotivation*
Skalen zur Erfassung der Lern -und Leistungsmotivation (SELLMO) von Spinath, Stiensmeier-Pelster, Schöne & Dickhäuser (2012)
und
Skalen zur Erfassung des schulischen Selbstkonzepts (SESSKO) von Schöne, Dickhäuser, Spinath, Stiensmeier-Pelster (2012)

6. *Erfassung des Ausmaßes der Angstatmosphäre in der Schulklasse bzw. der Mathematikangst*
Angstfragebogen für Schüler [AFS] von Wieczerkowski, Nickel, Janowski, Fittkau und Rauer (1981)
Mathematikangst – Ratingskala für vierte bis sechste Klassen (MARS 4-6) von Roick, Gölitz und Hasselhorn (2013)

(3) Förderung

Bevor wir ausführlicher auf die Förderung des weiterführenden Lesens in Klasse 5 eingehen, soll auf Trainingsprogramme verwiesen werden, die sich zur Optimierung des Lernens an weiterführenden Schulen eignen:

- *ELFE-Trainingsprogramm* [ELFE-T] von Lenhard und Lenhard (2006) kann zur Förderung des Leseverständnisses insbesondere bei schwächeren Schülern genutzt werden.

- *Lern-Methodik-Training für die Klassen 5-10* von Keller (1999) kann zur Förderung des Lern- und Arbeitsverhaltens genutzt werden.
- *Denktraining für Kinder II* von Klauer (1991) ist ein Programm, das bei der intellektuellen Förderung aller Kinder sehr gute Effekte zeigt, die sich nicht nur in einer Verbesserung der Intelligenz, sondern insgesamt in einer Verbesserung der Schulleistung niederschlagen.
- *A-O-M (a-o-m: Denkwege in die Rechtschreibung)* für die Klasse 1 bis 6 von Balhorn und Büchner (2005) ist ein strategiebezogenes Förderprogramm zur Unterstützung des Lernprozesses im Rechtschreiben.
- *Wortlisten-Trainingsprogramm für die 1. bis 6. Klasse [WLT 1-6]* von Balhorn und Schniebel (1995) kann von Schülern unabhängig vom Lehrer zum Üben individuell genutzt werden.
- *Deutsche Schreibprobe (DSP)* online – Version von May (2010) zur langfristigen Förderung der Rechtschreibkompetenz mit Überprüfung des Lernfortschritts nach Trainings in kurzfristigen Zeitabständen.

Exkurs: Weiterführendes Lesen

Förderung der Lesekompetenz in weiterführenden Schulen kann prinzipiell unter zwei Zielstellungen betrieben werden: 1. Förderung der Kinder, deren Leselernprozess noch Defizite aufweist und somit noch nicht abgeschlossen ist und 2. weiterführendes Lesen. Im Folgenden sollen ausgewählte Aspekte der zweiten Zielstellung näher betrachtet werden. Von weiterführendem Lesen spricht man dann, wenn der grundlegende Leseerwerbsprozess abgeschlossen ist.

Schwerpunkte des weiterführenden Lesens
Bei Experten besteht allgemeiner Konsens darüber, dass sich die mündliche Lesefertigkeit während der ersten beiden Schuljahre sehr rasch entwickelt. Die Kinder machen bereits zu Beginn der 2. Klasse relativ wenig Lesefehler, was dafür spricht, dass sie die alphabetische Strategie schon gut einsetzen können. *Allerdings entwickelt sich die Lesegeschwindigkeit nur relativ kontinuierlich weiter.* Dabei verbreitet sich die Schere zwischen guten und schlechten Lesern hier sehr schnell. *Gute Leser sind schnelle Leser*, weil ihre Aufmerksamkeit auf das Leseverständnis gerichtet werden kann und nicht mehr auf die Technik.

Lehrkräfte wissen über diesen Zusammenhang von Lesegeschwindigkeit und Güte des Lesens häufig zu wenig. Das führt dann dazu, dass sie ihre Lehrziele von dem Zeitpunkt an, wo sie glauben, dass Kinder Lesefertigkeiten erworben haben, eher einseitig auf das Leseverständnis ausrichten und dagegen *das Automatisieren und Konsolidieren der Fertigkeiten durch Üben im Unterricht und durch regelmäßige Lesehausaufgaben* vernachlässigen.

Die Realisierung der Zielstellung des weiterführenden Lesens bedeutet jedoch, dass ein Leseunterricht über die Grundschule hinaus wünschenswert und sinnvoll wäre. H. Marx (2000) hatte bereits bevor die Ergebnisse der ersten PISA-Welle und der IGLU-Studie veröffentlicht wurden, argumentiert, dass entgegen dem Tenor der Erlasslage im Bildungssystem für den Sekundarstufenbereich nicht nur die Notwen-

Diagnostik am Beginn von Klasse 5 287

digkeit, sondern auch ein großer Bedarf an Förderung im Schriftsprachbereich existiert. Ein spezifisches Dilemma bleibt jedoch, dass keine oder wenig angemessene und evaluierte Maßnahmenprogramme für die Förderung in der Sekundarstufe zur Verfügung stehen. Außerdem sind die Lehrkräfte der Sekundarstufe kaum auf diese Problemlage durch ihre Ausbildung vorbereitet.

Aus den Daten der nationalen Erhebung von PISA lässt sich zudem noch eine Schulformspezifik im lesefokussierten Angebots- und Nachfrageprofil nachweisen. So werden an Hauptschulen und Realschulen wesentlich häufiger Zusatzunterricht in Deutsch (72,8% an Hauptschulen; 49,4% an Realschulen) und Förderkurse für lese-rechtschreibschwache Schüler (62,4% an Hauptschulen; 46,8% an Realschulen) angeboten. Dagegen gehören zur Standardeinrichtung an Gymnasien eher Theater-AG und Schülerzeitung. Nun beziehen sich diese Daten aber vor allem auf die Förderangebote in Klasse 9. Daraus kann jedoch nicht abgeleitet werden, dass es solche Förderangebote bereits ab Klasse 5 gibt, wo sie aber nach unserer Ansicht dringend erforderlich sind.

Diese Skepsis wird durch die Vorgaben z.B. im Bayerischen Lehrplan an Haupt- und Realschulen gestützt, wo klassenübergreifende Stütz- und Förderkurse in Deutsch mit einer Wochenstunde erst von Klasse 7 bis Klasse 9 offiziell vorgesehen sind. Die Befürwortung eines Leseunterrichts auch in Klasse 5 und 6 ist nach der empirischen Befundlage erforderlich. Schüler müssen und können hier ihre Lesegeschwindigkeit weiter steigern und das verstehende Lesen weiter ausbauen.

Die Bedeutung des Lesens als einer zentralen Grundform des Lernens in der Sekundarstufe I wird häufig unterschätzt bzw. relativ einseitig auf Lesen von Belletristik reduziert. Aebli (1991) hat auf diesen Tatbestand vor mehr als 20 Jahren bereits mit allem Nachdruck hingewiesen. Mit Schülern lesen ist eine entscheidende Grundform des Lernens auch in der Sekundarstufe I mit dem Ziel, Schüler auf ein lebenslanges Lernen vorzubereiten (Wissenserwerb aus Texten). Der Erwachsene lernt größtenteils, indem er liest: Im Beruf sind das Berichte, Protokolle, Anleitungen, Handbücher, Fachzeitschriften, Gebrauchsanweisungen oder Hypertexte und im außerberuflichen Bereich sind es Zeitungen und Bücher, die zur Erweiterung des Wissens herangezogen werden. Die Schule hat die Aufgabe, Schüler zu dieser erwachsenen Form des Lernens aus Texten hinzuführen. Aebli sieht die reale Schulsituation jedoch kritisch: „In dieser Hinsicht trifft man in vielen Schulen eine sonderbare Situation. Wenn einmal die elementare Technik des Lesens gemeistert ist, geschieht die Leseerziehung meist nur noch im Fach Deutsch und dies in einer Weise, die sehr wenig mit den angedeuteten Formen des erwachsenen Lesens zu tun haben, nämlich aus schöngeistigem bis ästhetischem Interesse. Das ist in einem gewissen Maße berechtigt, denn der ästhetische Mensch soll ja zu seinem Recht kommen. Aber als ausschließliche Ausrichtung des Leseunterrichts ist das gefährlich; denn das Lesen als Informationsgewinnung spielt im modernen Leben eine zu große Rolle, als dass man den Schüler in dieser Hinsicht ganz sich selber überlassen könnte" (ebd. S. 113).

Die Botschaft Aeblis an alle Lehrkräfte und alle Fächer der Sekundarstufe besteht darin, dass der Deutschunterricht ein neues *Gleichgewicht* zwischen schöngeistigem und realistischem Lesen finden muss. Außerdem sollte der Unterricht in den naturwissenschaftlichen und geisteswissenschaftlichen Fächern dem Lernen aus Büchern und Zeitschriften (also Texten) einen breiteren Raum zuweisen. Auf der Sekundarstufe I (Anfänge liegen bereits in Klasse 4) müssen der Deutsch- und der Realfachunterricht das Lesen als Wissenserwerb aus Texten bewusst pflegen und die Schüler dazu befähigen und erziehen.

Leseförderung durch Peer-Tutoring
Im Folgenden machen wir auf eine Fördermöglichkeit aufmerksam, die in deutschen Schulen nur wenig verbreitet ist: das Peer-Tutoring. Mit dieser Methode können gute und schwächere Leser gleichzeitig gefördert werden.

Schüler als Tutoren spielen in Hauptschulen und Realschulen laut PISA- Erhebung so gut wie keine Rolle (1,8%; 0,7%). Lediglich an Gymnasien wird diese Form der Schülerkooperation häufiger genutzt (20,2%) (PISA, 2001).

Neben Lehrern können Mitschüler im Unterricht die Leseförderung sehr gut übernehmen. Es ist bekannt, dass Schüler lieber in leistungsheterogenen Kleingruppen lernen, in denen sie sich gegenseitig helfen können, als unter Anleitung der Lehrkräfte. Außerdem hat das Peer-Tutoring auch eine ökonomische Seite. *Es können gleichzeitig alle Kinder gefördert werden. Die Lehrkraft übernimmt die Instruktion in die Methode, stellt das Lernmaterial bereit und greift nur bei Schwierigkeiten helfend ein.* Tutorielles Lernen soll aber weder die Lehrkraft im Klassenzimmer noch den Therapeuten in der Lerntherapie ersetzen.

Eine besonders effektive Methode beschreiben Klicpera und Gasteiger-Klicpera (2004) in Anlehnung an Topping & Ehly (1998) mit dem *„paarweisen Lesen"*. In der Schulklasse werden Paare gebildet (z.B. nach der Testung der Leseleistung in Klasse 5), die aus einem besseren und einem schwächeren Leser bestehen. Bei dieser Zusammensetzung sollten auch soziale Variablen beachtet werden (Sympathie, Freundschaften etc.; siehe auch Kap. 3.5). In Klasse 5 kann diese Partnerarbeit auch gleichzeitig zum besseren Kennenlernen der Schüler genutzt werden. Diese Schülerpaare erhalten *dreimal wöchentlich für je eine halbe Stunde* die Gelegenheit, miteinander zu lesen. Die Zeitspanne dieser gemeinsamen Übungen sollte *mindestens 8 Wochen, besser noch 15 Wochen betragen.*

Die gemeinsamen Übungen laufen so ab, dass die Leseaktivitäten zwischen einem gemeinsamen lauten Lesen und dem Vorlesen des schwächeren Lesers sich abwechseln. Der leseschwächere Schüler kann so lange vorlesen, bis er einen Fehler macht. Für die Korrektur der Lesefehler wird vorher mit den Schülern eine Prozedur festgelegt und besprochen. Der Tutor macht – falls der Tutand den Fehler nicht selbst bemerkt – durch eine Unterbrechung auf diesen aufmerksam und gibt dem Tutanden etwa 5 Sekunden Zeit, den Lesefehler selbst zu verbessern. Sollte die Selbstkorrektur nicht gelingen, sagt der Tutor das richtige Wort vor und der Tutand wiederholt es in jedem Fall anschließend mehrmals und liest den ganzen Satz noch einmal vor.

Es darf bei der Einweisung der Schüler nicht versäumt werden, sie explizit zu motivieren. Es muss ihnen klar gemacht werden, dass beide von der Übung profitieren. Außerdem muss eine Motivierung über ansprechende Lesestoffe erfolgen und die Schüler sollten angeregt werden, nach der Leseübung auch über den Inhalt zu sprechen und Fragen zu beantworten. Diese Methode des paarweisen Lesens kann leicht auch auf den außerschulischen Bereich übertragen werden.

Diagnostik am Beginn von Klasse 5 289

So können jeweils die Eltern oder ältere Geschwister nach dieser Technik gemeinsam das Lesen an interessanten Texten (belletristische Bücher, Sachbücher, Abenteuergeschichten, längere Texte in Zeitschriften und Zeitungen, je nach Interessenlage des Kindes) üben. Günstig ist, wenn die Eltern in einem Elternabend oder bei einem Hausbesuch durch die Lehrkraft genau instruiert werden. Eltern müssen darauf aufmerksam gemacht werden, das gemeinsame Lesen so interessant wie möglich zu gestalten und mit den Lesefehlern ihrer Kinder so geschickt wie möglich umzugehen. Fehler müssen angesprochen und die richtigen Wörter wiederholt werden. Der Lesefluss sollte aber dabei nicht zu sehr gestört werden, damit das Interesse der Kinder am Inhalt nicht verloren geht. Eltern sollten auch wenig Enttäuschung bei nur langsamen Lesefortschritten ihrer Kinder zeigen, sondern eher Zuversicht kommunizieren. Kinder sollten dabei niemals bestraft, aber für ihre Fortschritte angemessen verstärkt werden.

Haag (2004) beschreibt ein *Förderprogramm zum tutoriellen Lesen im Schulunterricht* in einer ähnlichen Zeitstruktur. Hier sind die Phasen des Ablaufs noch differenzierter ausgearbeitet worden.

Das Lesetraining von Haag ist eine Synthese aus verschiedenen Förder- und Trainingsprogrammen (dem Peer-assisted learning von Topping & Ehly, 1988; dem Reciprocal teaching von Palincsar & Brown, 1984; dem Programm zur Förderung von leseschwachen Kindern von Fuchs et al., 1997). Den Ablauf des Übungsprogramms unterteilt Haag in vier Schritte:

1. Im *ersten Schritt* liest der Tutor etwa 5 Minuten einen Textabschnitt vor und der Tutand liest leise mit. Danach muss er den Abschnitt laut vorlesen. Der Tutor korrigiert dabei die Lesefehler nach der vorn beschriebenen Prozedur.
2. Im *zweiten Schritt* muss der Tutand die zuvor gelesene Geschichte nacherzählen und der Tutor ergänzt bzw. verbessert die Nacherzählung. Danach lesen Tutor und Tutand im Wechsel weitere Abschnitte vor und geben dazu Zusammenfassungen, die gemeinsam besprochen und ergänzt werden. Wenn der Tutor vorliest, kann der Tutand auf der Grundlage seines Hörverständnisses Ergänzungen zur Zusammenfassung des Tutors vornehmen.
3. Im *dritten Schritt* stellt der Tutor Fragen zum gelesenen Text. Ist der Tutand nicht in der Lage, die Fragen zu beantworten, muss er den entsprechenden Abschnitt noch einmal lesen. Wenn die Antwort dann immer noch falsch ist, korrigiert der Tutor.
4. Im *vierten Schritt* des Trainings liest der Tutor einen Abschnitt und gibt eine Vermutung ab, wie der Text im folgenden Abschnitt weiter gehen könnte. Danach liest er den Abschnitt vor und beide prüfen die Richtigkeit der Vorhersage. Vor dem Lesen des folgenden Abschnitts trifft dann analog der Tutand die Vorhersage und liest den notwendigen Abschnitt vor. Beide überprüfen wiederum die Richtigkeit.

Ein solches Lesetraining setzt voraus, dass die Lehrkraft im Sinne des Ablaufschemas geeignete und gegliederte Texte bereitstellt. Da dies einige Mühe in der Materialbeschaffungs- und -bearbeitungsphase macht, können Lehrerteams unter Leitung des zuständigen Fachberaters Deutsch kooperieren. *In die Textbereitstellungen sollten jedoch alle Fachlehrer einbezogen werden,* um auch interessante Sachtexte aus verschiedenen Fächern im Angebot zu haben.

Bevor ein solches Training beginnen kann, muss die Lehrkraft *die Vorgehensweise* vor der gesamten Klasse mit einem Tutanden mehrmals *modellieren*. Für den erfolgreichen Verlauf solcher Förderprogramme sind zwei weitere Bedingungen zu beachten (vgl. ebd.): die *Einübung des Tutorenverhaltens* und die *explizite Registrierung von Lernfortschritten*. Nachdem die Lehrkraft selbst mehrfach die Vorgehensweise als Tutor vorgemacht und wichtige Aspekte erklärt hat, muss ein Schülerpaar vor der gesamten Klasse agieren. Dabei gibt die Lehrkraft gezielte Anleitungen und Rückmeldungen zum korrekten Verhalten des Schülertutors. Wichtige Interaktionsregeln wie „ausreden lassen", „loben statt kritisieren", „Geduld haben" etc. sollten auf Karten geschrieben werden, die während des Trainings auf dem Tisch liegen und so von beiden Partnern stets sichtbar eingefordert werden können.

Die Registrierung und Würdigung von Lernfortschritten ist eine wichtige Bedingung für die Orientierung des schwächeren Lesers und die Aufrechterhaltung seiner Lernmotivation. Für die Registrierung von Lernfortschritten sind Lehrkräfte und Tutoren gleichermaßen verantwortlich. So können beispielsweise vom Tutor die Anzahl der Lesefehler pro Übung in eine vorbereitete Grafik eingetragen werden und/oder die Lesegeschwindigkeit bei etwa gleich langen Abschnitten gestoppt, visualisiert und nach vorher festgelegten Zeitabschnitten der Lernfortschritt verglichen werden. Gleichermaßen kann mit den Treffern bei den Zusammenfassungen und Vorhersagen der Inhalte etc. verfahren werden. Das setzt voraus, dass die Schüler unter Anleitung der Lehrkraft entsprechende Vorlagen zur Registrierung der Lernfortschritte anfertigen. Die Registrierung muss möglichst schnell und unkompliziert erfolgen können, weil sonst der Tutor überfordert wird. Die Auswertung sollte wöchentlich erfolgen. Dabei werden individuelle Lernfortschritte vor der Klasse belobigt. Besonders erfolgreiche Teams werden ausgezeichnet.

Ein solches Vorgehen im Leseunterricht in Klasse 4 oder 5 würde bedeuten, dass wöchentlich 3 Unterrichtsstunden in größeren Teilen für mindestens 2 Monate (eher länger) zur Verfügung gestellt werden müssten. Unter der Perspektive, dass in Klasse 4 sieben und in Klasse 5 fünf Wochenstunden in Deutsch in der Stundentafel vorgesehen sind und Lehrkräfte in erster Linie darauf orientiert sind, „den Lehrplan zu schaffen", erscheint das beschriebene Vorgehen der Leseförderung kontraproduktiv zu sein. Wenn man aber die Wirksamkeit solcher Übungsstunden in Rechnung stellt (die Effektstärken liegen im mittleren bis starken Bereich nach Fuchs et al.,1997) und bedenkt, dass ein Großteil der leseschwächeren Kinder von einer „scheinbaren" Lehrplanerfüllung nur wenig profitiert, sondern im Gegenteil sich die Lernschwierigkeiten möglicherweise im Laufe des Schuljahres ausweiten, dann sollte die Kosten-Nutzen-Bilanz neu überdacht werden. Bei größeren Freiräumen wie z.B. in den neuen Deutsch – Lehrplänen sind solche Fördermaßnahmen kein Problem.

Auch die Argumente, dass von diesen Tutorenprogrammen letztlich nur die Tutanden profitieren würden, können leicht entkräftet werden. Die Tutoren verbessern gleichermaßen ihre Lesekompetenz. Darüber hinaus lernen sie zunächst an einer anderen Person, den Leseprozess zu steuern, zu überwachen und zu bewerten. Dies führt zu einem hohen Gewinn der Selbstregulation des Lesens und Lernens bei den Tutoren und ihrer metakognitiven Kompetenzen. Nicht zuletzt stabilisiert das Training ihr schulisches Selbstvertrauen und entwickelt auch gewisse soziale Kompetenzen weiter.

Und schließlich haben alle Schüler eine ganze Reihe neuer und interessanter Texte gelesen, die zur Erweiterung ihres Weltwissens beigetragen haben.

3.4 Diagnostik bei Lernschwierigkeiten

> **Praxisbeispiel**
>
> Die Eltern von Klaus kommen Anfang Mai in die Sprechstunde der Klassenleiterin, Frau Huber. Anlass sind die schlechten Noten von Klaus, der in die siebte Klasse geht. Klaus hat in Deutsch und Mathematik fast durchweg Vieren und Fünfen, in Englisch mehrere Sechsen sowie in Biologie und Erdkunde liegt er zwischen drei und vier.
>
> Die Mutter von Klaus hat herausgefunden, dass Klaus seine schlechten Leistungen in Leistungskontrollen zu Hause gar nicht „beichtet". Die Mutter kann nun nachts nicht mehr schlafen, wenn am nächsten Tag eine Klassenarbeit ansteht. Die Eltern räumen ein, dass es wohl falsch war, Klaus auf das Gymnasium zu schicken. Allerdings war dies für alle selbstverständlich, weil beide älteren Schwestern ebenfalls das Gymnasium besuchen.
>
> Die Eltern wollen sich mit Frau Huber beraten, ob es Zweck hat, dass Klaus im nächsten Schuljahr die siebte Klasse wiederholt, oder ob er auf eine Realschule wechseln sollte. Dies würde aber alle ihre Zukunftspläne mit Klaus durchkreuzen. Die Klassenleiterin verspricht eine schnelle Entscheidungshilfe. Jedoch muss sie dazu gemeinsam mit der Beratungslehrerin der Schule eine explizite Diagnostik durchführen und bittet die Eltern gleich um ihr Einverständnis.

Es besteht kein Zweifel daran, Klaus weist gravierende Leistungsprobleme im Sinne von Lernschwierigkeiten auf.

(1) Theoretischer Rahmen zur Vorbereitung der Hypothesenbildung

a) Was sind Lernschwierigkeiten?

> „Von Lernschwierigkeiten spricht man im allgemeinen, wenn die Leistungen eines Schülers unterhalb der tolerierbaren Abweichung von verbindlichen institutionellen, sozialen und individuellen Bezugsnormen (Standards, Anforderungen, Erwartungen) liegen oder wenn das Erreichen (bzw. Verfehlen) von Standards mit Belastungen verbunden ist, die zu unerwünschten Nebenwirkungen im Verhalten, Erleben oder der Persönlichkeitsentwicklung des Lernenden führen" (Weinert & Zielinski, 1977).

Institutionelle Bezugsnormen beziehen sich hier auf Anforderungen, die sich aus der Schulform und insbesondere aus den entsprechenden Lehrplanzielen ergeben. Bei sozialen Bezugsnormen handelt es sich dagegen um empirische Standards, wie etwa die Durchschnittsleistung der konkreten Schulklasse, die zum Bezugspunkt der Leistungsbeurteilung wird. Als lernschwierig werden dann solche Schüler bezeichnet, die sich am Ende der Leistungsrangordnung in einer Klasse befinden. Ein Schüler mit weniger guten Leistungen fällt in einer leistungsstarken Klasse eher als lernschwierig auf als in einer leistungsmäßig schlechteren Klasse. Bei individuellen Bezugsnormen werden die Leistungen eines Schülers mit seinen bisherigen Leistungsergebnissen verglichen. Eine gravierende Leistungsverschlechterung wird in diesem Zusammenhang als ein Indikator für Lernschwierigkeiten angesehen.

Die Unschärfe dieser bezugsnormorientierten Definition liegt auf der Hand. Lernschwierigkeiten werden hier nicht mit Hilfe eindeutiger Kriterien erfasst, sondern als relative, von der jeweiligen Bezugsnorm anhängige Phänomene bestimmt. Dennoch erscheint eine solche Begriffsbestimmung zunächst im Rahmen von Schule durchaus zweckmäßig, weil Schülern, Lehrern und Eltern sehr schnell signalisiert wird, dass ein Missverhältnis zwischen Leistung und Leistungsbemühungen einerseits und Leistungsanforderungen andererseits vorliegt und hier dringender Handlungsbedarf besteht.

Lehrkräfte sollten jedoch bei der Prüfung der Feststellungshypothese, d.h. ob tatsächlich Lernschwierigkeiten bei einem Schüler vorliegen, stets alle drei Bezugsnormebenen berücksichtigen.

Von Lernschwierigkeiten im Sinne von Weinert und Zielinski wird auch dann gesprochen, wenn ein Schüler zwar gerade noch durch aufwändige Nachhilfen und zusätzlichen Zeit- und Lernaufwand die gestellten Anforderungen erfüllt, aber mit Verhaltensauffälligkeiten wie Schul- und Leistungsangst, Schlafstörungen oder sozialem Rückzug als Folge der permanenten Überforderungen reagiert. Wenn Lernschwierigkeiten auftreten – und gehäufte schlechte Zensuren in einem oder mehreren Fächern sind dafür ein untrügliches Zeichen –, dann muss durch eine genauere Diagnose geklärt werden, wo die Ursachen dafür liegen, um erfolgreich intervenieren bzw. fördern zu können.

b) Wie entstehen Lernschwierigkeiten bzw. wo liegen ihre Ursachen?
Die Formulierung von Erklärungshypothesen, die einer differenzierten Diagnostik vorausgehen müssen, hängen von den Erklärungsversuchen des Diagnostikers (der Lehrkraft) für die Entstehung der Lernschwierigkeiten ab (siehe dazu auch das Praxisbeispiel am Beginn von Teil III). Eine theoretisch nicht fundierte Erklärung der Ursachen schlechter Schulleistungen wird häufig in mangelnder Begabung, zu geringem Fleiß und einem Desinteresse an schulischen Fächern festgemacht. Wir sind bereits unter verschiedenen Aspekten (bei Beurteilungsmängeln, Kap. 1 und Determinanten der Schulleistung, Kap. 3) darauf eingegangen.

Am Anfang des dritten Kapitels wurden zwei theoretische Modelle des Zustandekommens von Schulleistungen vorgestellt (Produktivitätsfaktoren und das Schichtenmodell der Schulleistungen). Diese Modelle sind durchaus auch gut geeignet, um die Entstehung von Lernschwierigkeiten als schlechte Schulleistungen zu erklären. So lassen sich interne und externe Bedingungen ausmachen, oder Primär- und Sekundärfaktoren, die Lernschwierigkeiten verursachen. Zielinski (1995) bezieht sich bei der Entfaltung der Ursachen von Lernschwierigkeiten auf Carroll (1973), der drei interne und zwei externe Bedingungsklassen spezifiziert und auf Haertel et al. (1983), die zusätzlich noch vier moderierende Variablen postulieren. Zielinski gliedert somit neun einzelne Entstehungsbedingungen auf drei unterschiedlichen Ebenen aus:

- *Interne Bedingungen*
  Mangelndes Instruktionsverständnis
  Vorkenntnislücken
  Ungünstige Lernmotivation

- *Externe Bedingungen*
  Nicht ausreichende Lernzeit
  Mangelnde Unterrichtsqualität
- *Moderierende Bedingungen*
  Ungünstiges Klassenklima
  Gestörte Beziehungen zwischen den Schülern
  Beeinträchtigungen im familiären Umfeld Ungünstiger Einfluss von Medien

Wir haben bereits an anderer Stelle (Hesse & Latzko, 2015) darauf hingewiesen, dass bei der Ursachenanalyse von Lernschwierigkeiten immer auch zu fragen ist, inwieweit eine verallgemeinernde und dekontextualisierte Betrachtung aus Gründen einer Vereinfachung zulässig ist. Da bei psychologischen Ursachen von Lernschwierigkeiten häufig zunächst von konkreten bereichsspezifischen Lerninhalten abstrahiert wird, müssen Lehrkräfte dann anhand dieser aufgezeigten Strukturen durch ihr fachliches, fachdidaktischen und curriculares Wissen die notwendigen bereichsspezifischen (fachinhaltlichen) Konkretisierungen vornehmen.

Es ist evident, dass sowohl solche individuellen Lernvoraussetzungen der Schüler wie kognitive Fähigkeiten, Vorwissen, Lernstrategien und Motivation als auch das quantitative und qualitative unterrichtliche Angebot einen proximalen (unmittelbaren) Einfluss auf die Qualität der Schulleistungen und des Lernens haben. Weiter entfernte, sogenannte distale, Bedingungen sind dagegen die strukturellen Merkmale der Familie, das Schul- und Unterrichtsklima, die Klassengröße oder die Schülerbeziehungen. Diese Faktoren sind nicht etwa weniger bedeutsam, sondern in der Wirkungskette des Zustandekommens von Schulleistungen weiter entfernt als beispielsweise die individuellen Lernvoraussetzungen. Die negative Wirkungskette auf unterschiedlichen Ebenen bei der Entstehung von Lernschwierigkeiten wird in Abbildung 3.30 in Form eines Schichtenmodells schematisch dargestellt.

Aus diesem hypothetischen Modell kann abgeleitet werden, dass große Vorwissenslücken, Verstehensmängel bzw. Mängel im Instruktionsverständnis, ungünstige motivationale Bedingungen, inadäquate Lernstrategien und Leistungs- und Prüfungsangst sich unmittelbar und direkt negativ auf die Qualität der Schulleistungen auswirken können.

Die nicht ausreichende Lernzeit und die unzureichende Qualität von Unterricht haben zwar einen entscheidenden Einfluss insbesondere bei lernschwachen Kindern, aber in der Wirkungskette eben als äußere Bedingungen keine direkte Ursächlichkeit oder salopp ausgedrückt, nicht unbedingt eine „durchschlagende Wirkung". Denn sie wirken immer zunächst auf die individuellen Lernvoraussetzungen der Schüler ein. Verfügt ein Schüler aber beispielsweise über einen positiven sozialen Kontext an der Schule oder am Lernen interessierte Eltern, Großeltern etc., oder außergewöhnlich gute Lernvoraussetzungen (hohe Begabung, ausgedehnte Lerninteressen etc.) kann das in der Schule nicht Gelernte dennoch gelernt werden. Und so stellen sich bei diesem Schüler eben keine Lernschwierigkeiten trotz schlechten Unterrichts oder vertaner Unterrichtszeit ein.

Abbildung 3.30: Schichtenmodell zur Entstehung von Lernschwierigkeiten in der Regelschule nach Hesse und Latzko (2015)

Die aufgezeigten Bedingungen in der äußeren Schicht wurden weiter vorn als distale bezeichnet, denn sie haben nur einen moderierenden Einfluss auf die Entstehung von Lernschwierigkeiten. So hat beispielsweise die Sozialschicht der Eltern keinen eigenständigen Erklärungswert für die unterschiedlichen Lese- oder Rechtschreibkompetenzen der Schüler. Selbst die Ehescheidung der Eltern übt keinen unmittelbar direkten Einfluss aus. Andererseits kann letztere moderierend ungünstig auf das Aufmerksamkeitsverhalten des Schülers im Unterricht einwirken. Der Schüler macht sich Sorgen, hört im Unterricht nicht mehr zu, hat keine Lust mehr, Hausaufgaben zu machen etc. Dadurch entstehen die Rückstände im Wissen und Verstehen, die dann in der Folge möglicherweise Lernschwierigkeiten anbahnen. Ungünstige familiäre Bedingungen könnten nach unserer Modellierung hypothetisch zwar von kompetenten, verständnisvollen Lehrern aufgefangen werden. Aber wir wissen aus den Ergebnissen der internationalen Schulleistungsvergleiche der Vergangenheit, dass deutsche Lehrer hier weniger wirksam sind als ihre skandinavischen Kollegen.

Auch bei der Ursachenabklärung von Lernschwierigkeiten gilt, dass der Diagnostiker aus der Perspektive des theoretischen Entstehungsmodells bei der Bildung plausibler Hypothesen mit den internen Bedingungen beginnen sollte, weil diese näher an der Verursachung von Lernschwierigkeiten liegen, als die externen. Erst in zweiter Linie ist auf die genannten moderierenden Bedingungen bei der Hypothesenbildung im pädagogischen Kontext zurückzugreifen, weil sie nie direkt Lernschwierigkeiten verursachen, sondern die internen Bedingungen negativ verstärken können. Es sei denn, es liegen schwerwiegende Gründe für eine gegenteilige Entscheidung vor. Für eine wirkungsvolle und vor allem schnelle Hilfe bei Lernschwierigkeiten erweist sich im Kontext von Schule die diagnostische Abklärung des Vorwissensstandes, des Verständnisniveaus, der verschiedenen Facetten der Lernmotivation und Lernemotionen und der quantitativen und qualitativen Unterrichtsfaktoren als effektiv.

Da die Lernvoraussetzungen sowie die verschiedenen Aspekte der Unterrichtsqualität bereits ausführlich behandelt wurden (Kap. 3.), wird im Folgenden nur auf das *mangelnde Instruktionsverständnis* genauer eingegangen.

Instruktionsverständnis kommt nach Carroll (1973) in der intellektuellen Befähigung im Allgemeinen und der sprachlichen Intelligenz im Besonderen zum Ausdruck. Es stellt eine notwendige, wenn auch nicht hinreichende Voraussetzung für schulischen Erfolg dar.

Zielinski unterstellt, dass sprachliche Intelligenztestleistungen besonders das Verständnis für sprachliche Instruktionen erfassen, und wenn eine statistisch gesicherte Beziehung zwischen sprachlichen Intelligenztestleistungen und schulischem Erfolg besteht, so beeinflusst mangelndes Instruktionsverständnis mit hoher Wahrscheinlichkeit auch die Entstehungen von Lernschwierigkeiten (vgl. Zielinski, 1995, S. 21). Er führt dafür eine Reihe empirischer Belege an. Mit Bezug auf Hunt (1978) wird als Ursache für verminderte Sprachtestleistungen ein verlangsamter Ablauf der erforderlichen sprachlichen Kodierung angenommen. Dieser Umstand führt dann dazu, dass bei gleicher Lernzeit Schüler mit längerer Kodierungszeit weniger sprachliche Informationen verarbeiten und im Langzeitgedächtnis abspeichern können. Deshalb verstehen sie weniger z.B. vom dargebotenen Lernstoff oder den Aufgabeninstruktionen als ihre Klassenkameraden, die in der vorgegebnen Zeit alle Informationen im Unterricht sprachlich kodieren können. Außerdem wird als weitere Ursache für mangelndes Instruktionsverständnis angenommen, dass lernschwache Schüler über unzureichende kognitive und metakognitive Lernstrategien verfügen, was den Informationsverarbeitungsprozess beim Wissenserwerb negativ beeinflusst. Solche Schüler sind nur wenig in der Lage, ihren Lernprozess zu planen, zu überwachen und zu kontrollieren. Sie zeigen eine größere Tendenz zum Raten, als Lösungsmöglichkeiten zu reflektieren. Sie kontrollieren und bemerken ihre Fehler seltener und können so wiederum keine Maßnahmen zur Korrektur ergreifen.

c) Erklärung für die Entstehung von Lernschwierigkeiten bei Kindern mit Migrationshintergrund
Über das vorgestellte Erklärungsmodell zur Entstehung von Lernschwierigkeiten hinaus rücken durch die sich verändernde gesellschaftliche Situation zwei weitere Bedingungen in den Fokus der Ursachenabklärung: Migration und Zweitspracherwerb. Mit der Erhöhung des Anteils der Schüler mit Migrationshintergrund in den Schulklassen werden Lehrkräfte vor echte pädagogische Herausforderungen gestellt, auf die sie bis jetzt häufig nicht ausreichend vorbereitet wurden. Eine ganze Reihe von empirischen Befunden macht auf Probleme der Leistungsfähigkeit von Schülern mit Migrationshintergrund im deutschen Schulsystem aufmerksam. So belegen die Ergebnisse der Internationalen Schulleistungsvergleiche wie IGLU und PISA einen bedeutsamen Zusammenhang zwischen Leistungsfähigkeit und Migrationshintergrund insbesondere bei der deutschen Stichprobe. Es wurde festgestellt, dass schon im Grundschulalter bei Schülern mit Migrationshintergrund ein erheblicher Kompetenzrückstand besteht. Diese Schüler weisen sowohl in der Lesekompetenz, als auch in den mathematischen und naturwissenschaftlichen Kompetenzen große Mängel auf. Der Rückstand dieser Kinder beträgt im Primarbereich bereits ein ganzes Schuljahr (Schwippert, Bos & Lankes, 2003). Vergleicht man die Befunde von IGLU 2001 und 2006, so lassen sich auch nach fünf Jahren keine nennenswerten Leistungsfortschritte der Kinder mit Migrationshintergrund ausmachen (Schwippert, Hornberg, Freiberg & Strube, 2007). In kaum einem anderen Land klaffen die Leistungen dieser Kinder im Grundschulbereich so weit auseinander wie in Deutschland. Eine Erklärung dafür ist, dass deutsche Lehrkräfte aus den verschiedensten Gründen nicht immer in der Lage sind, durch die schulische Lehr- und Erziehungstätigkeit vorhandene Defizite der Kinder mit Migrationshintergrund zu kompensieren bzw. abzuschwächen. Auch im Sekundarbereich lässt sich der Zusammenhang von Leistungsfähigkeit und Migrationshintergrund nachweisen. So erreichen 20% der Neuntklässler in der PISA-Studie, deren Eltern beide zugewandert sind, nicht einmal Kompetenzstufe 1 im Lesen, fast 50% können diese auch nicht überschreiten. Jedoch belegen die Befunde der PISA-Studie im Gegensatz zu IGLU, dass jene Schüler, von denen nur ein Elternteil im Ausland geboren wurde, keine Kompetenzrückstände aufweisen (Baumert & Schümer, 2001). Die durch den Migrationsstatus erklärte Varianz steigt kontinuierlich von der Lesekompetenz über die mathematische Kompetenz bis zur naturwissenschaftlichen Kompetenz an. Baumert und Schümer (2002) sehen darin einen Ausdruck kumulativer Effekte der sprachlichen Voraussetzungen auf die Leistungsmöglichkeiten in Sachfächern. Auch die PISA-Befunde von 2003 belegen immer noch einen Kompetenzunterschied der Migrantenkinder von ein bis zwei Jahren (Ramm, Prenzel, Heidemeier & Walter, 2004). Eine Entkopplung von Migrationshintergrund und Schulleistung konnte auch bei den PISA-Nachfolgestudien nicht festgestellt werden (Prenzel, Artelt, Baumert, Blum, Hamann, Klieme & Pekrun, 2007).

Wo liegen nun vor allem die Gründe für die Lernschwierigkeiten der Schüler mit Migrationshintergrund? Es liegt nahe, dass eine Ursache für die Lernprobleme in der häufig unzureichenden Beherrschung der deutschen Sprache besteht und damit ist vor allem das Instruktionsverständnis dieser Schüler im Unterricht eingeschränkt. In der Regel wird die Zweitsprache nicht so gut wie die Erstsprache erworben, sie „fossiliert" auf einer früheren Stufe (vgl. Klein 2000). Wichtige Faktoren des Zweitspracherwerbs sind das Alter zu Beginn dieses Erwerbs und die Art und Häufigkeit des Kontakts mit der Zweitsprache. Die Dauer des Sprachkontakts erweist sich jedoch als ein deutlich schwächerer Faktor als die Art und Frequenz (vgl. R. Dietrich, 2002, S.111). Darüber hinaus ist die Motivation zum Erwerb der Zweitsprache eine proximale Bedingung für die Entstehung von Lernproblemen. So bestimmen zum einen die antizipierte Notwendigkeit, sich sozial zu integrieren, zum anderen aber auch die mit der Sprachbeherrschung erwartbaren Bildungserfolge die Sprachlernmotivation. Wenn Migranten eine relativ autonome, herkunftskulturell geprägte Wohn- und Versorgungsstruktur aufgebaut haben, dann ist die Motivation bzw. Notwendigkeit zum Erlernen der deutschen Sprache häufig eher gering ausgeprägt. Dies trifft zwar insbesondere für Erwachsene mit mäßiger Bildungsorientierung zu (vgl. Esser, 2006), aber nur vor diesem Hintergrund lässt sich erklären, warum Kinder mit Migrationshintergrund, auch wenn sie in Deutschland geboren wurden, zum Schulbeginn kaum oder nur ungenügend deutsch sprechen und verstehen. Die Umgangssprache in der Familie hat sich in allen einschlägigen Studien als bedeutsame Bedingung der Kompetenzen der Kinder in der Schule erwiesen (Billmann-Mahecha & Tiedemann, 2010). Sprache und Kommunikation sind eben unverzichtbare Grundlagen des Lernens in der Schule. Darüber hinaus gelingt es in der Grundschule häufig nicht ausreichend von Anfang an, Kinder mit Migrationshintergrund in die Sprache der Schule, d.h. des Lernens und Denkens einzuführen. Deshalb wäre es dringend erforderlich, dass es zuverlässige Tests zur Prüfung des vorschulischen Sprachstands von Kindern mit Migrationshintergrund gäbe, um den Grundschullehrkräften eine objektive Ausgangsbasis zur Sprachförderung zu bieten. Nach Roth und Dirim (2007) genügen jedoch die vorliegenden Verfahren nicht immer den testpsychologischen Standards. So sind Lehrer häufig auf ihre impliziten Diagnosen angewiesen, die manchmal auch Fehlurteile von Über- oder Unterschätzungen sind. In diesem Zusammenhang verweist Knapp (1999) auf verdeckte Sprachschwierigkeiten der Migrantenkinder, die von Lehrkräften ohne diagnostische Instrumente nicht sofort erkannt werden können. Denn häufig fallen diese Kinder während der Grundschulzeit Lehrkräften deshalb nicht auf, weil sie sich alltagssprachlich gut verständigen können. Erst wenn sich die in der Schule verwendete Sprache nicht mehr auf unmittelbare Handlungszusammenhänge bezieht, werden die Schwierigkeiten der Migrantenkinder beim Lernen offenkundig. Die Alltagssprache, über die die Kinder verfügen, reicht eben nicht für die Bewältigung anspruchsvoller kognitiver Lernanforderungen aus. Dazu ist eine fachsprachlich bestimmte, dekontextualisierte Schulsprache erforderlich, die stärker an der Schriftsprache ausgerichtet ist. Somit wäre es zur Prävention von Lernschwierigkeiten dringend erforderlich, wenn Grundschullehrkräfte von der ersten Klasse an versuchen würden, Migrantenkindern die Divergenzen zwischen Alltagssprache und Schulsprache explizit bewusst zu machen. Günstig für eine wirkungsvolle Sprachförderung der Kinder mit Migrationshintergrund wäre eine Ganztagsbetreuung.

d) Theoriegeleitete Fragen zur Bildung von Erklärungshypothesen
Aus diesen theoretischen Überlegungen können eine ganze Reihe plausibler Fragen und daraus entsprechende Hypothesen über Ursachen von Lernschwierigkeiten gebil-

det werden, die bei einer expliziten Diagnostik systematisch geprüft werden müssten. Ein Angebot an möglichen Fragen zur Hypothesenbildung wird im Folgenden vorgestellt:

- Lassen sich die Lernschwierigkeiten des Schülers auf Lücken im Vorwissen zurückführen? In welchen Fächern sind die Lücken besonders gravierend (eklatant schlechte Noten)? Welche Kompetenzbereiche sind besonders betroffen (Lesen, Rechtschreiben, Mathematik)? Wie umfassend sind die Lücken, wie weit reichen sie zurück?
- Lassen sich die Lernschwierigkeiten auf mangelndes Instruktionsverständnis zurückführen? Beherrschen Schüler mit Migrationshintergrund die deutsche Sprache so (nicht nur Alltagssprache), dass sie anspruchsvolle Lernaufgaben bearbeiten können? Liegt beim Schüler ein verlangsamter Ablauf der sprachlichen Kodierung vor? Weist der Schüler lernstrategische Defizite auf (raten, Lösungsalgorithmen impulsiv einsetzen, ohne zu überlegen etc.)? Hat der Schüler Wissen über metakognitive Strategien?
- Sind die Lernschwierigkeiten des Schülers auch durch ungünstig ausgeprägte Komponenten der Lernmotivation erklärbar? Z.B.: Wie ist die Kausalattribution bei Erfolg und Misserfolg? Welche Zielorientierungen beim Lernen besitzt der Schüler? Wie ist sein schulisches Fähigkeitsselbstkonzept ausgeprägt? Gibt es einen Zusammenhang zwischen dem fachspezifischen Fähigkeitsselbstkonzept und der erbrachten Fachleistung?
- Sind die Vorkenntnisdefizite und das mangelnde Instruktionsverständnis des Schülers in erster Linie auf das zu schnelle Unterrichtstempo zurückzuführen? Ist das Lerntempo des betreffenden Schülers so langsam, dass die zugestandene Lernzeit im Unterricht nicht ausreicht, um den Lernstoff adäquat zu verarbeiten?
- Könnten die Lernschwierigkeiten z.T. auch auf mangelnde Unterrichtsqualität in den betreffenden Fächern zurückgeführt werden? Wird die Unterrichtszeit intensiv genutzt? Sind die Lehreräußerungen klar und verständlich? Ist die Aufgabenstruktur ausreichend explizit? Sind die Strukturierungshilfen ausreichend und angemessen? Wird der Unterricht zu häufig durch Disziplinierungsmaßnahmen unterbrochen? Werden die Lernwege der Schüler ausreichend überwacht? Gibt der Lehrer ausreichende und differenzierte Hilfen bei Lernschwierigkeiten? Wird der Unterricht als zu schwierig erlebt? Ist der Lehrer zu ungeduldig bei verzögerten Schülerantworten? Erteilt der Lehrer zu wenig Lob und Ermutigung? Arbeitet der Lehrer nur mit den leistungsstarken Schülern im Unterricht?
- Könnten die Lernschwierigkeiten des Schülers u.a. auf ein ungünstiges Klassenklima zurückgeführt werden? Ist der lernschwache Schüler mit dem Lehrer zufrieden, kommt er mit ihm klar, hat er Angst vor ihm? Fühlt der Schüler sich in der Klasse wohl? Bevorzugt der Lehrer nur die guten Schüler?
- Werden die Lernschwierigkeiten des Schülers auch durch gestörte Schülerbeziehungen beeinflusst? Hat das leistungsschwache Kind Freunde in der Klasse oder ist es in der Außenseiterposition? Wird der Schüler häufig in Leistungssituationen verlacht? Hat sich der Schüler seit Auftreten seiner Lernschwierigkeiten von der Gruppe zurückgezogen?

Diagnostik bei Lernschwierigkeiten

- Verstärken Beeinträchtigungen im familiären Umfeld die Lernschwierigkeiten des Schülers (z.B. übergroße Strenge, unangemessen hohe Anforderungen, fehlende Unterstützung und schulisches Desinteresse der Eltern, Eltern beherrschen nicht die deutsche Sprache)?

Natürlich arbeitet ein Lehrer bei der Diagnostik der Lernschwierigkeiten nicht alle diese Fragen und daraus resultierenden Hypothesen vollständig oder gleichrangig ab. Dies würde erstens seine zeitlichen Ressourcen wesentlich übersteigen und zweitens wäre eine solche mechanische Vorgehensweise auch kontraproduktiv. Lehrer kennen ihre Schüler über einen längeren Zeitraum und beobachten die Entstehung der Lernschwierigkeiten, wenn auch nicht systematisch, so aber doch zu unterschiedlichen Zeitpunkten und in unterschiedlichen Anforderungssituationen. Deshalb dürfte es ihnen wesentlich leichter fallen als beispielsweise dem Schulpsychologen, *relevante und plausible* Hypothesen für den betreffenden Einzelfall aufzustellen und zu prüfen. Außerdem ist bei der Generierung von Hypothesen zu beachten, dass bestimmte verursachende Bedingungen auch stark interagieren. So ist es sehr wahrscheinlich, dass ein Schüler, der große Lücken im Vorwissen hat, auch im laufenden Unterricht nur noch wenig versteht und seine Lernmotivation verständlicherweise auch gering ausgeprägt ist, weil es sich aus der Perspektive des leistungsschwachen Schülers nicht mehr lohnt, etwas zu tun.

Bezogen auf die Lernschwierigkeiten von Klaus in unserem oben angeführten Praxisbeispiel kann die Klassenleiterin folgende Fragen abklären, um eine empirisch fundierte Entscheidung über die weitere Schullaufbahn vorzubereiten:

- Wie weit reichen die Wissenslücken in Mathematik und Englisch zurück?
- Ist das Hörverstehen bei Klaus altersgemäß ausgeprägt?
- Kann Klaus flüssig und verstehend lesen? Wie ist seine orthografische Schreibkompetenz ausgeprägt?
- Lassen sich im Englischlehrer-Schüler-Verhältnis Beeinträchtigungen feststellen, die Rückschlüsse auf die extrem schlechten Leistungen von Klaus zulassen? Wie sind die Englischleistungen der anderen Schüler im Durchschnitt?
- Wie organisiert Klaus seinen Tages- und Wochenablauf und welche Lernstrategien wendet er hauptsächlich an?
- Welche Lernzielorientierungen hat Klaus und wie ist sein schulisches Fähigkeitskonzept ausgeprägt? Möchte er sich mehr anstrengen und auf dem Gymnasium weiter lernen?
- Wie verbringt Klaus seine Freizeit?
- Mit wem in der Klasse ist er befreundet? Könnte er sich vorstellen, mit Mitschülern Hausaufgaben zu machen und viel mehr als bisher zu lernen?
- Vom Beratungslehrer könnte u. U. abgeklärt werden, wie das Fähigkeitspotenzial von Klaus insgesamt ist, um auch auf dieser Grundlage entscheiden zu können, ob ein hoher zusätzlicher Lernaufwand, der mit einer differenzierten Förderung am Gymnasium verbunden wäre, auch nicht zu einer massiven Überforderung führen würde.

(2) Explizite Diagnostik bei Lernschwierigkeiten

Je nach vermuteten Verursachungsbedingungen der Lernschwierigkeiten kann zur Hypothesenprüfung entsprechend das bereits bekannte Repertoire an diagnostischen Methoden eingesetzt werden, insbesondere das diagnostische Gespräch mit dem Schüler, Elterngespräche, Unterrichtsbeobachtungen/Hospitationen in den Versagensfächern und natürlich auch Schultests. Lehrkräfte benötigen für die Diagnose von Lernschwierigkeiten keine neuen Testverfahren, sondern es kann durchaus auf die bewährten Schultests zurückgegriffen werden. Im Folgenden werden Vorschläge zur Diagnostik der relevanten Entstehungsbedingungen von Lernschwierigkeiten unterbreitet. Wir verweisen in diesem Zusammenhang in knapper Form lediglich auf die Verfahren, weil sie z.T. unter anderer Zielstellung in diesem Buch bereits ausführlich besprochen wurden.

Diagnostik des (Vor)wissens:
Für die Diagnostik des Wissens ist eine Strukturanalyse, wie sie unter 3.1.1.1 ausführlich dargestellt wurde, ein effektives Instrument, um die Art, Breite und Tiefe der Wissenslücken differenziert feststellen zu können. Erst nach einer solchen Strukturanalyse lassen sich präzise Aussagen über die Möglichkeiten und Wege der Schließung der Wissenslücken und deren zeitlichen Rahmen treffen. Solche Strukturanalysen lassen sich in allen Fächern anfertigen.

Das Ausmaß der Kompetenzrückstände in bestimmten Lernbereichen bei einem lernschwierigen Schüler im Vergleich zu einer repräsentativen Altersstichprobe kann mit diversen Schulleistungstests ermittelt werden (siehe z.B. entsprechende Lesetests, Rechtschreibtests, Mathematiktests, Mehrfächertests etc.).

Diagnostik des Instruktionsverständnisses
Das Instruktionsverständnis hat eine wichtige prognostische Bedeutung für den Schulerfolg. Damit können Mängel im Instruktionsverständnis u.a. entscheidend zur Auslösung von Lernschwierigkeiten bei Schülern beitragen, weil in der Regel an den Schulen der Unterricht über Kommunikation und mündliche Sprache abläuft.

Wenn das Instruktionsverständnis als ein Faktor der verbalen Intelligenz aufgefasst wird, so bieten sich als geeignete Diagnoseinstrumente die bekannten Intelligenztests an (z.B. HAWIK®-IV), d.h. der Schulpsychologe nimmt zur Überprüfung des Instruktionsverständnisses dann lediglich die relevanten Untertests. Mit diesem Vorgehen erhält der Diagnostiker aber bestenfalls eine Grobklassifikation der sprachlichen Fähigkeiten im Sinne von verbaler Intelligenz des betreffenden Schülers, darüber hinaus aber kaum Ansatzpunkte für die Intervention und Förderung.

Eine weitere Möglichkeit zur Diagnose des Instruktionsverständnisses ergibt sich aus den vermuteten Mängeln instruktionsschwacher Kinder in Bezug auf ihre kognitiven und metakognitiven Lernstrategien. In diesem Zusammenhang verweisen wir auf die Ausführungen im Kapitel 3.1.1.2.

Sehr differenziert kann das Sprachverständnis mit dem *Hörverstehenstest für 4. bis 7. Klassen (HVT 4-7)* von Urban (1986) erfasst werden. Die Testdurchführung wird für den Testleiter prinzipiell dadurch erleichtert, dass über eine Audiokassette alle Testteile von einem Sprecher ausgeführt werden und der Testleiter lediglich die vorge-

Diagnostik bei Lernschwierigkeiten

sehenen Pausen einhalten und Erklärungen selbst geben muss. Obwohl der Test mehr als 25 Jahre alt ist, kann er zur Erfassung des Instruktionsverständnisses nach wie vor erfolgreich eingesetzt werden. Im Folgenden wird der Hörverstehenstest in der gewohnten Weise vorgestellt.

Hörverstehenstest [HVT 4-7]

Der Hörverstehenstest von Urban (1986) erfasst die individuelle Hörverstehensfähigkeit in den Klassenstufen 4 bis 7 als Einzel- und Gruppentest.

Ziele des Einsatzes durch Lehrkräfte

- Lehrkräfte können den HVT 4-7 zur differenzierten Ursachenabklärung bei Lernschwierigkeiten (insbesondere des Instruktionsverständnisses) einzelner Schüler nutzen.
- Der HVT 4-7 kann Lehrkräften auch darüber Auskunft geben, ob die Schüler einer Klasse in einem oder mehreren speziellen Teilfähigkeitsbereichen des Sprachverständnisses vergleichsweise schwächere Leistungen zeigen.
- Somit kann er auch zur Prävention von Lernschwierigkeiten verwendet werden (z.B. am Beginn von Klasse 5).
- Der HVT 4-7 kann zur Ermittlung und Überprüfung von Übungseffekten und Lernfortschritten eingesetzt werden.

Konzeption und Aufbau des Tests

Der HVT 4-7 ist bei allen Schülern 4. bis 7. Klassen aller Schulformen einsetzbar.
Mit dem HVT 4-7 soll die Fähigkeit gemessen werden, gesprochene Sprache wahrzunehmen, zu verstehen und zu verarbeiten. Überprüft werden Teilfähigkeiten auf der Laut-, der Wort-, der Satz- und der Textebene. Hier ergeben sich enge Korrespondenzen zu den Lesetests, die ähnliche Teilfähigkeiten beim Umgang mit Schriftsprache erfassen. Im Konkreten bezieht sich der HVT 4-7 auf die Überprüfung von Teilfähigkeiten im phonologischen, lexikalischen, syntaktischen, semantischen, textthematischen und suprasegmentalen (Betonung, Satzmelodie) Bereich sowie von Aufmerksamkeits- und Gedächtnisaspekten.

Der HVT 4-7 besteht aus sechs Untertests: 1. Laute unterscheiden (LU), 2. sofortiges Erinnern (SE), 3. Anweisungen folgen (AF), 4. Bedeutungen erkennen (BD), 5. Betonungen erkennen (BT) und 6. Texte verstehen (TV). Diese Untertests werden durch insgesamt 100 Items abgeprüft. Für den Untertest 6 (Texte verstehen) liegen zwei Parallelformen (A und B) vor.

Im Untertest 6 wird die Teilfähigkeit „Texte verstehen" über die folgenden vier Komponenten erfasst: „Details behalten und wiederholen (Dw)" mit 9 Items, „Details im Zusammenhang verstehen (Dv)" mit 8 Items, „Zentrale Gedanken erkennen (Ze)" mit 4 Items und „Schlüsse ziehen (Sz)" mit 4 Items.

Durchführung, Auswertung, Interpretation

Für die Testdurchführung erhalten die Schüler jeweils ein Testheft, in welches die Antworten zu den 6 Untertests notiert werden müssen. Da der Test mit Hilfe einer

Audiokassette durchgeführt wird, um die Durchführungsobjektivität nicht durch Dialekteinfärbungen des jeweiligen Testleiters zu beeinträchtigen, prüft der Testleiter durch Abspielen des Probesatzes, ob die Lautstärke und die Tonhöhe für alle Schüler angemessen sind. Die Anweisungen (zu den notwendigen Unterbrechungen und Pausen sowie den Erklärungen für die Schüler) für den Testleiter sind ausführlich und präzise im Testmanual (S. 14ff.) beschrieben. Die Schüler erhalten die Anweisungen von der Audiokassette.

Die Parallelformen liegen nur für den Untertest 6 vor und können insbesondere zur Überprüfung von Lernfortschritten nach Trainingsphasen benutzt werden.

Der Test sollte möglichst am Vormittag ohne vorherige Belastung der Schüler durchgeführt werden. Die Schüler sollten vorher wissen, dass der Test etwa zwei bis drei Schulstunden dauert und zwischendurch, in der Regel nach dem 4. Untertest, eine längere Pause vorgesehen ist.

Bei jüngeren oder weniger belastbaren Kindern kann die Testdurchführung auch auf zwei aufeinanderfolgende Tage verteilt werden. Die Schüler sollten über grundlegende Lesefertigkeiten verfügen, ansonsten kann der Untertest 6 nur mit Hilfen und im Einzeltest realisiert werden, was jedoch die Interpretation der Testwerte anhand der Eichstichproben verunmöglicht.

Die *Auswertung* wird für jeden Schüler mit Hilfe von im Testmaterial enthaltenen Schablonen vorgenommen. Urban beschreibt im Testmanual sehr einfach und präzise wie die entsprechenden Rohwerte, d.h. die richtig gelösten Aufgaben zu ermitteln sind. Der Rohwert ist gleich der Anzahl der richtig gelösten Aufgaben. Für jeden Untertest kann ein Untertest-Rohwert und über alle Untertests hinweg ein Gesamt-Rohwert berechnet werden.

Auf der Vorderseite des Aufgabenheftes jedes Schülers ist ein Auswertungsformular aufgedruckt. Hier können zunächst vom Auswerter die Rohwerte je Untertest und der Gesamt-Rohwert in dafür bezeichnete Kästchen eingetragen werden. Danach kann die Transformation in Prozentränge und T-Werte je Untertest und für den Gesamt-Rohwert vorgenommen werden. Im Anhang des Testmanuals befinden sich die entsprechenden Normtabellen, die nach Altersstufen, Schuljahrgängen und Schulformen differenziert sind.

Der Testanwender kann somit selbst entscheiden, welche Normen für ihn entsprechend der Zielstellung der Untersuchung interessant sind.

Über den jeweiligen Kästchen für die Eintragung von Rohwerten mit den Transformationen in T-Werte und PR-Werte für die Untertests und den Gesamt-Wert sind jeweils leere Säulen auf dem Auswertungsblatt eingezeichnet, die eine Veranschaulichung der Testleistung durch Ausfüllen der Säulen ermöglichen. Damit kann auf einen Blick abgelesen werden, wie sich die Leistung des Schülers in den einzelnen Untertests verteilt und wo die Stärken und besonderen Schwächen liegen. Für die vier Komponenten des Untertests 6 „Texte verstehen" kann mit Hilfe von Schablonen noch eine Zusatzauswertung vorgenommen werden, deren Ergebnisse auch im Auswertungsformular übersichtlich eingetragen werden können. Über diese Zusatzauswertung erhält der Lehrer Auskunft darüber, bei welcher Komponente des Textverstehens Schüler besondere Stärken oder Schwächen aufweisen. Hieraus lassen sich differenzierte Maßnahmen zur Förderung ableiten. Auch für die *Interpretation* der Tester-

Diagnostik bei Lernschwierigkeiten 303

gebnisse befinden sich im Testmanual differenzierte Aussagen (S. 19ff.). Urban schlägt u.a. vor, Schüler mit einem PR < 25 bzw. < Quartil 1 im HVT – Gesamt als förderbedürftig anzusehen. Wir sind der Meinung, dass für die Diagnostik bei Lernschwierigkeiten auch Schüler mit einem PR von 35 (PR-Band 22-50) als auffällig anzusehen sind und in eine differenzierte Förderung einbezogen werden müssen.

Gütekriterien
Durchführungs- und Auswertungs*objektivität* sind gegeben. Eine Konsistenzanalyse ergab eine als ausreichend zu bewertende *Reliabilität*. Korrelationen zwischen Testergebnissen und Lehrerurteilen zwischen r = .52 und r = .74 belegen die *Validität* des Verfahrens.

Normen: Die Eichstichprobe bestand aus 2886 Schülern aus *vier westdeutschen* Bundesländern. Es liegen T-Werte und Prozentränge (PR-Bänder) für verschiedene Altersstufen, Jahrgangsstufen und Schulformen für die 6 Untertests und den Gesamttest vor.

Diagnostik der Lernmotivation
Diverse Aspekte der Lern- und Leistungsmotivation können über eine gezielte Ausarbeitung von Leitfäden für diagnostische Gespräche mit dem Schüler durch die Lehrkraft erfasst werden. Die theoretischen Ausführungen im Kapitel 3.1.1.3 bieten hierfür eine gute Orientierungsgrundlage. Darüber hinaus können standardisierte Tests wie die SELLMO von Spinath, Stiensmeier-Pelster, Schöne und Dickhäuser (2012) und die SESSKO von Schöne, Dickhäuser, Spinath & Stiensmeier-Pelster (2012) zur Abklärung von Zielorientierungen beim Lernen und des schulischen Fähigkeitsselbstkonzepts herangezogen werden. Ob ein Schüler auch deshalb schlechte Leistungen in einem Fach zeigt, weil sein fachspezifisches Fähigkeitsselbstkonzept ungünstig ausgeprägt ist, kann mit dem DISK-Gitter von Rost, Sparfeldt und Schilling (2007) geprüft werden.

Diagnostik der Unterrichtsqualität
Auch für die Diagnose der Unterrichtsqualität verweisen wir auf das Angebot an diagnostischen Verfahren, das im Teilkapitel 3.1.2 differenzierter dargestellt wurde. Je nach interessierender Fragestellung im Zusammenhag mit den Lernschwierigkeiten von Schülern können die Fragebögen zur Diagnose der Unterrichtsführung, des Unterrichtsstils etc. verwendet werden.

Diagnostik des Klassenklimas
Zur Diagnostik des Kassenklimas kann u.a. auf den Fragebogen von Dreesmann (1980), den wir weiter vorn (Kap. 3.1.2.4) beschrieben haben, zurückgegriffen werden. Außerdem stehen zwei standardisierte Fragebögen zur Verfügung.

Linzer Fragebögen zum Schul- und Klassenklima für die 4. bis 8. Klassenstufe [LFSK 4-8] und für die 8. bis 13. Klasse [LFSK 8-13]

Der LFSK 4-8 von Eder und Mayr (2000) oder der *LFSK 8-13* von Eder (1998) können je nach Altersstufe des Schülers auch zur Diagnose der subjektiven Lernumwelt für Zwecke der Individualberatung eingesetzt werden. Beide Verfahren sind nach dem gleichen Konzept konstruiert worden.

Die LFSK sind relativ kurze Fragebogenverfahren (ca. 25 Minuten Bearbeitungsdauer), mit denen die subjektiv wahrgenommene Lernumwelt der Schüler in Schulklassen und Schulen erfasst werden kann. Auf Klassenebene werden 14 Elemente des Klimas (pädagogisches Engagement der Lehrer, Restriktivität, Mitsprache, Gerechtigkeit, Komparation, Gemeinschaft, Rivalität, Lernbereitschaft, Störneigung, Leistungsdruck, Vermittlungsqualität, Schülerbeteiligung, Kontrolle der Schülerarbeit) zu vier Dimensionen (Sozial- und Leistungsdruck, Schülerzentriertheit, Kohäsion und Disziplin) zusammengefasst. Die Einzelskalen umfassen jeweils drei Items. Auf Schulebene werden zwei Klimabereiche (Wärme und Strenge) erfragt. Zusätzlich wird das individuelle Wohlbefinden in der Schule erfasst.

In der Auswertung der LFSK kann für den Schüler ein Klimaprofil erstellt werden. Es ist zu beachten, dass die Normierung nur an einer österreichischen Stichprobe erfolgte.

Diagnostik der familiären Bedingungen
Es kann nicht das Anliegen von Lehrkräften sein, eine genaue Analyse familiärer Bedingungen vorzunehmen. Die für die Abklärung von Entstehungsbedingungen der Lernschwierigkeiten notwendigen Informationen für Lehrkräfte können aus diagnostischen Gesprächen mit Eltern gewonnen werden. Von Interesse ist in diesem Zusammenhang insbesondere, inwieweit Eltern in die Pflicht für eine Hilfslehrerfunktion bei der Förderungen genommen werden können.

(3) Intervention und Förderung

An dieser Stelle können nur allgemeine Hinweise zur Intervention und Förderung angeboten werden. Außerdem verweisen wir in diesem Zusammenhang auch auf die entsprechenden Teilkapitel des vorliegenden Buches, in denen wir bei den einzelnen Determinanten der Schulleistung jeweils auch auf Förderaspekte eingegangen sind.

Prinzipiell gilt, je früher die Lernschwierigkeiten erkannt werden, desto Erfolg versprechender sind die Interventionsmaßnahmen im Rahmen von Schule.

Fördermaßnahmen können parallel zum laufenden Unterricht in Individualisierungsphasen, in speziellem Förderunterricht oder über Nachhilfeunterricht außerhalb von Schule organisiert werden. Je differenzierter die Diagnostik zur Ursachenbestimmung war, desto feiner und zielgerichteter kann auch die Förderung geplant und auf das Kind abgestimmt werden. Die z.T. geringen Erfolge von außerschulischen Nachhilfemaßnahmen, die meist von Eltern finanziert werden, sind in erster Linie auf eine unzureichende Ausgangsdiagnostik zurückzuführen.

Bei der Ausarbeitung von Förderplänen muss die Belastbarkeit des Kindes in Rechnung gestellt werden. Um das Kind nicht zu überfordern, sollten auch Freizeit- und Entspannungsphasen bewusst mit eingeplant werden.

Für die Überwachung der Wirksamkeit der Fördermaßnahmen ist eine Treatment begleitende Diagnostik von Vorteil. Die Schaffung von extrinsischen Anreizen zur Erhöhung der Motivation ist ein unverzichtbarer Bestandteil von Förderplänen. Denn der Einsatz von zusätzlicher Anstrengung und Lernzeit und der Umstand, dass sich

Diagnostik bei Lernschwierigkeiten

Lernfortschritte nur langsam einstellen, erfordern von den Kindern viel Disziplin und Überwindung. Dafür sind in Aussicht gestellte kurzfristige und langfristigere Belohnungen sehr anspornend. Über spezielle Kontingenzverträge, die mit Schülern, Lehrern und Eltern abgeschlossen werden, kann die Wichtigkeit der Fördermaßnahme für alle Beteiligten unterstrichen und ihre Verbindlichkeit für alle beteiligten Seiten erhöht werden. Wenn die Eltern in die Förderung einbezogen werden können, dann sollten sie in jedem Fall die Belohnung übernehmen, die in wirkungsvollen Belohnungssystemen festgelegt werden kann (siehe Kap. 3.5.3.2 Rückbesinnung auf klassische behavioristische Lernprinzipien).

Das Nichtversetzen ist in einigen Bundesländern eine relevante Maßnahme, um mit Lernschwierigkeiten von Schülern umzugehen. Diese Maßnahme ist aber nur unter ganz bestimmten Bedingungen zu akzeptieren, nämlich erstens, wenn die Wissensrückstände nicht länger als ein Schuljahr zurückliegen und zweitens der betreffende Schüler zum Wiederholen der Klasse ganz spezielle Förderauflagen erhält, die von den Lehrkräften überwacht und notfalls auch korrigiert werden sollten.

Abschließend wollen wir uns überlegen, welche Interventionsmaßnahmen für den lernschwierigen Klaus aus unserem Praxisbeispiel zweckmäßig wären.

Wenn die Diagnose der Ursachen der vorliegenden Lernschwierigkeiten ergeben hat, dass die Lernrückstände in Deutsch, Mathematik und Englisch nicht viel weiter zurück als in die sechste Klasse reichen, der Intelligenztest, den die Beratungslehrerin durchgeführt hat, eine gute Begabung bescheinigt und Klaus dazu bereit und willens ist, weiter am Gymnasium zu lernen, dann sollte eine Wiederholung der siebten Klasse ins Auge gefasst werden. Für die Klassenwiederholung wird ein ganz spezieller zusätzlicher Förderplan für Klaus ausgearbeitet, der darauf zielt, die Wissenslücken an den *Knotenpunkten* der drei Hauptfächer zu schließen. Dies sollte auch über eine speziell organisierte Nachhilfe außerhalb der Schule gewährleistet werden. Die Lehrkräfte werden in ihren Fächern versuchen, Klaus spezielle Lernstrategien anzutrainieren, da er bisher völlig uneffektiv lernte. Außerdem wird er zu Beginn des neuen Schuljahres an einem Training des induktiven Denkens II nach Klauer (1991) teilnehmen, das zwei Lehrerinnen am Gymnasium regelmäßig als Förderkurs außerhalb des Unterrichts anbieten. Im Februar des nächsten Schuljahres soll dann mit dem neuen Klassenlehrer, Klaus und den Eltern geprüft werden, ob Klaus seine Lernrückstände soweit kompensieren konnte, dass die Prognose für den weiteren Gymnasiumsbesuch Erfolg versprechend ist.

Erbringt die aktuelle Diagnose der Lernschwierigkeiten bei Klaus dagegen, dass die Wissenslücken in die fünfte Klasse und weiter zurückreichen, Klaus überhaupt keine Lust zum zusätzlichen Lernen verspürt und auch nur seiner Eltern wegen auf das Gymnasium geht, dann sollte ein Schulwechsel in eine Realschule vorbereitet werden. Dieser Schulwechsel kann als adaptive Maßnahme verstanden werden, weil die Lernumgebung dann eher den Lernvoraussetzungen von Klaus entspricht. Klaus kann in der neuen Schule ohne großen zusätzlichen Lernaufwand möglicherweise ein guter Schüler sein (big fish-little pond).

Am Praxisbeispiel von Klaus sollte noch einmal deutlich geworden sein, wie entscheidend eine differenzierte und explizite Diagnostik für eine passende und gezielte Förderung und Intervention bzw. zur passenden Schullaufbahnentscheidung ist.

3.5 Diagnostik des Sozialverhaltens

Lässt man Lehramtsstudierende eine Rangfolge von zukünftigen Aufgaben bilden, die Lehrkräfte im Unterricht zu lösen haben, so steht in letzter Zeit die Erziehung zu sozial-moralischem Verhalten sehr häufig an vorrangiger Stelle. Das verwundert zunächst, weil nach Weinert (2000) in der Taxonomie der Lernziele in Regelschulen dem Erwerb intelligenten und anwendungsfähigen Wissens sowie der Befähigung zum Problemlösen eine weit höhere Bedeutung als dem Erwerb sozialer Fertigkeiten und Fähigkeiten zukommt. Andererseits wird aus einem solchen Antwortverhalten aber deutlich, dass angemessenes Sozialverhalten von Schülern entscheidende Grundlage und Vehikel für gemeinsames Lehren und Lernen, für die vielfältigen Interaktionen im und außerhalb von Unterricht ist. Dieses Antwortverhalten heutiger Studenten knüpft inhaltlich an Probleme an, die empirisch bereits vor etwa 15 Jahren von Uhlendorff und Seidel (2001) zur Diskussion gestellt wurden. Sie führten damals im Rahmen einer empirischen Erhebung Interviews mit Berliner Lehrkräften und Eltern zur Erziehungsverantwortung von Lehrern durch. Ein wesentliches Ergebnis dieser Untersuchung bezieht sich auf die Kritik am nachlassenden Engagement der Lehrkräfte und deren Rückzug aus der Erziehungsverantwortung. So wurde berichtet, dass Lehrkräfte selbst bei „schlimmen Verhaltensauffälligkeiten" der Schüler nicht mehr eingreifen, sich bei Klassenfahrten oder anderen außerschulischen Aktivitäten sehr zurückziehen würden. Neben diesen ungünstigen Veränderungen in den Lehrer-Schüler-Interaktionen beklagten die Eltern weiter, dass die Schüler auch nicht mehr ermutigt würden, sich gegenseitig zu helfen und solidarisch zu verhalten, sondern eher dazu veranlasst würden, eigene Vorteile und persönliche Ziele anzustreben (vgl. Fend, 2000a). Nun könnte man sagen, das sind überholte Befunde und die Schulpraxis sähe heute wesentlich günstiger aus, weil die Entwicklung positiven Sozial- und Arbeitsverhaltens der Schüler zu wesentlichen Zielvorgaben in den neuen Bildungsplänen gehört.

Im Schulalltag ist jedoch nach wie vor häufig zu beobachten, dass Schüler nicht erfolgreich lernen können, weil ihr ungünstiges Sozialverhalten bzw. das Klassenklima dies verhindert. Bei diesen Schülern sind z.T. grundlegende soziale und emotionale Fertigkeiten nur wenig entwickelt, die es ihnen ermöglichen würden, Kontakte zu knüpfen, sich angemessen mitzuteilen und zu behaupten, sich in andere einzufühlen oder deren Perspektive zu übernehmen. Manche Schüler weisen darüber hinaus eine verzerrte bzw. inadäquate Selbstwahrnehmung auf. Sie sind nur begrenzt in der Lage, die Folgen ihres Verhaltens einzuschätzen, die Selbstkontrolle des Sozialverhaltens ist nur gering ausgeprägt.

Zwar sind zahlreiche allgemeine Hinweise zur Beförderung des Sozialverhaltens und der sozialen Kompetenzen der Schüler in fast allen Lehr- bzw. Bildungsplänen der Bundesländer enthalten (z.B. Entwicklung von Kommunikationsfähigkeit, Kooperationsfähigkeit, Teamfähigkeit, Konfliktfähigkeit, Verantwortungsbewusstsein, Umweltbewusstsein, interkultureller Kompetenz, Empathie oder sozialer Perspektivübernahme), jedoch mangelt es Lehrkräften in der Praxis häufig an Zeit, Diagnostik- und Methodenwissen, um soziale Lernprozesse tatsächlich effektiv in Gang setzen zu können. Hinzu kommt, dass diese sozialen Erziehungsziele nur auf Konstruktebene in den Curricula ausgewiesen sind.

Diagnostik des Sozialverhaltens 307

Es besteht kein Zweifel darüber, dass die Realisierung kognitiver Lernziele natürlich die Hauptaufgabe an der Regelschule ist und soziale Kompetenzziele nachrangig sind und eher im „Selbstlauf" oder nebenbei erreicht werden sollten. Das wäre dann auch kein Problem, wenn Kindern grundlegende soziale Kompetenzen in der Familie vermittelt würden. Grundschullehrkräfte bemerken jedoch immer häufiger, dass ein Teil der Kinder nur noch unzureichend über elementare soziale Verhaltensweisen verfügt. Dadurch erhöht sich einerseits die Verantwortung von Schule hier kompensatorisch zu wirken, andererseits kann dies aber auch zur Überforderung von Lehrkräften führen, vor allem wenn ihnen nicht entsprechende Hilfen und Handlungskompetenzen im Studium und in Fortbildungen bereitgestellt werden.

Es sollen deshalb im folgenden Kapitel Angebote und Impulse für die Diagnostik und Förderung sozialer Aspekte von Schülerverhalten und Schulklassen – also die Erziehungstätigkeit von Lehrkräften betreffend – gegeben werden.

Praxisbeispiele

Aron ist auf den ersten Blick ein attraktiver, sehr modisch gekleideter Achtklässler. Er hat jedoch im Unterricht unerwartet unkontrollierte Wutausbrüche, in denen er sowohl Klassenkameraden als auch Lehrkräfte in Fäkalsprache beleidigt und beschimpft. Häufig verweigert er dann die Ausführungen von Arbeitsaufträgen, knallt seine Arbeitsmaterialien in den Rucksack und schaut demonstrativ und Füße scharrend aus dem Fenster.

Max ist ein aufgeweckter Junge in der siebten Klasse, der mittelmäßige Leistungen zeigt und allem Anschein nach zu Hause nicht viel für die Schule lernt. Wenn er im Unterricht aufgerufen wird, gibt er ab und an erstaunlich kluge Antworten. Der Klassenlehrerin ist kürzlich zu Ohren gekommen, dass Max auf dem Heimweg nach dem Unterricht andere Schüler bedroht und von ihnen Geld verlangt. Auch kommt es vor, dass er in den Hofpausen andere Kinder tritt und schlägt. Dabei zeigt er keinerlei Mitgefühl für die Misshandelten.

Charlotte stört permanent den Unterricht. Sie ruft dazwischen und meldet sich nicht. Sie reißt ihrer Banknachbarin Seiten aus dem Lehrbuch, nimmt Mitschülern Arbeitsmaterial weg. Sie reagiert häufig nicht auf Ermahnungen der Lehrkräfte und schwatzt weiter mit ihrem Hintermann. Ihre Schulleistungen sind schlecht. Sie hat keine Freundin in der Klasse.

Frau Schmidt ist jetzt zwei Jahre im Schuldienst. Sie hat sich für das neue Schuljahr vorgenommen, die Schüler ihrer 8. Klasse nicht nur in Mathematik und Deutsch zu befördern, sondern auch die im Curriculum festgelegten Erziehungsziele zur Verbesserung der sozialen Kompetenzen gezielter umzusetzen.

3.5.1 Theoretischer Rahmen und Vorbereitung der Hypothesenbildung (1)

In allen angeführten Praxisbeispielen geht es im weiten Sinne um Probleme des Sozialverhaltens, sozialer Kompetenzen von Schülern bzw. um soziale Beziehungen zwischen den Schülern einer Klasse. Mit Blick auf das soziale Geschehen in der Schulklasse ist die theoretische Auseinandersetzung recht aufwändig, weil es an einer übergreifenden Theorie sozialer Beziehung mangelt und vorliegende diagnostische Verfahren deshalb häufig eher unter pragmatischer Zielsetzung konstruiert wurden. Es ist deshalb für Lehrkräfte zunächst unverzichtbar, Begriffe und Zusammenhänge näher zu kennzeichnen, um für die notwendigen Operationalisierungen eine theoretische und überprüfbare Grundlage zu schaffen. Deshalb soll im Folgenden der theoretische Rahmen hinreichend abgesteckt werden, indem tragende Begriffe und Zusammenhänge und das soziale Geschehen in der Schulklasse geklärt, Verhaltensprobleme von Schülern im Kontext von Schule beschrieben und deren Ursachen erklärt werden.

3.5.1.1 Zentrale Begriffe und Zusammenhänge

Welches sind nun solche tragenden Begriffe und Konstrukte, in welchem Zusammenhang stehen sie und welche empirischen Befunde lassen sich dafür anführen?

Schulisches Lernen ist ein sozial determiniertes Geschehen. Dabei kommt es in einem sozialen Dreieck permanent zu Interaktionen zwischen Lehrkräften, Einzelschülern und Schulklasse (Petillon, 1980, S. 25), die durch institutionelle und curriculare Anforderungen einerseits und personale Bedürfnisse andererseits ausgerichtet werden. Eine professionelle Diagnostik erfordert die theoretischen Beschreibungen und Erklärungen der sozialen Phänomene deshalb auf zwei Ebenen bzw. unter zwei Perspektiven: *1. Gruppenebene* = Schulklasse und *2. Personenebene* = Schüler (Lehrkräfte werden hier nicht gesondert betrachtet).

3.5.1.1.1 Soziale Beziehungen und Interaktionen in der Schulklasse: Gruppenebene

→ *Zusammenhang von sozialen Beziehungen und Interaktionen*
Der Begriff der sozialen Beziehungen umfasst das Verhalten und Erleben, das *zwischen* zwei und mehr Personen stattfindet. Die Definition von Beziehung ist demnach nicht individuell, sondern dyadisch, triadisch etc. konzeptualisiert. Wichtige Merkmale von Beziehungen sind ein Minimum an Dauerhaftigkeit, Interaktionen, gegenseitigen Erwartungen (=Kognitionen) und Gefühlen. Soziale Beziehungen entstehen durch objektiv stattfindende Interaktionen zwischen Personen und werden von diesen Personen subjektiv als kognitive Schemata (=interne Repräsentationen) gespeichert (Hofer, 2002). Von sozialen Interaktionen spricht man dann, wenn sich „zwei oder mehr Menschen in ihrem Handeln aufeinander beziehen, gleichgültig, ob sie dabei eine Wirkung erzielen" (Geißler, Huber & Perrez, 2006, S. 359). Interaktionen finden auf verbaler und nonverbaler Verhaltensebene statt.

Der Zusammenhang zwischen Interaktionen und Beziehungen ist ein zweifacher. Kognitive Schemata sind einerseits das Ergebnis der Verdichtung wiederholter vergangener Interaktionen mit einer oder mehreren anderen Personen. Zum anderen steuern solche Beziehungsschemata das Handeln insofern, als sie helfen, das Verhalten der anderen Person(en) zu erklären, vorherzusagen und das eigene Verhalten zu regulieren (Bugenthal & Johnson, 2000). Soziale Interaktionen können als eine Abfolge aufgefasst werden, in der eine Person die Dynamik der Interaktion durch ihre Erwartungen so bestimmt, dass das Verhalten der anderen Person(en) diese Erwartung bestätigt oder widerlegt.

Diagnostik des Sozialverhaltens 309

→ *Schulklassen als besondere soziale Gruppen*
Schulklassen als soziale Gruppen weisen einige Besonderheiten auf. Die Schüler haben sich diesen Gruppen nicht freiwillig auf der Grundlage gemeinsamer Interessen oder Sympathiebeziehungen angeschlossen, und sie können diese Gruppe auch nicht wieder verlassen, wenn es ihnen dort nicht gefällt. Die Schulklasse ist also zunächst eine formelle Gruppe, in der einer verpflichtenden Tätigkeit (Lernen) nachgegangen werden muss.

Innerhalb kurzer Zeit des gemeinsamen Interagierens werden bei Lehrkräften und Schülern Vorstellungen darüber aufgebaut, was in bestimmten Situationen von einzelnen Schülern zu erwarten ist. Solche Erwartungen bestimmen nicht nur das Handeln der Lehrkräfte, sondern auch die sozialen Beziehungen der Schüler. Es erleichtert den Umgang miteinander, wenn mit einiger Gewissheit vorhergesagt werden kann, wie sich der andere verhält. So wissen beispielsweise die Mitschüler von Charlotte (Praxisbeispiel), dass man Arbeitsmaterial vor ihr schützen muss und möglichst auf Abstand zu ihr geht, weil sie in ihren Handlungen nicht berechenbar ist. Auch möchte man nicht gern neben ihr sitzen. Umgekehrt bringen solche Erwartungen von Seiten der Mitschüler die Betroffenen in eine Situation, in der sie oft nur noch schwer anders handeln können, als von ihnen erwartet wird.

→ *Informelle Systeme in Schulklassen*
Petillon (1980; 1982) hat zur theoretischen Grundlegung der Diagnostik sozialer Beziehungen aufschlussreiche Publikationen vorgelegt, die bis heute nicht an Bedeutung und Aktualität verloren haben. Er gliedert zur Beschreibung von Gruppen drei Merkmalsbereiche aus: *Gruppennormen, Gruppenstrukturen, Gruppenklimate*. Diese Merkmalsbereiche können jeweils unter formeller oder informeller Perspektive betrachtet werden. Während die formelle Perspektive –wie oben bereits ausgewiesen– die Schulklasse als von außen organisierte soziale Einheit mit den offiziellen Lernaktivitäten bei Anwesenheit von Lehrkräften als Aufsichtsführende und Wissensvermittler beleuchtet, so gelangen unter informeller Perspektive jene Strukturen und Beziehungen der Schüler in den Fokus, die sich vor allem außerhalb des Einflusses von Lehrkräften entwickeln und die Erwartungen der Schüler nach sozialer Anerkennung, Freundschaft, Zugehörigkeit, Selbstgestaltung, Austausch von Interessen usw. widerspiegeln. Im Verlaufe der Schuljahre entwickeln sich einflussreiche *informelle Systeme* in den Schulklassen wie *neue Gruppenstrukturen* (Freundschaftsgruppen, Cliquen, Interessengruppen, Außenseiter etc.), *Rollen- und Statushierarchien* (z.B. Wortführer, Dominante, Klassenkasper, Mitläufer, Unbeachtete, Ausgestoßene etc.) und *informelle Normen* (z.B. was als „angemessene" Schulleistungen, Mitarbeit, Hausaufgabenerledigung gilt). Je enger diese informellen Normen bestimmte Verhaltensbereiche begrenzen, desto bedrohlicher wird für einzelne Schüler die Situation, wenn sie nicht normkonform handeln.

Empirische Untersuchungen belegen (Cohen, 1993; Cohen & Lothan, 1994), dass Zuschreibungen von Status aufgrund von sozialer Herkunft, ethnischer Zugehörigkeit und auch Geschlecht die Interaktion oft auf subtile Weise beeinflussen. Beispielsweise werden von statusniedrigeren Mitgliedern geringere Leistungen und ungünstigeres Sozialverhalten erwartet. Deshalb werden sie im Interaktionsprozess häufig auch weniger beachtet. Daraus folgt möglicherweise, dass dies ihr Fähigkeitsselbstkonzept ungünstig beeinflusst und sie sich bei kooperativen Tätigkeiten eher zurückhalten.

→ *Sozialklima in der Schulklasse*
Im Sozialklima (Klassenklima, Unterrichtsklima) einer Schulklasse wird der *gemeinsame "Erlebensanteil der Schüler einer Klasse bei unterrichtlichen und außerunterrichtlichen Aktivitäten"* gefasst (Ingenkamp & Lissmann, 2008, S. 277).

Aus soziometrischen Erhebungen zur Struktur der Klasse insgesamt lassen sich auch Informationen entnehmen, die Rückschlüsse auf das Klima in der Klasse zulassen. Wenn mehr positive Wahlen als Ablehnungen von den Schülern abgegeben werden, spricht das für einen Zusammenhalt und ein „Wir-Gefühl". Dagegen sind zahlreiche abgeschottete Cliquen, hohe Ablehnungsbereitschaft und eine starke Isolierung der Geschlechter eindeutige Signale für wenig Zusammenhalt und soziale Spannungen in der Klasse. Zur differenzierteren Elaboration von Aspekten des Klimas in Gruppen und ihrer Diagnostik siehe vor allem Dreesmann (1980), Fend (1998) und Eder (1998; Eder & Mayer, 2000).

→ *Zusammenhang von Beliebtheit/Ablehnung und Schulleistung*
Die in den informellen Strukturen von Schulklassen fixierten und transportierten Erwartungen strukturieren nicht nur die Sympathie- bzw. Freundschafts- und die Arbeitsbeziehungen, sondern haben einen nicht zu unterschätzenden Einfluss auf das Schulleistungsverhalten (Pettilon, 1980). Oswald und Krappmann (1995) konnten durch eine Längsschnittstudie nachweisen, dass Meinungsführer einer Klasse und gut integrierte Kinder im Durchschnitt bessere Noten haben als unbeliebte oder wenig beachtete Kinder. Die Autoren interpretieren dieses Ergebnis als zirkulären Prozess in dem Sinne, dass Schüler, die über gut ausgeprägte soziale Kompetenzen verfügen und den schulischen Anforderungen leichter nachkommen bei den Mitschülern meist beliebter sind, mehr Anerkennung erhalten und sich deshalb auch selbst positiver einschätzen und mehr zutrauen. Das führt mit hoher Wahrscheinlichkeit wiederum zu guten Leistungen und gesteigerter sozialer Wertschätzung. Rost et al. (1994) konnten ebenfalls einen Zusammenhang zwischen soziometrischen Indikatoren wie Beliebtheit/Ablehnung und der allgemeinen Intelligenz bei Grundschulkindern an einer großen Stichprobe nachweisen. Es zeigten sich positive Beziehung von Beliebtheit und Intelligenz und gleichzeitig negative Beziehung zwischen Ablehnung und Intelligenz. Als gesichert gilt, dass Schüler, die sozial auffällig sind und von ihren Klassenkameraden abgelehnt werden, in der Regel auch schlechte Schulleistungen zeigen und in ihrer schulischen und beruflichen Laufbahn gefährdet sind (Fend, 1998).

Als problematisch für die Entwicklung sozialer Beziehungen in Schulklassen kann sich die Konkurrenzorientierung erweisen, da sie negative Konsequenzen für den Aufbau positiver sozialer Beziehungen der Schüler prinzipiell und insbesondere für die „Verlierer" in diesem Konkurrenzkampf hat (Johnson & Johnson, 1978). Unter solchen Bedingungen können sich dann vor allem ältere Schüler fragen, warum sie sich gegenseitig unterstützen und für ihr Lernen gemeinsam Verantwortung übernehmen sollen, wenn die Mitschüler doch in gewisser Weise die Konkurrenten um die besten Noten sind.

Hinzu kommt, dass es in dieser Wettkampfatmosphäre nicht nur Sieger gibt, sondern insbesondere bei den Verlierern sich dann negative Effekte wie bspw. Abbau des Selbstvertrauens, Schul- und Leistungsangst, Motivationsverlust einstellen. Insofern ist es nicht verwunderlich, dass bei Untersuchungen der Interaktion in Schulklassen, die

Diagnostik des Sozialverhaltens 311

nicht auf kooperatives Lernen vorbereitet waren, keine wünschenswerten kooperativen Interaktionen zwischen den Schülern beobachtet werden konnten (Cohen, 1993).

→ *Soziale Beziehungen in Klassen mit multikultureller Schülerschaft*
Mit Blick auf die aktuellen Erziehungsaufgaben benötigen alle Lehrkräfte differenziertes psychologisches Wissen über die Integration von Schülern mit Migrationshintergrund, denn unter Umständen können sich in manchen Schulklassen die ethnischen Unterschiede besonders brisant auswirken. Häufig werden die offiziell verfolgten schulpolitischen Zielsetzungen der Integration dann durch informelle Orientierungen und Gruppenprozesse außer Kraft gesetzt (Huber & Roth, 1999). Dies gilt besonders, wenn Schüler aus ihrem außerschulischen Umfeld ungünstige und fremdenfeindliche Überzeugungen mitbringen. Keinesfalls darf erwartet werden, dass allein durch die Organisation kooperativer Tätigkeiten soziale Kategorisierungen verhindert werden können. Denn häufig verstärken sich unterschiedliche Erwartungen und Orientierungen im konkreten Interaktionsgeschehen noch.

Welche Antworten können zunächst aus vorliegenden soziometrischen Forschungsbefunden zur Frage der Entwicklung von Kontaktbeziehungen in Klassen bei steigendem multikulturellen Anteil der Mitglieder gegeben werden?

Es liegt eine große Anzahl sozialpsychologischer soziometrischer Forschungsbefunde aus den 80er und 90er Jahren des vergangenen Jahrhunderts vor, die die Kontaktbeziehungen zwischen Menschen in Gruppen mit unterschiedlich großen Anteilen der jeweils anderen Ethnie, Rasse, Kultur oder Sprache untersucht haben. Diese Befunde konnten auch in neueren Untersuchungen repliziert werden (Thijs & Verkujten, 2013).

Das besonders Einzigartige und Verlässliche an den soziometrischen Untersuchungen ist, dass die Aussagen der Individuen *an einander* geprüft werden können. Denn durch Beobachtungen allein sind Freundschaften/Feindschaften nicht zu erschließen, weil das offene Verhalten insbesondere durch soziale Kontrolle bzw. formelle Normen bestimmt wird. Soziometrische Daten dagegen offenbaren Ablehnungen und Zuneigungen auch dort, wo man sie nicht vermutet. Deshalb überrascht es nicht, dass Beobachtungen und Urteile von Lehrkräften stets ein höheres Maß an interkultureller Integration unterstellen als soziometrische Untersuchungen tatsächlich ergeben (vgl. Lukesch, 1981; Taylor & Trickett, 1999). So offenbart die Tiefenstruktur von Gruppen häufig ein anderes Bild als deren Oberfläche. Soziometrische Studien der Beziehungen verschiedener Ethnien oder Kulturen wurden und werden häufig im Kontext von Schule durchgeführt. Trotz der großen Varianz der sogenannten "Fremden" (z.B. gleiche Sprache aber andere Hautfarbe; gleiches Aussehen und gleiche Sprache aber unterschiedliche Religion/Kultur; verschiedenes Aussehen und verschiedene Sprachen etc.) lässt sich für die Vernetzung von Sympathie und Freundschaft in solchen gemischten Gruppen eine fast ausnahmslose Universalität des Prinzips ‚Gleich und Gleich gesellt sich gern' feststellen (Dollase, 1994).

Auch in Untersuchungen von Stollenwerk (1987) wurde deutlich, dass sich deutsche und türkische Kinder in Schulklassen ebenfalls nach dem Gleichheitsprinzip verhalten, denn 80% der Freundschaftscliquen in Hauptschulklassen werden von Jugendlichen jeweils nur einer Nationalität gebildet. Stärkere Kontaktinteressen wurden nur bei der kulturellen Minderheit registriert. Dollase und Kollegen (1994) ermittelten in einer Untersuchung von 64 Hauptschulklassen, dass deutsche Kinder türkische Kinder häufiger als Sitznachbarn ablehnten als umgekehrt. Die Untersuchungsbefunde legen nahe, dass sich an der Ähnlichkeitsattraktion und der daraus folgenden Vorurteilsneigung auch dann nichts ändert, wenn sich der Anteil der Kinder mit Migrationshintergund in Schulklassen noch deutlich erhöht (ebenda).

Ein soziometrischer Zusammenschluss der unter ethnischen Gesichtspunkten Gleichen bleibt generell bestehen und das gilt auch für das Verhältnis zwischen Ausländern und Deutschen (41,3%). Auch nichtsoziometrische Untersuchungen haben gezeigt, dass deutsche Schüler stärker rein deutsche Schulklassen (41,3%) bzw. solche mit höchstens einem Viertel türkischer Mitschüler (37,6%) präferieren. 42,6% der türkischen Kinder wünschen sich im Gegenzug einen Anteil von einem Viertel und 40,5% die Hälfte türkischer Kinder in der Klasse. Jedoch nur 1,3% der befragten türkischen Schüler wünschen sich eine türkische Mehrheit in ihrer Klasse (Dollase et al., 1994). Die Lehrerbefragung in der gleichen Studie zeigt keinen Zusammenhang zwischen Ausländeranteil und Problemen in Schulklassen.

Das vorläufige Fazit aus den Studien lautet, dass auf Grund ihres deskriptiven Charakters und der eingeschränkten Vergleichbarkeit keine völlig gesicherte Antwort auf die aufgeworfene Frage nach der Auswirkung der Erhöhung des fremdkulturellen Anteils gegeben werden kann. Es besteht kein Anlass zu dramatischen Befürchtungen, allerdings bleibt die multikulturelle Spaltung auf der Ebene anspruchsvoller Sympathie-Antipathie-Beziehungen bestehen – egal welche Proportionen man in Betracht zieht (Dollase, 1994).

In den Studien werden auch Ursachen für multikulturelle Separierungen in Gruppen aufgezeigt. Vor allem sind in diesem Begründungszusammenhang das soziale Kategorisieren (z.B. Ausländer, Flüchtling, Deutscher etc.) und die Theorie der sozialen Identität von Tajfel (1981) von Bedeutung. Jede Lehrkraft hat schon die Erfahrung gemacht, dass bereits ein einfaches soziales Kategorisieren z.B. im Spiel – selbst nach banalen Kriterien (z.B. Schülergruppen mit roten, blauen, grünen Bändern u.a.) – dazu führen kann, diskriminierendes Verhalten zwischen den Schülern der verschiedenen Gruppen zu erzeugen (vgl. auch Mummendey, 1984; Tajfel, 1981).

Im realen Leben sind die sozialen Kategorien ebenfalls mit einem Wert verbunden. Diese wertbesetzte Selbst- und Fremdkategorisierung hat sowohl individuelle als auch soziale Vorteile, weil damit die soziale Wahrnehmung einfacher strukturiert und die Orientierungs- und Wertsicherheit gewährleistet werden kann. Soziale Kategorisierungen liefern aber auch Erklärungen und Rechtfertigungen für Handlungen, die Sympathiebeziehungen in der Ingroup auf Kosten der Outgroup festigen und die Diskriminierungen der anderen somit rechtfertigen (vgl. Dollase, 1994). Dieser Mechanismus wirkt universell. Mummendey (1984) verweist auf zwei Wege, diesen Mechanismus jedoch abzuschwächen; einmal durch die Bedeutungsverringerung einer sozialen Kategorie und zum anderen durch Bereitstellen von solchen sozialen Kategorien, mit deren Hilfe sich eine Gruppe eine einzigartige und ungefährdete Identität beschaffen kann. Die Verringerung der Bedeutung sozialer Kategorien zur Verbesserung der soziometrischen Beziehungen in Gruppen ist praktisch gut erforscht (siehe Thomas,1994).

Diagnostik des Sozialverhaltens 313

Die soziometrischen Forschungsbefunde zur Universalität der Ähnlichkeitsattraktion stellen Lehrkräfte vor anspruchsvolle Aufgaben bei der interkulturellen Erziehung. Einfache alltagspsychologische Überlegungen führen hier häufig nicht weiter bzw. verfestigen die Trennung der ethnischen Gruppen in einer Klasse. So konnte Amir (1969) bereits nachweisen, dass die Praktizierung der sogenannten Kontakthypothese („Kontakt schafft Annäherung und Sympathie") beim Abbau von interethnischen Vorurteilen nicht immer positive Wirkungen hat. In diesem Zusammenhang führt Amir eine Reihe von Bedingungen an, die sich positiv oder negativ auf die Entwicklung interethnischer Beziehungen auswirken. Eine positive Wirkung hat der soziale Kontakt nur dann, wenn a) verschiedene ethnische Gruppen einen gleichwertigen sozialen Status oder b) Kontaktpersonen der Minorität einen höheren sozialen Status haben, c) ein Sozialklima herrscht, in dem Kontakt erwünscht bzw. befördert wird und d) gemeinsame funktionelle Tätigkeiten auf ein übergeordnetes Ziel gerichtet sind. Kontakt bewirkt dann eher Antipathie und Konflikte, wenn a) in der Gruppe eine Orientierung am Wettbewerb anstelle an Kooperation und b) ein gespanntes Klassenklima vorherrschen, c) wenn durch besondere Nähe Informationen über eine Gruppe bekannt werden, die ihr Ansehen beeinträchtigen (z.B. wenn Schüler sich zu Hause besuchen). Und schließlich bewirken d) inkompatible moralische Normen Antipathie und Konflikte.

Ein weiteres pädagogisches Problem ergibt sich aus der Konzentration von Schülern mit Migrationshintergrund vor allem an Hauptschulen, da bereits eine quantitativ moderate Zusammensetzung der Schülerschaft Lehrkräfte im Umgang mit Heterogenität vor echte Herausforderungen stellt. So zeigte sich in empirischen Untersuchungen, dass ab einem Anteil von 40% zweitsprachiger Jugendlicher in Hauptschulen die Leistungen substanziell niedriger ausfallen. Hierbei sind Jugendliche mit und ohne Migrationshintergrund gleichermaßen betroffen (Stanat, 2006).

Zusammenfassend kann festgestellt werden, dass Lehrkräfte allein durch ihre Lehr-/ Erziehungstätigkeit und Aufsichtspflicht kein umfassendes Wissen über informelle Normen oder die informellen Gruppenstrukturen erwerben können, selbst wenn sie gute Beziehungen zu den Schülern aufgebaut haben. Aufmerksam werden Lehrer immer dann, wenn Konflikte zwischen den Schülern oder massive Regelverstöße auftreten. Es ist jedoch unverzichtbar für eine professionelle pädagogische Tätigkeit, dass vor allem Klassenlehrkräfte sich genauere soziometrische Informationen über ihre Klasse beschaffen, um die pädagogische Tätigkeit prinzipiell zu professionalisieren (z.B. Sitzordnung, Zusammensetzung von Arbeitsgruppen, Integration von Kindern mit Migrationshintergrund) und um Konflikte anhand von soziometrischen Diagnosen bereits vorhersehen bzw. verhindern zu können (siehe ausführlich Kap. 3.5.2.2 Diagnostik von Beziehungsstrukturen in Schulklassen).

3.5.1.1.2 Soziales Verhalten und soziale Kompetenzen: Schülerebene
Die theoretische Klärung auf der Personebene erfolgt anhand eines Rahmenmodells zur Aufklärung von Bedingungen des Sozialverhaltens (Abb. 3.31), das in Anlehnung an E. Wild, Hofer und Pekrun (2006) weiter elaboriert wurde. Mit dessen Hilfe lassen sich nicht nur die für die Diagnostik relevanten Aspekte (theoretisch) strukturieren und besser sichtbar machen, sondern auch theoriegeleitete Hypothesen generieren. Anhand dieses Modells werden folgende Fragen beantwortet: Wie kommt aktuelles Sozial-

verhalten zustande? Wodurch wird es beeinflusst? Wie kann es weiter ausdifferenziert werden? Was sind soziale Kompetenzen und wie werden sie klassifiziert? Welcher Zusammenhang besteht zwischen dem Sozialverhalten und sozialen Kompetenzen?

→ *Wie kommt aktuelles Sozialverhalten zustande und wodurch wird es beeinflusst?*
Ausgangspunkt des Rahmenmodells (siehe Abb.3.31) bildet das *aktuelle Sozialverhalten* eines Schülers in einer *konkreten Situation*. Art und Intensität des Sozialverhaltens werden sowohl von *situativen* als auch durch *habituelle personale Bedingungen* bestimmt. Die situativen Bedingungen beziehen sich einmal auf sehr konkrete Gegebenheiten, die dem Verhalten vorausgehen wie z.B. die Art der Äußerungen von Mitschülern/Lehrkräften oder nonverbaler Verhaltensweisen von Interaktionspartnern, situative Anforderungen, Aufforderungen, formeller oder informeller Kontext usw. und zum anderen auf mehr globale Bedingungen, wie die bestehenden informellen Normen in der Klasse, das Klassenklima oder die Art der Beziehungen zu Mitschülern/ Lehrkräften. Gleichzeitig wird das aktuelle Sozialverhalten auch durch das angeeignete Wissen, die Regelkenntnisse und vor allem die bis zu diesem Zeitpunkt ausgebildeten *sozialen Kompetenzen* mitbestimmt. Diese personalen Bedingungen wurden im Verlaufe der Ontogenese in verschiedenen sozialen Verbänden wie Familie, Kindergarten und Schule erworben und sind dabei wieder von spezifischen Bedingungen wie z.B. dem Erziehungsverhalten der Eltern/Pädagogen und den Peerbeziehungen etc. beeinflusst worden. Die personalen Bedingungen sind in entscheidendem Maße für die interindividuellen Unterschiede des Sozialverhaltens der Schüler verantwortlich. Und unterschiedliches Sozialverhalten zieht auch unterschiedliche Effekte in der Interaktion nach sich. Es kann dazu führen, dass der Schüler noch mehr Anerkennung oder Ablehnung erfährt, sein Wohlbefinden und sein Selbstkonzept dann gestärkt oder geschwächt werden, die soziale Expansivität verbessert bzw. verschlechtert und auch das Leistungsverhalten in die eine oder andere Richtung beeinflusst wird. Die Folgen bzw. Effekte des Sozialverhaltens wirken auf die personalen Bedingungen zurück und erweitern, stabilisieren oder modifizieren diese.

Diagnostik des Sozialverhaltens

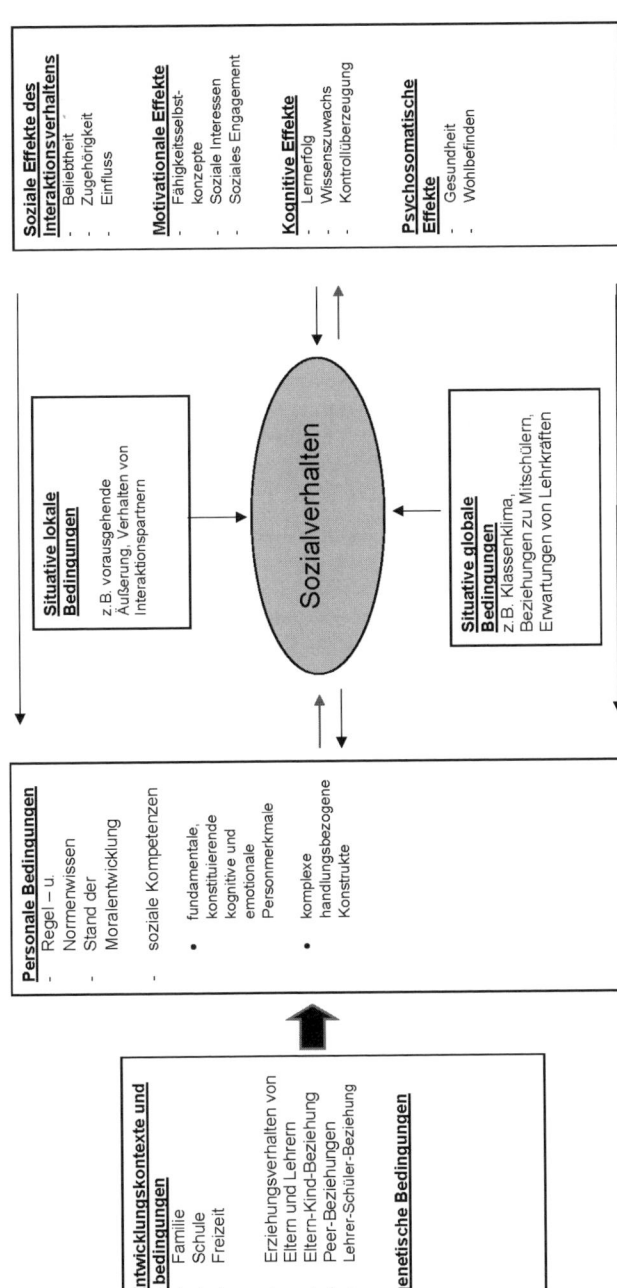

Abbildung 3.31: Rahmenmodell zur Strukturierung von Bedingungen des Sozialverhaltens in Anlehnung an E. Wild, Hofer und Pekrun (2006).

→ *Wie kann soziales Verhalten weiter ausdifferenziert werden?*
E. Wild und Kollegen (2006) bezeichnen soziale Verhaltensweisen als Strategien der Bewältigung von Anforderungen in sozialen Bereichen. Wir sind jedoch der Auffassung, dass nicht alle gezeigten sozialen Verhaltensweisen in der Interaktion strategisch reguliert werden. Das strategische Moment, nämlich aktiv und absichtsvoll Ziele in der Interaktion zu erreichen, zeichnet nicht alle sozialen Verhaltensweisen aus. Natürlich ist es möglich, dass soziale Verhaltensweisen von Personen als Mittel zum Zweck in der Interaktion dienen können. Wir fassen den Begriff deshalb weiter und verstehen unter Sozialverhalten die beobachtbaren Verhaltensweisen von Personen in der Interaktion mit anderen Personen. Dabei können diese sozialen Verhaltensweisen *aktiv strategisch* oder *reaktiv* ausgelöst werden, *erzieherisch (gesellschaftlich) erwünscht* oder *unerwünscht* sein.

Sozial kompetent (erwünscht) verhalten sich Personen dann, wenn sie ihre eigenen Wünsche und Ziele in der Interaktion mit anderen aufzeigen und vertreten, aber auch gleichzeitig die Bedürfnisse der Sozialpartner bzw. gesellschaftliche Normen respektieren und berücksichtigen können (Hinsch & Pfingsten, 2002). Nach E. Wild und Kollegen (2006) sind sozial kompetente Personen in der Lage:

- Wünsche und Meinungen zu äußern (Ich-Botschaften senden), aber auch die der Interaktionspartner anzuhören (aktiv zuhören),
- Kontakte herzustellen, aber auch zu beenden,
- Hilfe anzubieten, aber auch Hilfe anzunehmen oder abzulehnen,
- im Gespräch andere nicht zu unterbrechen, sich aber auch nicht unterbrechen zu lassen,
- andere zu respektieren, aber auch von anderen Respekt einzufordern,
- Widerspruch zu äußern, aber auch Kritik annehmen und nach Kompromissen suchen zu können.

Sozial abweichendes (unerwünschtes) Verhalten liegt dann vor, wenn Personen entweder ihre eigenen Ziele auf Kosten anderer durchsetzen oder wenn Personen soziale Probleme durch Zurückstellen der eigenen Bedürfnisse zu lösen versuchen. Im ersten Fall handelt es sich um aggressives, im anderen Fall um schüchtern-ängstliches Verhalten. Zurückhaltendes, schüchternes Verhalten wird von Lehrkräften häufig nicht als abweichend eingestuft, da solche Kinder im Gegensatz zu den aggressiven keine akuten Probleme im Unterricht bereiten.

→ *Was sind soziale Kompetenzen?*
Nach Silbereisen (1995) versteht man unter sozialer Kompetenz das Insgesamt an sozialen Kognitionen, das die Bewältigung von Anforderungen der Interaktion in spezifischen Kontexten erleichtert. In ähnlicher Weise definiert Kanning (2009) den Begriff als "Gesamtheit des Wissens, der Fähigkeiten und Fertigkeiten einer Person, welche die Qualität eigenen Sozialverhaltens – im Sinne sozial kompetenten Verhaltens – fördert" (ebd., S. 15). Angesichts dieses weiten Begriffsumfangs spricht sich Kanning für den Gebrauch im Plural aus (= soziale Kompetenzen).

Im Rahmenmodell (Abb. 3.31) werden soziale Kompetenzen als *habituelle, personale Bedingungen,* als *Dispositionen* der Person gekennzeichnet. Sie stellen gewissermaßen ein Potenzial für das aktuelle Sozialverhalten dar. Die Frage, die sich anhand

Diagnostik des Sozialverhaltens 317

solcher globalen Definitionen stellt, ist die nach der Operationalisierung des Konstrukts „soziale Kompetenz".

E. Wild und Kollegen (2006) versuchen zunächst über zwei theoretische Ansätze (soziale Informationsverarbeitungstheorie; Ansatz über sozial-kognitive Teilfähigkeiten) den Begriff der sozialen Kompetenz weiter theoretisch aufzuschließen. In der Theorie der sozialen Informationsverarbeitung wird davon ausgegangen, dass soziale Austauschprozesse im Interaktionsgeschehen den Partnern komplexe interpersonelle Problemlösefähigkeiten abverlangen. Über Prozessmodelle kann in diesem Zusammenhang das notwendige Vorgehen der erfolgreichen Problemlösung abgebildet werden (z.B. Crick & Dodge, 1994):

- Verstehen der sozialen Situation, Erkennen und Interpretieren sozialer Hinweisreize (Was möchte ich? Was möchten die anderen? Stimmt mein Wunsch/Ziel mit dem der Partner überein? Was erwarten sie von mir? etc.)
- Entwicklung von Handlungsalternativen (Was kann ich tun? Was passiert, wenn...?)
- Auswahl der in der aktuellen Situation passenden Alternative und Planung der Umsetzung
- Ausführung
- kritisch-reflexive Beurteilung der Folgen der gewählten Handlung

Untersuchungsergebnisse belegen, dass ein solches überlegtes Vorgehen bei sozialen Problemlösungen in systematischer positiver Beziehung zu Indikatoren des beobachtbaren Sozialverhaltens sowie zur Fremdeinschätzung sozial kompetenten Verhaltens steht (Yeates & Selman, 1989; Mischo, 2004).

Um soziale Problemlöseprozesse erfolgreich bewältigen zu können, sind eine Reihe von sozial-kognitiven Teilfähigkeiten erforderlich (vgl. E. Wild et al., 2006), z.B.:

- Fähigkeit, Interaktionspartner als Personen mit vielfältigen äußeren und inneren Eigenschaften wahrnehmen zu können,
- Fähigkeit, Gefühle der Interaktionspartner situationsangemessen nacherleben zu können,
- Fähigkeit zur sozialen Perspektivenübernahme, zum Hineinversetzen in die Sichtweisen des Interaktionspartners,
- Fähigkeit zur Koordination der eigenen und fremden Perspektiven als Voraussetzung für das Zustandekommen sinnvoller Kompromisse.

Die angeführten Begriffsdefinitionen von sozialer Kompetenz fokussieren vor allem die kognitiven Anteile. Neben den sozialen Kognitionen sind jedoch auch emotionale Aspekte unverzichtbare Voraussetzungen für (kompetentes) Sozialverhalten. Emotionale Kompetenzen umfassen dabei alle Fähigkeiten, die sich auf den angemessenen Umgang mit den eigenen und fremden Gefühlen bzw. auf die strategische Anwendung von Wissen über Emotionen, Ausdrucksverhalten und emotionale Kommunikation beziehen (Saarni, 2002).

Malti und Perren (2016) haben in diesem Zusammenhang ein Drei-Ebenen-Modell der sozialen Kompetenz entwickelt, das auf konstruktivistischen und handlungstheoretischen Ansätzen basiert. Soziale Kompetenzen werden auf drei unterschiedlichen Ebenen konzeptualisiert, die interagieren. Auf der ersten Ebene werden die intrapsychischen Prozesse modelliert, wie sozial-kognitive, sozial-emotionale Fähigkeiten/ Fertigkeiten und motivationale Prozesse. Die Autorinnen konzeptualisieren soziale Kompetenzen also nicht nur über sozial-kognitive Fähigkeiten wie Problemlösefähigkeiten oder Perspektivenübernahmefähigkeiten, sondern vor allem auch über sozial-emotionale Fähigkeiten wie Emotionsregulation und Empathie. Auf der zweiten Ebene werden verhaltensnahe Aspekte von sozialen Kompetenzen angeordnet, die ihre Gerichtetheit wie Selbst- oder Fremdorientierung bestimmen. Die selbstbezogene Orientierung sozialer Kompetenzen fokussiert auf die Befriedigung persönlicher Bedürfnisse beispielsweise durch soziale Initiative und Durchsetzungsfähigkeit. Während die fremdbezogene Orientierung neben den eigenen Zielen/Bedürfnissen auch die der anderen Interaktionspartner zu berücksichtigen sucht (prosoziales Verhalten, kooperatives Verhalten). Auf der dritten Ebene werden die Auswirkungen der sozialen Kompetenzen auf die psychosoziale Anpassung wie z.B. Gesundheit und Wohlbefinden und soziale Beziehungen markiert.

Zur weiteren Ausdifferenzierung emotionaler Anteile der sozialen Kompetenzen haben Petermann und Wiedebusch (2008) für das Kindesalter folgende emotionale Basiskompetenzen herausgestellt und ihren Zusammenhang zu sozialen Kompetenzen aufgezeigt:

- eigene positive und negative Emotionen wahrnehmen (z.B. Freude, Wut, Traurigkeit, Angst),
- eigene Emotionen mimisch und/oder sprachlich ausdrücken können,
- eigene Emotionen situationsangemessen ausdrücken und dabei soziale Regeln beachten können,
- mimische Emotionen anderer Personen erkennen und deuten können,
- auf Emotionen anderer Personen einfühlsam reagieren können,
- Ursachen und Konsequenzen verschiedener Emotionen nachvollziehen und verstehen können,
- eigene Emotionen mit Unterstützung von Bezugspersonen und/oder aus eigener Kraft regulieren können.

Empirisch belegt ist, dass Schüler mit gut ausgebildeten sozial-emotionalen Kompetenzen häufiger prosoziale Verhaltensweisen zeigen, sich besser in die Gemeinschaft der Schulklasse einfügen und effektiver an kooperativen Lernformen beteiligt sind (vgl. Blair, Denham, Kochanhoff & Whipple, 2004). Darüber hinaus erfahren diese Schüler auch mehr positive Zustimmung durch Peers (Eckermann, Herrmann, Heinzel, Lipowski & Schoreit, 2010). Außerdem belegen zahlreiche Studien, dass die Beliebtheit von Schülern und die Anzahl ihrer Freunde positiv korreliert ist mit sozialen Kompetenzen wie z.B. sozial kognitiven und kommunikativen Fähigkeiten (Burleson, Delia & Applegate, 1992), sozialen Konfliktlösestrategien (Yeates, Schultz & Selman, 1991) und der Fähigkeit zur Kontrolle aggressiver Handlungsimpulse (Eisenberg, Carlo, Murphy & van Court, 1995). Defizite in den sozialen Kompetenzen und unangemessenes Sozialverhalten sind häufig auch mit negativen Effekten wie Ablehnung durch Peers und Außenseiterpositionen verbunden. Eine Abweichung von diesen Be-

Diagnostik des Sozialverhaltens 319

funden tritt jedoch manchmal im Jugendalter auf, wenn gerade Schüler mit ungünstigen sozialen Kompetenzen Beifall und Anerkennung durch Peers erhalten (Wentzel, 2002) und damit in der sozialen Rangreihe von Gruppen vordere Plätze einnehmen. Empirisch belegt ist auch der Zusammenhang zwischen Kompetenzen im Sozial- und Arbeitsverhalten mit schulischen Leistungen (Schulnoten) (vgl. Sparfeldt, Rost, Schleebusch & Heise, 2012; Petermann & Petermann, 2013).

→ *Zusammenhang zwischen sozialen Kompetenzen und Sozialverhalten*
Wenn soziale Kompetenzen ein Potenzial der Person darstellen und die Qualität des Sozialverhaltens beeinflussen, dann bedeutet das aber nicht, dass durch sie das aktuelle Sozialverhalten vollständig determiniert wird (Kanning, 2009). Aus dem vorangestellten Rahmenmodell (Abb. 3.31) wird deutlich, dass die situativen Bedingungen durchaus das sozial kompetente Verhalten aktuell beeinflussen bzw. modifizieren können. Schüler, die augenscheinlich über gut ausgebildete soziale Kompetenzen verfügen, müssen sich nicht immer sozial erwünscht verhalten (vgl. Gasser & Keller, 2009; Gasser & Malti, 2011 z.B. ‚der sozial-kompetente Täter').

Petermann und Petermann sprechen von sozial kompetentem Verhalten, „wenn soziale Basisfertigkeiten bei konkreten Anforderungen in zwischenmenschlichen Situationen in einem angemessenen Handeln umgesetzt werden und möglichst viele positive und wenig negative Konsequenzen für handelnde Personen sowie für deren Interaktionspartner entstehen" (2014, S. 10). Voraussetzungen für erfolgreiches soziales Handeln und Verhalten sind u.a. Selbstwirksamkeits- und Kontrollüberzeugungen, d.h. Schüler, die Vertrauen in ihre eigenen Kompetenzen haben, können erfolgreicher in sozialen und Leistungssituationen handeln.

Aus der theoretischen Reflexion kann abschließend festgestellt werden, dass kein einheitliches theoretisches Modell sozialer Kompetenzen vorliegt und die publizierten Beiträge dazu relativ heterogen sind. Als Zusammenfassung und Standpunktbestimmung sollen zwei pädagogisch relevante Fragen beantwortet werden: *1.Wozu benötigen Schüler im Kontext von Schule soziale Kompetenzen? 2.Wie können soziale Kompetenzen klassifiziert werden?*

1. Wozu benötigen Schüler im Kontext von Schule soziale Kompetenzen?

Schüler benötigen soziale Kompetenzen im Kontext von Schule vor allem deshalb, um erstens ihr Grundbedürfnis nach sozialer Eingebundenheit (Ryan & Deci, 1985) in die Klassengemeinschaft befriedigen, um dazugehören zu können, was für ihre psychische und Lernentwicklung essentiell ist. Dafür ist es für Schüler u.a. notwendig, Kontakte und Freundschaften aufbauen bzw. aufrechterhalten zu können, verlässlich und berechenbar für andere zu sein, eigene Unzulänglichkeiten im Vergleich zu anderen auszuhalten und im Umkehrschluss die Andersartigkeit sozialer Partner zu tolerieren. Schüler benötigen soziale Kompetenzen zweitens, um gemeinsam und arbeitsteilig mit anderen lernen und Aufgaben lösen zu können und schließlich drittens, um auftretende soziale Konflikte mit Mitschülern oder Lehrern verbal, an der Sache und unter Kontrolle der eigenen negativen Emotionen lösen zu können. Dabei muss eine vertretbare Balance zwischen der Durchsetzung eigener Ziele und Wünsche und der Akzep-

320 *Ausgewählte Anlässe und Situationen im Schulalltag*

tanz/Toleranz der Ziele der anderen Sozialpartner entwickelt, das Eingehen, Zulassen, Aushalten von Kompromissen gelernt werden.

In allen drei Anforderungsbereichen können Lehrkräfte erzieherisch agieren, indem sie entsprechende Handlungsstrategien, Verhaltensweisen, Regeln explizit zur Figur im Lern- und Interaktionsprozess machen, d.h. sozial kompetentes Verhalten und Handeln vormachen, besprechen und von Schülern einüben und reflektieren lassen.

> *2. Wie können soziale Kompetenzen klassifiziert werden?*

Die Frage zur Klassifikation von sozialen Kompetenzen hat für Lehrkräfte insofern eine Bedeutung, als sie auf dieser Basis zielsicherer diagnostische Fragestellungen und konkrete Erziehungsziele ableiten sowie pädagogische Angriffsstellen festmachen können. Aus der theoretischen Auseinandersetzung wurde deutlich, dass soziale Kompetenzen z.T. sehr unterschiedlich klassifiziert, die einzelnen Konstrukte auf unterschiedlichen Ebenen angesiedelt und diese Ebenen manchmal auch vermischt werden. Aus dem in der Literatur vorgefundenen Spektrum sozialer Kompetenzen können unserer Meinung nach zunächst zwei große Gruppen aufgemacht werden: konstituierende fundamentale kognitive *und* emotionale Personmerkmale sowie komplexe handlungsbezogene Konstrukte (Abb. 3.32).

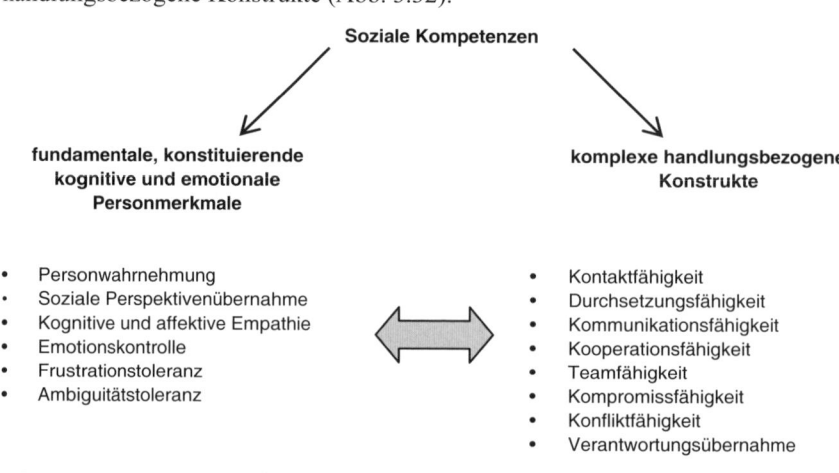

Abbildung 3.32: Klassifikation sozialer Kompetenzen

Der einen Gruppe werden allgemeine, fundamentale kognitive und emotionale Personmerkmale zugeordnet, die z.T. stärker entwicklungs- und temperamentsabhängig sind. Diese Personmerkmale sind in unterschiedlichem Maße jeweils konstituierende Bestandteile der zweiten Gruppe – der komplexen handlungsbezogenen Konstrukte –, die vor allem die pädagogischen Angriffsstellen für Lehrkräfte markieren. So wird die Kontaktfähigkeit eines Schülers u.a. von seiner Personwahrnehmung, seiner sozialen Perspektivenübernahme- und seiner Empathiefähigkeit beeinflusst. Denn man kann nur

Diagnostik des Sozialverhaltens 321

erfolgreich Kontakt aufnehmen und soziale Beziehungen aufbauen, wenn beispielsweise die Eigenschaften/Besonderheiten der Sozialpartner erkannt, verstanden und akzeptiert werden können, man ihre Gefühle verstehen, ihre Andersartigkeit tolerieren bzw. sich auch distanzieren kann.

Außerdem sollte bedacht werden, dass die komplexen handlungsbezogenen Konstrukte sich auch nicht streng voneinander abgrenzen lassen. So impliziert beispielsweise Kontaktfähigkeit auch Kommunikationsfähigkeit oder Kooperationsfähigkeit setzt eben voraus, dass angemessen an der Sache kommuniziert werden kann, jemand teamfähig/kompromissfähig ist und darüber hinaus Verantwortung übernehmen will und kann.

3.5.1.2 Entstehungsbedingungen von Verhaltensauffälligkeiten bei Schülern

Wir haben im vorausgegangen Teilkapitel deutlich gemacht, dass Sozialverhalten bei Schülern in unterschiedlicher Qualität und Intensität auftreten kann. Im Gegensatz zur Familie gelten in der Schule für Schüler festgelegte Verhaltensregeln. Schüler verhalten sich meist dann in der Schule unangemessen, wenn sie die geltenden Regeln nicht kennen, nicht verstehen, nicht akzeptieren oder weil Regelverletzungen keine Folgen haben bzw. deren Konsequenzen beliebig sind oder häufig wechseln.

Diagnostische Anlässe für Lehrkräfte an Regelschulen ergeben sich in erster Linie aus ungünstigem, störendem und disziplinlosem Verhalten ihrer Schüler. Die häufigsten Verhaltensprobleme, die Schüler an Regelschulen zeigen und die Lehrkräfte beunruhigen, sind:

- Anweisungen der Lehrkräfte nicht befolgen
- Mitschüler stören und ablenken
- schwatzen
- im Klassenraum umherlaufen
- häufige Beteiligung an Streitereien und Konflikten
- aggressives Verhalten
- Verachtung und Ausschluss von Schülern mit geringer materieller Ausstattung
- provozieren von Mitschülern und Lehrern
- demonstrativ freche Reden und fluchen
- bewusstes Distanzieren von Pflichten (in die innere Emigration gehen)
- Abwälzen der Arbeit auf Mitschüler bei kooperativen Lernformen

Aus dem Rahmenmodell (Abb. 3.31) ergibt sich, dass Entstehungsbedingungen von Verhaltensauffälligkeiten in allen aufgezeigten Feldern (z.B. in den Entwicklungskontexten und -bedingungen, den personalen Voraussetzungen des Kindes, den Effekten sozialen und kognitiven Lernens, sowie den situativen Bedingungen) verortet werden können. Lehrkräfte an Regelschulen haben aber nicht die Aufgabe, in allen Feldern gleichermaßen zu intervenieren oder zu „therapieren".

Im Folgenden wollen wir vor allem auf ausgewählte unerwünschte Verhaltensweisen eingehen, die vor allem durch situativ globale Bedingungen verursacht werden, d.h. die insbesondere den Erziehungskontext oder das Erziehungsverhalten der Lehrkräfte betreffen.

→ *Ungünstige Passung zwischen den Systemen Familie und Schule, zwischen Schule und Bedürfnissen der Schüler*
Die Art der Beziehungen, die Kinder zu ihren Eltern und Lehrkräften unterhalten, weisen gravierende Unterschiede auf. Während die Beziehungen in der Familie typisierend eher partikularistisch (auf Nähe, Dauerhaftigkeit und Emotionalität beruhend) sind, die Interaktionsregeln implizit und auf Liebe und Verständnis basieren (vgl. Hansen, 1986), so überwiegt in der Schule ein universalistischer Beziehungstyp. Das heißt, die Beziehungen zwischen Schülern und ihren Lehrkräften gründen auf expliziten Regeln, werden schnell etabliert und können jederzeit wieder gelöst werden. Beide Partner nehmen zugeschriebene Rollen ein, die nur einen Teil ihrer Person betreffen. So sehen Lehrer ihre Schüler vor allem als zu bildende Personen und gründen Aufbau und Bekräftigung von Verhalten nicht auf gegenseitiger Liebe, sondern primär auf geltenden Regeln und Pflichten. Außerdem werden in der Schule im Gegensatz zur Familie die Handlungen der Kinder eher am Ergebnis und weniger nach der Intention beurteilt (E. Wild & Hofer, 2002).

Es liegt auf der Hand, dass die Passung zwischen beiden Systemen für Kinder je nach Herkunft und besuchtem Schultyp sehr unterschiedlich sein kann. In einer Studie mit 11-jährigen Grundschülern (Hansen, 1986) konnten die Folgen einer ungünstigen Passung von Interaktions- und Kommunikationsformen in beiden Kontexten für die Entwicklung von Schulkindern empirisch belegt werden; je größer die Diskontinuität der Beziehungen zwischen Familie und Schule war, desto stärker verschlechterten sich Leistungen und Sozialverhalten im Verlaufe von zwei Jahren. Für Lehrkräfte bedeutet das, diese mögliche Divergenz zunächst zu erkennen. Einfluss auf die Passung kann der Lehrer hier jedoch nur begrenzt im Kontext von Schule nehmen.

Auch die Befunde von Eccles und Kollegen (zsfd. Roesner & Eccles, 1998) weisen auf Passungsprobleme als mögliche Ursache für Verhaltensauffälligkeiten von Schülern hin. Aus der Perspektive des „stage-environment-fit" Ansatzes ist vom Ende der Grundschulzeit an ein kontinuierliches Absinken von Wohlbefinden, Lernfreude und Leistungsbereitschaft bei den Schülern festzustellen. Zur Erklärung für die Verschlechterung von Lernbedingungen und Sozialverhalten wird hier die unzureichende Passung zwischen den Kontextbedingungen der Schule, insbesondere dem Lehrerverhalten und den Bedürfnissen der Schüler angeführt. Lehrkräfte sähen es in den höheren Klassen nicht mehr als ihre Aufgabe an, sich intensiver und über den Unterricht hinaus mit den persönlichen Belangen ihrer Schüler zu beschäftigen. Dadurch würden insbesondere die Bedürfnisse von Frühadoleszenten frustriert, die sich gerade in dieser Phase von ihren Lehrern eine erhöhte emotionale Zuwendung und Hilfe wünschten. Nicht nur die Notenpraxis werde strenger, sondern Lehrer beurteilten Schülerleistung häufiger nach der sozialen Bezugsnorm, wodurch Adoleszenten, die sich zunehmend an Peers orientieren, dann noch in eine Konkurrenz mit ihren Mitschülern gedrängt würden (Eccles et al., 1993). Im Gegenzug reagieren Schüler enttäuscht und es kann zu Provokationen und nicht Befolgen von Anweisungen kommen.

→ *Missverständnisse bei der Bewältigung von Entwicklungsaufgaben*
Mit der Bearbeitung der Entwicklungsaufgabe zur Erreichung der „emotionalen Unabhängigkeit von Eltern und anderen Erwachsenen" im frühen Jugendalter treten teilweise

Diagnostik des Sozialverhaltens 323

Verhaltensweisen bei Jugendlichen auf, die sie vorher nicht gezeigt haben (z.B. sich Anforderungen widersetzen, widersprechen, selbst bestimmen wollen). Lehrkräfte sollten deshalb differenzieren können, ob in der siebten/achten Klasse diese Verhaltensweisen ein Ausprobieren neuer Verhaltensweisen auf dem Weg zu emotionaler, kognitiver und Verhaltensautonomie bedeuten. Denn Lehrer können die Autonomiebestrebungen der Schüler eventuell durch rigide Kontrolle, durch wenig Vertrauen in Problembewältigung und durch Nichtgewähren von altersgemäßen Freiräumen behindern, was bei Schülern wiederum zu Protestverhalten führen kann (vgl. Fend, 2000c).

→ *Positive Verstärkungen von unerwünschtem Verhalten*
Wenn Schüler im Unterricht stören, dazwischen rufen, spöttische Bemerkungen ablassen oder hinter dem Rücken der Lehrkraft Grimassen schneiden und einige Mitschüler darüber lachen und sich den Störern anerkennend zuwenden, dann werden diese ihr unerwünschtes Verhalten beibehalten und vielleicht sogar noch öfter praktizieren, weil sie so die Aufmerksamkeit aller (der Mitschüler und des tadelnden Lehrers) für kurze Zeit auf sich ziehen. Durch positive Verhaltensweisen gelänge ihnen diese Aufmerksamkeit selten oder nicht.

→ *Eskalationsfallen*
Schüler lernen unter Umständen, dass sie durch Steigerung eines unangemessenen Verhaltens eher einen Wunsch erfüllt bekommen, wenn sie sich z.B. lautstark melden oder Wünsche laut fordernd und bedrängend äußern und dadurch manche Lehrkraft in eine Falle ‚zwingen', wenn diese den Forderungen nachgibt, um die störende Situation zu beenden. Diese Schüler lernen dann schnell, dass sie nur laut und hartnäckig fordern müssen, damit Lehrkräfte nachgeben. Natürlich wird in einem solchen Moment auch die Lehrkraft ‚belohnt', denn die Unterrichtsstörung ist zunächst vorüber. Nach dem gleichen Prinzip haben sich auch manche Lehrkräfte angewöhnt, bei Disziplinverstößen zunehmend lauter und heftiger zu reagieren, weil sie sich so ebenfalls besser durchsetzen können. Wenn Schüler nach mehrmaliger Aufforderung nicht das tun, was die Lehrkraft erwartet, beginnt diese dann zu schreien und zu drohen. Schüler, die solche Erfahrungen machen, lernen, dass die Lehrkraft es erst wirklich ernst meint, wenn sie anfängt zu schreien bzw. zu drohen. Schüler warten dann meist erst auf diese Anzeichen, bevor sie Anweisungen befolgen. Es tritt auch hier der gleiche lernpsychologische Mechanismus auf: Auch hier wird das unangemessene Erziehungsverhalten des Lehrers positiv verstärkt, weil die Schüler dann endlich machen, was er will. Das Schülerverhalten wird zusätzlich noch negativ verstärkt, weil sie wissen, dass *sie* das Schreien des Lehrers beenden können. Somit ist es sehr wahrscheinlich, dass solche Eskalationen bei bestimmten Lehrkräften erneut und häufiger auftreten.

→ *Ignorieren von erwünschtem Verhalten*
Leider wird in der Erziehungspraxis häufiger unerwünschtes Verhalten getadelt und bestraft. Dagegen wird darauf verzichtet, zufällig gezeigtes, erwünschtes Verhalten positiv zu verstärken, beispielsweise durch Lob oder Belohnung. Lehrkräfte sollten insbesondere bei Schülern mit Verhaltensproblemen sehr aufmerksam sein und diese bei positiven Verhaltensansätzen sofort positiv verstärken nach dem Motto: „Catch him at being good!" Geringere Verstöße sollten dagegen ignoriert werden. Damit könnte

erreicht werden, dass erwünschtes Verhalten aufgebaut und ungünstiges gelöscht würde.

→ *Unklare Anweisungen*
Ob Schüler Anweisungen der Lehrkraft befolgen, hängt auch davon ab, wie präzise diese erteilt werden. Häufig vorkommende Fehler sind in diesem Zusammenhang, dass zu viele Anweisungen/Regeln nebeneinander existieren und somit die Schüler überfordern. Auch das Gegenteil -zu wenige Anweisungen- können zu unangemessenem Verhalten führen, da das Kind unsicher ist, was von ihm in einer konkreten Situation erwartet wird. Kinder sind auch nicht in der Lage oder gewillt, Anweisungen zu befolgen, die sehr vage formuliert sind; z.b., wenn Lehrkräfte lediglich Namen in die Klasse rufen oder Äußerungen wie „Sei nicht albern", „Möchtest du jetzt mit dem Schwatzen aufhören?" zur Disziplinierung benutzen.

→ *Herabsetzungen von Schülern durch Lehrkräfte*
Wenn Lehrkräfte Schüler als Personen beleidigen und nicht das konkrete Fehlverhalten kritisieren (z.B. „Du bist ja blöd" oder „Wenn Dummheit Flügel hätte, dann säßest du jetzt sicher auf der Gardinenstange"), so rufen sie nicht nur Schamgefühle bei den betreffen Kindern hervor, sondern schüren Ablehnung, Wut und sogar Hass. Obendrein fungieren sie damit als negative Modelle.

→ *Strafen lernpsychologisch falsch einsetzen*
Mancher Pädagoge behauptet, Strafen seien unwirksam oder schädlich. Diese Diskussion ist wenig zielführend. Strafen können sehr wirksam sein zum Abbau von unerwünschtem Verhalten, wenn ihre lernpsychologischen Voraussetzungen beachtet werden. So muss nach dem Konzept des operanten Lernens auf unerwünschtes Verhalten *immer* und *sofort* ein *in der Stärke angemessener* Strafreiz appliziert werden, um das unerwünschte Verhalten langfristig zu unterbinden. Wenn Lehrer Strafen nur androhen, aber nicht realisieren, dann wird das unerwünschte Verhalten noch zunehmen, weil das falsche Lehrerverhalten hier als negative Verstärkung wirkt, d.h. die Strafe tritt nicht ein und das wissen die Schüler natürlich. Ebenso führt inkonsequente Bestrafung (=ab und zu) eines Fehlverhaltens zur Resistenz gegen Löschung, weil Kinder zwischen den Bestrafungen das Fehlverhalten praktizieren können, ohne dass sie erwischt werden und ihnen das noch Genugtuung verschafft. Allerdings ist es ein weitverbreiteter Irrtum, dass durch Strafen neues, günstigeres Verhalten aufgebaut würde. Dazu bedarf es anderer Strategien.

→ *„Gleich und gleich gesellt sich gern"*
Schüler mit Verhaltensproblemen (z.B. Charlotte im Fallbeispiel) haben in der Regel keine oder wenige Freunde in der Klasse. Sie werden häufig abgelehnt und geraten in eine Außenseiterposition, weil sie wenig ausgeprägte soziale Fähigkeiten besitzen. Es ist dann eher wahrscheinlich, dass sie gemäß dem Prinzip der Ähnlichkeitsattraktion zu Kindern mit ähnlichen Verhaltensproblemen (z.B. bei aggressivem Verhalten) Kontakt suchen, wodurch aber gerade das Problemverhalten aufrechterhalten wird.

→ *Ungünstige Erwartungen und Zuschreibungen der Lehrkraft*
Schüler, die häufig stören oder renitentes Verhalten zeigen, werden natürlich im Gegenzug von ihren Lehrern selten wertgeschätzt. Ungünstige Erwartungen der Lehrkräfte steuern unreflektiert dann das Verhalten und die Reaktionen gegenüber diesen Schülern. Es wird nur das Fehlverhalten geahndet. Man hat diese Schüler „auf dem Kieker", sie werden auch sofort verdächtigt, wenn Probleme auftreten und die „Täter" noch nicht ermittelt sind. Manche Lehrkraft ist auch davon überzeugt, die betreffenden Schüler „machen das mit Absicht, um sie zu ärgern". Solche Überzeugungen veranlassen Lehrkräfte, stets diesen „schwarzen Schafen" die Schuld zuzuschreiben, machen Lehrkräfte unangemessen ärgerlich und verleiten zu Überreaktionen. In diesen Situationen sind Lehrkräfte häufig nicht mehr in der Lage, die Perspektive zu wechseln und ihr eigenes Verhalten diesen Schülern gegenüber kritisch zu betrachten.

→ *Ausbleibender Lernerfolg*
Auch ausbleibender Lernerfolg kann bei manchen Schülern zu ungünstigem Sozialverhalten führen. Sie haben über Jahre schlechte Noten, werden eventuell insgeheim von Mitschülern und Lehrkräften verachtet. Hinzu kommt bei einer präferierten sozialen Bezugsnormorientierung des Lehrers, dass über Jahre die Bemühungen und kleinen Lernfortschritte dieser Schüler nicht bemerkt werden und diese sich dann in anderen Feldern als dem schulischen Lernen hervortun müssen. Damit kommt es bei diesen Schülern zu einer Kopplung von Lern- und Verhaltensproblemen.

3.5.2 Diagnostische Verfahren (2)

Diagnoseinstrumente zur Erfassung der in den Lehrplänen formulierten sozialen Lernziele, wie z.B. Kommunikationsfähigkeit, Kontaktfähigkeit, Kooperationsfähigkeit, Solidarität, Konfliktfähigkeit, Toleranz, Verantwortungsübernahme etc. sind nach wie vor „Mangelware" (Ingenkamp & Lissmann, 2008, S. 285).
  Systematische Beobachtung, Befragung bzw. das diagnostische Gespräch sind grundsätzlich die Methoden der Wahl zur Informationsgewinnung über soziale Interaktionen, Beziehungen, Kompetenzen und Verhaltensweisen. Da Lehrkräfte häufig die konkreten diagnostischen Methoden selbst konstruieren müssen, sollten sie versuchen, alle Regeln, Standards, die im Kapitel 2 beschrieben werden, für eine sorgfältige Vorbereitung, Durchführung, Auswertung und Ergebnisfixierung zu beachten.
  Für die Diagnostik von Einfluss- und Sympathiestrukturen sind soziometrische Verfahren entwickelt worden (siehe dazu auch Dollase & Koch, 2010; Ingenkamp & Lissmann, 2008; Lukesch, 1998).
  Für unterschiedliche Aspekte des Sozialverhaltens liegen eine Reihe von Beobachtungs- und Fragebögen vor. Dabei kann zwischen Verfahren der Selbst- und Fremdbeschreibung des Verhaltens unterschieden werden. Im Folgenden werden ausgewählte diagnostische Verfahren zur Diagnostik problematischen Sozialverhaltens (3.5.2.1), zur Diagnostik von Beziehungsstrukturen in Schulklassen (3.5.2.2), zur Diagnostik schulbezogenen Lern- und Sozialverhaltens (3.5.2.3) und zur Diagnostik sozialer Kompetenzen (3.5.2.4) vorgestellt.

3.5.2.1 Diagnostik problematischen Sozialverhaltens

(a) Verhaltensanalyse

Pädagogische Verhaltensmodifikation setzt eine explizite Diagnostik des problematischen Sozialverhaltens vor der Intervention voraus. Mit Hilfe systematischer Beobachtungen im Unterricht und in den Pausen wird eine Grundrate des Verhaltens erhoben. Der so festgestellte Ist-Zustand enthält dann bereits grobe Ansatzpunkte für die Intervention.

Grundlegend für alle klassischen lerntheoretischen Prinzipien ist die Annahme, dass ein Großteil menschlicher Verhaltensweisen gelernt und deshalb auch veränderbar ist, wenn die Lern*bedingungen* verändert werden. Das theoretische Prinzip der Verhaltensanalyse wurde in der sogenannten S-O-R-K-C Formel zusammengefasst (Kanfer & Saslow, 1976; vgl. auch Schulte, 1999). ‚S' steht in dieser Formel für Stimulus und meint die Reize, die dem Verhalten vorausgehen. ‚O' bezeichnet die Organismusvariable, die prinzipiell nicht beobachtbar ist, aber bei der Auswahl der Reize (=diskriminative Reize) eine Rolle spielt. ‚R' kennzeichnet die Reaktion/ das Verhalten auf den Reiz. ‚K' ist die Kontingenz (=Mechanismus des operanten Konditionierens nach Skinner) und meint die enge Verknüpfung von Verhalten mit den nachfolgenden Reizen oder Konsequenzen. ‚C' steht für die Konsequenz, die kontingent auf das Verhalten folgen muss, um die Auftretenswahrscheinlichkeit, Dauer und Intensität zu beeinflussen. Diese S-O-R-K-C Formel bestimmt gewissermaßen die Struktur der Beobachtung von Verhaltenssequenzen.

In neueren Auffassungen wird die Ansicht vertreten, dass die *Funktion* des Verhaltens, die ihm zugrunde liegt, viel besser die Beziehung zwischen Stimulus und Reaktion erklärt als die Kontingenz. Bei der sogen. Funktionalen Verhaltensanalyse muss zusätzlich zur S-O-R-K-C Analyse die Frage beantwortet werden, welche möglichen *Funktionen* das Problemverhalten für eine Person haben kann. Winkel spricht vom „Sinn des Problemverhaltens bzw. von einer geheimen Bedeutungsebene" (Winkel, 1996, S. 26ff). Wenn es gelingt, diese dem Problemverhalten zugrunde liegende Funktion aufzudecken (z.B. Aufmerksamkeit erhalten, Appellfunktion = Hilfe benötigen, nicht zurechtkommen mit…etc.) könnten viele Probleme, die bisher als schwer veränderbar galten, wirksamer und mit weniger Aufwand gelöst werden (Goetze, 2010).

(b) Diagnostische Gespräche

Diagnostische Gespräche dienen dazu, Informationen über den Schüler, sein (Problem-)Verhalten, seine Sichtweisen oder relevante Kontextvariablen zu gewinnen. Sie sind oftmals die erste Informationsquelle, um das Problem einzugrenzen und Hypothesen zu konkretisieren. Diagnostische Gespräche sind immer dann das Mittel der Wahl, wenn kein passendes alternatives Verfahren zur Verfügung steht oder Schüler/ Eltern nicht in der Lage oder willens sind, einen Fragebogen oder Test zu bearbeiten. Diagnostische Gespräche ergeben sich aber niemals spontan. Wesentliche Bedingungen sind: explizit formuliertes Ziel, geplant, strukturiert unter methodischer Kontrolle, Fixierung der Ergebnisse.

Häufig lassen sich die strukturgebenden Fragen diagnostischer Gespräche unter folgenden Punkten zusammenfassen, die Kanfer und Saslow (1974) für die Verhaltensdiagnose formuliert haben:

- Verhalten und Gefühle genau beschreiben lassen
- problematische Situation genau beschreiben lassen
- Motive beschreiben lassen
- Entwicklungsgeschichte des Problems beschreiben lassen
- Selbstkontrollversuche beschreiben lassen
- soziale Beziehungen und die soziale, kulturelle, physikalische Umwelt beschreiben lassen

Glasser (1965, 1990) entwickelte sogenannte *offene Konfliktgespräche*, in denen beispielsweise Disziplinprobleme realitätstherapeutisch bearbeitet werden können mit dem Ziel, dass Schüler lernen, *verantwortlich, d.h. sozial kompetenter zu handeln*. Kinder mit Verhaltensproblemen neigen dazu, ihre Realität zu verkennen oder zu verleugnen, sie haben ein problematisches Wertesystem verinnerlicht, wonach sie eigenes Verhalten nicht als richtig oder falsch beurteilen können. Häufig rechtfertigen, rationalisieren oder verleugnen sie das eigene ungünstige Verhalten.

Glasser beschreibt einen Weg zur Erlangung von Selbstverantwortung über eine *Fragestrategie*. Danach stellt die Lehrkraft solche Fragen, die den Schüler zur Einsicht in sein Verhalten führen und Änderungen ermöglichen. Die Fragen beginnen mit Bezug auf den Kontext des Vorfalls, erhellen dann aber Absichten des Kindes und leiten einen Veränderungsplan ein, der vom Kind selbst vorgeschlagen werden soll. Dieser Fragenkatalog von Glasser ist eine echte Alternative zu den im Erziehungsalltag häufig praktizierten Warum-Fragen („Warum hast du das getan?" etc.). Denn diese unterstellen dem Kind, dass es die Ursachen für sein Fehlverhalten kenne und es obendrein noch mit Absicht herbeigeführt hätte. Damit werden Kinder zu unproduktiven Rechtfertigungen gedrängt und die sozialen Beziehungen zwischen Erwachsenen und Kindern verschlechtern sich weiter. Im Folgenden sollen einige Beispiele in Anlehnung an Goetze (2010) für das Fragen in Konfliktgesprächen nach Glasser vorgestellt werden:

Verhaltensbezogene Fragen:

- Was tust *du*? (Kind soll sein Verhalten bei sozialen Konflikten beschreiben= was, wo, wann, wie? Antworten, was andere getan haben, werden hier nicht zugelassen.)
- Hilft dir dein Verhalten oder schadet es dir? (eventuell aufschreiben, wann es hilft bzw. schadet)
- Hilft dir dein Verhalten, das zu erreichen, was du willst?
- Ist dein Verhalten vereinbar mit unseren Regeln?
- Was könntest du alternativ tun?

Zielbezogene Fragen:

- Was möchtest du eigentlich wirklich?
- Ist das, was du möchtest, realistisch, erreichbar für dich?

- Was erwarten die anderen (z.B. Mitschüler oder Eltern oder Lehrer) von dir?
- Wie würde dein Leben aussehen, wenn sich deine Wünsche erfüllten? (Diese projektive Frage erzeugt Hoffnung, Zuversicht, dass es besser werden kann.)

Änderungsbezogene Fragen:
- Möchtest du dein Verhalten wirklich ändern?
- Willst du hart daran arbeiten?
- Willst du, dass ich dir dabei helfe?
- Was willst du tun, um dein Verhalten zu ändern? (so konkret wie möglich erzählen lassen)
- Wie sieht dein Änderungsplan aus?
- Bist du bereit, einen Vertrag mit mir abzuschließen?
- Was soll geschehen, wenn du dich nicht an den Plan/Vertrag hältst?

(c) Beobachtungssystem zur Analyse aggressiven Verhaltens in schulischen Settings, [BASYS]

BASYS (Wettstein, 2008) ist ein standardisiertes Verfahren zur systematischen Beobachtung von aggressivem Verhalten bei Schülern etwa der dritten bis neunten Klassen (9 bis 15 Jahre). Es ist einsetzbar an Förderschulen und Regelschulen. Die Beobachtungen können nach Wettstein sowohl a) von der unterrichtenden Lehrkraft im Unterricht selbst (= teilnehmend) als auch b) von Fachlehrern der betreffenden Klasse oder c) von Fremdpersonen (Beratungslehrer oder Schulpsychologen) durchgeführt werden. Es erfordert hohes professionelles Engagement und einen sicheren Umgang mit Zuordnung und Kodierungen der Beobachtungskategorien, insbesondere dann, wenn Lehrkräfte parallel zu ihrem Unterricht dieses Beobachtungssystem einsetzen. Ebenso schwierig ist die Beobachtung durch Fremdpersonen, weil diese die Namen der Schüler der Klasse nicht kennen und deshalb für die Kodierung der Beobachtungen unbedingt einen aktuellen Sitzplan der Klasse benötigen.

Ziele des Einsatzes

- differenzierte Erfassung von fünf Formen aggressiven Verhaltens und einer Form oppositionellen Verhaltens gegen die Lehrkraft im Kontext der Schulklasse
- Identifikation problematischer Person-Umwelt-Beziehungen
- Objektivierung der Wahrnehmung von Lehrkräften als Voraussetzung für gelingende Prävention und Intervention
- Evaluation/Kontrolle/Optimierung der Interventionen mit BASYS (Treatment begleitende Diagnostik)
- Aufbau erwünschten Zielverhaltens (Selbstbehauptung, Kooperation, Selbstkontrolle) durch Nutzung des Posters (in Testmappe)
- schulinterne Fortbildungen der Lehrkräfte zum Training des differenzierten und reflexiven Umgangs mit Störungen des Sozialverhaltens mittels BASYS durch Beratungslehrer

Konzeption und Aufbau
Der Vorzug von BASYS gegenüber unsystematischen Alltagsbeobachtungen besteht darin, dass das *Konstrukt „Aggressivität/aggressives Verhalten"* definiert und operationalisiert ist und damit die Beobachtungen unterschiedlicher Beobachter nach gleichen Kriterien stattfinden können, die Ergebnisse vergleichbar werden und der Informationsaustausch von Lehrkräften z.b. auch bei Intervention und Prävention über gleiche Begriffe erfolgt. Wettstein (2008) bezieht sich bei der Kategorisierung auf fünf Leitfragen (S. 56):

1. Liegt ein aggressives Verhalten vor? Liegt eine Schädigung vor? Erfolgte diese mit Absicht?
2. Liegt ein oppositionelles Verhalten gegen die Lehrkraft vor, oder richtet sich das Verhalten gegen einen Gegenstand oder eine Fremdperson?
3. Ist der Schüler aktiv in den Konflikt verwickelt oder ergreift er Partei?
4. Wird das Verhalten offen-direkt oder verdeckt-hinterhältig ausgeführt?
5. Wird das Verhalten verbal oder körperlich ausgeführt (verbal, körperlich, Mischform)?

Insgesamt können mit BASYS auf dem Beobachtungsbogen folgende acht Kategorien erfasst werden:

- *eine Kategorie oppositionellen Verhaltens gegen die Lehrkraft* (verbal, körperlich, Mischform);
- *fünf Kategorien von aggressivem Verhalten* jeweils nochmals differenziert nach verbal, körperlich, Mischform:
*aktiv gegen Fremdperson, offen-direkt; *aktiv gegen Fremdperson, verdeckt-hinterhältig; *gegen Gegenstand; * Partei ergreifend gegen Fremdperson, offen-direkt; *Partei ergreifend gegen Fremdperson, verdeckt-hinterhältig;
- *zwei zusätzliche Kategorien* (unkodierbare Restkategorie und unkodierbar unsichtbar = nicht direkt beobachtbar wegen Sichtbehinderung etc.).

Unbedingte Voraussetzung für den Einsatz von BASYS ist die intensive theoretische Auseinandersetzung mit den Formen und Kategorien des zu beobachtenden Verhaltens und die Einübung der Kodierung. Dazu enthält die Testmappe ein Kategorienheft und eine CD-ROM, auf der 30 unterschiedliche Schulsituationen zum direkten Kodieren des vorliegenden Typs von aggressivem Verhalten vorgegeben sind. Man übt, indem geführte Fragen für die Zuordnung beantwortet werden müssen. Das Programm meldet sofort zurück, ob die vorgenommene Zuordnung korrekt war. Abschließend erhält man eine prozentuale Rückmeldung über die Trefferquote. Die Situationen können mehrfach bearbeitet werden, bis sich das Gefühl einstellt, dass Sicherheit im Kategorisieren erlangt wurde.

Die Testzentrale der Schweizer Psychologen AG bietet zum Training des Einsatzes von BASYS auch Seminare an (siehe dazu www.Testzentrale.ch/de/seminare/).

Das BASYS enthält zwei Versionen: BASYS-L für Lehrkräfte und BASYS-F für Fremdbeobachter. Der Beobachtungsbogen für Fremdbeobachter enthält die gleichen Kategorien des Verhaltens wie der BASYS-L. Hinzu kommen beim BASYS-F noch Spalten für Namen der Schüler, die das auffällige Verhalten zeigen, für das Ziel der

Aggression (Mitschüler oder abwesende Fremdperson, Lehrer), für das Setting (z.B. Lehrkraft abwesend, Pause, Wechsel zwischen Arbeitsformen, Kooperation etc.), für die Funktion (Abwehr, Überforderung, Dominanz, Manipulation, Spaß, Identifikation) und für die Reaktion der unterrichtenden Lehrkraft (neutral, Strafe androhen, Strafe ausführen, sozial-integrativ, abwesend).

Für BASYS-F steht ein zweiter Erhebungsbogen (Setting) zur Verfügung, mit dem minutenweise (1-45) im Unterrichtsverlauf die Settings und auftretenden aggressiven Verhaltensweisen präzise erfasst werden können. Damit besteht die Möglichkeit, die Aggressionshäufigkeit in Abhängigkeit des schulischen Settings festzustellen und darüber hinaus die totale Dauer der jeweiligen Settings für die beobachtete Unterrichtsstunde zu errechnen. Hiermit können Aussagen über Zusammenhänge von didaktisch-methodisch-organisatorischer Gestaltung des Unterrichts und dem Auftreten von aggressivem Verhalten bei Schülern gemacht werden.

Durchführung, Auswertung, Interpretation
BASYS kann als Einzel- oder Gruppenverfahren (Beobachtung eines Schülers oder einer ganzen Klasse) genutzt werden.

Wenn ausreichend Routine im Umgang mit den Beobachtungskategorien erlangt ist, sollte die Klassenlehrkraft einen Beobachtungsplan erstellen in Abhängigkeit der diagnostischen Fragestellung (z.B.: Soll das Verhalten eines Schülers, einer Gruppe oder der ganzen Klasse bei ausgewählten Lehrkräften beobachtet werden? Wie lange soll beobachtet werden? Soll nur BASYS-L oder auch BASYS-F zum Einsatz kommen?). Die benötigten Protokolle der Beobachtungsbögen können von der beiliegenden CD-ROM (Material und Auswertung) kopiert und ausgedruckt werden. Pro Unterrichtsstunde sollte ein Protokoll bearbeitet werden. Der *Beobachtungsplan soll pro Tag zwei Unterrichtsstunden vorsehen* und sich mindestens *über eine Woche (besser zwei) erstrecken*. Es liegen dann also 10 bzw. 20 Protokolle vor.

Die Beobachtungen aus den Protokollen werden in das Auswertungsprogramm auf CD-ROM übertragen. Der Eingeber wird sukzessive durch das Programm für die Dateneingabe und die gewählten Auswertungen (z.B. Zeitverlauf, Formen der Aggression, Einfluss der Lehrkraft) geleitet. Beim BASYS-L kann bei der Klassenbeobachtung zusätzlich die Richtung des aggressiven Verhaltens der Klasse in einem Soziogramm (siehe soziometrische Wahlverfahren) veranschaulicht werden. Statistische Kenntnisse sind nicht erforderlich. In gleicher Weise erfolgt die Auswertung der Beobachtungen von BASYS-F.

Die Interpretation der Ergebnisse wird ebenfalls sehr differenziert anhand von Beispielen im Manual vorgenommen. Abschließend werden Vorschläge zur Intervention unterbreitet. BASYS-L und -F können sowohl Treatment begleitend zur Optimierung der Intervention als auch Treatment abschließend zur Überprüfung des Erfolgs eingesetzt werden. Dabei ist jedoch darauf zu achten, dass die Beobachtungspläne bei der Treatment vorbereitenden, begleitenden und abschießenden Diagnostik identisch sein müssen.

Gütekriterien
Die Objektivität des Verfahrens wird durch die Operationalisierung und Kodierung der Kategorien des zu beobachtenden Verhaltens begünstigt. Die Zuverlässigkeit des

Diagnostik des Sozialverhaltens 331

Verfahrens ist zufriedenstellend. Die Detektionsrate bei Lehrkräften liegt zwischen 60% und 80%. Die Beobachterübereinstimmung zwischen Lehrkräften und Fremdbeobachtern ist sehr hoch. BASYS weist eine hohe ökologische Validität auf und differenziert trennscharf zwischen klinischen und nicht-klinischen Gruppen. Zudem konnte eine hohe Übereinstimmung mit dem EAS (Petermann & Petermann, 2000) nachgewiesen werden.

3.5.2.2 Diagnostik von Beziehungsstrukturen in Schulklassen

Methoden der Wahl sind hier soziometrische Verfahren. Mit Soziometrie wird eine Technik der empirischen Sozialforschung bezeichnet, mittels derer interpersonelle Beziehungen in Gruppen aufgedeckt und auf dieser Grundlage Gesetzmäßigkeiten und Theorien begründet werden können (Dollase & Koch, 2010). Auf den Schulkontext bezogen können mit Hilfe soziometrischer Verfahren wichtige Phänomene in Schulklassen und pädagogischen Gruppen diagnostiziert werden. Mit der Soziometrie als Methode der Beziehungserfassung können sowohl dyadische, polyadische als auch Beziehungen, die eine Einzelperson verbalisiert, diagnostiziert werden, ohne dass die genannten anderen Personen dazu befragt werden. Soziometrische Techniken sind vor allem dann ohne Konkurrenz, wenn es um „die Betrachtung polyadischer Beziehungen geht" (ebenda, S. 821). Zumindest sind sie eine wichtige zusätzliche Quelle zur Überprüfung von Befragungsergebnissen. In diesem Zusammenhang konnten Dollase und Kollegen (2000) zeigen, dass große Unterschiede zwischen Befunden mittels Befragung und soziometrischer Erhebungen auftraten: Während bei der Befragung fast alle Schüler ausländische Schüler als Freunde in der Klasse angaben, zeigten die soziometrisch ermittelten Daten jedoch, dass gegenseitige Wahlen zwischen deutschen und ausländischen Schülern nur relativ selten vorkamen.

Soziometrische diagnostische Verfahren sind heute manchmal ein wenig in Vergessenheit geraten. Möglicherweise sind dafür solche Behauptungen verantwortlich, die soziometrische Informationen nur als aktuelle Momentaufnahme deklarieren, weil das Sozialgefüge einer Schulklasse sich angeblich schnell ändern könnte. Dagegen sprechen aber zahlreiche Befunde, dass die Sozialstruktur einer Schulklasse über ein Schuljahr und oft über Jahre stabil bleibt, insbesondere dann, wenn Lehrkräfte keinen Einfluss nehmen. Als ein empirischer Beleg von Petillon (1980) kann angeführt werden, dass die Außenseiterpositionen in einer Schulklasse häufig über Jahre stabil bleiben.

Mit Blick auf die aktuell zu lösenden pädagogischen Aufgaben wie *Inklusion und Integration von Schülern mit Migrationshintergrund* sind soziometrische diagnostische Verfahren unverzichtbar, um pädagogische Entscheidungen begründet treffen und realistische Erziehungsziele setzen zu können.

(d) *Soziometrische Wahlverfahren*

Zunächst sei angemerkt, dass bei soziometrischen Erhebungen auf alle diagnostischen Methoden zurückgegriffen werden kann, insofern mit ihnen relationale Daten erfassbar sind (Beobachtung, Befragung, Aktionstest). Es ist also keineswegs so, dass soziometrische Untersuchungen nur mit Hilfe des Wahlverfahrens durchgeführt werden müssen. Beim Wahlverfahren erhält man eine Wahl- bzw. Nichtwahl-Information. Es sind aber auch alle gestuften Informationen (z.b. Sympathieabstufungen 1-5) nutzbar.

Für die Diagnostik von Einfluss- und Sympathiestrukturen in Gruppen sind soziometrische *Wahlverfahren* entwickelt worden. Der Begründer dieser Methode ist Moreno (1954), der auf den Ernstcharakter bei der Formulierung von Wahlfragen hingewiesen hat (vgl. auch Höhn & Seidel, 1976). Es sollte daher nicht einfach „plump" nach Sympathie oder Ablehnung unter Mitschülern gefragt werden, sondern Schüler sollten veranlasst werden, für bestimmte konkrete soziale Situationen (z.B. Sitzordnung, Partys, Klassenfahrten, Wahl von Schülervertretungen, kooperative Arbeitsaufträge etc.) Wahlen/Ablehnungen zu treffen (siehe Abb. 3.33).

Soziometrische Befragungen können ganz unterschiedlich konzipiert werden: nur Wahlen, Wahlen <u>und</u> Ablehnungen, unbegrenzte oder begrenzte Anzahl von Wahlen/Ablehnungen, reale oder fiktive Situationen betreffend, einen oder mehrere Bereiche betreffend. Zusätzlich sollte nach Begründungen für Wahlen/Ablehnungen gefragt werden, weil Lehrkräfte so differenzierte Informationen z.B. über informelle Normen in der Klasse erhalten.

Sitzordnung: *Neben wem möchtest du gern sitzen? Neben wem möchtest du keinesfalls sitzen?*

Kooperativer Arbeitsauftrag: *Mit wem würdest du gern den Arbeitsauftrag X bearbeiten? Mit wem möchtest du keinesfalls zusammenarbeiten?*

Party: *Wen würdest du aus der Klasse zu deiner Geburtstagsparty einladen? Wen willst du dort nicht sehen?*

Besetzung von Ämtern/Funktionen: *Wen würdest du für X vorschlagen? Wen würdest du keinesfalls dafür vorschlagen?*

Für alle Fragen können auch Begründungen (=Warum?) erhoben werden.

Abbildung 3.33: Beispiele für soziometrische Fragen im Kontext von Schule

Ausgewählte Anlässe für soziometrische Erhebungen in der Schulklasse

- Untersuchung des soziometrischen Status/des informellen Beliebtheitsranges von Schülern
- Ermittlung typischer Beziehungsstrukturen wie Freundschaften, Feindschaften, ambivalente Beziehungen, befreundete Gruppen, Cliquen
- Aufdeckung der Integration von Subgruppen (z.B. Jungen vs. Mädchen; Behinderte vs. Nichtbehinderte; Schüler mit vs. ohne Migrationshintergrund)
- Erfassung soziometrischer Rollen/Typen (z.B. Beliebte vs. Außenseiter)
- Untersuchung der sozialen Integration von verhaltensauffälligen, leistungsschwachen, leistungsstarken Schülern

Für Frau Schmidt (Praxisbeispiel), die sich im neuen Schuljahr vorgenommen hat, gezielt an den sozialen Kompetenzen der Schüler zu arbeiten, besteht die diagnostische Aufgabenstellung zunächst darin, sich ein genaueres Bild von der *psychosozialen Struktur der Klasse* zu verschaffen. Dabei können folgende diagnostische Fragen von Interesse sein:

Diagnostik des Sozialverhaltens 333

Sind Ansätze für einen Zusammenhalt in der Klasse vorhanden? Welche? Wie hoch ist die Ablehnungsbereitschaft? Wie ist die Akzeptanz der Geschlechter ausgeprägt? Welche Schüler haben sehr hohes Ansehen und Macht in der Gruppe? Welche Gründe gibt es für die Zuteilung von Ansehen und Einfluss/Macht? Wie viel Einfluss haben sympathische Schüler? Wer sind die tatsächlich von der Gruppe ausgestoßenen, potenziell gefährdeten bzw. einsamen Schüler? Welche Schüler unterhalten gegenseitige positive Beziehungen? Welche Cliquen gibt es? Gibt es unsymmetrische Beziehungsstrukturen (z.B. einseitige Wahl gekoppelt mit erwiderter Ablehnung)? Wie sind die Schüler mit Migrationshintergrund integriert?

Datenerhebung beim soziometrischen Wahlverfahren
Die Datenerhebung ist einfach. Die Klassenlehrkraft bereitet Zettel mit den gewünschten Zielfragen vor und bittet die Schüler, ihren Namen anzugeben bei gleichzeitiger Zusicherung des Datenschutzes. Zur Begründung der Erhebung kann z.B. auf eine Optimierung von Sitzordnung und kooperativem Arbeiten verwiesen werden. Es ist günstig, wenn man in einem Elternabend vorher die Erziehungsziele der soziometrischen Erhebung bespricht.

Datenauswertung beim soziometrischen Wahlverfahren
Die Auswertung der soziometrischen Befragung kann über

a) Erstellung einer Soziomatrix
b) grafische Darstellung in einem Soziogramm
c) Berechnung quantitativer Indices

erfolgen.

Im Folgenden werden die Auswertungsformen näher erläutert.

zu a) Erstellung einer Soziomatrix
Die Lehrkraft kodiert zunächst die Antwortzettel der Schüler durch Zahlen oder Buchstaben so, dass sie beim Übertragen der Befragungsergebnisse in die Matrix oder bei der Interpretation der Ergebnisse bzw. Interventionsplanung immer schnell den Bezug zu den realen Personen herstellen kann (z.B. alphabetische Namensliste mit den entsprechenden Codes). Danach wird eine Matrix angefertigt, in die die Codes einmal vertikal (=Urteiler) und einmal horizontal (=zu Beurteilende) in der gleichen Reihenfolge eingetragen werden (siehe Abb. 3.34).

Nun werden die Antworten der Schüler systematisch in die Matrix eingetragen, wobei Wahlen durch plus (+) und Ablehnungen durch minus (−) gekennzeichnet werden. Im Anschluss daran können Summen für Wahlen und Ablehnungen ermittelt werden. Die Summen über die Spalte (vertikal) zeigen an, wie viele Wahlen bzw. Ablehnungen der jeweilige Schüler erhalten hat. Die Summen über die Zeile geben Auskunft darüber, wie viele Wahlen und Ablehnungen der einzelne Schüler abgegeben hat. Abschließend können noch Summen über alle in der Klasse abgegebenen Wahlen bzw. Ablehnungen gebildet werden. Die Ergebnisse der Summen aller Wahlen und aller Ablehnungen lassen eine Hypothese über die Kohäsion der Klasse zu. Je höher nämlich die Anzahl positiver Wahlen und je geringer die Ablehnungen ausfallen, desto besser sollte der Zusammenhalt in der Klasse, das Klassenklima sein.

Urteiler	Zu Beurteilende													Summe abgegebener Wahlen/ Ablehnungen des Urteilers	
	A	B	C	D	E	F	G	H	I	J	K	L	M	Σ+	Σ-
A		+			+	-								2	1
B	+		+		+									3	0
C				-	+									1	1
D					+	+								2	0
E				-		+	-							1	2
F	+		+	-			-							2	2
G						+								1	0
H														0	0
I		+	+		+									3	0
J	-					-					+	+		2	2
K								-	+		+			2	1
L	-	-									+	+		2	2
M			+											1	0
Summer erhaltener Wahlen/ Ablehnungen														Insgesamt abgegebene Wahlen/ Ablehnungen	
Σ+	2	2	4	0	1	7	0	0	0	2	2	2	0	Σ = 22	Σ = 11
Σ-	2	1	0	3	0	0	4	0	1	0	0	0	0		

Abbildung 3.34: Soziomatrix

Aus Abbildung 3.34 kann auf den ersten Blick entnommen werden, dass H und M die isolierten, einsamen Schüler sind, die weder Wahlen noch Ablehnungen erhalten, mit einem Unterschied, dass M aber eine positive Beziehung zu C signalisiert, was bei einer Intervention genutzt werden kann. C und E haben die meisten positiven Wahlen und keine Ablehnungen erhalten. Allerdings ist ihr eigenes Wahlverhalten weniger expansiv. Sie könnten zu positiven Modellen aufgebaut werden.

Die Darstellung von soziometrischen Befragungsergebnissen in einer Soziomatrix kann in Abhängigkeit der diagnostischen Fragestellung noch weiter ausdifferenziert werden. Will die Lehrkraft beispielsweise differenzierte Aufschlüsse über die Beziehungen von Jungen und Mädchen in der Klasse erhalten, dann kann auf die Darstellungsform wie in Abbildung 3.35 zurückgegriffen werden. Dafür ist es zuvor erforderlich, die vorgegebene Namensliste geschlechtsspezifisch (d.h. erst alle Mädchen, dann alle Jungen) zu gestalten. Aus der Soziomatrix kann dann sofort abgelesen werden, wie die geschlechtsspezifischen Beziehungen in dem Vierfelderschema (Ingroup der Mädchen; Ingroup der Jungen; Beziehungen zwischen Mädchen und Jungen; Beziehungen zwischen Jungen und Mädchen) verteilt sind. Mit diesen Informationen können dann sehr gezielte Interventionen eingeleitet werden. Analog ist das Vorgehen bei der diagnostischen Fragestellung nach den Beziehungen der Schüler verschiedener Ethnien.

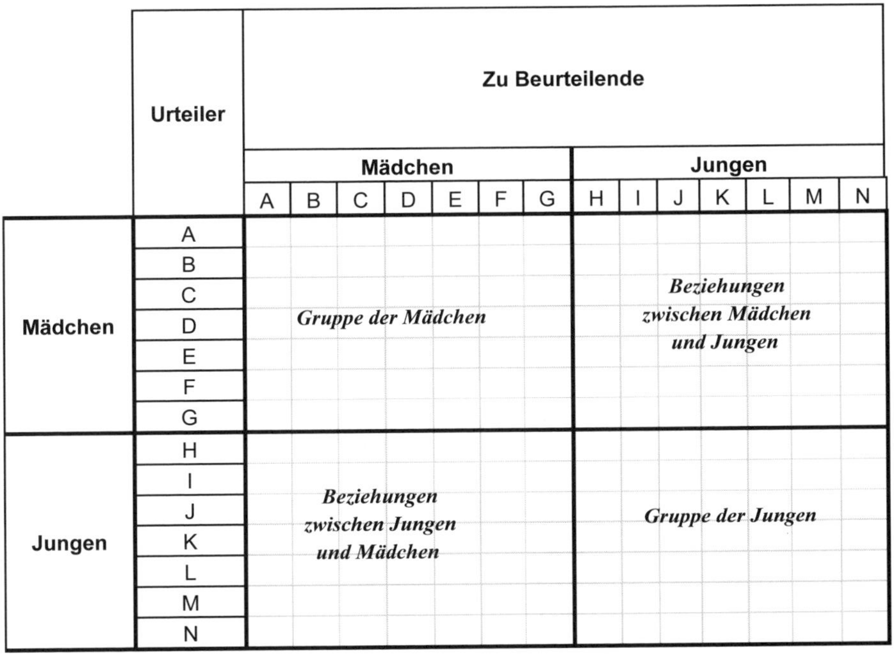

Diagnostik des Sozialverhaltens 335

Urteiler		Zu Beurteilende													
		Mädchen							Jungen						
		A	B	C	D	E	F	G	H	I	J	K	L	M	N
Mädchen	A														
	B														
	C														
	D	Gruppe der Mädchen							Beziehungen zwischen Mädchen und Jungen							
	E														
	F														
	G														
Jungen	H														
	I														
	J	Beziehungen zwischen Jungen und Mädchen							Gruppe der Jungen							
	K														
	L														
	M														
	N														

Abbildung 3.35: Soziomatrix bei einer geschlechtsspezifischen Fragestellung

zu b) grafische Darstellung in einem Soziogramm

Während es sehr gut möglich ist, die Wahlen und Ablehnungen von 25 bis 30 Schülern einer Klasse in einer Soziomatrix abzubilden, so sind der grafischen Darstellung der Beziehungen von Personen in einem Soziogramm wegen der Übersichtlichkeit Grenzen gesetzt (etwa bis 20 Personen). Eventuell könnte man interessierende Untergruppen bestimmen und getrennt darstellen (z.B. abgegebene Wahlen/Ablehnungen und erhaltenen Wahlen/Ablehnungen von Schülern mit Migrationshintergrund, von besonders Leistungsstarken oder Leistungsschwachen).

Für die grafische Darstellung der Beziehungen werden die kodierten Personen in kleine geometrische Figuren, z.B. Kreise, eingetragen. Die Schüler mit den meisten Wahlen werden im Zentrum der Darstellung angeordnet. Die positiven Wahlen werden mit durchgehenden Pfeilen und die Ablehnungen mit gestrichelten Pfeilen gekennzeichnet (Höhn & Seidel, 1976; siehe Abb. 3.36). Es können dafür auch zwei unterschiedliche Farben benutzt werden.

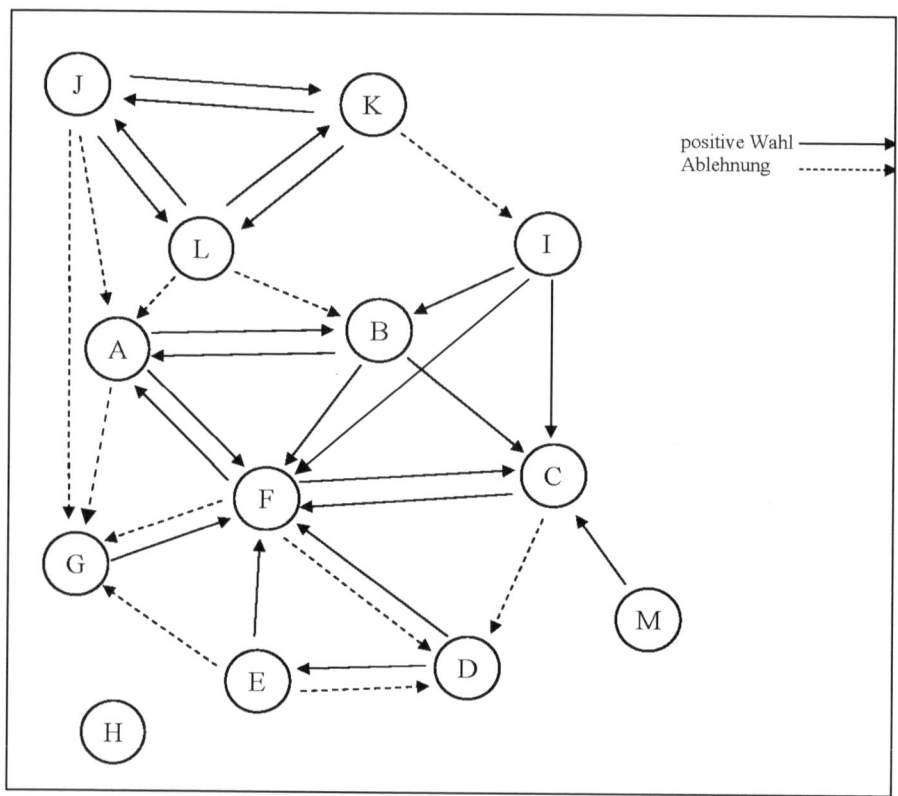

Abbildung 3.36: Soziogramm

Welche Informationen lassen sich aus dem Soziogramm ablesen?

Soziale Kennzeichnung einzelner Schüler in der Klasse (z.B. Ansehen, Einfluss etc.): Es können die Schüler mit den meisten Wahlen (F, C) und den meisten Ablehnungen (G) optisch auf einen Blick erkannt werden. Außerdem: Schüler, die selbst weder wählen noch ablehnen und keine Beachtung durch Mitschüler erhalten, also offensichtlich isoliert sind (H); Schüler, die zwar Wahlen abgeben, aber selber nicht gewählt werden, von anderen offensichtlich nicht wahrgenommen werden (I, M), aber Kontakte möchten (M).

Soziale Gruppierungen in der Klasse: Aufdecken von Schülersubgruppen, die sich zwar alle gegenseitig wählen, aber auch noch nach außen Wahlen abgeben, d.h. diese Subgruppen möchten sich trotz enger Verbundenheit nicht von der Klasse isolieren. Im Gegensatz dazu die Cliquen, die nur positive gegenseitige Wahlen in der Ingroup abgeben und wenn Reaktionen in die Outgroup stattfinden, dann nur Ablehnungen (J, K, F). D.h. die Clique signalisiert, dass sie nicht mit anderen Schülern der Klasse kooperieren möchte und von anderen Schülern wenig hält. Aus dem Soziogramm lassen sich

Diagnostik des Sozialverhaltens

auch noch spezielle Paarbeziehungen ablesen: z.B. beidseitige positive Wahl (= A wählt B und B wählt A); einseitige Wahl (= B wählt C, aber C ignoriert B); einseitige Ablehnung (= C lehnt D ab, aber D ignoriert C); unsymmetrische Beziehung (= D wählt E, aber E lehnt D) ab.

zu c) Berechnung quantitativer Indices
Nach Höhn und Seidel (1976, S. 45ff) kann für jeden Schüler i der soziometrische Status errechnet werden. Die dazu erforderlichen Werte sind der Soziomatrix zu entnehmen (Summe der erhaltenen Wahlen i; Summe der erhaltenen Ablehnungen i; Summe der abgegebenen Wahlen i; Summe der abgegebenen Ablehnungen i; Summe der Wahlen bzw. Ablehnungen insgesamt in der Gruppe; Anzahl aller Schüler). Dabei ist wie folgt vorzugehen:

Positiver soziometrischer Status: $SS+ = \dfrac{\text{erhaltene Wahlen}}{N-1}$

N=Anzahl aller Schüler

Negativer soziometrischer Status: $SS- = \dfrac{\text{erhaltene Ablehnungen}}{N-1}$

Soziometrischer Status insgesamt: $SSg = (SS+) - (SS-)$

Wenn bei der soziometrischen Befragung der Schüler keine Begrenzungen bezüglich Wahlen/Ablehnungen vorgegeben werden, dann kann auch noch ein Maß der sozialen Ausbreitung/Kontaktbereitschaft (Expansivität) für den jeweiligen Schüler berechnet werden:

Positive soziale Expansivität: $E+ = \dfrac{\text{abgegebene Wahlen}}{N-1}$

Dadurch wird das Ausmaß der positiven Kontaktbereitschaft zu Mitschülern ausgedrückt.

Negative soziale Expansivität: $E- = \dfrac{\text{abgegebene Ablehnungen}}{N-1}$

Dadurch wir das Ausmaß der sozialen Abneigungen des Schülers gegen Mitschüler (im Sinne von „nicht leiden können") gekennzeichnet.

Emotionale Befriedigung: $EB = \dfrac{\text{Anzahl erwiderter Wahlen}}{\text{Anzahl abgegebener Wahlen}}$

Die emotionale Zufriedenheit im Sinne eines guten Gefühls ist dann hoch, wenn der Schüler weiß, dass er von denjenigen, die er mag auch als sympathisch gewählt wurde.
Nach Petillon (1980, S. 100f) können auch Wahlstatus (WS) bzw. Ablehnungsstatus (AS) eines Schülers berechnet werden. Diese Indices haben den Vorteil, dass sie über die Klasse hinaus als Vergleichsindikatoren benutzt werden können.

$WS = \dfrac{1 + (\text{Anzahl d. erhaltenen Wahlen} - \text{arithmet. Mittel der Wahlen in der Gruppe})}{\text{max. Wahlen, die Schüler erhalten könnte } (N-1)}$

$AS = \dfrac{1 + (\text{Anzahl d. erhaltenen Ablehn.} - \text{arithmet. Mittel der Ablehnungen in Gruppe})}{\text{Max. Ablehnungen, die Schüler erhalten könnte } (N-1)}$

Die Ergebnisse von Wahlstatus und Ablehnungsstatus lassen sich in eine sinnvolle Beziehung bringen. Auf dieser Grundlage hat Petillon (1980) sieben Typen der sozialen Integration in die Schulklasse benannt (Abb. 3.37).

Wahlstatus		Star	Beachteter	
	Hoch (>1,20)	Typ 7	Typ 6	
	Mittel (0,8 – 1,2)	Anerkannter Typ 5	Unauffälliger Typ 4	Abgelehnter Typ 2
	Gering (0 – 0,8)		Unbeachteter Typ 3	Ausgestoßener Typ 1
		niedrig	mittel	hoch
			Ablehnungsstatus	

Abbildung 3.37: Schülertypen anhand des soziometrischen Status nach Petillon (1980)

Die Benennung der Typen erscheint unter heutigem Blickwinkel vielleicht antiquiert oder ruft eventuell sogar Unbehagen hervor. Jedoch bieten die diagnostischen Informationen zum Ausmaß von Wahl- und Ablehnungsstatus, die hinter diesen Typenbezeichnungen stecken, Lehrkräften wichtige Hinweise für Interventionen und den gezielten Aufbau notwendiger sozialer Kompetenzen bei bestimmten Schülern. So können Schüler mit hohem Wahlstatus und geringem Ablehnungsstatus als Modelle fungieren bzw. aufgebaut werden (z.B. bei Kampagnen gegen Suchtmittel, Mobbing, Gewalt, Durchsetzung und Überwachung der Einhaltung von aufgestellten Regeln etc.). Bei Schülern mit hohem Ablehnungsstatus müssen die Gründe differenziert analysiert werden, weil sich hieraus Ansatzpunkte für die Anbahnung sozialer Beziehungen und Kompetenzen ergeben können.

(e) Der Klassen-Kompass KK-1-Version für Klassenlehrer

Der Klassen-Kompass von Hrabal (2009) ist ein standardisiertes soziometrisches Rating-Verfahren. Er ist die für Klassenlehrer modifizierte Form der Soziometrischen Ratingmethode für die Diagnostik und Planung von Interventionsstrategien bei schwierigen Schulklassen und gefährdeten Schülern an Sekundarschulen –Version für Schulpsychologen SORAT-M (ursprünglich Hrabal sen., 1976, neu Hrabal jun., 2010). Der Klassen-Kompass kann ab der 5. Klasse eingesetzt werden.

Ziele des Einsatzes

- Aufdeckung klassischer soziometrischer Dimensionen (Sympathie, Einfluss/ Macht) in der Schulklasse und der Qualität des Klassenklimas
- Abgleich der Beurteilung des Klassenlehrers zur psychosozialen Struktur der Klasse mit den ermittelten soziometrischen Befunden

- Auswahl einer Gruppe von 4 bis 5 der angesehensten Schüler anhand der Testergebnisse, die zu sogenannten Klassenvertretern und Helfern des Klassenlehrers für die Optimierung des Klassenklimas aufgebaut werden
- Identifikation von gefährdeten und einsamen Schülern, um sie besser in die Klasse zu integrieren

Konzeption und Aufbau
Der Test basiert auf der Soziometrie von Moreno. Aber im Gegensatz zur oben erläuterten Methode des soziometrischen Wahlverfahrens muss bei der Erhebung des Klassen-Kompasses jeder Schüler *alle* anderen Mitschüler bezüglich Einfluss und Sympathie nach Punkten (3-1und 0) beurteilen. Der Beurteilung der Sympathie muss noch eine offene Begründung beigefügt werden. Die Grunddimensionen, die so erfasst werden können sind: erhaltene Sympathien, erhaltener Einfluss und abgegebene Sympathien. Damit lässt sich der Wahlstatus jedes Kindes bestimmen. Darüber hinaus können auch noch unterschiedliche Kombinationen zwischen Sympathie und Einfluss deutlich gemacht werden, z.B.:

- sehr beliebte und einflussreiche Schüler;
- Schüler mit hohem Einfluss aber unterdurchschnittlicher Beliebtheit;
- beliebte Schüler ohne Einfluss;
- Schüler mit wenig Sympathie und wenig Einfluss.

Durchführung, Zeit, Auswertung
Für die Testdurchführung muss der Klassenlehrer aus dem Testmanual eine vorgefertigte Klassenliste kopieren, die Namen der Schüler darin eintragen und die benötigte Anzahl der Bögen bereitstellen. In der Testmappe sind für die Schüler Kärtchen (N=30) vorbereitet, die die notwendigen Bearbeitungsinstruktionen für die Beurteilung des Einflusses, der Sympathie, der Begründungen für die Sympathie beinhalten.

Die Testdurchführung wird für den Klassenlehrer im Manual beschrieben. Es werden keine Zeitvorgaben gemacht. Auch wird nicht exakt festgelegt, ob der Klassenlehrer die Instruktion insgesamt erteilen soll und die Schüler dann selbstständig arbeiten, oder ob die drei Instruktionen sukzessive jeweils nach Abarbeitung eines Teils erteilt werden sollen. Wir schlagen vor, dass zu Beginn die Instruktionen anhand des Kärtchens gemeinsam vorgelesen, besprochen, Anfragen geklärt werden und dann die Schüler das Rating selbstständig durchführen.

Die Auswertung der Ergebnisse erfolgt anhand eines Computerprogramms auf CD-ROM. Installation und Handhabung des Auswertungsprogramms werden Schritt für Schritt im Manual beschrieben. Man erhält nach Eingabe der Daten 2 farbige Tabellen (Matrixen) über die Ergebnisse zu Einfluss und zur Sympathie (absolute und Mittelwerte). Grafisch können die Schüler mit ihren entsprechenden Werten in der Sitzordnung der Klasse und in einem von Klassenlehrer selbstdefinierten Soziogramm dargestellt werden. Die Auswertung dauert je nach Expertise des Klassenlehrers ca. 60 Minuten.

Das Testmanual enthält sowohl Hinweise zur Besprechung der Ergebnisse mit der Schulklasse als auch zur erzieherischen Arbeit bei der Optimierung des Klassenklimas unter Einbeziehung der ermittelten Klassenvertreter.

Gütekriterien
Die Durchführungs- und Auswertungs*objektivität* sind durch die Angaben im Testmanual gewährleistet. Der KK-1 wurde in 86 Schulklassen statistisch geprüft und wird vom Autor als zuverlässiges Verfahren für den Einsatz in Schulklassen bewertet.

(f) Diagnostik des Klassenklimas

Auf Verfahren und Probleme zur Diagnostik des Klassen- bzw. Unterrichtsklimas sind wir bereits im Teilkapitel 3.1.2.4 eingegangen. Explizit wird dort der Fragebogen zum Klassenklima von Dreesmann (1980) vorgestellt. Im Teilkapitel 3.4 (Diagnostik bei Lernschwierigkeiten) werden die Linzer Fragebögen zum Schul- und Klassenklima für 4.-8. Klassen (LFSK 4-8) von Eder und Mayr (2000) und für 8. bis 13. Klassen (LFSK 8-13) von Eder (1998) beschrieben. Die LFSK sind jedoch nur für Österreich normiert worden.

(g) Fragebogen zur Erfassung emotionaler und sozialer Schulerfahrungen von Grundschulkindern dritter und vierter Klassen [FEESS 3-4]

Wir beziehen uns im Folgenden auf die Version FEESS 3-4 (Rauer & Schuck, 2003). Seit 2004 liegt der Fragebogen auch in einer Version für Schüler erster und zweiter Klassen vor und ist nach den gleichen Prinzipien konstruiert worden. Auch die Gütekriterien bewegen sich auf einem vergleichbar hohen Niveau.

Mit dem Fragebogen wurde ein ökonomisches Instrument zur Erfassung von psychischen Konstrukten (soziale Integration, Klassenklima, Selbstkonzept, Schuleinstellung, Anstrengungsbereitschaft, Lernfreude, Gefühl des Angenommenseins) entwickelt, die einen expliziten Bezug zu wesentlichen curricularen sozialen Lernzielen an Grund- und Förderschulen aufweisen. Der Fragebogen kann zur Einzelfalldiagnostik eingesetzt und auch mit ganzen Schulklassen durchgeführt werden.

Ziele

a) *Erstellung einer Individualdiagnose*
- schnelle Informationsbeschaffung im Rahmen einer Kind-Umwelt-Analyse über die vom Kind erlebten Bedingungen seiner schulischen Umwelt
- Abbildung konstruktbezogener Entwicklungsverläufe über einen längeren Zeitraum und Optimierung eingesetzter Fördermaßnahmen
- Profilinterpretationen der Daten in zwei Richtungen:
  1. Aufdeckung von Unterschieden zwischen den Skalen und/oder
  2. Hypothesenprüfung der Ursachen solcher Differenzen (Dazu müsste der FEESS mit der ganzen Klasse durchgeführt werden und das betreffende Kind Abweichungen von den Klassenmittelwerten zeigen. Die Hypothesenprüfung bezieht sich dann darauf, ob sich das Kind tatsächlich durch bestimmte andere Merkmale von seinen Mitschülern unterscheidet und deshalb die Dinge anders bewertet oder ob das Kind tatsächlich von den Mitschülern oder Lehrkräften anders behandelt wird.)

Diagnostik des Sozialverhaltens 341

b) Diagnose ganzer Klassen oder Klassenstufen
- Feststellen des Erlebens der untersuchten Konstrukte bei Kindern einer ganzen Klasse im Durchschnitt und in den Streuweiten
- Abbildung der Veränderungen (Fortschritte, Stagnationen, Probleme) der durchschnittlichen Ergebnisse einer Klasse über vier Schuljahre hinweg
- Evaluation und Anpassung pädagogischer Maßnahmen zur Förderung sozialer Kompetenzen durch Prä-Posttestung

Konzeption und Aufbau
Die Struktur des FEESS setzt sich aus drei übergeordneten und faktorenanalytisch reproduzierbaren *Dimensionen* zusammen (Fähigkeitsselbstkonzept, Sozialklima, Schul- und Lernklima), denen sich sieben miteinander korrelierende *Skalen* emotionaler und sozialer Schulerfahrungen zuordnen lassen (Soziale Integration SI, Klassenklima KK, Selbstkonzept der Schulfähigkeit SK, Lernfreude LF, Anstrengungsbereitschaft AB, Schuleinstellung SE, Gefühl des Angenommenseins GA) (siehe Abb. 3.38).

Dimensionen	Skalen
Fähigkeitsselbstkonzept	Selbstkonzept der Schulfähigkeit (=SK)
Sozialklima	Soziale Integration (=SI)
	Klassenklima (=KK)
Schul- und Lernklima	Lernfreude (=LF)
	Anstrengungsbereitschaft (=AB)
	Schuleinstellung (=SE)
	Gefühl des Angenommenseins (=GA)

Abbildung 3.38: Struktur des FEESS

Der FEESS *besteht aus zwei Teilfragebögen,* die zusammen oder auch getrennt je nach diagnostischer Fragestellung eingesetzt und ausgewertet werden können:

1. Teilfragebogen zur sozialen Integration, zum Klassenklima und zum Selbstkonzept = TF-SIKS 3-4
2. Teilfragebogen zur Schuleinstellung, Anstrengungsbereitschaft, Lernfreude und Gefühl des Angenommenseins = TF-SALGA 3-4

Der TF-SIKS 3-4 besteht aus 37 Items, die den *Dimensionen* Sozialklima und Fähigkeitsselbstkonzept zuzuordnen sind und die drei *Skalen* soziale Integration SI, Klassenklima KK und Selbstkonzept der Schulfähigkeit SK repräsentieren. Dabei wird

a) *bei der sozialen Integration (IS)* das erlebte Ausmaß des Angenommenseins durch Mitschüler,
b) *beim Klassenklima (KK)* das erlebte Ausmaß des sozial angemessenen, freundschaftlichen Umgangs der Mitschüler und
c) *beim Selbstkonzept der Schulfähigkeit (SK)* das erlebte Ausmaß der Bewältigung schulischer Anforderungen und der positiven Bewertung eigener Fähigkeiten erfasst.

Der TF-SALGA 3-4 besteht aus 53 Items, die sich auf *Aspekte des schulischen Erfahrungsraums* (Lernen, Lehrkräfte, Schule als Ganzes) beziehen. Folgende vier *Skalen* repräsentieren dabei die zugrundeliegende *Dimension „Schul- und Lernklima"*:

d) *Schuleinstellung (SE)* = Ausmaß des Wohlfühlens in der Schule;
e) *Anstrengungsbereitschaft (AB)* = Ausmaß der Bereitschaft, sich auf Neues einzulassen und Anforderungen zu erfüllen, selbst wenn dazu besondere Mühe erforderlich ist;
f) *Lernfreude (LF)* = Ausmaß des positiven Gefühls bei der Erledigung schulischer Aufgaben
g) *Gefühl des Angenommenseins (GA)* = Ausmaß des erlebten Angenommenseins, Verständnisses, der Unterstützung durch die Lehrkräfte.

Die Items in beiden Teilfragebögen müssen anhand einer vierstufigen Antwortskala bearbeitet werden.

Durchführung, Auswertung, Interpretation
Beide Teilfragebögen sind Paper-und-Pencil-Tests und können von Kindern ab der zweiten Hälfte der dritten Klasse bearbeitet werden, vorausgesetzt sie können lesen. Die *Durchführungsobjektivität* ist durch genaue Instruktionen voll gewährleistet. Die Autoren weisen darauf hin, dass es bei Durchführung mit der gesamten Klasse bei nicht anonymer Bearbeitung günstiger ist, wenn eine Lehrkraft die Befragung übernimmt, die nicht selbst in der Klasse unterrichtet. Die Kinder erhalten zur Bearbeitung so viel Zeit wie sie jeweils benötigen. Reine Bearbeitungszeit je Teilfragebogen sollte mit 30 Minuten veranschlagt werden. Zusammen mit dem Instruktionsteil sollte eine Unterrichtsstunde (45 Minuten) eingeplant werden. Wenn beide Teile der Fragebögen eingesetzt werden sollen, empfiehlt es sich, die Durchführung an zwei Tagen zu organisieren und mit dem TF-SIKS 3-4 zu beginnen.

Für die Auswertung werden im Manual differenzierte Hinweise zum Umgang mit Unstimmigkeiten beim Ausfüllen gegeben. Die Auswertung erfolgt mit Hilfe von Schablonen. Auch die *Auswertungsobjektivität* wird durch eine präzise Instruktion zur Auswertung gewährleistet. Die ermittelten Rohwerte werden pro Skala addiert und im entsprechenden Feld auf der Seite des FB unten notiert. Abschließend werden die Werte jedes Kindes seiten- und skalenweise auf den Auswertungsbogen übertragen und die Rohsummenwerte der Skalen gebildet. Die Summenwerte der Skalen können in Prozentränge (PR-Bänder) und T-Werte (T-Wert-Bänder) transformiert werden. Die dazu notwendigen Normtabellen befinden sich im Anhang des Manuals. Es liegen *Individualnormen getrennt für Kinder der dritten und vierten Klasse* vor. Zusätzlich gibt es Klassennormen für die *beiden Schulstufen*. Die Auswertung ganzer Klassensätze wird ebenfalls besprochen.

Darüber hinaus wird auch die Interpretation der Befunde für die Erstellung einer Individualdiagnose bzw. Klassenuntersuchung gut beschrieben und an Beispielen erklärt. Anhand der Individualdaten kann noch ein *Ergebnisprofil* erstellt werden, in dem die *Ausprägungen der einzelnen Skalen* dann sehr gut überschaubar sind.

Gütekriterien
Der FEESS 3-4 kann als reliabel bezeichnet werden. Die internen Konsistenzkoeffizienten variieren je nach Skala zwischen 0.74 und 0.95. Die Retestreliabilität nach vier Wochen ist zufriedenstellend bis gut (0.62-0.80). Der FEESS 3-4 ist curricularvalide, weil er auf die allgemeinen Lehrplanziele der Grundschule abgestimmt worden ist. Er ist faktoriell valide und durch erwartete Korrelationen der jeweiligen Skalen auch konstruktvalide.

3.5.2.3 Diagnostik von schulbezogenem Lern- und Sozialverhalten

(h) Lehrereinschätzliste für Sozial- und Lernverhalten [LSL]

Bei der LSL (Petermann & Petermann, 2013) handelt es sich um ein Screening für Lehrkräfte zur Beurteilung des schulbezogenen Sozial- und Arbeitsverhaltens der Schüler, das an Regel- und Sonderschulen von der 3. Klasse bis zum Schulabschluss (9 bis 19 Jahre) eingesetzt werden kann. Die Normierung wurde allerdings nicht an Gymnasien vorgenommen mit der Begründung, dass Schüler dort weniger gravierende Verhaltensprobleme aufweisen würden. Diese Begründung steht jedoch im Widerspruch zum generell postulierten Anliegen des Verfahrens: nämlich einer ressourcenorientierten Diagnostik verpflichtet zu sein. Mit der externen empirischen Evaluation der LSL von Sparfeldt, Rost, Schleebusch und Heise (2012) wurde die sehr positive Bewertung des Verfahrens durch die Autoren in Zweifel gezogen und eine Validitätsoptimierung gefordert.

Ziele des Einsatzes durch die Lehrkraft

- Beurteilung des schulbezogenen Sozial- und Lernverhaltens einzelner Schüler (Problemschüler) als auch ganzer Schulklassen
- Nutzung der Informationen aus der LSL für Gespräche mit Klasse, Eltern oder als Basis für Klassenkonferenzen im Lehrerkollegium
- unabhängige Durchführung durch mehrere Lehrkräfte, die in einer Klasse unterrichten und Vergleich der Daten
- Daten zur Vergabe von Kopfnoten nutzen (wird jedoch an keiner Stelle des Manuals elaboriert)
- mehrfacher Einsatz (z.B. aller drei Monate), um Entwicklungsfortschritte durch Förderung zu prüfen

Konzeption und Aufbau
Die Autoren beziehen sich in der praktischen Begründung der LSL auf die vor etwa 10 Jahren geführte Diskussion über Akkuratheitsprobleme der Beurteilung des Arbeits- und Sozialverhaltens der Schüler durch Lehrkräfte (u.a. Spinath, 2005) und die damals geübte Kritik an der Beurteilungspraxis bei der Erteilung von „Kopfnoten" (vgl. Frenz, Rielage & Diehl, 2004; Heesen, 2002; Thomas, 2001). Die Autoren der LSL erwarten, dass sie „durch einen standardisierten Beurteilungsbogen, mit dem eindeutig das Lern- und Sozialverhalten von Schülern eingeschätzt wird" (Manual, S. 12), den Vorbehalten über subjektive Lehrereinschätzungen entgegenwirken können.

Die LSL weist zehn Skalenbereiche zur Einschätzung des Schülerverhaltens auf: Das Sozialverhalten bzw. die sozial-emotionale Kompetenz der Schüler wird in sechs Bereiche untergliedert: Kooperation, Selbstwahrnehmung, Selbstkontrolle, Einfühlungsvermögen und Hilfsbereitschaft, angemessene Selbstbehauptung und Sozialkontakt.

Das Lernverhalten wird über *vier Bereiche* erfasst: *Anstrengungsbereitschaft, Ausdauer/Konzentration, Selbstständigkeit* beim Lernen und *Sorgfalt* beim Lernen. Jeder der ausgegliederten Bereiche wird über 5 Aussagen zu Verhaltensweisen der Schüler operationalisiert. Insgesamt muss die Lehrkraft *50 Aussagen tr*effen. Die Urteile erfolgen auf einer *4stufigen Skala* (0-3= Verhalten tritt nie, selten, manchmal, häufig auf).

Durchführung, Zeit, Auswertung, Interpretation
Die LSL sollte nur von Lehrkräften genutzt werden, die die Schüler sehr gut kennen, d.h. die die zu beurteilenden Verhaltensweisen mindestens über ein halbes Jahr und in verschiedenen Situationen beobachten konnten. Bei der Bearbeitung der LSL soll sich die Lehrkraft an konkret beobachteten Verhaltensweisen der Schüler in den zurückliegenden vier Wochen orientieren. Die Bearbeitungsdauer beträgt pro Schüler etwa fünf, die Auswertung zwei Minuten.

Die Auswertung erfolgt über die Addierung der angekreuzten Skalenwerte pro Bereich. Die Rohwerte pro Bereich werden auf das Auswertungsblatt auf der Rückseite des Fragebogens eingetragen. Danach können jeweils in den Normtabellen des Manuals die dem Rohwert entsprechenden Prozentränge und T-Werte abgelesen werden. Zur Interpretation der Ergebnisse genügt es, laut Autoren, sich an den Prozenträngen zu orientieren. Bei einem Vergleich über Gruppen hinweg sollten die T-Werte benutzt werden. Ein PR von 10 oder kleiner kann als starke Verhaltensabweichung interpretiert werden. Ein PR zwischen 10 und 20 weist auf Risiko behaftetes Verhalten hin. Das im Manual angeführte Interpretationsbeispiel (S. 23) kann jedoch nicht überzeugen, weil sich daraus keinerlei Ansatzpunkte für eine Intervention durch die Lehrkraft ableiten lassen. Der erhobene Anspruch, eine Hilfe für die Erteilung von „Kopfnoten" zu sein, wird auch bei den Interpretationshinweisen leider nicht eingelöst.

Gütekriterien
Ob das Verfahren tatsächlich eine Objektivierung subjektiver Lehrerurteile ermöglicht und sehr ökonomisch ist, ist weiter empirisch aufzuklären. Für die Reliabilität sind nur nach Altersgruppen getrennte und für die Aussagenbereiche gute bis befriedigende Homogenitäten angegeben worden (nach Cronbach Alpha zwischen .82 und .95). Retestreliabilitäten fehlen. Die Validität wird von den Autoren als zufriedenstellend beurteilt. Die Normierung bezieht sich auf 1.480 Schüler aller Schulformen außer Gymnasien. Es liegen alters- und geschlechtsdifferenzierte Normwerte (Prozentränge, T-Werte) vor.

i) Schülereinschätzliste für Sozial- und Lernverhalten, [SSL]

Seit 2014 liegt nun mit der SSL (Petermann, Petermann & Lohbeck, 2014) das Pendant zur LSL vor. Wieder begründen die Autoren die Bedeutung des Verfahrens damit, dass

Diagnostik des Sozialverhaltens 345

für die Erteilung von Kopfnoten sehr uneinheitliche Bewertungskriterien und kaum fundierte Verfahren vorliegen, die eine differenzierte und zuverlässige Diagnostik des Sozial- und Lernverhaltens erlauben. Das Anliegen der Autoren zur Entwicklung der SSL bestand darin, „zu der gut bewährten LSL" (vgl. Manual, S. 3) eine vergleichbare Schülereinschätzungsliste zu konstruieren. Die SSL kann ab der vierten Klasse eingesetzt werden.

Ziele des Einsatzes
- Identifikation von Problemschülern
- Abbildung des Entwicklungsstandes ganzer Klassen
- Kombination mit LSL (= Datenbasis für Vergleich von Fremd- und Selbsteinschätzung zum Sozial- und Lernverhalten, für realitätsorientierte Gespräche zwischen Lehrkraft und Schüler)
- Auskunft darüber, ob ein Schüler unangemessenes Verhalten reflektieren bzw. realitätsangemessen einschätzen kann

Konzeption und Aufbau
Konzeption und Aufbau der SSL wurden analog zur LSL-Bereichsstruktur vorgenommen. Den 10 Bereichen (siehe LSL) wurden bei der Schülerversion nur jeweils vier Aussagen zugeordnet. Diese 40 Aussagen zum Sozial- und Lernverhalten werden im Fragebogen entgegen der Lehrerversion randomisiert angeordnet. Die Beantwortung der Aussagen erfolgt wiederum auf einer vierstufigen Skala (0-3). Als Beurteilungsgrundlage sollen die Schüler analog zur LSL ihr Sozial- und Lernverhalten der letzten vier Wochen heranziehen.

Durchführung, Auswertung, Interpretation
Die Durchführung wird im Manual ganz genau beschrieben und gewährleistet damit die Durchführungsobjektivität. Die reine Durchführungsdauer wird mit ca. 10 Minuten angegeben. Bei der Durchführung mit der ganzen Klasse ist für Erklärungen und Beantwortung von Nachfragen mehr Zeit einzuplanen. Die Auswertung dauert ca. 2 Minuten pro Schüler. Hierfür liegen Schablonen vor, mit deren Hilfe die Zuordnung der randomisierten Aussagen zu den 10 Bereichen vorgenommen werden kann. Analog zur LSL erfolgt die Aufsummierung der Zahlenwerte pro Bereich. Die Rohwertpunkte werden auf das Auswertungsblatt eingetragen und die Transformationen in Prozentränge und T-Werte differenziert nach Geschlecht und drei Altersbereichen aus den Normtabellen abgelesen und in das Auswertungsblatt eingetragen. Die Auswertung wird ebenfalls genau beschrieben. Die Ausführungen zur Interpretation sind analog zur LSL für Lehrkräfte wieder relativ vage. Der Vergleich der Ergebnisse von Fremdbeurteilung (LSL) und Selbstbeurteilung (SSL) kann jedoch pädagogisch fruchtbar gemacht werden und für Gespräche und Interventionen genutzt werden.

Gütekriterien
Durch die differenzierten Beschreibungen zur Durchführung und Auswertung ist die *Objektivität* gewährleistet. *Reliabilität* und *Validität* werden als zufriedenstellend bezeichnet. Die Normierung wurde an 3403 Schülern aller Schulformen vorgenommen.

3.5.2.4 Diagnostik sozialer Kompetenzen

> (j) Fragebogen zur Einschätzung überfachlicher Kompetenzen

Mit der Entwicklung der Fragebögen zur Einschätzung überfachlicher Kompetenzen (Helm, Pohlmann, Heckt, Gienke, May & Möller, 2012) wurde begonnen, die Lücke zwischen der in allen Lehrplänen geforderten Realisierung von Lehrzielen überfachlicher Kompetenzen und deren diagnostischer Erfassung zu schließen. Die Entwicklung und erste Erprobung bezog sich zunächst hauptsächlich auf Stichproben von Lehrkräften und Schülern 5. bis 8. Klassen an Gymnasien. Diese mögliche Einschränkung auf eine Schulform bedeutet dennoch einen großen Fortschritt, weil gerade für die Diagnostik der sozialen Kompetenzen kaum Instrumente verfügbar sind.

2012 wurden von den Autoren die beiden *Fragebögen (Lehrer- und Schülerversion)* und erste Ergebnisse der teststatistischen Prüfungen publiziert. Nach Aussage der Autoren sprechen die Ergebnisse für ein einsetzbares Instrument. Die Reliabilitäten der Skalen stellten sich als gut bis sehr gut heraus. Erste Ergebnisse der Validitätsprüfungen waren zufriedenstellend.

Ziele
Die Autoren verbinden mit dem Einsatz der Fragebögen vor allem das Ziel, überfachliche Kompetenzen der Schüler ökonomisch erfassen und Daten für den Vergleich von Selbst- und Fremdeinschätzung für pädagogische Ziele nutzbar machen zu können.

Konzeption und Aufbau
Beide Fragebögen wurden auf der Grundlage der Sichtung vorliegender theoretischer Modelle und empirischer Befunde zu überfachlichen Kompetenzen entwickelt. Die überfachlichen Kompetenzen wurden daraufhin in drei Bereiche ausdifferenziert (*Selbstkompetenzen, Sozialkompetenzen, lernmethodische Kompetenzen*). Diese drei Kompetenzbereiche setzen sich jeweils aus faktorenanalytisch geprüften *Fähigkeitskonstrukten* zusammen. Für unsere diagnostische Fragestellung interessiert hier nur der zweite Bereich die „*Sozialkompetenzen*". Dieser Kompetenzbereich wird durch folgende neun Fähigkeitskonstrukte (ursprünglich zehn Fähigkeitskonstrukte) ausdifferenziert: Kontaktfähigkeit, Empathie/Solidarität, Verantwortungsübernahme, Kommunikationsfähigkeit, Kooperationsfähigkeit, Konfliktfähigkeit, Emotionskontrolle, Ambiguitätstoleranz und Frustrationstoleranz. Das Fähigkeitskonstrukt ‚Regelakzeptanz' hat nach der teststatistischen Prüfung nicht die erforderlichen Kennwerte erreicht. Die in der Publikation ausgewiesenen Fragebögen wurden jedoch nicht um die entsprechenden Items bereinigt. Der Lehrerfragebogen umfasst demnach noch 10 Items zur Beurteilung der Sozialkompetenzen. Im Lehrerfragebogen wird nämlich nur 1 Item pro Fähigkeitskonstrukt vorgegeben, das jeweils durch zwei Beispiele näher erläutert wird. Der Schülerfragebogen wurde umfangreicher konstruiert. Zur Beurteilung der Sozialkompetenzen werden insgesamt 36 Items vorgegeben. Die Beurteilung der Items sowohl im Lehrer- als auch im Schülerfragebogen muss anhand einer fünfstufigen Skala (1=sehr schwach bis 5= sehr stark) vorgenommen werden. Im Folgenden werden

Diagnostik des Sozialverhaltens

die Auszüge aus den Fragebögen zu den Sozialkompetenzen vorgestellt (siehe Tabellen 3.12 und 3.13).

Tabelle 3.12: Items und zugeordnete Fähigkeitskonstrukte des Lehrerfragebogens zur Einschätzung der Sozialkompetenzen der Schüler in Anlehung an Helm und Kollegen (2012)

	Der Schüler/die Schülerin ...	Ausprägung der Kompetenz				
		1	2	3	4	5
1	kann Kontakt zu anderen herstellen und halten; z.B. geht angemessen auf andere zu und findet (positiven) Kontakt, z.B. pflegt Kontakt zu anderen, hat dauerhafte Freundschaften. → *Kontaktfähigkeit*					
2	kann sich in andere hineinversetzen, nimmt Rücksicht und hilft anderen; z.B. versteht Gefühle und Haltungen anderer und geht darauf ein, z.B. erkennt und respektiert Wünsche und Grenzen, zeigt sich solidarisch und kann anderen Unterstützung geben. → *Empathie/Solidarität*					
3	übernimmt Verantwortung für sich und andere; z.B. übernimmt Verantwortung für sein/ihr Tun, auch für Fehlverhalten, z.B. übernimmt Verantwortung und Aufgaben in einer Gruppe und geht sorgsam mit dem Eigentum anderer und der Schule um. →*Verantwortungsübernahme*					
4	beteiligt sich an Unterrichtsgesprächen und geht auf Gesprächspartner ein; z.B. kann sachlich und ergebnisorientiert argumentieren, z.B. kann anderen zuhören, auf ihre Argumente eingehen und auch Kritik äußern. →*Kommunikationsfähigkeit*					
5	arbeitet in Gruppen kooperativ; z.B. übernimmt selbst gewählte oder zugewiesene Aufgaben in Gruppenprozessen, z.B. nimmt Rücksicht auf die Gruppe oder Gruppenprozesse und kann eigene Interessen zurückstellen. → *Kooperationsfähigkeit*					
6	hält vereinbarte Regeln ein; z.B. kann Regeln akzeptieren, auch wenn sie den eigenen Interessen entgegenlaufen, z.B. hält sich an Termine, Zeitvereinbarungen und Absprachen. → *Regelakzeptanz*					
7	verhält sich in Konflikten angemessen; z.B. geht Konflikten nicht aus dem Weg, sondern kann diese lösen und Kompromisse finden, z.B. kann in Konfliktsituationen eigene Interessen vertreten, aber auch nachgeben. → *Konfliktfähigkeit*					

	Der Schüler/die Schülerin ...	Ausprägung der Kompetenz				
		1	2	3	4	5
8	kann mit unterschiedlichen Werten und widersprüchlichen Informationen umgehen; z.B. kann auch mit mehrdeutigen Informationen umgehen, z.B. verhält sich in kulturellen Situationen tolerant und respektvoll. → *Ambiguitätstoleranz*					
9	geht mit eigenen Gefühlen (angemessen) um; z.B. drückt eigene Gefühle verständlich und angemessen aus. z.B. kann sich nach Aufregungen selbst wieder zur Ruhe bringen und wirkt ausgeglichen. → *Emotionsregulation*					
10	geht mit Misserfolg und Kritik (angemessen) um; z.B. lässt sich von Misserfolgen nicht entmutigen, z.B. kann angemessene Kritik und Verbesserungsvorschläge annehmen. → *Frustrationstoleranz*					

Tabelle 3.13: Items des Schülerfragebogens zur Selbsteinschätzung der Sozialkompetenzen in Anlehnung an Helm und Kollegen (2012)

Nr.	Item	Ausprägung				
		1	2	3	4	5
1	Ich bin gern mit anderen zusammen.					
2	Ich kann mich in andere hineinversetzen.					
3	Ich übernehme die Verantwortung für mich und andere.					
4	Ich helfe anderen gern.					
5	Ich kann mich gut in Gespräche einbringen.					
6	Ich kann gut mit anderen in der Gruppe zusammenarbeiten.					
7	Mir fällt es leicht, vereinbarte Regeln einzuhalten.					
8	Ich gehe Konflikten und Streitsituationen nicht aus dem Weg, sondern versuche, diese zu klären und zu lösen.					
9	Ich achte andere Werte und Lebensweisen.					
10	Wenn ich traurig oder wütend bin, kann ich das aushalten und damit umgehen.					
11	Ich kann Misserfolg und Kritik aushalten und damit umgehen.					
12	Es fällt mir leicht, mit anderen in Kontakt zu kommen.					
13	Ich nehme Rücksicht auf andere.					
14	Ich übernehme Verantwortung für das, was ich tue, auch wenn es falsch war.					
15	Wenn jemand mich braucht, kann ich sie/ihn gut unterstützen.					
16	Ich kann meine Meinung gut darlegen und begründen.					
17	Ich kann meine Interessen in der Gruppe zurückstellen.					
18	Ich akzeptiere Regeln, auch wenn ich es gern anders hätte.					
19	Bei einem Streit mit anderen versuche ich, gemeinsame Lösungen zu finden.					
20	Ich akzeptiere andere Kulturen und versuche, diese zu verstehen.					

Diagnostik des Sozialverhaltens 349

Nr.	Item	Ausprägung				
		1	2	3	4	5
21	Ich kann mich nach Aufregungen selbst wieder zur Ruhe bringen.					
22	Ich lasse mich von Misserfolgen nicht entmutigen.					
23	Ich habe gute Freunde.					
24	Ich kann gut verstehen, was andere fühlen und meinen.					
25	Ich übernehme gern Aufgaben und Verantwortung in einer Gruppe.					
26	Ich setze mich für Schwächere ein.					
27	Ich kann anderen gut zuhören.					
28	Bei Gruppenarbeiten beteilige ich mich aktiv.					
29	Ich kann mich gut an Termine und Absprachen halten.					
30	Wenn ich mich streite, dann kann ich (je nach Situation) meine eigenen Interessen vertreten, aber auch nachgeben.					
31	Ich respektiere es, wenn Leute anders leben oder einen anderen Glauben haben.					
32	Ich bin ausgeglichen.					
33	Ich kann Kritik und Verbesserungsvorschläge annehmen.					
34	Ich komme gut mit anderen aus.					
35	Ich kann mich nach den Wünschen von anderen richten.					
36	Wenn jemand etwas sagt, kann ich gut darauf eingehen.					

Bei der vorliegenden Version der Fragebögen (Fremdeinschätzung durch Lehrer und Schülerselbsteinschätzung) handelt es sich noch nicht um ein ausgereiftes Messinstrument zur gültigen und standardisierten Erfassung von Sozialkompetenzen der Schüler. Dennoch können im Folgenden zwei Vorschläge unterbreitet werden, wie Lehrkräfte trotz der von den Autoren aufgezeigten messtheoretischen Einschränkungen (siehe Helm et al., 2012), bereits jetzt mit beiden Fragebögen arbeiten könnten.

Erster Vorschlag:

Der Einsatz des Schülerfragebogens könnte gerade Lehrkräften wie Frau Schmidt (Praxisbeispiel) eine doppelte Hilfe bei der Beförderung konkreter Sozialkompetenzen bieten: Erstens bietet der Schülerfragebogen durch die Itemformulierung konkrete Ansatzpunkte, Erziehungsziele eher auf Handlungsebene zu operationalisieren, weil Erziehungsziele zu sozialen Kompetenzen in Lehrplänen nur auf Konstruktebene vorgegeben sind. Zweitens erhält die Lehrkraft über die Selbstauskünfte aus dem Schülerfragebogen konkrete Anhaltspunkte, welche Sozialkompetenzen bei welchen Schülern tatsächlich einer Beförderung bedürfen und so von ihr gezielt in Angriff genommen werden können.

Der Einsatz beider Fragebögen trägt dazu bei, Diskrepanzen zwischen Selbst- und Fremdeinschätzung relativ ökonomisch aufzudecken. Auf dieser Grundlage kann dann a. über mögliche Ursachen nachgedacht und b. die Entwicklung von Sozialkompetenzen gezielter befördert werden.

Es konnte empirisch gezeigt werden (Helm et al., 2012), dass die Selbsteinschätzung von Schülern in der Regel höher ausfällt als die Fremdeinschätzung durch die

Lehrkräfte. Die Autoren gehen bei dieser Diskrepanz davon aus, dass die Schüler sich selbst überschätzen würden. Diese Interpretation müsste jedoch genauer geprüft werden, weil die gefundenen Abweichungen auch damit erklärt werden könnten, dass Lehrkräfte die Sozialkompetenzen ihrer Schüler aufgrund von Urteilstendenzen und Beurteilungsfehlern (siehe Kapitel 1.5) möglicherweise unterschätzen. Selbst wenn es Überschätzungen durch Schüler wären, könnte dies positiv für die Beförderung von Sozialkompetenzen genutzt werden. Denn wer sich geringfügig überschätzt, traut sich mehr zu als der, der sich unterschätzt und hat damit automatisch mehr Lerngelegenheiten.

Beide vorläufigen Instrumente wären auch bei der Erteilung von Kopfnoten in zweierlei Hinsicht hilfreich: Zum einen können die gefundenen Diskrepanzen Lehrer dahingehend sensibilisieren, bei den Benotungen vorsichtiger und reflektierter vorzugehen. Und zum anderen vermitteln die Items der Fragebögen zu den unterschiedlichen Fähigkeitskonstrukten der Sozialkompetenzen Lehrkräften eine differenziertere inhaltliche Vorstellung zur Beurteilung sozialer Kompetenzen als dies über ihre Alltagsvorstellungen möglich wäre. Darüber hinaus wird mit dieser inhaltlichen Differenzierung allen ‚Kopfnoten erteilenden' Lehrkräften auch eine einheitliche Beurteilungsgrundlage an die Hand gegeben.

Die Zuordnung der Items zu den Fähigkeitskonstrukten für beide Fragebögen wurde von den Autoren nicht explizit dargestellt. Für den von uns vorgeschlagenen vorläufigen Einsatz ist dies aber zwingend erforderlich. Deshalb haben wir von Lehrern (n = 10) und Psychologen (n = 10) eine Itemzuordnung beim Schülerfragebogen vornehmen lassen. Neben den 36 Items wurden den Probanden die 10 Fähigkeitskonstrukte, die die Sozialkompetenzen abbilden, vorgelegt. Bis auf „Ambiguitätstoleranz" waren alle Konstrukte selbsterklärend, weshalb die folgende Definition vorgegeben wurde: Ambiguitätstoleranz beschreibt die Fähigkeit, mehrdeutige Informationen oder kulturell bedingte Unterschiede ohne einseitig negative Bewertungen oder aggressive Reaktionen wahrnehmen zu können. Im Ergebnis dieser Analyse hat sich die Itemzuordnung, wie aus Tabelle 3.14 ersichtlich, mit einer Interraterreliabilität von $r = .93$ gezeigt. Lediglich die Items 13 und 35 konnten nicht eindeutig bzw. übereinstimmend zugeordnet werden. Die Zuordnung der Items beim Lehrerfragebogen (siehe Tab. 3.12) stellte keine größeren Probleme dar. Das Konstrukt ‚Regelakzeptanz' wurde nicht nur beibehalten, weil der Fragebogen – wie oben bereits erwähnt – von den Autoren nicht bereinigt wurde, sondern diesem Fähigkeitskonstrukt innerhalb der Sozialkompetenzen zumindest in der pädagogischen Praxis eine wichtige erzieherische Bedeutung zukommt.

Diagnostik des Sozialverhaltens 351

Tabelle 3.14: Zuordnung der Items des Schülerfragebogens zu den Fähigkeitskonstrukten

Kontaktfähigkeit
Ich bin gern mit anderen zusammen (1)
Es fällt mir leicht, mit anderen in Kontakt zu kommen (12)
Ich habe gute Freunde (23)
Ich komme gut mit anderen aus (34)
Empathie/Solidarität
Ich kann mich in andere hineinversetzen (2)
Ich nehme Rücksicht auf andere (13)
Wenn jemand mich braucht, kann ich sie/ihn gut unterstützen (15)
Ich kann gut verstehen, was andere fühlen und meinen (24)
Ich setze mich für Schwächere ein (26)
Ich kann mich nach den Wünschen von anderen richten (35)
Verantwortungsübernahme
Ich übernehme die Verantwortung für mich und andere (3)
Ich übernehme Verantwortung für das, was ich tue, auch wenn es falsch war (14)
Ich übernehme gern Aufgaben und Verantwortung in einer Gruppe (25)
Kommunikationsfähigkeit
Ich kann mich gut in Gespräche einbringen (5)
Ich kann meine Meinung gut darlegen und begründen (16)
Ich kann anderen gut zuhören (17)
Wenn jemand etwas sagt, kann ich gut darauf eingehen (36)
Kooperationsfähigkeit
Ich helfe anderen gern (4)
Ich kann gut mit anderen in der Gruppe zusammenarbeiten (6)
Ich kann meine Interessen in der Gruppe zurückstellen (17)
Bei Gruppenarbeiten beteilige ich mich aktiv (28)
Regelkonform
Mir fällt es leicht, vereinbarte Regeln einzuhalten (7)
Ich akzeptiere Regeln, auch wenn ich es gern anders hätte (18)
Ich kann mich gut an Termine und Absprachen halten (29)
Konfliktfähigkeit
Ich gehe Konflikten und Streitsituationen nicht aus dem Weg, sondern versuche, diese zu klären und zu lösen (8)
Bei einem Streit mit anderen versuche ich, gemeinsame Lösungen zu finden (19)
Wenn ich mich streite, dann kann ich (je nach Situation) meine eigenen Interessen vertreten, aber auch nachgeben (30)
Ich kann Kritik und Verbesserungsvorschläge annehmen (33)
Ambiguitätstoleranz
Ich achte andere Werte und Lebensweisen (9)
Ich akzeptiere andere Kulturen und versuche, diese zu verstehen (20)
Ich respektiere es, wenn Leute anders leben oder einen anderen Glauben haben (31)
Emotionskontrolle
Wenn ich traurig oder wütend bin, kann ich das aushalten und damit umgehen (10)
Ich kann mich nach Aufregungen selbst wieder zur Ruhe bringen. (21)
Ich bin ausgeglichen (32)
Frustrationstoleranz
Ich kann Misserfolge und Kritik aushalten und damit umgehen (11)
Ich lasse mich von Misserfolgen nicht entmutigen (22)
Ich kann Kritik und Verbesserungsvorschläge annehmen (33)

Vorschlag zur vorläufigen Auswertung des Schülerfragebogens
In einem ersten Schritt werden die Rohwerte ermittelt. Dazu werden jeweils alle angegebenen Items einer Fähigkeitsskala aufgesucht und deren angekreuzte Ausprägung addiert. Hilfreich ist es dabei, die aufgesuchten Werte in der Summenspalte einzutragen und im zweiten Schritt die Summe zu bilden (siehe Abb. 3.39). Danach kann der Mittelwert der ‚Ausprägung' eines Fähigkeitskonstrukts gebildet werden. Diese Mittelwerte sind die Basis für die weiteren pädagogischen Überlegungen. Liegt beispielsweise bei einem Fähigkeitskonstrukt ein Mittelwert von 5 vor, kann davon ausgegangen werden, dass dieses Fähigkeitskonstrukt stark ausgeprägt ist und eine Ressource in der Erziehungsarbeit des Lehrers darstellt. Der Mittelwert von 2 bedeutet dagegen, dass die Lehrkraft zukünftig erzieherisch intervenieren sollte.

Fähigkeitsskala	Items	Skalenmittelwert
Kontaktfähigkeit	(1+12+23+34)	Summe/4
Empathie/Solidarität	(2+13+15+24+26+35)	Summe/6
Verantwortungsüberna	(3+14+25)	Summe/4
Kommunikationsfähigkeit	(5+16+27+36)	Summe/4
Kooperationsfähigkeit	(4+6+17+28)	Summe/4
Regelkonform	(7+18+29)	Summe/3
Konfliktfähigkeit	(8+19+30+33)	Summe/4
Ambiguitätstoleranz	(9+20+31)	Summe/3
Emotionsregulation	(10+21+32)	Summe/3
Frustrationstoleranz	(11+22+33)	Summe/3

Abbildung 3.39: Auswertungsmuster für KEKS

Zweiter Vorschlag:
Auf der Grundlage der von Helm und Kollegen (2012) entwickelten Fragebögen wurde am Institut für Bildungsmonitoring und Qualitätsentwicklung IQB in Hamburg eine verkürzte Version der Kompetenzdiagnostik in Gestalt der KEKS Fragebögen (KEKS=**K**ompetenz-**E**rfassung in **K**indergarten und **S**chule) erarbeitet, die unter dem Link http://www.h(.de/bsb/monitoring-evaluation-diagnoseverfahren/4025686/artikel-keks-einschaetzungsboegen/ verfügbar ist.

Aus diesen KEKS Fragebögen kann ebenfalls jeweils der Bereich „Sozialkompetenzen" herausgelöst werden. Im entsprechenden Teil des Lehrerfragebogens (siehe http://www.hamburg.de/contentblob/4025710/data/pdf-keks-l-5-10.pdf) unter der Überschrift „2. Sozial-kommunikative Kompetenzen" werden 8 Sozialkompetenzen zur Beurteilung vorgegeben, die durch Beschreibungen und Beobachtungskriterien untersetzt sind. Die Beurteilung durch die Lehrkräfte erfolgt hier anhand einer verbal vorgegebenen Skala, deren Mitte „altersgemäß ausgeprägt" bedeutet. Die beiden Abweichungen nach unten werden mit „schwach", „sehr schwach" und die beiden Abweichungen nach oben mit „stark" und „sehr stark" ausgewiesen.

Der korrespondierende Teil des Schülerfragebogens (für 5. bis 10. Klassen) (siehe http://www.hamburg.de/contentblob/4025712/data/pdf-keks-s-4-8.pdf) unter der Überschrift „Wie verhältst Du Dich in Gruppen"? umfasst ebenfalls 8 Items zur Selbstbeurteilung der Fähigkeitskonstrukte der Sozialkompetenz. Im Gegensatz zum Lehrer-

Diagnostik des Sozialverhaltens 353

fragebogen werden hier nur die Operationalisierungen der Fähigkeitskonstrukte und nicht ihre Bezeichnungen angeführt. Die Beurteilung durch die Schüler erfolgt anhand einer Symbolskala, in deren Mitte ein Smiley platziert ist und die beiden Abweichungen nach unten mit einem bzw. zwei Baustellensymbolen und die Abweichungen nach oben mit einem bzw. zwei Schmetterlingen gekennzeichnet sind.

Durchführung, Auswertung, Interpretation der Kurzversion
Für die Kurzversion wird online eine Erläuterung zur Durchführung, Auswertung und Interpretation für Lehrkräfte zur Verfügung gestellt (siehe

http://www.hamburg.de/contentblob/4025746/data/pdf-informationstext-fuer-lehrkraefte-zu-keks-boegen.pdf).

Die Bearbeitungszeit für die Schülerkurzversion wird mit 15 bis 20 Minuten veranschlagt.

3.5.3 Intervention und Förderung (3)

Im Folgenden soll vor allem deutlich gemacht werden, dass Lehrkräften ein breites Spektrum an Interventionsmöglichkeiten zur Verfügung steht, das auf unterschiedlichen entwicklungs- und lerntheoretischen Perspektiven basiert. Darüber hinaus werden auch konkrete Anregungen zur Förderung und Literaturhinweise gegeben.

3.5.3.1 Einfluss von Lehrkräften auf die Ausbildung sozialer Kompetenzen

Aus dem Rahmenmodell (Abb. 3.31) ist erkennbar, dass sich soziale Kompetenzen der Kinder im Verlaufe der Ontogenese in unterschiedlichen sozialen Verbänden entwickeln. Vor dem Eintritt ins Jugendalter sind soziale Kompetenzen erst in Ansätzen ausgebildet. Mit Hilfe der großen Entwicklungstheorien (Piaget und Wygotski) kann man zunächst auf einer allgemeinen Ebene klären, welchen Einfluss Gleichaltrige und Erwachsene (Lehrkräfte und Eltern als Erzieher) auf die Herausbildung sozialer Kompetenzen haben. Strukturgenetiker, die sich an Piaget orientieren, nehmen Parallelen zwischen der kognitiven und sozialen Entwicklung an. Daher wird den Interaktionserfahrungen mit Gleichaltrigen eine besondere Bedeutung auch für den Aufbau sozialer Fähigkeiten und Kompetenzen zuerkannt (z.B. Youniss, 1994). Die soziale Entwicklung wird auch hier mit der symmetrischen Struktur der Gleichaltrigenbeziehungen erklärt. Interaktionssituationen und soziale Rollen sind im Kindesalter noch wenig vorstrukturiert. Das verlangt von den Heranwachsenden, dass sie ihre Beziehungen selbst aushandeln müssen. In diesen Interaktionsprozessen werden die Kinder permanent mit neuen Anforderungen konfrontiert, die sozio-kognitive Konflikte auslösen und damit Gelegenheit zur Weiterentwicklung sozial-kognitiver Kompetenzen schaffen. Im Vergleich dazu ist der Einfluss von Lehrkräften und Eltern auf die sozial-kognitive Entwicklung der Kinder durch die asymmetrische Beziehungsstruktur eher begrenzt.

Beruft man sich allerdings auf Wygotski und die Kontexttheoretiker so profitieren die Kinder hier vor allem von den Interaktionen mit Erwachsenen bzw. *kompetenten*

Anderen, weil diese eher in der Lage sind, gezielt individuelle Lernprozesse von der Zone der aktuellen Leistung (d.h. von dem, was das Kind bereits kann) in die Zone der nächsten Entwicklung (wozu das Kind dann fähig sein soll) anzubahnen.

Krappmann (1994) vereinigt beide theoretische Ansätze unter der Prämisse, dass sie jeweils nur unterschiedliche Aspekte der sozialen Entwicklung und Erziehung fokussieren. So tragen die Interaktionserfahrungen mit Gleichaltrigen vor allem zum Aufbau sozialer Kompetenzen und moralischer Urteilsfähigkeit bei (z.B. Montada, 1995; Oser, 1997c; Keller, 1996). Während Anleitung und Instruktion von bzw. Interaktion mit Erwachsenen vor allem den kognitiven Bereich und hier insbesondere die Ausbildung komplexer sozialer Fähigkeiten und den Erwerb kulturspezifisch variierender sozialer Normen betreffen.

Im Rahmen der sozial-kognitiven Lerntheorie werden von Bandura zwei weitere wichtigen Prozesse für den Aufbau sozialer Kompetenzen herausgestellt: Beobachtungslernen und Selbstregulierung. Das Beobachtungslernen beinhaltet die Fähigkeit, komplexe Verhaltensweisen durch Beobachten von anderen Personen zu lernen. Bei der Selbstregulierung geht es um die Fähigkeit des Individuums, Einfluss auf das eigene Verhalten auszunutzen und nicht nur mechanisch auf Umweltreize zu reagieren. Entsprechend dieser Theorie werden soziale Kompetenzen und Verhaltensweisen durch die Beobachtung von Modellen (Vorbildern) gelernt. Modelle, die Prestige, Status, Macht und Kompetenz besitzen, werden eher nachgeahmt. Die Nutzung bzw. der Aufbau solcher Schülermodelle kann für Lehrkräfte in der Erziehung eine große Unterstützung bedeuten. Es sollte in diesem theoretischen Rahmen bedacht werden, dass auch Lehrkräfte (positive als auch negative) Modelle für sozialkompetentes Verhalten sind.

3.5.3.2 Rückbesinnung auf klassische behavioristische Lernprinzipien

Die Ausnutzung bestimmter Gesetzmäßigkeiten des operanten Konditionierens nach Skinner (1982) für erzieherische Zwecke in der Schule geriet nach der „kognitiven Wende" in Verruf bzw. in Vergessenheit (zur Kritik siehe Goetze, 2010), was aber gleichzeitig einen Verlust an schnell wirksamen Möglichkeiten für die Intervention von Lehrkräften bedeutet.

In diesem lerntheoretischen Paradigma geht es darum, das Sozialverhalten von Schülern direkt und ‚umstandslos' zu beeinflussen. So kann erwünschtes Verhalten durch positive Verstärkung (soziale, materielle oder Aktivitätsverstärker) aufgebaut und unerwünschtes durch Ignorieren (=Löschung) oder den Entzug positiver Verstärker (=negative Bestrafung) abgebaut werden. Auf dieser theoretischen Grundlage wurden in den 70er Jahren des vergangenen Jahrhunderts Strategien und Methoden entwickelt, die sich auf kontrolliertes Lehr- und Lernverhalten beziehen. Sie werden nach Rost, Grunow und Oechsle als „Pädagogische Verhaltensmodifikation" bezeichnet (Rost, Grunow & Oechsle 1975; Rost, 1979; Rost & Buch, 2010). „Pädagogische Verhaltensmodifikation ist ein Sammelbegriff für empirisch-experimentelle und lernpsychologisch orientierte Methoden zur gezielten Beeinflussung von Verhaltensweisen im pädagogischen Feld durch systematische Veränderungen situativer Rahmenbedingungen und Verhaltenskonsequenzen sowie Verhaltensmodelle" (Rost &

Diagnostik des Sozialverhaltens 355

Buch, 2010, S. 613). Es wäre wünschenswert, wenn Lehrkräfte, die für die Möglichkeiten der Verhaltensmodifikation aufgeschlossen sind und diese nicht als unwirksam oder ‚Dressur' und ‚Manipulation' abwerten, sich über Fortbildungen differenziertes Methodenwissen der Pädagogischen Verhaltensmodifikation bzw. verhaltenstherapeutischen Verfahren aneignen würden.

Mit Blick auf das Problemverhalten von Charlotte in unserem Praxisbeispiel bieten sich bei der Intervention zwei Methoden der Pädagogischen Verhaltensmodifikation an: Kontingenzverträge und Token-Ökonomien.

Der *Kontingenzvertrag* ist ein in verständlicher Sprache formuliertes Übereinkommen zwischen zwei oder mehr Parteien (z.B. Schüler, Lehrer, Eltern), die sich im Sinne eines gegenseitigen Austauschs von Verpflichtungen und Gratifikationen über spezifische Bedingungen ihrer Interaktionen einigen. Der Vorteil eines solchen Vertrages besteht darin, dass erwünschtes Verhalten sozial reversibel, kooperativ, nachvollziehbar und kontrolliert aufgebaut werden kann. Dadurch wird vor allem vermieden, dass ein Schüler permanent ermahnt, verwarnt und der Unterricht dadurch stets unterbrochen wird.

Der Vertag wird schriftlich fixiert. Damit wird die Verbindlichkeit für alle Seiten betont, Durchschaubarkeit und Verhaltenssicherheit ermöglicht. Im Vertrag kann zunächst das operationalisierte Ist-Verhalten beschrieben werden, das nicht mehr gezeigt werden soll (z.B. in den Unterricht ungefragt hineinrufen, während des Unterrichts im Klassenzimmer umhergehen, schwatzen mit der Sitznachbarin, Mitschülern Arbeitsmaterial ungefragt wegnehmen etc.). Ob die Auflistung des unerwünschten Verhaltens im Kontingenzvertrag enthalten sein sollte, wird unterschiedlich bewertet. Damit Verträge für Kinder positiv und überschaubar, auf Wesentliches konzentriert bleiben, könnte darauf verzichtet werden. Unverzichtbar ist jedoch, dass das unerwünschte Verhalten im Gespräch mit der Schülerin thematisiert und bewusst gemacht wird.

Im Vertrag wird vor allem das *klar operationalisierte Zielverhalten* (erwünschtes Verhalten) explizit und verständlich aufgeschrieben (z.B. Charlotte meldet sich, wenn sie etwas sagen möchte; Charlotte fragt ihre Mitschüler, wenn sie Arbeitsmaterial ausborgen möchte; Charlotte bleibt während des Unterrichts auf ihrem Platz sitzen etc.). Im Kontingenzvertrag sollte stets eher neues, aktives Verhalten und nicht Gehorsam eingefordert und verstärkt werden, weil dadurch das Selbstmanagement leichter angebahnt werden kann. Im Vertrag muss auch geregelt werden, wer die Einhaltung des vereinbarten erwünschten Verhaltens kontrolliert. Lehrkräfte bestätigen beispielsweise am Ende der Unterrichtsstunde durch Unterschrift, dass Charlotte erfolgreiches Verhalten gezeigt hat. Es wird nicht diskutiert. Wenn das erwünschte Verhalten nach einer gewissen Zeit etabliert ist, gibt sich Charlotte selbst die Unterschriften. Lehrkräfte kontrollieren dann nur noch stichprobenartig.

Auch die Vereinbarung leichter aversiver Konsequenzen (z.B. Tokenabzug) bei Vertragsverletzung ist umstritten! Es sollte der Schülerin überlassen bleiben, ob sie sich erwünscht verhält; wenn nicht, bleiben die Gratifikationen eben aus. Der Vertrag muss klar und eindeutig formuliert werden. Es sollte auch geprüft werden, ob mehrere kleine Verträge effektvoller sind als wenige, umfangreiche. Je jünger die Schüler sind, desto überschaubarer muss der Vertrag sein.

Im Vertrag werden auch die Gratifikationen (Verstärkung) bei Erfüllung der Vereinbarungen geregelt. Die Verstärkung sollte möglichst zeitnah erfolgen, damit eine Kontingenz zwischen gezeigtem Verhalten und Konsequenz hergestellt wird. Meist wird der Belohnungsplan in einem Kontingenzvertrag über ein *Token-System* geregelt.

Token sind münzartige Marken oder andere Symbole, die als sekundäre Verstärker wirken. Für erwünschtes Verhalten erhält Charlotte einen Token (z.B. Chip oder Büroklammer oder Unterschrift etc.), die sie später eintauschen kann gegen etwas, das sie sich wünscht und anders nicht erhalten kann (materielle Verstärker, z.B. Geld, CD, Bücher, Schwimmbadkarten, Kinokarten...oder Aktivitätsverstärker wie z.B. eine Stunde Fernsehen, Fußballspielen mit Vater, Spieleabend in der Familie, Computerspiele mit Freunden...). Der Token ist somit einem echten Tauschmittel zur Erlangung des Verstärkers vergleichbar, funktioniert allerdings nur in seinem System (daher der Name). Den Vorrang sollten beim Eintausch immer Aktivitätsverstärker haben, d.h. beliebte Aktivitäten oder Tätigkeiten sollten in Aussicht gestellt werden, wie gemeinsame Besuche von Zoo, Museen, Ausstellungen, Konzerten oder gemeinsame Zeit verbringen mit attraktiven anderen Personen etc.

In einer Exploration mit Charlotte sollten möglichst viele wirksame Verstärker (Wünsche, Bedürfnisse) in Erfahrung gebracht werden. Token-Systeme haben den Vorteil, dass sie auch außerhalb der Schule (z.B. von den Eltern) realisiert werden können. Das muss im Vertrag eindeutig geregelt und mit den betreffenden Eltern genau besprochen werden. Es muss genau festlegt werden, wie viele Token bei der Erreichung des Zielverhaltens vergeben werden (= Entscheidung/Festlegung über Menge und Häufigkeit der Verstärkung). Außerdem muss festgelegt werden, wie viele Token für die Einlösung bestimmter Wünsche notwendig sind: z.B. 1 Token = 10 Cent; 3 Token = Fußballspielen mit Vater; 5 Token = Spieleabend..., 15 Token = 1 CD; 20 Token = Kinokarte). Mit einem solchen geregelten Eintauschsystem kann die Schülerin selbst entscheiden, wie lange sie ihre Wunschbefriedigung aufschieben möchte, bzw. es wird dadurch auch der Aufschub von Bedürfnissen gelernt.

Von Gegnern der Pädagogischen Verhaltensmodifikation wird häufig ins Feld geführt, die Kinder würden abhängig gemacht von materiellen Verstärkern, und sie würden so aufgebautes Verhalten nicht mehr zeigen, wenn die Verstärker ausbleiben bzw. allmählich zurückgefahren werden. Prinzipiell ist dieser Einwand eigentlich ‚suspekt' in einer Gesellschaft, in der auf der Grundlage von Geld und Profit das gesellschaftliche Leben organisiert wird. Andererseits sollten die Kritiker bedenken, dass viele Kinder und Jugendliche heute permanent Wünsche (Markenkleidung, Reisen, Diskobesuche, bei Freunden übernachten etc.) erfüllt bekommen, ohne dass sie dafür etwas leisten müssen. Hier könnten entsprechende Kontingenzen vor allem von Eltern organisiert werden. Und schließlich darf nicht unterschätzt werden, dass das kontrolliert herbeigeführte erwünschte Verhalten in einem sozialen Gefüge wie einer Schulklasse auch selbstverstärkende soziale Wirkungen hervorruft, die zum Teil mehr wert sind als materielle Dinge. Die Schülerin Charlotte beispielsweise wird zunehmend von Mitschülern akzeptiert und nicht mehr ausgeschlossen, die Lehrkräfte verhalten sich wertschätzender und akzeptierender. Das heißt, die Schülerin bemerkt, dass durch ihre Verhaltensänderung ein wichtiges Grundbedürfnis befriedigt werden

Diagnostik des Sozialverhaltens 357

kann – das der sozialen Eingebundenheit – und das kann sie motivieren, das gelernte Verhalten auch zukünftig zu zeigen.

Wichtig ist auch, dass die Verstärker erst nachdem! das erwünschte Verhalten gezeigt wurde, appliziert werden. Ohne konsequente Beachtung dieser Reihenfolge ist der Erfolg der Verhaltensänderung wenig wahrscheinlich. Wenn Eltern in den Umtausch der erhaltenen Token einbezogen werden, muss ihnen dieses lernpsychologische Prinzip genau erklärt werden.

Wenn das Zielverhalten aufgebaut ist, muss das Token-Programm allmählich ausgeblendet werden.

Token-Ökonomien können zur Verhaltensänderung auch in Gruppen oder ganzen Klassen eingesetzt werden, wenn die Einhaltung verabredeter Regeln über Verhalten aufgebaut und belohnt werden sollen. Natürlich ist die Form der Belohnung in der Schule durch Lehrkräfte meist schwieriger und weniger flexibel (z.B. vorlesen in den letzten 10 Minuten des Unterrichts, Film anschauen, Spiele machen, das Exkursionsziel bestimmen lassen, erlassen von Hausaufgaben), aber durchaus wirksam.

Abschließend ist nochmals hervorzuheben: Ziel von Kontingenzverträgen oder Token-Ökonomien ist stets das *Erreichen von mehr Selbstständigkeit, Selbstkontrolle und Selbstmanagement der Schüler.*

3.5.3.3 Nutzung von Prinzipien der kognitiven Verhaltensmodifikation

Selbstkontrollverfahren, kognitives Modellieren und Selbstinstruktionstraining sind Methoden aus der *kognitiven* Verhaltensmodifikation. Im Prinzip haben die Methoden der Pädagogischen Verhaltensmodifikation wie Kontingenzverträge oder Token-Ökonomien bereits kognitive Anteile. Die Verhaltensweisen werden bereits hier gemeinsam mit den Schülern besprochen und reflektiert, Belohnungsbedingungen elaboriert und vereinbart. Dies geschieht zwar durch vorwiegende Außensteuerung der Lehrkraft, aber bei fairen sozialen Lehrer-Schüler-Beziehungen werden bereits hier Wünsche und Kognitionen der Kinder berücksichtigt.

Die Verfahren der kognitiven Verhaltensmodifikation zielen nun vollends auf die aktive Mitarbeit und die überwiegende Selbststeuerung der betreffenden Schüler. Bei allen drei Verfahren wird davon ausgegangen, dass die Ziele und Wirklichkeitswahrnehmungen der Menschen ausschlaggebend für ihr Handeln sind. Es wird angenommen, dass bei Verhaltensauffälligkeiten verzerrte bzw. ungeeignete Realitätswahrnehmungen (Dodge, 1987), ungeeignete Selbstgespräche, ungünstige Ziele und/oder ungeeignetes Wissen produziert werden. Die Interventionen auf dieser theoretischen Grundlage beziehen sich auf die gedanklichen Anteile des Verhaltens und versuchen, die ungünstigen Anteile positiv zu verändern. Das Ziel dabei ist, Veränderungen einzuleiten, was ein Schüler denkt, sich vorstellt, zu sich sagt, um sich angemessener zu verhalten. Dabei sollte nicht nur der „innere Dialog" konstruktiv verändert werden, sondern dieser sollte auch das tatsächliche Verhalten steuern. Bereits Wygotski (2002) hat auf den Zusammenhang von äußerem Sprechen für sich, innerem Sprechen und Verhaltenssteuerung hingewiesen. Die Verfahren der kognitiven Verhaltensmodifikation wurden vor allem in der Zeit der „kognitiven Wende" der Psychologie ausgearbeitet (Meichenbaum, 1977; Kanfer, 1977).

Ohne auf die Verfahren im Einzelnen einzugehen, können zusammengefasst die Hauptschritte der Intervention so beschrieben werden:

1. Der Schüler muss sein problematisches Verhalten als unangemessen und fehlangepasst erkennen. Dazu gehört, dass er sich selbst beobachtet (=kognitiver Anteil) und eine entsprechende Bewertung (= emotionaler Anteil) dazu aufbaut.
2. Alternative Verhaltensweisen müssen besprochen und durchschaut werden. Das Kind muss eine Änderungsmotivation aufbauen, d.h. das Alternativverhalten für erstrebenswert halten, sich ändern wollen bzw. zumindest die verbal formulierten Ziele billigen.
3. Die Kognitionen (innere Dialoge), die mit dem unerwünschten Sozialverhalten einhergehen, müssen vom Schüler erkannt, reflektiert werden (z.b. beim Schlagen eines Mitschülers: Du gehst mir schon lange auf die Ketten mit deinem blöden Gequatsche, jetzt werde ich dir's mal zeigen...).
4. Anstelle dieser unangemessenen Kognitionen müssen alternative Gedanken (z.B. Selbstanweisungen: ruhig bleiben, nicht ärgern lassen, Stopp-Signale) entwickelt werden, mit deren Hilfe ein förderliches Verhalten eingeleitet werden kann.
5. Das Verhalten muss bis zur notwendigen Verhaltenssicherheit (z.B. verinnerlichte Selbstanweisungen) geübt und auf den Schulalltag übertragen werden.

Ausführliche Beschreibungen der Verfahren finden sich bei Lauth (2009) und Goetze (2010).

3.5.3.4 Kooperatives Lernen anleiten, modellieren und ausschöpfen

Der Erwerb sozialer Kompetenzen wie soziales Verstehen, soziale Geschicklichkeit, soziale Verantwortung und Konfliktlösekompetenz ist ein kumulativer Lernprozess über die Schuljahre, der nur bedingt in einem verteilten 45Minuten-Unterricht konstruktiv befördert werden kann. Schon Weinert (2000) verweist darauf, dass 10% bis 15% der Unterrichtszeit mit *angeleiteter Gruppenarbeit* (z.B. kooperatives Lernen nach Slavin, 1995) verbracht werden müssen, um sicherzustellen, dass die Mehrzahl der Schulabgänger tatsächlich über diese Qualifikationen verfügt. Es ist evident, dass über kooperative Lernformen nicht nur kognitive Lernergebnisse, sondern zusätzlich auch soziale Kompetenzen befördert werden können. So haben Rohrbeck und Kollegen (2003) in einer Metaanalyse von über 90 Interventionsstudien u.a. festgestellt, dass die größten Effekte beim kooperativen Lernen erreicht werden, wenn bestimmte Merkmale in den kooperativen Arrangements z.B. hohes Maß an Autonomie, interdependente Belohnungssysteme, Sicherung der individuellen Verantwortlichkeiten berücksichtigt werden. Am meisten profitieren nach diesen Befunden jüngere Schüler, Kinder mit Migrationshintergrund und Lernschwächere von kooperativen Lernformen.

Deshalb sind Fragen zum Begriffsverständnis des kooperativen Lernens und zu den Aufgaben der Lehrkraft hierbei ganz offensichtlich nicht trivial. In einer Befragungsstudie von Lehrkräften über den Einsatz von kooperativen Lernformen in den USA (Antil, Jenkins, Wayne & Vadasy, 1998) wurde zunächst festgestellt, dass solche Lernformen flächendeckend eingesetzt würden. Die konkrete Nachfrage ergab jedoch, dass keine der befragten Lehrkräfte sich explizit auf ein wirkliches Modell des kooperativen Lernens bezogen hat; es wird eben einfach „nur Gruppenarbeit" organisiert. In den einzelnen kooperativen Lehr-Lernarrangements (Gruppenrecherche, Gruppenralley, Gruppenpuzzle, Skriptkooperation, dazu siehe z.B. Hasselhorn & Gold, 2013) wird das gemeinsame Lernen aber recht unterschiedlich organisiert. Für alle Methoden gilt jedoch, dass vor und parallel zum kooperativen Lernen (und das meint hier einen Prozess über Schuljahre) kommunikative Basiskompetenzen und grundlegende kooperative Fertigkeiten immer wieder modelliert, reflektiert und eingeübt werden müssen auf immer anspruchsvollerem Niveau. Für unsere Zielsetzung ist darüber hinaus bedeutsam, dass echtes kooperatives Lernen durch fünf Basismerkmale bestimmt wird, die Johnson & Johnson (1994) formuliert haben. So ist die *positive Interdependenz* (=wechselseitige Abhängigkeit und Verantwortlichkeit der Gruppenmitglieder) eine entscheidende Bedingung kooperativen Lernens, die bei einfacher Gruppenarbeit nicht gegeben ist. Ebenso ergibt sich die *individuelle Verantwortlichkeit* des Einzelnen nicht automatisch, wenn Gruppenarbeit angesagt ist. Nicht selten ist das Gegenteil der Fall: die Trittbrettfahrer werden belohnt und die Arbeitswilligen ausgenutzt. Auf Slavin (1995) gehen Lösungsvorschläge für dieses Dilemma zurück, die im Wesentlichen auf der Hervorhebung und der Herausstellung der individuellen Anteile am Gruppenprodukt und/oder damit zusammenhängend auf der Verknüpfung von Gruppen- mit individuellen Belohnungssystemen beruhen. Ein drittes Merkmal ist die *bewusste Modellierung und Initiierung von förderlichen Interaktionen* beim gemeinsamen Aufgabenlösen der Schüler durch die Lehrkraft, wie wechselseitiges Erklären und Korrigieren, das Erproben, Verteidigen und Modifizieren von Standpunkten und das Erkennen und Akzeptieren unterschiedlicher Perspektiven.

Das vierte Merkmal kooperativen Lernens bezieht sich auf die *zielgerichtete Ausbildung kooperativer Arbeitstechniken und positiver Einstellungen* zur gemeinsamen Aufgabenlösung. Hierbei müssen Schüler unterstützt und angeleitet werden, angemessen miteinander zu kommunizieren, ein vertrauensvolles Gruppenklima aufzubauen, Führungsaufgaben zu übernehmen oder anzuerkennen und Kontroversen konstruktiv zu bewältigen. Die Ausbildung kommunikativer Fertigkeiten (z.B. eindeutiges Übermitteln kongruenter Botschaften, Zuhören, zu-Wort-kommen-lassen) ist eine der grundlegenden Voraussetzungen einer kooperativen Zusammenarbeit. Bei der Gruppenarbeit müssen Schüler auch lernen, sachliche und persönliche Konflikte in konstruktiver Form auszutragen. Als letztes Merkmal werden *die reflexiven Prozesse* betont. Hierbei lernen Schüler unter Anleitung von Lehrkräften das regelmäßige Überprüfen, ob vereinbarte Verhaltensregeln eingehalten und gesetzte Ziele erreicht wurden und wie Strategien und Verhaltensweisen, die sich als nicht zielführend erwiesen haben, zukünftig verändert werden können. Dabei sollten störende und leistungsbeeinträchtigende Aktivitäten und Verhaltensweisen immer thematisiert und gemeinsam nach Veränderungen gesucht werden.

3.5.3.5 Planung von konkreten Lernzielen zu sozialen Kompetenzen am Schuljahresanfang

Wenn Frau Schmidt (siehe Praxisbeispiel) ihren guten Vorsatz, im neuen Schuljahr die sozialen Kompetenzen der Schüler zu befördern, tatsächlich konkret realisieren will, dann muss sie die sozialen Lernziele schriftlich operationalisieren, festlegen an welchen Lehrinhalten in ihren Fächern Mathematik und Deutsch, mit welchen didaktischen Settings Teilziele umgesetzt, welche Treatment begleitenden diagnostischen Maßnahmen wann und durch wen realisiert, woran soziale Lernerfolge z.B. nach einem Schulhalbjahr festgemacht werden und ob die gesamte Klasse und/oder nur bestimmte verhaltensauffällige Schüler durch adaptive Maßnahmen gefördert werden sollen.

Eine solche Fokussierung auf die Planung sozialer Lernziele wird in einigen Bundesländern bereits auf Schulebene vorgenommen. So müssen Schulen beispielsweise in Baden-Württemberg auf Schulebene ein eigenes, auf die Bedingungen und Erfordernisse der jeweiligen Schule zugeschnittenes Sozialcurriculum erarbeiten. Ein solches Curriculum enthält explizite Regeln des sozialen Umgangs an der Schule, gemeinsame und differenzierte Ziele für die Erziehungsarbeit zur Optimierung sozialer Kompetenzen in unterschiedlichen Jahrgangsstufen, Settings und Maßnahmen zur Umsetzung dieser Ziele, Verantwortlichkeiten der Realisierung und des Monitoring. Bewährt hat sich an vielen Schulen auch die Institutionalisierung von klassenübergreifenden Expertenteams von Lehrkräften oder Schülern oder gemischten Gruppen, die Trainings anbieten, Klassen- oder Schülerpatenschaften anleiten, Streit schlichten, soziale Projekte anbieten, vermitteln, organisieren, durchführen.

Diese Pläne auf Schulebene verleihen der Entwicklung sozialer Kompetenzen von Schülern und der Reflexion sozialer Beziehungen auf allen Ebenen des Systems Schule die erforderliche Verbindlichkeit, jedoch entbinden sie die Klassenlehrer nicht von einer Feinplanung für die jeweilige Klasse pro Schuljahr einschließlich der Erfolgskontrollmaßnahmen.

3.5.3.6 Realistische Zielsetzungen in der interkulturellen Erziehung

Aus den weiter vorn beschriebenen Befunden zur Universalität des Prinzips der Ähnlichkeitsattraktion auf Gruppenebene stellt sich die Frage nach realistischen pädagogischen Zielen für die Verbesserung der Qualität sozialer Beziehungen in multikulturellen Schulklassen. Auf der Grundlage von Ergebnissen der soziometrischen Diagnostik in der jeweiligen Schulklasse muss sorgfältig geprüft werden, ob bereits *interkulturelle Freundschaften* für kooperative Zwecke genutzt werden können oder ob zunächst erst eine *interkulturelle Akzeptanz* angestrebt werden muss. Entscheidend dabei ist, dass die zu erreichende interkulturelle Soziabilität so definiert werden muss, dass sie für jeden Schüler in der Klasse erreichbar ist und stets die Akzeptanz von zunächst ablehnenden Emotionen einschließt. Die negativen Emotionen einzelner Schüler dürfen dabei weder abgewertet noch unterdrückt werden, weil nur über einen offenen Diskurs eine echte Annäherung bzw. Akzeptanz erreicht und Aggressionen vermieden werden können. Hier lassen sich wesentliche Mängel/Irrtümer einer falsch

Diagnostik des Sozialverhaltens 361

verstandenen interkulturellen Erziehung sowohl auf Schulebene als auch auf gesamtgesellschaftlicher Ebene festmachen.
   Zur Überwindung interkultureller Spannungen im Schulsystem (Miller & Harrington, 1992; Dollase, 1994) sind vier Zielrichtungen von Bedeutung: 1. Minimierung der Bedeutung sozialer Kategorien durch Kategoriendiffussion (z.b. Zufallsaufteilung von Gruppen, Aufgaben- und Rollenzuweisungen dürfen soziale Kategorien nicht verstärken); 2. Minimierung von Bedrohungssituationen für die soziale Identität (Sensibilität für und Verhinderung von Unterlegenheitsgefühle(n) bei einzelnen Schülern, z.b. Unterstützungssysteme durchdenken: so kann peer-tutoring dann problematisch sein, wenn die Helfer nur aus der „überlegenen" Majorität stammen); 3. Schaffung von vielfältigen Gelegenheiten zur Personalisation der Schüler, um soziale Kategorisierungen durch Differenzierung der Persönlichkeiten der Gruppenmitglieder, durch Offenheit und persönliche Umgangsformen aufzulösen; 4. Verbesserung interpersonaler Kompetenzen der Schüler durch Training sozialer Kompetenzen und Belohnung kooperativer Verhaltensweisen.

3.5.3.7 Intervention und Prävention bei Mobbing und aggressivem Verhalten

Ebenen der Intervention
Professionelle Lehrkräfte wissen, dass es gerade für die Intervention bei verschiedenen Formen aggressiven Verhaltens unterschiedliche Ebenen gibt und man nicht gleich mit Kanonen auf Spatzen schießen sollte. Zunächst müssen alle Möglichkeiten im Rahmen von Schule ausgeschöpft werden. Die Intervention sollte demnach auf Klassenebene beginnen. Verhaltensauffällige Schüler sollten nicht sofort an den Beratungslehrer der Schule überwiesen werden, was noch an vielen Schulen zur üblichen Praxis gehört. Bei der Intervention auf Klassenebene bieten sich Beobachtungen von Schülern und Lehrern und Gespräche mit Schülern, Fachlehrern und Eltern an. Der Klassenlehrer sollte auch sein eigenes Handeln und Verhalten kritisch reflektieren. Die zweite Ebene von Veränderungen betrifft die gesamte Schule (siehe Olweus, 2004; Wettstein, 2008).
   Schulklassen sind in eine Schulhauskultur eingebunden. Hierbei sollten Antworten auf folgende Fragen gegeben und entsprechende Maßnahmen ergriffen werden: Welche Regeln gelten im Schulhaus und auf dem Pausenhof? Schauen Lehrkräfte bei Regelverstößen, Streitereien, Konflikten zwischen Schülern im Treppenhaus, auf dem Schulhof hin? Übernehmen Lehrkräfte Verantwortung für Schüler, die nicht ihre Klasse besuchen? Wie sprechen Lehrkräfte mit ihren Kollegen über pädagogische Schwierigkeiten mit Schülern? Ein erster Schritt in die richtige Richtung sind das Verabreden eines einheitlichen Minimalkonsens des gesamten Lehrerkollegiums über grundlegende Schulhausregeln und eine offene und von Achtung geprägte Gesprächskultur, in der Probleme konstruktiv besprochen werden (vgl. bspw. Luterbacher & Althof, 2006). Prinzipiell gilt beim Auftreten von aggressivem Verhalten: *immer gegen aggressives Verhalten* vorgehen bei gleichzeitiger *Akzeptanz der Person*, niemals wegsehen, stets Regeln nennen, erklären und einfordern.
   Erst wenn alle Möglichkeiten der ersten und zweiten Ebene voll ausgeschöpft und keine spürbaren Veränderungen eingetreten sind, sollten Experten hinzugezogen werden (Beratungslehrer; schulpsychologischer Dienst; Erziehungsberatungsstellen).

Intervention auf Klassenebene
Wenn die Diagnostik mit BASYS (Wettstein, 2008) beispielweise erbracht hat, dass Max (siehe Praxisbeispiel) eher proaktiv-instrumentelle Formen aggressiven Verhaltens und Aron dagegen reaktiv-emotionale zeigt, dann sollten auch unterschiedliche, d.h. passende Interventionen geplant werden. Nach Wettstein sollten Interventionen zunächst an den Funktionen des aggressiven Verhaltens orientiert werden. So haben Befunde gezeigt, dass Schüler mit reaktiv-emotionalen Formen soziale Informationen häufig nicht adäquat verarbeiten können und sich dadurch subjektiv bedroht fühlen (Dodge & Coie, 1987). Zusätzlich oder gerade deshalb verfügen sie über unzureichende soziale Kompetenzen. Sie verhalten sich für Außenstehende aggressiv, weil sie eine tatsächliche oder subjektiv wahrgenommene Bedrohung mit ungeeigneten Mitteln abwehren oder missverständliche Appelle in Überforderungssituationen aussenden. Ziele der Interventionsgespräche mit diesen Schülern beziehen sich auf die Differenzierung und Korrektur der Erklärung von sozialen Wahrnehmungen (siehe kognitive Verhaltensmodifikation). Darüber hinaus ist es hilfreich, wenn sie lernen, sich verbalisierte Stopp-Signale zu setzen, bevor sie aggressiv handeln. Damit gewinnen sie Zeit, die Konsequenzen ihres Verhaltens zu überlegen und abzuwägen. Ganz entscheidend ist, dass mit diesen Schülern alternative Verhaltensweisen besprochen und eingeübt werden. Sie müssen ermutigt werden, direkt um Hilfe zu bitten (z.B. Wer fragt, um Hilfe bittet, ist nicht schwach, sondern stark, weil er nämlich so positive Ziele erreichen kann.).

Schüler, die vorwiegend proaktiv-instrumentelle Formen produzieren, setzen die Aggression als Mittel zur Zielerreichung ein (Dominanz in der Gruppe sichern, den sozialen Status anderer verringern, Erwerb von Ressourcen). Befunde haben gezeigt, dass diese Schüler in der Regel über gute soziale Kompetenzen und adäquate Strategien der sozialen Informationsverarbeitung verfügen (Gasser & Keller, 2009). Obendrein erleben sie Gewalt als emotional positiv (Spaß, Befriedigung). Auf diesem Erklärungshintergrund sollten die Interventionen bei diesen Schülern zunächst auf das Setzen von klaren Grenzen und Regeln fokussiert werden, ihnen die mittelfristig negativen Konsequenzen ihres Verhaltens aufgezeigt und vor allem an ihren *moralischen Emotionen* gearbeitet werden (Latzko & Malti, 2011).

Einsatz von Trainingsprogrammen
Wir haben bereits an mehreren Stellen des Buches auf die effektive Möglichkeit hingewiesen, wenn einzelne Lehrkräfte einer Schule sich zusätzliche, spezielle Expertise aneignen, die dann z.B. beim Einsatz von diagnostischen Verfahren oder eben auch bei der Durchführung von Trainingsprogrammen anderen Lehrkräften und Schülern über die eigene Klasse hinaus zu Gute kommen.
Dazu ausgewählte Beispiele:

→ Schülerzentrierte Trainingsprogramme

- *Lubo aus dem All*

Ein Programm zur Förderung von sozial-emotionalen Kompetenzen für Kinder erster und zweiter Klassen liegt mit *„Lubo aus dem All!"* (Hillebrand, Tennemann & Heus, 2011) vor. Dieses Trainingsprogramm ist eine gute und effektive Möglichkeit für

Diagnostik des Sozialverhaltens

Grundschullehrer, einmal sozial-emotionale Kompetenzen bei den Kindern zu entwickeln und zum anderen gleichzeitig präventiv gegen mögliche Verhaltensauffälligkeiten arbeiten zu können. Durch dieses Förderprogramm werden gleichzeitig auch die Voraussetzungen gelegt, dass Grundschüler ihre Lernmöglichkeiten optimieren können. Das Trainingsprogramm besteht aus 30 Einheiten und kann mit der gesamten Klasse zweimal wöchentlich im Unterricht oder als Angebot im offenen Ganztagsbereich zum Einsatz kommen. Damit erhalten Grundschullehrkräfte eine angeleitete, gut strukturierte Vorlage, wichtige Erziehungsziele tatsächlich in Angriff nehmen und umsetzen zu können.

- *FAUSTLOS- Grundschule*

Das Trainingsprogramm *„FAUSTLOS-Grundschule"* (Cierpka, 2007) ist ein für die Grundschule entwickeltes Curriculum, in dessen Rahmen impulsives und aggressives Verhalten von Kindern vermindert und erwünschte soziale Kompetenzen ausgebildet werden können. Das Curriculum wurde für Lehrkräfte entwickelt und dient in erster Linie der Prävention aggressiven Verhaltens.

- *FAUSTLOS-Sekundarstufe*

Ziel dieses Trainingsprogramms von Cierpka & Schick (2011) ist die Förderung sozial-emotionaler Kompetenzen und die Reduktion bzw. Veränderung impulsiven und aggressiven Verhaltens. Mit FAUSTLOS werden Empathiefähigkeit, Impulskontrolle, der Umgang mit Ärger/Wut und Problemlösefähigkeiten trainiert.

An die Erwerbung der Trainingsmaterialien (Koffer) insbesondere bei der Sekundarstufenversion ist eine *Schulung* der interessierten Lehrkräfte durch das Heidelberger Präventionszentrum gekoppelt. Schulungsgutscheine kosten für zwei Lehrkräfte 238 Euro. Das ist eine sinnvolle Investition einer Schule, weil beispielsweise diese beiden Lehrkräfte einer Grundschule oder weiterführenden Schule mit dieser Zusatzqualifikation und den ausgearbeiteten Materialien Kurse für Schüler über einen längeren Zeitraum anbieten können. An Ganztagsschulen wäre dies eine effektive Möglichkeit, sowohl Problemschüler als auch Schüler, die zu positiven Modellen aufgebaut werden sollen, zu trainieren.

- *Interventionsprogramme gegen Gewalt/Mobbing in der Schule*

Olweus (2004) hat mit seinem Buch eine wichtige Grundlage für die Aufklärung und das Handeln von Lehrkräften und Eltern vorgelegt. Anhand des vorgestellten Interventionsprogramms und der praktischen Ratschläge können sich interessierte Lehrkräfte wiederum in die Lage versetzen, die soziale Situation an der jeweiligen Schule sehr nachhaltig positiv zu beeinflussen.

Alsaker (2012) legt mit „Mutig gegen Mobbing in Kindergarten und Schule" ein theoretisch fundiertes praxisnahes Programm für Lehrer, Schüler und Eltern vor. Es werden sowohl differenziertes Wissen über Mobbing und Gewalt an Schulen als auch erprobte Strategien gegen Mobbing angeboten. Das Programm wird durch ein umfangreiches Medienpaket (Valkanover, Alsaker, Svrcek & Kauer, 2004) ergänzt, um Mobbingprävention und -intervention praxisnah in den Schulalltag integrieren zu können.

→ Lehrerzentrierte Trainingsprogramme

• *Konstanzer Trainingsmodell (KTM)*
Mit dem KTM Kompakt (Humpert & Dann, 2001) liegt ein Basistraining für Lehrkräfte zur Störungsreduktion, Konfliktlösung und Gewaltprävention vor. Es ist im Gegensatz zur Langversion (Tennstädt, Krause, Humpert & Dann, 1991) ein Kurztraining für Lehrkräfte, um den Umgang mit schwierigen Kindern und Jugendlichen effektiver gestalten zu können. Es stellt sozusagen ein *Selbsthilfeprogramm* für Lehrkräfte dar. Die bewährte Methodik wurde auch in der Kurzversion beibehalten: Anknüpfen an Alltagstheorien, zwei Lehrkräfte kooperieren in einem Tandem, wechselseitige Beobachtungen/Hospitation und Besprechungen.

3.5.3.8 Weiterführende Literatur

Abschließend soll exemplarisch auf neuere und weiterführende Literatur verwiesen werden, in der vielfältige Hilfen für die pädagogische Beeinflussung günstigen Sozialverhaltens angeboten werden.

Goetze (2010) gibt in seiner Monografie „Schülerverhalten ändern" einen umfassenden Überblick über bewährte Interventionen in der Schulpraxis. Dieses Buch ist kein einfacher Ratgeber, sondern eine theoretisch und empirisch fundierte Darstellung zahlreicher Methoden der Erziehungshilfe. Mit Blick auf die Realisierung von Inklusion an Schulen stellt dieses Buch eine informative Lektüre für alle Lehrkräfte dar und kann Schulen zur Anschaffung empfohlen werden.

Latzko und Malti (2010) legen in ihrem Herausgeberwerk „Moralische Entwicklung und Erziehung in Kindheit und Adoleszenz" den Schwerpunkt auf die moralische Dimension sozialer Entwicklung und sozialer Kompetenzen. Das Buch enthält eine Fülle von Anregungen für Lehrkräfte zur Herausbildung moralischer Emotionen, zur Förderung der sozialen Perspektivenübernahmefähigkeit, zur Förderung moralischer, sozialer und emotionaler Kompetenzen in schulischen und außerschulischen Kontexten und vor allem zur Kombination von Moral- und Werteerziehung und Wissenserwerb.

Das Herausgeberwerk von Meyer, Tretter und Englisch (2015) „Praxisleitfaden auffällige Schüler und Schülerinnen" bietet sehr praxisorientiert Basiswissen und Handlungsmöglichkeiten sowie Online-Materialien für Lehrkräfte im Umgang mit ganz unterschiedlichen Verhaltensproblemen von Schülern an.

Malti und Perren (2016) bündeln in einem Herausgeberwerk „Soziale Kompetenzen bei Kindern und Jugendlichen" aktuelle Forschungsergebnisse zur Entwicklung sozialer Kompetenzen in verschiedenen Stadien des Heranwachsens von Kindern und Jugendlichen. Im zweiten Teil des Buches werden empirisch geprüfte Ansätze zur Förderung sozialer Kompetenzen sehr differenziert vorgestellt.

Teil IV:
Aufgaben zur Optimierung diagnostischer Kompetenzen

Im abschließenden Teil IV bieten wir zusätzliches Material zur Übung und Vertiefung diagnostischer Kompetenzen und weiterführende Informationen an.

4.1 Erfassung der diagnostischen Kompetenzen von Lehrkräften (Selbstdiagnose)

Im Folgenden werden fünf Schritte zur Erfassung der diagnostischen Kompetenz nach Helmke (2007) beschrieben. Dieses Verfahren zur Selbstdiagnose wurde von uns bereits mehrfach und erfolgreich mit Fortbildungsteilnehmern praktiziert.

(1) Klärung des Bereichs für die Prüfung der eigenen Diagnosekompetenz: Auswahl eines Schülermerkmals oder Aufgabenmerkmals

In diesem ersten Schritt muss eine Entscheidung darüber getroffen werden, ob die Diagnosekompetenz in Bezug auf ein *Schülermerkmal,* das hohe Relevanz für den Unterrichtserfolg besitzt (z.B. Lern- und Leistungsmotivation, Lernstrategien, Lesekompetenz, Leistungsängstlichkeit etc.) oder ein *Aufgabenmerkmal* (Schwierigkeitsgrad von Aufgaben und ihre Lösungswahrscheinlichkeit durch die Schüler) geprüft werden soll.

Entscheiden sich Lehrkräfte für die Überprüfung ihrer aufgabenbezogenen Diagnosefähigkeit in einem Unterrichtsfach, dann sollten sie eine ausgearbeitete Klassenarbeit eines Fachkollegen erbitten bzw. die Fachkollegen tauschen ihre Klassenarbeiten aus. Eine „fremde" Klassenarbeit bildet die inhaltliche Grundlage für die Testung. Selbstverständlich muss gewährleistet sein, dass der zu prüfende Stoff auch selbst mit den Schülern behandelt wurde. Da in Deutschland eine hohe Verbindlichkeit von Lehrplänen in einem Bundesland vorausgesetzt werden kann, dürfte der Klassenarbeitentausch kein allzu großes Problem darstellen.

Bei der Wahl eines Schülermerkmals sollten sich die Lehrkräfte zunächst kurz über die proximalen Merkmale Gedanken machen. Hilfreich wäre, wenn im Teil III zur Diagnostik des betreffenden Schülermerkmals nachgelesen würde.

Danach wählen die Lehrkräfte eine Klasse (in der Regel ihre eigene) aus, in der sie das Person- oder Aufgabenmerkmal diagnostizieren werden.

(2) Prognose als Voraussage der Schülerleistung oder des Personmerkmals

Wenn die Lehrkräfte ihre Wahl getroffen haben, soll für jeden Schüler schriftlich fixiert werden, wie das Personmerkmal auf einer 5-stufigen Skala bei jedem Schüler ausgeprägt ist. In Abbildung 4.1 ist eine solche 5-stufige Skala angegeben, mit deren Hilfe die Ausprägung des gewählten Schülermerkmals differenzierter eingeschätzt werden kann. Wenn z.B. die Leistungsmotivation gewählt wurde, dann muss für jeden Schüler die Aussage bewertet werden, inwieweit der Schüler leistungsmotiviert ist. Z.B. ein Schüler, der überhaupt nicht leistungsmotiviert ist, erhält die Ziffer 1. Ein anderer Schüler, der manchmal Leistungsansprüche hat und dann wieder nicht, erhält die Ziffer 3. In dieser Art und Weise wird für jeden Schüler der Klasse das Personmerkmal bewertet.

Wenn die Lehrkraft sich für die Diagnose des Aufgabenmerkmals entschieden hat, muss prognostiziert werden, wie viele und welche Aufgaben die Schüler im Test (Klassenarbeit) richtig lösen werden (siehe Abb. 4.3). Für die schriftliche Fixierung der jeweiligen Prognose (Personmerkmal oder Aufgabenmerkmal) werden in den Abbildungen 4.2 und 4.3 jeweils Musterprotokolle vorgeschlagen.

In dieser Konkretheit fällt Lehrern eine Prognose durchaus nicht leicht. Außerdem entspricht es in der Regel nicht den praktizierten Gewohnheiten, beispielsweise vor Klausuren oder Klassenarbeiten vorauszusagen, wer wie viele und welche Aufgaben lösen kann. Sich für jeden Schüler der Klasse Gedanken über die mögliche Ausprägung eines Schülermerkmals zu machen, ist in dieser Breite auch ungewöhnlich. Hier beginnt die Sensibilisierung für diagnostische Aufgaben und die bewusste Reflexion.

```
1. –   trifft überhaupt nicht zu
2. –   trifft überwiegend nicht zu
3. –   trifft teilweise zu
4. –   trifft überwiegend zu
5. –   trifft voll und ganz zu
```

Abbildung 4.1:   Beispiel für eine 5-stufige Skala

(3) Erhebung der tatsächlichen Schülerleistung bzw. des Personmerkmals

Wenn die Lehrkraft unter (1) sich für die Diagnose des Personmerkmals entschieden hat, wird jetzt z.B. die tatsächliche Leseleistung oder die tatsächliche Leistungsmotivation des Schülers z.B. durch den Einsatz eines standardisierten Tests (siehe dazu auch Teil III) erhoben. Sollte kein entsprechender Test zur Verfügung stehen, dann kann das Merkmal auch über die Selbstauskunft der Schüler erfasst werden. Bei der Selbstauskunft sollten die Schüler die Ausprägung des Merkmals ebenfalls auf einer 5-stufigen Beurteilungsskala einschätzen.

Die Ergebnisse der Testung für jeden Schüler werden nach der Auswertung in die entsprechende Spalte des Protokolls eingetragen (siehe Musterprotokoll, Abb. 4.2). In der Regel sind die Testwerte als Standardwerte (T-Werte oder Prozentränge) angegeben. Um die erhaltenen Testwerte mit der Prognose der Lehrkraft vergleichen zu

Erfassung der diagnostischen Kompetenzen von Lehrkräften 367

können, ist es dann notwendig, die standardisierten Werte auf die 5-stufige Skala der Prognose „umzudenken" und entsprechend hinter dem Testwert zu notieren.

Bei der Erhebung der Merkmale über die Selbstauskünfte der Schüler wird der entsprechende Skalenwert in die Ergebnisspalte eingetragen.

Hat sich die Lehrkraft unter (1) für die Diagnose des Aufgabenmerkmals entschieden, dann muss jetzt durch die Schüler die entsprechende Aufgabenbatterie der Klassenarbeit getestet werden. Nach der Korrektur der Klassenarbeit wird im Auswertungsprotokoll das tatsächliche Ergebnis des Schülers in der entsprechenden Spalte notiert (siehe Musterprotokoll in Abb. 4.3).

Dieser dritte Schritt im Erfassungszyklus sichert die sogenannten „harten Daten", die für die Berechnung der Genauigkeit der Beurteilung des Lehrers als Vergleichsbasis notwendig sind.

Schülermerkmal: *Leseverständnis*

Schüler-name	Prognose durch die Lehrkraft (Übertrag aus Skala 1-5)	Ergebnis aus Schülertestungen mit ELFE[a]	Überein-stimmung	Nicht Überein-stimmung -
Max	1	29(1)	x	
Frieda	2	38(2)	x	
Karl	1	47(3)		x
Anna	4	56(4)	x	
Gerd	5	58(4)		x

a) Die tatsächliche Leseleistung wurde mit dem ELFE-Test erfasst (Ergebnis in T-Werten, die T-Wert Skala geht von 21 bis 72. Im Klammerausdruck stehen die „umgedachten" Skalenwerte).

Abbildung 4.2: Musterprotokoll zur Überprüfung der eigenen Diagnosekompetenz am Beispiel des Schülermerkmals Leseverständnis

Diagnose bei Aufgabenlösung

Schüler	Prognose durch die Lehrkraft (Aufgaben 1-n)	Anzahl der gelösten Aufga-ben Prognose	Tatsächliches Ergebnis nach Korrektur der Klassenarbeit (gelöste Aufgabe)	Prog-nose-treffer	Prog-nose-fehler
Max	Aufgabe 123456789		Aufgabe 123456789		
Frieda	-++--+--+	4+	-+++-++-+ (6+)	6	3
Karl	...	...	...	...	...
...	...	...	...	...	...

Abbildung 4.3: Musterprotokoll zur Überprüfung der Diagnosekompetenz bezüglich der Aufgabenlösungen

(4) Vergleich zwischen der Vorhersage der Lehrkräfte und den empirischen Daten der Schülertestung

Da Lehrkräfte in der Regel nicht gern aufwändige Rechenprozeduren durchführen, um Daten auszuwerten, soll jeweils nur die Niveaukomponente ihrer Urteilsgenauigkeit (siehe dazu Kap. 1.4) bestimmt werden. Diese kleine Rechenprozedur kann mit einem einfachen Taschenrechner durchgeführt werden. Die Niveaukomponente (als ein Maß zur Bestimmung der Akkuratheit des Urteils) zeigt an, ob die Lehrkraft die Schüler im Mittel zu gut, adäquat oder zu niedrig eingeschätzt hat. Dazu muss die mittlere Ausprägung des gewählten Schülermerkmals oder der Mittelwert der Schülerleistungen (z.B. wie viele Aufgaben der Klassenarbeit im Durchschnitt gelöst wurden) berechnet werden. Danach wird der Mittelwert der eigenen Vorhersage (Prognose) berechnet. Abschließend wird die Differenz beider Mittelwerte gebildet.

(5) Analyse des Vergleichs der Schülerdaten mit dem vorhergesagten Lehrerurteil: Suche nach Gründen für mögliche Diskrepanzen
Nun hat die Lehrkraft an einem Beispiel bzw. anhand einer konkreten Situation eine präzise Rückmeldung über das Niveau ihrer Beurteilungsfähigkeit erhalten. Sie kann an der erhaltenen Differenz ablesen, ob sie die Schüler relativ genau eingeschätzt, oder ob sie sie eher unter- oder überschätzt hat. Im Falle möglicher Diskrepanzen bedeutet dies aber keinesfalls ein endgültiges Urteil darüber, dass die Lehrkraft nun ein guter oder schlechter Diagnostiker ist. Bei dieser Überprüfung soll es vielmehr um die Sensibilisierung für diagnostische Aufgaben und darum gehen, dass Diagnosen permanent hinterfragt werden sollten und die Lehrkräfte sich der Ungenauigkeit ihrer informellen Urteile stets bewusst sind. Wenn also Tendenzen der Über- oder Unterforderung im angestellten Vergleich zu Tage treten, so müssen die Gründe hierfür gesucht werden. Hierin liegt die pädagogische Verantwortung und hier sollte der Ehrgeiz entwickelt werden, wirklich gut zu sein.

Für die angesprochenen Diskrepanzen zwischen Lehrerurteil und Schülerleistung oder Testergebnis/Selbstauskunft kann es ganz unterschiedliche Gründe geben. Diese können beispielsweise in systematischen Urteilstendenzen der Lehrkraft im Sinne von Milde- oder Strenge-Effekten liegen oder der Lehrkraft fehlen tatsächlich differenzierte Informationen über die Schüler etc. Jetzt sollte die eigentliche Optimierung der diagnostischen Kompetenz beginnen, d.h. jetzt muss systematisch theoretisches Wissen über pädagogisch-psychologische Diagnostik und Wissen über Bedingungsfaktoren der Schulleistung aufgefrischt oder neu erworben werden, das dann in vielfältigen praktischen Situationen angewendet und in Handlungswissen umgewandelt werden muss.

Sollten Lehrkräfte außerhalb von Fortbildungen diese Schrittfolge zur Erfassung ihrer diagnostischen Kompetenz durchführen, dann bietet es sich an, gemeinsam mit gleichgesinnten Kollegen diesen Test zu machen und auch gemeinsam die Gründe für die Diskrepanzen zu erforschen. Dabei können jeweils auch die Beratungslehrer der Schule in die Pflicht genommen werden.

4.2 „Intervision" als wirkungsvolle Form der Hilfe zur Selbsthilfe bei Problemfällen

> **Praxisbeispiel**
>
> Frau Krüger, eine gestandene Biologielehrerin, hat zum neuen Schuljahr eine 8. Klasse neu übernommen. Im Prinzip klappt der Unterricht gut. Sie kommt mit der Klasse insgesamt gut zurecht. Nur da sitzen zwei Schüler, Marco und Paul, die stören permanent. Sie verweigern sich öffentlich im Unterricht. Wenn sie aufgerufen werden, grinsen sie dreist und zucken mit den Schultern. Schreibt Frau Krüger etwas an die Tafel, dann macht einer der beiden garantiert hinter ihrem Rücken Fratzen. Wenn sie sich dann blitzschnell umdreht und ihn ermahnt, dann wird alles abgestritten und der Schüler behauptet, sie hätte ihn auf „dem Kieker". Wenn Frau Krüger die Klasse betritt und die Schüler begrüßt hat, passiert es jetzt auch häufig, dass einer der beiden zwar leise, aber dreiste Bemerkungen auf ihre Person gemünzt abgibt in der Art „heute aber schlecht geschlafen...; schon am frühen Morgen Axelnässe..." Hausaufgaben machen Paul und Marco höchst selten. Wenn sie dann bestraft werden, reagieren sie empört und spielen die Beleidigten. Frau Krüger reagiert dann auch manchmal nicht gerade zimperlich mit Rückmeldungen.
>
> Das zieht sich jetzt drei Monate hin. Wenn Frau Krüger morgens an den Biologieunterricht in der Achten denkt, beschleicht sie ein beklemmendes Unwohlsein.
>
> Sie muss jetzt dringend etwas unternehmen! Aber was? Denn alle ihre Disziplinierungsmaßnahmen haben den Konflikt zwischen ihr und den beiden Schülern offensichtlich nur noch verschlimmert.

Das ist eine Situation, in der viele Lehrkräfte bereits waren. Die einen haben sich Hilfe besorgen können, andere befinden sich möglicherweise immer noch in einem Kampf mit den Schülern oder andere haben bereits die Phase des Duldungsstresses erreicht, die eine der Vorstufen zum Burnout ist. Da sich Schule keine psychohygienische Betreuung für ihre Lehrer leisten will, müssen sich die Lehrer selbst helfen!

Eine effektive Interventionsmaßnahme ist hier die kollegiale Fallberatung oder Intervision (vgl. bspw. Sanders & Ratzke, 1999). Eine kleine Gruppe interessierter Lehrer an der Schule tut sich zusammen, um in regelmäßigen Abständen (etwa einmal im Monat) anstehende Probleme mit Schülern zu besprechen. Ziel ist es dabei nicht, „richtige" Lösungen zu finden, sondern *verschiedene Lösungsmöglichkeiten zu entwickeln*. Es steht der Austausch unterschiedlicher Sichtweisen in Bezug auf das präsentierte Problem als auch auf die mögliche Lösung im Mittelpunkt. Denn Wahrnehmungen, Erklärungen und Lösungen sind nicht richtig oder falsch, sondern höchstens brauchbar oder unbrauchbar. Die Entscheidung darüber kann allein die/der Problemvortragende fällen.

Die Intervision verläuft nach einer festgelegten Struktur, die ganz bestimmte Gesprächsregeln und formale Kriterien vorsieht (siehe Abb. 4.4). Eine Person der Gruppe sollte die Intervisionssitzung moderieren, d.h. den Ablauf der Sitzung strukturieren und die Gesprächsführung übernehmen. Da im Verlaufe der letzten Jahre Fortbildungsseminare zur Gesprächsführung und Kommunikation sehr zahlreich angeboten wurden (zumindest in den neuen Bundesländern), wird es sicher an jeder Schule eine Lehrkraft geben, die diese Aufgabe ohne Probleme übernehmen kann.

Die Effektivität der Fallbesprechung hängt entscheidend davon ab, inwieweit die teilnehmenden Lehrkräfte sich an die Vorgaben des formalen „Korsetts" halten, das in Abbildung 4.4 vorgestellt wird.

---

1. Phase (problemvorstellende Lehrkraft)
   a) Fallvorstellung
      Die Lehrkraft
      – beschreibt das Problem
      – erteilt der Gruppe einen Auftrag oder formuliert eine Frage in der folgenden Form: „Ich möchte herausfinden..."
   b) Interview
      – Im Gespräch mit der Moderatorin
      – wird das Problem in seiner Entstehung und Aufrechterhaltung und in seinen Beziehungen zu anderen Personen beschrieben und möglichst visualisiert.
      – werden bisherige Lösungsversuche genannt.
      – wird der eigene Bezug der vorstellenden Lehrkraft zum Problem dargestellt.

2. Phase (Gruppe)
   a) Fragen, Nachfragen der Gruppenteilnehmer (zum Verständnis)
   b) Rekapitulation
      Die Gruppenmitglieder rekapitulieren (im Sinne von paraphrasieren) die wichtigsten genannten Informationen.
   c) Die Gruppenmitglieder äußern eigene Wahrnehmungen (Keine Interpretationen!!!)
      – bezogen auf den Fall.
      – bezogen auf die Darstellung des Falls.

3. Phase (Gruppe)
   a) Hypothesen
      Die Gruppenmitglieder bilden Hypothesen über Erklärungen und Zusammenhänge des Falls.
   b) Lösungen
      Die Gruppenmitglieder entwickeln im Brainstorming Lösungsvorschläge.

4. Phase (vorstellende Lehrkraft)
   a) Feedback
      Die vorstellende Lehrkraft gibt der Gruppe Feedback über die geäußerten Wahrnehmungen, Hypothesen und Lösungsvorschläge.

Abbildung 4.4:   Struktur zum Ablauf einer Intervisionssitzung

4.3 Aufgaben

4.3.1 Instruktion zum selbstständigen Durcharbeiten von Testverfahren in einer Kleingruppe

Teilen Sie sich in Gruppen mit 2 bis 3 Lehrkräften ein.
   Arbeiten Sie gemeinsam ein Testverfahren nach folgendem Vorgehen durch. Dabei wird der Test theoretisch durchgearbeitet und anschließend praktisch durchgeführt.

Aufgaben

A. Theoretische Erarbeitung
Lesen Sie das Testmanual durch. Fokussieren Sie dabei die Bereiche, die für Sie als Lehrer relevant sind: Zielstellung, theoretischer Hintergrund, Durchführung, Auswertung und Interpretation. Erstellen Sie einen Teststeckbrief nach dem Muster in Abbildung 2.6.

B. Praktische Durchführung
Übernehmen Sie bei der Testdurchführung folgende Rollenverteilung: 1 Versuchsleiter (VL), 1 Versuchsperson (VP) und 1 Beobachter & Protokollant der Probleme.
Test wird partiell oder vollständig in diesen Rollen durchgeführt.
Danach werten Sie den Test gemeinsam nach den Angaben im Manual aus, stellen die Ergebnisse zusammen und interpretieren sie. Lesen Sie dazu auch die Demonstrationsbeispiele im Testmanual nochmals durch.

C. Rollenwechsel
Um notwendige Routine bei der Durchführung von Testverfahren zu erlangen, sollten mindestens einmal die Rollen getauscht werden. Danach wird wie unter B. beschrieben, verfahren.

D. Vorbereitung der Präsentation im Kollegium z.B. zum Pädagogischen Tag
1. Stellen Sie den Teststeckbrief vor.
2. Gehen Sie explizit auf Beispielitems ein (d.h. tragen Sie relevante Items vor).
3. Reflexion der Testdurchführung.
4. Anfragen, Klärung von Problemen.

4.3.2 Erarbeitung eines Gesprächsleitfadens zur Vorbereitung eines diagnostischen Gesprächs

1. Zwei oder drei Lehrkräfte, die in Bezug auf ihre Fortbildung in pädagogisch-psychologischer Diagnostik kooperieren, erarbeiten jede für sich einen Gesprächsleitfaden zur Exploration der Lernmotivation eines Schülers.
2. Danach werden die erarbeiteten Gesprächsleitfäden zur Exploration der Lernmotivation eines Schülers den Kooperationspartnern gegenseitig vorgestellt und es wird erläutert, welche Aspekte der Lernmotivation im Leitfaden operationalisiert wurden (siehe Kap. 3.1.2).
3. Im Anschluss an die jeweilige Präsentation eines Leitfadens wird er diskutiert und eine Optimierung angestrebt.
4. Sollten die Leitfäden unterschiedliche Aspekte der Lernmotivation thematisieren, werden sie nach der Überarbeitung kopiert. So entsteht eine „Methodenbank" zur Diagnostik, auf die die Lehrkraft dann bei Bedarf schnell zugreifen kann.

4.3.3 Analyse von Klassenarbeiten

1. Kollegen eines Faches (z.B. zwei) verabreden, die konstruierten Klassenarbeiten gegenseitig nach bestimmten Kriterien zu beurteilen, um zu prüfen, ob sie jeweils angemessen (valide) die Leistungen der Schüler abprüfen.
2. Jeder sortiert seine Klassenarbeiten chronologisch.
3. Zwei Klassenarbeiten werden daraufhin ausgewählt (Auswahlkriterien: gut gelungen und weniger gut gelungen mit Diskussionsbedarf) und mit Ziffern versehen.
4. Jeder macht sich zu seinen beiden eigenen Klassenarbeiten auf Extrablättern Notizen zu folgende Aufgaben:
    a) Formulieren Sie mit Hilfe der entsprechenden Lehrpläne die Lehrplananforderungen (Ziele, Standards), die durch die Klassenarbeiten überprüft werden sollten.
    b) Beurteilen Sie die Qualität, der von Ihnen formulierten Klassenarbeitsaufgaben
        - in Bezug auf Lehrplanrelevanz
        - in Bezug auf Korrespondenz mit konkreten Lernzielen
        - in Bezug auf die Art (Vielfalt) der Aufgabengestaltung
        - in Bezug auf den Umfang der Aufgaben
        - in Bezug auf den Schwierigkeitsgrad der Aufgaben
5. Tauschen Sie nach dieser eigenen Analyse mit dem Fachkollegen die beiden Arbeiten aus, *nicht* die Notizen zur Analyse!
6. Bearbeiten Sie jetzt die fremden Klassenarbeiten nach dem Punkt 4. Machen Sie sich wieder Notizen.
7. Vergleichen Sie danach ihre Ergebnisse mit dem Partner.
8. Diskutieren Sie Ihre Standpunkte und leiten Sie für sich Schlussfolgerungen zur Optimierung der Leistungserfassung durch Klassenarbeiten ab.

4.3.4 Konstruktion eines informellen Tests

Konstruieren sie einen informellen Test in einem ihrer Unterrichtsfächer. Kooperieren Sie dazu möglichst mit einem Fachkollegen. Bestimmen Sie zunächst die Unterrichtseinheit an der Sie überprüfen wollen, wie die Lehr-Lernziele realisiert wurden, d.h. wie gut die Schüler die bestimmte Unterrichtseinheit beherrschen. Lesen Sie dazu unter Punkt 3.2.3 nach (informelle Schulleistungstests) und arbeiten Sie die Schritte ab:

1. Genaue Analyse des Lehrplans und Bestimmung der Lehrzielmatrix.
2. Konstruktion von Testaufgaben mit Auswertungsschlüssel und Vorbereitung der Testblätter.
3. Testdurchführung in einer Klasse.
4. Erste Auswertung des Tests – Ermittlung der Rohpunktwerte für jeden Schüler.
5. Aufgabenanalyse.
6. Bereinigung des ursprünglichen Tests von unbrauchbaren Aufgaben.
7. Endgültige Beurteilung des Tests für jeden Schüler und Erstellung eines Leistungsprofils.

4.4 Angeleitete Fallanalyse

Das folgende Fallbeispiel kann allein oder auch in einer Kollegengruppe erarbeitet werden. Dazu wäre es sinnvoll, wenn Sie immer erst die gestellten Aufgaben erfüllen, bevor Sie weiter lesen.

Fallbeispiel „Leo"

a) Problemstellung:

> Leo, 13 Jahre alt, besucht die 7. Klasse einer sächsischen Mittelschule (integrierte Haupt- und Realschulzweige).
> Der Vater ist Diplomingenieur, die Mutter ist z.Z. Hausfrau, aber studierte Gymnasiallehrerin für Deutsch und Ethik. Ein älterer Bruder besucht sehr erfolgreich das Gymnasium.
> Auch Leo sollte nach der Grundschule auf ein Gymnasium wechseln. Seine Leistungen in der 4. Klasse waren jedoch uneinheitlich und zum Teil schlecht, so dass er von der Grundschullehrerin keine Bildungsempfehlung für das Gymnasium erhielt. Die Eltern beschlossen daraufhin, Leo in der Mittelschule anzumelden und nach der 6. Klasse erneut den Wunsch zu prüfen, ihn aufs Gymnasium zu schicken.
> Die Leistungen haben sich jedoch in den zwei Jahren Orientierungsstufe der Mittelschule nur unwesentlich verbessert, obwohl die Mutter täglich mit Leo Hausaufgaben und zusätzliche Übungen machte. Leo konnte somit den Wunsch seiner Eltern nach einer gymnasialen Bildung nicht erfüllen und lernt jetzt im Realschulzweig der Mittelschule.
> Seit Beginn der 7. Klasse gibt es jedoch wieder Schwierigkeiten. Gelegentliche gute Leistungen im mündlichen Unterricht werden durch mehrere schlechte Ergebnisse in Englisch- und Mathematikarbeiten, zum Teil auch im Deutschen und in Sachfächern relativiert. Kurz nach dem Halbjahreszeugnis informiert der Klassenlehrer die Eltern, dass die Versetzung von Leo in die nächste Klasse ernsthaft gefährdet sei.
> Der Vater bittet deshalb um Hilfe und Beratung. Er will vor allem wissen, ob es eventuell notwendig ist, Leo in den Hauptschulzweig zu versetzen, ob eine Klassenwiederholung zweckmäßig sein könnte oder ob es Möglichkeiten gibt, die Leistungen des Jungen kurzfristig zu verbessern.

Aufgabe

Versetzen Sie sich in die Rolle des Beraters!

1. Was ist das Problem?
2. Welche vorläufigen Vermutungen haben Sie?
3. Wie würden Sie jetzt weiter vorgehen?

Machen Sie sich Notizen und lesen Sie dann erst unter *b) vorläufige Problemanalyse* **weiter!**

b) Vorläufige Problemanalyse

Um einen ersten Einblick in die Lern- und Leistungsprobleme von Leo zu gewinnen und das weitere diagnostische Vorgehen planen zu können, müssen ausführliche Gespräche mit den Eltern und dem Jungen geführt werden.

Der Klassenlehrer (zugleich unterrichtet er Leo in Englisch und Mathematik) wird auch ein Gespräch mit seiner Vorgänger-Kollegin (Klasse 5 und 6) anstreben.

Ergebnisse aus dem Lehrergespräch
Im Gespräch mit der ehemaligen Klassenleiterin aus Klasse 5 und 6 von Leo stellt sein jetziger Klassenlehrer fest, dass beide das Verhalten, die Fähigkeiten und die Leistungen von Leo sehr übereinstimmend beurteilen:
Auffällig ist das impulsive, oft hektische, gelegentlich chaotisch anmutende Verhalten Leos in der Schule. Der Junge sucht den Kontakt zu seinen Lehrern und Mitschülern, ist im Klassenzimmer sehr umtriebig, beteiligt sich intensiv am Unterricht, wirkt jedoch in vielen Situationen sehr unkontrolliert, so dass sich manche Mitschüler von ihm geradezu belästigt fühlen und dies auch gegenüber den Lehrern zum Ausdruck bringen. Die mündlichen Beiträge von Leo im Unterricht sind gelegentlich „intelligent und interessiert", nicht selten aber auch voreilig, ungenau und vom eigentlichen Thema wegführend. In den schriftlichen Arbeiten macht Leo viele „Leichtsinns- und Flüchtigkeitsfehler", die Heftführung ist nach dem Urteil der Lehrer „schlampig" und die Schrift nur schwer lesbar. Die Leistungen werden von beiden Lehrern insgesamt als unausgeglichen, mit einer deutlichen Tendenz zu „mangelhaft" bewertet. Beide sind sich einig, dass Leo sehr gutwillig ist, gern zusätzliche Aufgaben und Pflichten übernimmt, sich für viele Dinge interessiert und eigentlich nicht unintelligent erscheint. Aus der Perspektive der Lehrer sind die schlechten Schulleistungen zunächst eher auf Konzentrationsschwierigkeiten als auf Begabungsmängel zurückzuführen. Allerdings sieht die Klassenlehrerin aus der Orientierungsstufe nach ihren vielen fehlgeschlagenen Versuchen nur geringe Aussichten, Leo pädagogisch zu helfen.

Ergebnisse aus dem Gespräch mit den Eltern.
Beide Eltern wirken während des Gesprächs verspannt, unterbrechen sich oft gegenseitig und zweifeln jeweils die Darstellungen des anderen an. Sie berichten übereinstimmend, dass Leo ihr „Sorgenkind" sei, während sie mit dem fünf Jahre älteren Bruder „keinerlei Probleme" hätten. Die Aufgabe zur schulischen Hilfe für Leo liegt seit Jahren ganz auf Seiten der Mutter. Sie arbeitet mit ihm täglich mehrere Stunden, überwacht die Hausaufgaben, kontrolliert die Geigenstunden und hält einen sehr engen Kontakt zur Schule. Sie wirkt im Hinblick auf die vielen Misserfolge überaus nervös und deprimiert.
Im Gespräch stellt sich heraus, dass Leo häufig täglich vier bis sechs Stunden zusätzliche Schularbeiten erledigen muss; auch an Samstagen und Sonntagen ist das die Regel. Die Mutter berichtet, dass Leo sehr langsam und ohne eigene Initiative arbeitet, sich häufig ablenken lässt und ohne Kontrolle durch sie nichts tun würde. Um z.B. 10 englische Vokabeln zu lernen, benötigt er üblicherweise zwei Stunden und kann sie 30 Minuten später nicht mehr erinnern. Hat er dagegen einen guten Tag, so schafft er das Vokabeltraining in 15 Minuten. Sie ist fest davon überzeugt, dass er ohne ihre ständigen Aufforderungen, Überwachungen und Kontrollen keine seiner schulischen Pflichten erfüllen würde. Diese Situation besteht praktisch seit Beginn der Grundschulzeit, hat sich im Verlauf der 4., 5. und 6. Klasse verstärkt und hält auch jetzt unvermindert an. Nachdem Leo die Kontrollen und Belastungen jahrelang offenbar gutwillig

Angeleitete Fallanalyse

und ohne erkennbaren Widerspruch ertragen hat, gibt es in den letzten Monaten, nach dem Eindruck der Mutter, häufig zum Teil heftige Auseinandersetzungen. Freizeit bleibt Leo nur wenig, obwohl er an seinem Fahrrad, dem Moped des älteren Bruders und an handwerklichen Arbeiten sehr interessiert ist – Bücher, Heftchen und Zeitungen liest er dagegen nicht.

Bereits in der ersten Klasse hatte Leo Lern- und Leistungsschwierigkeiten, besonders im Lesen, die durch Nachhilfe der Eltern nicht vollständig ausgeglichen werden konnten. Obwohl die häuslichen Anstrengungen im Verlauf der Grundschulzeit verstärkt wurden, mussten die Eltern zu ihrer größten Enttäuschung akzeptieren, dass der erwünschte Wechsel auf das Gymnasium nicht realisierbar war.

Nachdem sie nunmehr auch den Realschulabschluss gefährdet sehen, fühlen sich beide Eltern völlig unsicher und ratlos.

Ergebnis des Gesprächs mit Leo
Das Gespräch mit Leo verläuft in einer sehr lockeren Atmosphäre. Der Junge geht sofort auf den Gesprächspartner ein, erkundigt sich nach den Gründen für einzelne Fragen und scheint auch keine Probleme zu haben, ausführlich über seine schulischen Misserfolge zu sprechen. Dabei betont er immer wieder, wie optimistisch er seine weiteren Aussichten in der Realschule einschätzt, dass es nur einiger zusätzlicher Anstrengungen bedürfe, um bessere Leistungen zu erzielen. Er geht gern in die Schule und die viele zusätzliche Arbeit daheim belaste ihn in keiner Weise. Sein Wunsch ist es, in der Realschule zu bleiben und nach Möglichkeit später vielleicht doch auf ein Gymnasium zu wechseln. Die schlechten Leistungen der letzten Monate erklärt er mit viel Pech, Leichtsinn und nicht genügender eigener Anstrengung. Seine sozialen Beziehungen zu den Lehrern und Mitschülern charakterisiert er als gut; die Tatsache, dass er sehr wenig persönlichen Kontakt zu seinem Bruder hat, mache ihm nichts aus, und mit seinen Eltern verstehe er sich sehr gut. Doch die Mutter meckere in den letzten Wochen an allem, was er macht, herum.

Aufgabe

1. Überprüfen Sie jetzt Ihre Problemstellung und präzisieren Sie die Hypothesen!

2. Mit welchen diagnostischen Methoden wollen Sie Ihre Hypothesen prüfen?

Lesen Sie erst dann unter c) *diagnostisches Vorgehen* weiter!

c) Diagnostisches Vorgehen und Ergebnisse
Das Ziel der weiteren Untersuchungen besteht darin, den aktuellen Wissensstand, die Schulleistungsdefizite und Vorkenntnislücken von Leo genau zu erfassen. Außerdem soll ein möglichst realistisches und differenziertes Bild über seine intellektuellen Fähigkeiten gewonnen werden. Hierzu muss der Beratungslehrer oder der Schulpsychologe zu Rate gezogen werden, weil Lehrer keine Intelligenztests durchführen. Die dritte Aufgabe besteht in der Analyse des Arbeits- und Lernverhaltens von Leo.

Analyse des aktuellen Wissensstandes und der Schulleistungen:
Will man sich ein Urteil über die Aussichten pädagogischer Förderungsmaßnahmen bilden, so muss man sich zuerst einen gründlichen Eindruck über die verfügbaren

Schulleistungen und die vorhandenen Schulleistungsdefizite verschaffen. Zu diesem Zweck erbittet der Klassenlehrer möglichst viele Klassenarbeiten, die in der 5. und 6. Klasse sowie in der 7. Klasse in den einzelnen Hauptfächern geschrieben wurden. Eine Auswahl der in diesen Arbeiten enthaltenen Aufgaben muss Leo dann bearbeiten (vgl. dazu auch Kapitel 3.1.1 Analyse des Vorwissens). Die Korrektur und Beurteilung übernehmen die aktuellen Fachlehrer von Leo.

Die Schulleistungsuntersuchung erbringt folgende Ergebnisse:
Insbesondere in Mathematik und Englisch sind die Leistungen von Leo außerordentlich heterogen. Er beherrscht zum Teil sehr seltene Vokabeln, kann aber einfachste Wörter nicht übersetzen; er stellt sich bei der Lösung von Textaufgaben gelegentlich sehr geschickt und findig an, hat aber Schwierigkeiten mit simplen Rechenoperationen (z.B. beim Bruchrechnen) und verfügt nicht „automatisiert" über Grundrechenarten. Auch sein Sachwissen ist sehr uneinheitlich. Die Rechtschreibung ist bei vertrauten Wörtern zufriedenstellend, bei unvertrauten Wörtern werden sehr viele und zum Teil unverständliche Fehler gemacht. Auch in Aufsätzen erbringt er schwankende Leistungen. Von drei Berichten und Erlebnisschilderungen werden zwei von der erfahrenen Deutschlehrerin als befriedigend und einer als völlig mangelhaft eingestuft.

Eine zusammenfassende Übersicht über die Schulleistungen zeigt viele Vorkenntnislücken, so dass der Erwerb neuen Wissens außerordentlich erschwert sein muss. Auf der anderen Seite enthält das Leistungsprofil auch Hinweise auf einige sehr befriedigende, zum Teil überraschend gute Kenntnisse.

Analyse der intellektuellen Fähigkeiten:
Diesem Teil der Untersuchung muss bei der geschilderten Leistungsproblematik besondere Bedeutung zugemessen werden. Durch den Schulpsychologen soll vor allem geklärt werden, ob die Leistungen und Leistungsschwierigkeiten auf mangelnde Begabung zurückzuführen oder *trotz* ausreichender bis guter Fähigkeiten entstanden sind. Aus diesem Grund wurden drei verschiedene Intelligenzverfahren verwendet: Der Kognitive-Fähigkeits-Test (KFT 4-12+R), das Leistungsprüfsystem (LPS) und der Grundintelligenztest (CFT20).

Die in den drei Testverfahren erzielten Ergebnisse müssen als Ausdruck einer vergleichsweise hohen Intelligenz angesehen werden, deren Niveau im deutlichen Gegensatz zu den schlechten Schulleistungen steht. In allen Tests erweist sich der jeweilige Gesamtwert als weit über dem Durchschnitt liegend: Im CFT20 erreicht Leo einen Intelligenzquotienten von 141 (Durchschnitt der Altersgruppe: 100), im LPS erzielen weniger als 7% der Kinder dieser Altersstufe bessere Werte als Leo, und im KFT 4-12+R ist das Gesamtergebnis zwar etwas niedriger, jedoch immer noch besser als der Durchschnitt vergleichbarer Realschüler und Gymnasiasten.

Die überdurchschnittlich hohen Gesamtwerte in den Intelligenztests dürfen allerdings nicht davon ablenken, dass die einzelnen Fähigkeiten Leos nicht gleichermaßen gut sind. Am besten sind bei ihm konstruktive Fähigkeiten, anschauungsgebundenes Denken und technische Begabung ausgeprägt. Leichte Mängel zeigen sich demgegenüber bei Aufgaben, die starke Konzentration erfordern und die unmittelbar mit schulischem Wissen zusammenhängen.

Analyse des Arbeitsverhaltens
Schon die Beobachtungen bei der Bearbeitung der Intelligenztestaufgaben vermitteln den Eindruck eines ständigen Wechsels zwischen sehr zügigem, konzentriertem und einfallsreichem Vorgehen auf der einen Seite und Perioden verstärkter Ablenkung mit schleppenden Aufgabenlösungen und vielen Fehlern auf der anderen Seite. Dieses Bild bestätigt sich auch in den Ergebnissen einiger anderer Testverfahren: Die Auswertung des LAVI (Lern- und Arbeitsverhalteninventar) zeigt, dass in den Bereichen Arbeitshaltung und Lerntechnik unterdurchschnittliche Werte vorliegen. Auch beim Konzentrations-Leistungs-Test (KLT) liegen die Leistungen Leos weit unter dem Durchschnitt. Schließlich muss Leo den Lesegeschwindigkeits- und -verständnistest für die Klasse 6-12 (LGVT 6-12) in seiner entsprechenden Klassenstufe absolvieren. Hiermit werden seine Lesegeschwindigkeit und sein Leseverständnis geprüft. Auch bei diesem Test erzielt Leo sehr schlechte Ergebnisse. Dieses zuletzt erwähnte Resultat verdeutlicht vor allem, wie unaufmerksam, flüchtig und ungenau Leo Informationen aufnimmt, verarbeitet und speichert.

Zwischenüberlegungen. Wichtigstes Ergebnis der diagnostischen Untersuchungen ist der offenkundige Unterschied zwischen den guten intellektuellen Fähigkeiten und den schlechten Schulleistungen.

Zwar erweist sich der Kenntnisbereich als nicht ganz so schwach, wie ursprünglich angenommen, doch wird zugleich einsichtig, dass der Erwerb neuen Wissens aufgrund der großen Vorkenntnislücken und der sehr unstetigen Arbeitshaltung auf Schwierigkeiten stoßen muss. Darüber hinaus ist die Leseleistung unbedingt zu trainieren, weil Leo sonst weitere Schwierigkeiten beim selbstständigen Wissenserwerb erfährt.

Auf einer oberflächlichen Ebene ist das unkonzentrierte und sprunghafte Lernverhalten eine Ursache der mangelnden Umsetzung intellektueller Fähigkeiten in schulische Leistungen. Etwas tiefgründiger betrachtet, könnte die totale Betreuung, Überwachung und Kontrolle der Schularbeiten durch die Mutter möglicherweise eine Rolle bei der Entwicklung dieses Verhaltens gespielt haben: Leo fühlt sich im Grunde genommen weder für die Erledigung der Aufgaben noch für seine eigenen Leistungen hinreichend verantwortlich. Inwieweit dieser Mutter-Sohn-Beziehung persönliche Probleme der Eltern – insbesondere der Mutter – zugrunde liegen, lässt sich zwar vermuten, kann aber aufgrund der verfügbaren Informationen nicht geklärt werden.

Aufgabe
Welche pädagogischen Maßnahmen würden Sie empfehlen bzw. einleiten? Begründen Sie ihre Entscheidungen!
Machen Sie sich Notizen und lesen Sie erst dann unter *d)* **pädagogische Empfehlungen weiter!**

d) Pädagogische Empfehlungen
In einem Beratungsgespräch mit den Eltern wird nachdrücklich betont, dass die aus den diagnostischen Daten ableitbaren Schlussfolgerungen noch immer sehr ungesichert sind, sich nur auf den Leistungsbereich beziehen und nicht auf die gesamte

Persönlichkeitsentwicklung. Alle empfohlenen pädagogischen Maßnahmen sind also als Versuche anzusehen, deren Wirkungen und Nebenwirkungen ständig beobachtet werden müssen, um rechtzeitig Korrekturen oder Ergänzungen vornehmen zu können (treatmentbegleitende Diagnostik). Im Einzelnen werden folgende pädagogische Handlungsmöglichkeiten mit den Eltern erörtert:

1. Obwohl mehr als drei Monate vor dem Abschluss des Schuljahres noch immer gewisse Aussichten bestehen, dass Leo das Klassenziel erreicht, sollte eine Wiederholung der ersten Realschulklasse schon jetzt erwogen und mit einem speziellen Förderplan für Leo bewusst als Möglichkeit zur Schließung vorhandener Kenntnislücken, zum Lesetraining und zum Lernstrategieaufbau akzeptiert werden. Eine Klassenwiederholung ist immer dann – und nur dann – eine aussichtsreiche pädagogische Maßnahme, wenn aufgrund der intellektuellen Voraussetzungen eines Schülers, der Begrenztheit der Kenntnislücken und verfügbarer zusätzlicher Lernhilfen eine realistische Möglichkeit besteht, innerhalb dieses Jahres Leistungsschwierigkeiten abzubauen oder gar zu überwinden. Diese Voraussetzungen scheinen bei Leo gegeben zu sein.
2. Da es sich die Familie Leos wirtschaftlich leisten kann, wird empfohlen, einen psychologisch interessierten Referendar oder einen Lehramtsstudenten oder einen engagierten, rüstigen Lehrerpensionär als Nachhilfelehrer zu engagieren. Die Mutter sollte sich für längere Zeit vollständig von der Überwachung und Betreuung der Schularbeiten zurückziehen und für Leo in erster Linie während der Freizeit und beim Musizieren da sein. Diese Fördermaßnahme kann der Mutter einsichtig erklärt werden, indem betont wird, dass die dringend notwendige Entwicklung der Selbstständigkeit von Leo wirksamer durch eine Person mit mehr sozialer Distanz geleistet werden kann.
3. Mit dem Nachhilfelehrer, der an vier Nachmittagen in der Woche je 2 Stunden mit Leo arbeiten soll, werden in einem Vorgespräch folgende vordringliche Aufgaben erörtert:
   a) Unterstützung bei den Hausaufgaben.
   b) Schließung wichtiger Vorkenntnislücken. Dafür soll aufgrund der Klassenarbeiten aus drei Schülerjahrgängen ein realistischer Lernplan entworfen werden.
   c) Langsame Übernahme von Verantwortung für die eigenen Schulaufgaben und Schulleistungen durch Leo selbst. Dafür wird ein einfaches Verfahren der Verhaltensmodifikation mit interessanten Freizeitbeschäftigungen als positive Verstärkung empfohlen. Damit wird gleichzeitig gesichert, dass Leo neben intensiven Lern- und Arbeitsphasen auch ausreichend Entspannung und Freizeit erhält.
   d) Während des nachmittäglichen Unterrichts soll der Nachhilfelehrer kleine Konzentrations- und Aufmerksamkeitsübungen mit Leo durchführen.
   e) Auch sollte der Nachhilfelehrer parallel zu den Aufgabenlösungen und Lernanforderungen immer die effektiven Lernstrategien erläutern und einüben lassen.

f) Außerdem sollte ein Lesetraining im Sinne des weiterführenden Lesens mindestens über zwei Monate durchgeführt werden.
4. Diese vorgeschlagene komfortable Förderlösung nimmt natürlich die Schule aus der Verantwortung. Wir sind der Meinung, dass die unter III vorgeschlagenen Fördermaßnahmen auch im Rahmen von Förderunterricht in der Schule zu leisten sind. Darüber hinaus ist auch zu überlegen, zusätzlich ältere Schüler als Tutoren für die Förderung zu qualifizieren.
5. Den Eltern kann empfohlen werden, eine Erziehungs- oder Familienberatung zu konsultieren, um möglicherweise tiefer liegende Probleme und Konflikte bei Leo und vielleicht auch auf Seiten der Eltern zu identifizieren und zu behandeln.

4.5 Adressen der schulpsychologischen Anlaufstellen in Deutschland und der Institute für Qualitätssicherung im Bildungswesen

Die konkreten Adressen sind unter folgenden Internetadressen zu finden.

www.schulpsychologie.de

www.iqb.hu-berlin.de

Literaturverzeichnis

Abs, H. J. (2006). Zur Bildung diagnostischer Kompetenz in der zweiten Phase der Lehrerbildung. In C. Allemann-Ghionda & E. Terhart (Hrsg.), *Zeitschrift für Pädagogik, Beiheft. Kompetenzen und Kompetenzentwicklung von Lehrerinnen und Lehrern* (S. 217-234). Weinheim: Beltz.
Aebli, H. (1991). *Zwölf Grundformen des Lehrens. Eine allgemeine Didaktik auf psychologischer Grundlage* (6. Aufl.). Stuttgart: Klett-Cotta.
Alsaker, F. D. (2012). *Mutig gegen Mobbing in Kindergarten und Schule.* Bern: Verlag Hans Huber.
Amelang, M., Zielinski, W., Fydrich, T., & Moosbrugger, H. (2002). *Psychologische Diagnostik und Intervention: Mit 35 Tabellen.* Berlin: Springer.
Ames, C. (1984). Achievement attributions and self-instructions under competitive and individualistic goal structures. *Journal of Educational Psychology, 76*(3), 478-487.
Ames, C., & Archer, J. (1988). Achievement goals in the classroom: Students' learning strategies and motivation processes. *Journal of Educational Psychology, 80*(3), 260-267.
Amir, Y. (1969). Contact Hypotheses in Ethnic Relations. *Psychological Bulletin,* 71, 319-342.
Antil, L. R., Jenkins, J. R. Wayne, S. K. & Vadasy, P. F. (1998). Cooperative learning: Pravalence, conceptualizations, and the relation between research and practice. *American Educational Research Journal, 35,* 419-454.
Artelt, C. (2000). *Strategisches Lernen.* Münster: Waxmann.
Artelt, C., & Gräsel, C. (2009). Diagnostische Kompetenz von Lehrkräften. *Zeitschrift für Pädagogische Psychologie, 23*(34), 157-160.
Artelt, C., Stanat, P., Schneider, W., & Schiefele, U. (2001). Lesekompetenz: Testkonzeption und Ergebnisse. In J. Baumert, E. Klieme, M. Prenzel, M. Neubrand, U. Schiefele, W. Schneider, & M. Weiß (Hrsg.), *PISA 2000. Basiskompetenzen von Schülerinnen und Schülern im internationalen Vergleich* (S. 69-137). Opladen: Leske + Budrich.
Atkinson, R. C. (1957). Mnemotechnics in second-language learning. *American Psychologist, 30*(8), 821-828.
Atteslander, P. (2010). *Methoden der empirischen Sozialforschung* (13., neu bearb. und erw. Aufl.). *ESV basics.* Berlin: Schmidt.
Augst, K., & Dehn, M. (2007). *Rechtschreibung und Rechtschreibunterricht: Können-Lehren-Lernen. Eine Einführung für Studierende und Lehrende aller Schulformen* (3. Aufl.). Stuttgart: Klett.
Avenarius, H., Ditton, H., Döbert, H., Klemm, K., Klieme, E., Rürup, M., & Weiß, M. (Hrsg.) (2003). *Bildungsbericht für Deutschland. Erste Befunde.* Opladen: Leske + Budrich.
Baumert, J., & Köller, O. (1996). Lernstrategien und Schulleistungen. In J. Möller & O. Köller (Hrsg.), *Emotionen, Kognitionen und Schulleistungen* (S. 136-154). Weinheim: Beltz PVU.
Baumert, J., & Schümer, G. (2002a) Familiäre Lebensverhältnisse, Bildungsbeteiligung und Kompetenzerwerb. In J. Baumert, E. Klieme, M. Neubrand, M. Prenzel, U. Schiefele, W. Schneider, M. Weiß (Hrsg.), *PISA 2000. Basiskompetenzen von Schülerinnen und Schülern im internationalen Vergleich* (S. 323-407). Opladen: Leske + Budrich.

Baumert, J. & Schümer, G. (2002b). Familiäre Lebensverhältnisse, Bildungsbeteiligung und Kompetenzerwerb im nationalen Vergleich. In Deutsches PISA-Konsortium (Hrsg.), *PISA 2000 – Die Länder der Bundesrepublik Deutschland im Vergleich* (S.159-202). Opladen: Leske + Budrich.

Balhorn, H., & Büchner, I. (2013). *a – o – m – Denkwege in die Rechtschreibung* (1. Aufl.), Donauwörth: Verl. für Pädag. Medien.

Balhorn, H., Büchner, I., Günther, K.-B., & Schniebel, J.-P. (2003-2012). *Wortlisten [WLT 1-6]: Trainingsprogramm mit Wörtern und Texten* (versch. Aufl.). Hamburg: Verlag für pädagogische Medien.

Barth, K., & Gomm, B. (2008). Gruppentest zur Früherkennung von Lese- und Rechtschreibschwierigkeiten: Phonologische Bewusstheit bei Kindergartenkindern und Schulanfängern (PP-LRS). In W. Schneider, H. Marx, & M. Hasselhorn (Hrsg.), *Diagnostik von Rechtschreibleistungen und -kompetenz. Test und Trends.* (NF Bd. 6, S. 7-43). Göttingen: Hogrefe.

Becker, G. E. (1998). *Unterricht auswerten und beurteilen*. Weinheim: Beltz.

Billmann-Mahecha, E., & Tiedemann, J. Migration. In D. H. Rost (Hrsg.), *Handwörterbuch Pädagogische Psychologie* (S. 548-558). Weinheim: Beltz.

Blair, K.A., Denham, S.A., Kochanoff, A. & Whipple, B. (2004). Playing it cool: Temperament, emotion regulation, and social behavior in preschoolers. *Journal of School Psychology, 2*, 419-443.

Bloom, B. S. (1976). *Human characteristics and school learning*. New York, NY: MacGraw-Hill.

Bloom, B. S., Engelbert, M., Furst, E. J., Hill, W. H., & Krathwohl, D. R. (1956). *Taxonomie of educational objectives: The classification of educational goals: Handbook I: Cognitive domain*. New York, NY: Longmans Green.

Bortz, J. (2005). *Statistik für Human- und Sozialwissenschaftler: Ein Lehrbuch mit 242 Tabellen* (6., vollst. überarb. und aktualisierte Aufl.). *Springer-Lehrbuch*. Berlin, Heidelberg, New York: Springer.

Bortz, J., & Döring, N. (2006). *Forschungsmethoden und Evaluation: Für Human- und Sozialwissenschaftler; mit 87 Tabellen* (4., überarb. Aufl.). *Springer-Lehrbuch*. Heidelberg: Springer-Medizin-Verl.

Bortz, J., & Döring, N. (2016). *Forschungsmethoden und Evaluation in den Sozial- und Humanwissenschaften* (5., vollst. überarb., akt. u. erw. Aufl. 2016). *Springer-Lehrbuch*. Berlin, Heidelberg: Springer.

Bransford, J. D., Brown, A. L., & Cockling, R. R. (Hrsg.). (2000). *How people learn: Brain, mind, experience, and school*. Washington, DC: National Academy Press.

Brickenkamp, R., Brähler, E., Leutner, D., & Petermann (Hrsg.). (2002). *Brickenkamp-Handbuch psychologischer und pädagogischer Tests* (3., vollst. überarb. und erw. Aufl.). Göttingen: Hogrefe, Verl. für Psychologie.

Bromme, R. (2005). Thinking and knowing about knowledge: A plea for and critical remarks on psychological research programs on epistemological beliefs. In J. Lenhard, M. Hoffmann, & F. Seeger (Hrsg.), *Activity and Sign – Grounding mathematics education* (S. 191-201). Dordrecht: Kluwer Academic Press.

Bromme, R., Rheinberg, F., Minsel, B., Winteler, A., & Weidenmann, B. (2006). Die Erziehenden und die Lehrenden. In A. Krapp & B. Weidenmann (Hrsg.), *Pädagogische Psychologie* (5 Aufl., S. 269-355). Weinheim: Beltz.

Brophy, J. (2000). *Teaching. Educational Practices Series, Vol. 1*. International Academy of Education. Retrieved from www.ibe.unesco.org/fileadmin/user_upload/archive/publications/EducationalPracticesSeriesPdf/prac01e.pdf

Brophy, J., & Good, T. (1976). *Die Lehrer-Schüler-Interaktion. Das Wechselspiel von Erwarten, Verhalten und Verfahren im Klassenzimmer. Folgerungen für Unterricht, Forschung und Lehrerausbildung.* München: Urban & Schwarzenberg.

Brophy, J., & Good, T. (1986). Teacher behavior and student achievment. In M. C. Wittrock (Hrsg.), *Handbook of Research on Teaching* (3. Aufl., S. 328-375). New York, NY: Macmillan.

Brunner, J., Häcker, T., & Winter, F. (Hrsg.) (2006). *Das Handbuch Portfolioarbeit.* Selze/ Velber: Kallmeyer.

Brunswik, E. (1956). *Perception and the representative design of psychological experiments.* Berkeley, CA: University of California Press.

Bugenthal, D. B. & Johnson, C. (2000). Parental and child cognitions in the context of the family. *Annual Review of Psychology, 51*, 315-344.

Burkhard, C., & Eikenbusch, G. (2000). *Praxishandbuch Evaluation in der Schule.* Berlin: Cornelsen.

Burleson, B. R., Delia, J. G. & Applegate, J. L. (1992). Effects of maternal communication and children's social-cognitive and communication skills on children's acceptance by the peer goup. *Family Relations, 41*, 264-272.

Caldarella, P. & Merrell, K. W. (1997). Common dimensions of social skills of children and adolescents: A taxonomy of positive behaviors. *School Psychology Review, 56*, 264-278.

Carroll, J. B. (1963). A model of school learning. *Teacher College Record, 68*(4), 723-733.

Carroll, J. B. (1973). Ein Modell schulischen Lernens. In W. Edelstein & D. Hopf (Hrsg.), *Bedingungen des Bildungsprozesses* (S. 234-250). Stuttgart: Klett.

Cattell, R. B. (1957). *Personality and motivation: structures and measurement.* Yonkers-on-Hudson, New York: Workd Book Company.

Cattell, R. B. (1971). *Abilities: Their structure, growth, and action.* Boston, MA: Houghton Mifflin.

Cierpka, M. (2007). *Möglichkeiten der Gewaltprävention.* Göttingen: Vandenhoeck & Ruprecht.

Cierpka, M. & Schick, A. (Hrsg.) (2011). *FAUSTLOS – Ein Curriculum zur Förderung sozialemotionaler Kompetenzen und zur Gewaltprävention für die Sekundarstufe.* Göttingen: Hogrefe.

Clausen, M. (2002). *Unterrichtsqualität: Eine Frage der Perspektive? Empirische Analysen zur Übereinstimmung, Konstrukt- und Kriteriumsvalidität.* Münster: Waxmann.

Cohen, R. (1969). *Systematische Tendenzen bei Persönlichkeitsbeurteilungen: Eine empirische Untersuchung.* Bern: Huber.

Cohen, E. G. (1993). Bedingungen für produktive Kleingruppen. In G. L. Huber (Hrsg.), *Neue Perspektiven der Kooperation* (S. 45-53). Baltmannsweiler: Schneider Verlag Hohengehren.

Cohen, E. G. & Lotan, R. A. (1994). Producing Equal–status interaction in the heterogeneous classroom. *American Educational Research Journal, 32*, 99-120.

Coladarci, T. (1986). Accuracy of teacher judgements of student responses to standardized test items. *Journal of Educational Psychology, 78*(2), 141-146.

Cortina, K. S. (2006). Psychologie der Lernumwelt. In A. Krapp & B. Weidenmann (Hrsg.), *Pädagogische Psychologie* (5. Aufl.) (S. 477-524). Weinheim: Beltz PVU.

Cronbach, L. (1955). Processes affecting scores on "understanding of others" and "assumed similarity". *Psychological Bulletin, 52*(3), 177-193.

Crick, N. R. & Dodge, K. A. (1994). A review and reformulation of social information-processing mechanisms in chidren's social adjustment. *Psychological Bulletin, 115*(1), 74-101.

DeCharms, R. (1968). *Personal causation: The internal affective determinants of behaviour.* New York: Academic Press.

Deci, E. L., & Ryan, R. M. (1985). *Intrinsic motivation and self-determination in human behavior. Perspectives in social psychology.* New York: Plenum.
Deno, S. L. (1985). Curriculum-based measurement: The emerging alternative. *Exceptional Children, 52,* 219-232.
Deutscher Bildungsrat. (1970). *Empfehlungen der Bildungskommission. Strukturplan für das Bildungswesen.* Bonn: Deutscher Bildungsrat.
Deutsche Gesellschaft für Psychologie (DGPs). (2008). Psychologie in den Lehramtsstudiengängen – Ein Rahmencurriculum. Retrieved from https://www.dgps.de/index.php?id=2000498&tx_ttnews%5Btt_news%5D=1034&cHash=51b0269da421ace82635c5df572e4e99
Diederich, P. B. (1968). Statistische Kurzverfahren zur Anwendung informeller Tests. In H. Chauncey & J. E. Dobbin (Hrsg.), *Der Test im modernen Bildungswesen.* Stuttgart: Klett.
Dietrich, R. (2002). *Psycholinguistik.* Stuttgart: Metzler.
Dochy, F. J. R. C., & Alexander, P. A. (1995). Mapping prior knowledge: A framework for discussion among researchers. *European Journal of Psychology of Education, 10*(3), 225-242.
Dodge, K. A. & Coie, J. D. (1987). Social-information-processing factors in reactive and proactive aggression in children's peer groups. *Journal of Personality and Social Psychology, 53*(6), 1146-1158.
Dollase, R. (1994). Wann ist der Ausländeranteil in Gruppen zu hoch? -Zur Normalität und Pathologie soziometrischer Beziehungen. In W. Heitmeyer (Hrsg.), *Das Gewalt-Dilemma* (S. 404-434). Frankfurt: Suhrkamp.
Dollase, R., Bieler, A., Ridder, A., Köhnemann, I. & Woitowitz, K. (2000). Nachhall im Klassenzimmer. In W. Heitmeyer & R. Anhut (Hrsg.), *Bedrohte Stadtgesellschaften* (S.199-255). Weinheim: Juventa.
Dollase, R. & Koch, H.-C. (2010) Soziometrie. In H. D. Rost, (Hrsg.), *Handwörterbuch Pädagogische Psychologie* (819-828). Weinheim: Beltz.
Dusek, J. B. (Hrsg.) (1985). *Teacher expectancies.* Hillsdale, New York: Erlbaum.
Eccles, J. S., & Midgley, C. (1989). Stage-environment fit: Developmentally appropriate classrooms for young adolescents. In C. Ames & R. Ames (Hrsg.), *Research on Motivation in Education* (Vol. 3, S. 139-186). New York: Academic Press.
Eccels, J. S., Midgley, C., Wigfield, A., Buchanan, C.M., Reumann, D., Flanagan, C. & Mac-Iver, D. (1993). Development During Adolescence. The impact of stage-invironment-fit on young adolescents' expierences in schools and families. *American Psychologist, 48,* 90-101.
Eckermann, T., Herrmann, M., Heinzel, F. Lipowsky, F. & Schoreit, E. (2010). Sind leistungsstärkere Schülerinnen und Schüler auch beliebter? – Zum Zusammenhang von Peer-Status, Leistung und Selbstkonzept im Deutschunterricht der Grundschule. *Zeitschrift für Grundschulforschung, 3,* 34-46.
Eder, F. (1998). Schul- und Klassenklima. In D.H. Rost (Hrsg.), *Handwörterbuch Pädagogische Psychologie* (S.424-430). Weinheim: Beltz PVU.
Eisenberg, N., Carlo, G., Murphy, B. & Van Court, P. (1995). Prosocial development in late adolescence: A longitude study. *Child Development, 66,* 1179-1197.
Ennemoser, M., & Krajewski, K. (2013). Entwicklungsorientierte Diagnostik mathematischer Basiskompetenzen in den Klassen 5 bis 9. In M. Hasselhorn, A. Heinze, W. Schneider, & U. Trautwein (Hrsg.), *Diagnostik mathematischer Kompetenzen. Tests und Trends* (Bd.11, S. 225-240). Göttingen: Hogrefe.
Esser, H. (2006). *Sprache und Integration: Die sozialen Bedingungen und Folgen des Spracherwerbs von Migranten.* Frankfurt/Main, New York: Campus.
Fend, H. (1997). *Der Umgang mit Schule in der Adoleszenz: Aufbau und Verlust von Motivation und Selbstachtung (Entwicklungspsychologie der Adoleszenz in der Moderne).* Bern: Huber.

Fend, H. (1998a).*Qualität im Bildungswesen. Schulforschung zu Systembedingungen, Schulprofilen und Lehrerleistung.* Weinheim & München: Juventa.
Fend, H. (1998b). *Eltern und Freunde. Soziale Entwicklung im Jugendalter.* Bern: Hans Huber.
Fend, H. (2000a). Erzieherische Wirkungen, Leistungsergebnisse und Schulqualität. *Schulverwaltung, 2*(3), 12-18.
Fend, H. (2000b). Leitbilder gelungenen Lebens in Schulen. *Schulpraxis, 3,* 13-18.
Fend, H. (2000c). *Entwicklungspsychologie des Jugendalters.* Opladen: Leske + Budrich.
Fraser, B. J. (1991). *Educational environments: Evaluation, antecedents and consequences.* Oxford: Pergamon.
Fraser, B. J., Walberg, H. J., Welch, W. W., & Hattie, J. A. (1987). Syntheses of educational productivity research. *International Journal of Educational Research, 11*(1), 145-252.
Frenz, M., Rielage, S. & Diehl, T. (2004). Beurteilung des Arbeits- und Sozialverhaltens in Berufskollegs. *Die berufsbildende Schule, 56*, 10-14.
Frey, A., Heinze, A., Mildner, D., Hochweber, J., & Asseburg, R. (2010). Mathematische Kompetenz von PISA 2003 bis PISA 2009. In E. Klieme, C. Artelt, J. Hartig, N. Jude, O. Köller, M. Prenzel, & P. Stanat (Hrsg.), *PISA 2009. Bilanz nach einem Jahrzehnt* (S. 153-175). Münster: Waxmann.
Friedrich, H. F. (1995). *Training und Transfer reduktiv-organisierender Strategien für das Lernen aus Texten.* Münster: Aschendorff.
Friedrich, H. F., & Mandl, H. (1992). Lern- und Denkstrategien – ein Problemaufriss. In H. Mandl & H. F. Friedrich (Hrsg.), *Lern- und Denkstrategien. Analyse und Interventionen* (S. 3-54). Göttingen: Hogrefe.
Friedrich, H. F., & Mandl, H. (1997). Analyse und Förderung selbstgesteuerten Lernens. In F. E. Weinert & H. Mandl (Hrsg.), *Psychologie der Erwachsenenbildung, D/I/4. Enzyklopädie der Psychologie* (S. 237-293). Göttingen: Hogrefe.
Fries, S. (2002). *Wollen und Können.* Münster: Waxmann.
Frith, U. (1985). Beneath the surface of development dyslexia. In K. E. Patterson, J. C. Marshall, & M. Colheart (Eds.), *Surface dyslexia. Neuropsychological and cognitive studies of phonological reading* (S. 213-233). Hillsdale: Lawrence Erlbaum.
Frith, U. (1986). Psychologische Aspekte des orthographischen Wissens. In G. Augst (Hrsg.), *New Trends in graphemics and orthography* (S. 218-233). New York, NY: De Gruyter.
Fuchs, D., & Fuchs, L.-S. (1993). Formative evaluation of academic progress: How much growth can we expect? *School Psychology Review, 22*, 1-30.
Fuchs, D., Fuchs, L.-S., Mathes, P.-G., & Simmons, D.-C. (1997). Peer-assisted learning strategies: Making classroom more responsive to diversity. *American Educational Research Journal, 34*(1), 174-206.
Gaile, D., Gold, A., & Souvignier, E. (2007a). *Text detectives: Student's workbook.* Göttingen: Vandenhoeck & Ruprecht.
Gaile, D., Gold, A., & Souvignier, E. (2007b). *Text detectives: Teacher's manual.* Göttingen: Vandenhoeck & Ruprecht.
Gasser, L. & Keller, M. (2009). Are the competent the morally good? Perspective taking and moral motivation of children involved in bullying. *Social Development,18*, 798-816.
Gasser, L. & Malti, T. (2011). Relationale und physische Aggression in der mittleren Kindheit. Zusammenhänge mit moralischem Wissen und moralischen Gefühlen. *Zeitschrift für Entwicklungspsychologie und Pädagogische Psychologie, 49*, 29-38.
Gläser-Zikuda, M., & Hascher, T. (Hrsg.) (2007). *Lernprozesse dokumentieren, reflektieren und beurteilen: Lerntagebuch und Portfolio in Bildungsforschung und Bildungspraxis.* Bad Heilbrunn: Klinkhardt.
Glasser, W. (1965). *Realitätstherapie.* Weinheim: Beltz.
Glasser, W. (1990). *The Quality School.* New York: Harper & Row.

Goerss, K. V. (1993). Portfolio Assessment: A work in Process. *Middle School Journal*, 25, 20-24.
Goetze, H. (2010). *Schülerverhalten ändern. Bewährte Methoden der schulischen Erziehungshilfe*. Stuttgart: Kohlhammer.
Götz, L., Lingel, K., & Schneider, W. (2013c). Diagnostik mathematischer Kompetenzen in der Sekundarstufe I am Beispiel der Deutschen Mathematiktests für die fünften und sechsten Klassen (DEMAT 5+, DEMAT 6+). In M. Hasselhorn, A. Heinze, W. Schneider, & U. Trautwein (Hrsg.), *Diagnostik mathematischer Kompetenzen. Tests und Trends* (Bd. 11, S. 241-260). Göttingen: Hogrefe.
Gold, A., Mokhlesgerami, J., Rühl, K., Schreblowski, S., & Souvignier, E. (2004). *Wir werden Textdetektive: Arbeitsheft*. Göttingen: Vandenhoeck & Ruprecht.
Gold, A., Trenk-Hinterberger, I., & Souvignier, E. (2009). Das Förderprogramm „Die Textdetektive". In W. Lenhard & W. Schneider (Hrsg.), *Diagnostik und Förderung des Leseverständnisses* (Tests und Trends NF., Bd. 7, S. 207-226). Göttingen: Hogrefe.
Gottlebe, K., Hesse, I., & Latzko, B. (2015). Evaluation eines Konzepts zum Aufbau diagnostischer Kompetenzen im Lehramtsstudium. In M. Hänze & T. Richter (Hrsg.), *Tagungsband der 15. Fachgruppentagung Pädagogische Psychologie der DGPs* (S. 142). Retrieved from http://www.uni-kassel.de/veranstaltung/fileadmin/datas/veranstaltungen/2015/paeps/PAEPS2015_Tagungsband.pdf
Greve, W., & Wentura, D. (1997). *Wissenschaftliche Beobachtung: Eine Einführung* (2. Aufl.). *Methodenlehre*. Weinheim: Beltz, PsychologieVerlags Union.
Groß Ophoff, J., Hosenfeld, I., & Koch, U. (2007). Formen der Ergebnisrezeption und damit verbundene Schul-und Unterrichtsentwicklung. *Empirische Pädagogik*, 21(4), 411-427.
Greene, D., & Lepper, M. R. (1977). *The hidden costs of reward: New perspectives on the psychology of human motivation*. Hillsdale: Lawrence Erlbaum.
Guilford, J. P. (1954). *Psychometric methods*. New York: Mcgraw Hill.
Haag, L. (2004). Tutorielles Lernen. In G. W. Lauth, M. Grünke, & J. C. Brunstein (Hrsg.), *Intervention bei Lernstörungen* (S. 402-410). Göttingen: Hogrefe.
Häcker, T. (2006). Vielfalt der Portfoliobegriffe. In J. Brunner, T. Häcker, & F. Winter (Hrsg.), *Das Handbuch Portfolioarbeit* (S. 33-40). Selze/Velber: Kallmeyer.
Haertel, G. D., Walberg, H. J., & Weinstein, T. (1983). Psychological models of educational performance: A theoretical senthesis of contructs. *Review of Educational Research*, 53, 75-31.
Hansen, T.A. (1986). Family-schoolarticulations: The effects of interaction rule mismatch. *Educational Research Journal*, 23, 643-659.
Harackiewicz, J. M., Barron, K. E., Carter, S. M., Lehto, A. T., & Elliot, A. J. (1997). Predictors and consequences of achievement goals in the college classroom: Maintaining interst and making the grade. *Journal of Personality and Social Psychology*, 73(6), 1284-1295.
Harris, M., & Rosenthal, R. (1985). Mediation of interpersonal expectancy effects: 31 meta-analyses. *Psychological Bulletin*, 97, 363-386.
Hasselhorn, M., & Gold, A. (2012). *Pädagogische Psychologie: Erfolgreiches Lernen und Lehren* (3. Aufl.). *Kohlhammer Standards Psychologie*. Stuttgart: Kohlhammer.
Hasselhorn, M., & Gold, A. (2013). *Pädagogische Psychologie: Erfolgreiches Lernen und Lehren. Kohlhammer Standards Psychologie*. Stuttgart: Kohlhammer.
Hasselhorn, M., Heinze, A., Schneider, W., & Trautwein, U. (Hrsg.) (2013). *Diagnostik mathematischer Kompetenzen (Tests und Trends, NF Bd.11)*. Göttingen: Hogrefe Verlag.
Hasselhorn, M., Marx, H., & Schneider, W. (2008). Aktuelle Trends der Rechtschreibdiagnostik: Eine Einführung. In W. Schneider, H. Marx, & M. Hasselhorn (Hrsg.), *Diagnostik von Rechtschreibleistungen und -kompetenz (Test und Trends,* NF Bd. 6, S. 1-6). Göttingen: Hogrefe.

Literaturverzeichnis 387

Hattie, J., Beywl, W., & Zierer, K. (2013). *Lernen sichtbar machen.* Baltmannsweiler: Schneider-Verl. Hohengehren.
Heckhausen, H. (1972). Die Interaktion der Sozialisationsvariablen in der Genese des Leistungsmotivs. In C. F. Graumann (Hrsg.), *Handbuch der Psychologie* (Bd. 2, S. 955-1019). Göttingen: Hogrefe.
Heese, P. (2002). Förderung. Online deutscher Philologenverband Zugriff am 20.4.2016 www. Dphv.de//binarydate/downlod/thesenpapier_kopfnotendiskussion2.pdf
Helmke, A. (1993). Die Entwicklung der Lernfreude vom Kindergarten bis zur 5. Klassenstufe. *Zeitschrift für Pädagogische Psychologie, 7*(2), 77-86.
Helmke, A. (2003). Unterrichtsevaluation: Verfahren und Instrumente. *schulmanagement, 1*, 8-11.
Helmke, A. (2007). *Unterrichtsqualität erfassen, bewerten, verbessern.* Stuttgart: Klett.
Helmke, A. (2014). *Unterrichtsqualität und Lehrerprofessionalität: Diagnose, Evaluation und Verbesserung des Unterrichts.* Stuttgart: Klett.
Helmke, A., Hosenfeld, I., & Schrader, F.-W. (2004). Vergleichsarbeiten als Instrument zur Verbesserung der Diagnosekompetenz von Lehrkräften. In R. Arnold, & C. Griese (Hrsg.), *Schulleitung und Schulentwicklung. Voraussetzungen, Bedingungen, Erfahrungen* (S. 119-144). Baltmannsweiler: Schneider Hohengehren.
Helmke, A., & Jäger, R. S. (Hrsg.). (2002). *Die Studie MARKUS – Mathematik-Gesamterhebung Rheinland-Pfalz: Kompetenzen, Unterrichtsmerkmale, Schulkontext.* Landau: Verlag Empirische Pädagogik.
Helmke, A., & Schrader, F.-W. (1987). Interactional effects of instructional quality and teacher judgement accuracy on achievement. *Teaching and Teacher Education, 3*(2), 91-98. doi:10.1016/0742-051X(87)90010-2
Helmke, A., & Weinert, F. E. (1997). Bedingungsfaktoren schulischer Leistungen. In F. E. Weinert (Hrsg.), *Psychologie des Unterrichts und Schule. Enzyklopädie der Psychologie, Themenbereich D, Pädagogische Psychologie* (S. 71-176). Göttingen: Hogrefe.
Hesse, I. (2014). Pädagogisch-psychologische Diagnostik für Lehrkräfte. In A. Fischer, C. Hößle, S. Jahnke-Klein, H. Kiper, M. Komorek, J. Michaelis, & J. Sjuts (Hrsg.), *Diagnostik für lernwirksamen Unterricht* (S. 15-39). Baltmannsweiler: Schneider Hohengehren.
Hesse, I., & Latzko, B. (2011). *Diagnostik für Lehrkräfte* (2. Aufl.). Opladen: Budrich UTB.
Hesse, I., & Latzko, B. (2012). Pädagogisch-psychologische Diagnostik. In U. Sandfuchs (Hrsg.), *Handbuch Erziehung* (S. 620-626). Bad Heilbrunn: Klinkhardt UTB.
Hesse, I., & Latzko, B. (2015). Lern- und Leistungsprobleme bei Schülern: Möglichkeiten der Diagnostik, Invervention und Beratung durch Lehrer. *Starke Lehrer – Starke Schule – Mit schwierigen Schülern umgehen* (1-42). Stuttgart: Raabe Verlag.
Hesse, I. & Latzko, B. (2016). Pädagogisch-psychologische Diagnostik – unverzichtbares Werkzeug für gelingende Lehr-und Erziehungstätigkeit aller Lehrkräfte. In A. Methner, B. Seebach, & K. Popp (Hrsg.), *Die kleinen und großen Sorgen im Unterricht* (S. 33-51). Stuttgart: Kohlhammer.
Hillebrandt, C., Hennemann, T. & Hens, S. (2011). *„Lubo aus dem All" 1. und 2. Klasse: Arbeitsheft* (2. Aufl.). Stuttgart: Ernst Reinhardt Verlag.
Hinsch, R. & Pfingsten, U. (2002). *Gruppentraining sozialer Kompetenzen GSK (4. Aufl.).* Weinheim: Beltz PVU.
Höhn, E. (1967). *Der schlechte Schüler.* München: Piner.
Höhn, E. & Seidel, G. (1976). *Das Soziogramm. Die Erfassung von Gruppenstrukturen.* Göttingen: Hogrefe.
Hofer, M. (1969). *Die Schülerpersönlichkeit im Urteil des Lehrers. Eine dimensionsanalytische Untersuchung zur impliziten Persönlichkeitstheorie.* Weinheim: Beltz.

Hofer, M. (1986). *Sozialpsychologie erzieherischen Handelns. Wie das Denken und Verhalten von Lehrern organisiert ist.* Göttingen: Hogrefe.
Hofer, M. (2002). Familienbeziehungen in der Entwicklung. In M. Hofer, E. Wild, & P. Noack (Hrsg.), *Lehrbuch Familienbeziehungen. Eltern und Kinder in der Entwicklung* (S. 4-27) (2., vollst. überarb. u. erw. Aufl.). Göttingen: Hogrefe.
Hofer, M. (2003). Wertewandel, schulische Motivation und Unterrichtsorganisation. In W. Schneider & M. Knopf (Hrsg.), *Entwicklung, Lehren und Lernen* (S. 235-253). Göttingen: Hogrefe.
Hofer, M. (2004). Schüler wollen für die Schule lernen, aber auch anderes tun. *Zeitschrift für Pädagogische Psychologie, 18*(2), 79-92.
Hofer, M., Fries, S., Reinders, H., Clausen, M., Dietz, F., & Schmid, S. (2004). Individuelle Werte, Handlungskonflikte und schulische Lernmotivation. In J. Doll & M. Prenzel (Hrsg.), *Studien zur Verbesserung der Bildungsqualität von Schule. Lehrerprofessionalisierung, Unterrichtsentwicklung und Schülerförderung* (S. 329-344). Münster: Waxmann.
Hofer, M., & Papastefanou, C. (1996). Theoriebestände für pädagogisch-psychologisches Beratungshandeln. In M. Hofer, E. Wild, & B. Pikowsky (Hrsg.), *Pädagogisch-psychologische Berufsfelder. Beratung zwischen Theorie und Praxis* (S. 25-55). Bern: Huber.
Hoge, R. D. (1983). Psychometric properties of teacher-judgement measures of pupil attitudes, classroom behaviours, and achievement levels. *Journal of Special Education.* (17), 401-429.
Hoge, R. D., & Coladarci, T. (1989). Teacher-Based Judgments of Academic Achievement: A Review of Literature. *Review of Educational Research, 59*(3), 297-313.
Holling, H., Kanning, U. P. & Hofer, S. (2003). Das Personalauswahlverfahren „Soziale Kompetenz" der Bayerischen Polizei. In J. Erpenbeck & L. v. Rosenstiel (Hrsg.), *Handbuch Kompetenzmessung* (S.126-139). Stuttgart: Schäffer- Poeschel.
Hosenfeld, I., Helmke, A., & Schrader, F.-W. (2002a). Diagnostische Kompetenz: Unterrichts- und lernrelevante Schülermerkmale und deren Einschätzung durch Lehrkräfte in der Unterrichtsstudie SALVE. In *Bildungsqualität von Schule: Schulische und außerschulische Bedingungen mathematischer, naturwissenschaftlicher und überfachlicher Kompetenzen* (S. 65-87).
Hosenfeld, I., Helmke, A., & Schrader, F.-W. (2002b). Die Lehr-Lernstudie SALVE: Unterrichts- und lernrelevante Schülermerkmale und deren Einschätzung durch Lehrkräfte. *Zeitschrift für Pädagogik, 45*, 65-82.
Hosenfeld, I., & Zimmer-Müller, M. (2009). Was VERA Lehrern sagen kann. *Schule im Blickpunkt, 6*, 8-10.
Hrabal, V. sen. (1976). „Sociálni restrukturace jako metoda poradenske psychologie" (Soziale Umstrukturierung als eine Methode der Beratungspsychologie). *Ceskoslovenska psychologie, 4*, 338-343.
Huber, G. L. & Roth, J. H. W. (1999). Wirkungen und Nebenwirkungen der Kooperation beim interkulturellen Lernen. Gruppendynamik. *Zeitschrift für Sozialpsychologie, 30*, 271-280.
Humpert, W. & Dann, H.-D. (2001). *KTM kompakt. Basistraining zur Störungsreduktion und Gewaltprävention in pädagogischen und helfenden Berufen auf der Grundlage des Konstanzer Trainingsmodells.* Bern: Hans Huber.
Hunt, E. (1978). Mechanics of verbal ability. *Psychological Review, 85*(2), 109-130.
Ingenkamp, K. (1985). *Lehrbuch der pädagogischen Diagnostik.* Weinheim: Beltz.
Ingenkamp, K. (1991). Pädagogische Diagnostik. In L. Roth (Hrsg.), *Pädagogik. Handbuch für Studium und Praxis* (S. 760-785). München: Ehrenwirth.Ingenkamp, K. (1997). *Lehrbuch der Pädagogischen Diagnostik* (4. Aufl.). Weinheim: Beltz.
Ingenkamp, K. (1995; original 1971). *Die Fragwürdigkeit der Zensurengebung.* Weinheim: Beltz.

Ingenkamp, K., & Lissmann, U. (2008). *Lehrbuch der pädagogischen Diagnostik* (6. Aufl.). *Beltz Pädagogik*. Weinheim: Beltz.
Institut zur Qualitätsentwicklung im Bildungswesen [IQB] an der Humboldt-Universität Berlin. Retrieved from IQBoffice@IQB.hu-berlin.de
Jäger, A. O. (1984). Intelligenz-Strukturforschung: Konkurrierende Modelle, neue Entwicklungen, Perspektiven. *Psychologische Rundschau, 35*(1), 21-35.
Jäger, R. S. (1986). *Der diagnostische Prozess*. Göttingen: Hogrefe.
Jäger, R. S. (2007). *Beobachten, beurteilen und fördern! Lehrbuch für die Aus-, Fort- und Weiterbildung*. Landau: Verlag Empirische Pädagogik.
Jänen, I. (2005). *Mathematikangst und Rechenleistung: Gibt es einen über Arbeitsgedächtnisprozesse vermittelten Zusammenhang Diplomarbeit*. Universität Göttingen.
Janis, I. L. (1983). The role of social support in adherence to stressful decisions. *American Psychologist, 38*(2), 143-160.
Jansen, H., & Marx, H. (1999). Phonologische Bewusstheit und ihre Bedeutung für den Schriftspracherwerb. *Forum Logopädie, 2*, 7-16.
Johnson, D.W. & Johnson, R.T. (1994). *Learning together and alone: Cooperative, competitive, and individualistic learning*. Boston: Allyn and Bacon.
Johnson, D. W. & Johnson, R. T. (1978). Cooperative, competitive, and individualistic learning. *Journal of Research and Development in Education, 12*, 3-15.
Jussim, L. (1989). Teacher expectations: Self-fulfilling prophecies, perceptual biases, and accuracy. *Journal of Personality and Social Psychology, 57*(3), 469-480.
Kanfer, F. H. (1977). Selbstmanagement-Methoden. In F. H. Kanfer & A. P. Goldstein (Hrsg.), Möglichkeiten der Verhaltensänderung (S. 350-406) (2. Aufl.). München: Urban & Schwarzenberg.
Kanfer, F.H. & Saslow, G. (1974/1976). Verhaltenstheoretische Diagnostik. In D. Schulte (Hrsg.), *Diagnostik in der Verhaltenstherapie* (S. 24-59). München: Urban & Schwarzenberg.
Kanning, U.P. (2009). Diagnostik sozialer Kompetenz. In F. Petermann & H. Holling (Hrsg), *Kompendium Psychologische Diagnostik* (Band 4, 2. Aufl.). Göttingen: Hogrefe.
Kaiser, J., Helm, F., Retelsdorf, J., Südkamp, A., & Möller, J. (2012). Zum Zusammenhang von Intelligenz und Urteilsgenauigkeit bei der Beurteilung von Schülerleistungen im Simulierten Klassenraum. *Zeitschrift für Pädagogische Psychologie, 26*(4), 251-261.
Karing, C. (2009). Diagnostische Kompetenz von Grundschul- und Gymnasiallehrkräften im Leistungsbereich und im Bereich Interessen. *Zeitschrift für Pädagogische Psychologie, 23*(34), 197-209.
Keller, G. (1999). *Lern-Methodik-Training: Ein Übungsmanual für die Klassen 5-10*. Göttingen: Hogrefe.
Keller, G. (2012) *Disziplinmanagement in der Schulklasse*. Bern: Hogrefe.
Keller, M. (1996). *Moralische Sensibilität: Entwicklung in Freundschaft und Familie*. Weinheim: Beltz.
Klauer, K. J. (Hrsg.). (1982a). *Handbuch der pädagogischen Diagnostik* (1. Aufl.). Düsseldorf: Schwann.
Klauer, K. J. (1982b). Perspektiven der Pädagogischen Diagnostik. In K. J. Klauer (Hrsg.), *Handbuch der pädagogischen Diagnostik* (S. 3-14). Düsseldorf: Schwann.
Klauer, K. J. (1989). *Denktraining für Kinder I: Ein Programm zur intellektuellen Förderung*. Göttingen: Hogrefe.
Klauer, K. J. (1991). *Denktraining für Kinder II: Ein Programm zur intellektuellen Förderung*. Göttingen: Hogrefe.
Klauer, K. J. (1993). *Denktraining für Jugendliche: Ein Programm zur intellektuellen Förderung*. Göttingen: Hogrefe.

Klauer, K. J. (1998). Wie viel dürfen es denn sein? Über den Einfluss der Gruppengröße auf die Effekte eines kognitiven Trainings. In K. C. Klauer & H. Westermayer (Hrsg.), *Psychologische Methoden und soziale Prozesse* (S. 299-327). Lengerich: Pabst.

Klauer, K. J. (2000). Das Huckepack-Theorem asymmetrischen Strategietransfers: Ein Beitrag zur Trainings- und Tranfertheorie. *Zeitschrift für Entwicklungspsychologie und Pädagogische Psychologie, 32*(2), 153-165.

Klauer, K. J. (2001). Training des induktiven Denkens. In K. J. Klauer (Hrsg.), *Handbuch kognitives Training* (S. 165-209). Göttingen: Hogrefe.

Klauer, K. J. (2014). Formative Leistungsdiagnostik: Historischer Hintergrund und Weiterentwicklung zur Lernverlaufsdiagnostik. In M. Hasselhorn, W. Schneider, & U. Trautwein (Hrsg.), *Lernverlaufsdiagnostik (Tests und Trends, NF Bd.12*, S. 1-17). Göttingen: Hogrefe.

Klauer, K. C., & Westermayer, H. (Hrsg.). (1998). *Psychologische Methoden und soziale Prozesse*. Lengerich: Pabst.

Kleber, E. W. (1978). Probleme des Lehrerurteils. In K. J. Klauer (Hrsg.), *Handbuch der Pädagogischen Diagnostik* (S. 3-14). Düsseldorf: Pädagogischer Verlag Schwann.

Kleber, E. W. (1992). *Diagnostik in pädagogischen Handlungsfeldern. Einführung in Bewertung, Beurteilung, Diagnose und Evaluation.* Weinheim: Juventa.

Klein, W. (2000). Prozesse des Zweitspracherwerbs. In H. Grimm (Hrsg.), *Enzyklopädie der Psychologie* (Vol. 3, S. 538-570). Göttingen: Hogrefe.

Klicpera, C., & Gasteiger-Klicpera, B. (2004). Aufbau von Lesefertigkeit. In G. W. Lauth, M. Grünke, & J. C. Brunstein (Hrsg.), *Intervention bei Lernstörungen* (S. 268-278). Göttingen: Hogrefe.

KMK [Sekretariat der Ständigen Konferenz der Kultusminister der Länder in der Bundesrepublik Deutschland]. (2004). *Bildungsstandards im Fach Deutsch für den Mittleren Schulabschluss*. München: Wolters Kluwer.

KMK [Sekretariat der Ständigen Konferenz der Kultusminister der Länder in der Bundesrepublik Deutschland]. (2005a). *Bildungsstandards im Fach Deutsch für den Primarbereich (Jahrgangsstufe 4)*. München: Wolters Kluwer.

KMK [Sekretariat der Ständigen Konferenz der Kultusminister der Länder in der Bundesrepublik Deutschland]. (2005b). *Bildungsstandards im Fach Mathematik für den Mittleren Schulabschluss*. München: Wolters Kluwer.

KMK [Sekretariat der Ständigen Konferenz der Kultusminister der Länder in der Bundesrepublik Deutschland] (2014). Standards für die Lehrerbildung: Bildungswissenschaften: (Beschluss der Kultusministerkonferenz vom 16.12.2004 i. d. F. vom 12.06.2014). München: Wolters.

Knapp, W. (1999). Verdeckte Sprachschwierigkeiten. *Grundschule, 5*, 30-33.

Koch, U., Groß Ophoff, J., Hosenfeld, I., & Helmke, A. (2006). Das Projekt VERA: Von der Evaluation zur Schul- und Unterrichtsentwicklung? *SchulVerwaltung, Heft 5*.

Köller, O., & Baumert, J. (2001). Leistungsgruppierungen in der Sekundarstufe I und ihre Konsequenzen für die Mathematikleistung und das mathematische Selbstkonzept der Begabung. *Zeitschrift für Pädagogische Psychologie, 15*, 99-110.

Kornadt, H.-J. (1996). Erziehung und Bildung im Transformationsprozess. In S. E. Hormuth, W. R. Heinz, H.-J. Kornadt., H. Sydow & G. Trommsdorff (Hrsg.), *Individuelle Entwicklung, Bildung und Berufsverläufe (*201-272). Opladen: Leske + Budrich.

Kounin, J. S. (1976). *Techniken der Klassenführung*. Bern: Huber.

Kounin, J. S. (2006). *Techniken der Klassenführung*. Münster: Waxmann.

Krajewski, K., Küspert, P., & Schneider, W. (2002). Kurzkommentar zur Testbesprechung des DEMAT 1+. *Zeitschrift für Entwicklungspsychologie und Pädagogische Psychologie, 34*(4), 238.

Krapp, A. (1979). *Prognose und Entscheidung*. Weinheim: Beltz.

Krapp, A. (1998). Entwicklung und Förderung von Interessen im Unterricht. *Psychologie in Erziehung und Unterricht, 45*(3), 186-203.
Krapp, A. (2002). Structural and dynamic aspects of interest development: Theoretical considerations from an ontogenic perspective. *Learning and Instruction, 12*(4), 383-409.
Krappmann, L. (1994). Sozialisation und Entwicklung in der Sozialwelt gleichaltriger Kinder. In K. A. Schneewind (Hrsg.), *Enzyklopädie der Psychologie* (Bd. 1: Pädagogische Psychologie: Psychologie der Erziehung und Sozialisation, S. 495-524). Göttingen: Hogrefe.
Krause, U.-M., & Stark, R. (2006). Vorwissen aktivieren. In H. Mandl & H. F. Friedrich (Hrsg.), *Handbuch Lernstrategien* (S. 38-49). Göttingen: Hogrefe.
Krohne, H. W. (Hrsg.). (1985). *Angstbewältigung in Leistungssituationen*. Weinheim: VCH Verlagsgemeinschaft.
Krohne, H. W. (1996). *Angst und Angstbewältigung*. Stuttgart: Kohlhammer.
Krohne, H. W., & Hock, M. (2015). *Psychologische Diagnostik: Grundlagen und Anwendungsfelder* (2 Aufl.). Stuttgart: Kohlhammer.
Krinzinger, H., Kaufmann, L., & Willmes, K. (2009). Math Anxiety and Math Ability in Early Primary School Years. *Journal of psychoeducational assessment, 27*(3), 206-225.
Küspert, R. (1998). *Phonologische Bewusstheit und Schriftspracherwerb: Zu den Effekten vorschulischer Förderung der phonologischen Bewusstheit auf den Erwerb des Lesens und Rechtschreibens*. Frankfurt am Main: Lang.
Küspert, P., & Schneider, W. (2006). *Hören, lauschen, lernen: Sprachspiele für Kinder im Vorschulalter. Würzburger Trainingsprogramm zur Vorbereitung auf den Erwerb der Schriftsprache* (5., überarb. Aufl.). Göttingen: Vandenhoeck und Ruprecht.
Küpper, R. (1977). *Entwicklung und Erprobung eines Schülerfragebogen zur Erfassung Kounin'scher Dimensionen im Lehrerverhalten*. Bochum.
Kuhl, J. (1983). Emotion, Kognition und Motivation: Auf dem Weg zu einer systemtheoretischen Betrachtung der Emotionsgenese. *Sprache und Kognition, 2*, 1-27
Landmann, M., & Schmitz, B. (2007). Welche Rolle spielt Self-monitoring bei der Selbstregulation und wie kann man mit Hilfe von Tagebüchern die Selbstregulation fördern? In M. Gläser-Zikuda & T. Hascher (Hrsg.), *Lernprozesse dokumentieren, reflektieren und beurteilen. Lerntagebuch und Portfolio in Bildungsforschung und Bildungspraxis* (S. 149-170). Bad Heilbrunn: Klinkhardt.
Langer, I., Schulz v. Thun, W., & Tausch, R. (1974). *Verständlichkeit in Schule, Verwaltung, Politik und Wissenschaft*. München: Reinhardt Verlag.
Langfeldt, H.-P. (1984). Die klassische Testtheorie als Grundlage normorientierter (standardisierter) Schulleistungstests. In K. A. Heller (Hrsg.), *Leistungsdiagnostik in der Schule* (S. 65-98). Bern: Huber.
Langfeldt, H.-P. (2006). *Psychologie für die Schule. Beltz-PVU*. Weinheim: Beltz.
Langfeldt, H.-P., & Büttner, G. (Hrsg.). (2009). *Trainingsprogramme zur Förderung von Kindern und Jugendlichen: Kompendium für die Praxis* (2. Aufl.). Weinheim: Beltz PVU.
Langfeldt, H.-P., & Tent, L. (1999). *Pädagogisch-psychologische Diagnostik: Anwendungsbereiche und Praxisfelder* (Teil 2). Göttingen: Hogrefe, Verl. für Psychologie.
Latzko, B. & Malti, T. (Hrsg.) (2010). *Moralische Entwicklung und Erziehung in Kindheit und Jugendalter*. Göttingen: Hogrefe.
Lauth, G.W. (2001). Selbstkontrollverfahren, kognitives Modellieren und Selbstinstruktionstraining. In G. W. Lauth, U. Brack & F. Linderkamp (Hrsg.), *Verhaltenstherapie mit Kindern und Jugendlichen* (S. 542-549). Weinheim: Beltz PVU.
Lauth, G.W. (2009). *Verhaltensstörungen im Kindesalter: Ein Trainingsprogramm zur kognitiven Verhaltensmodifikation*. Stuttgart: Beltz.
Lauth, G. W., Linderkamp, F., Schneider, S., Brack, U. (Hrsg.) (2011). *Verhaltenstherapie mit Kindern und Jugendlichen*. Beltz.

Lenhard, W., & Lenhard, A. (2016). Evidenzbasierte Förderung schulischer Fertigkeiten am Computer: Lernspiele mit Elfe und Mathis. In W. Schneider & M. Hasselhorn (Hrsg.), *Tests und Trends – Band 1: Förderprogramme für Vor- und Grundschule: Vol. 1. Jahrbuch der pädagogisch-psychologischen Diagnostik* (S. 87-114). Göttingen: Hogrefe.

Lenhard, W., & Artelt, C. (2009). Komponenten des Leseverständnisses. In W. Lenhard & W. Schneider (Hrsg.), *Diagnostik und Förderung des Leseverständnisses* (S. 1-17). Göttingen: Hogrefe.

Lenhard, A., Lenhard, W., & Klauer, K. J. (2012). *Denkspiele mit Elfe und Mathis: Förderung des logischen Denkvermögens für das Vor- und Grundschulalter*. Göttingen: Hogrefe.

Lenhard, A., Lenhard, W., & Küspert, P. (2006). *Lesespiele mit Elfe und Mathis: Computerbasierte Leseförderung für die erste bis vierte Klasse*. Göttingen: Hogrefe.

Leutner, D. (1992). *Adaptive Lehrsysteme. Instruktionspsychologische Grundlagen und experimentelle Analysen*. Weinheim: Beltz.

Lienert, G. A. (1967/1969). *Testaufbau und Testanalyse*. Weinheim: Beltz.

Lienert, G. A., & Raatz, U. (1994/1998). *Testaufbau und Testanalyse*. Weinheim: Beltz.

Lissmann, U. (2007). Lerntagebuch: Bewertungen und Perspektiven. In R. S. Jäger (Hrsg.), *Beobachten, beurteilen, fördern! Lehrbuch für die Aus-, Fort- und Weiterbildung* (S. 309-338). Landau: Verl. Empirische Pädagogik.

Lorenz, C., & Artelt, C. (2009). Fachspezifität und Stabilität diagnostischer Kompetenz von Grundschullehrkräften in den Fächern Deutsch und Mathematik. *Zeitschrift für Pädagogische Psychologie, 23*(34), 211-222.

Ludwig, P. (1999). *Ermutigung. Optimierung von Lernprozessen durch Zuversichtssteigerung*. Opladen: Leske + Budrich.

Ludwig, P. H. (2001). Pygmalioneffekt. In D. H. Rost (Hrsg.), *Handwörterbuch Pädagogische Psyochologie* (S. 567-573). Weinheim: Beltz.

Lukesch, H. (1981). Zur Situation von Ausländerkindern an deutschen Schulen. In *Zeitschrift für Pädagogik, 27*, 879-892.

Lukesch, H. (1986). Diagnostizierbarkeit von Prüfungsangst. *Psychologie in Erziehung und Unterricht, 33*(2), 126-132.

Lukesch, H. (1998). *Einführung in die pädagogisch-psychologische Diagnostik* (2., vollst. neu bearb. Aufl.). *Psychologie in der Lehrerausbildung: Bd. 3*. Regensburg: Roderer.

Luterbacher, M. & Althof, W. (2007). Schüler lernen streiten. Aufbau einer konstruktiven Konfliktkultur in der ‚Just-Community'-Schule. In C. Quesel & F. Oser (Hrsg.), *Die Mühen der Freiheit: Probleme und Chancen der Partizipation von Kindern und Jugendlichen* (137-162). Zürich: Rüegger.

Ma, X., & Xu, J. (2004). The causal ordering of mathematics anxiety and mathematics achievement: a longitudinal panel analysis. *Journal of adolescence, 27*(2), 165-179.

Mahlau, K., Diehl, K., Voß, S., & Hartke, B. (2011). Das Rügener Inklusionsmodell (RIM) – Konzeption einer inklusiven Grundschule. *Zeitschrift für Heilpädagogik, 11*, 464-472.

Malti, T. & Latzko, B. (2012). Moral emotions. In V. Ramachandran (Hrsg.), in *Encyclopedia of Human Behavior* (644-649) (2. Aufl.). Maryland Heights, MO: Elsevier.

Malti, T. & Perren, S. (2016). *Soziale Kompetenz bei Kindern und Jugendlichen. Entwicklungsprozesse und Fördermöglichkeiten* (2. Aufl.). Stuttgart: Kohlhammer.

Marsh, H. W. (1987). Students' evaluations of University teaching: Research findings, methodological issues, and directions for future research. *International Journal of Educational Research, 11*(3), 253-388.

Marsh, H. W. (2005). Big-Fish-Little-Pont-Effekt on Academic Self Concept. *Zeitschrift für Pädagogische Psychologie, 19*, 119-127.

Marx, H. (1997). Erwerb des Lesens und Rechtschreibens: Literaturüberblick. In F. E. Weinert & A. Helmke (Hrsg.), *Entwicklung im Grundschulalter* (S. 83-111). Weinheim: PVU.

Marx, H. (2000). Anspruch, Notwendigkeit, Realisierung und Alternativkonzeption der Schriftsprachförderung im Sekundarstufenbereich. In M. Hasselhorn, W. Schneider, & H. Marx (Hrsg.), *Diagnostik von Lese-Rechtschreibschwierigkeiten (Test und Trends, NF* Bd.1, S. 183-203). Göttingen: Hogrefe.

McElvany, N., Artelt, C., & Holler, S. (2005). Leseförderung in der Familie. In A. Sasse & R. Valtin (Hrsg.), *Lesen lehren* (S. 151-167). Berlin: Deutsche Gesellschaft für Lesen und Schreiben.

Meichenbaum, D. (1977). *Cognitive-Behavior Modificaiton: An Integrative Approach*. New York: Plenum Press.

Menzel, D., Wiater, W. (Hrsg.) (2009). *Verhaltensauffällige Schüler. Symptome, Ursachen, Handlungsmöglichkeiten*. Bad Heilbrunn: Klinkhardt.

Meyer, B. E., Tretter, T. & Englisch, U. (Hrsg.) (2015). *Praxisleitfaden für auffällige Schüler und Schülerinnen*. Weinheim, Basel: Beltz.

Mietzel, G. (1974). *Kombinierter Schultest für das 4. Schuljahr [KS 4]*. Braunschweig: Westermann.

Miller, N. & Harrington, H. J. (1992). Social Categorization and Intergroup Acceptance. Principles for Design and Development of Cooperative Learning Teams. In R. Hertz-Lazarowitz & N. Miller (Hrsg.), *Interaction in Cooperative Groups* (203-227). Cambridge: University Press.

Mischo, C. (2004). Fördert Gruppendiskussion die Perspektiven-Koordination? *Zeitschrift für Entwicklungspsychologie und Pädagogische Psychologie, 36*, 30-37.

Möller, B., & Jerusalem, M. (1997). Attributionsforschung in der Schule. *Zeitschrift für Pädagogische Psychologie, 11*(3), 151-166.

Möller, J., & Köller, O. (2004). Die Genese akademischer Selbstkonzepte: Effekte dimensionaler und sozialer Vergleiche. *Psychologische Rundschau, 55*, 19-27.

Montada, L. (1995). Moralische Entwicklung und Sozialisation. In R. Oerter & L. Montada (Hrsg), *Entwicklungspsychologie: Ein Lehrbuch* (S. 572-606). Weinheim: Psychologie Verlags Union.

Moreno, J. L. (1996). *Die Grundlagen der Soziometrie*. Opladen: Westdeutscher Verlag.

Moreno, J. L. (1981). *Soziometrie als experimentelle Methode*. Paderborn: Junfermann.

Moreno, J. L. (1954). *Grundlagen der Soziometrie. Zur Neuordnung der Gesellschaft*. Köln und Opladen: Westdeutscher Verlag.

Moser, U., Keller, F., & Tresch, S. (2003). *Schullaufbahn und Leistung: Bildungsverlauf und Lernerfolg von Zürcher Schülerinnen und Schülern am Ende der 3. Volkschulklasse*: hep-Verlag.

Moosbrugger, H., & Kelava, A. (2012). *Testtheorie und Fragebogenkonstruktion* (2., aktualisierte und überarb. Aufl.). Berlin, Heidelberg: Springer.

Mummendey, A. (1984). Verhalten zwischen sozialen Gruppen: Die Theorie der sozialen Identität von Henry Tajfel. *Bielefelder Arbeiten zur Sozialpsychologie, 113*. Bielefeld: Universität Bielefeld.

Newell, A., & Simon, H. A. (1972). *Human problem solving*. Englewood Cliffs, New York: Prentice Hall.

Nicholls, J. G., Patashnick, M., & Nolan, S. B. (1985). Adolescents' theories of education. *Journal of Educational Psychology, 77*(6), 683-692.

Oerter, R. & Montada, L. (1995). *Entwicklungspsychologie: ein Lehrbuch*. Weinheim: Beltz.

Olweus, D. (2004). Bullying at school: Prevalence estimation, a useful evaluation design, and a new national initiative in Norway. *Association for Child Psychology and Psychiatry Occasional Papers, 23*, 5-17.

Olweus, D. (1995). *Gewalt in der Schule*. Bern: Hans Huber.

Orth, B. (1974, 1983). *Einführung in die Theorie des Messens*. Stuttgart: Kohlhammer.

Orth, B. (1995). Messtheoretische Grundlagen der Diagnostik. In R. S. Jäger & F. Petermann (Hrsg.), *Psychologische Diagnostik* (3. Aufl., S. 286-295). Weinheim: Beltz, PVU.
Oser, F. (1997a). Standards in der Lehrerbildung. Teil 1: Berufliche Kompetenzen, die hohen Qualitätsmerkmalen entsprechen. *Beiträge zur Lehrerbildung, 15*(1), 26-37.
Oser, F. (1997b). Standards in der Lehrerbildung. Teil 2: Wie werden Standards in der schweizerischen Lehrerbildung erworben? Erste empirische Ergebnisse. *Beiträge zur Lehrerbildung, 15*(2), 210-228.
Oser, F. (1997c). Sozio-moralisches Lernen. In F. E. Weinert (Hrsg.), *Enzyklopädie der Psychologie: Pädagogische Psychologie* (Bd. 3, Psychologie des Unterrichts und der Schule, S. 461-502). Göttingen: Hogrefe.
Oser, F. (2001). Standards: Kompetenzen von Lehrpersonen. In F. Oser & J. Oelkers (Hrsg.), *Die Wirksamkeit der Lehrerbildungssysteme. Von der Allrounderbildung zur Ausbildung professioneller Standards* (S. 215-342). Zürich: Rüegger.
Oser, F., & Oelkers, J. (Hrsg.) (2001). *Die Wirksamkeit der Lehrerbildungssysteme. Von der Allrounderbildung zur Ausbildung professioneller Standards*. Zürich: Rüegger.
Oswald, H. & Krappmann, L. (1995). *Alltag der Schulkinder: Beobachtungen und Analysen von Interaktionen und Sozialbeziehungen*. Weinheim: Juventa.
Palinscar, A. S., & Brown, A. L. (1984). Reciprocal teaching of comprehension, fostering and comprehension-monitoring activities. *Cognition and Instruction, 1*(2), 117-175.
Pallasch, W., & Kölln, D. (2002). *Pädagogisches Gesprächstraining: Lern- und Trainingsprogramm zur Vermittlung therapeutischer Gesprächs- und Beratungskompetenz* (5., neu bearb. und erw. Aufl.). *Pädagogisches Training*. Weinheim: Juventa.
Paris, S. G., Lipson, M. Y., & Wixson, K. K. (1983). Becoming a strategic reader. *Contemporary Educational Psychology, 8*, 293-316.
Pekrun, R. (1993). Entwicklung von schulischer Aufgabenmotivation in der Sekundarstufe: Ein erwartungs-mal-wert-theoretischer Ansatz. *Zeitschrift für Pädagogische Psychologie, 7*(2), 87-97.
Pekrun, R., & Schiefele, U. (1996). Emotionens- und motivationspsychologische Bedingungen von Lernleistung. In F. E. Weinert (Hrsg.), *Psychologie des Lernens und der Instruktion. Enzyklopädie der Psychologie, Themenbereich D, Pädagogische Psychologie* (Vol. 2, S. 153-180). Göttingen: Hogrefe.
Perrez, M., Huber, G. L. & Geißler, K. A. (2006). Psychologie der pädagogischen Interaktion. In A. Krapp & B. Weidenmann (Hrsg.), *Pädagogische Psychologie* (S. 357-421). Weinheim: Beltz PVU.
Petermann, U. & Petermann, F. (2000). *Training mit sozial unsicheren Kindern: Einzeltraining, Kindergruppen, Elternberatung*. Weinheim: Beltz Psychologie Verlags Union.
Petermann, F. & Wiedebusch, S. (2008). *Emotionale Kompetenz bei* Kindern (2.veränd., Aufl.). Göttingen: Hogrefe.
Petillon, H. (1980). *Soziale Beziehungen in Schulklassen*. Weinheim: Beltz.
Petillon, H. (1982). *Soziale Beziehungen zwischen Lehrern, Schülern und Schülergruppen*. Weinheim: Beltz.
Petillon, H. (2010). Soziale Beziehungen. In D. H. Rost (Hrsg.), *Handbuch Pädagogische Psychologie* (S. 793-800) (4. Aufl.). Weinheim: Beltz.
Pintrich, P. R., & Schunk, D. H. (1996). *Motivation in education: Theory, research and applications*. Englewood Cliffs, New York: Merrill.
PISA-Konsortium Deutschland (Hrsg.) (2004). *PISA 2003: Der Bildungsstand der Jungendlichen in Deutschland. Ergebnisse des zweiten internationalen Vergleichs*. Münster: Waxmann.
Polya, G. (1949). *Schule des Denkens: Vom Lösen mathematischer Probleme*. Tübingen: Francke.

Prenzel, M. (1988). *Die Wirkungsweise von Interesse: Ein pädagogisch-psychologisches Erklärungsmodell.* Opladen: Westdeutscher Verlag.
Prenzel, M., Artelt, C., Baumert, J., Blum, W., Hammann, M., Klieme, E., & Pekrun, R. (Hrsg.) (2007). *PISA 2006 : die Ergebnisse der dritten internationalen Vergleichsstudie.* Münster: Waxmann.
Pressley, M., Borkowski, J. G., & Schneider, W. (1989). Good information processing. What it is and how education can promote it. *Journal of Educational Research, 13*(8), 857-867.
Ramm, G., Prenzel, M., Heidemeier, H. & Walter, O. (2004). Soziokulturelle Herkunft: Migration. In PISA-Konsortium Deutschland (Hrsg.), *PISA 2003. Der Bildungsstand der Jugendlichen in Deutschland- Ergebnisse des zweiten internationalen Vergleichs* (S. 254-273). Münster: Waxmann.
Rasch, G. (1960). *Probalistic models for some intelligence and attainment tests.* Copenhagen: Nielsen und Lydiche.
Rentsch, K. (2006). Mit Portfolioarbeit beginnen. In I. Brunner, T. Häcker, & F. Winter (Hrsg.), *Handbuch Portfolioarbeit. Konzepte und Erfahrungen aus Schule und Lehrerbildung* (S. 116-120). Seelze: Kallmeyer.
Rheinberg, F. (2001). Bezugsnormen und Leistungsbeurteilung. In F. E. Weinert (Hrsg.), *Leistungsmessung in Schulen* (S. 59-71). Weinheim: Beltz.
Rheinberg, F. (2008). Bezugsnormen und die Beurteilung von Lernleistung. In W. Schneider & M. Hasselhorn (Hrsg.), *Handbuch Pädagogische Psychologie* (S. 178-186). Göttingen: Hogrefe.
Rheinberg, F., & Fries, S. (2001). Motivationstraining. In K. J. Klauer (Hrsg.), *Handbuch kognitives Training* (S. 349-373). Göttingen: Hogrefe.
Rheinberg, F., & Krug, S. (2005). *Motivationsförderung im Schulalltag.* Göttingen: Hogrefe.
Roesner, R. W., & Eccles, J. S. (1998). Adolescents' perceptions of middle school: Relation to longitudinal changes in academic and psychological adjustment. *Journal of Research on Adolescence, 8*(1), 123-158.
Rohrbeck, C., Ginsburg-Block, M., Fantuzzo, J. & Miller, T. (2003). Peer assisted learning interventions with elementary school students: A meta-analytic review. *Journal of Educational Psychology, 95*, 240-257.
Rosenthal, R., & Jacobson, L. (1971). *Pygmalion im Unterricht. Lehrererwartungen und Intelligenzentwicklung der Schüler.* Weinheim: Beltz.
Rosenthal, R., & Jacobson, L. (1992). *Pygmalion in the classroom: Teacher expectation and pupils' intellectuals development.* New York: Irvington.
Rost, D.H. (1979). Aktuelle Aspekte pädagogischer Verhaltensmodifikation. In V. Krumm (Hrsg.), Zur Handlungsrelevanz der Verhaltenstheorien (S. 13-50). München: Urban & Schwarzenberg.
Rost, D. H. & Buch, R. (2010). Pädagogische Verhaltensmodifikation. In D. H. Rost (Hrsg.), *Handwörterbuch Pädagogische Psychologie* (4. überarb. u. erweit. Aufl.). Weinheim: Beltz PVU.
Rost, D. H. & Czeschlik, T. (1994). Beliebt und intelligent? Abgelehnt und dumm?- Eine soziometrische Studie an 6500 Grundschulkindern. *Zeitschrift für Sozialpsychologie, 25*, 170-176.
Rost, D. H., Grunow, P. & Oechsle, D. (Hrsg.) (1975). *Pädagogische Verhaltensmodifikation.* Weinheim: Beltz.
Rost, D. H., & Hanses, P. (1997). Wer nichts leistet, ist nicht begabt? Zur Identifikation hochbegabter Underachiever durch Lehrkräfte. *Zeitschrift für Entwicklungspsychologie und Pädagogische Psychologie, 29*, 167-177.
Rost, D. H., & Schermer, F. J. (2001). Leistungsängstlichkeit. In D. H. Rost (Hrsg.), *Handwörterbuch Pädagogische Psychologie* (S. 405-413). Weinheim: Beltz.

Roth, H.-J., & Dirim, I. (2007). Erfassung der sprachlichen Performanzen zweisprachig aufwachsender Kinder in Deutschland: Verfahren zur Sprachstandsfeststellung vor und bei Schulbeginn. In H. Schöler & A. Welling (Hrsg.), *Sonderpädagogik der Sprache* (S. 648-664). Göttingen: Hogrefe.

Roth, M., Schmitt, V., & Herzberg, P. Y. (2010). Psychologische Diagnostik in der Praxis: Ergebnisse einer Befragung unter BDP-Mitgliedern. *Report Psychologie, 35*(3), 118-128.

Rühl, K., & Souvignier, E. (2006). *Wir werden Lesedetektive: Lehrermanual.* Göttingen: Vandenhoeck & Ruprecht. Schwippert, K., Bos, W., & Lankes, E.-M. (2003). Heterogenität und Chancengleichheit am Ende der vierten Jahrgangsstufe im internationalen Vergleich. In W. Bos, E.-M. Lankes, M. Prenzel, K. Schwippert, G. Walther, & R. Valtin (Hrsg.), *Erste Ergebnisse aus IGLU. Schülerleistungen am Ende der vierten Jahrgangsstufe im internationalen Vergleich* (S. 265-302). Münster: Waxmann.

Saarni, C. (2002). Die Entwicklung von emotionalen Kompetenzen in Beziehungen. In M. v. Salisch (Hrsg.), *Emotionale Kompetenz entwickeln.* Grundlagen in der Kindheit und Jugend (S. 3-30). Stuttgart: Kohlhammer.

Sanders, M. & Ratzke, K. (1999). Das ModeratorInnentraining-Kompetenzen für systemische Fallberatung. In M. Cierpka (Hrsg.), *Kinder mit aggressivem Verhalten. Ein Praxismanual für Schulen, Kindergärten und Beratungsstellen* (S. 249-356). Göttingen: Hogrefe.

Schaarschmidt, U., & Fischer, A. W. (2001). *Bewältigungsmuster im Beruf: Persönlichkeitsunterschiede in der Auseinandersetzung mit der Arbeitsbelastung.* Göttingen: Vandenhoeck & Ruprecht.

Scheerer-Neumann, G. (1987). Kognitive Prozesse beim Rechtschreiben: Eine Entwicklungsstudie. In G. Eberle & G. Reiß (Hrsg.), *Probleme beim Schriftspracherwerb* (S. 193-219). Heidelberg: Schindele.

Scheibert, B. (2006). Das Talentportfolio – eine Schatztruhe der Stärken. In J. Brunner, T. Häcker, & F. Winter (Hrsg.), *Das Handbuch Portfolioarbeit* (S. 127-135). Selze: Kallmeyer.

Schelten, A. (1980). *Grundlagen der Testbeurteilung und Testerstellung.* Heidelberg: Quelle & Meyer.

Schiefele, U. (1996). *Motivation und Lernen mit Texten.* Göttingen: Hogrefe.

Schiefele, U. (2001). The role of interest in motivation and learning. In S. Messick & J. M. Collins (Hrsg.), *Intelligence and Personality* (S. 177-214). Hillsdale: Erlbaum.

Schiefele, U., Krapp, A., & Schreyer, I. (1993). Metaanalysen des Zusammenhangs von Interesse und schulischer Leistung. *Zeitschrift für Entwicklungspsychologie und Pädagogische Psychologie, 25,* 120-148.

Schlee, J. (1983). Illusionen sogenannter Förderdiagnostik. In R. Kornmann, H. Meister, & J. Schlee (Hrsg.), *Förderdiagnostik. Konzept und Realisierungsmöglichkeiten* (S. 48-57). Heidelberg: Schindele.

Schlee, J. (1984). Immunisierung in der Sonderpädagogik. *Vierteljahresschrift für Heilpädagogik und ihre Nachbargebiete, 53,* 125-138.

Schlee, J. (1985). Helfen verworrene Konzepte dem Denken und Handeln in der Sonderpädagogik? Eine Auseinandersetzung mit der „Förderdiagnostik". *Zeitschrift für Heilpädagogik, 36,* 860-891.

Schlee, J. (2008). 30 Jahre „Förderdiagnostik" – eine kritische Bilanz. *Zeitschrift für Heilpädagogik, 49,* 122-131.

Schlee, J. (2012). *Kollegiale Beratung und Supervision für pädagogische Berufe: Hilfe zur Selbsthilfe; ein Arbeitsbuch* (3. Aufl.). Pädagogik. Stuttgart: Kohlhammer.

Schmalt, H. D. (1976). *Das LM-Gitter. Ein objektives Verfahren zur Messung des Leitungsmotivs bei Kindern.* Handanweisung. Göttingen: Hogrefe.

Schmidt-Atzert, L., & Amelang, M. (2012). *Psychologische Diagnostik* (5., vollständig überarbeitete und erweiterte Aufl.). Berlin, Heidelberg: Springer.

Schnabel, K. (1998). *Prüfungsangst und Lernen: Empirische Analysen zum Einfluss fachspezifischer Leistungsängstlichkeit auf schulischen Lernfortschritt.* Münster: Waxmann.

Schnack, J. (1997). Evaluation – Eine Basisbibliothek: Die wichtigsten deutschsprachigen Veröffentlichungen zum Thema. *Pädagogik, 49*(5), 35-37.

Schneider, W. (1997). Rechtschreiben und Rechtschreibschwierigkeiten. In F. E. Weinert (Hrsg.), *Psychologie des Unterrichts und der Schule. Enzyklopädie der Psychologie, Themenbereich D* (S. 327-363). Göttingen: Hogrefe.

Schneider, W. (2008). Entwicklung und Erfassung der Rechtschreibkompetenz im Jugend- und Erwachsenenalter. In W. Schneider, H. Marx, & M. Hasselhorn (Hrsg.), *Diagnostik von Rechtschreibleistungen und -kompetenz. (Tests und Trends, NF* Bd. 6, S. 145-157). Göttingen: Hogrefe.

Schneider, W.; Berger, N. (2011). *Verhaltensstörungen und Lernschwierigkeiten in der Schule.* Paderborn: Schöningh.

Schneider, W., Körkel, J., & Weinert, F. E. (1989). Domain-specific knowledge and memory performance: A comparison of high- and low-apitude children. *Journal of Educational Psychology, 81*(3), 306-312.

Schneider, W., Körkel, J., & Weinert, F. E. (1990). Expert knowledge, general abilities, and text processing. In W. Schneider & F. E. Weinert (Hrsg.), *Interactions among aptitudes, strategies, and knowledge in cognitive performance* (S. 235-251). New York: Springer.

Schorr, A. (1995). Stand und Perspektiven diagnostischer Verfahren in der Praxis: Ergebnisse einer repräsentativen Befragung westdeutscher Psychologen. *Diagnostica, 41*, 3-20.

Schrader, F.-W. (2001). Diagnostische Kompetenz von Eltern und Lehrern. In D. H. Rost (Hrsg.), *Handwörterbuch Pädagogische Psychologie* (S. 68-71). Weinheim: Beltz.

Schrader, F.-W. (2010). Diagnostische Kompetenz von Eltern und Lehrern. In D. H. Rost (Hrsg.), *Handwörterbuch Pädagogische Psychologie* (S. 102-108). Weinheim: Beltz.

Schrader, F.-W. (2011). Lehrer als Diagnostiker. In E. Terhart, H. Bennewitz, & M. Rothland (Hrsg.), *Handbuch der Forschung zum Lehrerberuf* (S. 683-698). Münster: Waxmann.

Schrader, F.-W. (2013). Diagnostische Kompetenz von Lehrpersonen. *Beiträge zur Lehrerinnen-und Lehrerbildung, 31*(2), 154-165.

Schrader, F.-W., & Helmke, A. (1987). Diagnostische Kompetenz von Lehrern: Komponenten und Wirkungen. *Empirische Pädagogik, 1*(1), 27-52.

Schulte, D. (1999). Verhaltenstherapeutische Diagnostik. In H. Reinecker (Hrsg.), Lehrbuch der Verhaltenstherapie (S. 45-85). Tübingen: DGVT-Verlag.

Schulte-Körne, G. (2001). *Lese-Rechtschreibstörung und Sprachwahrnehmung.* Münster: Waxmann.

Schwarzer, C. (1976). *Lehrerurteil und Schülerpersönlichkeit. Kognitive Stile und Sozialschicht als Einflussgröße für die Beurteilung bei Schulbeginn.* München: Kösel.

Schwippert, K. Bos, W. & Lankes, E. M. (2003). Heterogenität und Chancengleichheit am Ende der vierten Jahrgangsstufe im internationalen Vergleich. In W. Bos, E.M. Lankes, M. Prenzel, K. Schwippert, G. Walter & R. Valtin (Hrsg.), *Erste Ergebnisse aus IGLU* (S. 265-302). Münster: Waxmann.

Schwippert, K., Hornberg, S., Freiberg, M., & Stubbe, T. C. (2007). Lesekompetenzen von Kindern mit Migrationshintergrund im internationalen Vergleich. In W. Bos, S. Hornberg, K.-H. Arnold, G. Faust, L. Fried, K. Lankes, R. Valtin (Hrsg.), *IGLU 2006. Lesekompetenzen von Grundschulkindern in Deutschland im internationalen Vergleich* (S. 249-269). Münster: Waxmann.

Shavelson, R. J., Hubner, J. J., & Stanton, G. C. (1976). Self-concept: Validation of construct interpretations. *Review of Educational Research, 46*, 407-441.

Silbereisen, R. K. (1995). Soziale Kognition: Entwicklung von sozialem Wissen und Verstehen. In R. Oerter & L. Montada (Hrsg), *Entwicklungspsychologie* (S. 823-861). Weinheim: Psychologie Verlags Union.
Skinner, B. F. (1982).*Wissenschaft und menschliches Verhalten*. München: Urban & Schwarzenberg.
Skinner, E. A., Zimmer-Gembeck, M. J., & Connell, J. P. (1998). Individual differences and the development of perceived control. *Monographs of the society for Research in child development, 63*(2/3), 1-23.
Skowronek, H., & Marx, H. (1989). Die Bielefelder Längsschnittstudie zur Früherkennung von Risiken der Lese- und Rechtschreibschwäche: Theoretischer Hintergrund und erste Befunde. *Heilpädagogische Forschung, 15*, 38-49.
Slavin, R.E. (1995). *Cooperative learning: Theory, research, and practice*. Boston: Allyn and Bacon.
Souvignier, E. (2003). Denktraining für Kinder und Jugendliche: Programme zur intellektuellen Förderung. In H.-P. Langfeldt (Hrsg.), *Trainingsprogramme zur schulischen Förderung* (S. 127-149). Weinheim: Beltz.
Souvignier, E., & Förster, N. (2011). Effekte prozessorientierter Diagnostik auf die Entwicklung der Lesekompetenz leseschwacher Viertklässler. *Empirische Sonderpädagogik, 3*, 243-255.
Souvignier, E., & Gold, A. (2004). Lernstrategien und Lernerfolg bei einfachen und komplexen Leistungsanforderungen. *Psychologie in Erziehung und Unterricht, 51*, 309-318. Retrieved from http://reinhardt-journals.de/index.php/peu/article/view/3676
Sparfeldt, J. R. Rost, D. H., Schleebusch, R. & Heise, A.-L. (2012). Lehrerbeurteiltes Schülerverhalten. Eine Evaluation der "Lehrereinschätzliste für Sozial- Lernverhalten" (LSL). *Psychologie in Erziehung und Unterricht, 55*,114-122.
Spinath, B. (2005). Akkuratheit der Einschätzung von Schülermerkmalen durch Lehrer und das Konstrukt der diagnostischen Kompetenz. *Zeitschrift für Pädagogische Psychologie, 19*, 85-95.
Spinath, B. (2007). Ein Lerntagebuch zur Förderung motivationsbezogener Voraussetzungen für Lern- und Lerntempoverhalten bei Schüler/innen mit sonderpädagogischen Förderungsbedarf. In M. Gläser-Zikuda & T. Hascher (Hrsg.), *Lernprozesse dokumentieren, reflektieren und beurteilen. Lerntagebuch und Portfolio in Bildungsforschung und Bildungspraxis* (S. 171-188). Bad Heilbrunn: Klinkhardt.
Stanat, P. (2006). Schulleistungen von Jugendlichen mit Migrationshintergrund: Die Rolle der Zusammensetzung der Schülerschaft. In J. Baumert, P. Stanat & R. Watermann (Hrsg.), *Herkunftsbedingte Disparitäten im Bildungswesen. Vertiefende Analysen im Rahmen von PISA 2000* (S. 189-219). Wiesbaden: VS Verlag für Sozialwissenschaften.
Stark, R. (2003). Conceptual Change: Kognitiv oder situiert? *Zeitschrift für Pädagogische Psychologie, 17*(2), 133-144.
Steiner, G. (2001). *Lernen. 20 Szenarien aus dem Alltag*. Bern: Hans Huber.
Steiner, G. (2006). Lernen und Wissenserwerb. In A. Krapp & B. Weidenmann (Hrsg.), *Pädagogische Psychologie* (S. 137-202). Weinheim: Beltz PVU.
Sternberg, R. J., & Wagner, R. K. (1985). *Practical intelligence: Origins of competence in the everyday world*. Cambridge, UK: Cambridge University Press.
Stollenwerk, H. J. (1987). *Analyse großstädtischer Hauptschulklassen auf der Basis kognitiver, emotionaler und soziometrischer Variablen*. Dissertation, Universität Essen.
Strathmann, A. M., & Klauer, K. J. (2010). Lernverlaufsdiagnostik: Ein Ansatz zur längerfristigen Lernfortschrittsmessung. *Zeitschrift für Entwicklungspsychologie und Pädagogische Psychologie, 42*, 111-122.
Südkamp, A., & Möller, J. (2009). Referenzgruppeneffekte im Simulierten Klassenraum. *Zeitschrift für Pädagogische Psychologie, 23*(34), 161-174.

Südkamp, A., Möller, J., & Pohlmann, B. (2008). Der Simulierte Klassenraum. *Zeitschrift für Pädagogische Psychologie, 22*(34), 261-276.
Tajfel, H. (1981). *Human groups and social categories.* Cambridge: Cambridge University Press.
Taylor, A. R., & Trickett, P.K. (1989). Teachers Preference and children's Sociometric Status in the Classroom. *Merill-Palmer Quaterly, 35,* 343-361.
Testzentrale. *Testkatalog 2016/17.* Göttingen: Hogrefe.
Tennstädt, K.-C., Krause, F., Humpert, W., H.-D. Dann, H.-D. (1990/1995). *Das Konstanzer Trainingsmodell (KTM). Bd.1: Trainingshandbuch.* Bern: Verlag Hans Huber.
Tent, L., & Stelzl, I. (1993). *Pädagogisch-psychologische Diagnostik: Band 1: Theoretische und methodische Grundlagen.* Göttingen: Hogrefe.
Thijs, J. & Verkujten, M. (2013). School ethnic diversity and students' interethnic relations. *British Journal of Educational Psychology, 84,* 1-21.
Thomas, L. (2001). Moderne Kopfnoten – am Beispiel Niedersachsen können erste Ergebnisse und Erfahrungen berichtet werden. *Schulmanagement, 32 (6),* 36-40.
Thorndike, E. L. (1920). A constant error in psychological ratings. *Journal of Applied Psychology, 4*(1), 25-29.
Thorndike, R. L., & Hagen, E. P. (1971). *Cognitive Abilities Test [CAT].* Boston, MA: Houghton Mifflin.
Thorndike, R. L., & Hagen, E. P. (1993). *Form 5 Cog AT. Norms booklet.* Chicago: Riverside Publishing Company.
Thurstone, L. L. (1938). *Primary mental abilities.* Chicago: University Press of Chicago.
Trenk-Hinterberger I., & Souvignier, E. (2006). *Wir sind Textdetektive: Lehrermanual mit Kopiervorlagen.* Göttingen: Vandenhoeck & Ruprecht Topping, K., & Ehly, S. (1998). *Peer-assisted Learning.* New York, London: Routledge.
Uhlendorf, H. & Seidel, A. (2001). Schule in Ostdeutschland aus elterlicher Sicht. *Zeitschrift für Pädagogik, 47,* 501-516.
Ulich, D., & Mertens, W. (1974). *Urteile über Schüler. Zur Sozialpsychologie pädagogischer Diagnostik.* Weinheim: Beltz.
Urhahne, D., Zhou, J., Stobbe, M., Chao, S.-H., Zhu, M., & Shi, J. (2010). Motivationale und affektive Merkmale unterschätzter Schüler. *Zeitschrift für Pädagogische Psychologie, 24*(3-4), 275-288.
Valkanover, S., Alsaker, F., Svrcek, A. & Kauer, M. (2004). *Mobbing ist kein Kinderspiel. Medienpaket mit Buch, Leporello, Poster und DVD.* Bern: Schulverlag.
Valtin, R., Badel, I., Löffler, I., Meyer-Scheppers, U., & Voss, A. (2003). Orthographische Kompetenzen von Schülerinnen und Schülern der dritten Klasse. In W. Bos, E.-M. Lankes, M. Prenzel, K. Schwippert, G. Walther, & R. Valtin (Hrsg.), *Erste Ergebnisse aus IGLU. Schülerleistungen am Ende der dritten Jahrgangsstufe im internationalen Vergleich* (S. 227-263). Münster: Waxmann.
van Dijk, T., & Kintsch, W. (1983). *Strategies of discourse comprehension.* New York: Academic Press.
Voß, S. (2012). *Informationsblatt zu Curriculumbasierten Messverfahren (CBM).* Rostock: Universität Rostock.
Wahl, D., Weinert, F. E., & Huber, G. L. (2007). *Psychologie für die Schulpraxis: Ein handlungsorientiertes Lehrbuch für Lehrer.* Belm-Vehrte: Sozio-Publishing.
Walberg, H. J. (1986). Synthesis of research on teaching. In M. C. Wittrock (Hrsg.), *Handbook or research on teaching. A project of the American Educational Research Association* (S. 214-229). Washington, DC: American Educational Research Association.
Walter, J. (2008). Curriculumbasiertes Messen (CBM) als lernprozessbegleitende Diagnostik: Erste deutschsprachige Ergebnisse zur Validität, Reliabilität und Veränderungssensibilität

eines robusten Indikators zur Lernfortschrittsmessung beim Lesen. *Heilpädagogische Forschung, 34,* 62-79.
Weiner, B. (1975). *Wirkung von Erfolg und Misserfolg auf die Leistung.* Bern: Huber.
Weinert, F. E. (1994). Lernen lernen und das eigene Lernen verstehen. In K. Reusser & M. Reusser-Weyeneth (Hrsg.), *Verstehen. Psychologischer Prozess und didaktische Aufgabe* (S. 183-205). Bern: Huber.
Weinert, F. E. (Hrsg.) (1998). *Entwicklung im Kindesalter.* Weinheim: Beltz.
Weinert, F. E. (2000). Lehren und Lernen für die Zukunft – Ansprüche an das Lernen in der Schule. *Pädagogische Nachrichten Rheinland-Pfalz,* 2, 1-16.
Weinert, F. E. (2001). *Leistungsmessungen in Schulen.* Weinheim: Beltz.
Weinert, F. E., & Helmke, A. (1996). Der gute Lehrer: Person, Funktion oder Fiktion? *Zeitschrift für Pädagogik, 34,* 223-233.
Weinert, F. E., & Helmke, A. (Hrsg.). (1997). *Entwicklung im Grundschulalter.* Weinheim: Beltz.Weinert, F. E., & Petermann, F. (1980). Erwartungswidrige Schülerleistung oder unterdurchschnittlich determinierte Schulleistung. In H. Heckhausen (Hrsg.), *Fähigkeit und Motivation in erwartungswidriger Schulleistung* (S. 19-52). Göttingen: Hogrefe.
Weinert, F. E., & Schneider, W. (Hrsg.) (1999). *Individual development from 3 to 12: Findings from the Munich longitudinal study.* Cambridge, UK: Cambridge University Press.
Weinert, F. E., & Schrader, F.-W. (1986). Diagnose des Lehrers als Diagnostiker. In H. Petillon, J. W. L. Wagner, & B. Wolf (Hrsg.), *Schülergerechte Diagnose* (S. 11-29). Weinheim: Beltz.
Weinert, F. E., & Schrader, F.-W. (1997). Lernen lernen als psychologisches Problem. In F. E. Weinert & H. Mandl (Hrsg.), *Psychologie der Erwachsenenbildung, Enzyklopädie der Psychologie. D/I* (S. 295-235). Göttingen: Hogrefe.
Weinert, F. E., & Zielinski, W. (1977). Lernschwierigkeiten: Schwierigkeiten des Schülers oder der Schule? *Unterrichtswissenschaft,* 5, 292-304.
Wentzel, K. R. (2002). Are effective teachers like good parents? Teaching styles and student adjustment in early adolescence. *Child Development,* 73(1), 287-301.
Wild, E. & Hofer, M. (2002). Familien mit Schulkindern. In M. Hofer, E. Wild, & P. Noack (Hrsg.), *Lehrbuch Familienbeziehungen. Eltern und Kinder in der Entwicklung* (S. 216-240). Göttingen: Hogrefe.
Wild, E., Hofer, M., & Pekrun, R. (2006). Psychologie des Lerners. In A. Krapp & B. Weidenmann (Hrsg.), *Pädagogische Psychologie. Ein Lehrbuch* (5. Aufl., S. 203-267). Weinheim: Beltz PVU.
Wild, K.-P. (1991). *Identifikation hochbegabter Schüler: Lehrer und Schüler als Datenquellen.* Heidelberg: Asanger.
Wild, K.-P., & Rost, D. H. (1995). Klassengröße und Genauigkeit von Schülerbeurteilungen. *Zeitschrift für Entwicklungspsychologie und Pädagogische Psychologie.* (27), 78-90.
Wild, K.-P. (2000). *Identifikation hochbegabter Schüler: Lehrer und Schüler als Datenquelle.* Heidelberg: Asanger.
Wild, K.-P., & Krapp, A. (2006). Pädagogisch-psychologische Diagnostik. In A. Krapp & B. Weidenmann (Hrsg.), *Pädagogische Psychologie. Ein Lehrbuch* (5. Aufl., S. 525-573). Weinheim: Beltz PVU
Wilgenbusch, T.& Merell, K.W.(1999). Gender Differences in Self-Concepts among Children and Adolescents: A Meta-Analysis of Multidimensional Studies. *Scholl Psychology Quarterly* 14(2), 101-120.
Willson, V. L., & Rupley, W. H. (1997). A structural equation model for reading comprehension based on background, phonemic, and strategy knowledge. *Scientific Studies of Reading,* 1, 45-63.

Wimmer, H., Zwicker, T., & Gugg, D. (1991). Schwierigkeiten beim Lesen und Schreiben in den ersten Schuljahren: Befunde zur Persistenz und Verursachung. *Zeitschrift für Entwicklungspsychologie und Pädagogische Psychologie, 23*(4), 280-298.

Winter, F. (2000). Guter Unterricht zeigt sich in seinen Werken. *Lernende Schule, 11*(3), 42-46.

Winter, F. (2007). 5 Fragen der Leistungsbewertung beim Lerntagebuch und Portfolio. In M. Gläser-Zikuda & T. Hascher (Hrsg.), *Lernprozesse dokumentieren, reflektieren und beurteilen. Lerntagebuch und Portfolio in Bildungsforschung und Bildungspraxis* (S. 109-132). Bad Heilbrunn: Klinkhardt.

Wirtz, M. A., & Nachtigall, C. (2012). *Deskriptive Statistik: Statistische Methoden für Psychologen Teil 1* (6., überarb. Aufl.). *Statistische Methoden für Psychologen.* Weinheim: Beltz Juventa.

Wygotski, L.S. (2002). *Denken und Sprechen.* Weinheim: Beltz.

Yeates, K.O. & Selman, R.L. (1989). Social competence in school. Toward an integrative developmental model for intervention. *Developmental Review, 9,* 64-100.

Yeates, K. L., Schultz, L. H. & Selman, R. L. (1991). The development of interpersonal negotiation strategies in thought and action: A social cognitive link to behavioral adjustment and social status. *Merrill-Palmer-Quarterly, 37,* 369-406.

Youniss, J. (1994). *Soziale Konstruktion und psychische Entwicklung.* Frankfurt: Suhrkamp.

Zeuch, W. (1973). Was spricht gegen die Anwendung von Testverfahren? *Die deutsche Schulwarte, 65,* 340-348.

Ziegenspeck, J., & Lehmann, J. (1999). *Handbuch Zensur und Zeugnis in der Schule: historischer Rückblick, allgemeine Problematik, empirische Befunde und bildungspolitische Implikationen; ein Studien- und Arbeitsbuch.* Bad Heilbrunn: Klinkhardt.

Zielinski, W. (1995). *Lernschwierigkeiten.* Stuttgart: Kohlhammer.

Zimbardo, P. G., Gerrig, R. J., & Graf, R. (2004). Psychologie (16., aktualisierte Aufl.). *Psychologie.* München, Boston [u.a.]: Pearson Studium.

Zimmer-Müller, M., & Hosenfeld, I. (2013). Zehn Jahre Vergleichsarbeiten: Eine Zwischenbilanz aus verschiedenen Perspektiven. *Empirische Pädagogik, 27*(4).

Testverzeichnis

Bäuerlein, K., Lenhard, W., & Schneider, W. (2012a). *Lesetestbatterie für die Klassenstufen 6 - 7 [LESEN 6-7]: Verfahren zur Erfassung der basalen Lesekompetenz und des Textverständnisses*. Göttingen: Hogrefe.

Bäuerlein, K., Lenhard, W., & Schneider, W. (2012b). *Lesetestbatterie für die Klassenstufen 8 - 9 [LESEN 8-9]: Verfahren zur Erfassung der basalen Lesekompetenz und des Textverständnisses*. Göttingen: Hogrefe

Cattell, R. B., Weiß, R. H., & Osterland, J. (1997). *Grundintelligenztest Skala I [CFT 1]*. Göttingen: Hogrefe.

Dreesmann, H. (1980a). Unterrichtsklima als Bedingung für Lernmotivation. *Unterrichtswissenschaft, 8*, 243-251.

Dreesmann, H. (1980b). *Unterrichtsklima-Wie Schüler den Unterricht wahrnehmen*. Weinheim, Basel: Beltz.

Eder, F. (1998). *Linzer Fragebogen zum Schul- und Klassenklima für die 8. bis 13. Klasse [LFSK 8-13]*. Göttingen: Hogrefe.

Eder, F., & Mayr, J. (2000). *Linzer Fragebogen zum Schul- und Klassenklima für die 4. bis 8. Klassenstufe [LFSK 4-8]*. Göttingen: Hogrefe.

Gölitz, D., Roick, T., & Hasselhorn, M. (2006). *Deutscher Mathematiktest für vierte Klassen [DEMAT 4]*. Göttingen: Hogrefe Verlag.

Götz, L., Lingel, K., & Schneider, W. (2013a). *Deutscher Mathematiktest für fünfte Klassen [DEMAT 5+]*. Göttingen: Hogrefe.

Götz, L., Lingel, K., & Schneider, W. (2013b). *Deutscher Mathematiktest für sechste Klassen [DEMAT 6+]*. Göttingen: Hogrefe.

Gold, A., & Souvingner, E. (2004). Prognose der Studierfähigkeit: Ergebnisse aus Längsschnittanalysen. *Zeitschrift für Entwicklungspsychologie und Pädagogische Psychologie, 37*, 214-222. (WLS)

Heller, K. A., Geadike, H. K., & Weinländer, H. (1985). *Kognitiver Fähigkeitstest [KFT 4-13+]* (2nd ed.). Weinheim: Beltz.

Heller, K. A., & Perleth, C. (2000). *Kognitiver Fähigkeitstest für die 4. bis 12. Klassen [KFT 4-12+R): Revision*. Weinheim: Beltz

Helm, F., Pohlmann B., Heckt, M., Gienke, F., May, P., & Möller, J. (2012). Entwicklung eines Fragebogens zur Einschätzung überfachlicher Schülerkompetenzen. *Unterrichtswissenschaft, 40* (3), 235-258.

Hrabal, V. jun. (2010). *SORAT-M. Soziometrische Rating-Methode für die Diagnostik und Planung von Interventionsstrategien bei schwierigen Schulklassen und gefährdeten Schülern an Sekundarschulen – Version für Beratungslehrer und Schulpsychologen*. Göttingen: Hogrefe.

Hrabal, V. jun. (2009). *KK-1. Der Klassen-Kompass. Soziometrische Rating-Methode für die Diagnostik des Klassenklimas, Wahl der Klassenvertreter und Optimierung der Arbeit mit Schulklassen an Sekundarschulen – Version für Klassenlehrer*. Göttingen: Hogrefe.

KEKS-Kompetenz-Erfassung in Kindergarten und Schule: http://www.hamburg.de/bsb/monitoring-evaluation-diagnoseverfahren/4025686/artikel-keks-einschaetzungsboegen/ (korrespondierende Teil des Schülerfragebogens KEKS für 5. bis 10. Klassen: http://www.hamburg.de/contentblob/4025712/data/pdf-keks-s-4-8.pdf)

Krajewski, K., Küspert, K., & Schneider, W. (2002). *Deutscher Mathematiktest für erste Klassen [DEMAT 1+]*. Göttingen: Hogrefe.

Krajewski, K., Liehm, S., & Schneider, W. (2004). *Deutscher Mathematiktest für zweite Klassen [DEMAT 2+]*. Göttingen: Hogrefe.

Lenhard, W., Hasselhorn, M., & Schneider, W. (2011). *Kombiniertes Leistungsinventar zur allgemeinen Schulleistung und für Schullaufbahnempfehlung in der vierten Klasse [KLASSE 4]*. Göttingen: Hogrefe.

Lingel, K., Götz, L., Artelt, C., & Schneider, W. (2014). *Mathematisches Strategiewissen für 5. und 6. Klassen [MAESTRA 5-6]*. Göttingen: Hogrefe.

Martinez Méndez, R., Schneider, W., & Hasselhorn, M. (2015). *Deutscher Rechtschreibtest für das fünfte und sechste Schuljahr [DERET 5-6+]*. Göttingen: Hogrefe.

Marx, H. (1998). *Knuspels Leseaufgaben [KNUSPEL-L]*. Göttingen: Hogrefe.

May, P. (2010). *Deutsche Schreibprobe [DSP]: Rechtschreibtest online*. Retrieved from www.schreib-on.de

May, P. (2013). *Hamburger Schreib-Probe 1-10 [HSP 1-10]*. Dortmund: Ernst Klett Verlag.

Mietzel, G., & Willenberg, H. (2000). *Hamburger Schulleistungstest für 4. und 5. Klassen [HST 4/5]*. Göttingen: Hogrefe.

Moser Opitz, E., Reusser, L., Moeri Müller, M., Anliker, B., Wittich, C., & Freesemann, O. (2010). *Basisdiagnostik Mathematik für die Klassen 4-8 [BASIS-MATH]*. Bern: Huber

Petermann, F., & Petermann, U. (Eds.). (2008). *Hamburg-Wechsler-Intelligenztest für Kinder IV [HAWIK®-IV]: Eine Übersetzung der WISC-IV® von David Wechsler* (2nd ed.). Göttingen: Hogrefe.

Petermann, U., & Petermann, F. (2013). *Lehrereinschätzliste für Sozial- und Lernverhalten [LSL]*. Göttingen: Hogrefe.

Petermann U. & Petermann F. (2014). *SSL-Schülereinschätzliste für Sozial- und Lernverhalten*. Göttingen: Hogrefe.

Petillon, H. (1980). Soziometrischer Test für 3.-7. Klassen. Weinheim: Beltz Test

Rauer, W., & Schuck, K. D. (2003). *Fragebogen zur Erfassung emotionaler und sozialer Schulerfahrungen von Grundschulkindern dritter und vierter Klassen [FEESS 3-4]*. Göttingen: Beltz Test GmbH.

Rauer, W., & Schuck, K.D. (2004). *Fragebogen zur Erfassung emotionaler und sozialer Schulerfahrungen von Grundschulkindern erster und zweiter Klassen [FEESS 1-2]*. Göttingen: Beltz Test GmbH.

Roick, T., Görlitz, D., & Hasselhorn, M. (2004). *Deutscher Mathematiktest für die dritte Klasse: [DEMAT 3+]*. Göttingen: Beltz-Test.

Roick, T., Gölitz, D., & Hasselhorn, M. (2013). *Mathematikangst-Ratingsskala für vierte bis sechste Klassen [MARS 4-6]: Deutschsprachige Fassung der Mathematics Anxiety Rating Scale - Elementary Form (MARS-E)*. Göttingen.

Rost, D. H., Sparfeldt, J. R., & Schilling, S. R. (2007). *Differentielles Schulisches Selbstkonzept-Gitter mit Skalen zur Erfassung des Selbstkonzepts schulischer Leistungen und Fähigkeiten [DISK-GITTER] mit SKSLF-8]*. Göttingen: Hogrefe.

Schlagmüller, M., & Schneider, W. (2007). *Würzburger Lesestrategie-Wissenstest für die Klassen 7-12 [WLST 7-12]: Ein Verfahren zur Erfassung metakognitiver Kompetenzen bei der Verarbeitung von Texten*. Göttingen: Hogrefe.

Schlagmüller, M., Schneider, W., & Ennemoser, M. (2007). *Lesegeschwindigkeits- und -verständnistest für die Klassen 6-12 [LGVT 6-12]*. Göttingen: Hogrefe.
Schmidt, S., Ennemoser, M., & Krajewski, K. (2012). *Deutscher Mathematiktest für neunte Klassen [DEMAT 9]*. Göttingen: Hogrefe.
Schneider, W., & Lenhard, W. (2006). *Ein Leseverständnistest für Erst bis Sechstklässler [ELFE 1-6]*. Göttingen: Hogrefe Verlag.
Schneider, M., Martinez Méndez, R., & Hasselhorn, M. (2014). *Fehleridentifikationstest – Rechtschreibung für fünfte und sechste Klassen [R-FIT 5-6+]*. Göttingen: Hogrefe.
Schöne, C., Dickhäuser, O., Spinath, B., & Stiensmeier-Pelster, J. (2012). *Skalen zur Erfassung des schulischen Selbstkonzepts [SESSKO]*. Göttingen: Hogrefe.
Souvignier, E., Trenk-Hinterberger, I., Adam-Schwebe, S., & Gold, A. (2008). *Frankfurter Leseverständnistest für 5. und 6. Klassen: [FLVT 5-6]*. Göttingen: Hogrefe
Spinath, B., Stiensmeier-Pelster, J., Schöne, C., & Dickhäuser, O. (2012). *Skalen zur Erfassung der Lern- und Leistungsmotivation [SELLMO]*. Göttingen: Hogrefe.
Stock, C. & Schneider,W. (2008). *Deutscher Rechtschreibtest für das erste und zweite Schuljahr [DERET 1-2+]*. Göttingen: Hogrefe.
Stock, C., & Schneider, W. (2008). *Deutscher Rechtschreibtest für das dritte und vierte Schuljahr [DERET 3-4]*. Göttingen: Hogrefe.
Strathmann, A. M., & Klauer, K. J. (2012). *Lernverlaufsdiagnostik – Mathematik für zweite bis vierte Klassen [LVD-M 2-4]*. Göttingen: Hogrefe.
Urban, K. K. (1986). *Hörverstehenstest für die 4. bis 7. Klassen [HVT 4-7]*. Göttingen: Hogrefe.
Walter, J. (2009). *Lernfortschrittsdiagnostik Lesen [LDL]: Ein curriculumbasiertes Verfahren*. Göttingen: Hogrefe.
Walter, J. (2013). *Verlaufsdiagnostik sinnerfassenden Lesens: [VSL]*. Göttingen: Hogrefe.
Weiß, R. H. (1998). *Grundintelligenztest Skala 2 [CFT 20] (4. überarb. Aufl.)*. Göttingen: Hogrefe.
Weiß, R. H. (2008). *Grundintelligenztest Skala 2 [CFT 20-R]: Revision*. Göttingen: Hogrefe.
Wettstein, A. (2008). *Beobachtungssystem zur Analyse aggressiven Verhaltens in schulischen Settings (BASYS)*. Bern: Huber.
Wieczerkowski, W., Nickel, H., Janowski, A., Fittkau, B., & Rauer, W. (1981). *Angstfragebogen für Schüler [AFS]*. Göttingen: Hogrefe.